Tradução
EZ2TRANSLATE

Revisão técnica

RAUL ZANON DA ROCHA NETTO
Formado em Psicologia pela Universidade Tuiuti, Paraná, com especialização em Gestão de Pessoas pela Pontifícia Universidade Católica do Paraná (PUC-PR). Atua em consultoria nas áreas de Comportamento Humano e Gestão de Pessoas. É sócio-consultor da BRAIN Bureau de Inteligência Corporativa, e atua como professor nos cursos de graduação e pós-graduação na Escola de Negócios da PUC-PR.

DANIELLA FORSTER
Mestre em Administração e graduada em Psicologia, professora de graduação e pós-graduação na Escola de Negócios na Pontifícia Universidade Católica do Paraná (PUC-PR). É coordenadora do PUC Talentos – Serviços de Carreiras, e consultora na área de Gestão de Pessoas e Coaching há 18 anos.

está nessa?

CORG
Tradução da 2ª edição norte-americana
Debra L. Nelson e James Campbell Quick

Gerente editorial: Patricia La Rosa

Supervisora editorial: Noelma Brocanelli

Supervisora de produção editorial e gráfica: Fabiana Alencar Albuquerque

Editora de desenvolvimento: Viviane Akemi Uemura

Título original: ORGB 2
ISBN 10: 0-324-78709-X
ISBN 13: 978-0-324-78709-2

Tradução: Ez2Translate

Revisão técnica: Raul Zanon da Rocha Netto
  e Daniella Forster

Copidesque: Andrea Pisan Soares Aguiar

Revisão: Cárita Ferrari Negromonte
  e Miriam dos Santos

Índice remissivo: Silvana Gouveia

Diagramação: Alfredo Carracedo Castillo

Capa: Ale Gustavo

Pesquisa iconográfica: Josiane Camacho Laurentino
  e Vivian Rosa

Impresso no Brasil.
Printed in Brazil.
1 2 3 4 5   16 15 14 13

© 2011 South-Western, parte da Cengage Learning Edições Ltda.
© 2013 Cengage Learning
Todos os direitos reservados. Nenhuma parte deste livro poderá ser reproduzida, sejam quais forem os meios empregados, sem a permissão por escrito da Editora. Aos infratores aplicam-se as sanções previstas nos artigos 102, 104, 106, 107 da Lei n. 9.610, de 19 de fevereiro de 1998.

Esta editora empenhou-se em contatar os responsáveis pelos direitos autorais de todas as imagens e de outros materiais utilizados neste livro. Se porventura for constatada a omissão involuntária na identificação de algum deles, dipomo-nos a efetuar, futuramente, os possíveis acertos.

> Para informações sobre nossos produtos, entre em contato pelo telefone
> **0800 11 19 39**
> Para permissão de uso de material desta obra, envie seu pedido para
> **direitosautorais@cengage.com**

© 2013 Cengage Learning.
Todos os direitos reservados.
ISBN-13: 978-85-221-1121-3
ISBN-10: 85-221-1121-9

Cengage Learning
Condomínio E-Business Park
Rua Werner Siemens, 111 – Prédio 20
Espaço 04 – Lapa de Baixo
CEP 05069-900 – São Paulo – SP
Tel.: (11) 3665-9900 – Fax: (11) 3665-9901
SAC: 0800 11 19 39

Para suas soluções de curso e aprendizado, visite **www.cengage.com.br**

Dados Internacionais de Catalogação na Publicação (CIP)
(Câmara Brasileira do Livro, SP, Brasil)

```
Nelson, Debra L.
CORG: Comportamento Organizacional/Debra L. Nelson,
James Campbell Quick; [tradução Ez2 Translate];
revisão técnica Raul Zanon da Rocha Netto,
Daniella Forster de Oliveira. -- São Paulo:
Cengage Learning, 2012. -- (Coleção 4LTR)

Título original: ORGB: Organizational Behavior.
Bibliografia.
ISBN 978-85-221-1121-3

1. Comportamento organizacional 2. Cultura
organizacional 3. Organizações 4. Relações industriais
I. Quick, James Campbell. II. Título. III. Série.

12-00247                                    CDD-658.315
```

Índices para catálogo sistemático:

1. Organizações: Relações humanas: Administração de empresas
   658.315
2. Relações humanas nas organizações: Administração de empresas
   658.315

Sumário reduzido

Parte 1
Introdução 2

| Capítulo 1 | Oportunidades e comportamento organizacional | 2 |
| Capítulo 2 | Os desafios para os gestores | 16 |

Parte 2
Comportamento e processos individuais 37

Capítulo 3	Personalidade, percepção e atribuição	38
Capítulo 4	Atitudes, emoções e ética	56
Capítulo 5	Motivação no trabalho	74
Capítulo 6	Administração da aprendizagem e do desempenho	88
Capítulo 7	Estresse e bem-estar no trabalho	106

Parte 3
Comportamento e processos interpessoais 123

Capítulo 8	Comunicação	124
Capítulo 9	Equipes e grupos de trabalho	140
Capítulo 10	Tomada de decisão individual e em grupo	158
Capítulo 11	Poder e comportamento político	178
Capítulo 12	Liderança e subordinação	196
Capítulo 13	Conflitos e negociações	214

Parte 4
Estrutura e processos organizacionais 231

Capítulo 14	Serviços e design do trabalho	232
Capítulo 15	Design e estrutura organizacional	250
Capítulo 16	Cultura organizacional	268
Capítulo 17	Gestão de carreira	286
Capítulo 18	Administrando as mudanças	306

Notas 324
Índice 355

Sumário

Parte 1
Introdução 2

Capítulo 1
Oportunidades e comportamento organizacional 2

O comportamento humano nas organizações 3
   Entendendo o comportamento humano 4
   Influências interdisciplinares 4
Comportamento em tempos de mudança 6
O contexto organizacional 6
   Organizações como sistemas abertos 6
Organização formal e informal 8
Diversidade das organizações 9
Mudanças geram oportunidades 9
   Concorrência global 9
   O cliente focado na alta qualidade 10
   Comportamento e qualidade no trabalho 12
   Gerenciando o comportamento organizacional em tempos de mudanças 12
Aprendendo o comportamento organizacional 13
   Conhecimento objetivo 13
   Desenvolvimento de habilidades 14
   Aplicação do conhecimento e das habilidades 15

Capítulo 2
Os desafios para os gestores 16

Concorrendo na economia global 17
   Mudanças políticas e sociais 18
   Diferenças culturais 19
Diferenças culturais e atitudes relacionadas ao trabalho 21
   Individualismo versus coletivismo 21
   Distância do poder 21
   Aversão à incerteza 22
   Masculinidade versus feminilidade 22
   Orientação temporal 22
   Desenvolvimento da sensibilidade multicultural 22
Mão de obra diversificada 23
   Diversidade étnica 24
   Diversidade sexual 24
   Diversidade em relação à idade 25
   Diversidade em relação às habilidades 26
   Diversidade de valores 27
   Benefícios e problemas gerados pela diversidade 27
Ética, caráter e integridade pessoal 28
   Teorias consequenciais 28
   Teorias fundamentadas em regras, 28
   Teorias de caráter 29
   Relativismo cultural 29
As organizações modernas diante de dilemas éticos 29
   Direitos dos funcionários 29
   Assédio sexual 30
   Justiça organizacional 31
   Denúncia 31
   Responsabilidade social 31
   Códigos de ética 32
Inovação tecnológica e a mão de obra 33
   Combinações alternativas de trabalho 34
   Impacto da tecnologia sobre a administração 35
   Ajudando os funcionários a se adaptarem às mudanças tecnológicas 35

Parte 2
Processos individuais e comportamento 36

Capítulo 3
Personalidade, percepção e atribuição 38

Diferenças individuais e comportamento organizacional 39
- *Técnicas e habilidades* 40

A personalidade e as organizações 40
- *Teoria dos traços* 41
- *Abordagem integrativa* 42
- *Características de personalidade dentro das organizações* 42

Aplicação da teoria da personalidade nas organizações 45
- *Instrumentos comuns para avaliar a personalidade* 45
- *Carl Jung e o instrumento Myers-Briggs Type Indicator® 46*

Percepção social 49
- *Características do observador* 50
- *Características do alvo* 51
- *Características da situação* 52

Barreiras à percepção social 52
- *Gerenciamento de impressão* 54

Atribuição dentro das organizações 54
- *Atribuições internas e externas* 54
- *Viés atributivo* 55

Capítulo 4
Atitudes, emoções e ética 56

Atitudes 57
- *O modelo ABC* 57
- *Dissonância cognitiva* 58

Formação da atitude 58
- *Atitude e comportamento* 60
- *Atitudes no trabalho* 60

Satisfação no trabalho 61

Cidadania organizacional *versus* desvio de conduta no local de trabalho 62
- *Comprometimento organizacional e satisfação no trabalho* 64

Persuasão e mudança de atitude 64
- *Características da fonte* 64
- *Características do alvo* 64
- *Características da mensagem* 65
- *Rotas cognitivas para a persuasão* 65

Emoções no trabalho 66
- *Contágio emocional* 66

Comportamento ético 67

Fatores que afetam o comportamento ético 68
- *Valores* 69
- *Lócus de controle* 71
- *Maquiavelismo* 71
- *Desenvolvimento moral cognitivo* 72

Capítulo 5
Motivação no trabalho 74

Motivação e comportamento organizacional 75
- *Necessidades internas* 75
- *Incentivos externos* 76

Hierarquia das necessidades de Maslow 77
- *Teoria X e Teoria Y* 78
- *Teoria ERG* 78

Teoria das necessidades de McClelland 79
- *Necessidade de realização* 79
- *Necessidade de poder* 80
- *Necessidade de afiliação* 80

Teoria dos dois fatores de Herzberg 80
- *Fatores motivacionais* 81
- *Fatores de higiênicos* 82
- *Crítica à teoria dos dois fatores* 82

Duas novas ideias sobre motivação 82
- *Eustresse, força e esperança* 83
- *Energia positiva e comprometimento pleno* 83

Intercâmbio social e teoria da equidade 83
- *Demandas e contribuições* 84

A teoria da desigualdade de Adams 84
  A resolução da desigualdade 85
  Novas perspectivas sobre a teoria da equidade 85
 Teoria das expectativas 86
  Problemas motivacionais 87
  Motivação e maturidade moral 87
 Diferenças culturais na motivação 87

Capítulo 6
Gestão de aprendizagem e do desempenho 88

Modelos comportamentais de aprendizagem nas organizações 89
 Condicionamento clássico 89
 Condicionamento operante 90
 Teoria do reforço 90
Teorias sociais e cognitivas da aprendizagem 92
 Teoria da aprendizagem social de Bandura 92
 Teorias cognitivas da aprendizagem 93
Estabelecendo metas no trabalho 93
 Características das metas efetivas 93
 As metas aumentam a motivação e o desempenho 94
 As metas reduzem estresse de papéis, conflitos e ambiguidades 95
 As metas melhoram a avaliação do desempenho 95
Desempenho: uma ideia-chave 96
 Gestão do desempenho 97
 Definindo o desempenho 97
 Mensurando o desempenho 97
Feedback de desempenho 98
 Feedback 360 graus 99

  Desenvolvendo pessoas e melhorando carreiras 99
  Características essenciais de um sistema de avaliação eficaz 100
 Premiando o desempenho 100
  Sistemas de recompensa individual versus sistemas de recompensa por equipe 100
  O poder de receber 101
 Corrigindo o desempenho fraco 101
  Desempenho e a teoria da atribuição de Kelley 102
  Coaching, *aconselhamento e* mentoring 104

Capítulo 7
Estresse e bem-estar no trabalho 106

O que é estresse? 107
Quatro abordagens relacionadas ao estresse 107
 A abordagem homeostática/clínica 108
 A abordagem da avaliação cognitiva 108
 A abordagem da adaptação indivíduo-ambiente 108
 A abordagem psicanalítica 108
A resposta ao estresse 109
Fontes de estresse no ambiente de trabalho 109
 Demandas do trabalho 109
 Demandas não relacionadas ao trabalho 112
As consequências do estresse 113
 Estresse positivo 113
 Distresse individual 114
 Distresse organizacional 114
Diferenças individuais na relação estresse-tensão 115
 Efeitos de gênero 116
 Padrão de comportamento tipo A 116
 Personalidade resistente 116
 Autoconfiança 117
Gerenciamento preventivo do estresse 118
 Prevenção do estresse organizacional 119
 Prevenção individual 120
 Promoção da saúde integral 122

Parte 3
Processos interpessoais e comportamento 123

Capítulo 8
Comunicação 124

Comunicação interpessoal 125

 Modelo de comunicação interpessoal 125
 Escuta reflexiva 126
Habilidades de comunicação para gerentes efetivos 129

   Expressividade 130
   Empatia e sensibilidade 130
   Persuasão 130
   Informativo 130
Caminhos e barreiras à comunicação 130
   Diferenças de gênero 131
   Diversidade cultural 131
   Linguagem 132
Comunicação defensiva e não defensiva 132
   Comunicação defensiva no trabalho 133
   Táticas defensivas 133
   Comunicação não defensiva 134
Comunicação não verbal 134
   Proxêmica 134
   Cinesiologia 136
   Comportamento visual e facial 136
   Paralinguagem 136
Comunicação saudável e positiva 136
Comunicação por meio das novas tecnologias 137
   Comunicação escrita 137
   Tecnologias da comunicação 138
   Como as tecnologias da comunicação afetam o comportamento? 138

Capítulo 9
Equipes e grupos de trabalho 140

Equipes e grupos de trabalho 141
Por que equipes de trabalho? 142
   Benefícios para as organizações 142
   Benefícios sociais para os indivíduos 142
Comportamento no grupo 143
   Normas de comportamento 143
   Coesão do grupo 144
   Folga social 144

   Perda de individualidade 144
Formação e desenvolvimento de grupo 144
   Formação de grupo 145
   Etapas do desenvolvimento do grupo 145
   Modelo do equilíbrio pontuado 146
   Características de um grupo maduro 147
Funções de tarefa e manutenção 149
Fatores que influenciam na eficiência do grupo 150
   Estrutura da equipe de trabalho 150
   Processo de trabalho em equipe 150
   Diversidade 151
   Criatividade 152
Capacitação e equipes autogeridas 153
   Competências de capacitação 153
   Equipes autogeridas 153
Alto escalão: equipes no topo 154
   Diversidade no topo 155
   Equipes multiculturais de alto escalão 156

Capítulo 10
Tomada de decisão individual e em grupo 158

O processo decisório 159
Modelos e limites da tomada de decisão 160
   Modelo racional 160
   Modelo de racionalidade limitada 161
   Modelo Z 161
   Intensificação de comprometimento 162
Influências individuais na tomada de decisão 163
   O gestor e o risco 163
   Personalidade, atitudes e valores 164
   Intuição 164
   Criatividade 165
O processo de tomada de decisão em grupo 168
   Vantagens e desvantagens da tomada de decisão em grupo 168
   Limites da tomada de decisão em grupo 169
   Técnicas para a tomada de decisão em grupo 171
   Fatores na seleção da técnica apropriada 172
   Grupos especiais de tomada de decisão 173
Diversidade e cultura na tomada de decisões 174
Participação na tomada de decisão 174
   Os efeitos da participação 175
   Bases para participação e capacitação 175
   Qual nível de participação? 176

Capítulo 11
Poder e comportamento político 178

O conceito de poder 179
Formas e fontes de poder nas organizações 180
    Formas de poder interpessoais 180
    Fontes de poder intergrupo 181
Usando o poder eticamente 182
    Poder positivo versus *poder negativo* 183
Símbolos de poder 184
    Símbolos de poder de Kanter 185
    Símbolos de falta de poder de Kanter 185
    Símbolos de poder de Korda 185
Comportamento político nas organizações 186
    Táticas de influência 187
    Habilidade política 189
Administrando o comportamento político nas organizações 190
    Administração superior: administrando o chefe 191
    Compartilhando o poder: capacitação 193

Capítulo 12
Liderança e subordinação 196

Liderança *versus* gestão 197
As primeiras teorias dos traços 198
Teorias comportamentais 199
    Fundamentos da pesquisa comportamental 199
    A grade de liderança: uma extensão contemporânea 199
Teorias de contingência 200
    Teoria de contingência de Fiedler 200
    Teoria do caminho-meta 203

    Modelo de decisão normativa Vroom-Yetton-Jago 204
    Modelo de liderança® situacional 204
Teorias de liderança recentes 206
    Troca entre líder-membro 206
    Liderança inspiradora 207
Questões emergentes na liderança 209
    Inteligência emocional 209
    Confiança 210
    Gênero e liderança 210
    Liderança servidora 210
    Supervisão abusiva 211
Subordinação 211
    Tipos de subordinados 211
Diretrizes para a liderança 212

Capítulo 13
Conflitos e negociações 214

A natureza dos conflitos nas organizações 215
    Importância das habilidades para administrar conflitos 215
    Conflito funcional versus *conflito disfuncional* 215
    Diagnosticando conflitos 216
Causas de conflitos nas organizações 217
    Fatores estruturais 217
    Fatores pessoais 218
Tipos de conflito de grupo nas organizações 219
    Conflito interorganizacional 219
    Conflito intergrupal 220
    Conflito intragrupal 220
Conflitos individuais nas organizações 220
    Tipos de conflito intrapessoal 220
    Administrando o conflito intrapessoal 222
    Administrando o conflito interpessoal 222
Estratégias e técnicas de administração de conflitos 224
    Técnicas ineficazes 225
    Técnicas eficazes 226
Estilos de gerenciamento de conflitos 228
    Esquiva 228
    Acomodação 229
    Competição 229
    Comprometimento 229
    Colaboração 230

Parte 4
Processos organizacionais e estrutura 231

Capítulo 14
Serviços e desenho de trabalho 232

Trabalho nas organizações 233
   O significado de trabalho 234
   Cargos nas organizações 235
Abordagens tradicionais da especificação do trabalho 236
   Administração científica 236
   Ampliação de tarefas/rodízio de funções 236
   Valorização do cargo 238
   Teoria das características do cargo 238
Abordagens alternativas para especificação do cargo 240
   Processamento de informação social 241
   Ergonomia e quadro interdisciplinar 241
   Perspectivas internacionais sobre especificação do trabalho 242
   Desenho do trabalho e bem-estar 244
Questões contemporâneas relacionadas ao desenho do trabalho 245
   Trabalho a distância 246
   Padrões alternativos de trabalho 247
   Tecnologia no trabalho 248
   Desenvolvimento de habilidade 249

Capítulo 15
Design e estrutura organizacional 250

Processos-chave do design organizacional 251

   Diferenciação 253
   Integração 254
Dimensões básicas de design 255
Cinco configurações estruturais 256
   Estrutura simples 257
   Burocracia mecânica 257
   Burocracia profissional 257
   Burocracia departamentalizada 258
   Adhocracia 258
Variáveis contextuais 258
   Tamanho 259
   Tecnologia 260
   Ambiente 261
   Estratégia e metas 262
Forças remodelando organizações 263
   Ciclos de vida nas organizações 263
   Globalização 264
   Mudanças nas tecnologias de processamento de informação 265
   Demandas sobre os processos organizacionais 265
Estruturas organizacionais emergentes 265
Fatores que podem afetar negativamente a estrutura 267

Capítulo 16
Cultura organizacional 268

Níveis de cultura organizacional 269
   Artefatos 270
   Valores 273
   Crenças 274
Funções da cultura organizacional 274
Relação entre cultura e desempenho 274
   A perspectiva da cultura forte 274
   A perspectiva do ajuste 275
   A perspectiva da adaptação 276
O papel do líder em modelar e reforçar a cultura 276
   No que o líder presta atenção 276

Como o líder reage às crises 276
Como o líder se comporta 276
Como o líder aloca recompensas 276
Como o líder contrata e demite indivíduos 277
Socialização organizacional 277
   Estágios do processo de socialização 277
   Resultados da socialização 279
Avaliação da cultura organizacional 280
   Inventário de cultura organizacional 280
   Pesquisa Gap de cultura de Kilmann-Saxton 280
   Triangulação 280
Alterando a cultura organizacional 280
Desafios do desenvolvimento de uma cultura positiva e coesa 282
   Fusão e aquisição 282
   Desenvolvendo uma cultura organizacional global 283
   Desenvolvendo uma cultura organizacional ética 283
   Desenvolvendo uma cultura de capacitação e qualidade 284

Capítulo 17
Gestão de carreira 286

Decisões de escolha ocupacional e organizacional 288
   Preparando-se para o mundo do trabalho 289
   Escolha ocupacional 289
   Escolha e entrada organizacional 290
Bases para uma carreira bem-sucedida 291
   Tornando-se seu próprio orientador vocacional 292
   Inteligência emocional e sucesso na carreira 292
Modelo de estágio de carreira 293
O estágio de estabelecimento 294
   Contratos psicológicos 294
O estágio de progresso 295
   Plano de carreira e escada de carreira 296
   Encontrar um mentor 297
   Parcerias de carreira dupla 299
   Conflitos casa-trabalho 299
O estágio de manutenção 301
   Sustentando o desempenho 302

   Tornando-se um mentor 302
O estágio de retirada 302
   Planejamento para mudança 303
   Aposentadoria 303
Âncoras de carreira 304

Capítulo 18
Administrando as mudanças 306

Forças que provocam mudanças nas organizações 307
   Forças externas 308
   Forças internas 310
O escopo da mudança 311
   O papel do agente de mudança 312
Resistência a mudanças 313
   Principais razões pelas quais as pessoas resistem a mudanças 313
   Administrando a resistência a mudanças 314
Modelo de Lewin para administrar a mudança 315
Determinando a necessidade de intervenções de desenvolvimento organizacional 317
   Diagnóstico e análise de necessidades 317
Técnicas focadas em grupos para intervenção DO 318
   Pesquisa de feedback 318
   Gestão por objetivos 318
   Programas de qualidade de produtos e serviços 319
   Formação de equipe 319
   Consulta de processo 320
Técnicas focadas em indivíduos para intervenção DO 320
   Treinamento de competências 320
   Desenvolvimento e treinamento de liderança 320
   Coaching executivo 321
   Negociação de papéis 321
   Redefinição de funções 322
   Programas de promoção da saúde 322
   Planejamento de carreira 323

Notas 324

Índice remissivo 355

CAPÍTULO 1

Oportunidades e comportamento organizacional

RESULTADOS DA APRENDIZAGEM

Após a leitura deste capítulo, você estará apto a:

1. Definir o *comportamento* organizacional.
2. Identificar quatro passos que levam a respostas positivas em tempos de mudança.
3. Identificar os principais componentes do sistema organizacional.
4. Descrever os elementos formais e informais de uma organização.
5. Identificar os fatores que contribuem para a diversidade das organizações na economia.
6. Descrever as oportunidades que as mudanças proporcionam para o comportamento organizacional.

> "As organizações são descritas como engrenagens de um relógio, mas muitas vezes se parecem mais com um poço cheio de serpentes."

RESULTADO DA APRENDIZAGEM 1

O comportamento humano nas organizações

O comportamento humano observado nas organizações é complexo e, muitas vezes, difícil de ser entendido. As organizações são descritas como engrenagens de um relógio, nas quais o comportamento humano é lógico e racional; no entanto, para quem trabalha nelas, mais se parecem com poços cheios de serpentes.[1] A metáfora da engrenagem reflete a visão ordenada e idealizada de um comportamento organizacional isento de conflitos ou dilemas, uma vez que todas as partes do sistema (as pessoas) se relacionam sem problemas. O poço com serpentes reflete os conflitos diários, as dificuldades e as brigas dentro das organizações. Cada metáfora mostra a realidade baseada em perspectivas diferentes da perspectiva da organização e da do indivíduo. O poço cheio de serpentes expressa o lado negativo do comportamento humano em seu extremo, como no caso de descontrole momentâneo e violência no local de trabalho. Considerando o lado positivo, as organizações são saudáveis e produtivas quando os indivíduos possuem senso de visão e de valores compartilhados, investem de maneira pessoal em resultados, sentem que suas contribuições são significativas e contam com o apoio e o respeito dos líderes.[2]

Este capítulo aborda o comportamento organizacional. A primeira seção apresenta um panorama do comportamento humano nas organizações, suas origens interdisciplinares e o comportamento em tempos de mudanças. A segunda seção apresenta o contexto organizacional em que ocorre determinado comportamento. A terceira seção tem como foco as **oportunidades** existentes em tempos de **mudanças** e os **desafios** que o ambiente de trabalho impõe para as pessoas.[3] A quarta seção aponta para as maneiras pelas quais os indivíduos tomam conhecimento do

7 Demonstrar o valor do conhecimento objetivo e do desenvolvimento de habilidades no estudo do comportamento organizacional.

Oportunidades
Momentos favoráveis ou chances para o avanço e o progresso.

Mudança
Transformação ou modificação de uma organização e/ou de suas partes interessadas.

Desafio
O chamado para a concorrência, a competição ou a batalha.

comportamento organizacional e explica como os recursos pedagógicos se relacionam com os vários estilos de aprendizagem.

Comportamento organizacional é o estudo do comportamento individual e das dinâmicas de grupo nas organizações. Basicamente, está relacionado com as dinâmicas comportamentais, interpessoais e psicossociais observadas no ambiente de trabalho. No entanto, as variáveis organizacionais que afetam o comportamento humano nesse ambiente também são relevantes para o estudo do comportamento organizacional. Essas variáveis incluem ocupação, tipo de trabalho, comunicação, avaliação de desempenho, modelos organizacionais e estrutura organizacional.

Entendendo o comportamento humano

A maioria das teorias sobre modelos de comportamento humano se encaixa em duas categorias básicas. Uma categoria compreende a perspectiva interna; a outra, a externa. A perspectiva interna estuda a mente do trabalhador para compreender seus comportamentos. Ela é psicodinamicamente orientada e entende o comportamento humano no que diz respeito a pensamentos, sentimentos, experiências passadas e necessidades pessoais. A perspectiva interna explica ações e comportamentos das pessoas com relação a suas histórias e valores pessoais. O processo interno de pensar, sentir, perceber e julgar leva os indivíduos a agir de maneiras específicas. A perspectiva interna gerou abertura para uma vasta gama de teorias motivacionais e de liderança. Ela postula que as pessoas são mais bem compreendidas se considerarmos seu interior e que o comportamento delas é mais bem interpretado levando-se em conta seus pensamentos e sentimentos.

Já a perspectiva externa foca fatores exteriores para possibilitar a compreensão do comportamento. Pessoas que aderem a esse tipo de abordagem entendem o comportamento humano com base em eventos externos, consequências e forças ambientais aos quais o indivíduo está sujeito. Desse ponto de vista, o histórico, os sentimentos, os pensamentos e o valor pessoal de um indivíduo não ajudam a interpretar suas ações e comportamentos. Essa perspectiva promoveu a abertura para o surgimento de um conjunto alternativo de teorias motivacionais e de liderança, o qual será abordado nos capítulos 5 e 12. A perspectiva externa subentende que examinar os eventos à nossa volta e as forças do ambiente é a melhor maneira de entender o comportamento.

Ambas as perspectivas oferecem explicações alternativas para o comportamento humano. Considere este exemplo: de acordo com a perspectiva interna, Mary é uma funcionária excelente por possuir alto nível de necessidade de conquista; já de acordo com a perspectiva externa, isso se deve ao fato de ela ser muito bem remunerada. Kurt Lewin combinou as duas perspectivas afirmando que o comportamento é a inter-relação do ambiente com a pessoa.[4]

Influências interdisciplinares

Comportamento organizacional é uma disciplina cujo crescimento tem sido motivado pela contribuição de diversos campos de estudos anteriores. Áreas como psicologia, sociologia, engenharia, antropologia, administração e medicina concorreram para que compreendêssemos o comportamento organizacional. A disciplina denominada comportamento organizacional baseia-se em elementos de todas essas ciências.

Psicologia: ciência que investiga o comportamento humano, desenvolveu-se no final do século XIX. A psicologia relaciona sua própria origem à filosofia e à ciência da fisiologia. Um dos psicólogos mais proeminentes, William James, possuía formação em medicina. Desde sua origem, a psicologia tem se desmembrado em vários campos especializados, como psicologia clínica, experimental, militar, organizacional e social. A psicologia organizacional quase sempre se sobrepõe ao comportamento organizacional; por exemplo, ambos investigam a motivação no trabalho.[5] Johnson e Johnson, Valero Energy e Chaparral Steel utilizaram pesquisas psicológicas sobre militares norte-americanos realizadas na época da Primeira Guerra Mundial para desenvolver sofisticados métodos de seleção de pessoal.[6]

Sociologia: ciência que estuda a sociedade, contribuiu de maneira considerável para o nosso conhecimento acerca das dinâmicas de grupos e intergrupos. Uma vez que a sociologia considera a sociedade, e não o indivíduo, como seu ponto de partida, os sociólogos focam na variedade de papéis em

---

Comportamento organizacional
Estudo do comportamento individual e das dinâmicas de grupo dentro das organizações.

Psicologia
Ciência do comportamento humano.

Sociologia
Ciência da sociedade.

[Flexibilidade]

Mudanças na economia global, na tecnologia, na composição da mão de obra e nos valores e aspirações dos indivíduos dentro de um grupo tornam ainda mais importante a flexibilidade por parte das organizações e das pessoas. Novas tecnologias devem ser dominadas e exploradas de forma criativa. Empresas devem aprender a produzir novos produtos e serviços visando mercados em mutação. Os indivíduos devem se adaptar aos desafios e oportunidades de trabalhar em casa para balancear uma variedade de interesses e satisfazer tanto as organizações como a si mesmos. Leia o Capítulo 14 para descobrir como essas mudanças afetam nossa forma de trabalhar.

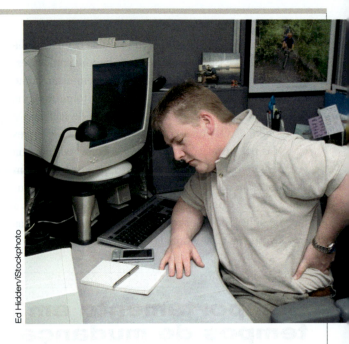

uma sociedade ou cultura, nas normas e nos padrões de comportamento dentro de grupos e nas consequências de comportamentos adequados e impróprios. Os indivíduos possuem um *conjunto de papéis* determinado pela posição social, esses papéis afetam o modo como as pessoas interagem dentro das organizações. Através da ferramenta Professional Role Behaviors Survey (Probes), a pesquisadora Rosalie B. Lopopolo analisou como os papéis dos profissionais da área da saúde mudaram durante a reestruturação dos hospitais e a influência disso no comportamento e na cultura organizacional.[7]

Engenharia: ciência aplicada da matéria e energia, melhora nossa compreensão do tipo de trabalho. Frederick Taylor aplicou ideias básicas da engenharia ao comportamento humano no ambiente de trabalho, o que influenciou os primeiros estudos sobre comportamento organizacional.[8] Com base na engenharia, Taylor deu ênfase especial à produtividade e à eficiência humana no comportamento no ambiente de trabalho. O desempenho no trabalho e a preparação para ele mudaram do longo aprendizado e da abordagem criativa para resolução de problemas para treinamento e automatização de tarefas simplificadas. As noções de Frederick Taylor sobre padrões de desempenho e sistemas diferenciais de taxa por peça ainda moldam os programas de fixação de metas organizacionais em empresas como Black & Decker, IBM e Weyerhaeuser.[9]

Antropologia: ciência que estuda o comportamento humano aprendido, é especialmente importante para compreendermos a cultura organizacional. A antropologia cultural foca as origens da cultura e os padrões de comportamento que se desenvolveram com a comunicação simbólica. Pesquisas antropológicas examinaram os efeitos de culturas eficientes em desempenho organizacional[10] e como as personalidades patológicas podem levar a culturas organizacionais conflitantes.[11] Schwartz usou um método de investigação antropológico e psicodinâmico para explorar a decadência corporativa na Nasa e na GM.[12]

Administração: originalmente chamada de ciência administrativa, diz respeito a orientar e supervisionar pessoas nas organizações. Ela enfatiza a forma, a implementação e o gerenciamento de diversos sistemas administrativos e organizacionais. March e Simon tomam a organização humana como ponto de partida e investigam práticas administrativas que evidenciam a eficácia do sistema.[13] A administração é a primeira disciplina a considerar a corporação moderna uma unidade de análise de um ponto de vista que distingue sua contribuição para o estudo do comportamento organizacional.

Medicina: ciência aplicada à cura ou ao tratamento de doenças a fim de evidenciar a saúde e o bem-estar do indivíduo. Seu foco está tanto na saúde física e psicológica como na saúde mental e ocupacional.[14] Como os cuidados modernos combatem doenças agudas, a assistência médica está se deslocando para doenças

Engenharia
Ciência aplicada da matéria e da energia.

Antropologia
Ciência do comportamento humano adquirido.

Administração
O estudo de orientar e supervisionar pessoas dentro das organizações.

Medicina
Ciência aplicada à cura ou ao tratamento de doenças, a fim de evidenciar a saúde e o bem-estar do indivíduo.

crônicas, como hipertensão, e para a saúde ocupacional e o bem-estar.[15] Essas tendências contribuíram para o crescimento de programas corporativos de bem-estar, como o "Live for Life Program", da Johnson & Johnson. Uma questão médica importante no ambiente de trabalho é a ergonomia. Os funcionários podem sofrer de dores causadas por instalações precárias; as empresas, por sua vez, podem perder bilhões de dólares, pois os custos com assistência médica aumentam e os trabalhadores produzem menos.[16] Contudo, é possível reduzir esses efeitos à metade aplicando-se os resultados de pesquisas médicas que investigam a melhoria das instalações.[17]

RESULTADO DA APRENDIZAGEM 2

Comportamento em tempos de mudança

Pesquisas recentes em mudanças ambientais, que envolveram indivíduos e organizações, indicaram que as pessoas, na maioria dos casos, enxergam as mudanças como ameaças e respondem a elas com base em formas dominantes e bem desenvolvidas de comportamento.[18] Isso significa que, em meio a mudanças, as pessoas tendem a se tornar menos flexíveis e mais rígidas. Esse comportamento funciona bem no caso de mudança gradual, incremental, porém comportamentos inflexíveis e bem aprendidos podem ser respostas contraproducentes a mudanças significativas. A terceirização foi uma mudança significativa observada na indústria norte-americana resultante do dramático avanço da internet e da tecnologia de rede.[19] Mesmo assim, fatores como atrito com funcionários e potenciais perdas de dados levaram as empresas a modificar suas estratégias de terceirização para manter tanto o talento quanto a informação dentro da organização.[20] Grandes mudanças rompem com o comportamento habitual das pessoas e obrigam o indivíduo a aprender novas habilidades. Eric Brown, VP (vice-presidente) de Desenvolvimento de Negócios Globais da Alberto Culver, oferece alguns conselhos úteis. Ele recomenda enxergar as oportunidades que surgem com as mudanças e os desafios como algo bom, não ruim. Os passos que ele indica para se adaptar às mudanças são: (1) ter atitudes positivas, (2) fazer perguntas, (3) ouvir as respostas e (4) estar comprometido com o sucesso.[21]

Apesar disso, não há garantia de sucesso e, às vezes, as mudanças resultam em fracassos. Caso isso aconteça, o melhor a fazer é não se desesperar. Alguns dos maiores líderes do mundo, como Winston Churchill, experimentaram grandes fracassos antes do sucesso. A capacidade de aprender por meio de erros e de responder de maneira positiva a novas oportunidades os ajudou a superar os contratempos. Uma capitalista de risco com quem os autores trabalharam gostava de perguntar aos que estavam montando um negócio sobre seus maiores fracassos. Ele queria saber como o executivo respondia ao fracasso e o que ele havia aprendido dessa experiência. A mudança carrega tanto o risco de fracasso como a oportunidade de sucesso; nosso comportamento, na maioria dos casos, determina o resultado. O sucesso pode vir por meio do acúmulo de pequenas vitórias e microprocessos ou ser descoberto pela média gerência engajada na mudança institucional.[22]

RESULTADO DA APRENDIZAGEM 3

O contexto organizacional

Um completo entendimento do comportamento organizacional requer compreensão tanto do comportamento humano, quanto do contexto organizacional, ou seja, o cenário específico no qual o comportamento é encenado.

Organizações como sistemas abertos

Assim como duas perspectivas diferentes oferecem explicações complementares para o comportamento humano, duas visões oferecem explicações complementares sobre as organizações. Organizações são sistemas abertos de componentes que interagem, incluindo pessoas, tarefas, tecnologia e estrutura. Esses componentes internos também interagem com componentes do ambiente de trabalho.

Atualmente, a corporação é a forma organizacional dominante em grande parte do mundo ocidental, mas outras formas organizacionais também dominaram

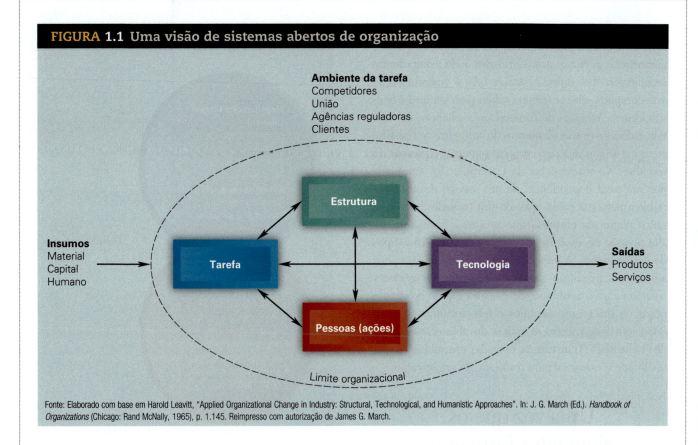

FIGURA 1.1 Uma visão de sistemas abertos de organização

Fonte: Elaborado com base em Harold Leavitt, "Applied Organizational Change in Industry: Structural, Technological, and Humanistic Approaches". In: J. G. March (Ed.). *Handbook of Organizations* (Chicago: Rand McNally, 1965), p. 1.145. Reimpresso com autorização de James G. March.

outras sociedades. Organizações religiosas, como os templos da antiga Mesopotâmia e as igrejas na América colonial, podem dominar a sociedade em alguns casos.[23] O mesmo acontece com organizações militares, como os clãs da Scottish Highlands e os exércitos regionais da República da China.[24] Essas sociedades estão atreladas por organizações familiares, que podem variar desde famílias nucleares e estendidas até pequenas comunidades coletivas.[25] O propósito e a estrutura das formas organizacionais religiosas, militares e familiares variam, mas as pessoas inseridas nas diferentes organizações geralmente se comportam da mesma forma. Na realidade, descobertas antigas sobre poder e liderança dentro das organizações são muito semelhantes às conclusões sobre poder e liderança nas famílias.[26]

As organizações podem fabricar produtos, como componentes de aeronaves ou aço, ou prestar serviços, como administração financeira e seguros. Primeiro, é preciso entender os componentes do sistema aberto de uma organização e os componentes de seu ambiente de trabalho para visualizar como essa organização funciona.

Katz, Kahn e Leavitt estabeleceram quadros de sistemas abertos para compreender as organizações.[27] Os quatro componentes internos principais são tarefa, pessoas, tecnologia e estrutura. Esses componentes, juntamente com entradas, as saídas e os elementos-chave do ambiente de trabalho, estão na Figura 1.1. A **tarefa** da organização é sua missão, seu propósito ou seu objetivo de existência. As **pessoas** são os recursos humanos da organização. A **tecnologia** é a vasta gama de ferramentas, conhecimento e/ou técnicas usadas para transformar entradas em saídas. A **estrutura** envolve os sistemas de comunicação, autoridade, papéis e fluxo de trabalho.

Além desses componentes, a organização como sistema possui um ambiente de trabalho externo. O ambiente de trabalho é composto de diferentes elementos, por exemplo, fornecedores, clientes e reguladores/agentes federais. Thompson descreve o ambiente de trabalho como o elemento do ambiente relacionado ao grau de cumprimento das metas da organização, ou sua tarefa Básica.[28] Diversas organizações estão usando ou pensando em usar o Twitter como forma de relacionamento entre os elementos de seus ambientes de trabalho.[29] A Nasa utiliza o Twitter para atualizar seus seguidores sobre a programação dos próximos ônibus espaciais.

O sistema da organização funciona recebendo as entradas, convertendo-as em rendimentos e entregando saídas ao seu ambiente de trabalho. Entradas

Tarefa
Missão, propósito ou objetivo de existência de uma organização.

Pessoas
Recursos humanos de uma organização.

Tecnologia
Ferramentas, conhecimento e/ou técnicas utilizadas para transformar entradas em saídas.

Estrutura
Sistemas de comunicação, autoridade, papéis e fluxo de trabalho.

são recursos humanos, informacionais, materiais e financeiros usados pela organização. Rendimentos são os materiais e recursos transformados pelo componente tecnológico da empresa. Assim que a transformação está completa, eles se tornam saídas para clientes e consumidores. As ações de fornecedores, clientes, agentes reguladores e outros elementos do ambiente de trabalho afetam a organização e o comportamento das pessoas no trabalho. A sobrevivência da Caterpillar foi ameaçada por sua total dependência de um serviço de utilidade pública para sua saída, quando um tornado destruiu a única planta da empresa que produzia ligamentos de alta pressão necessários para construir seus vários tipos de equipamento. A incapacidade de produzir essa peça ameaçou a produção global da empresa. Os gestores solucionaram o problema de maneira rápida coletando peças de diferentes estoques e terceirizando-os, além disso, em longo prazo, a cadeia de abastecimento foi diversificada.[30] Transformar entradas em saídas de alta qualidade é essencial para o sucesso da organização.

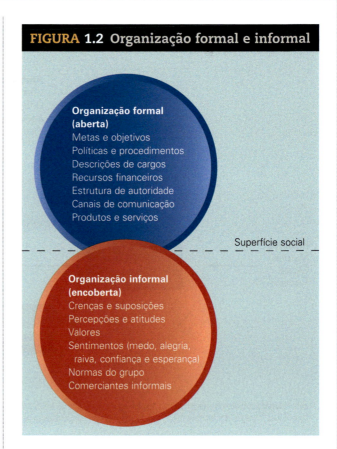

FIGURA 1.2 Organização formal e informal

> **"Uma vez que os elementos formais e informais de uma organização podem ser conflitantes, devemos compreender ambos.**

RESULTADO DA APRENDIZAGEM 4

Organização formal e informal

A visão de sistemas organizacionais abertos sugere que eles sejam projetados como engrenagens com funcionalidade organizada, precisa e interconectada. A **organização formal** é a parte oficial, legítima e mais visível que permite às pessoas pensarem na organização de maneira lógica e racional. A metáfora do poço cheio de serpentes mencionada anteriormente tem origem no estudo da **organização informal**, que é menos visível e não oficial. Os estudos de Hawthorne, conduzidos durante as décadas de 1920 e 1930, a princípio, sugeriram a importância dos elementos informais. Durante o estudo de entrevista, o terceiro dos quatro **estudos de Hawthorne**, os pesquisadores começaram a compreender seus elementos informais como uma organização.[31] Os elementos formais e informais da organização estão na Figura 1.2.

Uma vez que os elementos formais e informais de uma organização podem ser conflitantes, devemos compreender ambos. No início do século XX, os conflitos começaram a surgir em muitas organizações e foram incorporados às questões sindicais da época. Em alguns casos, conflitos formais-informais culminaram em violência. Durante a década de 1920, os supervisores da Homestead Works, por exemplo, tinham armas de fogo à disposição para atirar contra trabalhadores perigosos e indisciplinados caso fosse necessário. Nem todas as organizações são caracterizadas por conflitos formal-informal ou gerência-colaboradores. Nesse mesmo período, a Eastman Kodak ofereceu suporte financeiro para as comunidades de bairro de seus funcionários, como a Meadowbrook, em Nova York. A preocupação da Kodak em relação a seus funcionários e a atenção dispensada a questões informais tornaram os sindicatos desnecessários dentro da empresa.

Os elementos informais da organização são pontos de diagnósticos e de intervenções no desenvolvimento organizacional, embora os elementos formais devam ser sempre considerados, pois servem de base para os informais.[32] Elementos informais são importantes por-

Organização formal
A parte oficial, legal e mais visível do sistema.

Organização informal
A parte não oficial e menos visível do sistema.

Estudos de Hawthorne
Estudos conduzidos durante as décadas de 1920 e 1930, que sugeriam a importância das organizações informais.

que sentimentos, pensamentos e atitudes do indivíduo em relação a seu trabalho afetam seu comportamento e desempenho. O comportamento individual se desenrola no contexto dos elementos formais e informais do sistema, tornando-se comportamento organizacional. A disposição, as emoções e o humor dos funcionários influenciam em resultados organizacionais importantes, como desempenho no trabalho, tomada de decisão, criatividade, rotatividade, trabalho em equipe, negociação e liderança.[33]

RESULTADO DA APRENDIZAGEM 5
Diversidade das organizações

O comportamento organizacional sempre ocorre em um contexto organizacional específico. A maioria das tentativas em explicar ou prever o comportamento organizacional baseia-se em fatores internos e pouco considera o ambiente externo.[34] Os alunos podem se beneficiar do fato de serem sensíveis ao contexto organizacional e de desenvolver certa estima pela organização.[35] Nessa linha de raciocínio, focamos seis organizações ao longo deste texto.

Grandes e pequenas organizações operam em setores variados da economia. Setores privados desempenham papel econômico importante. O setor de produção inclui fabricação de materiais básicos, como aço e produtos acabados, por exemplo, equipamentos eletrônicos e automobilísticos. O setor de prestação de serviços inclui transporte, financiamento, seguros e comércio varejista. Os setores do governo, que fornecem infraestrutura básica, e organizações sem fins lucrativos também são importantes para o bem-estar coletivo, pois satisfazem necessidades que não são consideradas por outros setores.

Centenas de pequenas, médias e grandes organizações contribuem para a saúde econômica e o bem-estar da população. Ao longo deste livro, serão apresentados exemplos de várias organizações que nos ajudam a desenvolver maior apreço por nossa própria organização e por outras no mundo diversificado de empresas privadas e organizações sem fins lucrativos.

RESULTADO DA APRENDIZAGEM 6
Mudanças geram oportunidades

Mudanças geram oportunidades e riscos. A concorrência global é a principal força que leva a mudanças no trabalho. Nas últimas décadas, a concorrência nos Estados Unidos e nas economias mundiais aumentou significantemente, em especial, em setores como o bancário, financeiro e de transporte aéreo. A concorrência corporativa gera pressão relacionada a desempenho e custo, o que exerce determinado efeito nas pessoas e no comportamento no ambiente de trabalho. Se por um lado um risco para os trabalhadores é a marginalização de profissionais que trabalham meio período, por outro, a boa administração pode assegurar que todos estejam integrados.[36] A concorrência pode levar ao *downsizing* e à reestruturação da organização, mas também oferece oportunidade de revitalização.[37] Além disso, pequenas empresas não saem necessariamente perdendo no ambiente competitivo. A Scientech, uma pequena empresa geradora de energia, precisou focar os seus talentos gerenciais e serviços de qualidade para enfrentar os desafios impostos pelo crescimento e pela concorrência com empresas maiores.

A qualidade do produto e do serviço ajuda as empresas a terem vantagem em um ambiente competitivo. Organizações como IBM, Control Data Services, Inc., Northwest Airlines e Southwest Airlines usam a capacidade de resolução de problemas para chegar a produtos e serviços de qualidade.

Mudança em excesso leva ao caos; falta de mudança leva à estagnação. As mudanças na indústria do café são estímulos essenciais para a Caribou Coffee e para a Starbucks, uma vez que essas empresas estão sempre inovando e melhorando. Apesar disso, vencer em um mercado competitivo pode ser algo transitório; permanecer à frente da concorrência requer mudanças constantes.

Concorrência global

Gerentes e executivos norte-americanos enfrentaram mudanças radicais como resposta ao aumento global da concorrência. Como destacado pelo economista Lester

Jogo rápido

Apesar da recessão que começou em 2008, a economia norte-americana é a maior do mundo, com um PIB de mais de US$ 14,3 trilhões nesse mesmo ano.

Os maiores setores são: prestação de serviços (41%), produção de bens não duráveis (20%) e duráveis (8%).

Somadas, a produção de produtos e a prestação de serviços representam 69% da economia norte-americana. Investimentos públicos e fixos representam os 31% restantes.

[A Nintendo vence com o Wii]

Em 1985, a Nintendo revolucionou o mercado de videogames com a introdução da Nintendo Entertainment System. Em 2000, no entanto, a empresa viu seu mercado de ações de hardware despencar 50% em virtude de concorrentes como Sony e Microsoft apresentarem sistemas incrivelmente poderosos e jogos repletos de gráficos realistas. Gastar bilhões de dólares em desenvolvimento de jogos tornou-se padrão na indústria e a Nintendo precisava repensar a maneira como estava competindo. Gerentes do alto escalão decidiram construir algo simples, economicamente acessível e proveitoso para toda a família. O resultado foi o Wii, um videogame manipulado por um controle sem fio sensível a movimentos. Embora a decisão fosse arriscada, pensar em uma nova tendência de controle e console valeu muito a pena para a empresa. A procura pelo Nintendo Wii foi superior à oferta por mais de um ano após seu lançamento, em 2006, e desde 2009, mais de 50 milhões de unidades já foram vendidas. Amparado por aplicativos líderes de venda como Wii Play e Wii Fit, o Nintendo Wii está revertendo os quase 20 anos de declínio das vendas dos consoles Nintendo.

Fonte: J. Gaudiosi, "Why Wii Won", *Business 2.0* 8 (maio 2007): 35-37.

Thurow, essa concorrência é caracterizada pela intensa rivalidade entre Estados Unidos, Japão e Europa, nas principais indústrias.[38] A concorrência econômica pressiona todas as categorias de funcionários para serem produtivos e adicionarem valor à empresa. A concorrência corporativa torna instável o emprego em empresas e indústrias que buscam estratégias de contenção de gastos para atingir o sucesso econômico. A concorrência global na indústria automotiva entre empresas japonesas, norte-americanas e europeias incorpora a intensidade que outras indústrias podem vivenciar no futuro.

Algumas pessoas acreditam que o futuro deve focar momentos de dificuldade resultantes da concorrência internacional, ao passo que outras acreditam ser possível lidar com o futuro apenas analisando o passado.[39] Mudanças globais, econômicas e organizacionais possuem efeitos dramáticos sobre o estudo e gerenciamento do comportamento organizacional.

O cliente focado na alta qualidade

A concorrência global tem desafiado as organizações a se tornarem mais focadas no cliente, a atenderem demandas de serviços e produtos em alteração e a exceder as expectativas dos clientes com relação à alta qualidade. O fator qualidade tem o potencial de proporcionar às organizações, em indústrias viáveis, uma vantagem competitiva em relação à concorrência internacional. Com o objetivo de ser a número 1, a Caribou Coffee compete com base em uma abordagem direcionada à alta qualidade, focada no cliente.

A *qualidade* tornou-se a rubrica para produtos e serviços com *status* elevado. Qualidade total é definida de diversas maneiras.[40] A gestão da qualidade total (GQT) é a dedicação à melhoria contínua e aos clientes, para que suas necessidades sejam atendidas e suas expectativas, superadas. Qualidade é uma filosofia de gerenciamento orientada ao consumidor com importantes aplicações para praticamente todos os aspectos do comportamento organizacional. A qualidade não pode ser otimizada, pois as necessidades e expectativas dos clientes estão em constante transformação. No entanto, está presente em organizações bem-sucedidas. Parte do que tem alavancado a Toyota para o topo do mercado automobilístico é a sua atenção para com a qualidade e os detalhes relacionados a todos os setores da organização. Embora a consultoria GQT tenha enfrentado um ciclo de expansão e recessão, os principais conceitos que sustentam seu aumento inicial em popularidade vieram para ficar.

As melhorias na qualidade aumentam a probabilidade de sucesso organizacional em indústrias competitivas em crescimento. Um estudo de 193 hospitais examinou sete práticas de GQT e considerou-as posi-

O slogan "Ford, onde a qualidade vem em primeiro lugar" ajudou a impulsionar o programa de qualidade da empresa.

tivamente relacionadas ao desempenho financeiro do hospital.[41] O aprimoramento da qualidade é uma característica contínua da cultura de uma organização e da concorrência econômica que enfrentamos nos dias de hoje. Isso leva à vantagem competitiva por meio da resposta dos clientes, da aceleração de resultados e da eficiência de recursos.[42] As três questões fundamentais na avaliação de ideias voltadas à melhoria da qualidade para pessoas no trabalho são: (1) A ideia melhora a reação/receptividade do cliente? (2) A ideia acelera resultados? (3) A ideia aumenta a eficiência de recursos? Se a resposta for "sim", significa que a ideia deve ser implementada para melhorar a qualidade.

Seis Sigma é uma filosofia para melhoria da qualidade desenvolvida pela Motorola e popularizada pela General Electric. O programa Seis Sigma é caracterizado pela abordagem dirigida ao cliente, pela ênfase no uso de dados quantitativos para tomada de decisões e pela prioridade com relação economizar dinheiro.[43] Isso evoluiu e se tornou um sistema de alta performance para execução de estratégias de negócios. Parte de seu programa de qualidade é um método de solução de problemas em 12 etapas, especificamente desenvolvido para levar o "Black Belt" do Seis Sigma a uma melhoria significativa dentro do processo. O problema é combatido em quatro fases: (1) avaliação, (2) análise, (3) melhoria e (4) controle. Além disso, obriga os executivos a alinharem os objetivos e as metas corretamente e obriga as equipes de melhoria da qualidade a mobilizar ações para acelerar e monitorar a melhoria sustentada. O Seis Sigma pode ser aplicado a uma gama de situações e configurações, da fabricação a ambientes de trabalho de prestação de serviço. Na Tabela 1.1 temos um comparativo entre Seis Sigma e GQT.

Qualquer método de controle de qualidade tem pontos positivos e negativos; alguns métodos são mais adequados a determinada organi-

[Estados Unidos e China]

A China logo se tornou um jogador fundamental na economia global, tem atraído investimentos estrangeiros e passou a fazer parte da Organização Mundial do Comércio. A saúde econômica da China é importante para as empresas multinacionais nos Estados Unidos, para a saúde do ambiente global e para a segurança e estabilidade do leste asiático. Ambos os países têm muito a lucrar com a cooperação. No entanto, os desafios da globalização são ilustrados pelos pontos de tensão que também devem ser abordados, incluindo o déficit do tratado bilateral, o status de Taiwan e, especialmente, os direitos humanos.

Presidente Barack Obama cumprimenta o presidente da China, Hu Jintao, enquanto a Secretária de Estado, Hillary Clinton os observa.

FONTE: S. Chen e C. Wolf, Jr. *China, the United States, and the Global Economy* (RAND, 2001).

TABELA 1.1 Diferenças entre Seis Sigma e Gestão da Qualidade Total

SEIS SIGMA	GESTÃO DE QUALIDADE TOTAL
Propriedade executiva	Grupos de trabalho autodirecionados
Sistema de execução de estratégia de negócios	Iniciativa de qualidade
Verdadeiramente multifuncional	Amplitude dentro de uma única função
Treinamento focado com retorno verificável sobre o investimento	Sem treinamento de massa em estatística e qualidade Retorno sobre investimento
Resultado de negócios orientados	Qualidade orientada

Fonte: M. Barney, "Motorola's Second Generation," Six Sigma Forum Magazine (Maio 2002): 13. Reimpresso com permissão de Six Sigma Forum Magazine. Copyright © 2002 American Society for Quality.

> **Qualidade é uma filosofia de gerenciamento orientada ao consumidor com importantes aplicações para praticamente todos os aspectos do comportamento organizacional.**

zação do que outros em razão das diferenças relacionadas à cultura organizacional. Um estudo, com ênfase na exploração de técnicas de modelagem estatística, comparou o Seis Sigma com outros dois métodos para melhoria de qualidade (o método Taguchi e o sistema Shainin). O estudo indicou o Seis Sigma como a estratégia mais completa.[44] Por outro lado, faltaram dados estatísticos do efeito econômico real do Seis Sigma e o método recebeu algumas críticas por isso.[45] É importante que os gestores considerem qual dentre várias opções é a melhor para sua organização.

CAPÍTULO 1 Oportunidades e comportamento organizacional

> [*Qualidade total não é panaceia e não garante sucesso absoluto.*]

Comportamento e qualidade no trabalho

Ao passo que a qualidade total pode resultar em engenharia da confiabilidade ou gerenciamento *just-in-time*, a melhoria da qualidade total pode dar certo apenas quando os funcionários tiverem habilidades e autoridade para atender às necessidades dos clientes.[46] A qualidade total tem efeitos diretos sobre o comportamento de funcionários em todos os níveis da organização, não apenas de funcionários que trabalham diretamente com clientes. Os presidentes podem promover a qualidade total por meio de seu envolvimento em gestões participativas, da disposição para efetuar alterações, do foco nos esforços para melhorar a qualidade do serviço prestado ao cliente (não na retenção de custos), da inclusão da qualidade como critério no sistema de recompensa, da melhora do fluxo de informação no que diz respeito a sucessos e falhas na melhoria da qualidade e, finalmente, por meio do envolvimento ativo e pessoal nos esforços para alcançar a qualidade. Ainda quando trabalhava como diretor da Motorola, George Fisher enfatizou os atributos comportamentais de liderança, cooperação, comunicação e participação como elementos importantes no programa Seis Sigma aplicado à empresa.

A melhoria da qualidade é crucial para o sucesso competitivo. Anualmente, o Departamento de Comércio Americano patrocina uma premiação em nome de Malcolm Baldrige, antigo secretário de comércio da gestão Reagan, para reconhecer empresas cujos padrões de gerenciamento e melhoria da qualidade sejam excelentes. O Prêmio Nacional da Qualidade Malcolm Baldrige avalia organizações em sete categorias: liderança, informação e análise, planejamento estratégico de qualidade, utilização dos recursos humanos, garantia de qualidade de produtos e serviços, resultados de qualidade e satisfação do cliente.

De acordo com George H. W. Bush, "Gestão da qualidade não é apenas uma estratégia. Ela deve ser um novo estilo de trabalho, até mesmo um novo estilo de pensamento. Dedicação à qualidade e à excelência é mais do que um bom negócio. É um estilo de vida, é dar algo para sociedade, oferecendo seu melhor aos outros".

Qualidade é uma palavra de ordem para o sucesso competitivo. Organizações que não atendem às necessidades dos clientes deparam com clientes que escolhem produtos e serviços de fornecedores alternativos, que buscam superar suas expectativas. Contudo, convém lembrar que qualidade total não é uma panaceia e não garante sucesso absoluto.

Gerenciando o comportamento organizacional em tempos de mudanças

Além do desafio de melhorar a qualidade para competir com a concorrência internacional, gerenciar o comportamento organizacional em tempos de mudanças é desafiador por no mínimo outras quatro razões: (1) a crescente globalização do território operacional das organizações, (2) a crescente diversidade da força de trabalho, (3) a demanda contínua por níveis mais altos de comportamento moral e ético no trabalho e (4) a inovação tecnológica contínua que requer o aprimoramento de habilidades.

Esses quatro fatores são abordados de forma mais detalhada no Capítulo 2 e, ao longo do livro, são destacados conforme aparecem intercalados com práticas organizacionais contemporâneas. A questão das mulheres no ambiente de trabalho, por exemplo, diz respeito à diversidade da força de trabalho e, ao mesmo tempo, sobrepõe-se à questão da globalização. Em geral, o papel dos sexos é definido de formas diferentes nas várias culturas e a prática do assédio sexual assola organizações nos Estados Unidos, na Europa, em Israel e na África do Sul.

Tendência em debate: Seis Sigma

Desenvolvida pela e para indústria de produção, Seis Sigma é uma orientação para qualidade e gerenciamento com poder de permanência. O objetivo principal do Seis Sigma é aumentar a qualidade reduzindo a variação entre peças produzidas. Para contemplar o Seis Sigma, a organização deve ter apenas 3,4 peças defeituosas ou fora de padrão a cada milhão. Está claro por que empresas de várias áreas de atuação estão implantando as técnicas do Seis Sigma: o objetivo da perfeição estratosférica é altamente motivador e mensurável.

RESULTADO DA APRENDIZAGEM 7

Aprendendo comportamento organizacional

O estudo do comportamento organizacional tem como base o conhecimento científico e a prática. Envolve ideias abstratas, como anseios e expectativas na motivação, e questões concretas, como comportamentos observados e sintomas médicos resultantes de dificuldades no trabalho. Assim, o aprendizado sobre o comportamento organizacional envolve pelo menos três atividades, como mostra a Figura 1.3. Primeiro, a ciência do comportamento organizacional requer o domínio de certo conteúdo de **conhecimento objetivo**. Conhecimento objetivo é o resultado de pesquisas, experiências e observações científicas. Segundo, a prática do comportamento organizacional requer **desenvolvimento de habilidades** tendo como base o conhecimento e a compreensão de si mesmo, a fim de aprimorar as habilidades essenciais para o sucesso. Terceiro, tanto o conhecimento objetivo como o desenvolvimento de habilidades devem ser aplicados em uma configuração real.

Aprender é desafiador e divertido, pois somos todos diferentes. No ambiente de aprendizagem, a diversidade é mais bem direcionada no processo quando os alunos têm mais opções e podem assumir maiores responsabilidades como coprodutores no esforço e na diversão relacionados ao aprendizado.[47] Para aqueles que são cegos ou têm problemas de visão, aprender pode ser um desafio especial. As técnicas de ensino e de aprendizagem devem ser alinhadas cuidadosamente, e os educadores devem estar atentos ao fato de que, atualmente, ensinar não envolve apenas o verbal e o visual, diz respeito também ao virtual.[48] Se você for um aprendiz visual, utilize quadros, mapas, *slides*, vídeos, internet, notas ou fichas e faça anotações. Caso você seja um aprendiz auditivo, escute, tome notas durante as aulas e grave-as para completar suas anotações mais tarde;

[Como VOCÊ aprende?]

Para melhor se compreender como aluno e a fim de maximizar seu potencial e desenvolver estratégias para ambientes específicos de aprendizagem, é preciso avaliar como você prefere aprender e processar informações. A seção "E você?", presente nos cartões de revisão e disponíveis no site www.cengage.com.br/4ltr, oferece uma avaliação do estilo de aprendizagem.

FIGURA 1.3
Aprendendo sobre o comportamento organizacional

Atividade de aprendizado
- Domínio do conhecimento objetivo básico
- Desenvolvimento de competências e habilidades específicas
- Aplicação de conhecimentos e habilidades

revise frequentemente o que você anotou; repita em voz alta os principais conceitos. Se você for um aprendiz sinestésico, marque palavras conforme você as diz, anote os fatos várias vezes e elabore guia de estudo.

Conhecimento objetivo

Em qualquer campo de estudo, o conhecimento objetivo é desenvolvido por meio de pesquisa básica e aplicada. A pesquisa sobre comportamento organizacional acontece desde as antigas pesquisas sobre administração científica. Adquirir conhecimento objetivo requer o domínio cognitivo de teorias, modelos conceituais e resultados de pesquisas. Neste livro, a cada capítulo, o conhecimento objetivo se faz presente nas notas de apoio. Dominar conhecimentos e ideias provenientes dessas notas permite uma discussão inteligente sobre tópicos como motivação, desempenho, liderança[49] e estresse executivo.[50]

Incentivamos alunos e professores da disciplina de comportamento organizacional a pensarem de forma crítica sobre o conhecimento objetivo na estrutura organizacional. Apenas por meio do pensamento crítico é que se pode questionar ou contestar os resultados de pesquisas e considerar de forma responsável como aplicar os resultados dessas pesquisas em determinada configuração de trabalho. A famosa "decoreba" não prepara os alunos para apreciar a complexidade de teorias específicas ou de tópicos, conceitos e ideias inter-relacionadas. Já o pensamento crítico permite ao aluno que identifique inconsistências e limitações no corpo atual do conhecimento objetivo.

O pensamento crítico, embasado no conhecimento e na compreensão de ideias básicas, leva a explorações curiosas e é uma forma de aceitar a responsabilidade de ser coprodutor no processo de aprendizagem.

Conhecimento objetivo
Conhecimento resultante de pesquisas e atividades científicas.

Desenvolvimento de habilidade
Domínio de habilidades essenciais para o funcionamento bem-sucedido das organizações.

A atitude de questionar e sondar é fundamental para o pensamento crítico. O aluno que está estudando comportamento organizacional deve evoluir para um consumidor crítico de conhecimento relacionado ao comportamento organizacional – alguém que esteja apto a questionar de forma inteligente as últimas pesquisas e distinguir abordagens novas e plausíveis de tendências sem consistência ou sem fundamentos adequados. Em um cenário ideal, o aluno desenvolve-se para ser gestor profissional científico com conhecimento da arte e da ciência do comportamento organizacional.

Desenvolvimento de habilidades

O aprendizado sobre comportamento organizacional exige tanto o fazer como o conhecer. O desenvolvimento de técnicas e habilidades requer que os alunos sejam desafiados pelos professores e por eles mesmos. A seção "E você?", presente nos Cartões de Revisão, oferece uma chance de aprender sobre si mesmo.

O Ministério do Trabalho americano tenta garantir que as pessoas adquiram as habilidades necessárias para serem bem-sucedidas no ambiente profissional.[51] As habilidades essenciais identificadas pelo ministério são: (1) habilidade de gerenciamento de recursos e de tempo; (2) habilidade de gerenciamento de informações, como interpretação de dados; (3) habilidade de interação pessoal, como trabalho em equipe; (4) habilidade de desempenho e sistemas de comportamento, como relações de causa e efeito e (5) habilidade na utilização de tecnologia, como solucionadores de problemas. Muitas dessas habilidades, como tomada de decisões e gerenciamento de informações, estão diretamente relacionadas ao estudo do comportamento organizacional.[52] Um grupo do Ministério do Trabalho americano chamado 21st Century Workforce Initiative oferece *workshops* e recursos on-line para ajudar as pessoas a adquirirem conhecimento e habilidades a fim de se tornarem aptas para o mercado de trabalho em uma economia em constante transformação.[53]

Desenvolver habilidades é diferente de adquirir conhecimento objetivo, pois requer prática estruturada e *feedback*. Uma função essencial do aprendizado experimental é o engajamento do aluno em um grupo de atividades ou atividades individuais que sejam sistematicamente revisadas, levando a novas técnicas e aprendizados. A aquisição de conhecimento objetivo e o desenvolvimento de habilidades estão inter-relacionados. O processo de aprendizagem com base em atividades experimentais e estruturadas está ilustrado na Figura 1.4. O aluno se engaja em uma atividade individual ou em grupo e, sistematicamente, revisa a atividade, adquirindo conhecimento e técnicas novas ou modificadas.

Caso o desenvolvimento de habilidades e o aprendizado estruturado ocorra dessa forma, deve haver um elemento autocorretivo inerente ao aprendizado, em razão da modificação do conhecimento e das habilidades do aluno ao longo do tempo.[54] Para garantir que o desenvolvimento das habilidades aconteça e que a aprendizagem seja autocorretiva enquanto ocorre, três conceitos básicos devem ser seguidos.

Primeiro, cada aluno deve assumir a responsabilidade por seu comportamento, ações e aprendizado. Essa é a chave para o papel de coprodutor no processo de aprendizagem. Um grupo não pode aprender por seus membros. Cada membro deve assumir a responsabilidade do que aprende e faz. Negar responsabilidades não ajuda ninguém, muito menos o aluno.

Segundo, cada aluno deve participar ativamente das atividades de aprendizagem estruturada individual ou em grupo. Aprendizado estruturado não é passivo; é ativo. Em atividades grupais, todos sofrem se um membro adota uma postura passiva. Todos devem participar ativamente.

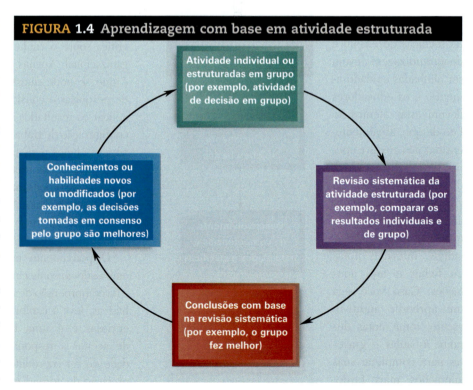

FIGURA 1.4 Aprendizagem com base em atividade estruturada

bem como de ciência e de si mesmo. Uma das vantagens do aprendizado experimental e estruturado é que cada pessoa pode explorar novos comportamentos e habilidades em um ambiente seguro, de maneira comparativa. Perder a cabeça em uma atividade de sala aula e, com isso, aprender sobre possíveis impactos adversos sobre outras pessoas provavelmente terá consequências diferentes de perder a cabeça com um cliente importante em uma situação tensa de trabalho. Espaços de aprendizagem que oferecem interface dos estilos de aprendizado com ambientes institucionais dão aos alunos espaços mais seguros para que possam aplicar suas ideias em situações hipotéticas.[55] O último objetivo da aplicação de habilidades e aprendizado experimental é possibilitar a transferência do processo empregado na aprendizagem, com base em atividades estruturadas na sala de aula e espaços de aprendizado, para a aprendizagem com base em oportunidades não estruturadas no local de trabalho.

Embora comportamento organizacional seja uma disciplina aplicada, um aluno não é "treinado" em comportamento organizacional. Ele é "educado" em comportamento organizacional e é coprodutor no aprendizado. A diferença entre os dois modelos de aprendizado é encontrada no grau de aplicabilidade direta e imediata do conhecimento ou das habilidades. Assim como em uma atividade, o treinamento une mais diretamente conhecimento objetivo e desenvolvimento de habilidades para certas aplicações. Por outro lado, a educação salienta a posse residual do indivíduo de conhecimento objetivo e habilidades que podem ser aplicadas de forma seletiva mais adiante – às vezes significativamente mais adiante – quando surgir a oportunidade. Assim, a educação é consistente com o conceito de aprendizagem ao longo da vida. Especialmente em áreas crescentes de conhecimento, como o comportamento organizacional, o aluno pode pensar no primeiro curso como o início da aprendizagem sobre o assunto.

> " Um grupo não pode aprender por seus membros.

Terceiro, todo aluno deve estar aberto a novas informações, novas habilidades, novas ideias e novas experiências. Não significa que os alunos devem ser abertos de maneira indiscriminada a novas ideias. Isso significa que os alunos devem ter uma atitude não defensiva e aberta para que possam aprender e se adaptar a novas ideias.

Aplicação do conhecimento e das habilidades

Compreender o comportamento organizacional inclui apreciação e entendimento de realidades de trabalho,

NÚMEROS

Em **1920**, os supervisores da U.S. Steel usavam armas de fogo no ambiente de trabalho.

14,3 trilhões de dólares foram o PIB norte-americano em 2008.

3 atividades estão envolvidas na aprendizagem do comportamento organizacional.

Há **12** passos no método de solução de problemas Seis Sigma da GE.

41% do PIB norte-americano vem do setor de prestação de serviços.

CAPÍTULO 1 Oportunidades e comportamento organizacional

CAPÍTULO 2

Os desafios para os gestores

RESULTADOS DA APRENDIZAGEM

Após a leitura deste capítulo, você estará apto a:

1. Descrever os fatores que afetam organizações concorrentes na economia global.
2. Explicar como diferenças culturais formam a base das atitudes relacionadas ao trabalho.
3. Descrever os desafios e as influências positivas que a diversidade traz ao ambiente corporativo.
4. Discutir o papel da ética, do caráter e da integridade pessoal dentro da organização.
5. Explicar cinco questões que representam dilemas éticos para os gestores.

> «Quais são os maiores desafios que os gestores devem superar para permanecerem competitivos?»

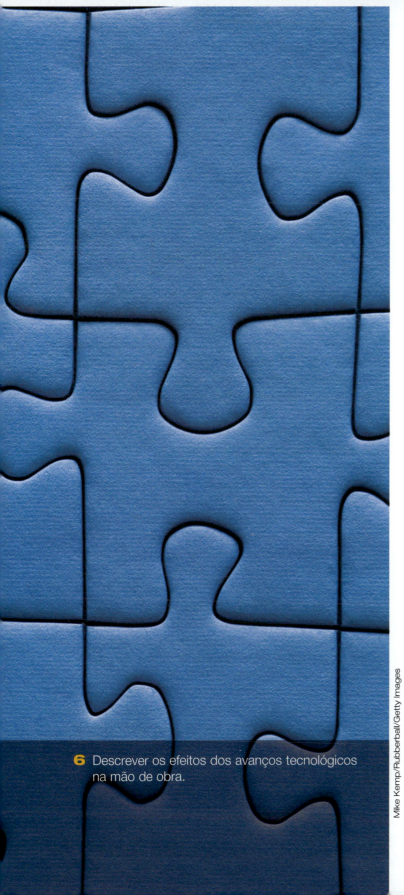

6 Descrever os efeitos dos avanços tecnológicos na mão de obra.

Os principais desafios que os gestores enfrentam derivam do fato de que os negócios estão atingindo um âmbito cada vez mais global.[1] A globalização é impulsionada pela disseminação da lógica econômica centrada na libertação, abertura, desregulamentação e privatização da economia para atrair investimentos, bem como pelas inovações que estão revolucionando a comunicação.[2] Os desafios com os quais os gestores se defrontam podem ser vistos tanto como oportunidades quanto como ameaças.

Quais são os maiores desafios a serem superados para manter a competitividade? Presidentes de corporações americanas citaram quatro questões cruciais: (1) globalizar as operações da empresa para competir no mercado mundial, (2) conduzir um grupo diversificado de colaboradores, (3) incentivar a ética, o bom caráter e a integridade pessoal e (4) aplicar e implementar inovação tecnológica no ambiente de trabalho.[3]

RESULTADO DA APRENDIZAGEM 1

Concorrendo na economia global

Alguns anos atrás, os negócios conduzidos além das fronteiras nacionais eram chamados de atividade "internacional". A palavra *internacional* implica que a nacionalidade do indivíduo ou da organização é mantida em termos de consciência.[4] *Globalização*, por outro lado, sugere que o mundo é isento de limites nacionais e fronteiras.[5] Trabalhadores americanos agora competem com trabalhadores de outros países. Organizações de outros países, como as montadoras Honda, Toyota, Nissan e Daimler Benz, estão estabelecendo subsidiárias nos Estados Unidos.

Da mesma forma, o que era denominado organização multinacional (organização com negócios em diversos países) agora é denominado **organização transnacional**. Nas organizações transnacionais, o ponto de vista global substitui questões nacionais.[6] Essas organizações operam a grandes distâncias e têm de lidar com uma mistura multicultural de trabalhadores. Empresas como 3M, Dow Chemical, Coca-Cola e outras organizações transnacionais operam em todo o mundo com diversas populações de funcionários.

Organização transnacional
Organização na qual o ponto de vista global suplanta as questões nacionais.

17

> Coloque-se na posição de um administrador global. Faça a atividade "E você?" do Cartão de Revisão do Capítulo 2 disponível on-line.

Mudanças políticas e sociais

Revoltas políticas e sociais levaram as organizações a mudarem a maneira de conduzir negócios e incentivaram seus membros a pensarem de forma global. Na União Soviética, por exemplo, a *perestroika* levou a liberação e criação de oportunidades para os negócios americanos, como comprovado pela grande fila de espera no primeiro McDonald's de Moscou.

Empreendimentos na China tornaram-se muito atrativos para empresas norte-americanas. Um desafio que gestores americanos enfrentaram foi a adaptação à maneira chinesa de fazer negócios. As práticas de negócios naquele país foram modeladas pelo Partido Comunista, pelos valores socialistas, feudais e pelo *guanxi* (construção de redes para intercâmbio social). Com o *guanxi* estabelecido, indivíduos podem pedir favores uns aos outros com a expectativa de que o favor será retribuído. Muitos chineses usam *guanxi*, ou conexões pessoais, para conduzir negócios ou conquistar empregos.

O conceito de *guanxi* não é exclusividade da China. Existem conceitos similares em outros países, incluindo na Rússia e no Haiti. Trata-se de um termo amplo que pode significar qualquer coisa desde relacionamentos fortes e leais até presentes, eventualmente vistos como suborno. O *guanxi* é mais comum em sociedades cujo apoio para negócios privados não é tão desenvolvido.[7]

Os americanos podem aprender a construir seus próprios *guanxi*; compreender a cadeia de comando chinesa; e negociar acordos para interagir de forma eficaz com gestores chineses. Usar um governo estrangeiro como franquia local pode ser eficaz na China. A operação da KFC nesse país é uma ação conjunta entre a KFC (60%) e dois órgãos do governo chinês (40%).[8]

A abertura de barreiras comerciais é um terceiro fator que afeta as organizações concorrentes na economia global. Em 1993, por meio da remoção de barreiras comerciais, a União Europeia integrou 15 países em um único mercado. Na época, os países-membros da União Europeia eram Áustria, Bélgica, Dinamarca, Finlândia, França, Alemanha, Grécia, Irlanda, Itália, Luxemburgo, Países Baixos, Portugal, Espanha, Suécia e Reino Unido. Em 2007, Bulgária, Chipre, República Tcheca, Estônia, Hungria, Letônia, Lituânia, Malta, Polônia, Eslováquia e Eslovênia se juntaram ao grupo. A integração na Europa fez surgir muitas oportunidades para as organizações norte-americanas engajarem 494 milhões de potenciais clientes. Empresas como Ford Motor Company e IBM, que entraram no mercado anteriormente como subsidiárias, estavam aptas a capitalizar sobre suas iniciações antecipadas.[9] A concorrência dentro da União Europeia tende a se intensificar, como no caso do Japão e das antigas nações soviéticas.

Guanxi
Prática chinesa de redes desenvolvidas para intercâmbio social.

[**McDonald's aprende a valorizar a diversidade**]

Desde a introdução do Modelo T, em 1908, pela Ford Motor Company, a padronização tem sido sinônimo do estilo americano de fazer negócios. As corporações americanas tentam manter operações-padrão no mercado global, ignorando complexidades culturais a favor de estratégias comprovadas. Grandes setores da população mundial resistem à "americanização", sugerindo que isso seja uma ameaça à diversidade cultural pela imposição do imperialismo corporativo. Houve um período em que a cadeia de restaurantes fast-food McDonald's foi atacada por estar levando os valores norte-americanos para o mundo, mas recentemente a empresa alterou suas práticas com vistas a se tornar mais sensível em relação a aspectos culturais. Antes guiadas por rígidas diretrizes, as operações do McDonald's ao redor do mundo agora estão livres para produzir e promover seus próprios pães, sacolas e práticas de negócio. Essa abordagem foi um grande sucesso para a empresa, cuja maioria dos negócios, hoje, vem de mercados globais.

Em meio ao desinteresse pelo Big Mac, o bem-sucedido Big Tasty foi desenvolvido na Alemanha e lançado na Suécia. A França, um dos mercados com melhor desempenho, oferece o Croque McDo, que consiste em presunto fatiado e queijo suíço com torradas. Como muitos indianos não comem carne bovina, eles têm a opção do Maharaja Mac: dois hambúrgueres de frango cobertos com maionese aromatizada. A Holanda oferece o McKroket, hambúrguer frito de carne bovina; recentemente a Coreia do Sul desenvolveu o Bulgogi Burger, hambúrguer de porco marinado em molho de soja; e Taiwan oferece o Rice Burger, carne desfiada entre dois hambúrgueres de arroz. O sucesso mundial da empresa está sendo conquistado por meio da adaptação, e não do domínio.

FONTE: P. Gumbel. "Big Mac's Local Flavor", *Fortune*, v. 157, edição 9, 00158259.

Os Estados Unidos, o Canadá e o México reduziram drasticamente as barreiras comerciais por meio do Acordo de Livre Comércio da América do Norte (Nafta), que entrou em vigor em 1994. Organizações encontraram novos e promissores mercados para seus produtos e muitas empresas instalaram fábricas no México para tirar vantagem do baixo custo da mão de obra. Antes do Nafta, o México estipulava altas tarifas sobre exportações americanas. De imediato, o acordo eliminou muitas dessas tarifas e as remanescentes foram eliminadas gradativamente.

Com essas alterações, os gestores devem pensar de forma global e adotar uma visão de longo prazo. Entrar em mercados globais requer estratégias de longo prazo.

Diferenças culturais

A chave para qualquer empresa que concorre no mercado global é compreender as diversas culturas. Ao gerir diversidades culturais dentro de um único local ou gerenciar indivíduos em localizações remotas por todo o globo, as organizações devem considerar as diferenças entre culturas. Edgar Schein sugere que, para entender a cultura de uma organização ou mais amplamente qualquer cultura, deve-se ir a fundo, além da superfície de características visíveis, e desvendar suposições centrais daquela cultura.[10]

As diferenças microculturais (diferenças dentro de culturas) são essenciais para compreendermos o ambiente de trabalho global.[11] A lacuna entre gerações é uma diferença microcultural importante. A Toyota, por exemplo, está aprendendo a falar com os 60 milhões de indivíduos da geração Y.[12]

Ao considerar diferenças entre culturas, os símbolos são muito importantes, uma vez que eles podem causar mal-entendidos e inibir a comunicação. Nos Estados Unidos, o gesto de colocar o polegar voltado para cima, por exemplo, significa aprovação; na Austrália, trata-se de um gesto obsceno. Muitos países europeus

> " Ao gerir diversidades culturais dentro de um único local ou gerenciar indivíduos em localizações remotas por todo o globo, as organizações devem considerar as diferenças entre as culturas.

não utilizam arquivo de pastas de papel manilha, por essa razão, não reconhecem os ícones usados nos aplicativos Windows.[13]

As diferenças culturais refletem-se nas atitudes relacionadas ao trabalho? O pesquisador holandês Geert Hofstede investigou essa questão. Ele e alguns colegas entrevistaram 160 mil gestores e funcionários da IBM que trabalhavam em 60 países. Os pesquisadores estudaram indivíduos da mesma empresa que tinham o mesmo trabalho, mas viviam em países diferentes. Os estudos de Hofstede mostraram que a cultura explica mais diferenças em atitudes relacionadas ao trabalho do que idade, gênero, profissão ou posição dentro da empresa. Ele encontrou cinco dimensões de diferenças culturais que formaram a base para atitudes voltadas ao trabalho.[14] Essas dimensões estão na Figura 2.1.

As carreiras administrativas de gestão assumiram dimensão global. Trabalhar em organizações transnacionais pode oferecer aos gestores a oportunidade de trabalhar em outros países. **Gestores expatriados**, aqueles que trabalham em um país diferente de seu país natal, se beneficiam muito do conhecimento sobre diferenças culturais.

Executivos internacionais são profissionais cujos trabalhos têm representação em âmbito internacional, seja porque suas tarefas são realizadas fora do país, seja porque têm de lidar com questões internacionais.

Que tipo de competências uma pessoa deve desenvolver para se preparar para uma carreira internacional? Existem vários atributos, todos embasados em competências principais e nas habilidades para aprender com base na experiência. Algumas das competências-chave são integridade,

FIGURA 2.1 As dimensões das diferenças culturais de Hofstede

Individualismo ←→ Coletivismo
Alta distância de poder ←→ Baixa distância de poder
Grande aversão à incerteza ←→ Baixa aversão à incerteza
Masculinidade ←→ Feminidade
Orientação em longo prazo ←→ Orientação em curto prazo

Fonte: Reimpresso com autorização da Academia de Administração, P.O. Caixa Postal 3020, Briarcliff Manor, NY 10510-8020. Restrições Culturais em Teorias de Administração. G. Hofstede, Academia de Administração Executiva 7 (1993). Reproduzido com permissão do editor via Copyright Clearance Center, Inc.

Gestores expatriados
Gestor que trabalha em um país diferente de seu país natal.

TABELA 2.1 Guia de negócios para diferenças culturais

PAÍS	REUNIÕES	VESTUÁRIO	PRESENTES	NEGOCIAÇÕES
Japão	A pontualidade é uma necessidade. O atraso é considerado algo rude.	Conservador para homens e mulheres em grandes e médias empresas, embora camisas em tom pastel sejam comuns. Espera-se que as pessoas retirem os sapatos ao entrarem em templos e casas, bem como em alguns restaurantes estilo ryokan (pensão). Nesses casos, deve-se calçar chinelos.	Parte importante do protocolo de negócios japonês. Os colegas costumam trocar presentes nos dias 15 de julho e 1º de janeiro, para celebrar a metade do ano e o fim do ano, respectivamente.	O cartão de visita (meishi) é parte importante nas negociações e essencial para estabelecer credenciais. Um lado do cartão deve estar em inglês, o outro, em japonês. É um recurso para incluir informações como parcerias com associações profissionais.
México	A pontualidade nem sempre é prioridade. Contudo, os mexicanos estão acostumados à pontualidade norte-americana e a maioria dos mexicanos dentro do mundo dos negócios, se não do governo, tentará retornar o favor.	Trajes e gravatas escuros e conservadores são norma para a maioria dos homens. O vestuário feminino padrão em escritórios inclui vestidos, conjuntos com saias ou saias e blusas. A feminilidade é incentivada nos trajes femininos.	Não é sempre uma exigência, mas oferecer pequenos presentes é considerado um gesto de boa vontade. Ao dar um presente, esteja ciente de que ele não é ofensivo.	Os mexicanos evitam dizer "não" diretamente. Um "não" é normalmente disfarçado por meio de respostas como "talvez" ou "veremos". Essa abordagem indireta deve estar presente nas negociações. Caso contrário, seus parceiros mexicanos poderão vê-lo como alguém rude e agressivo.
Arábia Saudita	Há o costume de fazer reuniões ao longo do dia em vez de fazê-lo em horários precisos. A importância que os sauditas atribuem à cortesia e à hospitalidade pode causar atrasos que impedem seguir uma agenda fixa.	A única exigência de código de vestimenta é a moderação. Para os homens, isso significa cobrir tudo do umbigo ao joelho. Em público, as mulheres devem cobrir tudo, exceto o rosto, as mãos e os pés vestindo uma abaya (manto preto) e turbante.	Deve ser oferecido apenas aos amigos mais próximos. Para um saudita, receber um presente de uma pessoa menos conhecida é tão embaraçoso que chega a ser ofensivo.	O cartão de visita é comum, mas não essencial. Se usado, costuma estar impresso tanto em inglês como em árabe, um de cada lado, de modo que nenhum idioma pareça menos importante por estar no verso do mesmo cartão.

Fonte: Adaptado das informações obtidas dos guias de culturas de negócios acessado no site http://www.executiveplanet.com.

perspicácia, assunção de riscos, coragem para se posicionar e habilidade para tirar o melhor das pessoas. Os atributos orientados à aprendizagem, no caso de executivos internacionais, incluem desafios culturais, flexibilidade, abertura à crítica, desejo de buscar oportunidades para o aprendizado e sensibilidade em relação às diferenças culturais.[15] Além disso, o capital humano consistente tem efeito positivo na questão da internacionalização.[16]

Como os hábitos relacionados aos locais de trabalho variam de modo considerável, compreender as diferenças culturais torna-se especialmente importante no caso de empresas que têm a intenção de abrir escritórios em outros países. A pesquisa prévia e minuciosa desse tipo de informação ajuda as empresas a gerirem operações estrangeiras. Consulados e organizações que funcionam em outro país fornecem informações valiosas sobre costumes e exigências legais. A Tabela 2.1 apresenta um guia de negócios para diferenças culturais em três países: Japão, México e Arábia Saudita.

Outra realidade que afeta a prática de negócios globais é o custo das demissões em outros países. À medida que a empresa se torna cada vez mais global, o *downsizing* impôs desafios em escala mundial. Dispensar um gerente de nível médio de 45 anos de idade e 20 anos de serviços prestados, com US$ 50 mil de salário anual, por exemplo, tem um custo que varia entre US$ 13 mil, na Irlanda, e US$ 130 mil, na Itália.[17] Demitir esse gerente nos Estados Unidos teria um custo aproximado de US$ 19 mil. A variação dos custos baseia-se na proteção legal que certos países oferecem aos trabalhadores. Na Itália, empregados demitidos recebem uma quantia referente ao "aviso prévio" (equivalente ao salário de um ano caso tenham acima de nove anos de casa) além do pagamento rescisório (baseado no salário e no tempo de serviço). Empresas americanas que operam em outros países costumam seguir a tradição europeia de formação e treinamento de trabalhadores, para evitar excesso de pessoal e possíveis demissões. Prezar pelos costumes e pelas normas para fazer negócio em outro país é essencial para o sucesso global.

RESULTADO DA APRENDIZAGEM 2

Diferenças culturais e atitudes relacionadas ao trabalho

O trabalho de Hofstede tem implicações para as atitudes relacionadas ao trabalho. Vamos observar mais atentamente as cinco dimensões das diferenças culturais se manifestam em diversos países.

[E a cultura norte-americana?]

Hofstede descobriu que os Estados Unidos são mais individualistas do que qualquer outro país. Ele está classificado entre os países com pouca distância do poder e seus níveis de aversão à incerteza indicam certa tolerância à falta de certeza. Os Estados Unidos também foram classificados como uma cultura masculina com orientação de curto prazo. Esses valores moldaram a teoria administrativa americana, por isso o trabalho de Hofstede gera dúvidas sobre a aplicabilidade universal das teorias de gestão dos americanas. Como essas dimensões variam muito, é preciso adaptar as práticas gerenciais para dar conta das diferenças culturais. Os gestores em organizações transnacionais devem aprender o máximo possível sobre culturas para administrar com eficácia a diversidade cultural de suas organizações.

Individualismo *versus* coletivismo

Em culturas nas quais o **individualismo** predomina, a estrutura social é mais livre. Os funcionários são leais a si mesmos e a suas famílias em primeiro lugar; a lealdade para com a empresa em que trabalham e para com suas equipes vem em segundo lugar. Culturas caracterizadas pelo **coletivismo** apresentam estruturas sociais fortemente unidas nas quais os membros dependem muito de suas famílias ou de seus clãs. As decisões em grupo são valorizadas e aceitas.

As culturas europeia e norte-americana são individualistas. Gestores no Reino Unido e dos Países Baixos, por exemplo, enfatizam e incentivam a conquista pessoal. Em culturas coletivistas, como os *kibbutzim* de Israel e do Japão, as pessoas veem a lealdade e a unidade do grupo como algo primordial. Gestores coletivistas buscam se encaixar de forma harmoniosa no grupo e incentivam esse comportamento entre seus funcionários. As várias regiões mundiais são padronizadas com diferentes graus de diferenças culturais.

Distância do poder

A distância do poder está relacionada com a aceitação da distribuição desigual de poder. Nos países em que a **distância do poder** é grande, o chefe tem mais poder. Os títulos são valorizados, a formalidade é uma regra e a autoridade

---

Individualismo
Orientação cultural de acordo com a qual as pessoas tendem a se desligar de estruturas sociais e suas maiores preocupações são elas mesmas e suas famílias.

Coletivismo
Orientação cultural de acordo com a qual as pessoas pertencem a fortes estruturas sociais e dependem de suas famílias ou de clãs.

Distância do poder
Grau no qual uma cultura aceita a distribuição desigual de poder.

raramente é ignorada. Gestores e funcionários se veem como tipos diferentes de pessoas. Índia, Venezuela e México demonstram alto grau de distância do poder.

Em sociedades com pouca distância do poder, as pessoas acreditam na diminuição da desigualdade. Os indivíduos que estão em níveis variados de poder são menos ameaçados e mais dispostos a confiar uns nos outros. Gestores e funcionários se julgam da mesma forma. O poder é dado apenas aos gestores especialistas. Frequentemente funcionários passam por cima das ordens do chefe para realizar trabalhos em países com pouca distância do poder, como Dinamarca e Austrália.

Aversão à incerteza

As culturas com muita **aversão à incerteza** se preocupam com segurança e tendem a evitar conflitos. As pessoas precisam de consenso e lutam constantemente contra a ameaça das incertezas inerentes da vida. As culturas com pouca aversão à incerteza toleram melhor a ambiguidade. As pessoas são mais dispostas a assumir riscos e se sentem mais à vontade com as diferenças individuais. Os conflitos são vistos como algo construtivo, e os indivíduos aceitam pontos de vista divergentes. Norugueses e australianos valorizam a mobilidade do trabalho, pois possuem pouca aversão à incerteza; Japão e Itália são caracterizados por terem muita aversão à incerteza e, obviamente, suas culturas valorizam a estabilidade profissional.

Masculinidade *versus* feminilidade

Em culturas caracterizadas pela **masculinidade**, valoriza-se o materialismo e a assertividade. Os homens devem ser assertivos, fortes e decisivos, ao passo que as mulheres devem ser educadas, modestas e sensíveis.[18] Dinheiro e posses são importantes, e o desempenho é o que interessa. As conquistas são admiradas. As culturas caracterizadas pela **feminilidade** valorizam as relações e se preocupam com os outros. Espera-se que tanto os homens quanto as mulheres assumam papéis assertivos e sejam educados. A qualidade de vida é importante; as pessoas e o ambiente têm destaque.

Aversão à incerteza
Grau no qual uma cultura tolera ambiguidade e falta de certeza.

Masculinidade
Orientação cultural de acordo com a qual a assertividade e o materialismo são valorizados.

Feminilidade
Orientação cultural de acordo com a qual os relacionamentos e a preocupação com os outros são valorizados.

Orientação temporal
Os valores de uma cultura são orientados tomando-se como base o futuro (orientação em longo prazo) ou o passado e presente (orientação em curto prazo).

Orientação temporal

As culturas também se diferem com relação à **orientação temporal**. Os valores de uma cultura são orientados pelo futuro (orientação em longo prazo) ou pelo passado e presente (orientação em curto prazo).[19] Na China, país com orientação em longo prazo, valores como a frugalidade e a persistência, que visam ao futuro, são enfatizados. Os russos possuem orientação em curto prazo, por essa razão, valorizam o respeito pela tradição (passado) e o cumprimento de obrigações sociais (presente).

Desenvolvimento da sensibilidade multicultural

No ambiente multicultural de hoje, é necessário que as organizações ajudem seus funcionários a reconhecer e apreciar as diferenças culturais. As empresas podem fazer isso por meio de treinamento para a sensibilidade cultural. A IBM incentiva seus funcionários a desenvolver o conhecimento sobre diferentes culturas e sobre percepção de questões mundiais por meio de seu Global Citizens Portfolio (Portfólio Global de Cidadãos). Esse projeto consiste em oferecer contas para gastos diversos que os funcionários podem usar para reforçar seus treinamentos e, dessa forma, beneficiar a empresa.[20] Outra maneira de desenvolver a sensibilidade é utilizar forças-tarefa ou equipes multiculturais. A GE Medical Systems Group (GEMS), com base em Milwaukee, possui 19 mil funcionários trabalhando ao redor do mundo. A GEMS desenvolveu um veículo para reunir os gestores de cada uma das três regiões em que atua (Américas, Europa e Ásia) para trabalhar em uma série de projetos. O Global Leadership Program (Programa de Liderança Global) cria uma série de grupos formados por gerentes de várias regiões e os faz trabalhar em projetos importantes, como a integração mundial de funcionários, a fim de aumentar o senso de pertencimento à organização internacional GEMS.[21] Como as diferenças culturais estão em constante fluxo, é importante para os gestores manter seus conhecimentos atualizados sobre as tendências culturais relevantes.

A globalização dos negócios afeta toda a organização, particularmente a gestão de recursos humanos. Os gestores de recursos humanos devem adotar uma visão global do planejamento de recursos humanos, recrutamento, seleção, remuneração, treinamento e desenvolvimento. Além disso, precisam ter conhecimentos básicos do sistema legal de diversos países, bem como de costumes, culturas e economias globais. Esses profissionais devem não apenas preparar seus funcionários para trabalhar longe de seus países de origem mas também ajudar os funcionários estrangeiros a interagir com outras culturas. A gestão de recursos humanos global é complexa, porém essencial para o sucesso da organização no mercado de trabalho.

RESULTADO DA APRENDIZAGEM 3

Mão de obra diversificada

As diferenças culturais contribuem para a diversificação da mão de obra, mas outras formas de diversidade também são importantes. **Diversidade** engloba todas as formas de diferença entre indivíduos, incluindo cultura, gênero, idade, habilidade, religião, personalidade, posição social e orientação sexual. Nos últimos anos, a diversidade tem chamado muito a atenção, principalmente em virtude das mudanças demográficas na população trabalhadora. Os gerentes percebem que lidar com a diversidade é uma questão primordial por duas razões. Primeiro, os gestores precisam motivar diversos grupos de trabalho. Segundo, os gestores devem se comunicar com funcionários que tenham diferentes valores e habilidades linguísticas.

Várias tendências demográficas estão afetando as organizações. Por volta de 2020, a mão de obra será mais diversa no aspecto cultural, contará com um maior número de mulheres e será mais velha do que nunca. A diversidade e a transformação demográfica da mão de obra são desafios críticos para o estudo e o gerenciamento do comportamento organizacional.[22] As teorias de motivação, liderança e comportamento em grupo baseadas em pesquisas de mão de obra de determinada composição podem não ser aplicáveis em um grupo de trabalho cuja composição seja diferente.[23] Isso pode ser especialmente problemático caso ética, gênero e/ou diferenças religiosas levem a conflitos entre líderes e seguidores dentro das organizações. A recente legislação e as novas tecnologias ajudaram mais pessoas com deficiências a entrar no mercado de trabalho. Assim, aprender a trabalhar em equipe é uma habilidade cada vez mais importante, da mesma forma que é importante trabalhar com mente aberta. A Alcon Laboratories, empresa suíça com filial internacional em Fort Worth, Texas, cuja missão é melhorar e preservar a visão, oferece treinamento em diversidade para ajudar os funcionários a aprender a trabalhar em equipe.

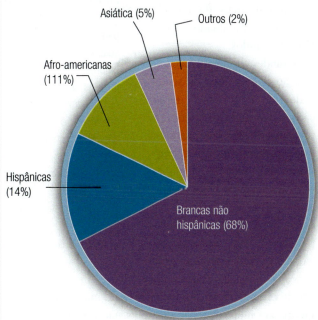

> **Por volta de 2020, a mão de obra será mais diversa no aspecto cultural, contará com um maior número de mulheres e será mais velha do que nunca.**

Asiática (5%)
Outros (2%)
Afro-americanas (111%)
Hispânicas (14%)
Brancas não hispânicas (68%)

Fontes: R. W. Judy e C. D'Amico. *Workforce 2020* (Indianapolis, Ind.: Hudson Institute, 1997); U.S. Department of Labor, "Usual Weekly Earnings Summary", *Labor Force Statistics from the Current Population Survey* (Washington D.C.: Governo Norte-Americano 2002).

Jogo rápido

As mulheres são proprietárias de aproximadamente 10,4 milhões de todos os negócios americanos, os quais empregam mais de 12,8 milhões de pessoas e geram US$ 1,9 trilhão em vendas.

Fonte: "Top Facts about Women-owned Businesses", Center for Women's Business Research, http://www.cfwbr.org/facts/index.php. Acessado em 26 jun. 2008.

Diversidade
Todas as formas de diferenças entre indivíduos, incluindo cultura, gênero, idade, habilidades, religião, personalidade, posição social e orientação sexual.

Diversidade étnica

A globalização dos negócios está promovendo uma grande diversidade cultural nos postos de trabalho. Alterações demográficas locais também afetam a diversidade cultural. Por volta de 2020, as minorias constituirão mais da metade dos novos trabalhadores dos Estados Unidos.

Grandes alterações na composição demográfica da sociedade têm importantes implicações para as organizações. A presença de afro-americanos e hispano-americanos nas profissões em declínio é muito prevalente, limitando, assim, as oportunidades. Além disso, os indivíduos dessas etnias tendem a viver em grandes cidades que enfrentam severas crises econômicas e altos índices de criminalidade. Trabalhadores de minorias geralmente são menos preparados, pois não possuem nível de escolaridade satisfatório e treinamento apropriado para a função, o que os deixa em desvantagem dentro das organizações. Não precisa ser assim. A Coca-Cola, por exemplo, obteve considerável progresso no que diz respeito à diversidade monitorando seus sistemas de recursos humanos, e empresas como a Motorola já reconhecem e atendem essas necessidades focando treinamento de habilidades básicas.[24]

A globalização dos negócios e as tendências às mudanças demográficas apresentam organizações com mão de obra diversificada no que se refere ao aspecto cultural, gerando tanto desafios como riscos. O desafio é aproveitar a riqueza das diferenças provenientes das diversidades culturais. O risco é que preconceitos e estereótipos impeçam que gestores e funcionários desenvolvam sinergia em prol da organização. A diversidade da mão de obra foi um fator decisivo na inovação que levou ao *boom* das empresas ponto com no Vale do Silício, isso mostra que os benefícios da diversidade melhoram o gerenciamento dos desafios e riscos.[25]

Diversidade sexual

Atualmente, a mão de obra inclui uma grande parcela de mulheres. Nos Estados Unidos, o número de mulheres na força de trabalho aumentou de 31,5 milhões, em 1970, para 65 milhões, em 2008. Isso representa quase 60% da expansão total de toda a força de trabalho americana nesse período. Em 2007, as mulheres representavam mais de 46% da força de trabalho.[26] Em 2009, 70% de novos trabalhadores eram mulheres ou pessoas de outras etnias.

As mulheres estão mais bem preparadas para oferecer sua contribuição às organizações do que antes, pois possuem 49% de todos os doutorados, 60% dos mestrados e 58% dos cursos de graduação.[27] Contudo, o nível de autoridade e remuneração não cresce de acordo com a formação e participação delas no mercado de trabalho. Não só o número de mulheres exercendo a função de CEO cresceu muito pouco recentemente como também o número de mulheres promovidas a cargos de alto escalão decaiu. Metade dos trabalhadores do sexo masculino ocupam posições de linha, em comparação com apenas um quarto das mulheres.[28] A American Express é uma exceção à regra. Considerada pela revista *Pink* uma das melhores empresas para mulheres no ano de 2007, a American Express não apenas coloca mulheres em cargos do alto escalão como também fornece treinamento para que elas progridam mais.[29] No entanto, os salários semanais médios para mulheres permanecem no patamar de 81% do que ganham seus colegas do sexo masculino.[30] Como os benefícios estão associados com a remuneração, as mulheres também recebem menos benefícios.

[As mulheres podem trabalhar e ter uma vida?]

Equilibrar o trabalho com outras obrigações, como família e crescimento pessoal, é uma questão essencial nas mentes femininas e nas empresas em que as mulheres trabalham. As mulheres ocidentais se adaptaram ao papel de provedoras e ainda são responsáveis pela administração do lar, por cuidar dos filhos e, em alguns casos, dos familiares mais velhos.

Com os múltiplos papéis, as mulheres enfrentam conflitos entre casa e trabalho. Elas lutam para gerenciar a logística, evitar o esgotamento e encontrar bons mentores, bem como tempo para si próprias. Nos Estados Unidos e em outros países, empresas e governos estão enfatizando os sistemas de apoio e as estruturas alternativas para ajudar as mulheres a equilibrar as várias dimensões de suas rotinas, e investidores estão buscando cada vez mais empresas que ofereçam flexibilidade e apoio. Horários flexíveis de trabalho proporcionados pela tecnologia, assistência à criança e ao idoso e programas que promovam a saúde no trabalho ajudam mulheres que trabalham a gerenciar o estresse.

FONTE: D. L. Nelson e M. A. Hitt. "Employed Women and Stress: Implications for Enhancing Women's Mental Health in the Workplace". In: J. C. Quick, L. R. Murphy e J. J. Hurrell, Jr. (Eds.). *Stress and Well-Being at Work* (Washington, D.C.: American Psychological Association, 1992): 164-177; S. Riss. "This Is How She Does It". *Working Mother* (jun/jul 2008) 19-23; E. McDargh. "Work-life Balance Issues Loom Large across the Globe: Work-life Balance Isn't Just Making News. It's Also Become a Criterion for Investment", *Arkansas Business* (12 maio 2008).

O **teto de vidro** é uma barreira transparente que impede as mulheres de crescer acima de determinado nível dentro das organizações. Nos Estados Unidos, não tem sido uma tarefa fácil encontrar mulheres em posições acima da gerência de nível médio.[31] Embora o crescimento de oportunidades para as mulheres atingirem posições executivas esteja estagnado, a situação está melhorando para elas dentro das salas de direção. Um estudo não identificou nenhum aumento considerável no número de mulheres nos conselhos corporativos entre 1996 e 2002, embora esse número tenha aumentado em 2007.[32] O teto de vidro mencionado poderá ser também um parceiro profissional. Ao passo que 30% das mulheres sejam profissionais registradas, apenas 17% são sócias em empresas.[33]

De forma geral, o quadro da liderança feminina está melhorando. Nas últimas décadas, o número de líderes políticas cresceu drasticamente no cenário mundial. Nos anos 1970, havia apenas 5 líderes. Na década de 1990, 21 líderes femininas assumiram o poder e, ao redor do mundo, as mulheres estão liderando grandes empresas globais. Essas líderes femininas não surgiram predominantemente do mundo ocidental. Além disso, um grande número de mulheres deu início a novos empreendimentos.

Remover obstáculos para o sucesso das mulheres representa um grande desafio para as organizações. As corporações devem ajudar o crescente número de funcionárias mulheres a atingir seus potenciais, ou se arriscar e subestimar os talentos da metade da força de trabalho americana. Elas podem fazer isso desenvolvendo políticas que promovam igualdade de salários e benefícios, incentivando programas de benefícios de interesse feminino e oferecendo salários iniciais iguais para cargos de valores iguais. As corporações que quebram o teto de vidro compartilham diversas práticas. Gestores do alto escalão demonstram apoio para o desenvolvimento feminino. Líderes incorporam práticas em seus programas de gerenciamento de diversidade para garantir que as mulheres percebam a organização com um atrativo.[34] As mulheres são representadas em comissões permanentes direcionadas a questões empresariais importantes e são direcionadas para a participação em programas de educação executiva. Os sistemas são utilizados para identificar mulheres com grande potencial de desenvolvimento.[35] Empresas como a IBM e a Ernst & Young trabalham pela diversidade não apenas oferecendo excelentes programas para o avanço e desenvolvimento de mulheres executivas mas também analisando supervisores com base em seu suporte ativo para tais esforços.[36]

Ex-representante de Comércio dos Estados Unidos, Charlene Barshefsky, atualmente se encontra a bordo da administração da American Express.

[**Tecnologia = Habilidade**]

Pessoas com deficiências enfrentam desafios únicos no grupo de trabalho. Em virtude de um aneurisma, Richard Saab sofreu uma paralisia, o que o obrigou a abandonar seu trabalho de *chef*, pois não poderia mais ficar de pé. Após a recuperação, ele queria voltar a cozinhar. O Departamento de Reabilitação Profissional da Flórida ofereceu-lhe uma cadeira de rodas vertical, que lhe daria condições de assumir sua função novamente. O desenvolvimento de novas tecnologias de apoio não apenas ajuda pessoas a evitar lesões no local de trabalho, por exemplo, em razão de instalações ergonômicas inadequadas para uso de computador, como também ajuda pessoas com deficiências a atingir seus objetivos pessoais e contribuem para o sucesso das organizações.

FONTE: "Standing Wheelchair for a Chef", http://www.workrerc.org. Acessado em 26 jun. 2008.

Diversidade em relação à idade

O envelhecimento da força de trabalho americana é outra fonte de diversidade nas corporações. O envelhecimento dos indivíduos nascidos entre 1946 e 1964, os chamados *baby boomers*, contribuiu para o aumento da idade média nos Estados Unidos para 36 anos em 2000, seis anos a mais do que em qualquer outra época na história. O número de americanos de meia-idade está aumentando drasticamente, ao passo que o número de trabalhadores mais jovens e mais velhos (acima de 65 anos) está diminuindo. Em 2010, pessoas acima de 65 anos representavam 13% da população; em 2030, vão representar 20%.[37]

Teto de vidro
Barreira transparente que impede as mulheres de crescer acima de determinado nível dentro das organizações.

CAPÍTULO 2   Os desafios para os gestores

Essa mudança no perfil do trabalhador tem profundas implicações para as organizações. A crise de emprego entre trabalhadores de meia-idade tende a se intensificar com a otimização e diminuição da estrutura de cargo nas organizações, eliminando cargos de média gerência. Os trabalhadores de mais idade geralmente possuem as maiores remunerações, e as empresas que empregam grande número de *baby boomers* poderão considerar essas escalas de remuneração um entrave para a competitividade.[38] O voluntarismo remunerado pode ser um atrativo para as gerações mais jovens.[39] Por outro lado, uma força de trabalho mais experiente, estável, confiável e saudável pode gerar dividendos às empresas. Os *baby boomers* são bem treinados e educados e o conhecimento que possuem é uma vantagem garantida para a empresa.

O envelhecimento da força de trabalho está aumentando o contato entre diferentes gerações no ambiente corporativo.[40] Com organizações mais achatadas, os funcionários, tradicionalmente segregados pela velha hierarquia corporativa, passam a trabalhar juntos. Quatro gerações estão cooperando: *a geração do silêncio* (pessoas nascidas entre 1930 e 1945), um pequeno grupo que inclui a maioria dos gestores do alto escalão; *os baby boomers*, cujos números substanciais os tornam muito influentes; *a geração baby bust*, popularmente conhecida como *geração X* (nascidos entre 1965 e 1976); e a seguinte, a *geração Y*, ou *baby boomlet*.[41] Esta geração costuma trazer novos desafios para o ambiente de trabalho em virtude de seu precoce acesso à tecnologia e do contato frequente que mantém com os pais.[42]

As diferenças relacionadas a atitudes e valores entre essas quatro gerações podem ser substanciais, e os gestores lutam para integrar esses funcionários em um grupo coeso. Atualmente, a maioria das posições de liderança está ocupada por membros da geração do silêncio. Os *baby boomers* tendem a considerar a geração do silêncio complacente, que luta pelos direitos morais no trabalho e assume uma posição ativista com relação aos direitos dos funcionários. Os jovens da geração X geralmente são impacientes, querem recompensas em curto prazo e valorizam um maior equilíbrio entre a família e o trabalho. Eles desprezam a orientação para conquistas e o materialismo que caracteriza a geração dos *baby boomers*. Os membros da geração Y, por outro lado, dão maior importância à independência e à criatividade e são menos propensos a aceitar trabalhos que não estão de acordo com seus valores.

Os trabalhadores mais jovens podem ter falsas impressões dos mais velhos: aqueles podem ver estes como resistentes às mudanças, incapazes de aprender novos métodos de trabalho, menos capacitados fisicamente e menos criativos em comparação aos funcionários mais jovens. Contudo, pesquisas indicam que funcionários mais velhos são mais satisfeitos com seus trabalhos, mais comprometidos com a organização e mais motivados do que grupos mais jovens.[43] Outras pesquisas apontam para o fato de que a experiência direta com funcionários mais velhos reduz as crenças negativas por parte dos mais jovens.[44] Motivar os funcionários mais velhos e ajudá-los a manter o alto nível de contribuição na organização é uma tarefa-chave para os gestores.

Diversidade em relação às habilidades

Funcionários com habilidades diferentes apresentam outra forma de diversidade. Indivíduos com deficiências são recursos humanos menos utilizados. Aproximadamente 50 milhões de pessoas com deficiência residem nos Estados Unidos, e a taxa de desemprego referente a esse grupo ultrapassa 50%.[45] No entanto, desde 1992, quando entrou em vigor o Americans with Disabilities Act (Lei de Proteção aos Americanos com Deficiência), mais pessoas com deficiência foram introduzidas no mercado de trabalho. A lei define a pessoa com deficiência como "alguém que tenha algum prejuízo mental ou físico que limite de forma substancial uma ou mais atividades vitais".[46] Essa lei determina que os empregadores são obrigados a tornar as instalações adequadas para permitir que trabalhadores com deficiência realizem seu trabalho. A lei de proteção engloba uma ampla gama de doenças que geram deficiências. Entre elas estão síndrome da imunodeficiência adquirida (Aids), câncer, hipertensão, ansiedade, dislexia, cegueira e paralisia cerebral, apenas para citar algumas.

Algumas empresas reconheceram o valor de empregar funcionários com deficiências muito antes de a legislação entrar em vigor. Em 1981, o McDonald's criou o McJOBS, um plano corporativo para recrutar, treinar e contratar pessoas com deficiências que contratou mais de 9 mil pessoas com problemas físicos ou mentais.[47] Os participantes são funcionários que apresentam prejuízo visual, auditivo ou ortopédico; deficiência no aprendizado e retardamento mental. O McJOBS mantém sessões de treinamento que visam sensibilizar gestores e funcionários no que diz respeito a ajudar os funcionários sem deficiências a entenderem o que significa ser um trabalhador com limitações. A maioria dos trabalhadores da McJOBS começa a trabalhar meio período e avança de acordo com suas habilidades e oportunidades disponíveis.

Diversidade de valores

A diversidade envolve mais do que cultura, gênero, idade, habilidade e personalidade. Ela aborda religião, condição social e orientação sexual. Esses tipos de diversidade atribuem heterogeneidade ao mercado de trabalho.

Para administrar a diversidade, os gestores devem combater o preconceito e a discriminação. O preconceito é uma atitude, ao passo que a discriminação diz respeito ao comportamento. Ambos prejudicam a produtividade. As organizações obtêm benefícios ao garantir que bons trabalhadores sejam promovidos e compensados de forma justa. Entretanto, o potencial para cometer injustiças aumenta à medida que o grupo de funcionários se torna mais diversificado. Combater estereótipos é essencial. Um estudo recente revelou que, algumas vezes, chefes do sexo masculino mantêm certos estereótipos, que influenciam negativamente em suas interações com funcionários do sexo feminino e de outras etnias.[48] A comunicação aberta pode ajudar a esclarecer percepções errôneas e desobstruir o caminho para o desenvolvimento.

A diversidade ajuda as organizações de várias maneiras. Algumas empresas reconhecem os potenciais benefícios do trabalho duro para aumentar a diversidade da mão de obra. A Yum! Brands Kentucky Fried Chicken (KFC) busca atrair e contratar executivos do sexo feminino e de grupos de minorias. Um presidente de operações americanas da KFC disse "Queremos trazer as melhores pessoas. Se há duas pessoas igualmente qualificadas, é óbvio que optaremos pela diversidade".[49]

Como uma tentativa de compreender e apreciar diversidade, a Alcon Laboratories desenvolveu um treinamento, denominado Working Together, para ensinar os funcionários a lidar com a diversidade. O curso se beneficia de duas ideias. Primeiro, as pessoas trabalham melhor quando são valorizadas e quando a diversidade é levada em consideração. Segundo, ao se sentirem valorizadas, as pessoas constroem relacionamentos e trabalham em equipe.[50] Até mesmo os principais gestores podem ser mais favoráveis ao treinamento caso apreciem sua própria identidade étnica. Uma avaliação do treinamento descobriu que os participantes preferiam treinamentos com título tradicional e enfoque amplo.[51] Além disso, observou-se que as mulheres reagem de forma mais positiva a esse tipo de treinamento se comparadas aos homens. As empresas deveriam mensurar os efeitos do treinamento para possibilitar o monitoramento das recompensas.

Administrar a diversidade ajuda as empresas a se tornar mais competitivas, mas isso abrange mais do que simplesmente ser um bom cidadão corporativo ou satisfazer todas as ações afirmativas.[52] Gerenciar a diversidade requer um exame dolorido das presunções escondidas dos funcionários. As tendências e os preconceitos em relação às diferenças devem ser revelados e trabalhados para que essas diferenças possam ser valorizadas e utilizadas como vantagem.

Benefícios e problemas gerados pela diversidade

A diversidade tem o potencial de evidenciar o desempenho organizacional. A Tabela 2.2 resume os principais benefícios e problemas relacionados à diversidade no trabalho. As organizações colhem cinco benefícios principais da diversidade. Primeiro, a gestão da diversidade ajuda a empresa a atrair e manter os melhores talentos disponíveis. As empresas do topo da lista de "Melhores Lugares para Trabalhar" são excelentes na

TABELA 2.2 Problemas e benefícios da diversidade

BENEFÍCIOS	PROBLEMAS
• Atrai e retém os melhores talentos	• Resistência a mudanças
• Melhora os esforços de marketing	• Falta de coesão
• Promove criatividade e inovação	• Problemas de comunicação
• Resulta em melhores soluções de problemas	• Conflitos interpessoais
• Evidencia a flexibilidade organizacional	• Tomada de decisão mais lenta

gestão da diversidade. Segundo, a diversidade auxilia as ações de marketing. Assim como o grupo de trabalho é diversificado, os mercados também o são. Um grupo de trabalho diversificado pode melhorar os planos de marketing de uma empresa inspirando-se nos *insights* das características culturais dos funcionários. Terceiro, a diversidade promove criatividade e inovação. As empresas mais inovadoras, como é o caso da Hewlett-Packard, desenvolveram deliberadamente equipes diversificadas para favorecer a criatividade. Quarto, a diversidade ajuda na solução de problemas. Grupos diversificados oferecem mais conhecimentos e experiências para trabalhar com problemas e decisões, além disso, incentivam níveis mais altos de pensamento crítico. Quinto, a diversidade salienta a flexibilidade organizacional, pois faz a organização desafiar velhas presunções e se tornar mais adaptável. Esses cinco benefícios adicionam vantagem competitiva para empresas cuja diversidade é bem administrada.

Devemos reconhecer também os problemas potenciais da diversidade. Cinco problemas são particularmente notáveis: resistência à mudança, falta de coesão, problemas de comunicação, conflitos interpessoais e maior lentidão no processo de tomada de decisão. Um indivíduo é atraído por pessoas que se assemelham a ele e se sente mais confortável na companhia delas. É preciso considerar que os trabalhadores tendem a resistir aos esforços para lidar com a diversidade quando são obrigados a interagir com pessoas diferentes. Os gestores devem estar preparados para essa resistência em vez de presumir de forma inocente que todos apoiam a diversidade. Outra dificuldade é a questão da coesão, aquela "cola" invisível que mantém o grupo unido. Os grupos coesos possuem um nível mais alto de moral e melhor comunicação, mas grupos diversificados levam mais tempo para atingir a unidade, por isso podem levar mais tempo para ter um nível alto de moral.

> **Teoria consequencial**
> Teoria ética que enfatiza as consequências ou os resultados do comportamento.
>
> **Teoria fundamentadas em regra**
> Teoria ética que enfatiza o caráter do ato, e não seus efeitos.

Outro obstáculo é a comunicação. Culturalmente, grupos diversificados podem deparar com algumas barreiras de comunicação. Mal-entendidos podem diminuir a eficiência, gerar conflitos e dificultar tomada de decisões.[53]

RESULTADO DA APRENDIZAGEM 4

Ética, caráter e integridade pessoal

Os gestores costumam enfrentar dilemas éticos. Algumas organizações têm bom caráter e possuem em seus quadros executivos reconhecidos pela integridade. A empresa Merck & Company administra bem as questões éticas e sua ênfase no comportamento ético lhe rendeu um lugar de respeito no top 100 dos cidadãos corporativos da *Business Ethics*.[54]

Apesar de muitas questões éticas serem cuidadosamente tratadas pelas organizações, as condutas antiéticas podem ocorrer em alguns casos. Os problemas mais difíceis para os gestores resolverem incluem roubo por parte de funcionários, questões ambientais, comparação de valores de funcionários, conflitos de interesse e assédio sexual.[55]

As teorias éticas nos ajudam a compreender, avaliar e classificar discussões morais, tomar decisões e, dessa forma, defender conclusões sobre o que é certo e errado. Essas teorias podem ser classificadas como consequenciais, embasadas em regras ou de caráter.

Teorias consequenciais

As **teorias consequenciais** enfatizam as consequências ou os resultados do comportamento. O utilitarismo de John Stuart Mill, uma conhecida teoria consequencial, sugere que as consequências de uma ação determinam o certo e o errado.[56] "Bom" é o principal valor moral, e devemos maximizar os bons efeitos para o maior número de pessoas. Contudo, a ética permite bons negócios?[57] Ações corretas nem sempre produzem boas consequências e boas consequências nem sempre resultam de decisões corretas. E como determinamos o bem maior, com consequências em curto ou longo prazo? Utilizar os critérios das "maiorias" pode significar que as minorias (menos de 50%) serão excluídas da avaliação de moralidade de ações. Uma questão que importa para uma minoria, mas não para a maioria, pode ser ignorada. Esses são apenas dois dos dilemas gerados pelo utilitarismo.

As corporações e empresas tendem a aderir a éticas consequenciais, em parte por causa das discussões persuasivas do economista político e filósofo moral escocês Adam Smith.[58] Ele acreditava que o interesse do ser humano por si mesmo é obra da Providência divina, e não do governo. Smith estabeleceu uma doutrina de liberdade natural, apresentando o argumento clássico para concorrência de mercado aberto e livre comércio. Dentro desse quadro, as pessoas deveriam ser livres para buscar o que é de seu interesse econômico, e a eficiência natural do mercado estaria a serviço do bem-estar da sociedade.

Teorias fundamentadas em regras

As **teorias fundamentadas em regras** enfatizam o caráter das ações propriamente ditas, em vez de enfati-

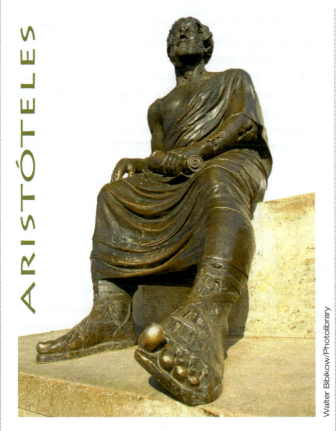

ARISTÓTELES

Walter Bibikow/Photolibrary

zar seus efeitos, para chegar à moral universal do certo e do errado.[59] Os direitos morais, base para os direitos legais, estão associados a essas teorias. Em um contexto teológico, a Bíblia, o Talmude e o Corão são guias que se fundamentam em regras para um comportamento ético. Immanuel Kant trabalhou para o último princípio moral na formulação de seu imperativo categórico, um padrão universal de comportamento.[60] Kant argumentava que as pessoas deveriam ser tratadas com respeito e dignidade e que elas não deveriam ser usadas como meios para atingir um resultado. Ele dizia que deveríamos nos colocar na posição da outra pessoa e perguntar se tomaríamos a mesma decisão caso estivéssemos naquela posição.

Teorias de caráter

A ética da virtude oferece uma alternativa para compreender o comportamento no que diz respeito ao interesse por si mesmo ou às regras. As **teorias de caráter** enfatizam o caráter e a intenção do indivíduo em vez de enfatizar o caráter da ação ou suas consequências. Essas teorias destacam a ética e a virtude e fundamentam-se na abordagem aristotélica do caráter. Aristóteles formou sua perspectiva em torno do caráter e das virtudes internas dos indivíduos, em detrimento do comportamento externo. Dessa forma, alguém que age com intenções corretas e virtuosas é considerado íntegro e detentor de excelentes padrões éticos. Robert Solomon é o defensor mais conhecido da abordagem aristotélica da ética corporativa.[61] Ele defende que a teoria da ética corporativa centrada no indivíduo dentro da organização enfatiza as virtudes pessoais assim como os papéis da empresa. As seis dimensões da ética da virtude de Solomon são comunidade, excelência, identidade de papel, integridade, julgamento e holismo. Além disso, as virtudes resumem os ideais, definindo o bom caráter. Elas ainda incluem honestidade, lealdade, sinceridade, coragem, confiabilidade, credibilidade, benevolência, sensibilidade, solidariedade, cooperativismo, civilidade, decência, pudor, abertura, elegância e muitas outras.

Relativismo cultural

De acordo com o relativismo cultural, não há princípios éticos universais e as pessoas não devem impor suas próprias normas éticas aos outros. Os padrões locais guiam o comportamento ético. O relativismo cultural incentiva as pessoas a agirem conforme o velho ditado "Quando estiver em Roma, faça como os romanos". Infelizmente, as pessoas que aderem estritamente ao relativismo cultural podem evitar dilemas éticos negando suas próprias responsabilidades.

RESULTADO DA APRENDIZAGEM 5

As organizações modernas diante de dilemas éticos

As pessoas precisam de teorias éticas para guiá-las em escolhas morais e em decisões éticas complexas, difíceis e nem sempre claras. Atualmente, as organizações enfrentam uma grande variedade de dilemas éticos e morais. Nesta seção, abordaremos os direitos do funcionário, o assédio sexual, a justiça organizacional e as denúncias e encerraremos com uma discussão sobre responsabilidade social e códigos de ética.

Direitos dos funcionários

Administrar os direitos dos funcionários no trabalho cria muitos dilemas éticos nas organizações. Teste de drogas, liberdade de expressão, *downsizing*, demissões e processos são apenas algumas das questões com as quais os gestores precisam lidar no que diz respeito aos direitos dos trabalhadores.

Esses dilemas ainda incluem questões sobre privacidade relacionada à tecnologia. Muitos acreditam que o monitoramento computadorizado representa invasão de privacidade. Usar informações de funcionários adquiridas por meio de

> **Teoria de caráter**
> Teoria ética que enfatiza o caráter, as virtudes pessoais e a intenção do indivíduo.

CAPÍTULO 2 Os desafios para os gestores **29**

sistemas computadorizados é uma ação que implica muitas preocupações éticas. Novos softwares permitem que o empregador acesse a agenda de endereços e os contatos de e-mail dos funcionários para obter potenciais clientes e discernir quem dentro da empresa é mais apropriado para abordá-los.[62] Resguardar o direito de privacidade do funcionário e manter o acesso aos dados apenas para aqueles que precisam deles obriga os gerentes a balancear os interesses competitivos.

A Aids é uma realidade no local de trabalho que também ilustra as dificuldades que os gestores enfrentam ao equilibrar os vários interesses. É possível que os gestores tenham de lidar com o conflito entre os direitos de trabalhadores contaminados com o vírus e os direitos dos colegas de trabalho que se sentem ameaçados. Existem leis que amparam trabalhadores contaminados. Como mencionado anteriormente, o Americans with Disabilities Act (ADA) exige que os empregadores tratem os trabalhadores contaminados como indivíduos deficientes e que lhes providenciem instalações apropriadas. Contudo, essa lei não engloba todos os dilemas éticos envolvidos.

A confidencialidade também pode impor desafios. Os empregadores não são obrigados a fazer concessões aos colegas de trabalho, mas são obrigados a educá-los, explicar-lhes o que for necessário e oferecer-lhes apoio emocional. Alguns funcionários portadores de HIV ou de Aids temem o estigma ou as represálias, por essa razão, optam por não revelar suas condições aos colegas de trabalho. A administração deve discutir as implicações de tentar manter a confidencialidade e deve assegurar ao funcionário afetado que todo o esforço será feito para evitar consequências negativas no local de trabalho.[63]

Como os gestores protegem a dignidade do funcionário infectado e preservam a moral e a produtividade do grupo de trabalho quando o preconceito e a ignorância cercam essa doença? Muitas organizações, como a Wells Fargo, acreditam que a resposta é a educação.[64] A empresa desenvolveu uma política sobre Aids para abordar aspectos como confidencialidade, socialização do funcionário, educação dos colegas e aconselhamento

Assédio sexual

De acordo com a Equal Employment Opportunity Commission (Comissão de Oportunidades Iguais no Trabalho), assédio sexual é a atenção sexual física ou verbal não desejada que afeta as condições de trabalho de um funcionário ou cria um ambiente de trabalho hostil.[65] A Suprema Corte dos Estados Unidos tende a culpar as empresas quando gerentes criam um ambiente

de trabalho adverso no que diz respeito ao comportamento sexual. Algumas organizações são mais tolerantes com o assédio sexual. Os funcionários arriscam seus trabalhos ao reclamar e não são levados a sério; os responsáveis raramente são punidos. O assédio sexual é mais comum nesse tipo de organização e é mais provável de ocorrer em locais de trabalho em que há mais homens.[66] Os gestores podem se defender demonstrando que tomaram providências para eliminar o problema e que o funcionário reclamante não obteve vantagens dos procedimentos da empresa para lidar com a situação. No entanto, nem mesmo a melhor política contra assédio sexual absolverá uma empresa quando o assédio leva a demissão, rebaixamento de função ou execução de tarefas indesejáveis.[67]

Existem três tipos de assédio sexual. O *assédio de gênero* inclui comentários grosseiros ou comportamentos que transmitem hostilidade para um sexo em particular. *Atenção sexual indesejada* envolve toques não desejados ou repetidas pressões por encontros. *Coerção sexual* consiste na demanda implícita ou explícita por favores sexuais mediante ameaças de consequências negativas relacionadas ao trabalho ou promessas de recompensas também no ambiente de trabalho.[68] Teorias recentes focaram no comportamento agressivo dos molestadores.[69]

O assédio sexual custa para uma típica empresa relacionada na *Fortune 500* US$ 6,7 milhões por ano em absenteísmo, rotatividade e queda de produtividade. A Valeant Pharmaceuticals International pagou milhões para liquidar quatro reclamações de assédio sexual contra o CEO Milan Panic. Agora a parte reclamante pode abrir processo para obter indenizações compensatórias e punitivas além de salários atrasados. Esses custos não levam em conta a publicidade negativa que os casos de assédio sexual podem atrair. As vítimas são menos satisfeitas com seus trabalhos e supervisores e colegas e podem se afastar psicologicamente do ambiente de trabalho. Podem, ainda, sofrer prejuízos em relação à sua

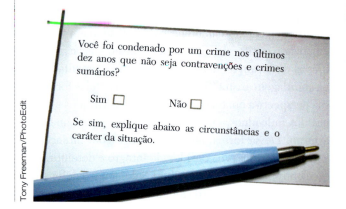

saúde mental e até apresentar sintomas de transtorno de estresse pós-traumático em razão dessa experiência. Há vítimas que reportam abuso de álcool, depressão, dor de cabeça e náusea.[70]

Algumas empresas criaram programas abrangentes para combater o assédio sexual. A Atlantic Richfield (Arco), que pertence a British Petroleum e atua na indústria de energia dominada pelo sexo masculino, elaborou uma cartilha de prevenção de assédio sexual que inclui números de telefone de órgãos públicos aos quais os funcionários podem fazer reclamações. Essa abertura parece surtir efeito. Raramente ações judiciais ocorrem na Arco. Quando os funcionários fazem queixas de assédio sexual, a empresa investiga o caso minuciosamente. A empresa demitiu o capitão de um navio petrolífero por assédio sexual a colegas de trabalho.

Justiça organizacional

A justiça organizacional também gera dilemas éticos e morais no trabalho. A **justiça distributiva** diz respeito à equidade dos resultados que os indivíduos recebem. Durante a visita do ex-presidente George H. W. Bush, em 1992, CEOs japoneses questionaram a justiça distributiva relacionada a manter os salários dos CEOs americanos tão altos enquanto muitas empresas enfrentavam dificuldades e dispensavam trabalhadores.

Justiça procedimental diz respeito à justiça do processo pelo qual os resultados são alocados. As questões éticas na justiça procedimental examinam como uma organização distribui seus recursos. A organização utiliza os procedimentos corretos para alocar recursos? Considerações corretas, como competência e habilidade, foram consideradas no processo decisório? E considerações errôneas, como raça e gênero, foram excluídas do processo decisório? Um estudo da programação de trabalho concluiu que aviso prévio e consistência, duas medidas da justiça procedimental, reduziram a rotatividade voluntária.[71] Algumas pesquisas sugerem diferenças culturais nos efeitos da justiça distributiva e procedimental.[72]

Denúncia

Os **denunciantes** são funcionários que informam às autoridades as práticas erradas executadas pela empresa ou pelos colegas de trabalho. Dependendo da situação, os delatores podem ser considerados "heróis públicos" ou "grandes vilões". Os que são vistos como heróis geralmente reportam violações graves e de grande magnitude ética, percebidas como repugnantes.[73] As pessoas podem ver o delator como um vilão, caso entendam que o ato de denunciar seja mais ofensivo que a situação reportada.

No mundo corporativo, a denúncia é uma influência poderosa, pois os membros de organizações comprometidas, em certos casos, se envolvem em comportamentos antiéticos com intenso desejo de sucesso. As organizações podem administrar as denúncias explicando as condições apropriadas para divulgação de irregularidades. Delinear de maneira clara o comportamento não condizente e as maneiras apropriadas de reagir é uma importante ação organizacional.

> "No mundo corporativo, a denúncia é uma influência poderosa, pois os membros de organizações comprometidas, em certos casos, se envolvem em comportamentos antiéticos com intenso desejo de sucesso.

Responsabilidade social

A **responsabilidade social** corporativa refere-se à obrigação que uma organização tem de se comportar de maneira ética em seu ambiente social. A conduta ética no âmbito individual pode ser traduzida em responsabilidade social no âmbito organizacional. Os *stakeholder* esperam que as organizações se comprometam com ações socialmente responsáveis. As preocupações atuais incluem proteção do meio ambiente, promoção da segurança no trabalho, apoio a questões sociais e investimentos na comunidade, entre outras. Algumas organizações, como a IBM, emprestam executivos para escolas municipais para ensinar ciências e matemática. Algumas empresas até tentaram construir uma marca por meio de responsabilidade social, como a Just Coffee Cooperative, que patrocina viagens às regiões produtoras de café a fim de fidelizar o cliente à causa e à marca.[74] As empresas que são vistas como tendo responsabilidade social possuem vantagem competitiva para atrair adeptos.[75] A American Apparel (loja de

---

Justiça distributiva
Justiça em relação aos resultados recebidos por um indivíduo dentro de uma organização.

Justiça procedimental
Justiça do processo pelo qual os resultados são alocados dentro de uma organização.

Denunciante
Funcionário que informa às autoridades irregularidades relacionadas à sua empresa ou aos colegas de trabalho.

Responsabilidade social
Obrigação de uma organização de se comportar de maneira ética no ambiente social.

CAPÍTULO 2 Os desafios para os gestores 31

roupas norte-americana) tentou construir sua marca em torno do fato de produzir peças localmente, em vez de fazê-lo em fábricas estrangeiras. Tão atrativo quanto o aspecto ético para os clientes, a empresa encontrou mais vantagens ao usar o *sex appeal* para vender seus produtos.[76]

Códigos de ética

A maioria das profissões mais antigas guia as ações e o comportamento de seus praticantes por meio dos códigos de ética, como o juramento de Hipócrates, no caso dos médicos. O código de ética de uma profissão torna-se um padrão no qual os membros podem se amparar caso não haja regulamentação interna.

Não existe nenhum código de ética universal ou juramento para o ramo empresarial como há no caso da medicina. Contudo, Paul Harris e mais quatro colegas empresários que fundaram o Rotary International, em 1905, abordaram o comportamento ético e moral. Eles desenvolveram o teste das quatro questões (Figura 2.2), hoje utilizado em mais de 166 países por 1,2 milhão de adeptos. A Figura 2.2 foca o questionário acerca de questões éticas e morais primordiais.

Além do nível individual e profissional, a cultura corporativa é outro excelente ponto de partida para a abordagem da ética e da moralidade. Em alguns casos,

FIGURA 2.2 Prova quádrupla

A prova quádrupla do que pensamos, dizemos ou fazemos

1. É a VERDADE?
2. É JUSTO para todos os interessados?
3. Criará BOA VONTADE e melhores amizades?
4. Será BENÉFICO para todos os interessados?

regulamentações articulam a ética de uma corporação. A Joint Ethics Regulation (lei americana de agosto de 1993) especifica os padrões éticos que todo militar americano deve seguir. Em outros casos, a ética corporativa é vista como uma doutrina. A doutrina da Johnson & Johnson (Figura 2.3) ajudou centenas de funcionários a abordar de forma ética a adulteração do Tylenol.

Códigos de ética individual, juramentos profissionais e doutrinas organizacionais devem ser fixadas em um quadro ético e moral. Devemos continuar usando teorias éticas para questionar e melhorar nossos padrões atuais. Embora exista certo e errado em um consenso mundial, seria difícil concordar com um único código de ética ao qual todas as pessoas, profissionais e organizações pudessem aderir.

FIGURA 2.3 Doutrina Johnson & Johnson

Acreditamos que nossa responsabilidade é com os médicos, enfermeiros e pacientes, com mães e todos os outros que usam nossos produtos e serviços. Para satisfazer suas necessidades, tudo o que fizermos deve ser de alta qualidade. Devemos constantemente nos esforçar para reduzir nossos custos, a fim de manter preços razoáveis. Pedidos dos clientes devem ser pronta e corretamente atendidos. Nossos fornecedores e distribuidores devem ter a oportunidade de fazer um lucro justo.

Somos responsáveis por nossos funcionários, os homens e mulheres que trabalham conosco em todo o mundo. Todos devem ser considerados como um indivíduo. Devemos respeitar sua dignidade e reconhecer seus méritos. Eles devem ter uma sensação de segurança nos seus empregos. Compensação deve ser justa e adequada, e o ambiente de trabalho deve ser limpo, ordenado e seguro. Os funcionários devem se sentir livres para dar sugestões e fazer reclamações. Deve haver igualdade de oportunidades para o desenvolvimento, emprego e aprimoramento para os qualificados. Devemos ter uma administração competente, e suas ações devem ser justas e éticas.

Nós somos responsáveis pelas comunidades nas quais vivemos e trabalhamos e pela comunidade mundial também. Devemos ser bons cidadãos – apoiar boas obras e instituições de caridade e pagar nossos impostos. Devemos promover a melhoria cívica e melhoria na saúde e educação. Devemos manter em boa ordem as propriedades que temos o privilégio de usar, protegendo o meio ambiente e recursos naturais.

Nossa responsabilidade final é com os nossos acionistas. Negócios devem proporcionar lucros adequados. Devemos experimentar novas ideias. A pesquisa deve ser exercida, programas inovadores, desenvolvidos e erros, reparados. Novos equipamentos devem ser adquiridos, novas fábricas construídas e novos produtos lançados. Reservas devem ser criadas para enfrentar tempos adversos. Quando operamos de acordo com esses princípios, os acionistas devem receber uma recompensa justa.

RESULTADO DA APRENDIZAGEM 6

Inovação tecnológica e mão de obra

Além da globalização, diversidade e ética, o quarto desafio que os gerentes enfrentam é a inovação tecnológica. **Tecnologia** consiste em processos mecânicos e intelectuais usados por uma organização para transformar entradas em produtos ou serviços que satisfaçam seus objetivos. Os gestores devem se adaptar à rápida evolução tecnológica e garantir o uso otimizado da tecnologia em suas organizações. As habilidades dos gestores para incorporar novas tecnologias a suas organizações podem impulsionar o crescimento econômico ou acabar com ele.[77] Embora os Estados Unidos ainda liderem o mercado de desenvolvimento de novas tecnologias, deixam a desejar quando se fala em utilizá-las de forma produtiva no ambiente de trabalho.[78] Grandes organizações evitam modismos tecnológicos em vez de tentar ser pioneiras na utilização de tecnologias cuidadosamente selecionadas.[79]

A internet mudou radicalmente a comunicação e o desempenho organizacional. Ao integrar computadores, cabos e tecnologias de telecomunicação, as empresas aprenderam novas maneiras de competir. A Kmart tira vantagem da internet por meio do BlueLight.com, um site de vendas *on-line*, prática que reduz drasticamente os investimentos em estoque. As organizações em rede conduzem negócios a qualquer hora e em qualquer lugar, o que é essencial no mercado global.

A internet e a inovação eletrônica tornaram a vigilância de funcionários mais generalizada. Entretanto, as empresas precisam moderar o monitoramento de e-mails, o acesso a sites e o controle por meio de câmeras, em respeito aos direitos de privacidade do funcionário. Gestores com excelentes habilidades interpessoais vão além do monitoramento intenso do desempenho do funcionário para assegurar a alta produtividade, o comprometimento e o comportamento adequado. Empresas cujas políticas são claras no que se refere ao monitoramento de funcionários caminham sobre uma linha tênue entre respeitar a privacidade do trabalhador e proteger os interesses da organização.

Uma fascinante evolução tecnológica é o desenvolvimento de **sistemas inteligentes**, aplicativos baseados em computadores que usam representação da expertise humana em um campo de conhecimento para solucionar problemas. Os sistemas inteligentes podem ser usados de diversas formas: fornecendo dicas para leigos, oferecendo assistência a especialistas ou substituindo-os e servindo de ferramenta de desenvolvimento nas organizações.[80] Eles são usados em decisões médicas, diagnósticos e informática da saúde.[81] Anheuser-Busch vem usando um sistema inteligente para auxiliar gestores a garantirem que decisões pessoais estão de acordo com as leis antidiscriminação.[82]

Os robôs, outra inovação tecnológica, foram inventados nos Estados Unidos. Embora as pesquisas mais avançadas sobre **robótica** ainda estejam sendo conduzidas, organizações japonesas lideram a utilização de robôs. Nos Estados Unidos, há organizações que têm menos robôs do que foi adicionado em 1989 só no Japão.[83] Ao passo que trabalhadores japoneses estão satisfeitos em deixar que os robôs assumam trabalhos perigosos e repetitivos, funcionários americanos temem ser substituídos pela mão de obra robótica.[84] A principal razão da resistência por parte das organizações americanas no uso de robôs é o lento retorno do investimento. A robótica representa um grande investimento que não oferece retorno em curto prazo. Os gestores japoneses estão mais dispostos a avaliar a eficiência da tecnologia robótica considerando um horizonte de longo prazo.

É tentador focar apenas o aspecto positivo da tecnologia, mas é necessário adicionar um pouco de realismo. Algumas empresas que ficaram desapontadas com o alto custo das tecnologias estão aderindo à *desengenharia*: 42% dos projetos da área de tecnologia da informação são abandonados antes de sua complementação e metade de todos os projetos tecnológicos não atingem as expectativas dos gestores. A Pacific Gas & Electric (parte da PG&E Corporation) gastou US$ 10 milhões em um novo sistema da IBM. Em seguida, a desregulamentação atingiu o setor de serviços públicos, permitindo que clientes escolhessem as empresas prestadoras de

---

Tecnologia
Processos mecânicos e intelectuais usados por uma organização para transformar entradas em produtos ou serviços que atendam seus objetivos.

Sistemas inteligentes
Aplicativos computadorizados que usam a representação da expertise humana em um campo especializado de conhecimento para solucionar problemas.

Robótica
Uso de robôs nas organizações.

CAPÍTULO 2 Os desafios para os gestores

serviço. Manter os múltiplos fornecedores e as rápidas alterações de preços foi demais para o novo sistema maciço. Ele foi abandonando em favor de um novo projeto que utiliza um sistema da primeira geração de computadores que está sendo atualizada e gradativamente substituída. Como algumas inovações não atingem as expectativas, os gestores têm de lidar tanto com as abordagens revolucionárias quanto com as evolutivas para transições tecnológicas.[85]

Combinações alternativas de trabalho

Os avanços tecnológicos impulsionaram o advento de combinações alternativas de trabalho ou as configurações e locais de trabalho não convencionais que estão substituindo os tradicionais. Uma combinação alternativa é o **trabalho a distância** ou a transmissão eletrônica de trabalho do computador doméstico para o escritório. A IBM foi uma das primeiras empresas a experimentar a instalação de terminais de computador na residência de funcionários para que o trabalho fosse realizado em casa. Por meio do trabalho a distância, funcionários ganham flexibilidade, economizam o transporte para o trabalho e desfrutam o conforto de estar em casa. Essa modalidade de trabalho também possui desvantagens, como a distração e a falta de oportunidade para se socializar com outros funcionários. Apesar das desvantagens, trabalhadores a distância ainda se sentem conectados com o sistema de comunicação do escritório. Estudos mostram que trabalhadores a distância geralmente apresentam maior satisfação com a comunicação com o escritório do que trabalhadores dentro dos ambientes tradicionais de trabalho.[86]

Trabalho a distância
Envio de trabalho eletronicamente de um computador doméstico para o escritório.

O trabalho a distância oferece vantagens tanto para os empregadores quanto para os funcionários; aproximadamente 28 milhões de americanos trabalham dessa forma. A redução de custos é um fator motivador óbvio para as empresas incentivarem o trabalho a distância. Desde 1991, a AT&T ganhou US$ 550 milhões em fluxo de caixa eliminando espaço em escritório e reduzindo custos fixos. O trabalho a distância também aumenta a produtividade, pois permite à empresa acessar trabalhadores com habilidades importantes sem se preocupar com a localidade, além disso, há a vantagem de contratar e manter funcionários talentosos para os quais a flexibilidade de trabalhar em casa é muito atraente. O meio ambiente também é beneficiado, pois dirigir menos significa ar mais puro e consequente redução do aquecimento global.[87]

Os *escritórios-satélite* compreendem outra combinação de trabalho alternativo. Grandes instalações são divididas em uma rede de locais de trabalho menores localizados mais próximos das casas dos funcionários. Os escritórios-satélite geralmente estão localizados em cidades relativamente baratas e em áreas suburbanas. Esse tipo de local de trabalho possui acomodações mais simples em comparação ao que existe nos escritórios localizados em áreas centrais. Essa modalidade pode representar para a empresa cerca de 50% de economia em custos mobiliários e pode atrair funcionários que não querem trabalhar em uma grande área urbana, ampliando, assim, o leque de potenciais empregados.[88]

Essas combinações alternativas de trabalho sinalizam uma tendência em direção aos *escritórios virtuais*, nos quais as pessoas trabalham a qualquer hora, em qualquer lugar e com qualquer pessoa. O conceito sugere que o trabalho ocorra onde as pessoas estão em vez de as pessoas irem até o trabalho. As tecnologias de comunicação facilitam a conectividade, a colaboração e a comunicação. As mensagens de voz e os e-mails importantes podem ser transmitidos do escritório central

[Comunicação inovadora]

Os e-mails estão perto de ter o mesmo destino dos dinossauros. Organizações estão explorando o uso potencial de novos serviços de rede como Skype e aplicativos de gerenciamento de tempo como o Google Calendar no ambiente de trabalho. Esses serviços permitem que uma pessoa gerencie recursos e agendas, defina reuniões e eventos, compartilhe fotos e documentos e se comunique com os outros, tudo sem sair do ambiente corporativo. As novas tecnologias têm o potencial de transformar a forma como acontece o compartilhamento de informações e os projetos colaborativos. Manter contato com colegas e clientes na rede é muito facilitado por meio de calendários, notificações de afastamento, mensagens instantâneas e videoconferências. No âmbito dos negócios, a questão é como fazer o melhor uso das novas tecnologias para aumentar a produtividade do funcionário, melhorar a comunicação, guiar o desenvolvimento do produto e atrair consumidores.

FONTE: R. Scoble. "The Next Email: Why Twitter Will Change the Way Business Communicates (Again)", Fast Company (set. 2007) 72; S. Holz. "Bring Your Intranet into the 21st Century: Social Media Can Make an Outdated Intranet Easier to Use – and Make Your Employees More Productive in the Process", *Communication World* (jan-fev 2008).

[**42% dos projetos da área de tecnologia da informação são abandonados antes de sua complementação e metade de todos os projetos tecnológicos não atingem as expectativas dos gestores.**]

da empresa, do escritório de um cliente, do aeroporto, do carro ou de casa ou para esses locais. As conexões sem fio e os softwares de reuniões *on-line*, como o WebEx, permitem que os funcionários participem de reuniões em qualquer lugar e a qualquer hora.

Impacto da tecnologia sobre a administração

A inovação tecnológica afeta a natureza do trabalho de gerenciamento. Os gestores, que já tiveram de persuadir os trabalhadores a voltar para suas mesas durante os *coffee breaks*, agora precisam incentivar os trabalhadores hipnotizados por uma nova tecnologia a fazer pausas mais frequentes.[89] Trabalhar diante do computador pode ser estressante, tanto em relação ao aspecto físico quanto em relação ao aspecto mental. Longas horas em terminais de computadores podem cansar a vista, causar tensão nas costas e no pescoço e dor de cabeça. Além disso, os trabalhadores acostumados ao rápido tempo de resposta do computador esperam o mesmo de seus colegas de trabalho e os repreendem quando não atendem na velocidade e precisão do computador. As novas tecnologias, combinadas com a globalização e pressões intensificadas de negócios, criaram trabalhadores extremos, que lideram o ranking dos *workaholics*.[90] Esses trabalhadores pagam o preço no que diz respeito a relacionamentos, outras dimensões de uma vida rica e plena, e estresse elevado.

O monitoramento computadorizado oferece aos gestores valiosas informações sobre o desempenho dos funcionários, mas desperdiça grande potencial por uso inapropriado. As indústrias de telecomunicação, aérea e de entrega de mercadorias utilizam em larga escala sistemas que monitoram secretamente as interações dos funcionários com os clientes. Os empregadores elogiam muito tal sistema por melhorar o serviço ao cliente. Os trabalhadores, no entanto, reagem ao escrutínio secreto com altos níveis de depressão, ansiedade e exaustão. A Bell Canada avaliava os operadores utilizando um sistema que tabelava a média do tempo de trabalho com o cliente. Os operadores acharam a prática extremamente estressante e sabotaram o sistema dando às pessoas que ligavam números errados de assistência, em vez de dar-lhes os corretos. Hoje a empresa toma como parâmetro a pontuação média do tempo de trabalho para todo o escritório em vez de se basear em marcas individuais.[91] Se bem gerenciada, a tecnologia pode trazer benefícios à empresa. O Google, por exemplo, dá para seus funcionários a liberdade de escolher quais tecnologias utilizar. Se por um lado essa estratégia é mais cara, por outro, gera maior produtividade.[92]

As novas tecnologias e a rápida inovação colocam um algo a mais nas habilidades técnicas do administrador. Os administradores devem desenvolver competências técnicas para ganhar o respeito dos trabalhadores. Sistemas integrados, por exemplo, exigem que os gestores adotem estilos de administração participativos, desenvolvam uma comunicação aberta e tenham maior conhecimento técnico para serem eficientes.[93] Em um mundo de rápida inovação tecnológica, os administradores devem se concentrar em ajudar o funcionário a enfrentar o estresse profissional. Eles devem se beneficiar da riqueza de informações disponíveis para motivar, treinar e aconselhar o funcionário em vez de exercer controle rígido e policiamento constante.

Ajudando os funcionários a se adaptarem às mudanças tecnológicas

A maioria dos trabalhadores se beneficia das tecnologias modernas. As inovações têm melhorado as condições de trabalho e aumentado a disponibilidade de serviços qualificados. No entanto, a tecnologia também está trazendo desvantagens individuais para as pessoas. A Microchips aumentou de maneira considerável as oportunidades para os deficientes visuais. A informação pode ser verbalizada por meio de um sintetizador de voz, pode ser transformada em texto em Braille por meio de uma impressora especial ou pode ser transformada em cópia ampliada visível no monitor do computador.[94] Engenheiros da Universidade Carnegie Mellon desenvolveram o PizzaBot, um robô que pessoas com deficiência podem operar por meio de um sistema de reconhecimento de voz. Apesar desses e de outros benefícios da nova tecnologia no local de trabalho, os funcionários ainda resistem às mudanças.

As inovações tecnológicas modificam o ambiente de trabalho do funcionário, gerando estresse. Muitos trabalhadores reagem negativamente às mudanças, pois sentem que elas podem ameaçar a situação profissional na qual se encontram. Grande parte da insegurança baseia-se em perdas – de liberdade, de controle ou daquilo de que gostam em seu trabalho.[95] Os funcionários temem a diminuição da qualidade de vida no trabalho e o aumento da pressão. Além disso, receiam ser substituídos pela tecnologia ou rebaixados para funções cujos níveis de habilidades são menores.

Tendência em debate: ativos intangíveis

Aproximadamente 75% da capitalização total de mercado das empresas relacionadas na *Fortune 100* estão em ativos intangíveis como patentes, direitos autorais e marcas registradas. Isso significa que a administração de propriedade intelectual não pode ser deixada nas mãos de gestores de tecnologia ou advogados corporativos. Gerenciar informações delicadas e propriedade intelectual armazenada digitalmente é uma questão-chave até mesmo para funcionários que devem atentar para o fato de que o valor de um disco rígido inclui o valor dos dados armazenados nele. Gestores e empresas cujas estratégias e políticas são bem delineadas para suas propriedades intelectuais podem usá-las como vantagem competitiva no mercado mundial.

Fonte: M. Reitzig. "Strategic Management of Intellectual Property", *MIT Sloan Management Review* 45 (2004): 35-40; S. Evans. "Negligent Workers Put Data at Risk", *Computer Business Review* (11 dez. 2007). http://www.computerbusinessreview.com/article_news.asp?guid=CF7991DF-8802-49F4-8A10-C150FE47368F. Acessado em 24 jun. 2008.

Os gestores podem tomar algumas ações para ajudar os funcionários a se adaptarem à evolução tecnológica. É importante incentivar a participação dos trabalhadores nas fases iniciais da tomada de decisões que envolvam mudanças tecnológicas. Aqueles que participam do planejamento para implantação de novas tecnologias aprendem sobre potenciais mudanças em seus serviços e são menos resistentes às novidades. A inserção de funcionários nas fases iniciais pode facilitar a transição para novas maneiras de realizar um trabalho.

É preciso que os gestores também tenham em mente os efeitos que as novas tecnologias têm sobre as habilidades que os funcionários devem possuir. Muitos funcionários apoiam mudanças que aumentam as exigências de habilidades. O aumento da exigência normalmente provoca o aumento da autonomia, da responsabilidade e do salário (potencialmente). Sempre que possível, os gestores devem selecionar tecnologias que aumentem as habilidades dos funcionários.

Oferecer treinamento eficiente é essencial. O treinamento ajuda os funcionários a perceber que eles controlam a tecnologia, e não o contrário. É preciso planejá-lo para que atenda às necessidades dos trabalhadores e eleve o senso de domínio da nova tecnologia.

Um desafio relacionado é incentivar os trabalhadores a inventarem novas formas de usar a tecnologia já existente. **Reinvenção** é a aplicação criativa de uma nova tecnologia.[96] As pessoas que exploram os limites de uma nova tecnologia podem personalizá-la, adaptá-la às suas próprias necessidades de trabalho e compartilhar essas informações com outras pessoas de seu ambiente profissional.

Os gestores devem levar as organizações a adotar as novas tecnologias de forma mais humana e efetiva. Mudanças tecnológicas são essenciais para o aumento nos ganhos e para a expansão das oportunidades de emprego. A adoção de novas tecnologias é um fator determinante na competitividade americana no mercado mundial.

Reinvenção
Aplicação criativa de uma nova tecnologia.

> " Os gestores devem levar as organizações a adotar as novas tecnologias de forma mais humana e efetiva.

Dê sua opinião!

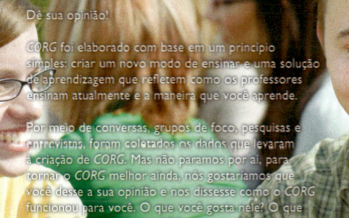

Dê sua opinião!

CORG foi elaborado com base em um princípio simples: criar um novo modo de ensinar e uma solução de aprendizagem que refletem como os professores ensinam atualmente e a maneira que você aprende.

Por meio de conversas, grupos de foco, pesquisas e entrevistas, foram coletados os dados que levaram à criação de *CORG*. Mas não paramos por aí, para tornar o *CORG* melhor ainda, nós gostaríamos que você desse a sua opinião e nos dissesse como o *CORG* funcionou para você. O que você gosta nele? O que você mudaria? Há outras ideias que você tem que nos ajudariam a construir um livro melhor para os futuros alunos de comportamento organizacional?

Na Trilha de *CORG* você encontrará todos os recursos de que precisa para ter sucesso no comportamento organizacional – cartões de memória para impressão, games interativos, testes e muito mais!

Dê sua opinião pelo acesso da Trilha (www.cengage.com.br/4ltr/corg) ou diretamente pelo e-mail: suporte.brasil@cengage.com

CAPÍTULO 3

Personalidade, percepção e atribuição

RESULTADOS DA APRENDIZAGEM

Após a leitura deste capítulo, você estará apto a:

1. Descrever diferenças individuais e explicar por que elas são importantes para compreender o comportamento organizacional.
2. Articular traços-chave de personalidade e explicar como eles influenciam no comportamento dentro das organizações.
3. Discutir como as teorias da personalidade podem ser aplicadas nas empresas.
4. Definir a percepção social e explicar os fatores que a afetam.
5. Identificar cinco barreiras para percepção social e explicar as dificuldades que causam.

> **"Os indivíduos são únicos no que se refere a habilidades, personalidade, percepção, atitudes, emoções e ética."**

RESULTADO DA APRENDIZAGEM 1

Diferenças individuais e comportamento organizacional

Nos próximos dois capítulos, exploraremos o conceito de **diferenças individuais**. Os indivíduos são únicos no que se refere a habilidades, personalidade, percepção, atitudes, emoções e ética. As diferenças individuais representam a essência do desafio de gerenciar. Os administradores devem procurar trabalhar com pessoas que possuem uma pluralidade de características individuais; quanto mais os administradores compreendem tais diferenças, melhor eles conseguem lidar com os outros.

A base para a compreensão das linhas de diferenças individuais, de acordo com a primeira argumentação de Kurt Lewin, é a ideia de que o comportamento é construído por meio de uma função entre a pessoa e o ambiente.[1] Isso pode ser expresso por meio da equação $B = f(P, E)$, onde B = comportamento, P = pessoa e E = ambiente. Essa ideia foi desenvolvida mais tarde pela abordagem da **psicologia interacionista**.[2] Basicamente, essa abordagem defende que devemos conhecer algo sobre a pessoa e algo sobre a situação para que seja possível compreender o comportamento humano. Existem quatro proposições básicas da psicologia interacionista:

1. O comportamento é uma função de interação contínua e multidirecional entre a pessoa e a situação.
2. A pessoa, que é ativa nesse processo, não só altera situações como também é alterada por elas.
3. Os indivíduos variam em muitas características, incluindo fatores cognitivos, afetivos, motivacionais e relacionados a habilidades.
4. Dois aspectos de uma situação são importantes: a situação objetiva e a visão subjetiva do indivíduo.[3]

6 Explicar o processo de atribuição e como as atribuições afetam o comportamento gerencial.

Cliff Parnell/iStockphoto

Diferenças individuais
A maneira pela qual fatores como técnicas, habilidades, personalidade, percepção, atitudes, valores e ética diferem de um indivíduo para outro.

Psicologia interacionista
Abordagem psicológica que visa compreender o comportamento humano que envolve o conhecimento de algo sobre a pessoa e sobre a situação.

39

A abordagem da psicologia interacionista aponta para a necessidade de estudar tanto a pessoa quanto as situações. Ao longo do texto, focaremos fatores pessoais e situacionais. A pessoa é constituída de elementos individuais como personalidade, percepção, atribuição, atitudes, emoções e ética. A situação, por sua vez, é constituída do ambiente em que a pessoa age, incluindo a organização, o grupo de trabalho, a vida pessoal, as características de seu trabalho e outras influências ambientais. O efeito das diferenças pessoais e ambientais sobre o comportamento organizacional está retratado na Figura 3.1. Neste capítulo, abordamos as técnicas e habilidades, a personalidade, a percepção e a atribuição. No Capítulo 4, trataremos das atitudes, das emoções e da ética.

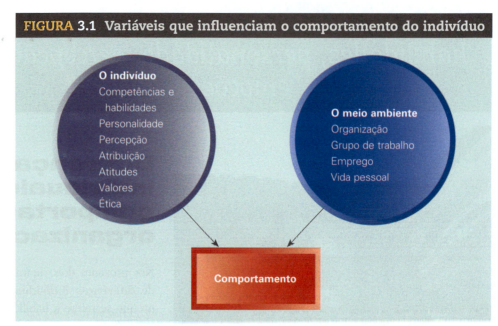

FIGURA 3.1 Variáveis que influenciam o comportamento do indivíduo

Técnicas e habilidades

Muitas técnicas e habilidades influenciam nos resultados profissionais. Há 100 anos, aproximadamente, Charles Spearman introduziu o conceito de capacidade mental geral (GMA) como uma medida da inteligência cognitiva inata de um indivíduo.[4] GMA é o melhor prognóstico do desempenho de trabalho relacionado a várias profissões estudadas, tanto nos Estados Unidos como em outras culturas.[5]

RESULTADO DA APRENDIZAGEM 2

A personalidade e as organizações

O que faz um indivíduo se comportar de maneira consistente em diferentes situações? **Personalidade** é o conjunto de características relativamente estáveis que influenciam no comportamento de uma pessoa e lhe dão consistência. Embora pesquisadores discutam o que determina a personalidade, concluímos que há vários fatores. Um fator determinante é a hereditariedade. Pesquisadores descobriram que gêmeos idênticos separados no nascimento e criados em diferentes ambientes compartilham os mesmos traços de personalidade e as mesmas preferências relacionadas à vida profissional. Aproximadamente metade da variação em traços como extroversão, impulsividade e flexibilidade é geneticamente determinada. Gêmeos idênticos que cresceram em ambientes diferentes compartilham esses traços e possuem trabalhos similares.[6] Assim, os genes parecem influenciar na personalidade.

O ambiente também determina a personalidade, moldando-a por meio de influências familiares, culturais, educacionais e por meio de outros fatores ambientais.

Personalidade
Conjunto de características relativamente estáveis que influenciam no comportamento de um indivíduo.

As duas maiores teorias sobre personalidade são a teoria dos traços e a abordagem integrativa. Cada uma delas influenciou o estudo da personalidade dentro das organizações.

Teoria dos traços

Alguns dos antigos pesquisadores que investigaram a personalidade acreditavam que para compreendermos os indivíduos deveríamos dividir os padrões de comportamento em um conjunto de traços observáveis. De acordo com a **teoria dos traços**, a combinação desses traços forma a personalidade de uma pessoa. Gordon Allport, um dos teóricos pioneiros, considerava os traços diretrizes gerais e amplas que davam consistência ao comportamento.[7] Ao longo dos anos, milhares de traços foram identificados. Raymond Cattell, outro teórico de destaque, identificou 16 traços que formam a base para as diferenças do comportamento individual. Ele descreveu os traços em pares binários como autoconfiante/apreensivo, reservado/expansivo e submisso/dominador.[8]

Uma conhecida classificação da personalidade envolve o modelo "Big Five" (Cinco Fatores). Os traços (descritos na Tabela 3.1) incluem extroversão, amabilidade, dedicação, estabilidade emocional e abertura a experiências.[9] O Big Five são traços amplos e gerais, associados com os comportamentos no ambiente de trabalho.

Com base em pesquisas preliminares, sabemos que funcionários introvertidos e dedicados são menos propensos a faltar no trabalho.[10] Indivíduos com alto grau de amabilidade tendem a avaliar os colegas de forma mais branda, ao passo que aqueles com alto grau de dedicação tendem a ser avaliadores mais severos.[11] Os extrovertidos tendem a ter salários mais altos, recebem mais promoções e são mais satisfeitos com suas carreiras.[12] Em muitas profissões, pessoas dedicadas são mais motivadas e têm desempenho superior.[13]

Entretanto, diferentes padrões dos traços do modelo Big Five estão relacionados ao alto desempenho em diferentes profissões e situações de trabalho. Na área de prestação de serviço ao cliente, indivíduos com grande estabilidade emocional, amabilidade e abertura a experiências trabalham melhor. Administradores estáveis no aspecto emocional e extrovertidos são os melhores trabalhadores.[14] Resultados de pesquisas recentes indicam que o nível mínimo de amabilidade e os níveis médios de dedicação e abertura a experiências em um grupo de trabalho exercem forte impacto sobre o desempenho geral da equipe.[15]

Tendência em debate: a importância da personalidade

Sua personalidade afeta os resultados de sua vida? Em uma abrangente pesquisa sobre o modelo dos traços Big Five de personalidade, estudiosos descobriram que a resposta parece ser um sonoro "sim". Pessoas extrovertidas, por exemplo, são mais felizes, mais satisfeitas com as relações amorosas e menos depressivas. Pessoas sociáveis são menos propensas a doenças cardíacas e mais propensas a um estilo de liderança positiva. Pessoas dedicadas são mais saudáveis, apreciam o sucesso profissional e são menos propensas a se envolverem em comportamentos criminosos e antissociais. Indivíduos emocionalmente estáveis experimentam maior satisfação com o trabalho, comprometimento e sucesso profissional. Aqueles que são abertos a novas experiências tendem a escolher profissões que envolvem habilidades artísticas e criativas, mas têm mais probabilidade de se envolver com abuso de substâncias.

Fonte: D. J. Ozer e V. Benet-Martinez. "Personality and the Prediction of Consequential Outcomes", *Annual Review of Psychology* 57 (2006): 401-421.

TABELA 3.1 Os traços de personalidade segundo o modelo "Big Five"

Extroversão	Pessoa assertiva e sociável (oposto de reservada, tímida e quieta)
Amabilidade	Pessoa cooperativa e agradável (em vez de fria, desagradável e antagônica)
Conscientização moral	Pessoa trabalhadora, organizada e confiável (oposto de preguiçosa e desorganizada)
Estabilidade emocional	Pessoa calma, autoconfiante e ponderada (oposto de insegura, ansiosa e depressiva)
Abertura a experiências	Pessoa criativa, curiosa e culta (em vez de simplista com interesses estreitos)

Fontes: P. T. Costa e R. R. McCrae em *The NEO-PI Personality Inventory* (Odessa, Fla.: Psychological Assessment Resources, 1992); J. F. Salgado em "The Five Factor Model of Personality and Job Performance in the European Community," *Journal of Applied Psychology* 82 (1997): 30-43.

> **Teoria dos traços**
> Teoria de personalidade que defende a divisão dos padrões de comportamento em uma série de traços observáveis para que seja possível compreender o comportamento humano.

> **Os gestores devem aprender o máximo possível sobre personalidade para compreender seus funcionários e se relacionar melhor com eles.**

A estrutura do modelo Big Five é útil para a compreensão das diferenças culturais. Ele tem sido aplicado em diversas culturas e realizado de forma satisfatória nas populações espanhola e mexicana.[16] Entretanto, ainda continua a incógnita que questiona se os traços do modelo Big Five são passíveis de serem identificados em culturas não ocidentais.[17] Os traços de personalidade são importantes também para a "inteligência cultural" no local de trabalho e afetam o modo como nos adaptamos a diferenças culturais.[18]

A abordagem dos traços é muito criticada. Alguns teóricos argumentam que simplesmente identificar traços não é suficiente, pois personalidade é algo dinâmico, não completamente estável. Além disso, os teóricos mais antigos ignoravam a influência das situações.[19] A teoria dos traços também costumava a ignorar o processo, isto é, como vamos de uma característica, ou traço, para um resultado particular.

Abordagem integrativa

Em resposta às críticas à teoria dos traços, pesquisadores consideraram uma abordagem mais ampla e integrativa para o estudo da personalidade.[20] A **abordagem integrativa** foca tanto nas disposições pessoais e variáveis situacionais como nos prognósticos combinados de comportamento. As disposições são as tendências de um indivíduo a responder a determinada situação de maneira consistente. Isso inclui emoções, cognição, atitudes, expectativas e fantasias.[21] Influenciadas por genes e experiências, as disposições podem ser modificadas.

Um estudo recente de como a personalidade afeta as condições da pessoa oferece um bom exemplo de como uma abordagem integrativa pode ser aplicada para melhor compreendermos as organizações. O estudo considerou diversas variáveis de personalidade que afetavam não apenas as condições reais do indivíduo, mas também como o indivíduo percebia sua condição e como essa condição era vista por outras pessoas. A variável mais importante era a identidade de liderança, embora a autopercepção dos líderes fosse determinada amplamente pela estabilidade emocional e pela amabildiade . Por outro lado, a extroversão e a dedicação afetavam o modo como o líder era percebido por outras pessoas.[22]

Características de personalidade dentro das organizações

Os gestores devem aprender o máximo possível sobre personalidade para compreender seus funcionários e se relacionar melhor com eles. Embora pesquisadores tenham identificado centenas de características de personalidade, selecionamos algumas com influências particularmente mais fortes sobre o comportamento individual nas organizações. A autoavaliação denominada Core Self-Evaluation (CSE) envolve uma ampla gama de traços de personalidade que articula os próprios conceitos do indivíduo.[23] A CSE preocupa-se com a visão do indivíduo sobre seu lócus de controle, autoestima, autoeficácia generalizada e estabilidade emocional. O teste prevê tanto o comportamento quanto o desempenho direcionado por objetivo até mesmo em culturas não americanas (como o Japão, por exemplo).[24] Além dos traços associados com a CSE, consideramos os traços de personalidade de automonitoramento e emoções positivas e negativas.

Os gestores são capazes de prever o comportamento de seus funcionários com base na personalidade deles? Não totalmente. Lembre-se de que o modelo de psicologia interacionista (Figura 3.1) exige tanto variáveis situacionais como temperamentais para prever comportamentos. Ao considerar as variáveis de personalidade, lembre-se de que elas são apenas uma parte do quebra-cabeça que é a personalidade.

Ao ponderar o papel da situação, é importante entender que situações variam em intensidade. **Situações intensas** cobrem por completo os efeitos das personalidades individuais. Essas situações são interpretadas da mesma forma por diferentes indivíduos, suscitam acordo sobre o comportamento apropriado nessa situação e oferecem dicas para o comportamento adequado. Em sessões de avaliação de desempenho, por exemplo, os funcionários sabem ouvir o chefe e contribuir quando solicitados.

Abordagem integrativa
Ampla teoria que descreve a personalidade como uma combinação de processos psicológicos de um indivíduo.

Situação intensa
Situação que sobrepõe os efeitos da personalidade de um indivíduo, fornecendo marcas para um comportamento adequado.

Situações mais simples são abertas a muitas interpretações. Elas oferecem poucas dicas sobre o comportamento apropriado e nenhum sinal óbvio para qualquer comportamento particular. Personalidades individuais, portanto, possuem maior influência em situações mais simples do que em situações mais intensas. Uma reunião informal sem pauta poderia ser uma situação simples. Como as organizações apresentam combinações de situações simples e intensas, a personalidade afeta o comportamento mais em algumas situações do que em outras.[25]

Lócus de Controle A crença generalizada de um indivíduo sobre o controle interno (de si próprio) *versus* o externo (situações ou outras pessoas) é chamada de **lócus de controle**. Pessoas que acreditam que controlam o que acontece com elas possuem lócus de controle interno, ao passo que pessoas que acreditam que as circunstâncias ou outras pessoas controlam seus destinos possuem lócus de controle externo.[26] Os que possuem lócus interno geralmente reportam índices mais altos de satisfação no trabalho e desempenho, são mais propensos a assumirem posições gerenciais e tendem a preferir estilos de gerenciamento participativo.[27]

Os que possuem lócus interno e externo têm reações positivas similares ao serem promovidos, incluindo alta satisfação profissional, envolvimento com o trabalho e comprometimento organizacional. No entanto, os que possuem lócus interno permanecem satisfeitos por mais tempo após a promoção, ao passo que a felicidade das pessoas com lócus externo dura menos. Isso pode ocorrer porque pessoas com lócus de controle externo não acreditam que seu próprio desempenho pode levá-las à promoção.[28]

Conhecer o lócus de controle pode ser útil para os gestores. Como as pessoas com lócus interno acreditam que controlam o que lhes acontece, querem exercer o controle no ambiente de trabalho. Os indivíduos cujo lócus de controle é interno não reagem bem à supervisão próxima, por isso os gestores devem dar-lhes comandos consideráveis de como o trabalho é feito. Os que têm lócus externo, pelo contrário, podem não gostar de configurações de trabalho mais estruturadas e podem preferir não participar da tomada de decisões.

Autoeficácia A **autoeficácia geral** é a visão geral de uma pessoa sobre sua capacidade de atuar de forma efetiva em situações variadas.[29] Funcionários com alto grau de autoeficácia geral são mais confiantes em suas habilidades relacionadas ao trabalho e em outros recursos pessoais (por exemplo, energia, influência sobre os outros etc.), o que os ajuda a agir de forma eficiente no ambiente profissional.

Jogo rápido

Indivíduos com altos níveis de CSE executam melhor o seu trabalho, são mais bem-sucedidos em suas carreiras, mais satisfeitos com suas profissões e suas vidas, apresentam menores níveis de estresse e conflitos, lidam de forma mais eficiente com problemas e tiram maior proveito de vantagens e oportunidades.

Fonte: T. A. Judge e C. Hurst. How the Rich (and Happy) Get Richer (and Happier): Relationship of Core Self-evaluations to Trajectories in Attaining Work Success. *Journal of Applied Psychology*, 93 (2008): 849-863.

Lócus de controle
Crença generalizada de um indivíduo sobre o controle interno (autocontrole) *versus* o controle externo (controle pela situação ou por outras pessoas).

Autoeficácia geral
Crença de um indivíduo de que é capaz de atender às demandas do trabalho em uma variedade de situações.

CAPÍTULO 3 Personalidade, percepção e atribuição 43

> Utilize a seção "E você?" do Capítulo 3, nos Cartões de Revisão, a fim de avaliar suas próprias tendências

Pessoas com baixo índice de autoeficácia geralmente se sentem ineficientes no trabalho e podem expressar dúvidas em relação a como realizar uma nova tarefa de modo satisfatório. Sucesso ou desempenho anterior é um dos mais importantes determinantes da autoeficácia. Pessoas que confiam em sua própria eficácia tentam tarefas mais difíceis, persistem na superação de obstáculos e enfrentam menos ansiedade ao lidar com adversidades.[30] Por serem mais confiantes em sua capacidade de contribuir de forma significativa, valorizam a oportunidade de participar da tomada de decisão.[31] O alto nível de autoeficácia também está relacionado com maior satisfação no trabalho e melhor desempenho.[32]

Outra forma de autoeficácia, chamada de *autoeficácia de tarefa específica*, descreve a crença de uma pessoa na sua capacidade de executar uma tarefa específica ("Acredito que posso fazer essa apresentação de vendas hoje."). Em contraposição, a autoeficácia geral é mais ampla ("Creio que posso executar bem qualquer parte do trabalho.").

Autoestima A autoestima é o sentimento de um indivíduo sobre seu próprio valor ou o grau de que as pessoas gostam de si mesmas. Indivíduos com alto grau de autoestima possuem sentimentos positivos sobre si próprios, percebem tanto suas fraquezas como seus pontos fortes e acreditam que esses são mais importantes que suas fraquezas.[33] Pessoas com baixa autoestima se veem de forma negativa. Elas são mais afetadas pelo que outras pessoas pensam sobre elas; elogiam pessoas que lhes dão *feedback* positivo e evitam pessoas que lhes dão *feedback* negativo.[34]

As avaliações dos outros afetam nossa autoestima. Você pode ser admirado por quem você é ou por suas conquistas. É mais estável ser admirado pelo que você é, e pessoas com esse tipo de autoestima são menos defensivas e mais honestas com elas mesmas. Ser admirado por suas conquistas é mais instável, pois varia de acordo com a magnitude dessas conquistas.[35]

A autoestima de uma pessoa afeta as atitudes e o comportamento dentro das organizações. Pessoas com a autoestima alta executam melhor e são mais satisfeitas com seu trabalho.[36] Elas tendem a buscar profissões de maior status.[37] Uma equipe de trabalho constituída por indivíduos com autoestima alta é mais suscetível a êxitos do que equipes compostas de indivíduos cuja autoestima é baixa ou mediana.[38]

A autoestima muito alta pode levar a excessos. Pessoas com autoestima inflada podem se vangloriar de maneira inapropriada ao depararem com situações estressantes.[39] Autoestima demais pode levar ao excesso de confiança e a conflitos de relacionamento.[40] Esses indivíduos podem mudar suas identidades sociais para se proteger quando não atingem algum padrão. Considere este exemplo: se Denise superar Teresa na prova de estatística, Teresa poderá se convencer de que Denise não é uma boa pessoa para se comparar, porque Denise é graduada em engenharia e Teresa, em educação física. A autoestima elevada de Teresa a protege das comparações desfavoráveis.[41]

A autoestima pode ser muito afetada pelas situações. O sucesso tende a aumentar a autoestima, ao passo que o fracasso a diminui. Os gestores devem incentivar os funcionários a aumentar sua autoestima, oferecendo-lhes desafios apropriados e oportunidades para o sucesso. Lócus de controle, autoeficácia, autoestima e efeitos de estabilidade emocional constituem o núcleo de autoavaliações (CSE). O CSE é um forte prognóstico, tanto da satisfação em relação ao trabalho como do desempenho profissional, próximo apenas da capacidade mental geral (GMA).[42]

Automonitoramento O automonitoramento – medida na qual as pessoas baseiam seus comportamentos em sugestões de outras pessoas e de situações – exerce forte impacto no comportamento organizacional.[43] Pessoas com alto índice de automonitoramento prestam atenção ao que é apropriado em situações par-

Autoestima
Sentimento de um indivíduo sobre seu próprio valor.

Automonitoramento
Medida em que as pessoas baseiam seus comportamentos em sugestões de outras pessoas e situações.

VOCÊ SABIA?

>> Atitudes negativas são contagiosas. Um estudo de líderes e subordinados descobriu que a exaltação negativa dos líderes tem efeito negativo sobre os resultados das atitudes de seus subordinados, como comprometimento organizacional, satisfação com o trabalho e ansiedade.

Fonte: J. Schaubroeck., F. O. Walumbwa, D. C. Ganster e S. Kepes. "Destructive Leader Traits and the Neutralizing Influence of an 'Enriched' Job", *Leadership Quarterly* 18(3) (2007): 236-251.

ticulares e ao comportamento de outras pessoas e, dessa forma, comportam-se adequadamente. Pessoas com baixo índice de automonitoramento prestam menos atenção a dicas situacionais e agem com base em vontades internas. Como resultado, elas se comportam de maneira consistente em diferentes situações. As pessoas cujo nível de automonitoramento é elevado, em razão de o comportamento delas variar conforme a situação, tendem a ser mais imprevisíveis e menos consistentes. Um estudo de administradores em uma empresa de recrutamento descobriu que pessoas com nível elevado de automonitoramento são mais propensas a oferecer apoio emocional às pessoas com ansiedade relacionada ao trabalho; por outro lado, pessoas cujo nível de automonitoramento é baixo parecem ser incapazes de oferecer auxílio emocional.[44]

De acordo com nossa pesquisa, pessoas cujo nível de automonitoramento é elevado são promovidas, pois cumprem tarefas atendendo a expectativas alheias e buscam posições nas redes sociais.[45] É mais provável também que se valham da autopromoção para fazer as outras pessoas perceberem suas habilidades e conquistas.[46] No entanto, a flexibilidade desses indivíduos pode não ser apropriada a todos os tipos de trabalho e a tendência de mudança pode não se adequar a todos os tipos de organização.[47] Como essas pessoas baseiam seus comportamentos em sugestões de outras pessoas e na situação demonstra maiores níveis de autopercepção gerencial. Isso significa que, como administradores, avaliam seus próprios comportamentos no ambiente de trabalho de forma mais precisa.[48] Os gestores cujo nível de automonitoramento é elevado também são bons em identificar as necessidades de seus funcionários e em alterar a forma como interagem com eles.[49]

Podemos até concluir que pessoas cujo índice de automonitoramento é elevado respondem mais prontamente a trabalhar com normas de grupos, cultura organizacional e *feedback* supervisionado do que pessoas cujo nível de automonitoramento é baixo, que aderem mais a diretrizes internas para o comportamento ("Sou o que sou."). Além disso, pessoas cujo nível de automonitoramento é elevado podem apoiar a tendência de formar equipes de trabalho, pois assumem papéis flexíveis com facilidade.

Emoções positivas e negativas Indivíduos que focam os próprios aspectos positivos, os de outras pessoas e do mundo em geral são pessoas com **emoções positivas**.[50] Por outro lado, aqueles que acentuam o negativo em si próprio, nos outros e no mundo são consideradas pessoas com **emoções negativas** (também chamada de *afetividade negativa*).[51] Pessoas com emoções positivas são mais satisfeitas com seus trabalhos.[52] Além disso, são mais propensas a ajudar os outros no ambiente profissional e se engajam em mais comportamentos organizacionais de cidadania.[53] Funcionários com esse perfil faltam menos.[54] A emoção positiva também está relacionada a maior satisfação e melhor desempenho em vários domínios da vida pessoal e profissional.[55] A emoção individual afeta também o trabalho em equipe. A emoção individual positiva produz efeito positivo no grupo, o que promove cooperação e reduz conflitos.[56] A afetividade do líder influencia a afetividade de seus subordinados. Esse tipo de emoção é um fator importante nas configurações de trabalho. Os gestores podem incentivar esse comportamento permitindo que as pessoas participem da tomada de decisão e oferecendo condições agradáveis de trabalho.

RESULTADO DA APRENDIZAGEM 3

Aplicação da teoria da personalidade nas organizações

Para aplicar as teorias da personalidade nas organizações, os gestores devem, primeiro, mensurar a personalidade dos membros de suas empresas. Testes projetivos, medidas comportamentais e questionários de autoavaliação podem ser usados para avaliar a personalidade.

Instrumentos comuns para avaliar a personalidade

Durante **testes projetivos**, uma figura, imagem abstrata ou foto é apresentada ao indivíduo a quem é solicitado que descreva ou conte uma história sobre a imagem. A racionalidade por trás de testes projetivos é que cada indivíduo responde aos estímulos de uma maneira que reflete a singularidade de sua personalidade. O teste de Rorschach é comumente aplicado para avaliar a personalidade.[57] No entanto, assim como outros testes projetivos, oferece pouca confiabilidade. O indivíduo em avaliação pode olhar para mesma figura e ver coisas diferentes por várias vezes. Além disso, o avaliador pode considerar seus próprios pontos de vista na interpretação da informação sobre a personalidade do indivíduo.

Emoção positiva
Tendência de um indivíduo em acentuar os aspectos positivos de si próprio, de outras pessoas e do mundo em geral.

Emoção negativa
Tendência de um indivíduo em acentuar os aspectos negativos de si próprio, de outras pessoas e do mundo em geral.

Teste projetivo
Teste de personalidade que elucida a resposta de um indivíduo a estímulos abstratos.

As **medidas comportamentais** de personalidade examinam o comportamento de um indivíduo em uma situação controlada. É possível avaliar a sociabilidade de uma pessoa, por exemplo, contando o número de vezes que ela se aproxima de estranhos em uma festa. O comportamento é marcado para produzir um índice de personalidade. Alguns problemas potenciais com medidas comportamentais incluem a habilidade do observador de se manter focado e a maneira como interpreta o comportamento. Além disso, algumas pessoas se comportam de modo diferente quando sabem que estão sendo observadas.

O método mais comum de avaliar a personalidade é o **questionário de autoavaliação**. O indivíduo responde a uma série de perguntas, geralmente no formato verdadeiro/falso ou concordo/discordo. Um dos mais reconhecidos questionários é o Inventário Multifásico de Personalidade de Minnesota (MMPI), um abrangente teste que avalia uma variedade de traços e ajuda a diagnosticar vários distúrbios neuróticos ou psicóticos. Outro questionário de autoavaliação, o Inventário de Personalidade NEO, avalia os traços Big Five. Os questionários de autoavaliação são passíveis de sofrer possíveis vieses. É difícil visualizar a própria personalidade de forma objetiva. Em geral, as pessoas respondem a questionários da forma como elas querem ser vistas, e não como elas realmente são.

Carl Jung e o instrumento Myers-Briggs Type Indicator®

Outra abordagem para a aplicação de teoria de personalidade nas organizações é a abordagem junguiana e seu instrumento de medida, o **Indicador de Tipos Myers-Briggs** (ou Myers-Briggs Type Indicator, em Inglês (MBTI)). Esse instrumento foi desenvolvido para mensurar ideias sobre diferenças individuais defendidas pelo psicólogo suíço Carl Jung. Muitas organizações utilizam o instrumento MBTI; focaremos nele para ilustrar como algumas organizações utilizam conceitos de personalidade para ajudar funcionários a apreciarem a diversidade.

Jung elaborou seu trabalho com base na noção de que as pessoas são, ao mesmo tempo, diferentes e parecidas. Seu clássico trabalho *Tipos Psicológicos* propunha que a população era formada por dois tipos básicos: extrovertido e introvertido.[58] Ele passou a identificar dois tipos de percepção (sensitivos e intuitivos) e dois tipos de julgamento (racionais e emocionais). A percepção (como obtemos informações) e o julgamento (como tomamos decisões) representam as duas funções mentais universais básicas.

Esse estudioso sugeriu que as similaridades e as diferenças humanas poderiam ser compreendidas pela combinação de preferências. Preferimos e escolhemos uma maneira de fazer as coisas em vez de outra. Não somos exclusivamente de uma maneira ou de outra, pelo contrário, temos preferências pela extroversão ou introversão, assim como temos preferência por sermos destros ou canhotos. A teoria dos tipos de Jung argumenta que não existem preferências melhores que outras. As diferenças devem ser compreendidas, celebradas e apreciadas.

Durante a década de 1940, uma mãe e sua filha ficaram fascinadas com as diferenças individuais entre as pessoas e com o trabalho de Jung. Katharine Briggs e sua filha, Isabel Briggs Myers, desenvolveram o instrumento MBTI para colocar em prática a teoria dos tipos de Jung. Esse instrumento é utilizado extensivamente nas organizações como base para a compreensão de diferenças individuais. Nos Estados Unidos, mais de 2 milhões de pessoas utilizam esse instrumento por ano e é muito utilizado por empresas da *Fortune 500*.[59] O instrumento MBTI tem sido aplicado nos casos de aconselhamento profissional, formação de equipes, administração de conflitos e compreensão de estilos de gestão.[60]

Medidas comportamentais
Avaliações de personalidade que envolvem a observação do comportamento de um indivíduo em uma situação controlada.

Questionário de autoavaliação
Acompanhamento de personalidade que envolve as respostas de um indivíduo a uma série de questionamentos.

Indicador de tipos Myers-Briggs (MBTI)
Instrumento desenvolvido para medir a teoria de Carl Jung sobre as diferenças individuais.

As preferências Na teoria dos tipos, há quatro escalas de dicotomias: extrovertidos/introvertidos, sensitivos/intuitivos, racionais/emocionais e julgadores/perceptivos A Tabela 3.2 mostra essas preferências. A combinação delas forma o tipo psicológico de um indivíduo.

Nos Estados Unidos, mais de 2 milhões de pessoas utilizam o MBTI por ano.

Extrovertidos/Introvertidos A preferência entre extroversão/introversão representa em que você encontra energia. O tipo extrovertido (E) é energizado pela interação com outras pessoas. O tipo introvertido (I), por momentos solitários. O primeiro tipo normalmente conta com ampla rede social, ao passo que o segundo dispõe de uma gama de relações menor. Assim como articulado por Jung, essa preferência não tem nada a ver com habilidades sociais. Muitos introvertidos possuem excelentes habilidades sociais, mas preferem o mundo interno de ideias, pensamentos e conceitos. Os extrovertidos representam aproximadamente 49% da população americana e os introvertidos representam aproximadamente 51%, indicando uma divisão apertada.[61] A cultura americana recompensa e estimula os extrovertidos. A teoria de Jung diz que a preferência extroversão/introversão reflete as mais importantes distinções entre os indivíduos. No ambiente de trabalho, extrovertidos preferem variedade e não se incomodam em ser interrompidos por ligações ou visitas. Comunicam-se livremente, mas podem dizer coisas passíveis de arrependimento no futuro.

Os introvertidos preferem se concentrar e pensar sobre as coisas de modo particular. Eles são orientados por detalhes e não se importam em trabalhar em projetos de longa duração; porém não gostam de interrupções e podem ter dificuldade para lembrar-se de nomes e feições.

Sensitivos/Intuitivos A preferência entre sensação/intuição representa a percepção ou a obtenção de informações. O tipo sensitivo (S) presta atenção a informações obtidas por meio dos cinco sentidos e do que realmente existe. O tipo intuitivo (N) presta atenção ao "sexto sentido" e no que poderia ser em vez do que realmente é.[62]

Nos Estados Unidos, aproximadamente 70% das pessoas são do tipo sensitivo.[63]

No ambiente profissional, o tipo sensitivo prefere respostas específicas para as perguntas e pode se frustrar com instruções vagas. Aprecia trabalhos que permitam obter resultados tangíveis e prefere usar suas habilidades a aprender novas. O tipo intuitivo gosta de solucionar novos problemas e é impaciente com detalhes rotineiros. Gosta mais de aprender novas técnicas do que de usar as que possui. Tende a pensar em várias coisas ao mesmo tempo e pode parecer distraído. Gosta de descobrir como as coisas funcionam apenas por diversão.

Racionais/Emocionais A preferência entre pensamento/sentimento descreve como preferimos

[*Aproximadamente 70% das pessoas nos Estados Unidos são do tipo sentimento.*]

TABELA 3.2 Preferências e descrições segundo a Teoria dos Tipos

EXTROVERSÃO	SENSAÇÃO	PENSAMENTO	JULGAMENTO
Extrovertido	Prático	Analítico	Estruturado
Publicamente expressivo	Específico	Claro	Orientado pelo tempo
Interação	Pés no chão	Racional	Decisivo
Fala, depois pensa	Detalhes	Justiça	Faz listas e as usa
Sociável	Concreto	Regras	Organizado
INTROVERSÃO	**INTUIÇÃO**	**SENTIMENTO**	**PERCEPÇÃO**
Quieto	Geral	Subjetivo	Flexível
Reservado	Abstrato	Harmonia	Aberto
Concentração	Cabeça nas nuvens	Coração	Exploração
Pensa, depois fala	Possibilidades	Pena	Faz listas e as perde
Reflexivo	Teórico	Circunstância	Espontâneo

Extroversão
Atitude que indica que o indivíduo é motivado pela interação com outras pessoas.

Introversão
Atitude que indica que o indivíduo é motivado quando fica sozinho.

Sensitivo
Obtenção de informações por meio dos cinco sentidos e foco no que realmente existe.

Intuitivo
Obtenção de informações por meio do "sexto sentido" e foco no que poderia ser.

Racional
Tomada de decisões de maneira lógica e objetiva.

Emocional
Tomada de decisões de maneira pessoal e orientada por valores.

CAPÍTULO 3 Personalidade, percepção e atribuição

[Uma pessoa introvertida pode se tornar CEO?]

No mundo dos negócios, acredita-se que para ser CEO o indivíduo dever ser extrovertido, animado e disposto a trabalhar em rede. É realmente necessário ser extrovertido para alcançar um escalão superior na empresa? Bill Gates, Warren Buffett e Steven Spielberg diriam não. Eles são introvertidos, assim como 40% de todos os CEOs norte-americanos. Outra introvertida notável é Brenda Barnes, CEO da Sara Lee. Anteriormente à frente das operações norte-americanas da PepsiCo e da Starwood Hotels, Barnes obteve uma licença de quatro anos para passar algum tempo com seus três filhos. Ela voltou ao trabalho como COO da Sara Lee e, em 2005, tornou-se CEO. Ao retornar, Barnes se sentiu obrigada a mostrar que os que voltam de uma licença ainda têm muito a oferecer ao mundo corporativo. "Há muitas mulheres que escolheram deixar o mercado de trabalho", diz ela. "Mas isso não significa que perderam o cérebro".

Desde que Barnes se tornou CEO, a Sara Lee Corp. iniciou um programa voltado para auxiliar tanto homens quanto mulheres que retornam ao trabalho após ficarem afastados por certo tempo. Nesse programa, os participantes fazem estágios flexíveis e pagos por quatro ou seis meses antes de assumirem cargos de período integral. Barnes também está transformando a Sara Lee: reorientou o portfólio de produtos e está tentando mudar os valores culturais da empresa a fim de que seja possível promover a integridade e o trabalho em equipe.

Um dos principais pontos forte da liderança de Barnes é ouvir os funcionários, uma habilidade na qual pessoas introvertidas são particularmente boas. Outras habilidades que os introvertidos agregam à posição de CEO é pensar antes de falar e ser capaz de elaborar pensamentos reflexivos e criativos. Lembre-se de que o traço de introversão se relaciona apenas com energia, não com habilidades sociais. Os introvertidos atualizam-se e motivam-se passando um tempo sozinhos, algo que a posição de CEO pode favorecer.

Fonte: A. Fisher. "Job Hunting for Introverts", *Fortune*, 13 fev. 2009, disponível em: http://money.cnn.com/2009/02/11/news/economy/Introverts.fortune/; D. Winston. "A Woman CEO's View", *Forbes*, 17 mar. 2009, disponível em: http://www.forbes.com/2009/03/17/work-life-ceo-leadership-careers-imbalance.html?partner-whiteglove_google.

> " **Dois terços dos homens são do tipo pensamento, ao passo que dois terços das mulheres são do tipo sentimento.**

Julgador
Preferência por finalizações nas tomadas de decisão.

Perceptivo
Preferência por explorar alternativas com flexibilidade e espontaneidade.

tomar decisões. O tipo racional (T) toma decisões de maneira lógica e objetiva, ao passo que o tipo emocional (F) toma decisões de maneira pessoal, orientado por seus valores. A população dos Estados Unidos, de forma geral, está dividida em 40/60 em relação ao tipo de preferência pensamento/sentimento, mas, curiosamente, a maioria dos homens é do tipo racional, ao passo que a maioria das mulheres é do tipo emocional. É determinada preferência na teoria dos tipos que resulta em uma relevante diferença no gênero. O tipo racional tende a analisar decisões, ao passo que o tipo emocional apenas concorda. O primeiro tenta ser impessoal, ao passo que o segundo baseia suas decisões em como o resultado afetará as pessoas envolvidas.

No ambiente profissional, o tipo racional tende a demonstrar menos emoções. Sente-se menos confortável com expressões emocionais de outras pessoas e responde mais prontamente aos pensamentos alheios. Costuma ser decidido e gosta de colocar as coisas em um quadro lógico. O tipo emocional, por outro lado, sente-se confortável com emoções no ambiente de trabalho. Gosta de agradar as pessoas e de receber elogios e incentivos frequentes.

Julgadores/Perceptivos A dicotomia **julgamento/percepção** reflete a orientação do indivíduo em relação ao mundo exterior. O tipo julgador (J) adora conclusões. Prefere levar uma vida planejada e organizada e gosta de tomar decisões. Por outro lado, o tipo perceptivo (P) prefere uma vida flexível e espontânea e gosta de manter opções em aberto. Imagine duas pessoas, uma com preferência pelo julgamento e a outra pela percepção, saindo para um jantar. J pede para P escolher um restaurante e P sugere dez alternativas. J quer apenas decidir e se manter na opção, ao passo que P quer explorar todas as opções.

O tipo julgador adora realizar tarefas e se delicia em verificar no calendário as tarefas já concluídas. O tipo perceptivo geralmente adota uma atitude "aguarde e

> [**Os resultados das pesquisas do MBTI Atlas mostram que grande parte dos 7.463 gestores estudados era ESTJ.**]

observe", obtendo novas informações em vez de tirar conclusões. O tipo perceptivo é curioso e receptível a novas informações. Pode começar muitos projetos e não terminá-los.

Os Dezesseis Tipos As preferências se combinam para formar 16 tipos distintos. O tipo ESTJ, por exemplo, tem as preferências extrovertido, sensitivo, racional e julgador. Indivíduo do tipo ESTJ vê o mundo como ele é (S); toma decisões de forma objetiva (T); e gosta de estruturas, horários e ordem (J). A combinação dessas qualidades com sua preferência por interagir com os outros o torna um gestor ideal. O indivíduo do tipo ESTJ é prestativo, prático e capaz de realizar qualquer trabalho. Tem consciência da cadeia de comando e vê o trabalho como uma série de objetivos a serem alcançados seguindo normas e regras. É pouco tolerante com desorganização e tem muita necessidade de controle. Os resultados de pesquisas do *MBTI Atlas* indicaram que grande parte dos 7.463 gestores estudados era do tipo ESTJ.[64]

O instrumento MBTI foi desenvolvido para ter confiabilidade e validade como instrumento de medida de identificação desses tipos.[65] Não existem tipos bons e tipos ruins; cada um possui pontos positivos e pontos negativos. Os tipos influenciam no estilo de aprendizado, de ensino e na escolha da profissão. Um estudo dos tipos do MBTI envolvendo alunos de engenharia da Georgia Tech determinou que indivíduos do tipo ST e NT tinham mais atração pela engenharia. Os tipos E e F estavam mais propensos a desistir do curso de engenharia.[66] Os tipos também determinam o estilo de gerenciamento e de tomada de decisão.

Como as empresas usam o MBTI
Estudos recentes focaram na relação entre o tipo e o comportamento gerencial específico. O tipo introvertido (I) e o tipo emocional (F), por exemplo, tendem a ser mais efetivos no gerenciamento participativo do que seus colegas, o tipo extrovertido e o tipo racional.[67] Empresas como AT&T, ExxonMobil e Honeywell utilizam o instrumento MBTI em seus programas de desenvolvimento de gestão para ajudar funcionários a compreender os diferentes pontos de vista dentro da organização. O instrumento MBTI pode ser utilizado também para formação de equipes, e recursos são colocados à disposição para ajudar os gestores a aprender como fazê-lo de forma eficiente.[68] A Hewlett-Packard e a Armstrong World Industries usam o MBTI para mostrar às equipes que a diversidade e as diferenças levam ao sucesso no desempenho.

Os gestores valorizam a teoria dos tipos por sua simplicidade e precisão. Entretanto, as informações obtidas por meio do MBTI podem ser usadas de maneira equivocada no ambiente organizacional.[69] Alguns usos inapropriados incluem rotular determinados funcionários, fazer reivindicações como uma conveniente desculpa de que não se pode trabalhar com determinado colega e evitar a responsabilidade de aprender a trabalhar de forma flexível com os outros. A teoria dos tipos não é uma desculpa para o comportamento inapropriado. Quando bem utilizada, ajuda gerentes a desenvolverem habilidades interpessoais. Além disso, é utilizada para formação de equipes que capitalizam os pontos positivos das pessoas e para ajudar os membros a lidarem com as diferenças.

RESULTADO DA APRENDIZAGEM 4

Percepção social

Percepção é um processo psicológico que gera diferenças entre indivíduos. Nossa percepção é o nosso entendimento do mundo a nossa volta. Elemento básico que nos permite compreender nós mesmos e nosso mundo, a percepção acrescenta significado às informações obtidas por meio dos cinco sentidos: tato, olfato, audição, visão e paladar. Aqui, focamos especificamente a **percepção social** ou o processo de interpretar informações sobre outra pessoa. Praticamente todas as atividades gerenciais dependem da percepção.

A entrevista de seleção ressalta a importância da percepção. As consequências de uma combinação ruim entre um indivíduo e a organização são devastadoras para ambas as partes, por isso devem ser reunidos dados muito precisos. As primeiras entrevistas são breves, e o candidato é, geralmente, um dos vários entrevistados do dia. Quanto tempo leva para um entrevistador decidir sobre um candidato? O entrevistador toma a decisão de aceitar ou rejeitar logo nos primeiros quatro ou cinco minutos, com base na sua percepção do candidato.[70]

Um estudo descobriu que a percepção de disparidade de valores entre CEOs e equipes de alta gerência levou a um conflito ainda maior. Mesmo se não houvesse diferenças

> **Percepção social**
> Processo de interpretação de informações sobre outra pessoa.

CAPÍTULO 3 Personalidade, percepção e atribuição 49

de valores, a simples percepção disso já aumentaria o conflito. Esse estudo salienta a importância da percepção nas organizações e recomenda que gestores prestem atenção a como seus funcionários percebem as decisões organizacionais, uma vez que essa percepção influenciará no comportamento deles.[71]

A percepção também é determinada pela cultura. Com base em nossos antecedentes culturais, percebemos as coisas de determinada maneira. Leia a frase a seguir:

Arquivos concluídos são o resultado de anos de estudo científico combinado com experiência adquirida ao longo do tempo.

Agora, conte o número de *f* na frase em inglês. Pessoas que falam inglês como segundo idioma veem seis *fs*. A maioria dos falantes nativos diz que há três, pois são culturalmente condicionados a ignorar palavras não importantes como *of*.[72] A cultura afeta a maneira como interpretamos os dados que obtemos bem como o significado que lhes atribuímos. Valorizar a diversidade, incluindo a diversidade cultural, tem sido reconhecido como elemento-chave para competitividade internacional, por isso os gestores precisam desenvolver boas habilidades de percepção social.[73]

As três grandes categorias de fatores que influenciam em nossa percepção sobre os outros são: características de nós mesmos como observadores, características da pessoa-alvo que estamos observando e características da situação em que a interação ocorre. Na Figura 3.2, há um modelo de percepção social.

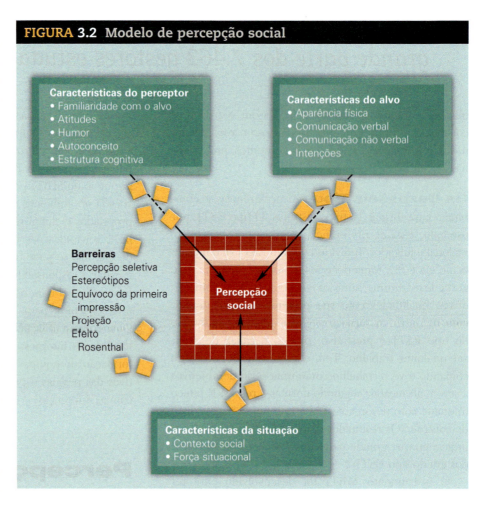

FIGURA 3.2 Modelo de percepção social

Características do observador

Várias características do observador podem afetar a percepção social. Uma dessas características é a *familiaridade* com o alvo (pessoa que está sendo observada). Quando estamos familiarizados com alguém, temos múltiplas observações nas quais baseamos nossa impressão dessa pessoa. No entanto, familiaridade nem sempre significa precisão. Às vezes, quando conhecemos bem uma pessoa, nossa tendência é filtrar as informações que são incompatíveis com as nossas convicções sobre ela. Esse é um grande problema nas avaliações de desempenho, em que o avaliador tem familiaridade com a pessoa avaliada.

As *atitudes* do observador também afetam a percepção social. Suponha que você esteja entrevistando candidatos para um cargo muito importante em sua empresa – uma posição que exige negociação de contratos com fornecedores, os quais são, na maioria, do sexo masculino. Você pode achar que mulheres não são capazes de manter a firmeza em negociações mais difíceis. Essa atitude vai, inevitavelmente, afetar suas percepções com relação às candidatas do sexo feminino. Atitudes de chefes do sexo masculino em relação a mulheres negras – por exemplo, que não são abertas a *feedback* ou evitam desafios – podem criar percepções equivocadas que limitam o desempenho e as oportunidades no local de trabalho. No entanto, os efeitos dessas atitudes podem ser mitigados e levar ao fortalecimento dos relacionamentos por meio da criação de fóruns para discussão aberta sobre percepção social.[74]

O humor pode ter forte influência sobre a forma como percebemos alguém.[75] Pensamos de modo diferente quando estamos felizes em comparação a quando estamos deprimidos. Também nos lembramos mais de

[Microgestor ou gênio gerencial?]

Steve Jobs, ex-CEO da Apple e ex-CEO da Pixar, é um nome bastante conhecido. Apesar da fama, Jobs foi acusado de ser egomaníaco e muito temperamental. Há várias histórias sobre seu estilo ríspido de liderança – ele recrutava grandes talentos e mesmo assim os depreciava. Finalmente, o homem que ele havia contratado para gerir a Apple, John Sculley, demitiu Jobs de sua própria criação em 1984. Em um discurso na Universidade de Stanford, Jobs descreveu esse evento como uma das melhores coisas que poderia ter acontecido com ele.

Perceber uma crise, por exemplo, a situação de ser demitido de sua própria empresa, como um evento positivo e que pode mudar sua vida é algo incomum. Entretanto, a humildade aprendida nessa experiência gerou uma marca significativa no estilo de administração de Jobs, que recentemente foi descrito como mais calmo e ponderado. Apesar de problemas de saúde que culminaram em uma licença de seis meses (que terminou em junho de 2009), Steve Jobs se mantém como um dos líderes mais estáveis no mundo dos negócios, e sob sua orientação e liderança a Apple está preparada para continuar a tendência de constante crescimento.

Fonte: P. Burrows e R. Grover. "Steve Jobs' Magic Kingdom. How Apple's Demanding Visionary Will Shake Up Disney and the World of Entertainment", *BusinessWeek* (6 fev. 2006), disponível em: http://www.businessweek.com/magazine/content/06_06/b3970001.htm. Darren Vader. "Biography: Steve Jobs". *The Apple Museum*, disponível em: http://www.theapplemuseum.com/index.php?id=49. Erica Ogg. "Apple's Steve Jobs Back at Work", *CNET News* (29 jun. 2009), disponível em: http://news.cnet.com/8301-13579_3-10274848-37.html.

Características do alvo

As características do alvo (pessoa que está sendo observada) também influenciam na percepção social. A *aparência física* tem um papel importante na percepção que temos das outras pessoas. O observador notará características físicas como altura, peso, idade estimada, raça e gênero. O vestuário diz muito sobre uma pessoa. Ternos azuis listrados, por exemplo, sugerem bancários ou agentes da Wall Street. Os observadores tendem a perceber características da aparência física que contrastam com as normas, que são intensas ou que são novas e diferentes.[76] Uma pessoa barulhenta, alguém que se veste de maneira estranha, uma pessoa muito alta ou uma criança hiperativa será notada, pois esses aspectos contrastam com o que costumamos encontrar. Pessoas novas, como recém-chegados a determinado local, ou minorias, também atraem atenção.

A atratividade física geralmente ressalta a impressão que temos de outra pessoa. Entrevistadores avaliam candidatos cativantes de forma mais favorável e os recompensam com salários iniciais mais altos.[77] As pessoas que são fisicamente atraentes também enfrentam estereótipos.

A *comunicação verbal* dos alvos também afeta nossa percepção com relação a eles. Escutamos os tópicos

informações que combinam com nosso estado de espírito do que de informações que são incompatíveis com ele. Quando estamos com humor positivo, formamos impressões mais positivas dos outros. Já com humor negativo, tendemos a avaliar os outros desfavoravelmente.

Outro fator que pode afetar a percepção social é o *autoconceito* do observador. Um indivíduo com autoconceito positivo tende a perceber atributos positivos nas outras pessoas. Em contrapartida, o autoconceito negativo pode levar o observador a notar traços negativos nos outros. Quanto mais nos entendemos, mais precisa é a nossa percepção com relação aos outros.

A *estrutura cognitiva*, o padrão de pensamento de um indivíduo, também afeta a percepção social. Algumas pessoas tendem a perceber traços físicos como altura, peso e aparência mais prontamente. Outras focam traços centrais ou disposições de personalidade. A complexidade cognitiva permite que uma pessoa perceba múltiplas características de outras pessoas, em vez de notar apenas alguns traços.

América do Sul — Nem pensar
Estados Unidos — OK
Outras — Melhor se informar primeiro

CAPÍTULO 3 Personalidade, percepção e atribuição

que discutem, seus tons de voz, seus sotaques e fazemos julgamentos com base nessas entradas.

A *comunicação não verbal* transmite uma grande quantidade de informações sobre o alvo. Contato visual, expressões faciais, movimentos corporais e postura são todos decifrados pelo observador na tentativa de formar uma impressão do alvo. A conscientização sobre diferenças culturais é particularmente importante quando falamos de comunicação, porque alguns sinais não verbais significam coisas muito diferentes em culturas diferentes. O sinal de "OK" nos Estados Unidos (formando um círculo com o polegar e o indicador) é um insulto na América do Sul. Expressões faciais, no entanto, parecem ter significados universais. Indivíduos de culturas diferentes conseguem reconhecer e decifrar expressões da mesma forma.[78]

As *intenções* do alvo sofrem interferência do observador que foca o comportamento do alvo. Vemos nosso chefe entrar no escritório e podemos pensar: "Ah, não! Ele vai me dar mais trabalho". Também podemos perceber que sua intenção é nos parabenizar por um recente sucesso. Em qualquer um dos casos, a interpretação das intenções do alvo afeta a maneira como o observador enxerga o alvo.

Características da situação

A situação em que ocorre a interação entre o observador e o alvo também influencia na percepção. O *contexto social* da interação é uma grande influência. Encontrar um professor na sala dele tem um efeito diferente em nossa impressão em comparação a encontrá-lo no restaurante. No Japão, o contexto social é muito importante. Conversas sobre negócios após o expediente ou no horário de almoço são consideradas tabus. Se tentar conversar sobre negócio durante esses períodos, você será visto como uma pessoa rude.[79]

A *força de pistas situacionais* também afeta a percepção social. Como discutimos anteriormente neste capítulo, algumas situações sinalizam como devemos nos comportar. Nessas situações, supomos que o comportamento do indivíduo pode ser explicado pela situação e pode não refletir a disposição individual. Esse é o **princípio do desconto** dentro da percepção social.[80] Você pode encontrar um vendedor de carros gentil e bem apessoado; ele lhe pergunta sobre seu trabalho e seus *hobbies* e parece muito interessado em seu gosto por carros. Provavelmente, você não consegue presumir que esse comportamento reflete a personalidade dele por causa da influência da situação. Essa pessoa está tentando lhe vender um carro e certamente trata todos os clientes dessa forma.

Princípio do desconto
Suposição de que o comportamento de um indivíduo é resultado da situação.

Percepção seletiva
Tendência de selecionar informações que apoiam nosso ponto de vista e desconsiderar informações que ameaçam nosso ponto de vista.

Estereótipo
Generalização sobre um grupo de pessoas.

> As expectativas de um gerente sobre um funcionário afetam tanto o comportamento do gerente com relação ao funcionário como a resposta do funcionário.

RESULTADO DA APRENDIZAGEM 5

Barreiras à percepção social

Seria ótimo se todos nós tivéssemos habilidades de percepção social precisas. Infelizmente, barreiras nos impedem de perceber os outros com exatidão. As cinco barreiras à percepção social são percepção seletiva, estereotipagem, equívoco da primeira impressão, projeção e efeito Rosenthal.

Percepção seletiva é a nossa tendência de preferir informações que apoiam nossos pontos de vista. Normalmente, as pessoas ignoram informações que ameaçam aquilo em que elas acreditam. Suponha que um gerente de vendas esteja avaliando o desempenho de seus funcionários. Um dos funcionários não tem um bom relacionamento com os colegas e raramente apresenta os relatórios de vendas a tempo. Entretanto, ele gera a maioria dos novos contratos. O gerente de vendas pode ignorar as informações negativas e avaliar o vendedor apenas pelos contratos obtidos. O gerente está exercendo a percepção seletiva.

O **estereótipo** é uma generalização sobre um grupo de pessoas. Estereótipos reduzem informações sobre outras pessoas a um nível viável de modo que possa ser compilado de forma eficiente. Os estereótipos se tornam mais fortes quando compartilhados e validados por outros.[81] Se precisos, servem como valiosas diretrizes perceptuais. Se imprecisos, são prejudiciais, pois criam falsas impressões que não poderão ser testadas ou alteradas.

Em equipes multiculturais, os membros geralmente formam uma impressão de colegas estrangeiros com base em estereótipos antes de conhecê-los como pessoas. Os asiáticos, por exemplo, são incentivados a carreiras que tenham a ver com matemática e ciência, deixando de lado um possível ponto positivo ou talento que a pessoa poderia ter. Estereótipos como esse podem comprometer a produtividade do trabalho em equipe, diminuir o moral e resultar em oportunidades limitadas para as pessoas. Quanto mais precisas as informações que os funcionários possuem sobre seus colegas de trabalho e suas culturas, menor a presença de estereótipos na maneira como os indivíduos são percebidos no que diz respeito a dinâmicas de grupos e progressos pessoais.[82]

A atratividade é um poderoso estereótipo. Presumimos que indivíduos bem apessoados são agradáveis, sensíveis, equilibrados, sociáveis, extrovertidos, independentes e fortes. No entanto, um estudo sobre relacionamentos românticos mostrou que a maioria das pessoas de boa aparência não se encaixam no estereótipo, apesar de serem populares e possuírem boas técnicas sociais.[83] Alguns indivíduos podem parecer encaixar no estereótipo de atratividade, pois nosso comportamento deduz isso com base em comportamentos que confirmam o estereótipo. Considere uma situação na qual você encontra um colega de escola bem aparentado. Provavelmente você responderá de forma positiva a essa pessoa, pois você supõe que ela seja agradável, sociável etc. Embora seja possível que ela não tenha esses traços, sua resposta positiva poderá enaltecer esse comportamento na pessoa. Assim, sua interação poderá ser canalizada para confirmar o estereótipo.[84]

A estereotipagem impregna-se no ambiente de trabalho. Quando o comportamento de um indivíduo contrasta com um estereótipo de seu grupo, ele é tratado mais positivamente (com mais comentários positivos e tapinhas nas costas). Uma jogadora de *softball* pode ser mais aplaudida por um *home run* do que um colega do sexo masculino, porque algumas pessoas rotulam as mulheres como menos atléticas do que os homens, classificando-as em um patamar inferior. De qualquer forma, o contraste ainda é parte da estereotipagem.[85]

A primeira impressão é a que fica, já dizia o ditado. Temos a tendência de lembrar o que percebemos primeiro em uma pessoa e às vezes relutamos para mudar nossas impressões iniciais.[86] O **equívoco da primeira impressão** ocorre quando observamos apenas uma pequena parte do comportamento de uma pessoa em um primeiro contato e deduzimos que esse comportamento reflete o que a pessoa realmente é. Efeitos de primazia podem ser perigosos em entrevistas, pelo fato de que formamos primeiras impressões rapidamente e essas impressões podem se tornar a base para relações empregatícias em longo prazo.

Em quais fatores os entrevistadores se baseiam ao formar primeiras impressões? As percepções acerca do candidato, como se gostam da pessoa, se confiam nela e se parece ter credibilidade ou não, influenciam na decisão do entrevistador. Algo aparentemente tão irrelevante como o tom da voz pode deixar uma impressão muito duradoura.

As pessoas com tom de voz mais grave aparentam ser mais competentes, mais dominantes e mais assertivas do que aquelas cuja voz é mais aguda. Essa crença pode perdurar por muito tempo; homens cujas vozes são agudas o suficiente que parecem femininas são julgados de forma menos favorável pelos entrevistadores. Essa observação é irônica, pois pesquisas mostram que alunos com tons de voz mais altos tendem a ganhar notas melhores.[87]

A **projeção**, também conhecida como efeito de falso consenso, gera percepções imprecisas dos outros. Quando projetamos, supomos que nossas crenças e valores são comumente aceitos e normativos, e superestimamos o número de pessoas que compartilham deles. Pessoas diferentes são vistas como anormais e até fora dos padrões. Geralmente, a projeção ocorre quando estamos cercados por pessoas parecidas conosco. Podemos não prestar atenção a importantes informações sobre outras pessoas quando presumimos que somos todos parecidos e estamos em concordância.[88]

O **efeito Rosenthal**, também chamado de efeito pigmalião, interfere na percepção social. Às vezes nossas expectativas afetam a maneira como interagimos com os outros, de forma que provocamos a exata resposta que esperamos.

Alguns estudos sobre o efeito Rosenthal foram conduzidos em salas de aula de escolas do ensino fundamental. Os professores recebiam informações

---

Equívoco da primeira impressão
Formação de opiniões duradouras sobre um indivíduo com base em percepções iniciais.

Projeção
Superestimar o número de pessoas que compartilham de nossas crenças, valores e comportamentos.

Efeito Rosenthal
Permitir que expectativas sobre as pessoas afetem nossa interação com elas de modo que essas expectativas se concretizem.

CAPÍTULO 3 Personalidade, percepção e atribuição

falsas de que alguns de seus pupilos tinham alto potencial intelectual. Esses alunos eram escolhidos aleatoriamente; não havia nenhuma diferença entre eles. Oito meses depois, os alunos "privilegiados" obtiveram notas significantemente maiores em um teste de QI. A expectativa dos professores conduziu o crescimento desses alunos, pois os professores haviam dado a esses alunos tarefas mais rigorosas e mais *feedback* sobre o desempenho.[89]

As expectativas de um gerente no que diz respeito a determinado funcionário afetam tanto o comportamento do gerente com relação ao funcionário como a resposta do funcionário. Suponha que sua impressão inicial de um funcionário seja de que ele tem potencial para evoluir dentro da empresa. Provavelmente você passará boa parte do tempo treinando-o e aconselhando-o, apresentando tarefas desafiadoras e preparando-o para o sucesso. Os gestores podem aproveitar o poder do efeito pigmalião para melhorar a produtividade simplesmente esperando resultados positivos de um grupo de funcionários.[90]

Gerenciamento de impressão

A maioria das pessoas quer produzir impressões favoráveis sobre si mesmas a outras pessoas. Isso é particularmente verdadeiro em organizações nas quais os indivíduos competem por trabalho, avaliação de desempenho positiva e aumento de salário. O processo pelo qual indivíduos tentam controlar as impressões que os outros têm sobre eles é chamado de **gerenciamento de impressão**. Os indivíduos usam várias técnicas para controlar as impressões dos outros sobre eles.[91]

Algumas técnicas de gerenciamento de impressão são de autopromoção. O *name-dropping*, ou menção de associação com pessoas importantes durante uma conversa, com o intuito de melhorar a própria imagem, é usado com frequência. Controlar a aparência é outra técnica para gerenciar a impressão. Os indivíduos se vestem cuidadosamente para entrevistas, pois querem parecer preparados para a vaga. A autodescrição, ou declarações sobre as próprias características, também é utilizada para gerenciar impressões.

Outro grupo de técnicas de gerenciamento de impressão é o da *valorização alheia*. Tem como foco o indivíduo que uma pessoa está tentando impressionar, em vez de focar em si mesma. É comum a pessoa prestar favores e bajular a fim de obter aprovação. Concordar com a opinião de alguém pode criar uma impressão positiva. Pessoas com deficiência, por exemplo, usam técnicas de valorização alheia. Elas podem sentir que devem tomar para si a tarefa de fazer os outros interagirem à vontade com elas. As técnicas de gerenciamento de impressão as ajudam a evitar que os outros se afastem.[92]

> " **As pessoas tendem a fazer atribuições internas para o próprio sucesso e atribuições externas para o fracasso.**

Resultados de pesquisas indicam que candidatos que se engajam em gerenciamento de impressão, autopromovendo-se melhor em entrevistas, estão mais propensos a concretizar visitas a potenciais empregadores e mais propensos a serem contratados.[93] Além disso, funcionários que se utilizam do gerenciamento de impressão são considerados de forma mais favorável em avaliações de desempenho.[94]

O gerenciamento de impressão parece influenciar as impressões alheias. Se as impressões fornecidas forem precisas, esse processo beneficia as organizações, mas se forem falsas, geram uma impressão geral negativa. Além disso, o excessivo gerenciamento de impressão pode levar à percepção de que o indivíduo é manipulador e fingido.[95]

RESULTADO DA APRENDIZAGEM 6
Atribuição dentro das organizações

Os seres humanos são curiosos por natureza. Queremos saber *por que* as pessoas se comportam de determinada maneira. Também buscamos compreender e explicar nosso próprio comportamento. A **teoria da atribuição** explica como localizamos as causas de nosso próprio comportamento (e, consequentemente, de nosso desempenho) e do comportamento de outras pessoas.[96]

Atribuições internas e externas

Podemos atribuir eventos a uma fonte interna de responsabilidade (algo dentro do controle do indivíduo) ou a uma fonte externa (algo fora do controle do indivíduo). Suponha que você tenha se saído bem em uma prova. Você poderia dizer que gabaritou porque é inteligente ou porque estudou bastante; essa atribuição interna dá crédito a sua habilidade ou esforço. Você poderia fazer uma atribuição externa para o seu desempenho dizendo que a prova estava fácil ou que teve sorte.

Gerenciamento de impressão
Processo pelo qual indivíduos tentam controlar as impressões que os outros têm deles.

Teoria da atribuição
Teoria que explica como os indivíduos indicam as causas de seu comportamento e do comportamento alheio.

Os padrões de atribuição diferem entre as pessoas.[97] Indivíduos orientados por conquistas atribuem seu sucesso às habilidades e as falhas, à falta de esforço, ambas causas internas. Indivíduos orientados por fracassos atribuem suas falhas à falta de habilidade e podem desenvolver sentimentos de incompetência (ou até mesmo depressão).[98] As gestoras são menos propensas a atribuírem seu sucesso às próprias habilidades. Isso porque elas aderem a normas sociais que exigem das mulheres modéstia ou porque elas acreditam que o sucesso tem mais a ver com trabalho árduo do que com habilidade.[99]

A teoria das atribuições tem muitas aplicações no ambiente de trabalho. A maneira que você explica seu comportamento afeta sua motivação. Se você acredita que preparação cuidadosa e ensaio levaram sua apresentação a ser bem-sucedida, você provavelmente receberá os créditos do desempenho e terá um sentimento de autoeficiência com relação a futuras apresentações. Entretanto, se achar que simplesmente teve sorte, é possível que não tenha motivação para repetir o desempenho, pois acredita que você teve pouca influência no resultado.

Muitas das atribuições são feitas durante entrevistas de emprego, quando os candidatos são questionados sobre desempenhos anteriores. Candidatos querem dar aos entrevistadores razões para serem contratados ("Trabalho bem com pessoas, por isso busco um cargo de gerência."). Pesquisas mostram que candidatos bem-sucedidos e malsucedidos fazem diferentes atribuições para resultados negativos. Os bem-sucedidos estão dispostos a fazer atribuições internas para os eventos negativos. Os malsucedidos atribuem resultados negativos a fatores que estão além de seu controle, dando ao entrevistador a impressão de que eles falharam ao aprender com o ocorrido e de que provavelmente culparão outras pessoas quando algo der errado no ambiente de trabalho.[100]

Viés atributivo

O processo de atribuição pode ser afetado por dois problemas bastante comuns: o erro fundamental de atribuição e o viés de autovalorização. A tendência de fazer atribuições a causas internas ao focar o comportamento de outra pessoa é conhecida como **erro fundamental de atribuição**.[101] O outro erro, **viés de autoconveniência**, ocorre quando o foco é o próprio comportamento. Os indivíduos tendem a fazer atribuições internas em relação ao próprio sucesso e atribuições externas em relação ao próprio fracasso.[102] Em outras palavras, quando somos bem-sucedidos, o crédito é nosso; quando falhamos, culpamos outras pessoas.

Ambos os vieses foram ilustrados em um estudo no qual gestores da área da saúde tiveram de citar as causas do fraco desempenho de seus funcionários.[103] Os gestores alegaram que causas internas (falta de esforço

por parte dos funcionários ou falta de habilidade) explicavam o fraco desempenho. Quando os funcionários foram solicitados a mencionar a causa de seus próprios problemas de desempenho, culparam a falta de apoio por parte dos gestores (uma causa externa), o que ilustra o viés da autoconveniência.

Diferenças culturais influenciam esses dois erros de atribuição. Em culturas fatalistas, como na Índia, as pessoas tendem a acreditar que o destino é responsável por muito do que acontece. Os indivíduos pertencentes a essas culturas enfatizam causas externas para o comportamento.[104] Na China, as pessoas aprendem que o trabalho duro é o caminho para as conquistas. Quando deparam tanto com o sucesso quanto com o fracasso, os chineses primeiro refletem se eles tentaram o suficiente ou se suas atitudes foram corretas. Ao analisar uma causa, eles olham primeiro para os próprios esforços.[105]

A maneira como os indivíduos interpretam os eventos a sua volta tem forte influência sobre seu comportamento. As pessoas tentam compreender as causas de determinado comportamento para que elas possam prever e controlar comportamentos futuros. Os gerentes utilizam atribuições em todos os aspectos de seu trabalho. Ao avaliar desempenho e recompensar funcionários, os gestores devem determinar as causas do comportamento e uma fonte percebida de responsabilidade.

A teoria da atribuição explica como julgamentos da avaliação de desempenho podem levar a recompensas diferenciais. Um supervisor que atribui o bom desempenho do funcionário a causas internas, como esforço ou habilidade, pode conceder um aumento maior do que um supervisor que atribui o bom desempenho a causas externas, como ajuda de outros ou bom treinamento. Geralmente, é solicitado aos gestores explicar suas próprias ações e, ao fazer isso, eles fazem atribuições sobre as causas de seus próprios comportamentos. Continuaremos nossa discussão sobre atribuições no Capítulo 6.

> **Erro fundamental de atribuição**
> Tendência de fazer atribuições a causas internas ao focar no comportamento de alguém.
>
> **Viés de autoconveniência**
> Tendência de atribuir o próprio sucesso a causas internas e o fracasso a causas externas.

CAPÍTULO 3 Personalidade, percepção e atribuição

CAPÍTULO 4

Atitudes, emoções e ética

RESULTADOS DA APRENDIZAGEM

Após a leitura deste capítulo, você estará apto a:
1. Explicar o modelo ABC de uma atitude.
2. Descrever como as atitudes são formadas.
3. Identificar fontes de satisfação e comprometimento em relação ao trabalho.
4. Distinguir cidadania organizacional e desvios de conduta no ambiente de trabalho.
5. Identificar as características da fonte, do alvo e da mensagem que afetam a persuasão.
6. Discutir a definição e a importância das emoções no ambiente corporativo.

> **" Dependendo da nossa atitude, podemos ser solidários, passivos e até hostis. "**

7 Contrastar os efeitos das influências individuais e organizacionais sobre o comportamento ético.

8 Identificar os fatores que afetam o comportamento ético.

RESULTADO DA APRENDIZAGEM 1

Atitudes

Atitude é uma tendência psicológica expressa quando avaliamos uma entidade particular de forma positiva ou negativa.[1] Reagimos positiva ou negativamente a diversos aspectos, como colegas de trabalho, nossa própria aparência ou política.

As atitudes estão ligadas ao comportamento e são um importante fator do comportamento organizacional. Os gestores reclamam de trabalhadores cujas "atitudes não são condizentes e conduzem conversas de "ajuste de atitude". O fraco desempenho atribuído a uma atitude ruim pode se originar de falta de motivação, *feedback* insuficiente, falta de confiança na administração ou de algum outro problema. Analisando o lado positivo, reconhecimento e elogios por parte de colegas e supervisores podem ter impacto positivo nas atitudes e no desempenho do indivíduo.[2]

Dessa forma, os gestores devem compreender os antecedentes das atitudes, bem como suas consequências. Além disso, é preciso entender os diferentes componentes das atitudes, como elas são formadas, as principais atitudes que afetam o comportamento no trabalho e como usar a persuasão para mudar atitudes.

O modelo ABC

Um indivíduo não tem atitude até reagir a uma entidade (pessoa, objeto, situação ou problema) de forma afetiva, comportamental ou cognitiva. Podemos dividir as atitudes em três componentes, exibidos na Tabela 4.1. Esses elementos compõem o que chamamos de modelo ABC de atitudes.[3]

Afeto é o componente emocional de uma atitude. Refere-se ao sentimento do indivíduo sobre algo ou alguém. Declarações como "eu gosto disso" ou "eu prefiro aquilo" refletem o componente afetivo de uma atitude. O afeto é medido por indicadores fisiológicos, como a pressão sanguínea, que mostra mudanças emocionais por meio da medição de excitações fisiológicas.

O segundo componente é a intenção comportamental para com um objeto ou uma pessoa. Nossas atitudes

atitude
Tendência psicológica expressa ao avaliar algo com grau de aprovação ou desaprovação.

afeto
Componente emocional de uma atitude.

com relação às mulheres na área da administração, por exemplo, podem ser inferidas com base na observação da maneira como tratamos uma supervisora. Dependendo da nossa atitude, podemos ser solidários, passivos e até hostis. Medimos o componente comportamental de uma atitude observando o comportamento de uma pessoa ou perguntando-lhe sobre seu comportamento ou sobre suas intenções.

O terceiro componente de uma atitude, a cognição (pensamento), reflete as percepções ou crenças de uma pessoa. Elementos cognitivos são crenças avaliativas, medidas por escalas de atitude ou por meio de perguntas sobre pensamentos. A afirmação "Creio que trabalhadores japoneses são mais aplicados" reflete o componente cognitivo de uma atitude.

O modelo ABC mostra que devemos avaliar os três componentes para entender determinada atitude. Suponha, por exemplo, que você queira avaliar as atitudes de seus funcionários com relação à flexibilidade de horário. Você quer determinar como eles se sentem com relação a isso (afeto), se gostariam de aderir a um horário mais flexível (intenção comportamental) e o que eles acham da política (cognição). O método mais comum de mensurar a atitude, a escala de atitude, mede apenas o componente cognitivo.

TABELA 4.1 Modelo ABC de atitudes

COMPONENTE		MEDIDO POR	EXEMPLO
A	Afeto	Indicadores psicológicos Declarações verbais sobre sentimentos	Eu não gosto do meu chefe.
B	Intenções comportamentais	Comportamento observado Declarações verbais sobre intenções	Quero ir para outro departamento.
C	Cognição	Escalas de atitude Declarações verbais sobre crenças	Acho que meu chefe prefere outros funcionários.

Fonte: Adaptado de M. J. Rosenberg e C. I. Hovland. "Cognitive, Affective, and Behavioral Components of Attitude". In: M. J. Rosenberg, C. I. Hovland, W. J. McGuire, R. P. Abelson e J. H. Brehm. *Attitude Organization and Change* (New Haven, Conn.: Yale University Press, 1960). Copyright 1960 Yale University Press. Uso autorizado.

Dissonância cognitiva

Como seres racionais, as pessoas preferem consistência (consonância) entre suas atitudes e comportamentos. Qualquer coisa que rompa essa consistência gera tensão (dissonância), que motiva os indivíduos a mudarem suas atitudes ou seus comportamentos para manter a consistência. A tensão produzida pelo conflito entre atitudes e comportamento é denominada **dissonância cognitiva**.[4]

Imagine que um vendedor deve vender televisões danificadas pelo preço normal sem revelar o problema ao cliente. Para ele, isso é antiético. Essa situação cria um conflito entre sua atitude (esconder informações dos clientes é antiético) e seu comportamento (vender produtos defeituosos para clientes desavisados).

O vendedor, desconfortável com a dissonância, tentará resolver o conflito. Ele pode mudar seu comportamento, negando-se a vender aparelhos defeituosos, ou pode racionalizar que os defeitos são pequenos e que os clientes não serão prejudicados por não terem ciência deles. Essas são tentativas para restabelecer o equilíbrio entre atitudes e comportamento e, dessa forma, eliminar a tensão da dissonância cognitiva.

Os gestores precisam entender a dissonância cognitiva, pois os funcionários geralmente se encontram em situações nas quais suas atitudes entram em conflito com seu comportamento. Funcionários que demonstram súbitas mudanças de comportamento podem estar tentando diminuir a dissonância. Para alguns, o conflito entre as atitudes e o comportamento exigido no trabalho é tão desconfortável que eles deixam a organização para escapar da dissonância.

RESULTADO DA APRENDIZAGEM 2

Formação da atitude

As atitudes são aprendidas. Nossas reações para com as pessoas e as situações evoluem ao longo do tempo. A experiência direta e o aprendizado social influenciam de forma importante nas atitudes.

dissonância cognitiva
Estado de tensão observado quando um indivíduo enfrenta conflitos entre atitudes e comportamento.

[Funcionários satisfeitos, vendas extraordinárias]

Trabalhar em um *call center* pode não ser o emprego dos sonhos, mas para os representantes do *call center* da Zappos.com, loja de calçados virtual, essa é uma posição valorizada. Desde os blogueiros até os profissionais do estoque, os funcionários da Zappos de todos os setores reportam um nível de satisfação no trabalho significativamente acima da média. Entre os principais valores da empresa está "gerar diversão e um pouco de esquisitice", o que resulta em desfiles no escritório, festa do pijama e *happy hour*. Os funcionários têm acesso à assistência médica e odontológica, comidas e bebidas grátis, horário de trabalho flexível e uma sala de cochilo em Zappos Henderson, a matriz, localizada em Nevada. Quando os funcionários vão conversar com o conselheiro (*coach*) da empresa, eles se sentam em um trono de veludo vermelho. O CEO da Zappos, Tony Hsieh, acredita que um ambiente de trabalho produtivo começa com uma cultura corporativa positiva e com foco na satisfação do funcionário – trabalhadores não podem oferecer ótimos serviços aos clientes se não estão satisfeitos com seu emprego. Depois de 4 semanas de treinamento, os novos funcionários da Zappos recebem uma oferta de US$ 2 mil para deixar a empresa. Essa política ajuda a manter a coesão cultural, garantindo uma saída aceitável para aqueles que não conseguem assimilar a cultura da empresa. Menos de 3% aceitam a oferta. Evidências comprovam que a estratégia da Zappos de colocar o funcionário em primeiro lugar é compensadora. Setenta e cinco por cento das compras são de clientes habituais e, desde sua fundação, em 1999, a empresa se tornou a maior loja de calçados *on-line*. A Zappos faturou mais de US$ 1 bilhão em 2008; em 2009, foi comprada pela Amazon.com por US$ 940 milhões em ações e caixa. Na venda, os funcionários da Zappos receberam US$ 40 milhões em dinheiro e unidades de ações restritas. Com a continuidade da liderança de Hsieh e seu modelo de negócios "funcionário em primeiro lugar", a Zappos está pronta para manter seu crescimento sob a bandeira da Amazon.

Fonte: M. Borden. "#20 Zappos", *Fast Company* (11 fev. 2009), http://www.fastcompany.com/fast50_09/profile/list/zappos; J. O'Brien. "Zappos Knows How to Kick It", *Fortune*, 2 fev. 2009, 55-58; N. Wingfield. "Amazon Opens Wallet, Buys Zappos", *The Wall Street Journal* (23 jul. 2009), http://online.wsj.com/article/SB124829443610573361.html. Acessado em 29 jul. 2009.

A experiência direta com algo exerce forte influência sobre as atitudes com relação a isso. Como você sabe que gosta de biologia, e não de matemática? Provavelmente você formou essas atitudes com base na experiência de estudar essas disciplinas. Pesquisas mostraram que atitudes derivadas de experiência direta são mais fortes, mantidas de forma mais confiante e mais resistentes à mudança, do que atitudes formadas por meio de experiência indireta.[5] Aquelas são atitudes poderosas por causa de sua disponibilidade; são facilmente acessadas e se ativam em nossos processos cognitivos.[6] Quando as atitudes estão disponíveis, podemos chamá-las rapidamente ao nosso consciente.

Na **aprendizagem social**, a família, os grupos de amigos, as organizações religiosas e a cultura moldam indiretamente as atitudes do indivíduo.[7] As crianças adotam certas atitudes quando seus pais reforçam comportamentos que eles aprovam. Isso fica evidente quando crianças bem jovens expressam preferências políticas similares a de seus pais. A pressão dos colegas molda atitudes por meio da aceitação no grupo de indivíduos que expressam atitudes populares e por meio de sanções, como excluir do grupo aqueles cujas atitudes são impopulares. A aprendizagem social substancial ocorre por meio da modelagem, na qual indivíduos adotam atitudes observando outros. Após escutar outros indivíduos expressando uma opinião ou após

APRENDENDO COM UM MODELO

>> Para uma pessoa aprender observando um modelo, deve passar por quatro processos:

1. O observador deve focar sua atenção no modelo.
2. O observador deve reter o que foi observado. Essa retenção é alcançada de duas maneiras.
   - O observador "marca" o que foi observado formando um código verbal para isso.
   - O observador forma uma imagem de si próprio se comportando como o modelo, o que é conhecido como ensaio simbólico.
3. O observador deve reproduzir o comportamento por meio da prática.
4. O observador deve estar motivado para aprender com base no modelo.

aprendizagem social
Processo de derivação de atitudes da família, de grupos de amigos, organizações religiosas e cultura.

vê-los engajados em um comportamento que reflete determinada atitude, o observador adota a atitude.

A cultura também desempenha um papel definitivo no desenvolvimento da atitude. Considere o contraste das atitudes dos norte-americanos e dos europeus com relação a férias e lazer. Nos Estados Unidos, as férias típicas são de duas semanas. Na Europa, férias mais longas são comuns. Em alguns países, *férias* significa um mês sem trabalho. De acordo com a atitude europeia, um período de férias mais longo é importante para a saúde e para o desempenho.

Atitude e comportamento

A relação entre atitude e comportamento tem preocupado comportamentalistas organizacionais e psicólogos sociais. As atitudes podem prever comportamentos, como faltar no trabalho ou largar o emprego? Alguns estudos sugerem que atitudes e comportamentos estão muito ligados, ao passo que outros não encontram nenhuma relação. Pesquisadores também focaram quando as atitudes preveem um comportamento e quando não o preveem. A relação atitude-comportamento depende de cinco elementos: especificidade da atitude, relevância da atitude, tempo de medição, fatores de personalidade e pressões sociais.

Os indivíduos possuem tanto atitudes gerais como específicas. Você pode conceder a uma mulher o direito de liberdade reprodutiva (uma atitude geral) e preferir candidatos políticos pró-escolha (uma atitude específica) sem assistir a comícios ou fazer doações à Paternidade Planejada.* Se você não proceder de acordo com esses comportamentos, poderá enfraquecer a ligação entre sua atitude e seu comportamento. No entanto, se for necessário escolher entre um candidato pró-escolha e um antiaborto, você provavelmente votará no candidato pró-escolha. Nesse caso, sua atitude parece ser condizente com seu comportamento. Quanto mais específica a atitude, mais forte a ligação dela com o comportamento.[8]

Outro fator que afeta a relação atitude-comportamento é a relevância.[9] Atitudes que são direcionadas à uma questão na qual temos interesse são mais relevantes para nós, e nosso comportamento subsequente será consistente com nossa atitude expressa. Imagine uma proposta de aumento de imposto de renda para aqueles que ganham R$ 3.911,63 ou mais. Se você for estudante, não achará essa questão relevante. No entanto, os indivíduos que se encaixam nessa faixa de renda podem achar a questão muito relevante. As atitudes com relação à questão predizem as preferências em relação ao aumento do imposto.

O tempo de medição também afeta a relação atitude-comportamento. Quanto menor o tempo entre a medida da atitude e o comportamento observado, mais forte a relação. As pesquisas de preferência do eleitor feitas perto da eleição, por exemplo, são mais precisas que as pesquisas anteriores.

Fatores de personalidade também influenciam na relação atitude-comportamento. O automonitoramento é uma disposição de personalidade que afeta a consistência entre atitudes e comportamento. Lembre-se da discussão sobre características de personalidade que desenvolvemos no Capítulo 3: pessoas com baixo automonitoramento dependem de seus estados internos ao tomarem decisões sobre comportamento, ao passo que pessoas com alto nível de automonitoramento são mais sensíveis a momentos situacionais. Assim, indivíduos cujo automonitoramento é baixo demonstram que suas atitudes e seus comportamentos têm uma relação mais forte.[10] Indivíduos com alto nível de automonitoramento demonstram que há pouca relação entre suas atitudes e seus comportamentos, pois agem de acordo com sinais de outras pessoas e do ambiente.

Por fim, pressões sociais afetam a relação entre atitude e comportamento.[11] O contexto social oferece informações sobre atitudes e comportamentos aceitáveis.[12] Novos funcionários são expostos às atitudes de suas equipes de trabalho.[13] Um recém-chegado da Arábia Saudita pode ter uma atitude negativa em relação à presença de mulheres na administração, porque essa atitude prevalece em sua cultura de origem. No entanto, ele percebe que os membros de sua equipe reagem positivamente à supervisão feminina. Assim, seu próprio comportamento pode se tornar compatível em virtude de pressões sociais, no entanto, não é condizente com sua atitude e com seu sistema de crença cultural.

Atitudes no trabalho

As atitudes no trabalho são importantes, pois, direta ou indiretamente, afetam o comportamento nesse ambiente. Dentre os fatores que afetam negativamente as atitudes dos funcionários estão as exigências em relação a tarefas sobre as quais os funcionários têm pouco controle.[14] Um estudo recente tem como foco encontrar formas de evitar a rotatividade de funcionários na área de enfermagem, um campo em que, atualmente, há escassez de profissionais. O comprometimento profissional é um importante fator. No entanto, as atitudes dos enfermeiros são afetadas caso tenham ou não flexibilidade de horário, caso consigam folgas suficientes e caso tenham

---

* Trata-se da Planned Parenthood Federation of America (PPFA), uma organização sem fins lucrativos que proporciona saúde reprodutiva e serviços de saúde materna e infantil. A organização apoia a legislação pela escolha (com direito ao aborto), educação sexual compreensiva e acesso a planos de saúde acessíveis nos Estados Unidos. (N.E.)

oportunidade de aprender novas habilidades e lidar com os avanços da área. Um importante fator é a tensão entre a assistência ao paciente e os lucros do hospital. Os enfermeiros se sentem chamados para fazer a diferença na vida de seus pacientes, mas às vezes acham que, em razão de interesses conflitantes, não podem lhes oferecer cuidados e atenção adequados.[15] Por outro lado, um clima positivo do ponto de vista psicológico pode gerar atitudes positivas e bom desempenho.[16]

RESULTADO DA APRENDIZAGEM 3

Satisfação no trabalho

A **satisfação no trabalho** é um agradável e positivo estado emocional resultante da apreciação do trabalho ou das experiências relacionadas.[17] Esse aspecto tem sido tratado tanto como uma atitude geral quanto como a satisfação concernente às cinco dimensões específicas do trabalho: salário, o trabalho propriamente dito, oportunidades de promoção, supervisão e colegas.[18]

Um indivíduo pode apresentar atitudes diferentes com relação a vários aspectos do trabalho. É possível que um funcionário goste de suas responsabilidades, mas esteja insatisfeito com as oportunidades de promoção. As características dos indivíduos também afetam a satisfação no trabalho.[19] Aqueles com afetividade negativa têm mais probabilidade de ficar insatisfeitos. Aspectos como desafios profissionais, recompensas, oportunidade para desenvolvimento, supervisão competente e colegas solidários são dimensões do trabalho que podem levar à satisfação.

Existem várias medidas de satisfação no trabalho. Uma das mais usadas vem do Índice Descritivo do Trabalho, em inglês Job Descriptive Index (JDI). Esse índice mede facetas específicas de satisfação em relação ao trabalho por meio de um questionário no qual o funcionário responde "sim", "não" ou "não posso decidir". Outra medição conhecida é o Questionário de Satisfação de Minnesota (MSQ).[20] Essa pesquisa também solicita que o funcionário responda a questões sobre seu trabalho usando uma escala de 5 pontos, que varia de muito insatisfeito a muito satisfeito. Na Figura 4.1, apresentamos alguns itens de amostragem de cada questionário. Gestores e funcionários acreditam que trabalhadores satisfeitos são mais produtivos. A maioria das pessoas se sente mais satisfeita quando acredita que está fazendo melhor que o normal.[21] No entanto, a relação entre as pesquisas mostrou que a relação entre satisfação no trabalho e desempenho é mais complexa. Se satisfação no trabalho sempre melhorasse o desempenho, o gestor teria apenas de manter os trabalhadores felizes. Embora esse possa ser o caso de alguns indivíduos, pesquisas mostram que satisfação no trabalho, para a maioria das pessoas, é apenas uma das várias causas para o bom desempenho. De acordo com outra perspectiva, o bom desempenho gera satisfação, embora alguns executores não estejam satisfeitos com seus trabalhos. É importante considerar todas as variáveis ao analisar a satisfação no ambiente organizacional.[22]

A falta de uma relação clara entre satisfação e desempenho pode ser explicada pelo papel da recompensa. Funcionários que recebem recompensas são mais satisfeitos. Além disso, os que recebem recompensas proporcionais ao desempenho (quanto melhor o desempenho, maior a recompensa) tendem a trabalhar melhor. Assim, as recompensas influenciam tanto na satisfação quanto no desempenho. A chave para influenciar tanto na satisfação como no desempenho por meio de recompensas é considerar que a recompensa é valorizada pelo funcionário e está diretamente atrelada ao desempenho.

Verifique sua satisfação no trabalho na seção "E você", do Cartão de Revisão (on-line).

[**Yahoo!: Crises e mais crises?**]

Quando vários analistas começaram a especular que a Yahoo! poderia ser adquirida caso não cortasse custos ou se desfizesse de ativos, o moral dos funcionários despencou. Essa situação culminou na saída em massa de experientes gestores – incluindo engenheiros e executivos do alto escalão – que levaram com eles anos de *know-how*. Para piorar as coisas, a tomada de decisão era lenta em razão da burocrática estrutura organizacional. Fora isso, os funcionários reclamavam da falta de comprometimento do CEO, Terry Semel, que acabou perdendo o emprego por causa da gravidade dos problemas na Yahoo!.

Fonte: R. D. Hof. "Even Yahoo! Gets the Blues". *Business Week* (2007): 37; M. Helft. "Can She Turn Yahoo into, Well, Google?", *The New York Times*, 1º jul. 2007, http://www.nytimes.com, acessado em 2 jul. 2008.

---

satisfação no trabalho
Estado emocional agradável e positivo resultante da apreciação do trabalho ou das experiências profissionais.

CAPÍTULO 4 Atitudes, emoções e ética

RESULTADO DA APRENDIZAGEM 4

Cidadania organizacional versus desvio de conduta no local de trabalho

A satisfação no trabalho incentiva o **comportamento de cidadania organizacional (CCO)** – comportamento que está acima e além do sentido do dever. Funcionários satisfeitos são mais propensos a ajudar seus colegas, a fazer comentários positivos sobre a empresa e a evitar fazer reclamações quando as coisas não estão indo bem no trabalho.[23] Ir além do sentido do dever é especialmente importante para organizações cujos funcionários trabalham em equipe. Nesse caso, os funcionários dependem da ajuda mútua para realizar tarefas.

Trabalhadores satisfeitos são mais propensos a querer dar algo em troca à organização porque querem retribuir suas experiências positivas.[24] Em alguns casos, o funcionário pode sentir que comportamentos de cidadania não são reconhecidos, pois ocorrem além dos limites das responsabilidades do serviço normal. No entanto, os comportamentos de cidadania organizacional influenciam nas avaliações de desempenho. Funcionários que ajudam outros funcionários e desenvolvem suas habilidades recebem melhores avaliações de desempenho.[25] O CCO pode ser dirigido a diferentes facetas de uma organização. Sempre que determinado indivíduo dirige tal comportamento, é influenciado pela atitude. O afeto tende a direcionar o CCO para outras pessoas, ao passo que a cognição direciona o CCO para a empresa.[26]

Indivíduos que se identificam com a organização são mais propensos a adotar o CCO.[27] Indivíduos cujo nível de automonitoramento é elevado ou que baseiam seu comportamento em indicadores da situação também são passíveis de adotar o CCO.[28] Um estudo constatou que trabalhadores individuais eram mais propensos a adotar o CCO quando essa era a norma entre os outros membros da equipe. O impacto do CCO de um trabalhador pode, portanto, se espalhar pelo departamento inteiro.[29]

Pesquisadores descobriram uma forte ligação entre satisfação no trabalho e desempenho organizacional. Empresas cujos trabalhadores estão satisfeitos demonstram melhor desempenho do que empresas cujos trabalhadores estão insatisfeitos.[30] Isso se deve a elementos mais intangíveis de desempenho, como comportamentos de cidadania organizacional, que contribuem

---

FIGURA 4.1 Exemplo de itens do questionário de satisfação

Índice descritivo de trabalho

Pense no trabalho que realiza atualmente. O quão bem cada uma das seguintes palavras ou frases descreve seu trabalho? No espaço em branco ao lado de cada palavra dada abaixo, escreva

__S__ para "Sim" se ela descreve seu trabalho
__N__ para "Não" se ele não o descreve
__?__ se você não consegue decidir

O TRABALHO EM SEU EMPREGO ATUAL
_____ Rotineiro
_____ Satisfatório
_____ Bom

Pense na maioria das pessoas com quem você trabalha agora ou as pessoas que você encontra que estão conectadas ao seu trabalho. O quão bem cada uma das seguintes palavras ou frases descrevem essas pessoas? No espaço em branco ao lado de cada palavra, escreva

__S__ para "Sim" se descreve as pessoas que trabalham com você
__N__ para "Não" se ele não as descreve
__?__ se você não consegue decidir

COLEGAS DE TRABALHO (PESSOAS)
_____ Chatos
_____ Responsáveis
_____ Inteligentes

Questionário de satisfação de Minnesota

1 = Muito insatisfeito
2 = Insatisfeito
3 = Eu não posso decidir se estou satisfeito ou não
4 = Satisfeito
5 = Muito satisfeito

No meu trabalho atual, é assim que me sinto sobre:
_____ A chance de trabalhar sozinho no trabalho (independência)
_____ A minha chance para o avanço neste trabalho (avanço)
_____ A chance de dizer às pessoas o que fazer (autoridade)
_____ O elogio que recebo por um bom trabalho (reconhecimento)
_____ Meu salário e a quantidade de trabalho que realizo (compensação)

Fonte: O Índice de Descrição de Cargo é protegido pela Bowling Green State University. Os formulários completos, respostas, instruções e regulamento podem ser obtidos no JDI Office, Departamento de Psicologia, Bowling Green State University, Bowling Green, OH 43403. Questionário de Satisfação de Minnesota de D. J. Weiss, R. V. Davis, G. W. England e L. H. Lofquist. *Manual para o Questionário de Satisfação de Minnesota* (Pesquisa de Psicologia Vocacional da Universidade de Minnesota, 1967).

---

comportamento de cidadania organizacional (CCO)
Comportamento que está acima e além do sentido de dever.

para a efetividade organizacional, mas não são, necessariamente, identificados nas medições de desempenho de trabalho individual.

A satisfação no trabalho relaciona-se com outros importantes resultados. Trabalhadores insatisfeitos são mais propensos a faltar no serviço e a deixar o trabalho, elevando os custos em razão da rotatividade. Além disso, experimentam mais problemas médicos e psicológicos do que funcionários satisfeitos.[31]

Um fator que leva à insatisfação no trabalho é o desajuste entre os valores do indivíduo e os valores da organização, denominado falta de ajuste do indivíduo à organização. Pessoas cujos valores não batem com os valores da empresa enfrentam insatisfação no trabalho e, consequentemente, acabam por deixar a empresa.[32]

Como todas as atitudes, a satisfação no trabalho é influenciada pela cultura. Um estudo recente examinou taxas de satisfação em 45 países. O estudo identificou uma ligação estreita entre as características do trabalho e a satisfação em países com alta renda, individualismo e baixa distância de poder.[33]

Funcionários de diferentes culturas podem ter diferentes expectativas em relação ao trabalho; portanto, não deve haver uma única prescrição para o aumento da satisfação no trabalho de um grupo multicultural. Pesquisadores constataram que, nos hotéis e restaurantes da China, as práticas de recursos humanos com alto desempenho promoviam CCO orientado ao serviço. Exemplos de tais práticas incluem promoções internas, tarefas flexíveis, avaliações em longo prazo orientadas a resultados e segurança no trabalho. Esse CCO, por sua vez, estava associado à diminuição da rotatividade e ao aumento da produtividade no nível organizacional.[34]

Quando funcionários estão insatisfeitos, tendem a se envolver com desvio de conduta. O **desvio de conduta na organização** é definido como comportamento voluntário, dirigido pela atitude e contraproducente, que viola as normas organizacionais e causa algum grau de prejuízo ao funcionamento da empresa. Exemplos desse comportamento incluem fofocas sobre colegas de trabalho, sabotagem de projetos alheios e roubo de pertences da empresa ou de colegas.[35] Eventos negativos no mundo dos negócios, como *downsizing* e insegurança tecnológica, geralmente são considerados responsáveis

[**Com o auxílio da ética**]

A Johnson & Johnson, que fabrica Tylenol, Band-Aid e Listerine, é a quinta empresa mais valiosa e a sexta mais lucrativa da *Fortune 500*. Além de sua expressiva gama de marcas populares, o sucesso de mercado da Johnson & Johnson pode ser atribuído ao estrito seguimento da política da empresa (Figura 2.3). Ainda que muitas empresas possuam códigos de ética ou declarações, poucas se baseiam nesses códigos para regulamentar o comportamento. A Johnson & Johnson, no entanto, adere aos princípios e às responsabilidades éticas constantes em sua política.

Em 1982, um punhado de cápsulas de Tylenol Extra Forte foi contaminado com cianeto, o que resultou em sete mortes. Mesmo sem a solução do crime, a resposta imediata da Johnson & Johnson, incluindo um *recall* nacional, foi muito elogiada pela mídia. Em 2007, a Johnson & Johnson se entregou para a SEC por possíveis violações do Foreign Corrupt Practices Act (Lei Sobre a Prática da Corrupção no Exterior). Ações que se baseiam em princípios muitas vezes são anunciadas como momentos de coroamento na história das relações públicas.

O CEO da Johnson & Johnson, Bill Weldon, viaja pelo mundo para conversar com funcionários que passam para novas posições de liderança sobre a aplicação correta da política nas decisões administrativas. Ele faz isso usando um joelho artificial construído com alta tecnologia pela divisão de dispositivos médicos da Johnson & Johnson. O diálogo aberto ajuda os líderes da empresa a manterem a política em mente ao fazer julgamentos e administrar pessoas. O segredo do sucesso da Johnson & Johnson não é apenas sua política – é a aplicação constante de seus princípios nas decisões cotidianas.

Fonte: G. Colvin; J. Shambora. "J&J: Secrets of Success", *Fortune*, 4 maio 2009, 117-119.

> " Trabalhadores insatisfeitos apresentam mais problemas médicos e psicológicos do que funcionários satisfeitos.

desvio de conduta na organização
Comportamento contraproducente voluntário que viola normas organizacionais e gera algum tipo de prejuízo ao funcionamento da organização.

CAPÍTULO 4 Atitudes, emoções e ética **63**

por desvios de conduta em uma organização. As demissões, por exemplo, podem motivar os funcionários a desenvolver atitudes negativas, a sentir raiva da organização, a se tornar hostis em relação a ela e a fazer retaliações. Mesmo quando um funcionário continua no trabalho, mas acredita que o procedimento utilizado para determinar a demissão é injusto, pode se vingar.[36] A injustiça nas organizações é a maior causa de desvio de conduta, sabotagem e retaliação. As atitudes positivas diminuem a ocorrência de desvios de conduta. Os gestores devem prevenir e administrar os desvios de conduta para evitar o comprometimento do desempenho.

Comprometimento organizacional e satisfação no trabalho

A força da identificação de um indivíduo com uma organização é conhecida como **comprometimento organizacional**. Existem três tipos de comprometimento organizacional: afetivo, instrumental e normativo. O **comprometimento afetivo** é a intenção de um funcionário de se manter na organização em virtude do forte desejo de fazê-lo. Esse tipo de comprometimento engloba lealdade e uma profunda preocupação com o bem-estar da organização. Tal comprometimento consiste em três fatores: crença nos objetivos e nos valores da organização, disposição para se esforçar em nome da empresa e desejo de se manter como um membro dela.[37]

O **comprometimento instrumental** é a tendência do funcionário de se manter em uma organização porque não tem condições de deixá-la.[38] Em alguns casos, acredita que haverá perda em relação a tempo investido, esforço e benefícios.

O **comprometimento normativo** é a obrigação percebida de se manter na organização. Indivíduos que experimentam esse tipo de comprometimento permanecem na organização porque sentem que devem fazê-lo.[39]

Certas condições organizacionais, por exemplo, participação na tomada de decisões e segurança no trabalho, incentivam o comprometimento, assim como determinadas características, por exemplo, autonomia, responsabilidade, clareza de papéis e trabalho interessante.[40]

O comprometimento normativo e o comportamento afetivo estão relacionados com diminuição das taxas de absentismo, maior qualidade do trabalho, aumento da produtividade e com diversos tipos de desempenho.[41] Os gestores devem incentivar o comprometimento afetivo, pois indivíduos comprometidos expandem mais esforços relacionados ao trabalho e são menos propensos a deixar a empresa.[42]

Expressar a admiração em relação às contribuições dos funcionários e preocupar-se com o bem-estar deles são formas por meio das quais os gestores podem aumentar o comprometimento.[43] O comprometimento afetivo também aumenta quando a organização e os funcionários compartilham os mesmo valores e quando a organização enfatiza a integridade moral, justiça, criatividade e abertura.[44] Experiências negativas no trabalho, como a discriminação por idade, diminuem o comprometimento afetivo.[45]

RESULTADO DA APRENDIZAGEM 5

Persuasão e mudança de atitude

Para mudar atitudes, os gestores precisam compreender o processo de persuasão. Foi-se o tempo da gestão comando-e-controle, em que executivos simplesmente diziam aos funcionários o que fazer. Os gestores modernos precisam conhecer muito bem a prática da persuasão.[46] Por meio dela, um indivíduo (fonte) tenta mudar a atitude de outra pessoa (alvo). Certas características da fonte, do alvo e da mensagem afetam o processo de persuasão. Essas medidas são ponderadas diferentemente nas duas rotas cognitivas para persuasão.

Características da fonte

Três importantes características da fonte afetam a persuasão: expertise, confiabilidade e atratividade.[47] Uma fonte que é vista como *expert* é altamente persuasiva. O depoimento, por exemplo, é a terceira técnica mais eficaz de publicidade, depois da responsabilidade corporativa e do apelo emocional. Recomendações de um produto são eficazes quando são considerados confiáveis, atraentes, similares ao consumidor ou quando representam uma imagem que o consumidor gostaria de adotar.[48]

Características do alvo

Indivíduos com autoestima baixa são mais suscetíveis a mudar suas atitudes como resposta à persuasão do que indivíduos com a autoestima elevada. Indivíduos com atitudes muito extremistas são mais resistentes à persuasão e pessoas que estão de bom humor são mais fáceis

---

comprometimento organizacional
Força da identificação de um indivíduo com uma organização.

comprometimento afetivo
Comprometimento organizacional com base no desejo do indivíduo de se manter na organização.

comprometimento instrumental
Comprometimento organizacional com base no fato de que o indivíduo não tem condições de deixar a empresa.

comprometimento normativo
Comprometimento organizacional com base na obrigação percebida pelo indivíduo de se manter na organização.

de persuadir.[49] Sem dúvida, os indivíduos diferem muito no que tange à forma como reagem à persuasão. Os gestores devem reconhecer essas diferenças e perceber que suas tentativas para mudar atitudes podem não ser universalmente aceitas.

Características da mensagem

Suponha que você queira persuadir seus funcionários, dizendo que uma política impopular é algo positivo. Você deve apresentar apenas um lado da moeda ou ambos os lados? Levando em conta que seus funcionários já são, de certa forma, contrários à política, você terá mais chances de sucesso em mudar as atitudes deles apresentando os dois lados da situação. Isso demonstra apoio a um lado da situação e, ao mesmo tempo, expõe o outro. Além disso, refutar o lado negativo torna mais difícil para os alvos abandonar as atitudes negativas.

A persuasão é uma habilidade delicada. Tentativas deliberadas e não disfarçadas de mudança de atitudes podem reverter as atitudes dos funcionários. Isso ocorre quando o alvo da comunicação persuasiva sente que sua liberdade está ameaçada.[50] Abordagens menos ameaçadoras são menos passíveis de causar reações negativas. O teor emocional da mensagem também é importante. Mensagens elaboradas conforme o nível de emoção do receptor são mais persuasivas.[51]

> **Para mudar atitudes, os gestores precisam compreender o processo de persuasão.**

Rotas cognitivas para a persuasão

Quando as características da mensagem são mais importantes e quando outras características são mais importantes para persuasão? O modelo de probabilidade de elaboração de persuasão, apresentado na Figura 4.2, propõe que a persuasão ocorre por meio de duas rotas: a rota central e a rota periférica.[52] As rotas são diferenciadas pelo grau de elaboração, ou controle, que o alvo é motivado a conferir à mensagem.

A *rota central* para persuasão envolve o processamento cognitivo direto do conteúdo da mensagem. Indivíduos pensam cuidadosamente sobre questões pessoalmente relevantes. O ouvinte pode acenar com a cabeça concordando ou discordando de determinadas ideias.[53] Argumentos lógicos e convincentes mudam atitudes.

Na *rota periférica* de persuasão, o indivíduo não é motivado a prestar muita atenção no conteúdo da mensagem, pois está distraído ou percebe que a mensagem é pessoalmente irrelevante. Por outro lado, o indivíduo é persuadido por características do persuasor, como expertise, confiabilidade e atratividade. O indivíduo também pode ser persuadido por estatísticas, quantidade de argumentos apresentados ou método de apresentação – nenhum deles se relaciona com o conteúdo efetivo da mensagem.

O modelo de probabilidade de elaboração mostra que o nível de envolvimento do alvo com o assunto é

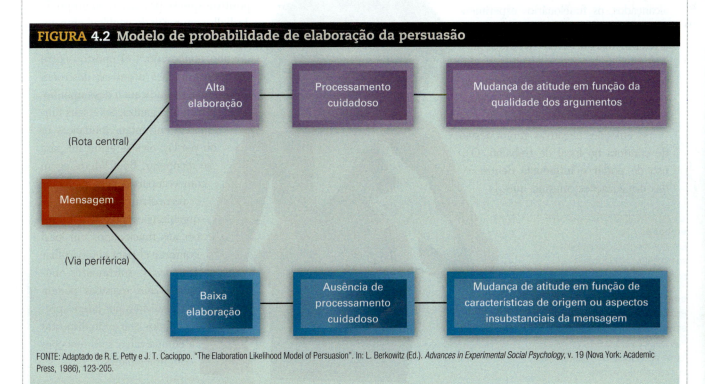

FIGURA 4.2 Modelo de probabilidade de elaboração da persuasão

FONTE: Adaptado de R. E. Petty e J. T. Cacioppo. "The Elaboration Likelihood Model of Persuasion". In: L. Berkowitz (Ed.). *Advances in Experimental Social Psychology*, v. 19 (Nova York: Academic Press, 1986), 123-205.

CAPÍTULO 4 Atitudes, emoções e ética

importante. O envolvimento também determina qual rota de persuasão será mais efetiva. Em alguns casos, a mudança de atitude vem por meio das duas rotas, central e periférica. Para cobrir todas as bases, os gestores devem estruturar cuidadosamente o conteúdo de suas mensagens, desenvolver seus próprios atributos persuasivos e escolher um método de apresentação que conquiste a audiência.[54]

RESULTADO DA APRENDIZAGEM 6

Emoções no trabalho

As teorias tradicionais da administração defendiam que as emoções eram "ruins" para a tomada de decisão racional. As ideias sobre administração centravam no estereótipo do funcionário ideal, que reprimia suas emoções e se comportava de maneira racional, não emocional. Pesquisas recentes comprovaram que a emoção e a cognição estão interligadas e que ambas fazem parte do ser humano e da tomada de decisão.

As **emoções** são estados mentais que incluem sentimentos, alterações psicológicas e inclinação para agir.[55] Emoções como raiva, alegria, orgulho ou hostilidade são reações intensas de curta duração que afetam o comportamento organizacional. Os indivíduos são diferentes em relação à sua capacidade de reagir a emoções positivas (felicidade, orgulho) e negativas (raiva, medo, culpa).[56] Quando os eventos no trabalho são positivos e os objetivos estão sendo alcançados, os funcionários experimentam emoções positivas e são inspirados a realizar mais o CCO.[57] Eventos que ameaçam ou impedem a realização de um objetivo geram emoções negativas, o que influencia na satisfação e no comprometimento do funcionário.[58]

As emoções negativas geram desvio de conduta no local de trabalho. O uso de poder e influência dentro das organizações, mesmo que de modo rotineiro, pode gerar diversas formas de desvio de conduta. Esse desvio pode ser direcionado tanto à organização quanto a outros indivíduos no ambiente de trabalho.[59] As emoções positivas melhoram o funcionamento cognitivo, a saúde física e psicológica e os mecanismos de enfrentamento.[60] Pessoas que experimentam emoções positivas tendem a fazê-lo por várias vezes e, na maioria dos casos, são mais criativas.[61] De modo geral, elas são mais bem-sucedidas em várias áreas e reportam maior satisfação com a vida. Emoções negativas, por outro lado, levam a comportamentos não saudáveis, diminuem a função cardiovascular e a saúde física.[62]

Contágio emocional

A emoção influencia muito o comportamento no ambiente de trabalho. As emoções levam os funcionários a tomar decisões e são usadas até como ferramenta de manipulação para garantir resultados desejados em conflitos ou negociações.[63] A influência da emoção no trabalho é estendida pelo **contágio emocional**, processo pelo qual emoções são transferidas de uma pessoa para outra, de forma consciente ou inconsciente, por meio de canais não verbais.

No ambiente organizacional, as emoções precisam ser administradas, pois podem se espalhar rapidamente. O contágio emocional ocorre primeiro por meio de sinais não verbais e da tendência humana de compreender expressões faciais, linguagem corporal, padrões do discurso, tons de voz e até emoções uns dos outros. O contágio afeta qualquer trabalho que envolva interação pessoal. As emoções positivas que se propagam no grupo de trabalho em razão do contágio emocional resultam em cooperação e desempenho melhorado.[64] O oposto ocorre quando emoções negativas destroem o moral e prejudicam o desempenho. Quando organizações e seus funcionários enfrentam mudanças e/ou perdas, eles se esforçam para se recuperar. Bons líderes agem com compaixão para melhorar e reconstruir o moral.[65] As organizações precisam oferecer aos funcionários um local confortável para compartilhar traumas e sofrimentos mútuos. Essas questões podem ser resolvidas por líderes preocupados que estão dispostos a compartilhar suas emoções com funcionários.

---

emoções
Estados mentais que incluem sentimentos, mudanças psicológicas e tendência à ação.

contágio emocional
Processo dinâmico pelo qual as emoções de uma pessoa são transferidas para outra pessoa, de forma consciente ou inconsciente, por canais não verbais.

[Greenwashing, ou branqueamento ecológico]

Com o ambientalismo tornando-se cada vez mais popular, produtos e serviços "verdes" crescem da mesma forma. Empresas ansiosas para colher os benefícios de marcas recém-compradas estão passando por uma transição para práticas de negócios sustentáveis e produzindo mais produtos que não prejudicam o meio ambiente. No entanto, a imagem pública de algumas empresas não condiz com suas ações. *Greenwashing* refere-se à prática de estabelecer uma imagem ambiental falsa para vender produtos, satisfazer os críticos e reguladores e atrair talentos e investidores. No início dos anos 1990, enfrentando pressão no mercado e regulamentações pendentes, a Mobil Chemical produzia uma sacola de lixo plástica que continha amido e era anunciada como biodegradável. Na realidade, a sacola era apenas fotodegradável, o que não significa muita coisa quando a maioria das sacolas plásticas acaba sendo queimada em aterros. A Mobil enfrentou processos judiciais em 7 estados e na Comissão Federal do Comércio. Ao mesmo tempo que a empresa negava sua culpa, observando a falta de padronização para o significado de "biodegradável", teve de pagar US$ 150 mil em prejuízos. Um estudo de 2009 concluiu que o greenwashing está em ascensão, prevalecendo em mercados de produtos infantis, cosméticos e produtos de limpeza. Nossas indústrias, embalagens e propagandas ambíguas são usadas para enganar consumidores sobre o real impacto ecológico do produto.

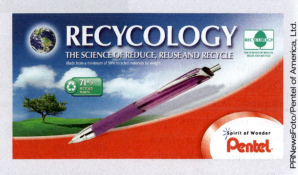

Fonte: M. Whellams e C. MacDonald. "What Is Greenwashing, and Why Is it a Problem?", *Business Ethics*, http://www.businessethics.ca/greenwashing/. Acessado em 2 jul. 2008; "Mobil: Develop National Degradability Standard". *Discount Store News* (2 jul. 1990), http://infotrac-college.thomsonlearning.com. Acessado em 2 jul. 2008; "Mobil Settles on Hefty Bags", *The New York Times* (28 jun. 1991), http://infotrac-college.thomsonlearning.com. Acessado em 2 jul. 2008; "The Seven Sins of Greenwashing – Greenwashing Report 2009", TerraChoice Environmental Marketing Inc., http://sinsofgreenwashing.org/findings/greenwashing-report-2009. Acessado em 27 de jul. 2009.

RESULTADO DA APRENDIZAGEM 7

Comportamento ético

Ética é o estudo de valores e comportamentos morais. **Comportamento ético** envolve agir de maneira condizente com os valores pessoais e com os valores comumente mantidos pela organização e pela sociedade.[66]

Prestar maior atenção a questões éticas é importante para as empresas. No início dos anos 1990, James Burke, então CEO da Johnson & Johnson, elaborou uma lista de empresas comprometidas com a ética. O grupo incluía Johnson & Johnson, Coca-Cola, Gerber, Kodak, 3M e Pitney Bowes. Um estudo recente mostrou que, em um período de 45 anos, o valor de mercado dessas organizações cresceu a uma taxa anual de 11,3%, comparados com 6,2% das indústrias no Dow Jones.[67] Fazer a coisa certa pode ter um efeito positivo sobre o desempenho da organização.[68]

O comportamento ético em empresas também resulta em benefícios práticos, particularmente por atrair novos talentos. Empresas com melhores reputações atraem mais candidatos, criando maior gama para contratações. Evidências sugerem que empresas respeitadas podem escolher candidatos de mais qualidade.[69] O forte sistema de valores da Timberland, por exemplo, ajuda a empresa a atrair e recrutar o melhor talento e a manter uma sólida reputação perante investidores.

A incapacidade de lidar com situações de forma ética pode prejudicar as empresas. Os funcionários demitidos ou dispensados estão mais preocupados com a qualidade do tratamento que recebem. A explicação honesta das razões da demissão e a preservação da dignidade reduzem a probabilidade de funcionários iniciarem uma ação contra a empresa. Um estudo comprovou que menos de 1% dos funcionários que sentiram honestidade por parte de empresa abriu processo. Mais de 17% das pessoas que não sentiram honestidade por parte da empresa abriu processo.[70] Por outro lado, ações éticas podem ser um benefício para as organizações. O recentemente eleito primeiro-ministro da Austrália, Kevin Rudd, desculpou-se publicamente pelos maus-tratos que o governo dispensou aos aborígenes. Apesar de haver a necessidade de direcionar a questão da compensação, essa ação fortaleceu a confiança e a esperança de australianos de todas as raças.[71]

O comportamento antiético por parte dos funcionários pode afetar indivíduos, equipes e até a organização. As organizações dependem dos indivíduos para agir eticamente. Por essa razão, mais e mais empresas passaram a monitorar o uso da internet. Embora alguns funcionários reclamem que o monitoramento viole sua privacidade, os tribunais tendem a discordar, argumentando que as empresas

comportamento ético
Agir de maneira condizente com os próprios valores pessoais, com os valores mantidos pela organização e com os valores sociais.

CAPÍTULO 4 Atitudes, emoções e ética

têm o direito de monitorar o uso de software e hardware de propriedade delas.

Michael Smyth foi demitido da Pillsbury Co. após funcionários da empresa lerem comentários contundentes que ele havia feito em vários e-mails direcionados a seu supervisor. Smyth processou a empresa por demissão injusta, alegando que ela havia violado seu direito de privacidade ao contar aos funcionários que os e-mails deles seriam mantidos em sigilo. Apesar das promessas, o tribunal arbitrou que Smyth não tinha nenhuma expectativa de privacidade, pois estava utilizando o equipamento da empresa. Além disso, foi dito que o direito de Smyth à privacidade era suprimido pela necessidade de a empresa conduzir os negócios de forma profissional. Somente casos futuros esclarecerão até onde o esforço de uma empresa em monitorar possíveis comportamentos antiéticos viola seu próprio código de ética.[72] Atualmente, o ambiente empresarial altamente competitivo aumenta a necessidade de programas de ética mais rigorosos.

Os gestores costumam se esforçar para alinhar o ideal de comportamento ético com a realidade das práticas de negócios. Violar a confiança pública custa caro. Quando a Mattel fez o *recall* de 20,5 milhões de brinquedos fabricados na China porque continham chumbo, sua imagem foi muito prejudicada. A empresa tentou amenizar os estragos por meio de campanhas publicitárias.[73] As empresas podem experimentar diminuição do retorno contábil e lento crescimento nas vendas por até 5 anos após ter sido declarada culpada por comportamento corporativo ilegal.[74]

Os indivíduos enfrentam questões éticas muito complexas no ambiente de trabalho. Durante uma semana, a publicação *The Wall Street Journal* apresentou mais de 60 artigos sobre questões éticas no mundo dos negócios.[75] Na Tabela 4.2, esclarecemos algumas dessas questões. Elas dependem das especificidades da situação e a interpretação depende das características dos indivíduos que as examinam. Como a mentira, por exemplo. Muitas pessoas no mundo corporativo contam as famosas "mentiras inofensivas". Isso é aceitável? A percepção do que é considerado comportamento ético e do que é comportamento antiético dentro das organizações varia entre os indivíduos.

TABELA 4.2 Questões éticas da *One Week in the Life* do periódico *The Wall Street Journal*

1.	Roubo	Pegar o que não pertence a você.
2.	Mentira	Dizer coisas que você sabe que não são verdadeiras.
3.	Fraudes e enganos	Criar ou perpetuar falsas impressões.
4.	Conflito de interesses e compra definitiva de informações	Subornos, recompensas e agrados.
5.	Ocultação e divulgação de informações	Sonegar informações que a outra parte tem o direito de saber ou fracassar na proteção de informações pessoais e de propriedade.
6.	Trapaça	Agir de má-fé para levar vantagem em uma situação.
7.	Decadência pessoal	Visar à baixa qualidade no desempenho profissional (como trabalho descuidado ou negligente).
8.	Abuso interpessoal	Ter comportamentos abusivos (sexismo, racismo, abuso emocional).
9.	Abuso organizacional	Adotar práticas organizacionais que abusam dos funcionários (remuneração desigual, abuso de poder).
10.	Violação de regras	Infringir as normas organizacionais.
11.	Cúmplice de atos antiéticos	Ter conhecimento de comportamento antiético e não reportá-lo.
12.	Dilemas éticos	Escolher entre duas opções igualmente desejáveis ou indesejáveis.

Fonte: Kluwer Academic Publishers, de J. O. Cherrington e D. J. Cherrington. "A Menu of Moral Issues: One Week in the Life of *The Wall Street Journal*", *Journal of Business Ethics* 11 (1992): 255-265. Reimpresso com a permissão de Springer Science e Business Media.

RESULTADO DA APRENDIZAGEM 8

Fatores que afetam o comportamento ético

Dois conjuntos de fatores – características individuais e fatores organizacionais – influenciam no comportamento ético.[76] Nesta seção, focamos as influências indi-

TABELA 4.3 Valores instrumentais e terminais

VALORES INSTRUMENTAIS		
Honestidade	Ambição	Responsabilidade
Perdão	Mente aberta	Coragem
Utilidade	Limpeza	Competência
Autocontrole	Afeição/amor	Alegria
Independência	Educação	Inteligência
Obediência	Racionalidade	Imaginação

VALORES TERMINAIS		
Paz mundial	Segurança da família	Liberdade
Felicidade	Respeito consigo	Sabedoria
Equidade	Salvação	Prosperidade
Conquista	Amizade	Segurança nacional
Paz interior	Amor desenvolvido	Respeito social
Beleza na arte e na natureza	Prazer	Vida ativa e emocionante

Fonte: Tabela adaptada com a permissão de The Free Press, a Division of Simon & Schuster, Inc., de *The Nature of Human Values*, de Milton Rokeach. Copyright © 1973 de The Free Press.

viduais do comportamento ético. A tomada de decisão ética requer três qualidades do indivíduo:[77]

1. Competência de identificar questões éticas e avaliar as consequências de cursos alternativos de ação.
2. Autoconfiança para buscar diferentes opiniões sobre o assunto e decidir o que é certo para determinada situação.
3. Forte posicionamento – a disposição para tomar decisões quando tudo o que precisa ser esclarecido não pode ser esclarecido e quando a questão ética não tem solução estabelecida ou é de dupla interpretação.

Quais características individuais levam a essas qualidades? De acordo com nosso modelo, essas características são sistemas de valor, lócus de controle, maquiavelismo e desenvolvimento cognitivo moral. Na Figura 4.3, ilustramos essas últimas, bem como as influências organizacionais, que examinaremos ao longo do livro.

Valores

Valores diferentes geram comportamentos éticos diferentes. **Valores** são crenças de que um modo de conduta específico ou estado final de existência é pessoalmente ou socialmente preferível a um modo oposto ou inverso de conduta ou estado final de existência.[78] Essa definição foi proposta por Rokeach, antigo especialista em valores humanos. À medida que o indivíduo cresce e se torna maduro, aprende valores, os quais podem mudar quando ele desenvolve senso de identidade. Culturas, sociedades e organizações moldam valores. Pais e outros modelos influenciam no desenvolvimento do valor orientado sobre o que é certo e o que é errado. Assim como as crenças sobre o certo e o errado, valores formam a base para o comportamento ético. Embora os valores variem entre os indivíduos, nós os utilizamos para avaliar nosso próprio comportamento e o comportamento de outros.

Valor instrumental e terminal Rokeach distinguiu entre dois tipos de valor: instrumental e terminal. **Valores instrumentais** moldam os comportamentos

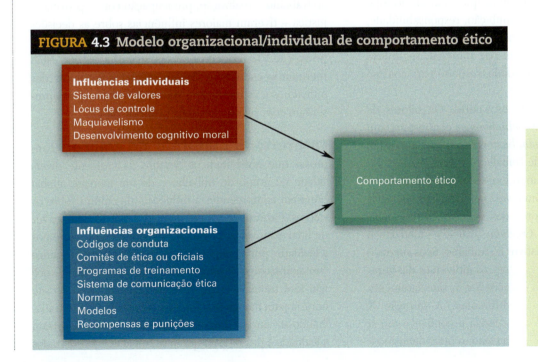

FIGURA 4.3 Modelo organizacional/individual de comportamento ético

Influências individuais
Sistema de valores
Lócus de controle
Maquiavelismo
Desenvolvimento cognitivo moral

Influências organizacionais
Códigos de conduta
Comitês de ética ou oficiais
Programas de treinamento
Sistema de comunicação ética
Normas
Modelos
Recompensas e punições

→ Comportamento ético

valores
Crença de que um modo de conduta específico ou estado final de existência é pessoal ou socialmente preferível ao modo oposto ou inverso de conduta ou estado final de existência.

valores instrumentais
Valores que moldam comportamentos aceitáveis que podem ser usados para alcançar algum objetivo ou estado final.

aceitáveis que podem ser usados para alcançar algum objetivo ou estado final. Os valores instrumentais identificados por Rokeach incluem ambição, honestidade, autossuficiência e coragem. **Valores terminais** influenciam nos objetivos a serem alcançados ou nos resultados finais de existência. Entre os valores terminais Rokeach identificou felicidade, amor, prazer, respeito consigo e liberdade. Na Tabela 4.3, relacionamos os valores terminais e instrumentais. Esses valores trabalham em conjunto proporcionando aos indivíduos objetivos a alcançar e maneiras aceitáveis de conquistá-los.

O ranking norte-americano de valores terminais e instrumentais tem se mantido estável ao longo dos anos.[79] Os valores instrumentais que estavam no topo da lista eram honestidade, ambição, responsabilidade, perdão, mente aberta e coragem. Os valores terminais mais bem ranqueados eram paz mundial, segurança da família, liberdade, felicidade, respeito para consigo e sabedoria.

A idade também afeta os valores. Os valores da geração conhecida como *baby boomer* contrastam com os valores da geração *baby buster*, indivíduos que estão entrando no mercado de trabalho. Os *baby busters* valorizam a família e o tempo longe do trabalho, querem equilibrar o trabalho com a vida familiar. Isso contrasta com o sistema de valores dos *boomers*, que é mais orientado ao trabalho. Os *baby boomers* enfatizam a conquista de valores relativos ao trabalho. Seus sucessores, os indivíduos das gerações X e Y, são claramente diferentes. A geração X valoriza a confiança em si mesmo, o individualismo e o equilíbrio entre família e vida profissional. A geração Y valoriza a liberdade de horário e adota o estilo trabalhar para viver em vez de viver para trabalhar, contrariando os *baby boomers*.[80]

Valores relativos ao trabalho

Os valores relativos ao trabalho influenciam nas percepções individuais de certo e errado no ambiente organizacional.[81] Os quatro valores relativos ao trabalho são: realização, preocupação com outros, honestidade e justiça.[82] Realização é a preocupação em relação ao avanço profissional; faz as pessoas trabalharem duro e buscar oportunidades para desenvolver novas habilidades. A preocupação com outros é demonstrada por meio de comportamentos zelosos e compassivos, como incentivo ou ajuda a colegas em tarefas mais difíceis. Esses comportamentos também constituem a cidadania organizacional. Honestidade diz respeito a oferecer informações precisas e se negar a conduzir as pessoas a ganhos pessoais. Justiça significa manter-se imparcial diante de diferentes pontos de vista. Os indivíduos podem classificar esses valores de acordo com a importância que eles têm em suas vidas profissionais.[83] Funcionários que compartilham os valores de seus supervisores são mais satisfeitos com seus trabalhos e mais comprometidos com a organização.[84] Os valores também têm efeitos profundos na escolha do trabalho. Tradicionalmente, salário e potencial desenvolvimento sempre tiveram influências mais fortes nas decisões relacionadas à escolha de trabalho. Um estudo recente, no entanto, constatou que três outros valores relativos ao trabalho – realização, preocupação com o próximo e justiça – tiveram maiores influências sobre as decisões de escolha de trabalho do que salário e oportunidades de promoção.[85] Isso significa que as organizações que estão recrutando candidatos devem atentar aos valores dos indivíduos e às mensagens que suas organizações apresentam com relação aos seus próprios valores.

Diferenças culturais de valores

Empresas que enfrentam os desafios da crescente diversidade no grupo de trabalho e de um mercado global precisam compreender a influência da cultura sobre os valores. Fazer negócios em mercados globais significa ter de lidar com valores culturais diferentes. Consideremos a lealdade, por exemplo. No Japão, essa palavra significa "ser compassivo o tempo todo". Mesmo quando você não tem trabalho extra, deve permanecer além do seu horário para dar apoio moral aos colegas que estão trabalhando até tarde.[86] Por outro lado, os coreanos valorizam a lealdade à pessoa para quem se trabalha.[87] Nos Estados

valores terminais
valores que influenciam nos objetivos a serem alcançados ou nos resultados finais de existência.

[**Se eu soubesse...**]

Perto do fim de sua carreira na Hewlett-Packard, Jack Novia reflete sobre o que aprendeu acerca do que é necessário fazer para ser um cidadão ético no mercado global.

- Gerenciar o crescimento da empresa de forma responsável. Você pode crescer rápido demais para o seu próprio bem.
- Não restrinja a ética para um setor de seu negócio. Seja um líder de ética global influenciando seus fornecedores e outros com quem trabalha.
- Novas situações desafiam a ética. Estabeleça grandes expectativas e crie uma boa cultura organizacional para administrá-las.
- Até os rodapés devem ser claros. Jogue limpo mesmo que isso não traga tanto lucro. Amanhã é outro dia, que pode não chegar se sua reputação estiver arruinada.

Fonte: J. Novia. "Global Ethics 101", *Business Week* (24 jun. 2008), http://www.businessweek.com/print/technology/content/jun2008/tc20080624_622859.htm. Acessado em 2 jul. 2008.

Unidos, a lealdade para com a família e para com outra pessoa está acima da lealdade para com a empresa.

As culturas se diferenciam em relação às contribuições individuais que valorizam no trabalho. Culturas coletivistas, como a China e o México, valorizam as contribuições individuais para as relações na equipe de trabalho. Em contrapartida, culturas individualistas (Estados Unidos e Holanda) valorizam a contribuição de uma pessoa para o cumprimento de tarefas. Tanto as culturas coletivistas como as individualistas valorizam recompensas com base no desempenho individual.[88] Gestores coletivistas iranianos demonstram pouca tolerância à ambiguidade, alta necessidade de estrutura e disposição para se sacrificar para o bem da sociedade – todos valores derivados do islamismo, que promove harmonia, humildade e simplicidade.[89]

Os valores também afetam a perspectiva do indivíduo em relação ao que constitui a autoridade. Gestores franceses valorizam a autoridade como um direito de escalão e hierárquico. Seus comportamentos refletem esse valor, na medida em que tendem a exercer poder com base na posição que ocupam dentro da organização. Em contrapartida, gestores da Holanda valorizam opiniões do grupo nas decisões e esperam que os funcionários desafiem e discutam as decisões.[90]

Os indivíduos podem ter propensão a julgar os sistemas de valores dos outros, mas é preciso resistir a essa tendência. Tolerar a diversidade de valores nos ajuda a compreender outras culturas. Os sistemas de valor de outras nações não são necessariamente certos ou errados – são simplesmente diferentes.

Lócus de controle

Outra influência individual sobre o comportamento ético é o lócus de controle. Retomamos o Capítulo 3, segundo o qual indivíduos com lócus de controle interno acreditam que controlam eventos de suas vidas e que são responsáveis por suas próprias experiências. Aqueles com lócus de controle externo acreditam que forças externas, como o destino, oportunidades ou outras pessoas, controlam o que lhes acontece.[91]

Indivíduos com lócus de controle interno são mais propensos a assumir a responsabilidade por seu comportamento ético ou antiético. Os com lócus de controle externo tendem a acreditar que forças externas causaram seu comportamento ético ou antiético. Pesquisas mostram que indivíduos com lócus de controle interno tomam decisões mais éticas do que os indivíduos com lócus de controle externo.[92] Os do tipo interno também são mais resistentes à pressão social e menos dispostos a prejudicar outras pessoas mesmo quando recebem ordem de superiores para fazê-lo.[93]

Maquiavelismo

O maquiavelismo também influencia no comportamento ético. Nicolau Maquiavel (Niccolò Machiavelli) foi um estadista italiano do século XVI, famoso por escrever *O Príncipe*, um manual para adquirir e utilizar o poder.[94] Dizia ele que manipular as pessoas era a melhor forma de conquistar o poder. O **maquiavelismo** é uma característica de personalidade que envolve a disposição da pessoa em fazer o que for necessário para levar as coisas à sua maneira.

Um indivíduo maquiavélico age segundo a noção de que é melhor ser temido do que amado. Indivíduos com essa característica tendem a ser fraudulentos, a ter uma visão cínica da natureza humana e a pouco se importar com noções convencionais de certo e errado.[95] São habilidosos manipuladores, dependentes de suas habilidades persuasivas. Em contrapartida, as pessoas que não possuem essa característica valorizam a lealdade e as relações. São menos propensas a manipular os outros para obter ganhos pessoais e consideram a opinião alheia.

As pessoas maquiavélicas acreditam que os fins justificam os meios, por isso acham normal manipular o outro para conquistar um objetivo.[96] São emocionalmente distantes e focam os aspectos objetivos das situações. Além disso, são mais propensas a se envolver em comportamentos questionáveis do ponto de vista ético.[97] Os funcionários podem se opor a esses indivíduos, focando o trabalho em equipe em vez de focar as relações individualistas, nas quais

maquiavelismo
Característica de personalidade que envolve a disposição de uma pessoa em fazer o que for necessário para levar as coisas à sua maneira.

CAPÍTULO 4 Atitudes, emoções e ética

maquiavélicos possuem voz mais ativa. Fazer acordos públicos reduz a suscetibilidade à manipulação.

Desenvolvimento moral cognitivo

O nível de desenvolvimento moral de um indivíduo também afeta o comportamento ético. De acordo com o psicólogo Lawrence Kohlberg, indivíduos maduros passam por seis estágios de desenvolvimento moral.[98] A cada estágio sucessivo, tornam-se menos dependentes das opiniões de outras pessoas e menos autocentrados (focam menos seus próprios interesses). Em níveis mais altos de desenvolvimento moral, os indivíduos se preocupam com princípios de justiça e com seus próprios princípios de ética. O modelo de Kohlberg foca o processo de tomada de decisão e como os indivíduos justificam decisões éticas. Sua teoria de desenvolvimento cognitivo explica como as pessoas decidem o que é certo e o que é errado e como o processo de tomada de decisão muda por meio da interação com os colegas e com o ambiente.

O **desenvolvimento moral cognitivo** ocorre em três níveis, cada um com dois estágios (Figura 4.4). No nível I, chamado de nível pré-convencional, as decisões éticas baseiam-se nas recompensas, nas punições e no interesse próprio. No Estágio 1, o indivíduo obedece às regras para evitar punição. No estágio 2, segue as regras apenas se for de seu interesse.

No nível II, o convencional, as pessoas focam as expectativas dos outros. No estágio 3, os indivíduos tentam viver com as expectativas alheias próximas às suas. No estágio 4, aumentam a perspectiva para incluir as leis e normas da sociedade mais ampla. Nesse estágio, os indivíduos cumprem deveres e obrigações de forma a colaborar com a sociedade.

No nível III, o pós-convencional, os valores universais determinam o que é certo. O indivíduo vê além das leis, regras e expectativas das outras pessoas. No estágio 5, os indivíduos têm consciência de que as pessoas possuem sistemas de valores diversos. Eles defendem seus próprios valores mesmo quando outros discordam. Indivíduos no estágio 5 tomam decisões com base em princípios de justiça e direito. Alguém que decide impedir o funcionamento de uma clínica de abortos só porque sua religião é contra essa prática não é um indivíduo que está no estágio 5. Uma pessoa que chega à mesma decisão por meio de um complexo processo de decisão com base na justiça e nos direitos pode ser um indivíduo do estágio 5. A diferença é o processo, não a decisão propriamente dita. No estágio 6, o indivíduo

desenvolvimento moral cognitivo
Passagem por estágios de maturidade no que diz respeito à tomada de decisões.

FIGURA 4.4 Estágios do desenvolvimento moral cognitivo de Kohlberg

Nível I	Pré-convencional	Recompensa, punição, autointeresse
Nível II	Convencional	Expectativas de outras pessoas e da sociedade
Nível III	Pós-convencional	Valores universais e princípios éticos pessoais

segue princípios éticos selecionados por ele mesmo. Indivíduos do estágio 6 agem de acordo com seus próprios princípios éticos, mesmo quando esses princípios entram em conflito com a lei.

O desenvolvimento moral dos indivíduos maduros passa por esses estágios em uma sequência irreversível. Pesquisas sugerem que a maioria dos adultos está nos estágios 3 ou 4. A maioria dos adultos, portanto, nunca alcança o nível de desenvolvimento baseado em princípios (estágios 5 e 6).

Desde que foi proposto, há mais de 30 anos, o modelo de desenvolvimento moral cognitivo de Kohlberg tem sido sustentado por um grande número de pesquisas. Indivíduos em estágios de desenvolvimento mais altos são menos propensos a trapaças, mais envolvidos em fazer denúncias e mais inclinados a tomar decisões éticas.[99]

No entanto, o modelo de Kohlberg também foi criticado. Carol Gilligan, por exemplo, argumenta que o modelo não leva em consideração as diferenças de gênero. O modelo de Kohlberg foi desenvolvido com base em um estudo de 20 anos com 84 garotos.[100] Gilligan afirma que o desenvolvimento moral em mulheres segue um padrão diferente, com base não nos direitos e normas individuais, mas sim na responsabilidade e no relacionamento. Homens e mulheres enfrentam os mesmos dilemas morais, mas os abordam de perspectivas diferentes – homens, da perspectiva de igualdade de respeito e mulheres, da perspectiva de comparação e carinho. No entanto, os pesquisadores que revisaram a pesquisa considerando as diferenças de gênero concluíram que as diferenças não podem ser tão fortes quanto Gilligan originalmente sugeriu.[101]

Há evidências de que homens e mulheres veem a ética de maneira diferente. Uma publicação em larga escala de 66 estudos constatou que mulheres tendem a considerar antiéticas certas práticas empresariais. Mulheres mais jovens eram mais propensas a ver a quebra de normas e a manipulação de informações internas como algo antiético. Ambos os sexos concordaram que conspiração, conflito e furto são antiéticos. Leva aproximadamente 21 anos para esse hiato de gênero desaparecer. Homens se tornam mais éticos com mais experiência de trabalho; quanto mais tempo estão no mercado,

[*Pessoas menos maquiavélicas tendem a não se envolver em práticas questionáveis do ponto de vista ético.*]

Jogo rápido

Em uma pesquisa com mais de 3.400 funcionários conduzida pelo Ethics Resource Center, com sede em Washington, D.C., 56% dos funcionários disseram que haviam presenciado conduta antiética no ano anterior. Se essa quantidade de funcionários realmente testemunhou atos antiéticos, imagine quantos comportamentos ocorreram a portas fechadas! Os atos antiéticos mais comuns presenciados foram priorização de interesses pessoais, e não os da empresa (22%), comportamento abusivo (21%), mentira aos funcionários (20%), erro no relatório de horas trabalhadas (17%), abuso de internet (16%) e violações de segurança (15%).

Fonte: "National Business Ethics Survey", Ethics Resource Center (2007), http://www.intercedeservices.com/downloads/07_survey.pdf. Acessado em 28 jul. 2009.

mais suas atitudes lembram aquelas demonstradas por mulheres. Dito isso, a idade e a experiência estão relacionadas com ambos os sexos. Trabalhadores experientes, homens e mulheres, tendem a considerar que mentira, suborno, roubo e conspiração são antiéticos.[102]

As diferenças dos indivíduos em relação a valores, lócus de controle, maquiavelismo e desenvolvimento moral cognitivo influenciam no comportamento organizacional. As empresas podem usar esse conhecimento para promover o comportamento ético, contratando indivíduos que compartilham os valores da organização ou contratando apenas pessoas com lócus de controle interno, pouco maquiavélicas e em estágios mais altos de desenvolvimento moral cognitivo. Esses estágios, porém, apresentam problemas, tanto práticos, como legais.

O treinamento pode ser uma maneira mais segura de aproveitar esse conhecimento. Há evidências de que o treinamento aumenta o desenvolvimento moral cognitivo. As organizações podem ajudar os indivíduos a evoluir para estágios superiores de desenvolvimento moral oferecendo-lhes seminários educacionais. Como foi dito, valores, lócus de controle, maquiavelismo e desenvolvimento moral cognitivo são muito estáveis em adultos.

A melhor maneira de usar o conhecimento sobre diferenças individuais pode ser reconhecer que elas ajudam a explicar por que o comportamento ético difere entre as pessoas e focar os esforços gerenciais na criação de um ambiente de trabalho que apoie o comportamento ético.

A maioria dos trabalhadores é suscetível a influências externas. Eles não atuam como agentes éticos independentes; eles têm a organização como guia. Os gerentes podem oferecer orientação exercendo as influências organizacionais listadas na Figura 4.3. Eles podem incentivar o comportamento ético por meio de códigos de conduta, comitês de ética, sistemas de comunicação de ética, treinamentos, normas e criação de modelos de recompensa e punição, como apresentamos na Figura 4.3. Discutiremos essas questões mais adiante, no Capítulo 16.

NÚMEROS

3 níveis de desenvolvimento moral.

3 elementos do comprometimento afetivo.

US$ 400 milhões de bônus em dinheiro retornado pelos banqueiros do CSFB.

11,3% é a taxa de crescimento anual de empresas éticas listadas por James Burke.

1/3 dos funcionários pesquisados testemunhou conduta antiética no ano passado.

CAPÍTULO 4   Atitudes, emoções e ética

CAPÍTULO 5

Motivação no trabalho

RESULTADOS DA APRENDIZAGEM

Após a leitura deste capítulo, você estará apto a:

1. Definir motivação e articular diferentes perspectivas de como indivíduos são motivados no trabalho.
2. Explicar a hierarquia das necessidades de Maslow e as duas principais modificações.
3. Discutir como as necessidades de realização, poder e afiliação influenciam no comportamento do indivíduo no ambiente organizacional.
4. Descrever a teoria dos dois fatores.
5. Explicar duas novas ideias sobre motivação.

> *"Uma abordagem abrangente que favoreça a compreensão da motivação, do comportamento e do desempenho deve considerar os três elementos da situação de trabalho e como eles interagem entre si."*

RESULTADO DA APRENDIZAGEM 1

Motivação e comportamento organizacional

Motivação é o processo de despertar e manter um comportamento orientado por objetivos. As teorias que tratam da motivação tentam explicar e predizer comportamentos observáveis. Esses comportamentos podem ser classificados em teorias internas, de processos e externas. As teorias de motivação interna focam as variáveis individuais que provocam a motivação e determinado comportamento. A hierarquia das necessidades de Maslow é um bom exemplo de teoria interna. As teorias de processo, como a teoria das expectativas, enfatizam a natureza da interação entre o indivíduo e o ambiente. As teorias de motivação externa focam os elementos do ambiente, incluindo as consequências do comportamento, como base para a compreensão e explicação do comportamento organizacional. Qualquer teoria de motivação tomada isoladamente explica apenas uma pequena porção da variação do comportamento humano. Por esse motivo, pesquisadores desenvolveram teorias alternativas para abordar comportamentos para os quais não havia explicação. Uma abordagem abrangente que favoreça a compreensão da motivação, do comportamento e do desempenho deve considerar três elementos da situação de trabalho – o indivíduo, o trabalho (atividades) e o ambiente organizacional – e como eles interagem entre si.[1]

Necessidades internas

Ao longo dos séculos, filósofos e estudiosos elaboraram teorias sobre necessidades e motivações humanas. No século passado, pesquisadores focaram a motivação no ambiente de trabalho.[2] Max Weber, sociólogo alemão, dizia que o significado do trabalho não reside no trabalho em si, mas em seu potencial de contribuir para a salvação do indivíduo.[3] Weber e posteriormente Milton Blood compreenderam a ética protestante, com suas fundações no pensamento calvinista, como o combustível da produtividade humana. A ética protestante incentivava o trabalho

6 Descrever o papel da desigualdade nas motivações.
7 Descrever a teoria das expectativas.
8 Descrever as diferenças culturais na motivação.

motivação
Processo de despertar e sustentar o comportamento orientado a objetivos.

[**A seção "E você?" do Cartão de Revisão (on-line) ajudará você a avaliar sua ética no trabalho.**]

árduo e considerava que trabalhadores prósperos estavam mais propensos a ter um lugar no paraíso.

Sigmund Freud propôs uma teoria motivacional mais complexa: sugeriu que a vida organizacional do indivíduo tinha base na compulsão para o trabalho e no poder do amor.[4] Ele enfatizava a influência inconsciente da mente na motivação humana. A **psicanálise** é o método de Freud para investigar o inconsciente e para melhor entender as motivações e necessidades de uma pessoa. A teoria psicanalítica oferece explicações para comportamentos irracionais e autodestrutivos, como suicídio e violência no trabalho. Analisar as motivações e necessidades inconscientes pode ajudar a compreender eventos traumáticos. A abordagem psicanalítica também concorre para explicar o desvio de comportamento no ambiente organizacional.[5]

O pensamento de Freud serviu de base para teorias subsequentes relacionadas a necessidades. Algumas pesquisas sugerem que os sentimentos mais profundos transcendem a cultura e que a maioria das pessoas se importa basicamente com as mesmas coisas. Os fatores que motivam os funcionários e os tornam leais à empresa incluem remuneração justa, a confiança e o respeito por parte da chefia. Os indivíduos também esperam ver certa compatibilidade entre sua ética pessoal e a da empresa, assim como compatibilidade entre suas habilidades e o trabalho.[6] A motivação intrínseca, no entanto, varia de acordo com o indivíduo.[7] Gestores mais compassivos e menos controladores são capazes de extrair mais motivação intrínseca de seus funcionários.

Incentivos externos

A maioria das hipóteses econômicas relacionadas à motivação humana aponta para incentivos financeiros. De acordo com Adam Smith, economista político escocês e filósofo moral, o **autointeresse** do indivíduo era determinado por Deus, e não pelo governo.[8] Smith lançou a pedra fundamental do sistema de livre iniciativa quando formulou a noção de "mão invisível" e de livre comércio para explicar a motivação do comportamento individual. A "mão invisível" refere-se a uma força oculta do sistema do livre comércio que molda o uso mais eficiente de pessoas, dinheiro e recursos para fins produtivos. Smith presumiu que as pessoas eram motivadas pelo autointeresse por ganho econômico para prover necessidades e conveniências. Dessa forma, funcionários são mais produtivos quando motivados pelo autointeresse.

Quanto mais riqueza coletiva uma economia consegue produzir, mais facilmente os indivíduos podem satisfazer seus interesses. Tecnologia e trabalho eficiente são duas formas de promover mais riqueza coletiva. Da perspectiva de Smith, a tecnologia é fundamental, pois, segundo ele, a produtividade da mão de obra de uma nação determina sua riqueza. Assim, a mão de obra mais eficiente e efetiva produz abundância para o país. A tecnologia age como uma força multiplicadora da produtividade.[9]

[**Interesse de quem?**]

Em 2005, Wade Dokken comprou os 11 mil acres da Ameya Preserve, em Paradise Valley, estado de Montana, Estados Unidos, por US$ 23,3 milhões, com a intenção de erguer 301 casas de luxo e promover o desenvolvimento comercial no local. Ele prometeu um pacote de doações de mais de US$ 70 milhões. Propôs, entre outras coisas, US$ 10 milhões para entidades locais sem fins lucrativos, financiamento de moradias de baixo custo para a entidade Habitat for Humanity e concessão de US$ 1 milhão para as "necessidades sociais" da região. Além disso, 0,5 % da comercialização dos terrenos seria doado para uma "organização administrativa da comunidade", sem fins lucrativos, dedicada ao meio ambiente, artes e ciências. Dokken vê o movimento como uma oportunidade de negócio e como uma chance de transformar seu plano de desenvolvimento em um mecanismo para caridade, mas nem todos querem a natureza preservada. Toda essa iniciativa, que recebeu o aval dos comissários do condado, surpreendeu o eleitorado tradicional. É difícil dizer onde o interesse do doador termina e o interesse público começa.

Fonte: S. Beatty. "Giving Back: Developer Blends Charity, Profit", *The Wall Street Journal* (11 maio 2007): W2.

---

psicanálise
Método de Sigmund Freud para investigar o inconsciente a fim de melhor entender as motivações e necessidades do indivíduo.

autointeresse
O que é melhor e o que traz mais benefícios para o indivíduo.

Frederick Taylor, pai da administração científica, também analisou a eficiência e a efetividade do trabalho.[10] Seu objetivo era alterar a relação entre gerência e mão de obra de uma situação de conflito para uma situação de cooperação.[11] Taylor acreditava que a base do conflito era a divisão dos lucros. Em vez de continuar com esse conflito, mão de obra e gerência deveriam trabalhar em conjunto para expandir os lucros totais.

Os primeiros estudiosos organizacionais presumiram que as pessoas eram motivadas pelo autointeresse e pelo ganho econômico. Consequentemente, desenvolveram sistemas de pagamentos diferenciais, enfatizando incentivos externos. As práticas de administração moderna, como programas de reconhecimento do funcionário, pacotes de benefícios e planos de aquisição de ações, são derivadas das teorias de Smith e de Taylor. Eles enfatizam os incentivos externos, que podem ter uma forma mais econômica ou mais material, como as placas de "Empregado do mês". A Whataburger desenvolveu o programa WhataGames, no qual os melhores funcionários competem por prêmios e medalhas.[12] Essa prática reduz a rotatividade e gera comprometimento.

Algumas abordagens, porém, sugerem que motivações econômicas não são suficientes e precisam ser combinadas com outras motivações externas. Os estudos de Hawthorne, mencionados no Capítulo 1 como os primeiros a reconhecerem aspectos informais de uma organização, abordaram o que motiva as pessoas a serem produtivas. Eles confirmaram os efeitos positivos de incentivos financeiros sobre a produtividade, mas também mostraram a importância de motivações sociais e interpessoais.[13] Outras pessoas constituem, ainda, outro motivo externo. Os executivos têm defendido o autointeresse "erudito". O autointeresse aborda as necessidades da própria pessoa; o autointeresse erudito reconhece também os interesses das demais pessoas.

Ainda de acordo com outras abordagens, motivações externas e internas são combinadas. A propriedade psicológica considera tanto as necessidades psicológicas quanto os incentivos externos para motivar trabalhadores. Um estudo realizado com 800 gerentes e funcionários em três organizações constatou que os "sentimentos de propriedade" da organização reforçam o comportamento de cidadania organizacional.[14]

RESULTADO DA APRENDIZAGEM 2

Hierarquia das necessidades de Maslow

O psicólogo Abraham Maslow propôs uma teoria de motivação que foi além das necessidades econômicas e físicas para enfatizar as necessidades psicológicas e interpessoais. O núcleo da teoria de Maslow é uma hierarquia de cinco categorias de necessidades.[15] Embora reconhecesse que outros fatores além das necessidades individuais (como a cultura) determinassem o comportamento, a teoria de Maslow focava apenas as necessidades internas. Como mostra a Figura 5.1, Maslow nomeou os cinco níveis de sua *hierarquia de necessidades* como necessidades fisiológicas, necessidades de segurança, necessidades sociais ou de afeto, necessidades de estima e necessidades de autorrealização. Conceitualmente, as cinco categorias de necessidades de Maslow são derivadas das ideias de William James e John Dewey, juntamente com o pensamento psicodinâmico de Sigmund Freud e de Alfred Adler.[16]

Uma característica distintiva da hierarquia das necessidades de Maslow é a hipótese de progressão. Assim que o indivíduo alcança determinado nível passa ao nível superior da pirâmide, o que representa uma fonte de motivação. As pessoas progridem na hierarquia conforme satisfazem cada nível de necessidade. Maslow compreendeu que o nível mais baixo de necessidades não satisfeitas motiva o comportamento; algumas pesquisas contestam essa perspectiva.[17]

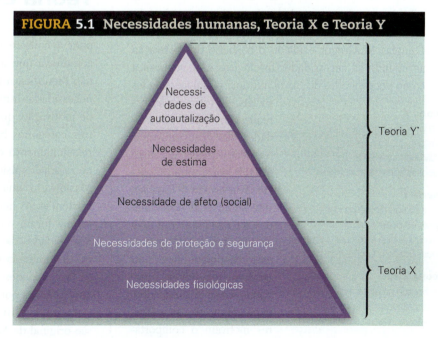

FIGURA 5.1 Necessidades humanas, Teoria X e Teoria Y

CAPÍTULO 5 Motivação no trabalho 77

TABELA 5.1 Hipóteses de McGregor sobre as pessoas

TEORIA X
- As pessoas são indolentes por natureza, ou seja, trabalham o mínimo possível.
- As pessoas não têm ambição, não gostam de responsabilidade e preferem ser conduzidas/lideradas.
- As pessoas são inerentemente autocentradas e indiferentes às necessidades organizacionais.
- As pessoas são, por natureza, resistentes a mudanças.
- As pessoas são ingênuas e não muito brilhantes, são facilmente enganadas por charlatões e demagogos.

TEORIA Y
- As pessoas não são, por natureza, passivas ou resistentes às necessidades da organização. Tornaram-se assim por causa de experiências no ambiente de trabalho.
- A motivação, o potencial para desenvolvimento, a capacidade para assumir responsabilidades e a prontidão para orientar o comportamento conforme os objetivos organizacionais estão presentes nas pessoas. A administração não os coloca lá. É responsabilidade da gestão tornar possível para as pessoas reconhecerem e desenvolverem essas características nelas mesmas.
- A tarefa essencial da administração é organizar condições e métodos de operação para que as pessoas possam atingir seus objetivos, orientando seus esforços em direção aos objetivos organizacionais.

Fonte: "The Human Side of Enterprise", de Douglas M. McGregor; reimpresso de *Management Review*, nov. 1957. Copyright American Management Association International. Reimpresso com a permissão da American Management Association International, Nova York, NY. Todos os direitos reservados. http://www.amanet.org.

No intuito de que suas equipes sejam bem-sucedidas, os gestores podem extrair o máximo da hierarquia das necessidades de Maslow reconhecendo que cada indivíduo possui um conjunto de necessidades único e combinando incentivos com necessidades. Um espaço de trabalho que valorize a ergonomia, por exemplo, pode satisfazer as necessidades psicológicas do funcionário e propiciar-lhe mais conforto. A necessidade de segurança pode ser satisfeita por meio de um bom plano de aposentadoria. Alguns funcionários que possuem muita necessidade de interação social podem satisfazê-la participando de jogos de futebol ou de aulas de ginástica depois do expediente. É possível satisfazer as necessidades de *status* e de autorrealização oferecendo ao funcionário oportunidade de trabalhar com superiores ou de trabalhar em projetos que combinem com suas habilidades e interesses.[18]

Teoria X e Teoria Y

A hierarquia das necessidades de Maslow tem sido aplicada ao comportamento organizacional de duas formas. Douglas McGregor explicou o conceito de motivação agrupando as necessidades fisiológicas e de segurança como necessidades de "nível inferior" e as necessidades sociais, de estima e autorrealização como necessidades de nível superior. As necessidades de nível inferior constituem a **teoria X**; a **teoria Y**, por sua vez, abrange as necessidades de nível superior. De acordo com McGregor, os gestores podem fazer um ou dois conjuntos de suposições sobre um indivíduo, dependendo de quais fatores motivam o comportamento dele. Essas hipóteses estão listadas na Tabela 5.1 e foram mapeadas com base na hierarquia de Maslow (Figura 5.1).[19] McGregor entendeu que a responsabilidade da administração é a mesma em ambos os conjuntos de suposições. Especificamente, "a administração é responsável pela organização dos elementos de produtividade da organização – dinheiro, materiais, equipamentos, pessoas – conforme os interesses econômicos".[20] As suposições da teoria X são apropriadas para funcionários motivados pelas necessidades de nível inferior, ao passo que as suposições da teoria Y aplicam-se a funcionários motivados pelas necessidades de nível superior. As suposições da teoria Y inspiraram programas de participação de funcionários, e corporações da *Fortune 1000* usam o envolvimento do funcionário para incentivar conquistas.[21] O fundador e CEO da Whole Foods, John Mackey, baseia-se na hierarquia das necessidades de Maslow para motivar os funcionários.[22]

Teoria ERG

Embora tenha reconhecido a contribuição de Maslow para a compreensão da motivação, Clayton Alderfer acreditava que a hierarquia das necessidades original não identificava nem categorizava de forma precisa as necessidades humanas.[23] Alderfer propôs a **teoria ERG** de motivação, que agrupa as necessidades humanas em três categorias básicas: de existência ou essencial, de relacionamento e de crescimento.[24] Ele classificou as necessidades fisiológicas e de segurança propostas por Maslow em uma categoria denominada necessidade de existência. As necessidades de segurança, de afeto e de estima foram reclassificadas na categoria denominada necessidades de relacionamento. Por fim, uma categoria denominada necessidade de crescimento englobou as necessidades de autorrealização e de autoestima apresentadas por Maslow.

A teoria ERG suplementou a hipótese de progressão original de Maslow com a hipótese de regressão. A

---

teoria X
Conjunto de hipóteses que gestores podem aplicar a indivíduos motivados por necessidades de nível inferior.

teoria Y
Conjunto de hipóteses que gestores podem aplicar a indivíduos motivados por necessidades de nível superior.

teoria ERG
Teoria que organiza as necessidades humanas em existência, relação e crescimento.

hipótese de regressão de Alderfer sugere que, quando as pessoas estão frustradas com a incapacidade de satisfazer necessidades do nível superior da hierarquia, elas regridem à categoria inferior e intensificam o desejo de satisfazer essas necessidades. Dessa forma, a teoria ERG explica tanto a satisfação progressiva das necessidades quanto a regressiva, em situações em que as pessoas experimentam frustração.

RESULTADO DA APRENDIZAGEM 3

Teoria das necessidades de McClelland

Uma segunda grande teoria de motivação baseada nas necessidades foca a personalidade e as necessidades aprendidas. Henry Murray desenvolveu uma extensa lista de motivações e necessidades em seus primeiros estudos sobre personalidade.[25] Inspirado no trabalho de Murray, David McClelland identificou três necessidades aprendidas ou adquiridas que, por serem facilmente notadas, foram denominadas **necessidades evidentes**.[26] Tais necessidades são de realização, de poder e de afiliação. Alguns indivíduos têm grande necessidade de realização, ao passo que outros têm necessidade de realização consideravelmente baixa. O mesmo ocorre com as outras duas necessidades. Um gerente pode ter grande necessidade de poder, necessidade moderada de realização e baixa necessidade de afiliação. As pessoas têm necessidades dominantes diferentes. Empresas como a American Express reconhecem a importância das diversas necessidades dos funcionários criando e mantendo políticas amigáveis e favoráveis. Cada necessidade tem implicações diferentes no comportamento. Antigamente o Teste de Apercepção Temática (TAT) de Murray foi usado para medir a motivação por realização. Posteriormente, McClelland e colaboradores desenvolveram-no, embora tenha sido criticado, e ins-

Pessoas que têm necessidade de afiliação apreciam estabelecer e manter relações íntimas com os outros.

trumentos alternativos foram desenvolvidos.[27] O TAT é um teste projetivo como os discutidos no Capítulo 3.

Necessidade de realização

A **necessidade de realização** engloba excelência, competição, metas desafiadoras, persistência e superação de dificuldades.[28] Indivíduos com grande necessidade de realização buscam excelência no desempenho, apreciam metas difíceis e desafiadoras, são persistentes e competitivos.

McClelland descobriu que pessoas com esse tipo de necessidade têm melhor desempenho. Elas têm três características únicas. Primeiro, estabelecem metas que são consideravelmente difíceis, porém tangíveis. Segundo, gostam de receber *feedback* de seu progresso com relação a tais metas. Terceiro, não gostam que eventos externos ou outras pessoas interfiram em seu progresso.

Em geral, os grandes realizadores esperam ter sucesso e fazem um planejamento para que ele aconteça. Eles podem sentir satisfação em trabalhar sozinhos ou com outras pessoas – o que for mais apropriado para o tipo de tarefa. Além disso, gostam de ser bons naquilo que fazem e tendem a desenvolver expertise e competência nas tarefas que executam. A necessidade de realização é consistente em países em que adultos trabalham em período integral, mas pesquisadores descobriram diferenças internacionais na tendência para a realização.[29] Essa tendência é mais forte nos Estados Unidos, uma cultura individualista, e mais fraca em sociedades coletivistas, como Japão e Hungria.[30]

Por meio de um estudo com 555 enfermeiras em unidades especializadas, constatou-se que a motivação intrínseca aumenta se houver relações de apoio no ambiente de trabalho.

Fonte: N. W. van Yperen e M. Hagedoorn. "Do High Job Demands Increase Intrinsic Motivation or Fatigue or Both? The Role of Job Control and Job Social Support", *Academy of Management Journal* 46 (2003): 339-348.

necessidades evidentes
Necessidades aprendidas e adquiridas, que são facilmente notadas.

necessidade de realização
Diz respeito a excelência, competição, metas desafiadoras, persistência e superação de dificuldades.

Necessidade de poder

A **necessidade de poder** inclui o desejo de influenciar os outros, a vontade de mudar pessoas ou eventos e o desejo de fazer a diferença. A necessidade de poder é interpessoal, pois envolve influência sobre outras pessoas. McClelland distinguiu poder socializado, que visa ao benefício de muitos, de poder personalizado, que visa a ganhos individuais. O primeiro é uma força construtiva, ao passo que o segundo pode ser uma força muito perturbadora e até destrutiva.

De acordo com a pesquisa de McClelland, os melhores administradores têm grande necessidade de poder socializado.[31] Eles se preocupam com os outros, têm interesse nas metas organizacionais e querem ser úteis para o grupo, para a organização e para a sociedade. Segundo o perfil de necessidades de McClelland, o doutor Jonathan D. Quick, CEO da Management Sciences for Health, apresentou alto nível de necessidade de poder interativo ou socializado e baixo nível de necessidade de poder autoritário, ambos traços extremamente positivos.

Necessidade de afiliação

A **necessidade de afiliação** é a vontade de estabelecer e manter relações próximas, íntimas e calorosas com outras pessoas.[32] Indivíduos com alto nível de necessidade de afiliação são motivados a expressar suas emoções aos outros e esperam que os outros reajam da mesma forma. Consideram os conflitos incômodos e tendem a trabalhar contra esse tipo de barreira.

Além dessas três necessidades, a teoria das necessidades evidentes de Murray também incluía a necessidade de autonomia. Essa necessidade diz respeito ao desejo de independência e liberdade em relação a obstáculos e restrições. Pessoas com alto nível de necessidade de autonomia preferem trabalhar sozinhas e controlar o ritmo de seu trabalho. Não gostam de regras burocráticas, regulamentações e procedimentos. A necessidade de relações é importante não apenas para McClelland, mas também para todas as teorias discutidas até agora. A Figura 5.2 mostra as estruturas paralelas das teorias de motivação de Maslow, McGregor, Alderfer e McClelland.

RESULTADO DA APRENDIZAGEM 4

Teoria dos dois fatores de Herzberg

Para desenvolver sua teoria, Frederick Herzberg considerou as teorias baseadas nas necessidades e analisou as experiências que satisfaziam ou não satisfaziam as pessoas no trabalho.[33] O estudo original de Herzberg incluiu 200 engenheiros e contadores do oeste da Pensilvânia, durante os anos 1950. Herzberg pediu a eles que descrevessem dois importantes incidentes ocorridos no trabalho: um incidente muito satisfatório, que fez os trabalhadores se sentirem excepcionalmente bons, e outro muito desagradável, que os fez ficarem excepcionalmente chateados.

Herzberg e colaboradores acreditavam que as pessoas tinham dois grupos de necessidades: um para evitar dor e um gerado com base no desejo de crescimento

necessidade de poder
Diz respeito ao desejo de influenciar os outros, de mudar pessoas ou eventos e de fazer a diferença.

necessidade de afiliação
Diz respeito à vontade de estabelecer e manter relações íntimas, próximas e amigáveis com outras pessoas.

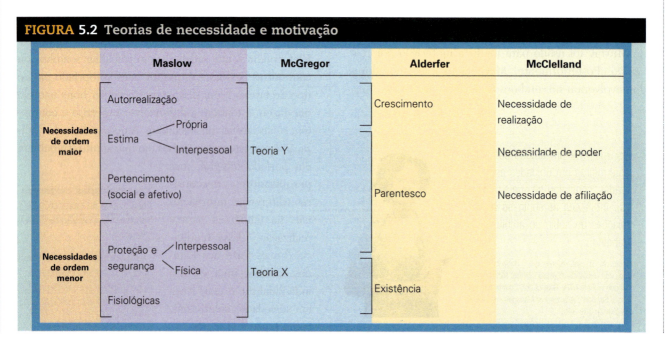

FIGURA 5.2 Teorias de necessidade e motivação

psicológico. As condições do ambiente organizacional afetam ambas as necessidades. As condições de trabalho relacionadas à satisfação da necessidade de crescimento psicológico foram chamadas de **fatores motivacionais**. As condições de trabalho relacionadas a insatisfações causadas por desconforto ou dor foram nomeadas **fatores higiênicos**. Os fatores motivacionais estão relacionados à satisfação no trabalho, ao passo que os fatores higiênicos estão relacionados à insatisfação, como mostra a Figura 5.3.[34]

Fatores motivacionais

A valorização do cargo envolve o desenvolvimento de fatores motivacionais relacionados ao trabalho e, de acordo com Herzberg, cria satisfação. Em sua pesquisa original, Herzberg identificou fatores motivacionais como responsabilidade, realização, reconhecimento, crescimento e o trabalho propriamente dito. Quando esses fatores estão presentes, melhoram o desempenho e o esforço do funcionário. A Figura 5.3 mostra que, em alguns estudos, o salário também é um fator motivacional. Muitos programas de recompensas incluem benefícios financeiros, por exemplo, a opção de adquirir ações, como parte do pacote de compensação do funcionário.

Fatores motivacionais levam a uma saúde mental positiva. Tais fatores desa-

fator motivacional
Condição de trabalho que satisfaz a necessidade de crescimento psicológico.

fator higiênico
Condição de trabalho que gera insatisfação em virtude da existência de desconforto ou dor.

FIGURA 5.3 Teoria de motivação de higiene-motivação

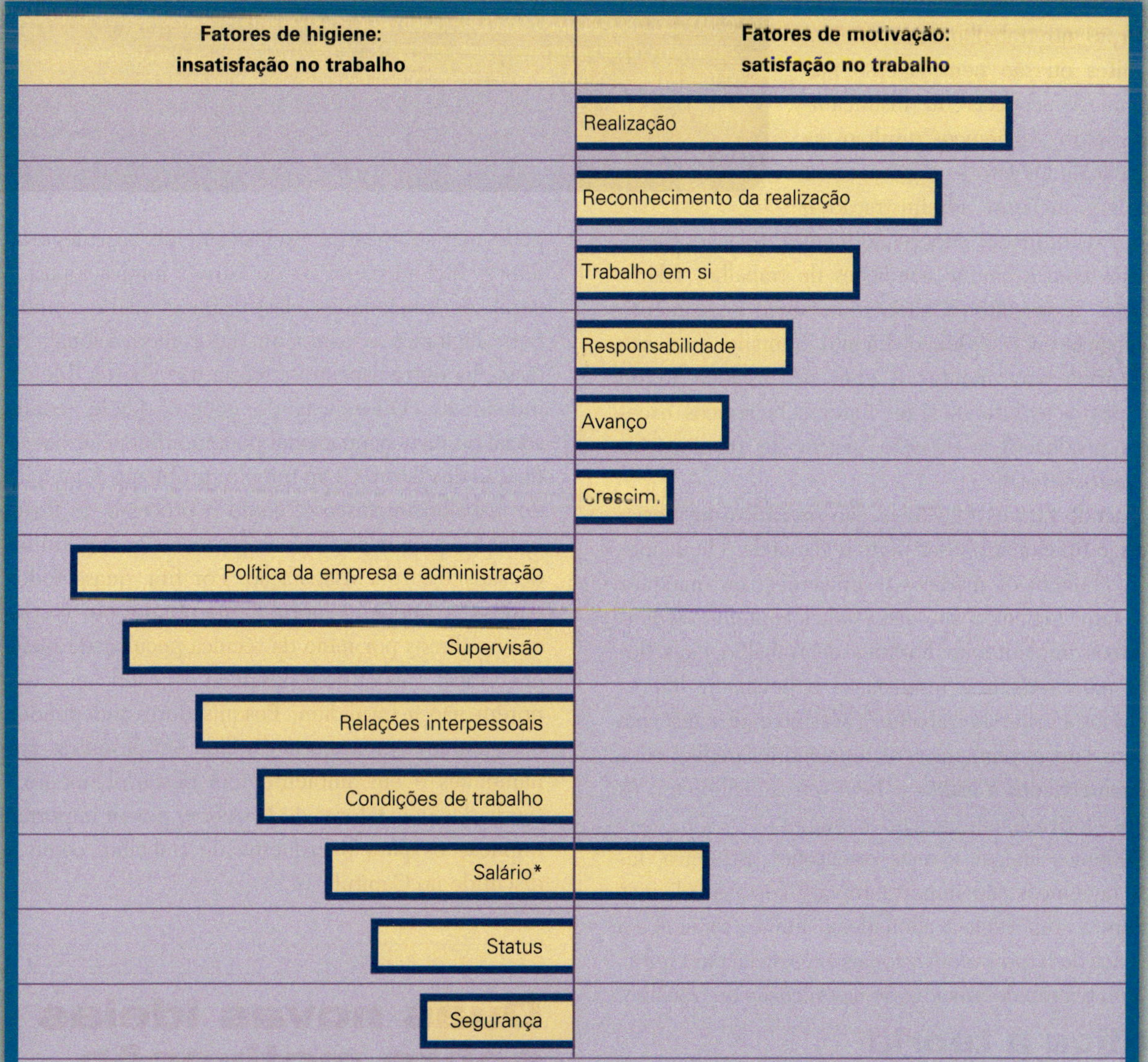

Fatores de higiene: insatisfação no trabalho	Fatores de motivação: satisfação no trabalho
	Realização
	Reconhecimento da realização
	Trabalho em si
	Responsabilidade
	Avanço
	Crescim.
Política da empresa e administração	
Supervisão	
Relações interpessoais	
Condições de trabalho	
Salário*	
Status	
Segurança	

* Em razão da sua natureza onipresente, o salário comumente aparece como uma motivação, bem como um fator de higiene. Embora primariamente um fator de higiene, ele também assume frequentemente algumas das propriedades de um motivador, com dinâmicas semelhantes às de reconhecimento para a realização.

Fonte: Reimpresso de Frederick Herzberg. *The Managerial Choice: To Be Efficient or to Be Human* (Salt Lake City: Olympus, 1982). Reimpressão autorizada.

fiam as pessoas a crescer, contribuir para o ambiente de trabalho e investir seus esforços na organização. A ausência desses fatores não leva à insatisfação, mas gera sentimentos de neutralidade. Os fatores motivacionais são os mais importantes, pois afetam diretamente a orientação individual para a execução de um bom trabalho. Quando não estão presentes, o funcionário não tem motivação para executar bem e atingir excelência.

Fatores higiênicos

Os fatores higiênicos são distintos dos fatores motivacionais e não estão relacionados com a conquista da excelência no trabalho, ao passo que os fatores motivacionais geram satisfação no trabalho caso estejam presentes ou são neutros caso não existam. A ausência ou insuficiência de fatores higiênicos resultam na insatisfação. Os fatores higiênicos de Herzberg incluem administração e política da empresa, supervisão técnica, relações interpessoais com a chefia, condições de trabalho, salário e status. Esses fatores não estimulam o crescimento psicológico ou o desenvolvimento humano, mas são necessários para manter o grau de insatisfação de uma pessoa e influenciá-lo. Fatores higiênicos excelentes produzem a situação neutra de funcionários *não insatisfeitos*.

Quando fatores higiênicos são precários ou inexistentes, o funcionário insatisfeito reclama de "chefia ineficaz", "benefícios médicos insuficientes" ou qualquer outro fator higiênico que não esteja a contento. Muitas empresas implantaram horários de trabalho mais flexíveis para reduzir a insatisfação e persuadir líderes femininos a voltar ao trabalho.[35] Mesmo com a ausência de bons fatores higiênicos, os funcionários podem continuar motivados a executar bem seu trabalho caso os fatores motivacionais estejam presentes.

Podemos chegar a duas conclusões: primeiro, fatores higiênicos são importantes até certo nível, mas perdem a importância além desse limite; segundo, a presença de fatores motivacionais é essencial para reforçar a motivação do funcionário na execução do trabalho.

Crítica à teoria dos dois fatores

Uma crítica à teoria de Herzberg diz respeito à classificação dos dois fatores. Dados mostram que um fator pode não se encaixar exclusivamente na categoria de fatores higiênicos ou na de fatores motivacionais. Em geral, os funcionários classificam o salário como um fator higiênico e como um fator motivacional. Além disso, há outro aspecto: a teoria não aborda diferenças individuais. Diferenças de gênero, idade, condição social ou nível ocupacional podem influenciar na classificação dos fatores. Um terceiro problema é que fatores de trabalho intrínsecos, como o processo de fluxo de trabalho, podem ser mais importantes na determinação de satisfação ou insatisfação. Por fim, quase todos os dados que apoiam a teoria foram obtidos por Herzberg e seus alunos por meio da técnica peculiar de incidência crítica. Tais críticas desafiam e qualificam a teoria, porém não a invalidam. Pesquisadores independentes constataram que a teoria é válida em pesquisas governamentais e em ambientes em desenvolvimento.[36] A teoria dos dois fatores de Herzberg possui importantes implicações para o esquema de trabalho, como será discutido no Capítulo 14.

RESULTADO DA APRENDIZAGEM 5

Duas novas ideias sobre motivação

Na última década, surgiram duas novas ideias sobre motivação. Uma delas está centrada no eustresse,

---

Tendência em debate: dormindo no trabalho

Jackie Walsh, gerente de recursos humanos, aprovou recentemente uma técnica inovadora de maximização de desempenho em sua empresa, a fábrica de brinquedos Worlds Apart. Quando os funcionários se sentem cansados ou com baixa energia durante o dia, eles tiram cochilos de 20 minutos em colchões infláveis oferecidos pela empresa. A prática não tem o objetivo de repor uma boa noite de sono nem garantir aos funcionários sestas de duas horas. Os cochilos revigorantes são uma técnica de recuperação de energia que tem sido praticada ao longo dos anos por grandes personalidades como o tenente-general George C. Patton.

Ao passo que cair no sono sobre a mesa implica postura incorreta (impede a recuperação e o relaxamento adequado), o cochilo reclinado, mesmo por apenas 15 minutos, reverte a sobrecarga de informações e melhora a memória e o desempenho. Algumas empresas permitem que seus funcionários dirijam-se às salas especiais e permaneçam nelas por horas, para que possam trabalhar até tarde da noite (ver quadro "Funcionários Satisfeitos, Vendas Extraordinárias", no Capítulo 4). Alguns gestores, no entanto, são contra longas horas de cochilo durante o dia por incitar a letargia e interferir no equilíbrio casa-trabalho. A abordagem da Worlds Apart é uma estratégia focada similar às atividades de recuperação de energia utilizadas por atletas de alto nível para alcançar o pico do desempenho quando estiverem plenamente preparados. Na Worlds Apart, o poder do cochilo é um alívio bem-vindo e prova ser valioso para pais de recém-nascidos e funcionários que têm de cumprir longos períodos de trabalho.

Fonte: Staff. "Bizarre HR: A 20-Minute Nap Leaves Staff Perky and Motivated". Human Resources (maio 2009): 11; "The National Institute of Mental Health Power-Nap Study", National Institute of Health (1º jul. 2002), http://www.nih.gov/news/pr/jul2002/nimh-02.htm. Acessado em 29 jul. 2009.

na força e na esperança. Essa noção vem da nova disciplina de comportamento organizacional positivo. A outra está centrada na energia positiva e no comprometimento pleno, aspectos aprendidos de atletas de alto desempenho para serem aplicados por gestores e executivos da *Fortune 500*.

Eustresse, força e esperança

O **eustresse** (combinação das palavras "euforia + stress") é o estresse bom e saudável.[37] Estresse é a energia que experimentamos quando nos confrontamos com uma situação difícil ou desafiadora. Esse tipo de situação pode produzir angústia, respostas negativas, como a frustração ou o medo, que levam a resultados insalubres e improdutivos. O eustresse, por outro lado, envolve uma resposta positiva aos desafios e gera energia que motiva o indivíduo a conquistar algo. Esse estado nos leva a investir em pontos positivos, encontrar um significado para o trabalho, demonstrar coragem e ações baseadas em princípios, bem como gera emoções positivas no ambiente corporativo.[38] Essa perspectiva positiva sobre a vida organizacional incentiva o otimismo, a esperança e a saúde. Em vez de focar as necessidades individuais ou em recompensas e punições, essa noção foca a interpretação ou a reação do indivíduo em relação aos eventos. Uma suposição subjacente sobre o eustresse é que, enquanto coisas que estão fora de nosso controle acontecem, o indivíduo pode controlar sua reação ao acontecimento. Podemos controlar a angústia por meio da respiração e reformulando nossa perspectiva sobre a situação. O eustresse é uma força motivacional positiva e saudável para indivíduos que direcionam sua energia para trabalhos produtivos e contribuições organizacionais.

Energia positiva e comprometimento pleno

O segundo novo conceito sobre motivação, a noção de "comprometimento pleno", de Jim Loehr, baseia-se nas lições aprendidas com atletas profissionais.[39] Os princípios centrais são: o indivíduo deve administrar a energia em vez de administrar o tempo e desligar-se de determinadas atividades para equilibrar o poder do comprometimento pleno.[40] Essa abordagem sugere que os indivíduos não precisam ser impulsionados por necessidades não satisfeitas, pois já são impulsionados por suas próprias energias físicas, emocionais, mentais e espirituais. Os gestores devem ajudar o indivíduo a aprender a administrar suas energias para que possa desenvolver energias positivas e capacidade para o trabalho.

O conceito de Loehr enfatiza o papel da recuperação da energia no desempenho. Alguns indivíduos trabalham melhor aplicando energia produtiva por períodos curtos de tempo, então, descansam e se reenergizam. Isso imita o potencial do corpo humano para construir ou reforçar a própria capacidade, permitindo que o indivíduo mantenha um alto nível de desempenho ao deparar com demandadas de trabalho cada vez maiores.

RESULTADO DA APRENDIZAGEM 6

Intercâmbio social e teoria da equidade

A teoria da equidade é um processo de intercâmbio social voltado para a motivação que foca a interação entre o indivíduo e seu ambiente. Contrapondo-se às teorias das necessidades baseadas na motivação interna, a teoria da equidade está voltada ao processo social que influencia na motivação e no comportamento. Poder e intercâmbio são considerações importantes para a compreensão do comportamento humano.[41] Levando em conta tais fatores externos, Amitai Etzioni desenvolveu três categorias de

eustresse
Estresse bom e saudável.

[Dinheiro e motivação]

Kenexa é uma empresa líder em recursos humanos nos Estados Unidos. Sua lista de clientes inclui 60 empresas da Fortune 100, como a Caterpillar, Time Warner e Wells Fargo. O sucesso da Kenexa pode ser atribuído à compreensão da psicologia e da tecnologia, que permite reagir de maneira precisa e eficiente às necessidades dos funcionários. A empresa reconhece que os funcionários querem gostar de seus trabalhos e, algumas vezes, precisam de inspiração para administrar os dilemas. Ela utiliza entrevistas e pesquisas para avaliar o ambiente de trabalho, incluindo os anseios dos funcionários. Com base nos dados coletados, elabora estratégias específicas que motivam e tranquilizam os funcionários de determinada empresa enquanto satisfazem suas necessidades. Os benefícios de recursos humanos não são simplesmente especulativos – empresas cujo nível de satisfação dos funcionários é alto veem um retorno acionista 700% maior. Além de reforçar a motivação e satisfação no trabalho, a Kenexa trabalha para inspirar a lealdade e o orgulho nos funcionários. A rotatividade, fenômeno caro e frustrante, é 21% menor entre gestores que expressam orgulho por suas empresas. Compreender as necessidades dos funcionários e reagir a elas é bom não apenas para os trabalhadores, mas também para toda a corporação.

Fonte: K. Rockwood. "Employee Whisperer", *Fast Company* (nov. 2008): 72-73.

relacionamentos de troca que as pessoas estabelecem com as organizações: envolvimento comprometido, calculado e alienado.[42] Relações de comprometimento possuem alta e positiva intensidade, relações calculadas possuem baixa intensidade positiva ou baixa intensidade negativa e relações alienadas possuem alta intensidade negativa. As relações de comprometimento podem se caracterizar pelo envolvimento de uma pessoa com um grupo religioso e relações alienadas podem ser caracterizadas pela detenção de uma pessoa em um presídio. Essas três categorias serão discutidas mais adiante, no Capítulo 11.

Demandas e contribuições

Envolvimentos calculados têm base na noção de intercâmbio social, na qual cada parte da relação exige determinadas coisas e contribui de acordo com o intercâmbio. Sociedades empresariais e acordos comerciais são exemplos de envolvimentos calculados. Quando ambas as partes do intercâmbio se beneficiam, a relação tem orientação positiva. Quando ocorrem perdas e surgem conflitos, a relação tem orientação negativa.

Demandas Cada parte do intercâmbio faz exigências para a outra. A organização expressa sua demanda na forma de meta ou missão, expectativas de trabalho, objetivos de desempenho e *feedback* do desempenho.

O indivíduo também têm necessidades a serem satisfeitas. Essas necessidades formam a base para expectativas ou demandas dos lugares individuais na organização. A necessidade de realização do funcionário e o sentimento de fazer parte são importantes para uma troca saudável e para o grupo organizacional.[43] Essas necessidades podem ser vistas das perspectivas de Maslow, Alderfer, Herzberg ou McClelland. Se os funcionários são bem tratados pela empresa, eles cuidarão dela, mesmo em épocas difíceis.

Contribuições Assim como as partes fazem exigências umas para as outras, cada parte contribui para o relacionamento. Essas contribuições são a base para satisfazer as demandas expressas pela outra parte. Os funcionários satisfazem as demandas organizacionais por meio de variadas contribuições, incluindo habilidades, técnicas, conhecimentos, energia, contatos profissionais e talentos inatos. Conforme vão crescendo e se desenvolvendo, as pessoas se tornam aptas para satisfazer cada vez mais o leque de demandas e expectativas estabelecidas pela organização.

De maneira similar, as organizações contribuem para a relação de troca a fim de satisfazer as necessidades do indivíduo. Essas contribuições incluem salário, benefícios, oportunidades de crescimento, segurança, status e afiliação social. Algumas organizações são mais bem estruturadas em termos de recursos e são mais capazes de satisfazer as necessidades dos funcionários do que outras. Uma das preocupações que aflige tanto os indivíduos quanto as organizações é se a relação é um acordo justo ou equitativo para ambos os lados.

A teoria da desigualdade de Adams

As ideias sobre processo e intercâmbio social defendidas por Etzioni e outros estudiosos estabeleceram um contexto para a compreensão de justiça, equidade e desigualdade nas relações de trabalho. Stacy Adams desenvolveu a noção de que a **desigualdade** no processo de intercâmbio social é um motivador particularmente importante. A teoria da desigualdade de Adams sugere que as pessoas são motivadas quando em situações de desigualdade ou injustiça.[44] A desigualdade ocorre quando uma pessoa recebe mais ou menos do que acredita que merece com base em seu esforço e contribuição. A desigualdade gera tensão, que, por sua vez, motiva a pessoa a agir para eliminar a desigualdade.

Para identificar a desigualdade, o indivíduo considera sua participação (contribuição para o relacionamento) e seu resultado (contribuição da organização para a relação). Então, é calculado um índice de participação/resultado, que se compara de forma generalizada ou com outro específico. A Figura 5.4 mostra dois cenários de desigualdade para uma única situação, uma negativa e uma positiva. A desigualdade negativa em (b) pode ocorrer, por exemplo, se outra pessoa receber um salário mais alto, ao passo que a desigualdade em (c) pode ocorrer se a primeira pessoa tiver mais tempo de férias, em ambos os casos com os demais termos se mantendo iguais. Embora isso não esteja ilustrado no exemplo, participações

desigualdade
Situação na qual uma pessoa percebe que está recebendo menos do que está dando ou dando menos do que está recebendo.

FIGURA 5.4 Modelo de expectativa para motivação

	Indivíduo		Outra comparação
(a) Equidade	$\dfrac{\text{Resultados}}{\text{Entradas}}$	=	$\dfrac{\text{Resultados}}{\text{Entradas}}$
(b) A desigualdade negativa	$\dfrac{\text{Resultados}}{\text{Entradas}}$	<	$\dfrac{\text{Resultados}}{\text{Entradas}}$
(c) A desigualdade positiva	$\dfrac{\text{Resultados}}{\text{Entradas}}$	>	$\dfrac{\text{Resultados}}{\text{Entradas}}$

intangíveis, como o investimento emocional, e resultados intangíveis, como a satisfação no trabalho, podem entrar em uma equação de igualdade.

Em algumas empresas, a desigualdade salarial tem sido uma complicada questão para mulheres. A Eastman Kodak e outras organizações experimentaram um grande progresso na abordagem da questão de igualdade salarial.[45] A globalização também impõe um desafio para igualdade de salários. Com o crescimento internacional das empresas, essas enfrentam problemas para determinar igualdade/desigualdade de salários e benefícios ao longo das fronteiras nacionais.

Adams considera uma situação na qual haja desigualdade em apenas uma variável para que haja o primeiro nível de desigualdade. Um segundo nível de desigualdade mais severo ocorreria, por exemplo, em uma situação em que as contribuições de uma pessoa que enfrenta desigualdade negativa, como na Figura 5.4 (b), são também maiores do que a que está sendo comparada. Desigualdades em um par (contribuições ou resultados) com igualdade no outro (contribuições ou resultados) são encaradas como uma desigualdade menos severa do que desigualdades em ambos, contribuições e resultados. Uma desvantagem da teoria de Adams é que não oferece uma maneira de determinar se algumas contribuições ou resultados são mais importantes que outros.

[Salários iguais para trabalhos iguais]

O tênis é um dos poucos esportes profissionais em que as modalidades masculina e feminina são realizadas ao mesmo tempo e no mesmo local. Hoje as mulheres têm tanto destaque quanto os homens, tanto em relação ao talento quanto em relação à visibilidade na mídia. As irmãs Williams e Roger Federer, por exemplo, são nomes igualmente conhecidos entre os fãs do esporte. O prêmio em dinheiro de três dos torneios do Grand Slam para os campeões em ambas as modalidades são do mesmo valor, mas Wimbledon resistiu a isso até recentemente. O clube All England, que recebe Wimbledon, manteve a disparidade – uma diferença de mais de US$ 50 mil em 2006 –, pois as mulheres tinham mais oportunidades de ganhar os prêmios em dinheiro por causa das cláusulas do torneio. Alguns grupos de defesa, como a Associação de Tênis Feminino, responderam que tais cláusulas foram criadas pelos próprios idealizadores do torneio. Em fevereiro de 2007, no entanto, essa falha foi corrigida e estabeleceu-se um precedente positivo para as mulheres em outros esportes.

Fonte: "Wimbledon blasted for gender pay inequity", MSNBC.com, http://nbcsports.msnbc.com/id/12478017/. Acessado em 3 jul. 2008; L. Clarke. "Wimbledon Relents, Will Award Equal Pay". *The Washington Post* (23 fev. 2007), http://www.washingtonpost.com/wp-dyn/content/article/2007/02/22/AR2007022200271.html. Acessado em 3 jul. 2008.

A resolução da desigualdade

Uma vez que a pessoa estabelece a existência de uma desigualdade, ela pode utilizar algumas estratégias para restabelecer a igualdade. A teoria de Adams apresenta sete estratégias básicas para que isso ocorra: (1) alterar os resultados do indivíduo, (2) alterar as contribuições do indivíduo, (3) alterar os resultados de quem está sendo comparado, (4) alterar as contribuições de quem está sendo comparado, (5) alterar quem está sendo utilizado como comparação, (6) racionalizar a desigualdade e (7) deixar a situação organizacional.

As quatro primeiras estratégias podem envolver táticas variadas. Se um funcionário tem como estratégia aumentar sua renda para US$ 11 mil por ano para restabelecer a igualdade, a tática pode ser uma reunião que envolva o funcionário e seu gerente e trate da igualdade salarial. Outra tática seria a pessoa contatar especialistas em remuneração que trabalham na empresa.

A seleção de uma estratégia e de um conjunto de táticas é uma questão de sensibilidade, com possíveis consequências no longo prazo. Nesse exemplo, uma estratégia destinada a reduzir os resultados do termo em comparação pode ter o efeito desejado de restabelecer igualdade no curto prazo, mas pode reduzir o moral e a produtividade no longo prazo. A teoria da equidade não inclui uma hierarquia que prediz qual estratégia de redução de desigualdade a pessoa vai escolher; trata-se de um lembrete sobre a importância da justiça. Um estudo constatou que trabalhadores que viam decisões relacionadas à remuneração como igualitárias demonstravam maior satisfação no trabalho e comprometimento organizacional.[46]

Novas perspectivas sobre a teoria da equidade

A teoria da equidade foi revisada com base em novas teorias e pesquisas. Uma importante revisão teórica propõe três tipos de indivíduos com base nas preferências por igualdade.[47] Os **sensitivos** preferem igualdade na teoria originalmente formada. Em outras palavras, eles querem que a relação entre sua própria contribuição e o resultado sejam iguais àqueles que estão sendo comparados. A sensibilidade em relação à igualdade contribui significativamente para variação do tempo livre gasto trabalhando.[48] Os **benevolentes** se mantêm confortáveis com um índice de igualdade menor do que seu comparativo.[49]

> **sensitivo**
> Indivíduo que prefere um índice de igualdade igual ao seu comparativo.
>
> **benevolente**
> Indivíduo satisfeito com um índice de igualdade menor do que seu comparativo.

Essas pessoas são consideradas generosas. Os **intitulados** estão satisfeitos com um índice de igualdade maior do que seu comparativo.[50] Essas pessoas são consideradas recebedoras.

A igualdade de pagamento é um importante fator relacionado à motivação, pois a remuneração geralmente é considerada uma expectativa autoimposta de desempenho. No entanto, um estudo aponta que a posição organizacional do indivíduo também influencia nas expectativas autoimpostas de desempenho e pode ser um fator ainda mais importante do que a remuneração.[51] Especificamente, uma pessoa do segundo escalão que cresce dentro de uma organização sem nenhum abono salarial cria uma expectativa autoimposta de desempenho maior do que uma pessoa do primeiro escalão que cresce com um modesto reajuste salarial. Da mesma forma, uma pessoa do segundo escalão que regride sem redução salarial cria uma expectativa autoimposta de desempenho menor do que a de uma pessoa do primeiro escalão na mesma situação que tem uma pequena redução.

A desigualdade e a injustiça organizacional geram comportamento disfuncional.[52] De forma mais séria, injustiça no ambiente de trabalho pode desencadear reações agressivas que prejudicam tanto o indivíduo como a organização. Felizmente, poucos indivíduos respondem a tais injustiças com comportamento disfuncional.[53]

Experiências crescentes, decrescentes e constantes de desigualdade ao longo do tempo podem ter diferentes consequências para as pessoas.[54] A teoria da equidade ajuda as empresas a implementar estruturas salariais de duas camadas como as usadas pela American Airlines no início dos anos 1990. Em um sistema de duas camadas, um grupo de funcionários recebe salários e benefícios diferentes daqueles recebidos por outro grupo de funcionários. Tal sistema pode gerar percepções de desigualdade, principalmente em empresas em que o valor de salário igual para trabalho igual é fortemente mantido. Pesquisas sugerem que sindicatos e gerências podem considerar local de trabalho e status da ocupação (período integral *versus* meio período) como prioridades para implantar o sistema de duas camadas.[55]

> **Injustiças no ambiente de trabalho podem desencadear reações agressivas, que prejudicam tanto o indivíduo quanto a organização.**

intitulado
Indivíduo satisfeito com um índice de igualdade maior do que seu comparativo.

valência
Valor ou importância atribuída a determinada recompensa.

expectativa
Crença de que o esforço leva a um bom desempenho.

instrumentalidade ou fator instrumental
Crença de que o desempenho está relacionado com as recompensas.

RESULTADO DA APRENDIZAGEM 7
Teoria das expectativas

Além de necessidades individuais e intercâmbios sociais, a motivação pode ser explicada em termos da percepção do indivíduo com relação ao processo de desempenho. A teoria das expectativas de Victor Vroom é uma teoria de processo cognitivo baseada em duas noções principais. Primeiro, Vroom assume que as pessoas esperam retribuição por comportamento e desempenho, que podem ser consideradas recompensas ou consequências de comportamento. Segundo, as pessoas acreditam que há uma correlação entre o esforço que dedicaram, o desempenho que alcançaram e os resultados que atingiram. A teoria da expectativa vem sendo utilizada em vários contextos, incluindo em testes de motivação aplicados a estudantes.[56]

As principais ideias da teoria das expectativas são valência (valor) de um resultado, expectativa e instrumentalidade.[57] **Valência** é o valor ou a importância colocada sobre uma determinada recompensa. **Expectativa** é a crença de que o esforço leva a um bom desempenho (por exemplo, "Se eu tentar mais, posso fazer melhor"). **Instrumentalidade** ou **fator instrumental** é a crença de que o desempenho está relacionado com recompensas (por exemplo, "Se eu fizer melhor, vou receber mais"). A Figura 5.5 ilustra as noções de esforço, desempenho e recompensa da teoria das expectativas.

Valência, expectativa e instrumentalidade influenciam na motivação. A relação entre esforço e desempenho varia de pessoa para pessoa e de atividade para atividade. Um indivíduo pode acreditar que o aumento do esforço tem efeito direto e positivo sobre o desempenho. Outro pode pensar um pouco diferente sobre a relação entre esforço e desempenho.

Da mesma forma, as crenças sobre a relação desempenho e recompensa também variam. Da perspectiva da motivação, a crença da pessoa sobre a relação entre essas ideias é que é importante, e não a natureza real da relação.

Administradores podem usar a teoria das expectativas para projetar programas de motivação.[58] Algumas vezes chamados de plano de desempenho e sistemas de avaliação, esses programas têm a intenção de aumentar a crença da pessoa de que o esforço vai melhorar seu desempenho e, consequentemente, sua remuneração. Valência e expectativa são particularmente importantes para estabelecer prioridades para as pessoas que buscam múltiplos objetivos.[59]

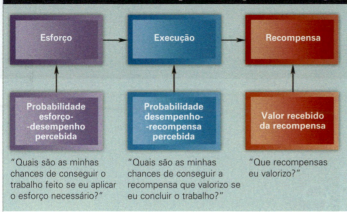

FIGURA 5.5 Modelo de expectativa para motivação

Esforço → Execução → Recompensa

Probabilidade esforço-desempenho percebida
"Quais são as minhas chances de conseguir o trabalho feito se eu aplicar o esforço necessário?"

Probabilidade desempenho-recompensa percebida
"Quais são as minhas chances de conseguir a recompensa que valorizo se eu concluir o trabalho?"

Valor recebido da recompensa
"Que recompensas eu valorizo?"

Valência é a terceira ideia da teoria das expectativas. Pessoas diferentes valorizam diferentes recompensas. Um indivíduo pode preferir salário a benefícios, ao passo que outro pode preferir o contrário.

Problemas motivacionais

A teoria das expectativas atribui problemas motivacionais a três causas básicas. Essas causas incluem descrença na relação entre esforço e desempenho, descrença na relação entre desempenho e recompensas e falta de interesse nas recompensas oferecidas (recompensa e metas pessoais).

Se o problema motivacional derivar da perspectiva de que o esforço não vai melhorar o desempenho, a solução é mudar a perspectiva. É possível mostrar para a pessoa como o aumento do esforço ou a mudança no tipo de esforço dedicado pode se converter em desempenho melhorado.

Se o problema motivacional estiver relacionado com a perspectiva de que o desempenho não vai resultar em recompensa, a solução também é mudar a perspectiva. É possível mostrar para a pessoa como a melhora no desempenho ou uma pequena alteração do desempenho pode se converter em recompensa.

Se o problema motivacional estiver relacionado com o valor atribuído a determinada recompensa, existem duas soluções possíveis: influenciar no valor atribuído à recompensa ou alterar as recompensas.

Resultados de pesquisas sobre a teoria das expectativas têm sido combinados.[60] A teoria prevê satisfação no trabalho de forma precisa, mas sua complexidade torna difícil testar o modelo por completo e as medidas de instrumentalidade, valência e expectativa possuem baixa validade.[61] Além disso, medir as ideias de expectativa consome tempo e os valores para cada ideia mudam para o indivíduo. Por fim, a teoria assume que o indivíduo é racional e age como um computador, calculando probabilidades e valores. Na realidade, a teoria pode ser mais complexa do que a maneira como as pessoas funcionam.

Motivação e maturidade moral

De acordo com a teoria das expectativas, as pessoas trabalham para maximizar seus resultados pessoais. Isso condiz com a ideia de Adam Smith de trabalhar pelo seu próprio interesse. Ambos sugerem que as pessoas trabalham apenas para seu próprio benefício. A teoria das expectativas não explica o comportamento altruísta. Dessa forma, pode ser necessário considerar a maturidade moral de um indivíduo para compreender comportamento altruísta, justo e equitativo. **Maturidade moral** é a medida do desenvolvimento moral cognitivo de uma pessoa, como discutido no Capítulo 4. Pessoas moralmente maduras se comportam com base em princípios éticos universais, ao passo que pessoas moralmente imaturas se comportam com base em motivações egocêntricas.[62]

RESULTADO DA APRENDIZAGEM 8

Diferenças culturais na motivação

A maioria das teorias de motivação em prática hoje em dia foram desenvolvidas por americanos e com base em americanos.[63] Quando pesquisadores examinaram o universo dessas teorias, descobriram diferenças culturais, pelo menos em relação às teorias de Maslow, McClelland e Herzberg. Ao passo que a autorrealização é o ápice da hierarquia das necessidades de Maslow, segurança pode ser a necessidade mais importante para pessoas de outras culturas com grande necessidade de evitar incertezas.[64] Embora as conquistas sejam uma importante necessidade para os americanos, pesquisas apontam para o fato de que outras culturas não valorizam conquistas da mesma forma.

A teoria dos dois fatores também foi testada em outras culturas. Os resultados obtidos na Nova Zelândia não replicam os resultados verificados nos Estados Unidos; relações de chefia e interpessoais foram importantes motivadores na Nova Zelândia, em oposição à importância de fatores higiênicos, como observado nos Estados Unidos.[65] Pesquisadores que examinaram a teoria da equidade em contextos multiculturais apontaram para a reanálise das preferências de equidade, seleção de outros e reações à desigualdade.[66] Por fim, a teoria das expectativas pode ser bem aplicada em culturas que valorizam o individualismo, mas cai por terra em culturas coletivistas, que valorizam esforços cooperativos. Em culturas coletivistas, as recompensas têm forte relação com esforços em grupo e em equipe, e a teoria das expectativas não oferece respaldo suficiente para lidar com tais diferenças.

maturidade moral
Medida do desenvolvimento moral cognitivo de uma pessoa.

CAPÍTULO 5 Motivação no trabalho **87**

CAPÍTULO 6

Gestão de aprendizagem e do desempenho

RESULTADOS DA APRENDIZAGEM

Após a leitura deste capítulo, você estará apto a:
1. Descrever teorias comportamentais da aprendizagem.
2. Descrever teorias cognitivas e sociais da aprendizagem.
3. Explicar como o estabelecimento de metas pode ser útil para o desempenho e a aprendizagem.
4. Definir desempenho e identificar as ferramentas usadas para medi-lo.
5. Explicar a importância do feedback e como ele pode ser apresentado de maneira eficaz.

> **“ Reforços e punições representam consequências positivas e negativas do comportamento. ”**

Peter Dazeley/The Image Bank/Getty Images

6 Identificar maneiras pelas quais os gestores podem recompensar o desempenho.
7 Listar estratégias para corrigir o desempenho fraco.

RESULTADO DA APRENDIZAGEM 1

Modelos comportamentais de aprendizagem nas organizações

Aprendizagem é uma mudança permanente de comportamento operada por meio da experiência. Ela ajuda a guiar e a direcionar o comportamento motivado. A aprendizagem pode começar com uma atividade cognitiva de desenvolvimento de conhecimento sobre um assunto, o que, então, leva à mudança de comportamento. De forma alternativa, a abordagem behaviorista ou comportamental da aprendizagem assume que o comportamento visível é uma função de suas consequências. Behavioristas argumentam que a aprendizagem deriva do condicionamento clássico e operante.

Condicionamento clássico

O **condicionamento clássico** é o processo de modificação de comportamento que ocorre por meio do emparelhamento de um estímulo condicionado com um estímulo não condicionado para obter reações não condicionadas. Sua descoberta se deve ao resultado de experiências com animais (principalmente com cães) feitas pelo fisiólogo russo Ivan Pavlov.[1] O intercâmbio profissional de Pavlov com Walter B. Cannon e com outros pesquisadores americanos durante o início do século XX colocou suas ideias em evidência nos Estados Unidos.[2] O condicionamento clássico constrói uma reação natural de resposta não condicionada a um estímulo não condicionado. Nos cães, isso seria a produção natural de saliva (resposta não condicionada) como reação à apresentação de carne (estímulo não condicionado). Ao apresentar um estímulo condicionado (o tocar de um sino, por exemplo) simultaneamente com o estímulo não condicionado (a carne), o pesquisador fez o cachorro desenvolver uma resposta condicionada (salivação). Após os testes, o cachorro salivou ao som do sino mesmo sem a apresentação de carne.

aprendizagem
Mudança de comportamento adquirida por meio da experiência.

condicionamento clássico
Processo de modificação de comportamento por meio do emparelhamento de um estímulo condicionado com um estímulo incondicionado para obter reações incondicionadas.

89

No caso de seres humanos, o condicionamento clássico funciona de maneira similar.³ Uma pessoa que trabalha em um terminal de computadores pode diminuir a tensão nas costas (resposta não condicionada) causada pela postura errada (estímulo não condicionado). Se a pessoa fica ciente da tensão apenas quando o gerente aparece (estímulo condicionado), ela poderá desenvolver uma resposta condicionada (baixa tensão nas costas) à presença do gerente.

FIGURA 6.1 Estratégias de reforço e punição

	Reforço (Comportamento desejado)	Punição (Comportamento indesejado)
Consequências positivas	Aplicar	Conter
Consequências negativas	Conter	Aplicar

No entanto, a aplicabilidade do condicionamento clássico nas organizações é limitada por três razões. Primeira razão: seres humanos são mais complexos do que cachorros e menos passíveis a simples condicionamentos de causa e efeito. Segunda: os ambientes comportamentais nas organizações são complexos e não muito passíveis a manipulações estímulo-resposta. Terceira: a capacidade humana para tomada de decisões pode prevalecer sobre simples condicionamentos.

Condicionamento operante

O **condicionamento operante** é o processo de modificação de comportamento que segue comportamentos específicos com consequências positivas ou negativas.[4] Essas consequências influenciam no comportamento por meio de três estratégias: reforço, punição e extinção.

Fred Luthans, pioneiro da administração, e colaboradores usaram a modificação do comportamento organizacional (modCO) para moldar o comportamento em várias organizações.[5] A modCO emprega três tipos de consequências: reforço financeiro, reforço não financeiro e reforço social. Uma importante análise da modCO nas organizações constatou que ela tem influência significativa e positiva sobre o desempenho de tarefas tanto nas organizações de produção como nas de serviços, mas que os efeitos eram mais poderosos em organizações de produção.[6] Em um estudo de pagamento por desempenho, funcionários mais produtivos escolheram remuneração com base no desempenho, e não remuneração fixa, quando dada essa opção.[7] No entanto, desconsiderando qual o esquema de pagamento que os funcionários escolheram, todos produziram mais no esquema de remuneração por desempenho.

Teoria do reforço

O reforço acentua o comportamento desejável, ao passo que a punição e a extinção reduzem o comportamento indesejado. A teoria do reforço é essencial para o formato e administração dos sistemas de recompensa organizacional. Sistemas de recompensas bem planejados atraem e retêm funcionários de alto nível. Recompensas estratégicas ajudam a motivar comportamento, ações e realizações, o que conduz a organização para objetivos específicos.[8] As recompensas vão além do aspecto financeiro e incluem treinamento e oportunidades educacionais, possibilidade de adquirir ações e ganhar prêmios de reconhecimento, como viagens.

Reforços e punições representam consequências positivas e negativas do comportamento. As **consequências positivas** são os resultados de comportamentos que o indivíduo acredita serem atrativos ou agradáveis. Tais consequências podem ser aumento de salário, bônus, promoção, transferência para uma localização geográfica de maior interesse ou elogio por parte da chefia. As **consequências negativas** são os resultados de comportamentos que o indivíduo acredita serem desinteressantes ou aversivos. Tais consequências podem incluir ações disciplinares, transferência indesejada, rebaixamento ou duras críticas por parte da chefia. Quem experimenta as consequências as define como positivas ou negativas. Assim, a individualidade, o gênero e as diferenças culturais podem ser importantes nas classificações.

Seguir um comportamento específico com uma consequência positiva ou negativa pode tanto reforçar

---

condicionamento operante
Modificação de comportamento pelo uso de consequências positivas ou negativas que seguem comportamentos específicos.

consequências positivas
Resultados de um comportamento que o indivíduo acredita serem atrativos ou agradáveis.

consequências negativas
Resultados de um comportamento que o indivíduo acredita serem desinteressantes ou aversivos.

como punir tal comportamento.[9] De acordo com a lei de efeito de Thorndike, os comportamentos seguidos por consequências positivas são menos propensos a ocorrer.[10] A Figura 6.1 mostra como consequências positivas e negativas podem ser aplicadas ou negadas nas estratégias de reforço e punição.

Reforço O reforço é uma estratégia para cultivar comportamentos desejáveis, aplicando consequências positivas ou evitando as consequências negativas. Os reforços positivos ocorrem quando uma consequência positiva (como um bônus) segue um comportamento desejável (como um ano de negócios bem-sucedido). A Marriott International oferece reforços positivos ao homenagear entre 10 e 20 funcionários por ano com o Prêmio de Excelência J. Willard Marriott. Cada ganhador recebe uma medalha marcada com as palavras que expressam os valores da companhia: dedicação, realização, caráter, ideais, esforço e perseverança.

Os reforços negativos ocorrem quando gestores retêm uma consequência negativa depois que um funcionário demonstra comportamento desejável. Um gerente que reduz o salário de um funcionário (consequência negativa) que chega atrasado (comportamento indesejado) abstém-se de fazer o mesmo quando o funcionário chega no horário (comportamento desejável). O funcionário evita a consequência negativa (como a redução salarial) exibindo o comportamento desejável (chegar no horário certo para trabalhar).

Ao desenvolver sistemas de recompensas, os gestores consideram não apenas

> "Ao desenvolver sistemas de recompensas, os gestores consideram não apenas o tipo de reforço, mas também a frequência com a qual devem aplicá-lo.

reforço
Estratégia para cultivar comportamentos desejáveis aplicando consequências positivas ou evitando consequências negativas.

TABELA 6.1 Programas de reforço

PROGRAMA	DESCRIÇÃO	EFEITOS SOBRE RESPOSTAS
Contínuo	Reforçador segue todas as respostas.	1. Nível de desempenho alto e constante enquanto o reforço segue todas as respostas. 2. Alta frequência de reforço pode levar à saciedade precoce. 3. Comportamento enfraquece rapidamente (sofre extinção), quando os reforços são retidos. 4. Apropriado para respostas recém-emitidas, instáveis e de baixa frequência.
Intermitente	Reforçador não segue todas as respostas.	1. Capaz de produzir alta frequência de respostas. 2. Baixa frequência de reforço evita saciedade precoce. 3. Apropriado para respostas estáveis ou de alta frequência.
Proporção fixa	Número fixo de respostas deve ser emitido antes da ocorrência de reforços.	1. Uma proporção fixa de 1:1 (reforço ocorre após todas as respostas) equivale a uma programação contínua. 2. Tende a produzir uma alta taxa de resposta forte e estável.
Proporção variável	Número variável ou aleatório de respostas deve ser emitido antes da ocorrência de reforços.	Capaz de produzir uma alta taxa de resposta forte, estável e resistente à extinção.
Intervalo fixo	A primeira resposta depois que um período de tempo específico é reforçado.	Produz um padrão de resposta irregular variando entre uma reação muito baixa e inexpressiva seguido imediatamente de um reforço até uma resposta muito rápida e vigorosa precedendo imediatamente o reforço.
Intervalo variável	A primeira resposta depois que períodos variáveis ou aleatórios são reforçados.	Tende a produzir uma alta taxa de resposta vigorosa, estável e resistente à extinção.

Fonte: Tabela da *Organizational Behavior Modification*, elaborada por Fred Luthans e Robert Kreitner. Copyright © 1985, p. 58, por Scott Foresman and Company and the authors. Reimpressão autorizada.

o tipo de reforço, mas também a frequência com a qual devem aplicá-lo. Os gestores podem adotar programas de reforços contínuos ou intermitentes. A Tabela 6.1 descreve ambos.

Punição A punição é uma estratégia para desencorajar comportamentos indesejáveis. Uma maneira de punir determinada pessoa é atribuir para cada comportamento indesejado uma consequência negativa. Um atleta profissional que ofende o juiz (comportamento indesejado) pode ser expulso do jogo (consequência negativa). Outra maneira de punir é negar uma consequência positiva após o comportamento indesejável. Um vendedor que não demonstra entusiasmo em seu discurso (comportamento indesejável) não recebe comissões muito altas (consequência positiva).

Em alguns casos, as punições geram resultados inesperados. Como a punição é algo desconfortável, pode trazer à tona consequências psicológicas, emocionais, de desempenho ou comportamentais negativas (como desvio de conduta), especialmente quando aplicadas com frequência. Alguns gestores, no intuito de gerar mais esforço, ameaçam punir para assustar os trabalhadores.[11] A punição real em excesso pode desencadear respostas negativas generalizadas e diminuir a motivação no trabalho.

Extinção Uma alternativa para punir o comportamento indesejável é a **extinção** – estratégia que enfraquece determinado comportamento não atribuindo a ele nenhuma consequência (positiva ou negativa). A extinção exige tempo e paciência, mas a falta de consequências, em alguns casos, enfraquece um comportamento.

A extinção pode ser mais eficaz quando usada em conjunto com o reforço positivo para comportamentos desejáveis. Cumprimentar um colega sarcástico por um comentário construtivo (reforçando o comportamento desejável) e ignorar os comentários sarcásticos (eliminando o comportamento indesejável) pode se mostrar duplamente efetivo.

No entanto, a extinção nem sempre é a melhor estratégia. Em casos de comportamento perigoso ou muito indesejável, a punição pode surtir um efeito mais rápido.

RESULTADO DA APRENDIZAGEM 2

Teorias sociais e cognitivas da aprendizagem

A teoria behaviorista não é o único modelo de aprendizagem. A teoria da aprendizagem social de Albert Bandura oferece uma alternativa complementar para as abordagens behavioristas de Pavlov e Skinner.[12]

Teoria da aprendizagem social de Bandura

Albert Bandura afirma que a aprendizagem ocorre quando observamos as outras pessoas e tomamos como modelo seus comportamentos. Como os funcionários buscam na figura do chefe normas de comportamentos aceitáveis, são propensos a padronizar suas próprias ações de acordo com as de seus superiores.

O aspecto central da teoria da aprendizagem social de Bandura é a noção de **autoeficácia em uma tarefa específica**, a expectativa interna do indivíduo de executar determinada tarefa com eficiência. Indivíduos com graus elevados de autoeficácia acreditam que possuem a habilidade de realizar certas tarefas. A autoeficácia é maior em contextos de aprendizagem do que em contextos de desempenho, especialmente no caso de indivíduos com grande orientação à aprendizagem.[13] Em uma tarefa específica, há quatro fontes de autoeficácia: experiências anteriores, modelos de comportamento (presenciar o sucesso dos outros),

---

punição
Estratégia para desestimular comportamentos indesejáveis favorecendo consequências negativas ou evitando consequências positivas.

extinção
Estratégia para enfraquecer um comportamento não atribuindo consequências a ele.

autoeficácia em uma tarefa específica
Expectativa interna de um indivíduo para executar determinada tarefa de forma eficaz.

" A punição é uma lição rápida e clara.

persuasão por parte de outras pessoas e avaliação das atuais capacidades físicas e mentais.[14] Evidências sugerem que a autoeficácia conduz ao alto desempenho em tarefas físicas e mentais.[15] Os sucessos anteriores também podem melhorar a autoeficácia. Mulheres que treinaram autodefesa física aumentaram a autoeficácia na autodefesa e em novas tarefas.[16]

Para expandir seu trabalho original sobre administração comportamental e modCO em um quadro abrangente para a gestão de desempenho, Alexander Stajkovic e Fred Luthans recorreram às ideias de autoeficácia e aprendizagem social de Bandura.[17] Este estudioso percebeu a força do reforço social, reconhecendo que recompensas financeiras e materiais seguem a aprovação alheia ou coincidem com ela, ao passo que as punições, em geral, seguem a desaprovação social. Assim, autoeficácia e reforço social influenciam nos comportamentos e no desempenho no trabalho. De acordo com Stajkovic e Luthans, os gestores podem ter certeza de que funcionários com elevado grau de autoeficácia trabalharão bem.

Os gestores podem dar autonomia aos funcionários e ajudá-los a desenvolver a autoeficácia, oferecendo-lhes desafios profissionais, treinamento e aconselhamento para melhora de desempenho e recompensas por conquistas. Dada a crescente diversidade de mão de obra, é possível que os gestores foquem seus esforços em profissionais do sexo feminino e em minorias, que tendem a ter autoeficácia mais baixa que a média.[18]

Teorias cognitivas da aprendizagem

A abordagem cognitiva da aprendizagem baseia-se na escola de pensamento *gestalt* e na teoria das diferentes personalidades de Jung, discutida no Capítulo 3. Lembre-se da diferença entre introvertidos (que precisam estudar, se concentrar e refletir) e extrovertidos (que precisam interagir com outras pessoas). Introvertidos aprendem melhor sozinhos; extrovertidos aprendem melhor trocando ideias com os outros.

Todas as funções da personalidade, como intuição, sensação, pensamento e sentimento, têm implicações de aprendizagem, as quais estão listadas na Tabela 6.2. Cada indivíduo tem um jeito preferido de reunir informações e um modo favorito de avaliar e tomar decisões sobre determinada informação. Um pensador intuitivo pode querer passar os olhos em relatórios de pesquisas sobre programas de implementação de qualidade total e, então, com base na intuição, decidir como aplicar os dados da pesquisa na organização. Uma pessoa mais sensitiva pode preferir assistir a vídeos e entrevistas com pessoas em empresas que implementaram esses programas e, então, identificar, na organização, pessoas mais abertas às abordagens apresentadas.

TABELA 6.2 Funções da personalidade e da aprendizagem

PREFERÊNCIA DE PERSONALIDADE	IMPLICAÇÕES DA APRENDIZAGEM POR INDIVÍDUOS
Coleta de informações	
Intuitivos	Preferem quadros teóricos. Buscam significado material. Tendem a compreender o esquema global. Procuram possibilidades e inter-relações.
Sensores	Preferem dados empíricos e específicos. Procuram aplicações práticas. Tentam dominar os detalhes de um assunto. Buscam dados realistas e factíveis.
Tomada de decisões	
Pensadores	Preferem analisar dados e informações. Trabalham para ser justos e imparciais. Buscam conclusões justas e lógicas. Não gostam de estar pessoalmente envolvidos.
Perceptores	Preferem envolvimento interpessoal. Trabalham para ser compassivos e harmoniosos. Buscam resultados subjetivos e compassivos. Não gostam de análise objetiva e factual.

Fonte: O. Kroeger e J. M. Thuesen. *Type Talk: The 16 Personality Types That Determine How We Live, Love, and Work* (Nova York: Dell Publishing Co., 1989).

RESULTADO DA APRENDIZAGEM 3

Estabelecendo metas no trabalho

Estabelecer metas é o processo de definir os resultados desejados que guiam e direcionam o comportamento. A teoria do estabelecimento de metas tem por base estudos de laboratório, experimentos de pesquisas de campo e investigações comparativas feitas por Edwin Locke, Gary Latham, John M. Ivancevich, entre outros.[19] As metas cristalizam o senso de propósito e de missão que leva ao sucesso.

Características das metas efetivas

As organizações definem as características das metas efetivas de maneira dife-

> **estabelecimento de metas**
> Processo de definir os resultados desejados que direcionam o comportamento.

rente. Sanger-Harris, uma antiga empresa varejista, utilizava metas Smart. Smart é uma sigla em inglês que significa *S*pecific, *M*easurable, *A*ttainable, *R*ealistic, e *T*ime-bound, ou seja, metas específicas, mensuráveis, alcançáveis, relevantes e de tempo definido.

Metas específicas e desafiadoras focam exatamente o que será alcançado e levam ao máximo de desempenho. Os indivíduos que estabelecem metas específicas e desafiadoras superam de maneira consistente aqueles cujas metas são fáceis o não especificadas, como mostra a Figura 6.2. Os pensamentos subconscientes também possuem efeito positivo. Dois estudos sobre motivação inconsciente constaram que metas enraizadas, mas não expressas de maneira explícita, melhoravam o desempenho de tarefa para metas difíceis e conscientes, mas não para metas fáceis.[20]

Metas quantitativas e mensuráveis oferecem oportunidades para *feedback* sobre o progresso no alcance do objetivo. Metas qualitativas também são valiosas. A Western Company of North America (agora parte da BJ Services Company) permite que aproximadamente 15% das metas de um gerente sejam de natureza qualitativa.[21] Um exemplo de meta qualitativa é a melhora das relações com o cliente. Para medir o progresso, essa meta qualitativa pode ser quantificada utilizando-se determinados parâmetros, como o número de reclamações ou a frequência delas.

Metas com tempo definido melhoram a mensurabilidade. Muitas organizações trabalham com ciclos de tempo padronizados, como anos ou trimestres. Se houver incerteza em relação ao período disponível para alcançar a meta, o limite de tempo deve ser explicitamente definido.

A priorização de metas permite a alocação eficiente de recursos. Como tempo, energia e outros recursos se tornam disponíveis, uma pessoa pode trabalhar em sua lista de metas por ordem de importância.[22] Prioridades ajudam a direcionar os esforços e o comportamento do indivíduo.

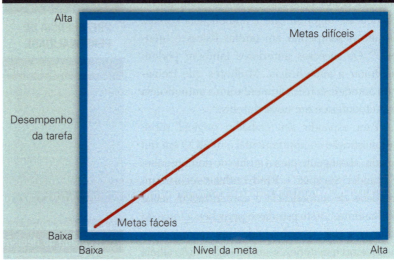

FIGURA 6.2 Nível de meta e desempenho de tarefa

O estabelecimento de metas pode levar a três resultados. Primeiro, aumenta a motivação no trabalho e a realização de tarefas.[23] Segundo, reduz o estresse causado por expectativas conflitantes ou confusas.[24] Terceiro, aumenta a precisão e a validade da avaliação de desempenho.[25]

As metas aumentam a motivação e o desempenho

Em geral, as metas aumentam a motivação e os esforços do funcionário, o que leva à melhora do desempenho.

[Estabelecimento de metas agressivo]

A Hyundai Motor Company (HMC) foi fundada em 1967 para produzir carros com design americano para serem comercializados na Coreia. A partir daí, o crescimento da HMC tem sido notável. Embora tenha sido fundada sem nenhum apoio das indústrias de um país que desconhecia a montagem automotiva, em 30 anos, a HMC se tornou umas das principais montadoras e principal concorrente de empresas como Toyota, General Motors e Ford. Durante o primeiro semestre de 2009, a Hyundai foi considerada a quarta maior montadora do mundo. A empresa reagiu aos fracassos iniciais ao estabelecer metas de forma agressiva, empregando o estresse das crises como catalisador para coesão e flexibilidade organizacional. A HMC estabeleceu rígidos prazos para suas cinco principais instalações, *benchmarks* de qualidade rigorosos para seus veículos e alvos de produção exigentes para sua mão de obra. A empresa obteve êxito aprendendo com os erros, localizando a produção, decodificando experiência e colocando o pessoal experiente em posições estratégicas. Aprender com a experiência tornou-se mecanismo essencial para o estabelecimento de metas agressivo adotado pela Hyundai e, consequentemente, para seu incrível sucesso.

Fonte: B. Friel, "If at First You Don't Succeed: Globalized Production and Organizational Learning at the Hyundai Motor Company", *Asia Pacific Business Review* (abr. 2009), 15(2): 163-180, http://www.autoblog.com/2009/08/18/hyundai-kia-overtakes-ford-as-worlds-4th-largest-automaker/.

> **Se houver incerteza em relação ao período disponível para alcançar a meta, o limite de tempo deve ser explicitamente definido.**

Quanto maior a meta, melhor o desempenho. As pessoas trabalham mais para alcançar metas mais difíceis. A Figura 6.2 ilustra essa relação positiva.

Gestores que definem metas devem garantir a participação do funcionário, o comprometimento de supervisão e o *feedback* de desempenho. A participação encoraja funcionários a aceitarem e a se comprometerem com as metas, dois pré-requisitos para que elas sejam alcançadas. A participação do funcionário é especialmente importante no caso de metas mais difíceis.[26] Mesmo quando uma meta mais difícil é estabelecida, a aceitação e o comprometimento são considerados pré-requisitos essenciais para sua realização.

A supervisão do comprometimento com a meta reflete o comprometimento de uma organização com a definição da meta. O comprometimento organizacional é um pré-requisito para programas de estabelecimento de metas bem-sucedidos, como a gestão por objetivos, em inglês Management by Objectives (MBO), que será discutida com mais detalhes nas páginas seguintes.[27] A organização se compromete com o programa e as chefias e os funcionários se comprometem com suas metas de trabalho específicas.

A chefia oferece aos funcionários o *feedback* temporário sobre seu progresso com relação às metas. O *feedback* de desempenho tem maior utilidade para objetivos específicos, e objetivos específicos melhoram o desempenho quando são fornecidos *feedbacks* temporários.[28] Se abordado corretamente, um *feedback* negativo pode melhorar o desempenho.[29] Imagine que um vendedor de seguros tem como meta de vendas atingir US$ 500 mil em seis meses, mas vendeu apenas US$ 200 mil após três meses. Durante uma seção de *feedback* temporário, o supervisor ajuda o vendedor a identificar o problema – o vendedor não está focando as ligações nos prospectos mais prováveis – e coloca-o de volta no rumo certo para atingir o objetivo. O *feedback* é mais eficiente quando é útil e oportuno.

As metas reduzem estresse de papéis, conflitos e ambiguidades

O estabelecimento de metas também reduz o estresse de papéis associado com expectativas confusas e conflitantes, pois esclarece a tarefa-expectativa para os funcionários. Chefias, colegas de trabalho e funcionários fornecem informações relacionadas com a tarefa. Uma avaliação de 14 meses constatou que o estabelecimento de metas reduziu conflitos, confusões e absenteísmo.[30]

Como o estabelecimento de metas torna mais claro os papéis, geralmente melhora a comunicação entre gestores e funcionários.[31] É por isso que a FedEx incentiva gerentes a incluírem alvos relacionados à comunicação em seu processo anual de definição de metas MBO.[32]

As metas melhoram a avaliação do desempenho

A terceira função do estabelecimento de metas é melhorar a precisão e a validade da avaliação de desempenho. Um dos melhores métodos para isso é a **gestão por objetivos (MBO)** – programa de estabelecimento de metas com base na interação e negociação entre funcionários e gerentes.

De acordo com Peter Drucker, que desenvolveu o conceito de MBO há mais de 50 anos, o processo de definição de objetivos começa com o funcionário escrevendo uma "carta" para o gerente. A carta explica a compreensão geral do funcionário sobre o escopo do trabalho do gerente, bem como sobre o escopo de seu próprio trabalho. O funcionário estabelece um conjunto de objetivos específicos a serem cumpridos durante os próximos 6-12 meses e, após discussões e negociações, gerente e funcionário finalizam os itens com um plano de desempenho.

Drucker considera a MBO um processo participativo e interativo. Isso não significa que o estabelecimento de metas começa pela parte de baixo da organização. Significa que é aplicável a todos

---

gestão por objetivos (MBO)
Programa de estabelecimento de metas com base na interação e negociação entre funcionários e gerentes.

os funcionários; mesmo membros do baixo escalão organizacional e os profissionais especializados influenciam no processo.[33] A maioria dos programas de estabelecimento de metas é desenvolvida para melhorar o desempenho, especialmente quando incentivos são associados com conquista de objetivo.[34]

Os principais ingredientes dos programas de estabelecimento de metas são planejamento e avaliação. O componente planejamento consiste em fixar metas organizacionais e individuais, dois processos essenciais e interdependentes.[35]

No planejamento, indivíduos e departamento geralmente desenvolvem planos táticos e operacionais para apoiar os objetivos corporativos. A ideia é formular um conjunto de objetivos claro, consistente, mensurável e ordenado para articular *o que* fazer. O planejamento de apoio operacional determina *como* fazer. O conceito de intenção engloba tanto o objetivo (*o que*) quanto os caminhos que levam a sua realização (*como*).[36]

O componente de avaliação consiste nas revisões temporárias conduzidas pelos gerentes e funcionários e na avaliação formal de desempenho. As revisões temporárias são desenvolvidas para ajudar funcionários a agir de maneira autocorretiva. A avaliação formal de desempenho ocorre no fechamento de um período de relatórios, normalmente uma vez por ano. Revisões efetivas de desempenho devem ser traçadas especificamente para o negócio, ser o reflexo do que acontece internamente e ser facilmente adaptável a mudanças.[37]

Em razão do fato de programas de estabelecimento de metas serem um tanto mecânicos por natureza, têm mais utilidade e implantação mais adequada em configurações industriais estáveis e previsíveis. Eles são menos úteis em organizações pequenas e imprevisíveis. Diferenças culturais, individuais e de gênero não parecem ameaçar o sucesso desses programas, tornando-os ferramentas úteis para uma mão de obra grande e diversificada.[38]

> A organização se compromete com o programa, e os supervisores e funcionários se comprometem com suas metas de trabalho.

SETE ITENS DA GESTÃO DE TALENTOS DA GE

>>

A reputação da General Electric no que diz respeito à gestão de talentos é resultado das ações de um homem, William J. Conaty, aposentado desde 2007, após 13 anos como diretor de recursos humanos da GE. De acordo com Conaty, sete itens direcionavam o treinamento de líderes para que atingissem o alto desempenho.

1. Ousar para diferenciar o melhor do resto; isso era feito por meio do constante julgamento, classificação, recompensa e punição de funcionários com base em seu desempenho.
2. Elevar o nível frequentemente para melhorar o desempenho, tanto do grupo como o próprio.
3. Não se tornar amigo do chefe, mas desenvolver relações com todos, de modo a estabelecer sua própria confiabilidade e integridade.
4. Facilitar a substituição por meio do planejamento de sucessão, especialmente quando não se precisa dele, e da orientação da geração seguinte.
5. Ser inclusivo e não favorecer pessoas que você conhece. Isso pode atrapalhar seu sucesso.
6. Permitir que os outros realizem seus respectivos trabalhos; assumir as tarefas do chefe que são melhor realizadas por você ou por outras pessoas.
7. Manter a simplicidade sem deixar de ser franco e consistente. A maioria das organizações requer comunicação simples, focada e disciplinada.

Fonte: D. Brady. "Secrets of an HR Superstar", *Business Week* 4029 (9 abr. 2007): 66.

RESULTADO DA APRENDIZAGEM 4

Desempenho: uma ideia-chave

Desempenho é mais comumente denominado *realização da tarefa*; o termo *tarefa* vem da concepção de Frederick W. Taylor sobre a atividade exigida do trabalhador.[39] Por meio de algumas das primeiras pesquisas sobre administração constatou-se que os padrões de desempenho e as diferenças de remuneração inspiravam altos níveis de desempenho; outras pesquisas indicaram que o estresse levou o desempenho para um ponto excelente.[40] Assim, tanto os resultados quanto os esforços são importantes para o bom desempenho.

Por mais de um século, prever o desempenho tem sido foco de preocupação. Teorias da época da Primeira Guerra Mundial destacaram a inteligência e habilidade mental geral (GMA). Pesquisas indicaram que a GMA é altamente preditiva em relação ao conhecimento acerca do trabalho tanto em serviços civis como em militares.[41] No entanto, antes de prever o desempenho, é preciso defini-lo.

Gestão do desempenho

A **gestão do desempenho** é um processo que envolve definir, mensurar, avaliar, apresentar *feedback* e melhorar o desempenho.[42] Definir o desempenho em termos comportamentais é o primeiro passo e é essencial no processo. Uma vez definido, o desempenho pode ser medido e avaliado para que trabalhadores possam receber *feedback* e gerentes consigam estabelecer metas para melhorar o desempenho. Comportamentos de desempenho positivo devem ser recompensados e comportamentos de desempenho fraco devem ser corrigidos.

Definindo o desempenho

Os gestores devem definir o desempenho de forma clara, para que seus funcionários executem o trabalho de forma satisfatória. Grande parte do desempenho relacionado ao trabalho é multidimensional. O desempenho de um executivo de vendas exige habilidades interpessoais, financeiras e administrativas. Conhecer as técnicas e os comportamentos necessários para ser bem-sucedido em determinada posição é pré-requisito para mensurar e avaliar o desempenho.

Embora diferentes trabalhos exijam diferentes habilidades e comportamentos, o comportamento de cidadania organizacional (CCO) atinge diversos tipos de trabalho. Lembre que afirmamos no Capítulo 4 que o CCO está acima e além do sentido de dever. Os programas de engajamento do funcionário melhoram o CCO, pois engaja os trabalhadores no ambiente organizacional.[43]

O CCO enfatiza o desempenho coletivo em detrimento do desempenho individual. Essa é apenas uma dimensão das muitas dimensões a serem consideradas na definição dos requisitos de um trabalho específico.

A **avaliação de desempenho** serve para avaliar o desempenho de uma pessoa. Avaliações precisas ajudam as chefias a completarem seu duplo papel de avaliadores e *Coaches*. Como esse último citado, a chefia incentiva o crescimento e o desenvolvimento. Como o anterior, faz julgamentos sobre os papéis dos funcionários na organização. Ter em mente a posição do funcionário na empresa dá maior significado contextual ao processo de avaliação.[44]

A avaliação de desempenho oferece aos funcionários *feedback* sobre desempenho, identifica as necessidades a serem satisfeitas e influencia em promoções, rebaixamentos, rescisões e nas decisões de seleção e de recolocação.

Mensurando o desempenho

Idealmente, o desempenho real corresponde ao desempenho mensurado. Na realidade, é raro isso ocorrer. Uma vez que o desempenho operacional gera mais dados quantificáveis, é mais fácil de ser mensurado do que o desempenho gerencial. Pesquisas recentes que medem a motivação para desempenho de tarefa constataram que texto e contexto podem influenciar na validade dos autorrelatos.[45]

Os sistemas de avaliação de desempenho devem melhorar a precisão do desempenho mensurado e aumentar sua paridade com o desempenho real. A extensão desse acordo é chamada de *avaliação verdadeira*, como mostra a Figura 6.3. Problemas de medição de desempenho, como deficiência, insegurança e invalidade, contribuem para a imprecisão. A deficiência ocorre quando importantes aspectos do desempenho real de uma pessoa são negligenciados. A insegurança é o resultado de medidas de desempenho de baixa qualidade. Já a invalidade é derivada da definição imprecisa do desempenho esperado.

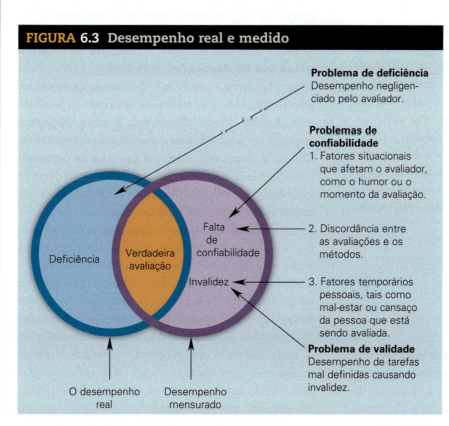

FIGURA 6.3 Desempenho real e medido

Problema de deficiência
Desempenho negligenciado pelo avaliador.

Problemas de confiabilidade
1. Fatores situacionais que afetam o avaliador, como o humor ou o momento da avaliação.
2. Discordância entre as avaliações e os métodos.
3. Fatores temporários pessoais, tais como mal-estar ou cansaço da pessoa que está sendo avaliada.

Problema de validade
Desempenho de tarefas mal definidas causando invalidez.

O desempenho real — Desempenho mensurado — Deficiência — Verdadeira avaliação — Falta de confiabilidade — Invalidez

gestão do desempenho
Processo de definir, mensurar, avaliar, oferecer *feedback* e melhorar o desempenho.

avaliação de desempenho
Avaliação do desempenho de uma pessoa.

A Tabela 6.3, uma amostra da eficiência de uma companhia de infantaria do século XIX, demonstra o viés das primeiras avaliações de desempenho. Mesmo as avaliações contemporâneas possuem um lado negro que desperta as defesas de gestores e executivos. Direcionar emoções e defesas é importante para a eficácia das seções de avaliação.[46] Alguns sistemas de revisão de desempenho levam a classificações forçadas de funcionários, o que pode ser controverso e improdutivo.

Muitos sistemas de monitoramento de desempenho usam a moderna tecnologia eletrônica para mensurar o desempenho de operadores de veículos, técnicos de computadores e representantes de serviços. Tais sistemas podem registrar a taxa ou o número total de teclas para um técnico de computadores.

Em alguns casos, o funcionário não sabe que seu desempenho está sendo medido. Em que constitui o monitoramento eletrônico inapropriado? A ética de monitoramento de desempenho varia de acordo com a cultura. Empresas dos Estados Unidos e da Suécia geralmente respeitam políticas individuais mais do que empresas de países como China e Japão.

O estabelecimento de metas e a MBO são métodos de avaliação de desempenho orientados por resultados que não dependem, necessariamente, da tecnologia moderna. Assim como sistemas de monitoramento de desempenho, esses métodos focam resultados observáveis e verificáveis, em vez de focar dimensões subjetivas de desempenho. Metas estabelecidas durante o planejamento servem de padrão para medir o desempenho subsequente. Entretanto, gestores que aderem rigidamente a abordagens orientadas por resultados correm o risco de não perceber oportunidades relacionadas ao desempenho.

TABELA 6.3 Relatórios de eficiência policial, circa 1813

Tenente-coronel Alexander Brown – homem de boa índole.
Primeiro-major Clark Crowell – bom homem, mas não bom oficial.
Segundo-major Jess B. Wordsworth – excelente oficial.
Capitão Shaw – um homem de quem todos falam mal. Patife desprezado por todos.
Capitão Thomas Lord – indiferente, mas promete bem.
Capitão Rockwell – oficial com potencial, mas imprudente e homem de paixões violentas.
Primeiro-tenente Jas. Kearns – razoavelmente bom, nada de mais.
Primeiro-tenente Robert Cross – disposto – tem muito o que aprender –, com pouca capacidade.
Segundo-tenente Stewart Berry – um ignorante que não ofende os colegas.
Ensign North – bom rapaz, trabalha bem.

Fonte: Tabela da The Air Officer's Guide, 6. ed. Copyright © 1952 Stackpole Books. Uso autorizado.

RESULTADO DA APRENDIZAGEM 5

Feedback de desempenho

Seções de *feedback* geram desconforto para supervisores e funcionários. Pesquisas realizadas na General Electric constataram que funcionários respondem de forma construtiva a *feedbacks* positivos e de forma defensiva a *feedbacks* críticos ou negativos. Eles transferiam a responsabilidade por determinado problema, negavam o problema abertamente ou apresentavam várias desculpas.[47] Em um estudo de 499 pares de chefia-subordinado chineses, as chefias responderam de forma positiva aos funcionários que buscavam *feedback* caso seus motivos fossem melhora ou aperfeiçoamento de desempenho.[48] No entanto, se o motivo do funcionário fosse impressionar a gerência, as chefias respondiam de forma menos positiva.

Tanto chefias como funcionários devem tentar fazer dos *feedbacks* de desempenho uma experiência de aprendizagem construtiva, uma vez que os *feedbacks* acarretam implicações no longo prazo tanto para o desempenho do funcionário como para suas relações de trabalho. A American Airlines segue três diretrizes para fornecer *feedback* avaliativo.[49] Primeiro, supervisores se baseiam em declarações específicas na íntegra e em comportamentos específicos e observáveis apresentados pelo funcionário. Isso melhora a aceitação do *feedback* e, ao mesmo tempo, desencoraja possíveis negações. Segundo, o *feedback* foca comportamentos mutáveis, não em atributos intrínsecos ou baseados na personalidade. Terceiro, a seção é planejada com antecedência e a pessoa que receberá o *feedback* é notificada, para que ambas as partes possam estar preparadas.

As chefias devem começar as seções de treinamento e aconselhamento com algo positivo. Uma vez que a seção está sob controle e a harmonia, estabelecida, o avaliador pode apresentar algum material mais negativo ou contundente. Ninguém é perfeito, por isso todos podem aprender e crescer mediante as informações apresentadas. O *feedback* crítico é fundamental para o aprimoramento. Os *feedbacks* específicos podem melhorar o desempenho inicial, mas enfraquecer o processo de aprendizagem em relação a desempenhos futuros, mais independentes.[50]

Feedback 360 graus

Muitas organizações utilizam o *feedback 360 graus*, com base em múltiplas fontes de informação, para melhorar a precisão das avaliações de desempenho. Evidências sugerem que incluir autoavaliações nesse processo torna as entrevistas de avaliação mais satisfatórias, mais construtivas e menos defensivas.[51] Algumas pessoas não gostam do conflito muitas vezes observado entre as autoavaliações e as avaliações dos superiores.[52] No entanto, essas disparidades são parte da visão geral do desempenho do indivíduo. O método *feedback* 360 graus oferece panorama do desempenho de superiores, colegas, subordinados e clientes.[53]

Como ilustração dos benefícios da avaliação feita por *feedback* 360 graus, considere um executivo civil do médio escalão que trabalha em uma grande organização militar. Ele é positivo, complacente e respeitoso para com os superiores, mas indiferente em relação aos colegas. Com subordinados, ele é rígido e exigente, de modo a evitar abusos. Sem cada uma dessas perspectivas, o desempenho do executivo não teria sido precisamente avaliado.

Acrescentar um componente de *coaching* sistemático pode melhorar o *feedback* 360 graus.[54] Focando o autoconhecimento e a administração comportamental, o *coaching-feedback* melhora o desempenho, a satisfação, o comprometimento e reduz a intenção de giro dos funcionários.

Separar o componente do *feedback* de desempenho do componente do desenvolvimento gerencial também melhora o método 360 graus.[55] O componente *feedback* contém *feedbacks* quantitativos e medidas de desempenho, ao passo que o componente do desenvolvimento gerencial enfatiza o *feedback* qualitativo e as competências para desenvolvimento.

> "Bons sistemas de avaliação de desempenho desenvolvem pessoas e melhoram carreiras.

Desenvolvendo pessoas e melhorando carreiras

Bons sistemas de avaliação de desempenho desenvolvem pessoas e melhoram carreiras. Os sistemas devem explorar necessidades de crescimento individual e desempenho futuro. A chefia deve estabelecer confiança mútua para preparar e desenvolver funcionários de forma bem-sucedida. É preciso estar vulnerável e aberto para desafios apresentados pelo subordinado e, ao mesmo tempo, manter a responsabilidade pelos interesses dele.[56] Os bons chefes são ouvintes capacitados e empáticos, que incentivam os funcionários a discutirem suas aspirações.[57]

Os funcionários também devem ter responsabilidade ativa em relação ao desenvolvimento e ao crescimento futuro. Isso pode significar desafiar as ideias da chefia com relação ao desenvolvimento futuro e expressar seus próprios objetivos. Funcionários passivos e complacentes não conseguem assumir responsabilidades sozinhos ou conquistar pleno desenvolvimento emocional. A responsabilidade individual é uma característica-chave da cultura da fabricante de aço Gerdau Ameristeel. A brincadeira da empresa é que a companhia é gerida de forma "adúltera" (trocadilho intencional). A Gerdau Ameristeel trata as pessoas com adultas e espera em troca o mesmo comportamento.

Feedback 360 graus
Processo de autoavaliação e de avaliações feitas por um gerente, por colegas de trabalho, relatórios diretos e até mesmo clientes.

CAPÍTULO 6 Gestão de aprendizagem e do desempenho

Características essenciais de um sistema de avaliação eficaz

Os sistemas eficazes de avaliação de desempenho possuem cinco características-chave: validade, confiabilidade, receptividade, flexibilidade e equitabilidade. Validade significa capturar múltiplas dimensões do desempenho do indivíduo. Confiabilidade significa coletar avaliações de múltiplas fontes e em momentos diferentes ao longo do período de avaliação. Receptividade significar permitir algum tipo de contribuição por parte de quem está sendo avaliado. Flexibilidade significa estar aberto à modificação com base em novas informações, como exigências federais. Equitabilidade significa avaliar de forma justa e de acordo com os critérios estabelecidos, sem levar em conta as diferenças individuais.

A FedEx incorporou uma abordagem inovadora e desafiadora para avaliação em seus projetos de qualidade de serviço. Todos os gerentes da empresa são avaliados por seus subordinados por meio de um sistema de pesquisa de *feedback* de ação. Os funcionários avaliam seus gerentes usando uma escala de até 5 pontos em 29 declarações-padrão e 10 opções locais. Baixas classificações sugerem áreas problemáticas que exigem atenção da gerência. Em um ano, a pesquisa revelou que os funcionários achavam que a alta gerência não prestava atenção nas ideias e sugestões das pessoas de seus níveis. O CEO Fred Smith desenvolveu um boletim informativo quinzenal para corrigir o problema.

RESULTADO DA APRENDIZAGEM 6

Premiando o desempenho

Avaliações de desempenho podem gerar contribuições para decisões relacionadas à recompensa. Se a empresa enaltece "trabalho em equipe", "valores", "foco no cliente", deveria recompensar comportamentos que demonstram essas ideias. Apesar de sua importância, decisões relacionadas a recompensas estão entre as mais difíceis e complicadas que os gestores precisam tomar. Eles devem ter em mente que as pessoas não trabalham apenas por dinheiro.[58] Ao passo que salários e recompensas possuem grande valor, a confiança, a diversão e o trabalho também são significativos.

Decisões relacionadas à recompensa e punição afetam organizações inteiras, não apenas as pessoas que experimentam as consequências. Alocação de recompensa envolve decisões sequenciais sobre quem recompensar, como e quando fazê-lo. Essas decisões moldam o comportamento de todos os funcionários, diretamente ou por meio da aprendizagem indireta, especialmente quando novos programas são implementados. As pessoas observam o que acontece com colegas de trabalho que cometem erros e ajustam o próprio comportamento.

Sistemas de recompensa individual *versus* sistemas de recompensa por equipe

Se fora dos Estados Unidos os sistemas de recompensa e motivação geralmente são focados no grupo, nas organizações americanas, os sistemas recompensam os indivíduos.[59] Esses sistemas promovem um comportamento independente e incentivam a criatividade, a solução de problemas e as contribuições distintas para a organização. Diferentes tipos de funcionários podem preferir diferentes recompensas. Aqueles que buscam aventura preferem viagens; os mais tranquilos preferem dias de folga, por exemplo.[60]

Os sistemas de recompensa individual afetam diretamente o comportamento da pessoa e incentivam a competição no grupo de trabalho.[61] Muita competição, porém, cria um ambiente conflitante. Na Western Company of North America (agora parte da BJ Services Company), o sucesso individual no programa MBO estava fortemente ligado a recompensas, e os gerentes adotaram um comportamento competitivo explícito. Para alcançarem seus objetivos, alguns gerentes tomavam ações financeiras interdepartamentais de último minuto. Dessa forma, impediam que outros gerentes cumprissem as metas. Esse tipo de ação gera questões éticas sobre quão longe os gerentes devem ir para satisfazer o próprio interesse em detrimento do interesse dos colegas.

Os sistemas de recompensa por equipe solucionam o problema causado pelo comportamento individual competitivo incentivando a cooperação, os esforços conjuntos, o compartilhamento de informação e a expertise. As orientações coletivas das culturas japonesa e chinesa posicionam o indivíduo como um elemento da equipe, não como um indivíduo separado.

Na Gerdau Ameristeel, os funcionários são tratados como adultos e esperam o mesmo comportamento dos outros.

Algumas organizações experimentaram tanto sistemas de recompensa individual como de grupo.[62] No nível individual, elas incluem sistemas de remuneração por conhecimento e por habilidades. Esses sistemas enfatizam habilidades ou conhecimentos que o funcionário possui além dos requisitos para o trabalho básico. No âmbito grupal, planos de participação nos lucros enfatizam a redução de custo coletivo, permitindo que os trabalhadores compartilhem os ganhos alcançados e reduzindo os custos de produção. Nesses planos, todos compartilham o ganho de forma igual. A empresa Avnet, Inc. descobriu que a participação nos lucros melhora o desempenho.

[Os efeitos das avaliações precisas]

Os efeitos da precisão nas avaliações de desempenho foram recentemente mensuradas em dois estudos – um estudo laboratorial e um estudo de campo. Um grande número de interessantes padrões surgiu em ambos. Quando indivíduos avaliaram de forma precisa seu desempenho em uma tarefa, o desempenho em tarefas subsequentes melhorou. Ao passo que subestimar o desempenho em uma tarefa não teve efeito sobre tarefas subsequentes, o estudo de laboratório constatou que, quando indivíduos superestimam seu desempenho, o desempenho em tarefas subsequentes diminui. O estudo de campo constatou que os efeitos da precisão em autoavaliações eram reduzidos caso um indivíduo recebesse *feedback* conflitante de uma autoridade externa – a notada imprecisão na autoavaliação gerou uma queda no desempenho subsequente. Esses estudos mostram a importância da precisão na avaliação de desempenho tanto por parte do funcionário como por parte da chefia. A empresa que projeta seu processo de avaliação para ser o mais prático e preciso possível é recompensada com desempenhos maximizados.

Fonte: S. Ellis, R. Mendel e M. Aloni-Zohar. "The Effect of Accuracy of Performance Evaluation on Learning from Experience: The Moderating Role of After Event Reviews", *Journal of Applied Social Psychology* 39(3) (2009): 541-563.

O poder de receber

Tanto os sistemas de recompensas em grupo como os individuais moldam o comportamento produtivo. A gestão de desempenho eficaz impulsiona as conquistas em grupo e individuais na organização. A gestão do desempenho e os sistemas de recompensa assumem conexão demonstrável entre desempenho e recompensas. As organizações obtêm o desempenho que recompensam, não o desempenho que dizem querer.[63] Além disso, quando não há ligação aparente entre desempenho e recompensas, o funcionário pode achar que as recompensas são atribuídas independentemente do desempenho.

Essa noção de atribuição é improdutiva quando age contra o poder de receber.[64] Pessoas que acreditam estarem aptas a receber recompensas não são motivadas a se comportar de forma construtiva. Aumentos por mérito em algumas organizações, por exemplo, eram vistos como simples atribuições, por isso seu valor positivo no sistema de recompensa organizacional era reduzido. Essas atribuições geram comportamento passivo e irresponsável, ao passo que o recebimento gera comportamento ativo e responsável. O poder de receber repousa sobre a ligação direta entre desempenho e recompensa. Para que os funcionários não se sintam no direito de receber a recompensa, essa relação deve ser aparente e quantificável.[65]

As organizações obtêm o desempenho que recompensam, não o desempenho que dizem querer.

RESULTADO DA APRENDIZAGEM 7

Corrigindo o desempenho fraco

Desafio frequente para as chefias, corrigir o desempenho fraco pode ser concebido como um processo de três etapas. Primeiro, a chefia deve identificar a causa ou o responsável principal pelo desempenho fraco. Segundo, caso a principal causa seja algum aspecto da vida pessoal, é preciso determinar a fonte do problema. Terceiro, a chefia deve desenvolver um plano para corrigir o desempenho.

Diversos problemas desencadeiam o baixo desempenho. Isso inclui sistemas de trabalho mal definidos, fraco processo de seleção, treinamento e desenvolvimento de habilidades inadequados, falta de motivação pessoal e problemas pessoais que interferem no ambiente de trabalho. Nem todo desempenho

> *A seção "E você?", no Cartão de Revisão do Capítulo 6 (on-line), ajudará na análise de seu baixo desempenho.*

defasado é automotivado; alguns são induzidos pelo sistema de trabalho. Assim, um bom diagnóstico deve preceder a ação corretiva e os sistemas de trabalho devem ser o primeiro fator a ser considerado. É possível que o funcionário não apresente um bom desempenho porque está sujeito a determinado tipo de trabalho ou sistema de seleção.

Se o baixo desempenho não pode ser atribuído ao tipo de trabalho ou a problemas de processo organizacional, então, a chefia deve investigar o funcionário. O problema pode estar relacionado a (1) algum aspecto da relação da pessoa com a organização ou com a chefia, (2) algum aspecto da vida pessoal ou (3) uma deficiência de desenvolvimento ou treinamento. Nos últimos dois casos, o baixo desempenho pode ser tratado como um sintoma em vez de ser tratado como uma consequência motivada. Nesses casos, identificar problemas financeiros, dificuldades familiares ou problemas de saúde pode ajudar o funcionário a solucioná-los antes que se tornem muito maiores.

O desempenho fraco também pode ter origem na raiva descabida do funcionário ou em um conflito com a organização ou com a chefia. Nesses casos, talvez o funcionário não tenha ciência das reações internas que causam o problema. Essas motivações de raiva podem gerar sabotagem, diminuição e interrupção do ritmo de trabalho. A chefia pode atribuir a causa do problema ao funcionário, ao passo que o funcionário pode atribuí-la à chefia ou à organização. As chefias devem tratar o desempenho fraco como um sintoma cuja causa é profunda e resolver o conflito ou a raiva subjacente.

consenso
Fator informacional que indica até que ponto colegas de trabalho na mesma situação se comportam de maneira similar.

distintividade
Fator informacional que indica o grau em que um indivíduo se comporta da mesma forma em diferentes situações.

consistência
Fator informacional que indica a frequência do comportamento ao longo do tempo.

Desempenho e a teoria da atribuição de Kelley

De acordo com a teoria da atribuição, os gestores devem fazer atribuições ou inferências no que diz respeito ao desempenho e ao comportamento dos funcionários.[66] Nem sempre as atribuições são precisas. Chefias e funcionários que compartilham percepções e atitudes tendem a avaliar uns aos outros com bastante frequência.[67] Quando não há compartilhamento de percepções e atitudes, a tendência é culpar uns aos outros por problemas de desempenho.

A teoria da atribuição de Harold Kelley tem como objetivo nos ajudar a explicar o comportamento das outras pessoas. Kelley propôs que indivíduos fazem atribuições com base em informações proporcionadas por três fatores: consenso, distintividade e consistência.[68] O **consenso** indica até que ponto os colegas de trabalho na mesma situação se comportam de maneira similar. A **distintividade** indica o grau em que o indivíduo se comporta da mesma forma em outras situações. A **consistência** indica a frequência do comportamento ao longo do tempo. Formamos atribuições com base na precisão desses fatores.

Certas combinações de fatores sugerem uma atribuição interna, outras combinações sugerem que a causa do baixo desempenho é externa. Suponha que você tenha recebido diversas reclamações de clientes com relação a um de seus representantes, Niki. Você não recebeu reclamações dos outros representantes (baixo consenso). Revendo os registros de Niki, você descobre que houve reclamações de clientes quando ela era atendente de vendas (baixa distintividade). Nos últimos três meses, as reclamações tornaram-se mais frequentes (alta consistência). Nesse caso, você estaria mais propenso a fazer uma atribuição interna e concluir que as reclamações estão relacionadas ao comportamento de Niki. A combinação de baixo consenso, baixa distintividade e alta consistência sugere atribuição interna.

Outras combinações, no entanto, apontam para atribuições externas. Alto consenso, alta distintividade e baixa consistência, por exemplo, produzem atribuição externa. Suponha que um de seus funcionários, Sanjay, não esteja desempenhando muito bem seu papel de cobrar contas vencidas. Você acha que o comportamento está generalizado dentro de sua equipe (alto consenso), que Sanjay não está trabalhando direito apenas em relação a esse aspecto (alta distintividade) e que, na maioria das vezes, ele lida bem com isso (baixa consistência). Provavelmente, sua conclusão será que algo relacionado à situação de trabalho causou o baixo desempenho.

De acordo com os fatores informacionais, a chefia faz uma atribuição interna (pessoal) ou externa (situacional). Atribuições internas podem incluir pouco esforço, falta de comprometimento ou de habilidade. Atribuições externas estão fora do controle do funcionário e podem incluir falha de equipamentos ou metas irreais. Esses exemplos estão na Figura 6.4. O processo de determinar a causa de um comportamento nem

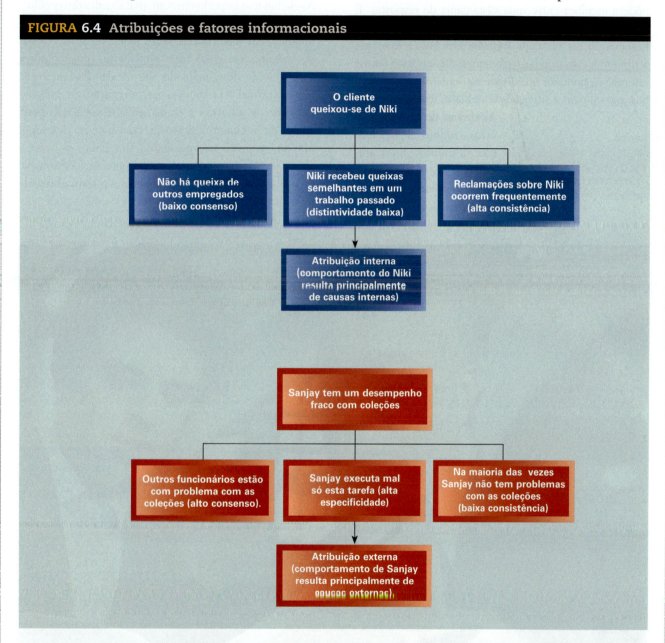

FIGURA 6.4 Atribuições e fatores informacionais

FIGURA 6.5 Modelo de atribuição

CAPÍTULO 6 Gestão de aprendizagem e do desempenho

sempre é tão simples e claro, pois, em alguns casos, os vieses interferem.

A Figura 6.5 apresenta um modelo de atribuição das respostas da chefia para o baixo desempenho. As chefias podem escolher entre uma vasta gama de respostas. É possível expressar preocupação pessoal, repreender o funcionário ou oferecer treinamento. As chefias que atribuem a causa do baixo desempenho à pessoa (causa interna) respondem mais rigorosamente do que as chefias que culpam a situação de trabalho (causa externa).

As chefias devem evitar os erros comuns de atribuição discutidos no Capítulo 3: o erro fundamental de atribuição e o viés de autovalorização.

Mentoring
Relação de trabalho que incentiva o desenvolvimento e o aprimoramento da carreira por meio de ciclos da carreira.

Coaching, aconselhamento e *mentoring*

As chefias têm importantes responsabilidades de *coaching*, aconselhamento e **mentoring** em relação a seus subordinados. Na maioria das vezes, a chefia e os colegas de trabalho são guias mais efetivos do que mentores formalmente designados do alto escalão da hierarquia organizacional.[69] O sucesso na orientação de relações depende de abertura e confiança.[70] Essa relação pode ajudar a direcionar deficiências com base no desempenho ou em problemas pessoais.[71] Em ambos os casos, a chefia tem um importante papel no processo de solução de problemas do funcionário: aceitar a responsabilidade pelos problemas de seus subordinados. Eles podem se

dirigir ao funcionário como profissionais treinados.

    Coaching e aconselhamento estão entre a carreira e as funções psicossociais de uma relação de *mentoring*.[72] *Mentoring* é uma relação de trabalho que incentiva o aperfeiçoamento profissional por meio do ciclo da carreira. As relações de orientação passam por quatro fases: iniciação, cultivo, separação e redefinição. A orientação proporciona muitos benefícios para a carreira.[73] A relação pode melhorar significativamente o desenvolvimento inicial de um funcionário recém-chegado e o desenvolvimento profissional de um funcionário experiente. Algumas empresas, como a IBM, oferecem orientação em todos os níveis de trabalho.[74] As relações com colegas também podem melhorar o desenvolvimento da carreira.[75] O *coaching* executivo está sendo cada vez mais usado para terceirizar as funções de orientação de negócios. Amigos informacionais, colegiais e especiais ajudam no desenvolvimento do indivíduo ao compartilhar informações, estratégias profissionais, *feedback* relacionado ao trabalho, apoio emocional e amizade.

> **O processo de determinar a causa de um comportamento nem sempre é tão simples e claro.**

Tendência em debate: orientação tripla

A orientação tripla é um sistema voltado para orientação em grupo que reconhece e incentiva a aprendizagem implícita nas organizações. Os funcionários aprendem uns com os outros nas tarefas diárias, sem levar em conta o nível individual de competência. Por meio da formalização da disseminação de conhecimento tácito, a orientação tripla é benéfica não apenas para os indivíduos mas também para as organizações. Na orientação tradicional, um funcionário mais experiente guia o novato. Já na orientação tripla, três funcionários se apresentam como iguais para compartilhar conhecimento implícito e construir capacitação organizacional. Ao passo que grupos com mais de três pessoas podem gerar problemas de concordância e coordenação, a orientação tripla encoraja a flexibilidade, o coleguismo e a discussão saudável. Enquanto o próprio trio seleciona os membros, os gestores fornecem a direção e avaliam os resultados. Muito aplicada em várias corporações, a orientação tripla continua a crescer em popularidade por causa de sua eficácia.

Fonte: D. Williams. "Tri-Mentoring: A New Spin on an Old Practice", *New Zealand Management* 56.2 (mar. 2009): 28.

CAPÍTULO 7

Estresse e bem-estar no trabalho

RESULTADOS DA APRENDIZAGEM

Após a leitura deste capítulo, você estará apto a:
1. Definir *estresse*, distresse e tensão.
2. Comparar quatro abordagens relacionadas ao estresse.
3. Explicar a psicofisiologia das reações ao estresse.
4. Identificar as causas de estresse relacionadas e não relacionadas ao trabalho.
5. Descrever as consequências do estresse.
6. Discutir fatores individuais que influenciam na reação do indivíduo em situações de estresse e tensão.

> " O estresse é um grande trunfo na administração de emergências e na conquista de picos de desempenho."

7 Identificar os estágios e elementos da gestão preventiva do estresse para indivíduos e organizações.

RESULTADO DA APRENDIZAGEM 1

O que é estresse?

Estresse é um importante tópico do comportamento organizacional, em parte, em razão de sua influência na pressão competitiva que atinge tanto trabalhadores como gerentes. Liderança fraca, conflitos familiares e profissionais, bem como assédio sexual, estão entre as principais causas de estresse no ambiente de trabalho.[1]

O termo estresse pode ser interpretado de várias maneiras e é um dos mais ambíguos do nosso vocabulário. Embora nem sempre haja consenso entre especialistas sobre sua definição, o **estresse**, ou a resposta ao estresse, é a preparação inconsciente para enfrentar ou se esquivar que o indivíduo experimenta quando encara qualquer demanda.[2] O **estressor**, ou demanda, é uma pessoa ou um evento que provoca a resposta ao estresse. Embora o conceito de estresse seja neutro, a palavra carrega uma conotação negativa, como se fosse algo a ser evitado. Ledo engano, pois o estresse é um grande trunfo na administração de emergências e na conquista de picos de desempenho. **Distresse** ou **tensão** refere-se às consequências psicológicas, físicas, comportamentais e organizacionais adversas que *podem* ocorrer em virtude de eventos estressantes.

RESULTADO DA APRENDIZAGEM 2

Quatro abordagens relacionadas ao estresse

A resposta ao estresse foi descoberta no início do século XX por Walter B. Cannon, médico fisiologista.[3] Posteriormente, pesquisadores definiram estresse de forma diferente da de Cannon, por isso vamos analisar quatro abordagens relacionadas ao estresse: a abordagem homeostática/clínica, a abordagem da avaliação cognitiva, a abordagem da adaptação

estresse
Preparação inconsciente para lutar ou fugir que a pessoa experimenta quando enfrenta qualquer demanda.

estressor
Pessoa ou evento que desencadeia a reação ao estresse.

distresse
Consequências psicológicas, físicas, comportamentais e organizacionais adversas que podem ocorrer em razão de eventos estressantes.

tensão
Distresse.

indivíduo-ambiente e a abordagem psicanalítica. Essas quatro perspectivas permite-nos ter uma compreensão mais ampla do estresse.

A abordagem homeostática/clínica

Quando, a princípio, Walter B. Cannon desenvolveu o conceito de estresse, ele o chamou de "resposta de emergência" ou "resposta militarista", por entendê-lo como a base das "emoções de combate". Suas primeiras obras forneceram a fundamentação para a nomenclatura *lutar ou fugir*. De acordo com Cannon, o estresse ocorre quando uma demanda externa ambiental abala o equilíbrio natural do indivíduo, o que ele denominou **homeostase**.[4] Cannon acreditava que o corpo dispunha de mecanismos de defesa naturais para manter-se em homeostase. Ele estava especialmente interessado no papel do sistema nervoso simpático na impulsão de uma pessoa sob condições estressantes.[5]

A abordagem da avaliação cognitiva

Richard Lazarus, por estar mais preocupado com a psicologia do estresse, enfatizou os aspectos psicológicos e cognitivos da resposta ao estresse.[6] Assim como Cannon, Lazarus viu o estresse como resultado da interação indivíduo-ambiente e ainda enfatizou a avaliação cognitiva do indivíduo ao classificar pessoas ou eventos como estressantes ou não. Os indivíduos diferem em suas avaliações de eventos e pessoas. Percepção e avaliação cognitiva são processos importantes para determinar o que é estressante. Um estudo descobriu diferenças culturais específicas entre China e Estados Unidos em relação à percepção do estresse no trabalho.[7] Funcionários americanos relataram a falta de controle como fonte de estresse, ao passo que funcionários chineses relataram as avaliações de trabalho. Além da avaliação cognitiva, Lazarus introduziu as ideias de foco no problema e foco na emoção. A primeira ideia enfatiza a administração do estressor; a última enfatiza a administração da reação. Aqueles que se avaliam de maneira positiva e se consideram capazes e no controle de suas próprias vidas tendem a favorecer situações focadas na emoção quando enfrentam estressores.[8]

homeostase
Estado de equilíbrio do funcionamento corporal.

ego ideal
Personificação da autoperfeição de uma pessoa.

autoimagem
Como uma pessoa se enxerga, tanto positiva como negativamente.

[**A psicologia do estresse**]

Ao se preparar para lutar ou fugir, o corpo:
1. Redireciona o sangue para o cérebro e para os grandes grupos musculares.
2. Aumenta o grau de alerta mediante a melhora da visão, da audição e de outros processos sensitivos.
3. Libera glicose (açúcar no sangue) e ácidos graxos na corrente sanguínea para sustentar o corpo durante o evento estressante.
4. Suprime o sistema imunológico, bem como os processos restaurativos e emergentes (como a digestão).

A abordagem da adaptação indivíduo-ambiente

Robert Kahn estava focado na psicologia social do estresse, por isso enfatizou o fato de que expectativas confusas e conflitantes de uma pessoa em determinado papel social geravam estresse.[9] Ele estendeu a abordagem para considerar a adaptação do indivíduo ao ambiente. Uma boa adaptação ocorre quando as habilidades e técnicas da pessoa combinam com um conjunto de expectativas claramente definidas e consistentes. O estresse ocorre se as expectativas de papéis forem confusas e/ou conflitantes com as habilidades e técnicas individuais. Após um período de estresse, podem surgir sintomas de tensão, como a depressão.

A abordagem psicanalítica

A teoria psicanalítica freudiana pode nos ajudar a compreender o papel dos fatores inconscientes de personalidade como causas do estresse.[10] Harry Levinson alegou que dois elementos da personalidade interagem para causar o estresse. O primeiro elemento é o **ego ideal** – a personificação da autoperfeição do indivíduo. O segundo elemento é a **autoimagem** – como a pessoa se vê de forma positiva e negativa. Embora não seja precisamente definido, o ego ideal engloba atributos admirados de personalidade dos pais, qualidades desejáveis e/ou imagináveis e a ausência de qualidades negativas ou desagradáveis. O estresse é o resultado da discrepância entre o eu idealizado (ego ideal) e a verdadeira autoimagem; quanto maior a discrepância, maior o estresse que a pessoa enfrenta.

[*Avalie seu estresse preenchendo o questionário da seção "É você?" no Cartão de Revisão do Capítulo 7 (on-line).*]

RESULTADO DA APRENDIZAGEM 3

A resposta ao estresse

Despertada pela discrepância entre ego ideal e autoimagem, pelo papel social não definido de forma consistente ou pela avaliação cognitiva que sugere ameaça ou falta de equilíbrio, a resposta ao estresse é caracterizada por uma previsível sequência de eventos do corpo e da mente. A resposta ao estresse começa com a liberação de mensageiros químicos, inicialmente adrenalina, na corrente sanguínea. Esses mensageiros ativam o sistema nervoso simpático e o sistema endócrino (hormônios). Os dois sistemas trabalham juntos para acionar quatro alterações corporais e mentais que preparam a pessoa para lutar ou fugir (ver quadro "A psicologia do estresse", na página 108).

Com a reação do corpo, o indivíduo passa de uma postura neutra para uma postura ofensiva. A resposta ao estresse pode ser muito efetiva para preparar a pessoa para lidar com emergências legítimas mediante picos de desempenho. Isso não é inerentemente ruim ou necessariamente destrutivo.

RESULTADO DA APRENDIZAGEM 4

Fontes de estresse no ambiente de trabalho

O estresse no ambiente organizacional é causado por fatores existentes no próprio local de trabalho, assim como por pressões não relacionadas ao trabalho (externas) que acabam se alastrando para aquele ambiente. Duas grandes categorias de fontes de estresse organizacional são as demandas do trabalho e as demandas não relacionadas ao trabalho, como mostra a Tabela 7.1. Como exemplo de pressão externa, temos uma situação em que uma mãe ou um pai recebe uma ligação no trabalho para buscar o filho doente na escola. Uma das mais complexas causas de estresse relacionadas com o trabalho é o conflito de papéis. Um estudo inovador desenvolvido por Pam Perrewé e colaboradores examinou as consequências físicas e psicológicas relacionadas aos conflitos de papéis.[11] Pesquisadores descobriram habilidades políticas como antídoto para tais conflitos, uma entre as várias estratégias da administração preventiva do estresse que discutimos mais adiante.

Demandas do trabalho

As demandas de papéis incluem ambiguidade e conflito de papéis. No entanto, há outras três categorias: demandas de tarefas, demandas interpessoais e demandas físicas. A Tabela 7.1 não apresenta uma lista muito abrangente de demandas do trabalho, mas tem como objetivo mostrar as principais causas de estresse no ambiente organizacional em cada um dos seus quatro principais domínios.

Os bombeiros têm de lutar contra as respostas anatômicas que os mandam fugir para que o ato de correr para dentro de um prédio em chamas seja uma resposta condicionada.

TABELA 7.1 Demandas relacionadas e não relacionadas ao trabalho

DEMANDAS RELACIONADAS AO TRABALHO

Demandas de tarefas	Demandas de papéis
Mudança	Conflito de papéis
Falta de controle	interpapéis
Progresso na carreira	intrapapéis
Novas tecnologias	pessoa-papel
Pressões de tempo	Ambiguidade de papéis

Demandas interpessoais	Demandas físicas
Toxinas emocionais	Ambientes extremos
Assédio sexual	Atividades extenuantes
Liderança fraca	Substâncias prejudiciais
	Viagens de longa distância

DEMANDAS NÃO RELACIONADAS AO TRABALHO

Demandas do lar	Demandas pessoais
Expectativas familiares	Vício em trabalho
Cuidado com filhos/disponibilidade de creches	Trabalho cívico e voluntário
Cuidado dispensado aos pais	Eventos traumáticos

Demandas de tarefas Drásticas mudanças no trabalho geram incerteza em relação às atividades e tarefas executadas pelo indivíduo, e isso provoca pressão e estresse no ambiente de trabalho.[12] A globalização e a tendência de negócios em larga escala levam a mudanças, incluindo modificações na política da empresa. Nos últimos anos, a recessão econômica mundial levou muitas empresas a alterações estressantes, como o *downsizing*. Por causa da crise, até o fim de 2009 pelo menos 20 milhões de postos de trabalhos foram perdidos no mundo.[13] Até mesmo em períodos de crescimento, quando centenas de milhares de postos de trabalho são criados a cada mês, podemos observar uma perda significativa de postos em determinados setores da economia americana. Para aqueles que não perdem seus empregos, o subemprego, a monotonia e o tédio tornam-se um problema.

As inovações tecnológicas geram mudanças e incertezas para muitos funcionários, exigindo treinamento adicional, educação e desenvolvimento de habilidades. Para aqueles que se perguntam se as máquinas "inteligentes" vão substituí-los, as novas tecnologias geram tanto estresse profissional como "tecnoestresse".[14] Embora melhorem a capacidade produtiva da empresa, as novas tecnologias podem ser vistas como inimigas pelos trabalhadores que, no fim das contas, têm de aprender a usá-las. Isso cria um dilema para a administração. Com a intenção de tornar o trabalho mais simples e conveniente, a tecnologia da informação pode ter efeito paradoxal e gerar estresse, em vez de reduzi-lo.

A falta de controle é outra importante fonte de estresse relacionada à tarefa, especialmente em posições difíceis e que exigem muito no aspecto psicológico. A falta de controle pode ser causada pela incapacidade de:

> influenciar o tempo de tarefas e atividades;
> selecionar ferramentas e métodos para a realização do trabalho;
> tomar decisões que influenciam nos resultados do trabalho;
> exercer ação direta para afetar os resultados do trabalho.

A preocupação com o progresso profissional e a pressão ocasionada pelo tempo (ou sobrecarga de trabalho) são duas demandas de tarefas adicionais que desencadeiam estresse. Ao longo das duas últimas décadas, com a diminuição de cargos de média gerência ocasionada por fusões, aquisições e *downsizing*, o estresse com relação à carreira tem sido observado em muitas organizações.[15] O enxugamento significa gerar sobrecarga para os funcionários remanescentes. Poucas pessoas fazendo a mesma quantidade de trabalho ou mais gera pressão relacionada ao tempo, uma importante causa de estresse normalmente associada com sobrecarga. Essa pressão também pode ser resultado do gerenciamento inadequado do tempo.

Nem todas as demandas de tarefas são negativas. Os fatores de estresse desafiadores que estimulam o crescimento e a realização pessoal estão positivamente relacionados com a satisfação no trabalho e com o comprometimento organizacional.[16]

Demandas de papéis As demandas sociopsicológicas do ambiente de trabalho podem ser tão estressantes quanto as demandas de tarefa. Há duas grandes categorias de estresse no trabalho: conflito de papéis e ambiguidade de papéis.[17] O conflito de papéis resulta de expectativas inconsistentes e incompatíveis. O conflito pode ser interpapéis, intrapapéis ou conflito de pessoa-papel.

O conflito interpapéis é causado por expectativas opostas relacionadas a dois papéis distintos assumidos pelo mesmo indivíduo, como funcionário e pai. Um funcionário que tem uma importante apresentação de vendas na segunda-feira e o filho doente em casa no domingo à noite provavelmente vai enfrentar o conflito de papéis. Os conflitos entre família e trabalho, como exemplificado, podem levar indivíduos a comportamentos de afastamento.[18]

O conflito intrapapéis é causado por expectativas opostas relacionadas a um único papel. Um gerente que pressiona os funcionários para executar um trabalho muito rápido *e* com qualidade pode ser visto como um gerador de conflitos.

As violações éticas são grandes causadoras de conflitos pessoa-papel. Funcionários que não respeitam valores pessoais, crenças ou princípios enfrentam conflitos. Os conflitos pessoa-papel e as violações éticas criam um senso de fidelidade dividida. Se um distribuidor disser para um agricultor orgânico reduzir os custos usando pesticida sintético, o agricultor pode achar que suas convicções pessoais estão comprometidas pelo seu papel de produtor. Organizações cujos padrões éticos são altos, como a Johnson & Johnson, são menos propensas a gerar conflitos éticos para os funcionários.

A segunda grande causa de estresse de papéis é a ambiguidade de papéis. Essa situação é observada quando a pessoa experimenta incerteza com relação às expectativas alheias. A ambiguidade de papel pode ser causada por mal-entendidos que são esperados, por não saber como fazer algo ou não saber o resultado de um fracasso ao se fazer determinada coisa. O novo funcionário de uma revista a quem foi solicitado editar um trabalho pode experimentar certa confusão e cometer erros na edição ou na revisão, pois não sabe que formatação usar ou não sabe o que vai acontecer se não cumprir o prazo.

Um estudo realizado em 21 países investigou experiências de média gerência em relação a conflito de papéis, ambiguidade de papéis e sobrecarga de papel. Os resultados indicaram que o estresse de papéis varia mais de país para país do que em razão de fatores demográficos e organizacionais. Os gerentes não ocidentais enfrentam menos ambiguidade de papéis e mais sobrecarga de papéis do que seus parceiros ocidentais.[19] Um outro estudo com 2.273 funcionários noruegueses constatou que conflitos de papéis, ambiguidade de papéis e conflitos com colegas de trabalho aumentaram sob a liderança liberal, e isso sugere que esse estilo de liderança não é produtivo.[20] Um estudo com o pessoal do exército americano constatou que, quando a clareza de papéis é elevada em um grupo de trabalho compassivo, as tensões psicológicas diminuem.[21]

[Os perigos escondidos no escritório]

Ao passo que trabalhadores das áreas de construção ou produção podem identificar facilmente os riscos à saúde e à segurança no ambiente de trabalho, funcionários de escritórios consideram seu local de trabalho um refúgio seguro. No entanto, muitos escritórios causam estresse e outros tipos de problemas de saúde. A proximidade entre os edifícios de escritórios expõe os funcionários a gripes e outras doenças contagiosas. Se a disseminação de bactérias e vírus pode ser combatida lavando-se regularmente as mãos, é difícil combater os patógenos por completo. O gerenciamento fraco e abusivo causa estresse psicológico e pode aumentar o risco de problemas cardiovasculares. Trabalhar 55 horas por semana ou mais expõe os profissionais ao risco de diminuição da capacidade da memória e de executar atividades mentais. Trabalhar 41 horas semanais ou menos é considerado saudável. Em 2000, a França instituiu a jornada de trabalho de 35 horas semanais para aumentar a produtividade e a qualidade de vida. O trabalho no computador coloca todo o sistema musculoesquelético sob estresse. Cadeiras projetadas de forma inadequada e postura errada estressam as vértebras inferiores e ações repetitivas, como a digitação, podem prejudicar braços e mãos. Por fim, o trabalho de escritório geralmente resulta em estilo de vida sedentário, causa ganho de peso, fadiga e depressão. Ainda que não se deva pensar no escritório como um ambiente perigoso, ter consciência dos riscos permitirá uma melhor preparação do indivíduo para identificar e aliviar o estresse.

Fonte: R. Sharp. "How Your Office Makes You Sick", *The Independent* (3 mar. 2009).

Demandas interpessoais Toxinas emocionais, como assédio sexual e liderança fraca, são exemplos de demandas interpessoais. Normalmente, as toxinas emocionais são geradas no trabalho por personalidades abrasivas.[22] A dissonância emocional pode se espalhar no ambiente de trabalho e causar uma variedade de distúrbios e estresse.[23] As organizações estão cada vez menos tolerantes ao assédio sexual, uma demanda interpessoal que cria um ambiente de trabalho desconfortável tanto para a pessoa assediada quanto para os demais funcionários. Em geral, o assédio sexual no ambiente de trabalho é direcionado a mulheres e trata-se de um problema crônico, mas evitável.[24]

Fraca liderança organizacional e estilo gerencial exigente são as principais causas de estresse no ambiente de trabalho. Os funcionários que se sentem seguros sob uma liderança forte e diretiva podem se tornar ansiosos com um estilo de gestão aberto e autodirecionado. Aqueles mais confortáveis com líderes participativos podem se sentir reprimidos por um estilo diretivo. A confiança é uma característica importante da relação interpessoal líder-seguidor, por isso uma ameaça à reputação de um funcionário com seu supervisor poderá ser especialmente estressante.[25]

Diversidade funcional em grupos de projetos também geram dificuldades no estabelecimento de relações de confiança. Falta de confiança aumenta o estresse no trabalho, que, por sua vez, reduz a coesão no grupo.[26]

Demandas físicas Ambientes extremos, atividades extenuantes, substâncias perigosas e viagens de longa distância criam demandas físicas. Um estudo entre diferentes culturas que examinou os efeitos da temperatura do ambiente no estresse de papéis

O estresse relacionado com a troca do papel de trabalhador para pai pode ser intenso.

CAPÍTULO 7 Estresse e bem-estar no trabalho 111

concluiu que temperaturas desconfortáveis reduzem o bem-estar da pessoa, e essa constatação levou ao desenvolvimento do termo "fábricas do suor", uma referência a organizações cujas condições de trabalho são desumanas.[27] Normalmente, as demandas físicas de trabalho são específicas do cargo, por exemplo, no caso de pilotos de aviões de caça, há risco de perda de consciência induzida pela gravidade, já no caso de CEOs que viajam constantemente, podem ocorrer *jet lag* e perda de sono.[28] Apesar dos muitos aspectos positivos relacionados às viagens de negócios, as demandas associadas são reconhecidas como fontes de estresse.[29]

O trabalho em escritório também oferece riscos. Ambientes cheios e barulhentos, como corretoras de ações, podem ser estressantes e até nocivos. Trabalhar com computador também pode ser estressante, especialmente se o *design* ergonômico das estações de trabalho for inadequado. O funcionário pode sentir dor nos olhos, rigidez no pescoço e problemas nos braços e pulsos. O *design* dos escritórios que usam repartições em vez de paredes convencionais pode gerar estresse, pois oferece pouca privacidade e pouca proteção contra interrupções. As auditorias oferecem às empresas avaliações detalhadas de possíveis fatores causadores de estresse no ambiente de trabalho. A identificação e a redução de estressores negligenciados geram economia para a empresa e alavancam sua produtividade.

Demandas não relacionadas ao trabalho

As demandas não relacionadas ao trabalho também geram estresse, que pode interferir no ambiente de trabalho, ou vice-versa.[30] Esse tipo de demanda pode ser imposta por aspectos da vida pessoal do indivíduo (lar) e por restrições estabelecidas por ele mesmo.

Demandas do lar Os vários tipos de composição familiar presentes na sociedade americana contemporânea geraram grande diversidade no âmbito das demandas do lar. Famílias tradicionais podem enfrentar demandas que criam conflitos de papéis ou sobrecargas difíceis de administrar. A perda de uma boa creche para os filhos, por exemplo, pode ser estressante para famílias de pais solteiros e com dois trabalhos.[31] A tensão entre família e trabalho pode desencadear uma verdadeira batalha pelo equilíbrio. Essa batalha levou Rocky Rhodes, cofundador da Silicon Graphics, a estabelecer quatro prioridades para sua vida: Deus, família, atividade física e trabalho.[32] Essas prioridades o ajudaram a realocar seu tempo de modo a ter mais equilíbrio pessoal. Como resultado do envelhecimento da população americana, um crescente número de pessoas passa a lidar com a demanda de cuidar dos pais. Mesmo quando uma pessoa se dedica a reduzir o estresse integrando papéis sociais opostos aos papéis relacionados ao trabalho em uma identidade de "todo" balanceada, o processo não é tão simples.[33]

Demandas pessoais A segunda maior categoria de demandas não relacionadas ao trabalho são as demandas pessoais autoimpostas, identificadas na

[Eustresse em ação]

Um estudo que examinou os efeitos dos estressores de desafio e estressores de obstáculo foi conduzido pelo Louisiana Office of Motor Vehicles. As respostas de 215 funcionários e de seus supervisores diretos foram coletadas em 61 escritórios localizados no estado. Os estressores de desafio incluem fatores como a quantidade de responsabilidade atribuída a um funcionário, pressão de tempo e o número de projetos e/ou tarefas simultâneas. Os estressores de obstáculo incluem fatores como o grau em que a política em detrimento de considerações sobre o desempenho afeta as decisões organizacionais e os efeitos da burocracia sobre a ação. Pesquisadores admitiram a hipótese de que estressores de desafio teriam um efeito positivo sobre o desempenho da fala, sobre a cidadania e sobre o serviço ao cliente. Eles postularam que estressores de obstáculo teriam efeito negativo sobre esses três desempenhos com base em papéis.

Os resultados do estudo mostraram que estressores de obstáculo possuem, de fato, efeito negativo, e os estressores de desafio possuem efeito positivo, embora isso seja moderado pelo apoio organizacional. Os pesquisadores concluíram que empresas podem se beneficiar de desafios no local de trabalho, caso esses desafios trabalhem para aliviar obstáculos e sejam um apoio aos funcionários. Ao passo que a maioria das pesquisas sobre estresse foca as consequências negativas dos estressores no trabalho, esse estudo demonstra que alguns estressores são benéficos.

Fonte: J. C. Wallace; B. D. Edwards; T. Arnold; M. L. Frazier; D. M. Finch. "Work Stressors, Role-Based Performance, and the Moderating Influence of Organizational Support", *Journal of Applied Psychology* 94 (2009): 254-262.

Jogo rápido

MITO: As pessoas se acostumam com o barulho e, após certo tempo, ele não incomoda mais.
FATO: O corpo continua a liberar hormônios de estresse e não se acostuma com o barulho.

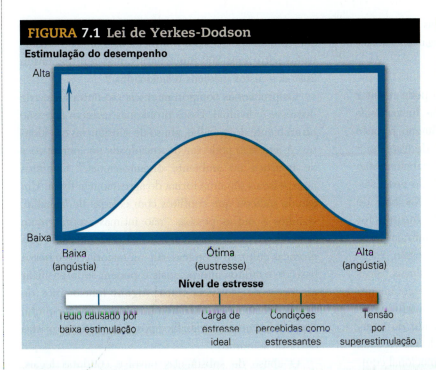

FIGURA 7.1 Lei de Yerkes-Dodson

Estresse positivo

Alguns gestores prosperam sob pressão, pois praticam o que os atletas de alto nível já sabem – preparar a mente, o corpo e o espírito para condições máximas exige recuperação de energia, o que é tão importante quanto gastá-la.[36] Dessa forma, atletas e gestores obtêm grandes marcas em qualquer teste de estresse, uma vez que utilizam de maneira positiva, saudável e produtiva a energia produzida nessa condição. As consequências do estresse normal e saudável (eustresse; ver Capítulo 5) incluem benefícios de desempenho e saúde.[37] Uma organização que visa oferecer produtos e serviços de alta qualidade precisa de mão de obra saudável. O eustresse é uma característica de pessoas saudáveis, a o distresse, não.

A lei de Yerkes-Dodson, exibida na Figura 7.1, indica que o estresse eleva o desempenho para um nível excelente.[38] No entanto, o estresse tem efeito prejudicial sobre o desempenho. Assim, o eustresse em quantidade saudável é desejável para melhorar o desempenho, despertando a pessoa para a ação. Os maiores benefícios que o estresse proporciona ao desempenho são alcançados no meio da curva. Joseph McGrath sugeriu que o desempenho diminui depois do ponto médio da curva de Yerkes-Dodson por causa da crescente dificuldade da tarefa realizada.[39] A resposta ao estresse exige aumento de força física por breves períodos de esforço, oferecendo, portanto, base para picos de desempenho em competições atléticas ou em outros eventos. Além disso, o bem-estar psicológico contribui positivamente para o desempenho no trabalho.[40]

Atividades especificamente estressantes, incluindo exercícios aeróbicos, treinamento com peso e de flexibilidade, melhoram e aperfeiçoam a habilidade de uma pessoa em gerenciar situações ou demandas estressantes. Cannon argumentou que a resposta ao estresse prepara melhor os soldados para o combate.[41] Em situações externas, de sobrevivência ou em combates, o estresse oferece o impulso de energia necessária para administrar a situação de maneira bem-sucedida.

As várias formas individuais e organizacionais de distresse normalmente associadas com o *estresse* são resultado da ativação prolongada da resposta ao estresse, do mau gerenciamento da energia induzida pela resposta ou da vulnerabilidade

Tabela 7.1. O **vício em trabalho** pode ser a mais notória das demandas pessoais que induzem ao estresse.[34] Alguns dos primeiros sintomas incluem comprometimento total com o trabalho, incapacidade de desfrutar férias e folgas, preocupação com os problemas relacionados ao trabalho mesmo quando fora do ambiente organizacional e insistência em trabalhar em casa nos finais de semana.

Outro tipo de demanda pessoal advém de atividades cívicas, trabalhos voluntários e comprometimento com instituições religiosas e órgãos públicos. Essas demandas se tornam mais ou menos estressantes dependendo da compatibilidade com trabalho, vida familiar e capacidade de oferecer satisfação para o indivíduo. Por fim, eventos traumáticos, como a devastação causada pelo furacão Katrina, são estressantes para as pessoas que os enfrentam.[35] No entanto, nem todos os eventos traumáticos são catastróficos. Situações como perda de emprego, reprovação em exames e término de um relacionamento amoroso também são eventos traumáticos que podem gerar tensão caso não sejam direcionados e resolvidos.

RESULTADO DA APRENDIZAGEM 5

As consequências do estresse

O estresse pode ser algo positivo ou negativo. O estresse positivo gera um ambiente de trabalho próspero e saudável, já o estresse negativo, ou tensão, desgasta o moral e o desempenho.

> **vício em trabalho**
> Preocupação excessiva com o trabalho em detrimento do lar e da satisfação pessoal.

do indivíduo. A seguir, examinaremos as formas distresse individual e, então, de distresse organizacional.

Distresse individual

A extrema preocupação com o trabalho pode resultar em distresse individual agudo. Em sua forma mais extrema, o distresse pode levar ao fenômeno japonês chamado *karoshi*, ou morte por excesso de trabalho.[42] Transtornos psicológicos relacionados ao trabalho estão entre os dez principais problemas de saúde nos Estados Unidos, de acordo com o Instituto Nacional de Segurança Ocupacional e Saúde (National Institute for Occupational Safety and Health).[43] Os sintomas mais comuns do distresse psicológico são depressão, esgotamento e desordens psicossomáticas – doenças físicas cuja origem é psicológica. A depressão e o esgotamento geralmente levam à exaustão emocional, uma forma de fadiga psicológica causada por esgotamento de energia.[44] A exaustão emocional também pode ser causada pela necessidade de mostrar expressão emocional equilibrada no trabalho.[45]

O esgotamento é uma resposta psicológica ao estresse no trabalho que Christina Maslach caracteriza por meio de três dimensões: exaustão emocional, despersonalização e percepção reduzida de conquistas pessoais. A exaustão emocional está no centro da experiência de esgotamento. A crença convencional é que o esgotamento emocional leva ao desempenho profissional reduzido, criando uma ligação direta entre esgotamento e desempenho. O estudo do Instituto Nacional questiona essa hipótese e sugere que a influência da motivação tem sido negligenciada na busca da compreensão da relação esgotamento-desempenho. Seus autores acreditam que a motivação está relacionada de forma direta com os processos psicológicos de ação voluntária direcionada a metas, especificamente seu estímulo, direção, intensidade e persistência. Como a motivação é considerada um antecedente direto do desempenho, esse estudo sugere que a motivação é a mediadora entre a relação esgotamento-desempenho. Trata-se de um modelo esgotamento-motivação-desempenho.[46]

Esgotamento não é o mesmo que acomodação, uma forma de distresse psicológico causada pela falta de desafio, inspiração e/ou oportunidades no trabalho.[47] Um cozinheiro de uma rede de restaurantes *fast-food* que frita hambúrgueres por um salário mínimo durante três anos pode experimentar a acomodação, o que resulta em apatia, má vontade e desempenho reduzido.

Muitas doenças possuem um componente relacionado ao estresse.[48] As enfermidades mais significativas são doenças cardíacas, derrame, dor nas costas, úlcera péptica e dor de cabeça. A Ford Motor Company descobriu que problemas cardiovasculares, principais causadores de mortes nos Estados Unidos desde 1910, constituíam apenas 1,5% dos incidentes médicos observados entre seus 800 funcionários, mas representavam 29% dos custos médicos relacionados.[49]

Os problemas comportamentais são outra forma de distresse individual. Esses problemas incluem agressão no ambiente de trabalho, abuso de substâncias e acidentes. A agressão pode ser desencadeada por percepções de injustiça no ambiente organizacional.[50] Conflitos interpessoais são uma forma de agressão não física. Um estudo indicou que conflitos com colegas de trabalho, vizinhos e outras pessoas "não íntimas" representam cerca de 80% de nossos maus comportamentos.[51] Diferenças culturais e étnicas são, na maioria dos casos, a base de conflitos interpessoais e podem se intensificar na forma de violência física. Alguns funcionários de descendência árabe enfrentaram difamações de cunho étnico e *bullying* no trabalho após os ataques terroristas de 11 de setembro.

O abuso de substâncias envolve condutas legais, como abuso de álcool, tabagismo excessivo e o consumo exagerado de medicamentos prescritos, e condutas ilegais, como o uso de heroína e cocaína. O abuso de certas substâncias, por exemplo, tabaco e heroína, pode levar ao vício – a dependência física ou psicológica. O abuso e o vício são problemas comportamentais que prejudicam o desempenho profissional e costumam provocar um estado de distresse significativo.

Os acidentes, tanto dentro como fora do ambiente de trabalho, são outra forma de distresse. Em alguns casos, eles podem ser atribuídos a fatores geradores de estresse relacionados ao trabalho. Um problema profissional não resolvido pode gerar preocupação no funcionário ou distraí-lo, causando um acidente no trabalho ou no caminho ao trabalho. Essas três formas de distresse – distúrbios psicológicos, doenças clínicas e problemas comportamentais – causam uma carga de sofrimento pessoal. Além disso, geram uma carga coletiva de sofrimento que se reflete no distresse organizacional.

Distresse organizacional

Estudos desenvolvidos pela Universidade de Michigan sobre estresse identificaram uma variedade de custos indiretos gerados pelo estresse mal administrado, como moral prejudicado, insatisfação, falhas de comunicação e rompimento de relações de trabalho. Pesquisas subsequentes realizadas pelo Centro de Pesquisas de Michigan (Survey Research Center) definiram diretrizes para custos comportamentais, que especificaram os custos diretos gerados pelo distresse organizacional.[52] Novas pesquisas sugerem que até mesmo estereótipos de desempenho positivo podem ter efeito adverso sobre a saúde organizacional.[53] Três grandes custos relaciona-

Como os funcionários lidam com o estresse pode depender em grande parte de suas personalidades.

> " Conflitos com colegas de trabalho, vizinhos e outras pessoas 'não íntimas' representam cerca de 80% dos maus comportamentos.

dos ao distresse organizacional referem-se a problemas de participação, queda no desempenho e indenizações.

Os **problemas de participação** incluem absenteísmo, atrasos, greves e paralisações, bem como rotatividade de funcionários. No caso do absenteísmo, a organização pode contratar funcionários temporários que substituam os ausentes, o que, possivelmente, elevará os custos com pessoal. Ao falar de rotatividade, uma distinção deve ser feita entre rotatividade funcional e disfuncional. Rotatividade disfuncional ocorre quando a organização perde um funcionário valioso. Os custos com substituição, incluindo recrutamento e treinamento, variam de cinco a sete meses do salário mensal individual. A rotatividade funcional, por outro lado, beneficia a organização criando oportunidades para novos membros, novas ideias e novas abordagens. Esse último tipo de rotatividade ocorre quando a organização perde um funcionário que tenha pouco ou nenhum valor para a empresa. É, portanto, considerada uma rotatividade positiva. A política de promoção "tudo ou nada" para membros de algumas organizações é desenhada para gerar rotatividade funcional.

A **queda no desempenho** refere-se aos custos provenientes da baixa qualidade ou da baixa produtividade, queixas e paralisações, bem como consertos de máquinas não agendados. No caso de doenças clínicas, o estresse não é o único agente causador da queda no desempenho. Entretanto, o estresse tem seu papel, caso a baixa qualidade ou a baixa produção for motivada por funcionários ansiosos ou por respostas inconscientes ao estresse no trabalho. Na Califórnia, alguns funcionários têm a opção de ter uma "dispensa por estresse" em vez de apresentar queixa contra o chefe.

As **indenizações** são custos organizacionais resultantes de ações judiciais motivadas por situações de distresse no ambiente organizacional.[54] Em uma ação federal contra a Allstate, Frank Deus alegou que a empresa criou um ambiente muito exigente para ele e isso resultou em depressão profunda.[55] O júri concedeu lhe uma indenização de US$ 1,5 milhão, que depois foi revogada pelo juiz. Reivindicações relacionadas ao trabalho têm sido cada vez mais comuns e ameaçam falir o sistema de indenizações em alguns estados, embora reivindicações e custos sejam mais baixos em outros estados.[56] Os empregadores não precisam entrar em pânico, pois procedimentos justos garantem uma grande distância entre responsabilidades legais e decisões judiciais e estabelecem limites realistas em relação às obrigações dos funcionários.[57]

RESULTADO DA APRENDIZAGEM 6

Diferenças individuais na relação estresse-tensão

As diferenças individuais desempenham um papel fundamental na relação estresse-tensão. A hipótese do ponto frágil, também conhecida como calcanhar de Aquiles, sugere que uma pessoa entra em colapso no seu ponto mais fraco. Diferenças individuais, como gênero e comportamento padrão Tipo A, enfatizam a vulnerabilidade à tensão em condições estressantes. Outras diferenças individuais, como personalidade resistente e autossuficiência, reduzem a vulnerabilidade e a tensão em condições de estresse. Um estudo sobre desempenho emocional e

problema de participação
Custo associado com absenteísmo, atraso, greve, paralisação e rotatividade de funcionários.

queda no desempenho
Custos provenientes da baixa qualidade ou da baixa produtividade, queixas, paralisações e consertos de máquinas não agendadas.

indenização
Custo organizacional proveniente de indenizações por distresse no ambiente de trabalho.

CAPÍTULO 7 Estresse e bem-estar no trabalho **115**

personalidade constatou que indivíduos extrovertidos experimentaram frequência cardíaca elevada quando lhes foi solicitado demonstrar emoções incongruentes de personalidade, como raiva, e que o neuroticismo estava mais associado com frequência cardíaca elevada e fraco desempenho.[58] Assim, extroversão e neuroticismo parecem afetar a relação estresse-tensão.

Efeitos de gênero

Enquanto os estereótipos atuais sugerem que a mulher é o sexo frágil, a verdade é que a expectativa de vida para as mulheres americanas é quase seis anos superior à dos homens. O estereótipo do "sexo frágil" é desafiado pela pesquisa na área da contabilidade pública, segundo a qual contadoras públicas não apresentam maior taxa de rotatividade que os homens, embora relatem mais estresse.[59] A natureza equivocada do estereótipo do "sexo frágil" " ainda é apoiada por pesquisas que acham as respostas comportamentais femininas perante o estresse diferentes das dos homens.[60]

Algumas publicações sugerem que existem diferenças nos fatores causadores de estresse aos quais os dois sexos estão sujeitos.[61] Para muitas mulheres que trabalham, o assédio sexual é fonte de estresse relacionado ao gênero. Homens também enfrentam assédio sexual e tendem mais a abusar do álcool como mecanismo de enfrentamento do que as mulheres. Isso pode ser verdade, porque assédio não é uma ocorrência normativa para homens.[62] Existe uma evidência substantiva de que as vulnerabilidades constituem importantes diferenças entre os sexos.[63] Os homens jovens são mais vulneráveis a doenças fatais, como problemas cardiovasculares, ao passo que as mulheres relatam mais doenças não fatais, porém experimentam problemas de saúde que debilitam e se prolongam. Embora seja possível concluir que o gênero provoca vulnerabilidade diferencial entre os dois sexos, seria mais importante examinar as diferenças *entre* as mulheres ou *entre* os homens.

Padrão de comportamento tipo A

padrão de comportamento tipo A
Combinação de personalidade e características comportamentais, incluindo competitividade, urgência de tempo, insegurança sobre status social, agressividade, hostilidade e busca por conquistas.

personalidade resistente
Personalidade caracterizada por comprometimento, controle e desafio e, portanto, resistente às tensões.

O **padrão de comportamento tipo A** é uma combinação de personalidade e características comportamentais, incluindo competitividade, urgência de tempo, insegurança sobre status social, agressividade, hostilidade e busca por conquistas. O padrão de comportamento tipo A é também denominado *com-*

COMPONENTES DO PADRÃO DE COMPORTAMENTO TIPO A

1. Sensação de urgência de tempo (um tipo de "doença da pressa").
2. Busca por números (o sucesso é medido pelo número de conquistas).
3. Situação de insegurança (profundo sentimento de incerteza sobre si mesmo).
4. Agressão e hostilidade expressos em resposta a frustração e conflitos.

portamento propenso a problemas coronários e está associado com doenças na coronária.[64] Existem duas hipóteses principais no que diz respeito a qual parte do padrão de comportamento tipo A é letal. Uma das hipóteses sugere que o problema seja a urgência de tempo; a outra sugere que seja hostilidade e agressão. O peso das evidências indica que hostilidade e agressão, e não urgência de tempo, são os agentes letais.[65]

A alternativa para o padrão de comportamento tipo A é o padrão de comportamento tipo B. As pessoas com personalidade tipo B estão relativamente livres de comportamentos e características tipo A. As pessoas tipo B são menos propensas a problemas coronários, mas, caso tenham um ataque cardíaco, não se recuperam tão bem quanto as de personalidade tipo A. As organizações também podem ser caracterizadas como tipo A e tipo B.[66] Indivíduos tipo A em organizações tipo B e indivíduos tipo B em organizações tipo A enfrentam estresse relacionado à falta de entrosamento entre seus tipos de personalidade e o tipo predominante da organização.

O comportamento tipo A pode ser modificado. O primeiro passo é reconhecer que o indivíduo é propenso ao padrão tipo A e passar algum tempo com indivíduos tipo B. As pessoas tipo B geralmente reconhecem o comportamento tipo A e podem ajudar os indivíduos com esse comportamento a julgar as situações de forma mais realista. Os indivíduos tipo A podem balancear seu ritmo, ter um bom gerenciamento de tempo e tentar não fazer várias coisas de uma vez. Focar apenas a tarefa em andamento e sua conclusão em vez de se preocupar com outras tarefas pode ajudar esses indivíduos a trabalhar de forma mais eficaz.

Personalidade resistente

Pessoas com personalidade resistente suportam reações tensas quando sujeitas a eventos estressantes de forma mais eficaz do que pessoas de personalidade não tão forte.[67] Os componentes da **personalidade resistente** são comprometimento, controle e desafio. Comprometimento é o engajamento em outro ambiente que leva à prática de atividades interessantes e agradáveis. Funcionários com altos níveis de comprometimento são menos propensos a deixar a organização ou a enfrentar estresse relacionado à promoção.[68] Controle é uma habilidade que influencia nos processos e nos resultados de eventos que levam à prática de atividades como escolhas pessoais. Desafio é a concepção de mudança como um estímulo para o desenvolvimento pessoal, o que leva à bem-vinda prática de novas atividades.

A personalidade resistente surge a fim de por em uso esses três componentes de modo a engajar-se no enfrentamento transformacional ao lidar com eventos estressantes.[69] **Enfrentamento transformacional** é o processo ativo de modificar a percepção de um evento a fim de reduzir o estresse. Chegamos a esse ponto ao visualizarmos o evento de forma mais ampla, alterando o curso e o resultado por meio da ação e/ou adquirindo conhecimento do processo. Uma alternativa para o enfrentamento transformacional é o enfrentamento regressivo, caracterizado pela fuga passiva de eventos e diminuição da interação com o ambiente. O enfrentamento regressivo pode levar à redução do estresse no curto prazo, visando ajustes para uma vida saudável no longo prazo.

Resistente	Não resistente
Compromisso	Alienação
Controle	Impotência
Desafio	Ameaça

Autoconfiança

Há uma crescente evidência de que as relações sociais têm importante impacto sobre a saúde e expectativa de vida.[70] Autoconfiança é um atributo de personalidade relacionado com a maneira como as pessoas formam e mantêm ligações de apoio com outras pessoas. A autoconfiança tem base, originalmente, na teoria da ligação, uma abordagem psicológica para o desenvolvimento humano normal.[71] A teoria identifica três padrões de ligações distintos, e pesquisas indicam que esses padrões se tornam estratégias comportamentais durante a fase adulta, nas relações profissionais e pessoais.[72] A autoconfiança resulta de um padrão seguro de ligação e comportamento interdependente. A ligação interpessoal é a conectividade emocional e psicológica com outra pessoa. Os dois padrões inseguros de ligação são a contra dependência e a dependência excessiva.

Autoconfiança é um padrão de comportamento saudável, seguro e *interdependente*. Pode parecer um paradoxo, pois a pessoa parece independente, mas mantém um conjunto de ligações de apoio.[73] Pessoas autoconfiantes reagem a situações estressantes e ameaçadoras se relacionando com outras pessoas de maneira apropriada. A autoconfiança é uma estratégia flexível e responsiva para a formação e manutenção de relações múltiplas e diversas. Os indivíduos que têm essa característica são confiantes, entusiasmados e persistentes ao enfrentarem desafios. Essa flexibilidade permite que eles formem relações de parceria saudáveis, que atenuam o estresse relacionado ao trabalho.[74]

Contradependência é um padrão de comportamento inseguro e prejudicial que leva à separação nas relações com outras pessoas. Quando experimentam situações estressantes e ameaçadoras, as pessoas com falta de dependência se afastam. A contradependência pode ser caracterizada como a rejeição da necessidade de ter por perto outras pessoas em momentos difíceis e estressantes. As pessoas que têm essas características apresentam reação destemida, agressiva e ativa perante desafios.

A **dependência excessiva** também é um padrão de comportamento inseguro e prejudicial. Pessoas muito dependentes reagem a situações estressantes e ameaçadoras apegando-se a outra pessoa de qualquer forma possível. A dependência excessiva pode ser caracterizada como uma tentativa desesperada de conquistar algum grau de segurança por meio das relações. As pessoas excessivamente dependentes demonstram reação ativa, porém desorganizada e ansiosa. A dependência excessiva impede que a pessoa seja capaz de organizar ou manter relações saudáveis, o que causa distresse. Tanto a improdutividade como a dependência excessiva podem estar presentes no pessoal militar que enfrenta dificuldades de adaptação durante os primeiros 30 dias de treinamento básico.[75] Recrutas com maiores dificuldades de adaptação demonstram grandes índices de dependência excessiva. Eles geralmente têm dificuldades de agir por conta própria durante os treinamentos.

enfrentamento transformacional
Maneira de administrar eventos estressantes mudando-os para eventos subjetivamente menos estressantes.

autoconfiança
Padrão de comportamento saudável, seguro e interdependente relacionado à maneira como as pessoas formam e mantêm relações de apoio umas com as outras.

contradependência
Padrão de comportamento inseguro e prejudicial à saúde que leva à separação nas relações com outras pessoas.

dependência excessiva
Padrão de comportamento inseguro e prejudicial à saúde que leva a preocupantes tentativas de conquistar segurança por meio de relacionamentos.

RESULTADO DA APRENDIZAGEM 7

Gerenciamento preventivo do estresse

As pessoas devem aprender a lidar com inevitáveis estressores no trabalho.

Estresse é uma parte inevitável da vida pessoal e profissional. O **gerenciamento preventivo do estresse** é uma filosofia organizacional segundo a qual pessoas e organizações devem assumir a responsabilidade de promover o bem-estar e evitar distresse e tensão. O gerenciamento preventivo do estresse tem suas raízes nas práticas da saúde pública usadas pela medicina preventiva. Na Figura 7.2, temos um quadro para a compreensão do gerenciamento preventivo do estresse e os três passos de prevenção aplicáveis tanto no contexto da medicina preventiva como no contexto organizacional.

A **prevenção primária** pretende reduzir, modificar ou eliminar a demanda causadora de estresse ou fator o estressor. A ideia subjacente é eliminar ou aliviar a fonte de um problema. A verdadeira prevenção do estresse organizacional é de natureza primária, pois reduz as demandas que a organização coloca sobre o funcionário. A **prevenção secundária** tem como intenção modificar a reação do indivíduo ou da organização com

gerenciamento preventivo do estresse
Filosofia organizacional segundo a qual pessoas e organizações devem assumir responsabilidades para promover o bem-estar e evitar distresse e tensão.

prevenção primária
Etapa do gerenciamento preventivo do estresse desenvolvido para reduzir, modificar ou eliminar a demanda ou o fator causador do estresse.

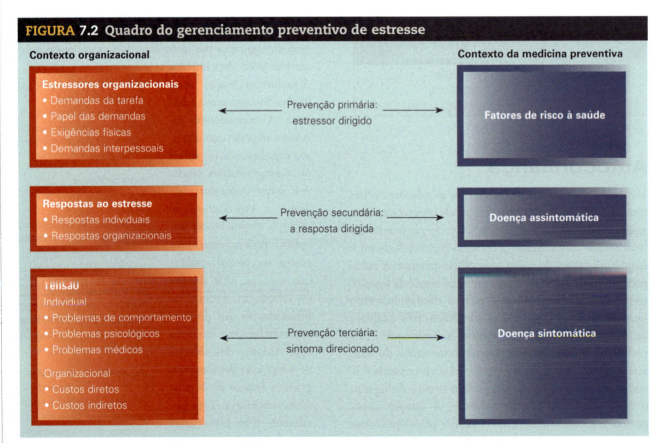

FIGURA 7.2 Quadro do gerenciamento preventivo de estresse

Fonte: J. D. Quick; R. S. Horn; J. C. Quick. "Health Consequences of Estresse", *Journal of Organizational Behavior Management* 8, n. 2, figura 1 (1986): 21. Reimpressão autorizada pela Haworth Press, Inc., 10 Alice Street, Binghamton, NY 13904. Copyright 1986.

relação a uma demanda ou a um estressor. Funcionários devem aprender a administrar os estressores inevitáveis e inalteráveis para evitar sofrimento e tensão e melhorar a saúde e o bem-estar. A **prevenção terciária** pretende curar os sintomas individuais e organizacionais de distresse e tensão. Os sintomas podem variar desde sinais de alerta (como dor de cabeça ou absenteísmo) até formas mais severas de distresse (como hipertensão, paralisações e greves). Uma abordagem inovadora usada pela empresa de recuperação de dados DriveSavers apoia o tratamento e a prevenção com um conselheiro em tempo integral.[76] As fases de prevenção podem ser aplicadas na prevenção organizacional, individual e na promoção da saúde.

Prevenção do estresse organizacional

Algumas organizações mantêm ambientes saudáveis, com baixo índice de estresse, outras cultivam ambientes cujo índice de estresse é alto e colocam a saúde de seus funcionários em risco. A experiência de justiça organizacional está se firmando como um fator contextual que leva ao ambiente de trabalho positivo com baixo índice de estresse.[77] Uma abordagem abrangente de saúde organizacional e de gerenciamento preventivo do estresse foi primeiro aplicada na força aérea norte-americana pelo Coronel Joyce Adkins, que desenvolveu um Centro de Saúde Organizacional (OHC) com os Equipamentos do Comando Aéreo.[78] O objetivo do OHC é manter os trabalhadores felizes, saudáveis e operantes para levar a eficiência e a produtividade ao seu mais alto nível. Isso é alcançado focando os fatores causadores de estresse no trabalho, formas individuais e organizacionais de distresse e estratégias gerenciais e individuais para o gerenciamento preventivo do estresse. A abordagem de Adkins sobre saúde organizacional trata das prevenções primárias, secundárias e terciárias. Entretanto, grande parte da prevenção organizacional é primária, incluindo redesenho do trabalho, fixação de metas, negociação de papéis e gestão de carreira. Dois métodos de prevenção de estresse organizacional, a formação de equipe e o apoio social no trabalho, dizem respeito a prevenções secundárias. Discutimos a formação de equipes no Capítulo 9, mas desde já ressaltamos que, sob estresse, a estrutura da equipe pode influenciar na sua própria efetividade. Especificamente, equipes que enfrentam demandas quantitativas são mais efetivas se mais bem estruturadas, ao passo que equipes que enfrentam demandas qualitativas são mais efetivas se estruturadas sem tanta exigência.[79] Por fim, empresas como a Kraft Foods (subsidiária da Altria Group, Inc.) o Hardee's Food Systems (parte da CKE Restaurants, Inc.) desenvolveram programas preventivos específicos para combater o aumento da violência no ambiente de trabalho. A violência nas organizações é uma categoria de comportamento disfuncional normalmente

prevenção secundária
Etapa do gerenciamento preventivo do estresse desenvolvido para alterar ou modificar a relação do indivíduo ou da organização perante uma demanda ou fator causador do estresse.

prevenção terciária
Etapa do gerenciamento preventivo do estresse desenvolvido para curar os sintomas individuais ou organizacionais de distresse e tensão.

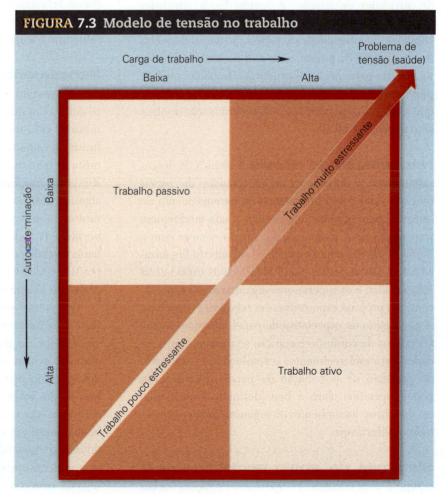

FIGURA 7.3 Modelo de tensão no trabalho

Fonte: B. Gardell, "Efficiency and Health Hazards in Mechanized Work," em J. C. Quick, R. S. Bhagat, J. E. Dalton e J. D. Quick, eds., *Work Stress: Health Care Systems in the Workplace*. Copyright © 1987. Reproduzido com a permissão da Greenwood Publishing Group, Inc., Westport, CT.

CAPÍTULO 7 Estresse e bem-estar no trabalho 119

motivado por eventos estressantes cujas consequências negativas precisam ser evitadas.[80]

Redesenho do trabalho O modelo de tensão no trabalho ilustrado na Figura 7.3 sugere que a combinação de rigorosas demandas e controle restrito leva a um alto nível de tensão. Um dos principais objetivos do redesenho do trabalho deve ser aumentar o controle do trabalhador. Em muitos casos, isso diminui a tensão e os problemas sem reduzir a produtividade.

Aumentar o controle do trabalhador é uma estratégia do gerenciamento preventivo do estresse que pode ser realizada de várias formas; a mais comum é aumentar a amplitude de decisões. Maior amplitude pode significar mais autoridade sobre a sequência de atividades, a programação de tempo de trabalho, a seleção e sequência das ferramentas de trabalho e a seleção das equipes. Outro objetivo do redesenho deve ser a redução da incerteza e o aumento da previsibilidade no ambiente organizacional.

Fixação de metas O gerenciamento preventivo do estresse também pode ser alcançado por meio de atividades de fixação de metas. Essas atividades são projetadas para aumentar a motivação e reduzir o conflito e a ambiguidade de papéis. A fixação de metas foca a atenção da pessoa e, ao mesmo tempo, direciona energia para um canal produtivo. Implícita em boa parte dos estudos sobre fixação metas está a hipótese de que as pessoas que participam da determinação aceitam suas metas de trabalho.

Negociação de papéis A técnica de desenvolvimento organizacional de negociação de papéis tem seu valor como um método de gerenciamento do estresse, pois permite que os indivíduos modifiquem seus papéis no trabalho.[81] A negociação começa com a definição de um papel específico no contexto organizacional. A pessoa nesse papel identifica as expectativas relacionadas, e os supervisores organizacionais especificam suas próprias expectativas em relação a essa pessoa. A negociação de expectativa de papel integrado segue. Os pontos de confusão e conflito se tornam oportunidades para esclarecimentos e resoluções. O resultado do processo de negociação de papéis deve ser um papel específico claro e bem definido, com o qual os membros incumbentes e organizacionais estejam todos confortáveis.

Sistemas de apoio social Formação de equipe é uma maneira de desenvolver relações sociais de apoio no ambiente de trabalho. No entanto, a formação de equipe é orientada por tarefa, não é socioemocional por natureza. Embora os funcionários recebam muito do apoio socioemocional de relações pessoais fora do ambiente de trabalho, é necessário que esse tipo de apoio ocorra no ambiente organizacional de modo a manter o bem-estar psicológico.

Os sistemas de apoio social podem ser reforçados pelo ambiente de trabalho de diversas maneiras. A comunicação interpessoal é a chave para desbloquear o apoio social para o gerenciamento preventivo do estresse.[82] Há alguns elementos essenciais no sistema de apoio social dentro e fora das organizações. Essas relações propiciam cuidado emocional, informações, *feedback* avaliativo, criação de modelos e apoio instrumental.

Prevenção individual

Pesquisas clínicas mostram que indivíduos podem usar intervenções autodirecionadas para ajudar a prevenir o distresse e melhorar o bem-estar.[83] A prevenção individual pode ser de natureza primária, secundária ou terciária. As atividades de prevenção primária que discutiremos são o otimismo aprendido, o gerenciamento de tempo e as atividades de lazer. As atividades de prevenção secundária que discutiremos são exercícios físicos, relaxamento e dietas. As atividades de prevenção terciária que discutiremos são o ato de ser mais acessível (abertura) e a ajuda profissional.

Pensamento positivo Muitas vezes, o poder do pensamento positivo passa despercebido. Quando se cultiva um quadro otimista, os eventos ruins são iluminados por um prisma positivo, evitando ansiedades futuras e curando angústias passadas.[84] Um estilo otimista de pensamento deve ser praticado habitualmente. Em geral, isso é aprendido ao longo do tempo, embora algumas pessoas já estejam predispostas a ele. O pessimismo é um estilo negativo de pensamento que foca o negativo. Pode levar a depressão, problemas de saúde e baixo nível de conquistas. Por outro lado, o pensamento positivo realça a saúde, as conquistas e diminui a susceptibilidade à depressão.

Ter pensamento positivo não significa ignorar os fatores causadores do estresse e os desafios. Significa visualizá-los de um ponto de vista diferente. Pessoas otimistas evitam a ansiedade enxergando os momentos difíceis como algo temporário, de âmbito limitado e, na maioria das vezes, inevitável. Elas enfrentam a adversidade com esperança e se consideram responsáveis pelos bons eventos em suas vidas, que veem como algo mais difundido e generalizado. O otimismo aprendido começa com a identificação dos pensamentos pessimistas e, em seguida, com o afastamento desses pensamentos ou com a contestação por meio de evidências e pensamentos alternativos. É uma das cinco dimensões do comportamento organizacional positivo (COP). As outras quatro dimensões são confiança/autoeficácia, esperança, felicidade/bem-estar subjetivo e inteligência emocional.[85]

Gerenciamento de tempo A pressão relacionada ao tempo é uma das principais fontes de estresse listadas na Tabela 7.1. Isso se aplica tanto ao trabalho como à escola. Entre os sintomas de fraco gerenciamento de tempo temos pressa constante, não cumprimento de prazos, sobrecarga de trabalho, sensação de cansaço, tempo de descanso insuficiente e indecisão. Bons administradores de tempo empregam o método GP⁶ em uma escala macro.[86] Esse método GP⁶ nada mais é que (1) estabelecer *metas* que sejam desafiadoras e, mesmo assim, alcançáveis; (2) *priorizar* essas metas em termos de relativa importância; (3) *planejar* para atingir a meta por meio de tarefas, atividades, agendamentos e delegações específicas; e (4) *elogiar-se* pelas conquistas observadas ao longo do caminho. Estabelecer metas concretas e priorizá-las são os passos mais importantes das habilidades de gerenciamento de tempo, pois garantem que as atividades profissionais e acadêmicas mais relevantes recebam tempo e atenção suficientes. Esse sistema de gerenciamento de tempo permite que uma pessoa acompanhe de perto seu sucesso e percorra o caminho com o mínimo de estresse e confusão.

Atividades no período de lazer Pessoas com alta necessidade de conquistas são caracterizadas pela busca incessante por excelência. O tempo de lazer oferece aos funcionários uma oportunidade de descanso e recuperação de atividades extenuantes em casa ou no trabalho. Quando questionados sobre o que fazem em seus momentos de lazer, muitos indivíduos dizem que limpam a casa ou cortam a grama. Essas atividades estão de bom tamanho, desde que a pessoa consiga reduzir o estresse praticando-as. Alguns dizem que nossa ética de trabalho é uma barreira cultural para o prazer. Trabalhamos cada vez mais e é comum às famílias terem dois provedores. Cada vez mais, o lazer está se tornando um luxo entre os trabalhadores. A chave para o uso efetivo da hora de lazer é o divertimento. O momento de lazer pode ser usado para espontaneidade, alegria e conexão com outras pessoas. Embora as férias possam ser um alívio para o esgotamento causado pelo trabalho, podem causar efeitos contrários.[87] Assim, os momentos de lazer e as férias devem ser periódicos e recorrentes.

Atividade física Diferentes tipos de exercícios físicos são importantes na prevenção de estresse secundário. Faculdades e universidades geralmente implantam exercícios em aulas de educação física; organizações militares fazem isso por meio de padrões de aptidão e treinamentos regulados. O exercício aeróbico melhora a reação da pessoa a atividades estressantes. Há anos, Kenneth Cooper defende os benefícios de exercícios aeróbicos.[88] Pesquisas do Aerobics Center, em Dallas, constataram que pessoas que praticam exercícios aeróbicos (1) possuem níveis menores de adrenalina no sangue e no resto do corpo; (2) possuem batimento cardíaco mais lento e forte; e (3) se recuperam de eventos estressantes mais rapidamente.

O treinamento de flexibilidade é um tipo de exercício importante, pois as contrações musculares estão associadas às reações ao estresse. Um componente da resposta ao estresse é a contração dos músculos flexores, que preparam a pessoa para lutar ou fugir. Esse tipo de treinamento permite que a pessoa alongue e relaxe esses músculos para

---

[**Gerenciamento preventivo do estresse individual**]

Prevenção Primária
Pensamento positivo: Otimismo e conversas positivas que reduzem a depressão.
Gerenciamento de tempo: Melhora o planejamento e prioriza atividades.
Atividade no período de lazer: Equilíbrio entre trabalho e atividades não relacionadas ao trabalho.

Prevenção Secundária
Atividade física: Melhora funções cardiovasculares e flexibilidade muscular.
Relaxamento: Reduz os indicadores de respostas ao estresse.
Dieta: Diminui o risco de doenças cardiovasculares e melhora a saúde física de modo geral.

Prevenção Terciária
Abertura: Libera traumas internos e tensões emocionais.
Ajuda profissional: Oferece informações, apoio emocional e diretriz terapêutica.

prevenir o acúmulo de tensão muscular.[89] Os exercícios de flexibilidade ajudam a manter a mobilidade das juntas, aumentam a força e desempenham um importante papel na prevenção de lesões.

Relaxamento Herbert Benson foi uma das primeiras pessoas a identificar a resposta do relaxamento como uma contrarresposta natural ao estresse.[90] Ao estudar indivíduos ocidentais e orientais, Benson constatou que judeus e cristãos extraem essa resposta em momentos destinados às orações, ao passo que os orientais alcançam essa reação pela meditação. No entanto, a reação de relaxamento não requer nem componente tecnológico nem religioso. Leitura, massagem e ioga podem proporcionar relaxamento. No entanto, se você segue um ritual de relaxamento, você já consegue relaxar regularmente.

Dieta As dietas podem desempenhar um papel indireto no que diz respeito ao estresse e ao seu gerenciamento. O consumo de grandes quantidades de açúcar pode estimular a reação ao estresse e os alimentos com alto índice de colesterol podem afetar a química do sangue de forma prejudicial. Boas práticas alimentares contribuem para a saúde em geral. Em sua abordagem não cirúrgica e não farmacológica para reverter doenças do coração, Dean Ornish propõe uma "dieta de reversão" muito rigorosa para pessoas que apresentam bloqueio de artérias.[91] Ele recomenda uma "dieta de prevenção" um pouco menos rigorosa como um dos quatro métodos para desobstrução de artérias em pessoas saudáveis. Outra indicação de seu programa é estar aberto a relações com as pessoas.

Abertura a relações
Eventos traumáticos que levam ao distresse são fatos lamentáveis da vida. Uma entre as várias respostas terapêuticas para esse tipo de evento é confiar nos outros. Discutir experiências difíceis com outras pessoas nem sempre é tarefa fácil, mas a saúde física e mental melhora com essa prática. Em um estudo que comparou pessoas que escreveram uma vez por semana sobre eventos traumáticos com pessoas que escreveram sobre eventos não traumáticos, foram observados benefícios significativos à saúde e redução de faltas no primeiro grupo.[93] Não é preciso fazer confissões para outra pessoa pessoalmente. Escrever em um diário e postar de forma anônima na internet também é terapêutico. Qualquer que seja a forma, o processo de se abrir minimiza os efeitos nocivos do estresse.

Ajuda profissional As confissões e aberturas podem ocorrer em relações de cura profissionais. Aconselhamento psicológico, aconselhamento de carreira, terapia física, tratamento médico, intervenção cirúrgica e outras técnicas terapêuticas estão disponíveis para os que precisam de ajuda. Os programas de assistência ao empregado (PAE), comuns em empresas norte-americanas, podem ser muito úteis para encaminhar os funcionários para os tratamentos adequados. Até mesmo soldados que enfrentaram respostas ao estresse severas o suficiente para deixá-los fora de combate podem se recuperar e participar novamente de missões em combates subsequentes.[94] A identificação precoce de reações de distresse e tensão, juntamente com o tratamento profissional imediato, pode contribuir para a prevenção de danos físicos e psicológicos permanentes, como o transtorno de estresse pós-traumático.

Promoção da saúde integral

Ao passo que os programas de prevenção do estresse organizacional têm como objetivo a eliminação de riscos de saúde no trabalho, os programas de promoção da saúde integral têm como objetivo estabelecer um "hospedeiro forte e resistente", ensinando a prevenção individual e as mudanças necessárias no estilo de vida.[95]

Tendência ao debate: fora da rede e sem fio

Todos os anos, o CEO da agência de colocação profissional Kelly Services leva sua esposa para uma viagem de uma a duas semanas para uma pequena ilha perto de Maui, onde eles ficam longe de redes e fios. Embora a tecnologia venha acabando com os limites pessoais e tornando CEOs como Carl Camden disponíveis 24 horas por dia em 7 dias por semana em qualquer lugar do mundo, essa disponibilidade não gera picos de desempenho. Usando ferramentas de testes reservados para astronautas, antigos cientistas da Nasa descobriram que veranistas experimentam um aumento de 82% no desempenho de trabalho pós-viagem, desde que a viagem seja longa o suficiente, como as férias anuais de uma ou duas semanas de Camden no Pacífico. Quando altos executivos tiram longas férias, tendem a ser ridicularizados pela imprensa, mas a ciência do espaço parece estar do lado de Camden. Férias mais longas são pausas positivas e benéficas que contribuem para o melhor desempenho no trabalho.

Fonte: M. Conlin: "Do Us a Favor, Take a Vacation", *Business Week* 4035 (21/maio/2007): 88.

(Discutir experiências difíceis com outras pessoas nem sempre é tarefa fácil.)

Programas de exercícios e de aptidão física caracterizam os programas de promoção da saúde corporativa nos Estados Unidos e no Canadá.[96] Uma pesquisa sobre saúde e bem-estar realizada por escolas de medicina credenciadas nos Estados Unidos, no Canadá e em Porto Rico constatou que esses programas colocam ênfase significativa no bem-estar físico e dão pouca atenção ao bem-estar espiritual.[97] Um nova abordagem sobre a promoção da saúde integral dá destaque à organização e ao bem-estar organizacional.[98] Os processos sociais e cognitivos são considerações-chave na implantação bem-sucedida de programas de prevenção do estresse.[99]

A Johnson & Johnson desenvolveu um programa de promoção da saúde integral com grande variedade de módulos educacionais para indivíduos e grupos. Cada módulo direciona a um tópico específico como comportamento Tipo A, estresse, dieta (por meio de ação

Um alto nível de açúcar, uma dieta com muita gordura, pode estimular o estresse.

conjunta com a Associação Americana do Coração – American Heart Association) e acompanhamento de risco (por meio de avaliações de saúde regulares para os participantes). Sobre a implantação, a Johnson & Johnson constatou que a condição de saúde dos funcionários melhorou, mesmo se eles não tivessem participado do programa.

Efeitos do estresse no corpo

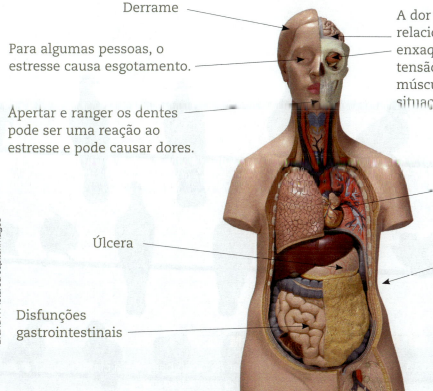

- Derrame
- Para algumas pessoas, o estresse causa esgotamento.
- Apertar e ranger os dentes pode ser uma reação ao estresse e pode causar dores.
- Úlcera
- Disfunções gastrointestinais
- A dor de cabeça pode estar relacionada à fadiga dos olhos ou à enxaqueca, mas a dor de cabeça de tensão é causada pela contração dos músculos da cabeça e do pescoço em situações de estresse.
- Doenças cardíacas
- O estresse contribui para o surgimento de dor nas costas advindas de contrações musculares relacionadas com a preparação para lutar ou fugir.

CAPÍTULO 7 Estresse e bem-estar no trabalho

CAPÍTULO 8

Comunicação

RESULTADOS DA APRENDIZAGEM

Após a leitura deste capítulo, você estará apto a:

1. Descrever o processo de comunicação interpessoal e a importância de saber ouvir.
2. Descrever as cinco habilidades comunicacionais de chefias eficientes.
3. Explicar as cinco barreiras à comunicação e os caminhos para transpô-las.
4. Distinguir comunicação defensiva de comunicação não defensiva.
5. Explicar o impacto da comunicação não verbal.

> "*A comunicação interpessoal é importante para a saúde e o bem-estar, tanto em casa como no trabalho.*"

6 Explicar a comunicação saudável e positiva.
7 Identificar as tecnologias da comunicação e como elas afetam o processo comunicacional.

RESULTADO DA APRENDIZAGEM 1

Comunicação interpessoal

A **comunicação** desperta um significado comum ou compartilhado em outra pessoa. A **comunicação interpessoal** ocorre entre duas ou mais pessoas dentro de uma organização. Ela é importante para a saúde e o bem-estar, tanto em casa como no trabalho. Ler, ouvir, administrar, interpretar informações e servir clientes estão entre as habilidades de comunicação interpessoal identificadas pelo Ministério do Trabalho Americano (Department of Labor) como necessárias para o sucesso no ambiente organizacional.[1] No Capítulo 7, observamos que a comunicação interpessoal é a chave para desbloquear o apoio social para o gerenciamento preventivo do estresse.[2] É importante também na construção e manutenção de relações no trabalho. Os mais recentes avanços na tecnologia da informação e no gerenciamento de dados não são capazes substituir a comunicação interpessoal. A Figura 8.1 ilustra os elementos-chave da comunicação interpessoal: o emissor, o receptor, os quadros sensoriais e a mensagem.

Modelo de comunicação interpessoal

O **emissor** é a pessoa que envia ou emite a mensagem. O **receptor** é aquele que a aceita ou recebe. Os **quadros sensoriais** são as janelas pelas quais nos comunicamos. Os respectivos quadros sensoriais do emissor e do receptor influenciam na qualidade, na precisão e na clareza da mensagem. Eles podem permitir que a mensagem seja transmitida sem problemas ou podem causar estática e distorção. Os quadros sensoriais são construídos sobre os atributos individuais do emissor e do receptor, como idade, gênero, valores, crenças, experiências passadas, influências culturais

comunicação
Suscitar um significado comum ou compartilhado em outra pessoa.

comunicação interpessoal
Comunicação entre duas ou mais pessoas dentro de uma organização.

emissor
Pessoa que envia/emite uma mensagem.

receptor
Pessoa que recebe/aceita uma mensagem.

quadro sensorial
Janela pela qual uma pessoa interage com outra; influencia a qualidade, precisão e clareza da comunicação.

e necessidades individuais. O grau no qual esses quadros estão abertos influencia de maneira significativa tanto nas mensagens recebidas como nas mensagens enviadas.

A **mensagem** contém os pensamentos e os sentimentos que o emissor pretende transmitir ao receptor. Toda mensagem possui dois componentes primários. O pensamento ou componente conceitual da mensagem (seu conteúdo) está contido nas palavras, nas ideias, nos símbolos e nos conceitos escolhidos para transmitir a mensagem. O sentimento ou componente emocional da mensagem (seu efeito) está contido na intensidade, na atitude e nos gestos do emissor. O componente emocional da mensagem adiciona tons de alegria, raiva, medo ou dor ao componente conceitual. Essa adição geralmente enriquece e esclarece a mensagem.

O *feedback* pode ou não ser ativado na comunicação. Ele ocorre quando o receptor fornece ao emissor uma resposta ou reação para a mensagem. De maneira mais ampla, o *feedback* ocorre quando informações são passadas de volta ao emissor, que completa a comunicação de duas vias.

A **linguagem** da mensagem é importante. Linguagem é um termo abrangente que denota as palavras, suas pronúncias e os métodos de combiná-las, os quais são usados e compreendidos por um grupo de pessoas. A cultura e a situação ditam a linguagem específica utilizada em uma mensagem.

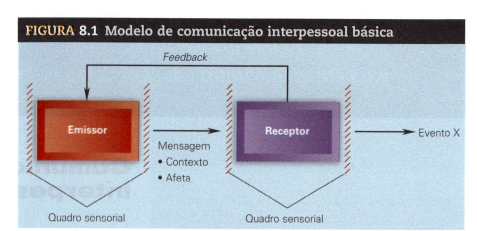

FIGURA 8.1 Modelo de comunicação interpessoal básica

Os **dados** são os elementos não analisados e não interpretados de uma mensagem. A **informação** é o dado que tem significado para a pessoa que o interpreta ou analisa. As mensagens são transmitidas por determinado meio, como telefone ou discussão face a face. Mensagens se diferem em **riqueza**, ou seja, a habilidade de um meio de transmitir significado para um receptor.[3] A Tabela 8.1 compara diferentes meios de comunicação com relação à riqueza e capacidade dos dados. Os atributos dos meios de comunicação afetam como o comportamento que busca ser influente é gerado e visto dentro das organizações.[4]

Escuta reflexiva

Embora não seja explicitamente notada no modelo de comunicação, a boa escuta é muito importante para comunicação efetiva. A **escuta reflexiva** é a habilidade de ouvir uma mensagem e repeti-la imediatamente ao emissor. Essa técnica ajuda o comunicador a esclarecer a mensagem e corrigir imprecisões e mal-entendidos. A ênfase está no papel do receptor ou do público na comunicação interpessoal. Os gerentes utilizam essa técnica para entender outras pessoas e ajudá-las a resolver problemas no ambiente de trabalho.[5] A escuta reflexiva permite que o ouvinte compreenda o que o emissor quer dizer, reduza distorções perceptivas e vença barreiras interpessoais que levam a falhas na comunicação. Útil para solução de problemas, a escuta reflexiva pode ser aprendida em pouco tempo. Em razão de seus efeitos positivos sobre comportamento e emoção no ambiente corporativo, é uma valiosa técnica a ser praticada.[6]

A escuta reflexiva pode ser caracterizada como pessoal, orientada pelo sentimento e responsiva.[7] Em primeiro lugar, ela enfatiza os elementos pessoais do

---

mensagem
Pensamentos e sentimentos que o emissor pretende transmitir ao receptor.

feedback
Informação transmitida de volta que completa a comunicação de duas vias.

linguagem
As palavras, suas pronúncias e os métodos de combiná-las, usadas e compreendidas por um grupo de pessoas.

dados
Fatos não analisados e não interpretados.

informações
Dados interpretados, analisados e com significado para um usuário.

riqueza
Habilidade de um meio para transmitir significado a um receptor.

escuta reflexiva
Ouvir com cuidado uma mensagem e repeti-la imediatamente ao emissor.

TABELA 8.1 Capacidade de dados e riqueza de vários meios

Fonte: Criado por E. A. Gerloff da "Information Richness: A New Approach to Managerial Behavior and Organizational Design," por Richard L. Daft e R. H. Lengel e *Research in Organizational Behavior* 6 (1984): 191–233. Reimpresso por Jai Press Inc.

processo de comunicação. Os ouvintes reflexivos demonstram empatia pelo comunicador e preocupação com ele; eles o veem como uma pessoa, e não como um objeto. Em segundo lugar, enfatiza os sentimentos comunicados na mensagem – o receptor deve prestar atenção ao componente de sentimento ao repetir a mensagem. Por fim, enfatiza uma resposta racional e ponderada. Os receptores devem diferenciar seus próprios sentimentos dos sentimentos do emissor. O foco da conversa deve permanecer todo o tempo nas ideias e emoções do emissor, para que o receptor responda de forma efetiva. Um bom ouvinte reflexivo não direciona o emissor de acordo com seus próprios pensamentos e sentimentos.

Esse tipo de escuta precisa de quatro níveis de resposta verbal: estabelecer contato de afirmação, parafrasear sentimentos e pensamentos expressos, esclarecer pensamentos e sentimentos implícitos e refletir os sentimentos principais não expressos de forma completa. Os comportamentos não verbais também são importantes na escuta reflexiva. Silêncio e contato visual são respostas que realçam essa escuta.

Cada uma dessas respostas será ilustrada por meio de um exemplo: a interação entre um engenheiro de software, que acaba de descobrir um sério problema em um sistema de informações que está desenvolvendo para um cliente exigente, e sua chefia.

Contato de afirmação O receptor afirma o contato com o comunicador fazendo declarações periódicas do tipo "Sei", "OK", e "Ah, compreendo". O propósito de uma resposta de afirmação é comunicar atenção, não necessariamente concordância. No caso do engenheiro de software, a chefia pode fazer declarações afirmativas durante pausas apropriadas, conforme o engenheiro fala sobre o problema. O contato de afirmação tranquiliza o emissor nas primeiras etapas de expressão, especialmente quando pode haver ansiedade ou desconforto. À medida que o problema vai sendo explorado e expressado, torna-se cada vez mais importante para o receptor empregar outras respostas reflexivas.

Parafrasear o que foi dito Após certo período de tempo, o receptor deve parafrasear os pensamentos e sentimentos expressos pelo emissor. Parafrasear é útil, pois reflete os pensamentos e sentimentos ao próprio emissor de acordo como o receptor os ouviu. Essa resposta verbal permite que o receptor desenvolva maior empatia, abertura e aceitação na relação, bem como garante a precisão do processo de comunicação.

No caso do engenheiro de software, a chefia pode achar a paráfrase da mensagem do engenheiro particularmente útil para ambos no desenvolvimento da compreensão mais clara do problema. Ele poderia dizer: "Parece que você está muito abalado com esse problema. Embora você não esteja certo de como aconteceu, parece que tem poucas indicações positivas". É difícil solucionar um problema antes que ele seja claramente compreendido.

Esclarecer o implícito Normalmente, as pessoas comunicam pensamentos e sentimentos implícitos relacionados a um problema além da mensagem transmitida de forma explícita. Ideias e emoções implícitas são expressas de maneira plena ou clara. O receptor pode ou não presumir que o implícito está na percepção do receptor. O engenheiro de software pode estar ansioso em relação a como abordar o cliente exigente a respeito do problema. É possível que isso esteja implícito em sua discussão com sua chefia por causa de uma

[*O propósito de uma resposta de afirmação é comunicar atenção, não necessariamente concordância.*]

CAPÍTULO 8 Comunicação **127**

discussão anterior sobre o cliente. Se seus sentimentos de ansiedade não forem expressos, talvez a chefia não os queira esclarecer. Ele poderia dizer: "Você parece um pouco agitado... Você está preocupado com a reação do cliente?". Isso ajudaria o engenheiro a transferir o foco de sua atenção do problema principal, o software, para a discussão do problema com o cliente.

Refletir os sentimentos principais

Em seguida, o receptor deve olhar além das mensagens implícitas e explícitas do emissor. Sentimentos principais são as emoções, as crenças e os valores mais profundos e importantes do emissor. Se o engenheiro de software não estivesse ciente de nenhum tipo de ansiedade em sua relação com o cliente exigente, a habilidade de sua chefia para sentir a tensão e trazê-la à conscientização do engenheiro exemplificaria a reflexão dos sentimentos principais.

O receptor corre o risco de exagerar caso uma relação segura e empática com o emissor ainda não tenha sido estabelecida ou se sentimentos fortemente reprimidos forem refletidos. Mesmo se o receptor estiver correto, o emissor pode não querer que esses sentimentos sejam trazidos ao seu conhecimento. Assim, é importante ter cuidado no que diz respeito à reflexão dos sentimentos principais para um emissor.

Silêncio

Longos períodos de silêncio podem causar desconforto ou constrangimento, mas ajudam tanto o emissor quanto o ouvinte na escuta reflexiva. Com base na perspectiva do emissor, o silêncio pode ser útil em momentos em que se quer pensar em como expressar ideias e sentimentos ou em momentos em que se está confuso em relação a eles. O engenheiro de software pode necessitar de um período de silêncio por parte de sua chefia para pensar no que fará em seguida. Os ouvintes podem usar breves períodos de silêncio para separar seus próprios pensamentos e sentimentos dos pensamentos do emissor. No caso do chefe do engenheiro de software, qualquer sentimento pessoal com relação ao cliente exigente não deve interferir no problema imediato do engenheiro. O silêncio fornece tempo para identificar e isolar as respostas pessoais do ouvinte e excluí-las do diálogo.

Contato visual

O contato visual é um comportamento não verbal que pode promover abertura para a comunicação entre duas pessoas. Durante um diálogo, a falta de contato visual apropriado tende a encerrar a comunicação. A existência de contato visual inapropriado também pode entravar uma relação. Diferenças culturais e individuais influenciam o que constitui o contato visual apropriado e inapropriado. Na Índia, por exemplo, não se recomenda o contato visual direto iniciado por mulheres e crianças. O excesso de contato visual direto, sem levar em conta o indivíduo ou a cultura, pode ter efeito de intimidação.

O contato visual direto moderado comunica abertura e afirmação sem causar sentimento de intimidação ao emissor e ao ouvinte. O desvio periódico do olhar significa um senso de privacidade e controle, mesmo na comunicação interpessoal intensa. O engenheiro de software e a chefia desenvolvem contato visual ao longo da discussão, embora ambos desviem o olhar periodicamente para liberar a tensão da intimidação.

Comunicação de uma via *versus* comunicação de duas vias

A escuta reflexiva incentiva a comunicação de duas vias. A **comunicação de duas vias** é uma forma interativa de comunicação na qual ocorre a troca de pensamentos, sentimentos ou ambos e por meio da qual o significado compartilhado geralmente ocorre. A solução de problemas e as tomadas de decisão são exemplos de comunicação de duas vias. A **comunicação de uma via** ocorre quando uma pessoa envia uma mensagem para outra e nenhum *feedback*, perguntas ou interação ocorrem em seguida. Dar instruções e oferecer direções são exemplos de comunicação de uma via.

Uma comunicação de duas vias envolve trocas.

comunicação de duas vias
Forma interativa de comunicação em que há troca de pensamentos, sentimentos ou ambos.

comunicação de uma via
Comunicação na qual uma pessoa envia uma mensagem para outra e não há *feedback*, perguntas ou interação em seguida.

Esse tipo de comunicação tende a ser eficiente, embora o quão eficiente ela seja depende da quantidade e da complexidade das informações comunicadas e do meio escolhido. Ainda que seja mais rápida do que a comunicação de duas vias, a comunicação de uma via é menos precisa. Isso é especialmente verdadeiro no caso de tarefas complexas que exigem completo esclarecimento. Quando tempo e precisão são importantes para a realização bem-sucedida de uma tarefa e a comunicação de duas vias não é uma opção (como em situações de combate ou de emergência), o treinamento extensivo anterior à execução melhora a precisão e a eficiência.[8] Os bombeiros e os militares se engajam em tais treinamentos para minimizar a necessidade de comunicação durante emergências. Esses profissionais contam com a comunicação de uma via abreviada como forma de encurtar informações mais complexas. No entanto, essa comunicação funciona apenas em uma gama de situações para as quais os profissionais são especificamente treinados.

É difícil imaginar generalizações sobre a preferência individual em relação à comunicação de uma via ou de duas vias. Os comunicadores que têm muita necessidade de *feedback* ou que estejam confortáveis com conflitos ou questões confusas podem achar a comunicação de duas vias mais satisfatória. Por outro lado, os receptores que acreditam que uma mensagem é franca podem se satisfazer com a comunicação de uma via e ficar impacientes com a duração de uma comunicação de duas vias.

RESULTADO DA APRENDIZAGEM 2

Habilidades de comunicação para gerentes efetivos

A comunicação interpessoal é a fundação essencial para o desempenho efetivo e o bem-estar individual nas organizações. O poder está atrelado à linguagem da comunicação entre gerentes e seus funcionários.[9] Esse poder dinâmico é especialmente necessário quando líderes estão articulando visões e tentando conquistar a confiança dos funcionários.[10] Um grande estudo com gerentes de diversas indústrias indicou que as unidades de trabalho mais efetivas se engajaram em comunicação de rotina com seus funcionários, ao passo que os gerentes com as maiores taxas de promoção se engajaram em atividades de *networking* com os superiores.[11] Outro estudo com gerentes de banco constatou que os que têm melhor desempenho são comunicadores melhores e menos apreensivos do que os gerentes cujo desempenho é baixo.[12] A comunicação oral e a cooperação gerencial são importantes habilidades de desempenho contextual que têm efeitos positivos sobre a qualidade psicológica do ambiente de trabalho.[13]

As pesquisas sobre a comunicação gerente-funcionário identificaram cinco habilidades de comunicação que diferenciam as boas chefias das ruins.[14] Um bom

[Inspiração que não é mencionada]

Tendo como pano de fundo uma recessão marcada por demissões massivas, falências e outras dificuldades econômicas, o discurso de posse do Presidente Barack Obama foi visto como uma oportunidade de definir um caminho de avanço. Tão importante quanto a linguagem do discurso foi a escolha da comunicação não verbal de Obama — mais de 93% do significado emocional de uma mensagem ocorre por meio de sinais não verbais. Com o intuito de fortalecer sua mensagem, Obama utilizou contato visual e tom de voz ativo. Em vez de limitar o contato visual a olhares temporários para segmentos específicos da audiência, ele disparou seu olhar de forma contínua sobre a multidão, passando da extrema esquerda para extrema direita. Isso demonstrou sua consciência em relação ao tamanho da audiência, além dos milhões que estavam assistindo pela televisão e internet. O uso dinâmico do tom de voz de Obama no discurso provou ser sua aplicação mais emocionalmente evocativa de comunicação não verbal. Um tom inicial de confiança garantiu o ar de comando e conferiu às suas palavras um forte significado. Um tom sóbrio e intenso transmitia a gravidade das questões, como as dificuldades econômicas e os sacrifícios. O discurso foi concluído com um tom otimista que comunicava a visão convincente de um futuro melhor. O comportamento não verbal, como o contato visual e o tom, foi, sem sombra de dúvidas, importante para o sucesso do discurso de Obama e continua a fortalecer suas mensagens ao longo de seu mandato.

Fonte: W.A. Gentry. "Nonverbal Obama: Aside From His Words". *Business Week Online*, 21 jan. 2009: 4.

chefe é um falante expressivo, um ouvinte empático, um líder persuasivo, uma pessoa sensitiva e um gestor informativo. Algumas chefias são eficientes sem ter essas habilidades, e algumas organizações valorizam mais uma ou duas habilidades em comparação às outras. Como as relações diádicas estão no centro de grande parte da comunicação com base na organização, ter as cinco habilidades torna a chefia muito mais efetiva na comunicação com seus funcionários.[15]

Expressividade

Chefias eficientes expressam seus pensamentos, ideias e sentimentos abertamente e não têm medo de emitir opiniões nas reuniões. Elas tendem à extroversão. Chefias que não falam muito ou que tendem à introversão podem levar seus funcionários a imaginar o que elas estão pensando sobre certas questões. Por outro lado, o chefe que fala bastante deixa as pessoas com quem trabalha a par de sua posição, em que acredita e como se sente.

Empatia e sensibilidade

Além de serem falantes expressivos, as boas chefias são ouvintes solícitos, empáticos e reflexivos. Ouvintes empáticos são capazes de captar as dimensões emocionais das mensagens que as pessoas lhes enviam, bem como o conteúdo das ideias e das questões. As boas chefias são de fácil abordagem e dispostas a escutar sugestões e reclamações. Em um estudo recente entre médicos, aqueles com maior percepção de controle estavam mais abertos em suas comunicações e os pacientes os acharam mais empáticos.[16]

As boas chefias também são sensíveis aos sentimentos, à autoimagem e às defesas psicológicas de seus funcionários. Elas sabem como e quando se comunicar com funcionários para maximizar a saúde psicológica. As realizações, homenagens e conquistas dos funcionários, por exemplo, devem ser anunciadas em público, ao passo que as críticas devem ser feitas em particular. As melhores chefias são sensíveis em relação à autoestima dos outros.

barreiras à comunicação
Fatores que distorcem, perturbam e até interrompem a comunicação.

caminhos para a comunicação
Aberturas que quebram barreiras à comunicação.

Persuasão

Caso queiram garantir alto desempenho e conquistar resultados positivos, as chefias devem exercer poder e influência nas organizações. Os chefes eficientes tendem a ser líderes persuasivos, diferenciados por usar linguagem persuasiva para influenciar os outros. Eles não são enganadores nem autocráticos – eles incentivam resultados de forma séria em vez de manipular as pessoas.

Em alguns casos, emergências e situações de alto risco exigem que se abandone a persuasão sensível e sutil. Em uma situação de incêndio em uma plataforma de petróleo ou de risco de vida em uma sala de emergência, a chefia deve ser direta e assertiva.

Informativo

Por fim, bons chefes mantêm seus funcionários bem informados pela disseminação apropriada e seletiva de informações. Falha na filtragem de informações pode acarretar sobrecarga de informações ou falta de informações suficientes para a realização de tarefas. Bons chefes comunicam com antecedência as mudanças organizacionais e explicam a racionalidade das políticas corporativas.

Uma pessoa pode se tornar um bom chefe mesmo se lhe faltar uma dessas competências de comunicação. Um gerente com talento para planejar, organizar ou decidir pode compensar a pouca expressividade ou sensibilidade. Não importam os níveis de competência ou eficiência, quando chefes e funcionários adotam a comunicação aberta e o planejamento futuro, possuem maior número de acordos sobre o comportamento e desempenho do funcionário.[17]

> A seção "E você?", disponível on-line nos Cartões de Revisão, oferece uma oportunidade para avaliar suas próprias habilidades de escuta.

RESULTADO DA APRENDIZAGEM 3

Caminhos e barreiras à comunicação

As **barreiras à comunicação** são fatores que distorcem, perturbam e até interrompem a comunicação bem-sucedida. Elas podem ser temporárias e facilmente resolvidas ou podem ser duradouras e profundamente enraizadas. Cerca de 20% dos problemas de comunicação podem ser evitados ou solucionados pelas diretrizes da política de comunicação.[18] Os **caminhos para a comunicação** são as aberturas que quebram as barreiras à comunicação. A conscientização e o reconhecimento são os primeiros passos para a abertura. As barreiras óbvias à comunicação no ambiente de trabalho são separação física (funcionários em diferentes prédios ou localidades geográficas) e status (relacionado à hierarquia organizacional). As barreiras não tão óbvias são as causadas por diferenças de gênero, diversidade cultural e linguagem.

Diferenças de gênero

As barreiras à comunicação podem ser atribuídas, em parte, às diferenças nos estilos de conversação.[19] Quando indivíduos com diferentes experiências econômicas conversam, a compreensão do receptor pode não condizer com a do emissor. Em uma análise similar, homens e mulheres tendem a ter diferentes estilos de conversação. As mulheres normalmente preferem conversar cara a cara; os homens se sentem mais confortáveis conversando lado a lado, concentrados num ponto na frente deles. Assim, diferenças relativas à conversação podem resultar em barreiras à comunicação entre homens e mulheres. A conversação homem-mulher é, de fato, uma comunicação *cross-cultural*. Em um contexto de trabalho, um estudo apontou que profissionais do sexo feminino emitem menos informações aos seus chefes e enfrentam menos sobrecarga de informações do que os profissionais do sexo masculino.[20]

Uma forma de lidar com a barreira do gênero é o desenvolvimento da conscientização e do apreço em relação às diferenças específicas de cada gênero no estilo de conversação. Essas diferenças podem enriquecer a comunicação organizacional e fortalecer relações profissionais.[21] Um segundo caminho é a busca ativa por esclarecimentos sobre a mensagem da pessoa em vez de interpretá-la livremente com base nas próprias referências.

A cultura proporciona o contexto para metáforas consensualmente derivadas que facilitam o entendimento.

Diversidade cultural

Valores e padrões de comportamento influenciados por fatores culturais podem constituir barreiras à comunicação. No que diz respeito aos valores relacionados ao trabalho, existem diferenças significativas entre indivíduos que estão nos Estados Unidos, na Alemanha, no Reino Unido, no Japão e em outras nações.[22] As diferenças de valores exercem impacto sobre a motivação, a liderança e o trabalho em equipe dentro das organizações.[23] Padrões habituais de interação podem obstruir a comunicação em qualquer cultura. A cultura alemã, por exemplo, valoriza muito mais a autoridade e as diferenças hierárquicas do que a cultura americana. É, portanto, mais difícil para funcionários alemães se engajarem em uma comunicação aberta com seus chefes do que para funcionários americanos.[24]

Quando uma pessoa de determinada cultura vê pessoas de outra cultura através das lentes de um estereótipo, desconta as diferenças individuais que existem

[O método Fame]

Após a agitação dos funcionários durante um difícil período de reorganização, o fabricante farmacêutico AstraZeneca resolveu ensinar suas equipes de liderança a engajar de maneira apropriada funcionários que estavam apreensivos. A empresa desenvolveu um método de comunicação chamado Fame: foco, articulação, modelo e engajamento.

- Primeiro, os líderes desenvolvem um claro foco para aquilo que eles querem que os funcionários pensem, sintam e façam em meio à mudança.
- Segundo, os líderes articulam essa visão usando palavras que os funcionários possam lembrar e repetir.
- Terceiro, os líderes moldam o comportamento dos funcionários usando suas próprias forças de comunicação.
- Quarto, os líderes engajam os funcionários demonstrando-lhes como se encaixam num quadro maior.

A AstraZeneca descobriu que o método Fame permite que os líderes amenizem a ansiedade do funcionário e, ao mesmo tempo, desenvolvam seus próprios estilos de comunicação efetiva. A comunicação de liderança é uma competência aprendida que torna as chefias mais autoconscientes e autoconfiantes em suas interações com os funcionários. Isso melhora o desempenho, o moral e as relações de negócios.

Fonte: D. Walters e D. Norton. "Leadership Communication – The AstraZeneca Way", *Strategic Communication Management* 12 (dez. 2007/jan. 2008): 16-19.

LIDANDO COM PESSOAS DEFENSIVAS

>> Catherine Crier ganhou vasta experiência em comunicação defensiva quando trabalhou como juíza e advogada. Ela levou esse conhecimento consigo para a nova carreira de âncora de noticiários da CNN, ABC, Fox News e Court TV. Suas quatro regras básicas de engajamento são:

1. definir a situação;
2. esclarecer a posição da pessoa;
3. reconhecer os sentimentos da pessoa;
4. trazer o foco de volta aos fatos.

dentro da cultura estrangeira. Na Ásia, o estereótipo dos americanos é que eles são agressivos e arrogantes, portanto, insensíveis e inacessíveis. Já na América, o estereótipo dos asiáticos é que eles são estudiosos, subordinados e assimilativos. Indivíduos que dependem da precisão de estereótipos culturais podem, involuntariamente, criar barreiras ao se comunicar com pessoas de outras culturas.

Uma maneira de lidar com a barreira da diversidade é aumentar a conscientização e a sensibilidade cultural. Além disso, as empresas podem oferecer seminários para gerentes estrangeiros como parte do treinamento para tarefas fora de seu país. Bernard Isautier, presidente e CEO da Petro Kazakstan, acredita que compreensão e comunicação são duas peças-chave para a diversidade harmoniosa do local de trabalho, um ingrediente essencial para o sucesso nos mercados internacionais.[25] Outro caminho é desenvolver ou assimilar diretrizes para compreender membros de outras culturas e interagir com eles. Uma abordagem aplicada para iniciar treinamentos que tratam da diversidade é descrever um país por meio de uma metáfora.[26] O *pub* irlandês, a tourada espanhola e o futebol americano são metáforas procedentes de estilos de conversação específicos que permitem que pessoas de fora da cultura entendam os membros dela.

Linguagem

comunicação defensiva
Mensagens que são agressivas, mal-intencionadas, passivas e contidas.

comunicação não defensiva
Mensagens que são assertivas, diretas e poderosas.

Embora o inglês seja a língua internacional da aviação, não é o idioma internacional dos negócios. Um crescente número de homens e mulheres executivos são bilíngues ou poliglotas, mas até as distinções sutis de um mesmo idioma podem constituir barreiras. Nos Estados Unidos, a palavra *chemist* significa cientista molecular; no Reino Unido, significa farmacêutico. A terminologia técnica cria barreiras idiomáticas além das fronteiras profissionais e disciplinares. Acrônimos e jargão profissional podem ser ferramentas de comunicação muito úteis para os que pertencem a determinada área de conhecimento; tal linguagem pode transmitir significados precisos entre profissionais. No entanto, acrônimos e terminologias técnicas podem confundir os que não têm familiaridade com a profissão e atrapalhar qualquer tentativa de entendimento por parte deles. Ao fazer negócios, o melhor mesmo é usar linguagem simples, direta e assertiva. A pessoa deve se comunicar por meio de frases curtas e empregar termos ou palavras já utilizadas pela audiência. Sempre que possível, deve-se falar no idioma do ouvinte. Acima de tudo, não se deve usar jargão ou linguagem técnica, exceto com aqueles que, de fato, os compreendam.

RESULTADO DA APRENDIZAGEM 4

Comunicação defensiva e não defensiva

No ambiente de trabalho, a linguagem defensiva gera barreiras entre as pessoas, ao passo que a comunicação não defensiva ajuda a iniciar e aprofundar relações.[27] A **comunicação defensiva** inclui mensagens agressivas e mal-intencionadas, bem como mensagens passivas e reclusas. Já a **comunicação não defensiva** é assertiva, direta e poderosa. Embora possa ser mal interpretada como agressividade, a assertividade é, de fato, não defensiva. Ainda que corporações estejam cada vez mais engajadas em situações que pedem a linguagem não defensiva (como batalhas judiciais e intercâmbio de mídia), elas são particularmente férteis para a comunicação defensiva.

[**O dedo**]

Os funcionários juniores de uma organização bancária apelidaram o presidente do banco de "O Dedo". Ao dar ordens a alguém ou aconselhar a pessoas, ele apontava seu indicador de forma dominadora, intimidadora e enfática, o que provocava uma postura defensiva por parte do receptor.

A comunicação defensiva gera muitos problemas, incluindo sentimentos feridos, barreiras à comunicação, alienação nas relações de trabalho, comportamentos destrutivos e retaliativos, esforços não produtivos e falhas na solução de problemas. Quando tais problemas surgem nas organizações, todos se voltam para culpar outra pessoa por aquilo que não está funcionando.[28] Reações defensivas, como represálias e retiradas atrapalham a comunicação. Essas reações tendem a inflamar o processo de comunicação, e não a torná-lo claro. Normalmente, a comunicação defensiva suscita mais comunicação defensiva.

A comunicação não defensiva, por outro lado, oferece uma base positiva e produtiva para se afirmar e se defender contra agressões sem maiores danos ao processo comunicativo. Um estilo assertivo e não defensivo restabelece a ordem, o equilíbrio e a eficiência nas relações de trabalho. A seguir trataremos da comunicação defensiva e da comunicação não defensiva.

Comunicação defensiva no trabalho

Os dois padrões básicos de defensividade são defensividade dominante e subordinada. A defensividade subordinada é caracterizada pelo comportamento passivo e submisso. A atitude psicológica da pessoa que segue esse padrão é "Você está certo e eu estou errado". Pessoas com baixa autoestima podem se voltar para essa forma de comportamento, assim como as pessoas de níveis organizacionais mais baixos. Além disso, não expressam de forma adequada seus pensamentos e sentimentos. Em geral, suas contribuições são desconsideradas, mesmo sendo essenciais para o desempenho organizacional.[29] O comportamento passivo agressivo é uma forma de defensividade que começa como defensividade subordinada e termina como defensividade dominante. É um tipo de comportamento que se mostra muito passivo, embora a agressão e a hostilidade estejam subjacentes.

Por outro lado, a defensividade dominante é caracterizada pelo comportamento abertamente agressivo e dominador. É ofensivo por natureza, algumas vezes, culmina em assédio verbal ou físico. A atitude psicológica da pessoa que segue esse padrão é "Eu estou certo e eu você está errado". Pessoas egoístas ou que buscam compensar a baixa autoestima podem apresentar esse padrão de comportamento assim como pessoas em posições do alto escalão dentro da hierarquia organizacional.

Táticas defensivas

Táticas defensivas são ações prejudiciais que empregam comunicação defensiva. Infelizmente, essas táticas são comuns em muitas organizações. Até a defensividade e as táticas defensivas serem reconhecidas por aquilo que são em nível organizacional, é difícil encaminhá-las ou responder a elas de forma não defensiva. Em muitos casos, táticas defensivas levantam dilemas éticos para as vítimas e suas chefias. Em que ponto a simples defensividade torna-se comportamento antiético? Considere as seguintes táticas defensivas.

O jogo do poder é uma tática usada para controlar e manipular outras pessoas. Restringir as escolhas dos funcionários, forçá-los a aceitar situações do tipo "ou isso, ou isso", insultar ou ignorar intencionalmente outras pessoas, praticar *bullying* e agredir de forma deliberada são ações relacionadas ao jogo do poder. A dinâmica subjacente ao jogo do poder é aquela de dominação e controle. O agressor tenta assumir voz ativa na relação fazendo a vítima se sentir inferior e, consequentemente, vulnerável ao seu controle.

A ação de rotular é utilizada para descrever uma pessoa como anormal ou deficiente. Em geral, os rótulos médicos e legais são usados fora de contexto para esse propósito. As palavras "paranoico", "retardado" e "insano" têm significados clínicos específicos, que são rejeitados em rotulações defensivas. Similar a rotulações é levantar dúvidas publicamente a respeito de habilidades, valores, orientação sexual ou outros aspectos pessoais de alguém. Essa tática gera confusão e incerteza, mas nela falta a especificidade e a clareza da rotulação.

Disseminar informações falsas, uma forma de fraude, é a apresentação seletiva de informações intencionalmente desenvolvidas para deixar uma impressão não exata na cabeça do ouvinte. Essa informação obscura pode ser usada para passar a bola ou para achar um bode expiatório, de modo a transferir a responsabilidade por um erro ou problema para outra pessoa. Se a informação não pode ser alterada, pessoas defensivas podem simplesmente culpar outras pessoas por seus próprios erros.

Por fim, piadas hostis são uma tática defensiva passivo-agressiva. Como um enquadramento jocoso é usado para mascarar sentimentos agressivos e até deliberadamente sórdidos, as piadas hostis passam despercebidas. Essa atitude não deve ser confundida com bom humor, que é tanto terapêutico como não defensivo. As piadas criadas à custa dos outros destroem a autoestima e prejudicam a comunicação no ambiente de trabalho.

Comunicação não defensiva

A comunicação não defensiva é uma alternativa saudável à comunicação defensiva nas relações de trabalho. Um indivíduo que se comunica de forma não defensiva pode ser caracterizado como centrado, assertivo, controlado, informativo, realista e honesto. A comunicação não defensiva é poderosa, pois o emissor demonstra autocontrole e segurança sem rejeitar o ouvinte. É autoafirmativo sem se engrandecer – um equilíbrio, às vezes, difícil de manter.

Por meio da conversão de padrões defensivos de comunicação em padrões não defensivos são construídos os relacionamentos no ambiente de trabalho. Os comportamentos que formam relações simultaneamente diminuem as reações adversas, como culpa e raiva, quando eventos negativos ocorrem no ambiente de trabalho.[30]

Para fortalecer padrões não defensivos, a pessoa subordinadamente defensiva deve aprender a ser mais assertiva. Uma maneira de fazer isso é, em vez de pedir permissão para executar algo, reportar o que se pretende e pedir confirmação. Outra maneira é parar de utilizar frases autodepreciativas, como "Estou apenas cumprindo ordens". Deve-se retirar o *apenas* e converter a mensagem em uma declaração assertiva.

Para fortalecer padrões não defensivos, a pessoa dominantemente defensiva deve aprender a ser menos agressiva. Isso pode ser difícil, pois requer a superação da sensação de certeza. As pessoas que estão trabalhando para superar esse tipo de comportamento devem ser receptivas ao *feedback* das outras pessoas em relação a suas atitudes. Para mudar esse comportamento, deve-se parar de dar e negar permissões. Em vez disso, deve-se dar carta branca a outras pessoas (exceto em situações nas quais a permissão é essencial para o esclarecimento e segurança da tarefa). De forma alternativa, em vez de ficar nervoso, deve-se oferecer informações sobre as consequências adversas de determinado curso de ação.

---

comunicação não verbal
Todos os elementos da comunicação que não envolvem palavras ou linguagem.

proxêmica
Estudo da percepção de um indivíduo e a utilização de espaço.

espaço territorial
Bandas de espaço concêntrico que irradiam para fora do corpo.

RESULTADO DA APRENDIZAGEM 5

Comunicação não verbal

A comunicação defensiva e a não defensiva focam a linguagem usada na emissão da mensagem. No entanto, grande parte do significado da mensagem (uma estimativa de 65% a 90%) é transmitida pela comunicação não verbal.[31] A **comunicação não verbal** inclui todos os elementos comunicacionais, como gestos e o uso do espaço, que não envolvem palavras ou linguagem.[32] Os quatro tipos básicos de comunicação não verbal que os gerentes precisam compreender são proxêmica, cinesiologia, comportamento facial e visual e paralinguagem. É importante que os gerentes entendam que a comunicação não verbal é influenciada tanto por processos psicológicos como por processos fisiológicos.[33]

A interpretação da comunicação é específica do contexto da interação e dos atuantes, ou seja, o significado particular de qualquer indício não verbal depende do emissor, do receptor e do ambiente em que ocorre. Alguns juízes federais e estaduais, por exemplo, tentam inibir a comunicação não verbal dentro do tribunal. Embora possam não significar nada fora dos tribunais, alguns comportamentos não verbais influenciam nas decisões do júri de forma injusta, caso sejam adotados durante um julgamento. Além do elemento contextual, o comportamento não verbal é algo ligado à cultura. (Lembre-se do Capítulo 2, em que explicamos a diferença de significado do gesto de "OK" em diferentes países.)

Proxêmica

O estudo da percepção de um indivíduo e do uso do espaço, incluindo o espaço territorial, é chamado de **proxêmica**.[34] O **espaço territorial** refere-se às bandas de espaço concêntrico que irradiam para fora do corpo. Essas bandas são conhecidas como zonas de conforto. A Figura 8.2 ilustra as quatro zonas de espaço territorial comuns na cultura norte-americana.

O espaço territorial varia muito ao redor do mundo. Tanto o tamanho das zonas de conforto como seus modos aceitáveis de interação são culturalmente definidos. Em geral, as pessoas se sentem desconfortáveis ao atuar em espaços territoriais diferentes daqueles com os quais estão familiarizadas.

De acordo com Edward Hall, um dos grandes pesquisadores da proxêmica, os norte-americanos que trabalham no Oriente Médio tendem a manter uma distância confortável para conversar com árabes. Como a distância de conversação confortável para os árabes é mais próxima do que para os americanos, os árabes veem os americanos como frios e distantes. Um árabe

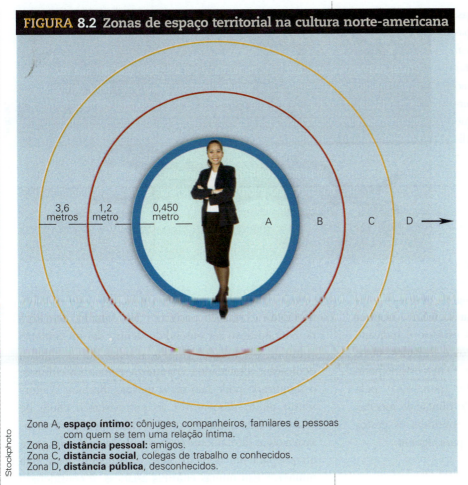

FIGURA 8.2 Zonas de espaço territorial na cultura norte-americana

Zona A, **espaço íntimo**: cônjuges, companheiros, familares e pessoas com quem se tem uma relação íntima.
Zona B, **distância pessoal**: amigos.
Zona C, **distância social**, colegas de trabalho e conhecidos.
Zona D, **distância pública**, desconhecidos.

grande mesa de 1,3 m leva as interações organizacionais para a zona de distância social. Não confortável com essa definição de espaço, um gerente se reuniu com seus sete supervisores do primeiro escalão em torno de sua mesa de 1,3 m. Colocou-os os supervisores lado a lado, uns nos espaços íntimos dos outros. Eles agiram mais como amigos e conversaram sobre filhos, programas de televisão favoritos e outros assuntos pessoais. Quando o gerente transferiu as reuniões para uma sala maior e cada um dos supervisores voltou na sua zona de distância social, as trocas pessoais acabaram e eles passaram a agir como executivos novamente.

A dinâmica de se sentar, outro aspecto da proxêmica, é a habilidade de sentar as pessoas em certas posições de acordo com seus propósitos na comunicação. A Figura 8.3 ilustra algumas dinâmicas comuns para se sentar. Para incentivar a cooperação, a pessoa

perguntaria "Algum problema? Ele me acha um pouco ofensivo?".[35] A circunferência do espaço pessoal tende a ser maior em culturas estabelecidas em regiões de clima ameno, como nos Estados Unidos, no Reino Unido e o norte da Europa, e menores em culturas estabelecidas em regiões cujo clima é mais quente, como no sul da Europa, no Caribe, na Índia e na América do Sul.[36]

Nossas relações moldam nosso uso do espaço territorial. Damos as mãos para uma pessoa ou colocamos o braço em volta dela quando queremos trazê-la para nosso espaço íntimo. Inversamente, podemos usar o espaço territorial para moldar nossas interações. Uma

deve acomodar a outra pessoa ao seu lado, viradas para a mesma direção. A fim de facilitar a comunicação direta e aberta, a pessoa deve sentar a outra no lado oposto do canto da mesa ou em um local onde estará situada em ângulos retos. Isso permite uma abertura mais honesta. Para estabelecer uma posição competitiva com alguém, deve-se posicionar a pessoa bem à sua frente. Suponha que um gerente esteja conduzindo uma reunião em

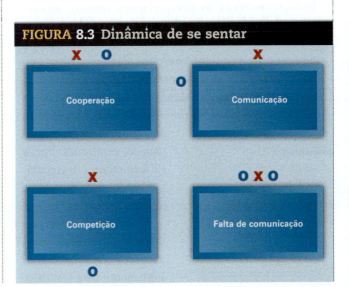

FIGURA 8.3 Dinâmica de se sentar

CAPÍTULO 8 Comunicação **135**

torno de uma mesa de conferências; dois dos participantes estão atrapalhando a reunião com conversas em voz alta. Onde eles deveriam estar sentados? Se o gerente colocá-los ao seu lado, um de cada lado, a conversação seria sufocada (a não ser que fossem ousados o bastante para inclinar na frente do gerente e continuar batendo papo).

Cinesiologia

A **cinesiologia** é o estudo do movimento e da postura do corpo.[37] Assim como a proxêmica, a cinesiologia está ligada à cultura. Tendo isso em mente, podemos interpretar alguns gestos comuns do povo norte-americano. Esfregar as mãos e inspirar fortemente indica antecipação. O estresse é indicado por punhos cerrados, dentes juntos e fechados, mãos torcidas e pela fricção das têmporas. O nervosismo pode ser indicado pelo bater dos dedos (percussão), pela marcação de um movimento e pelo tilintar de moedas no bolso. A cinesiologia também considera os gestos agressivos, como mostrar "o dedo" para alguém.

Comportamento visual e facial

O rosto é uma rica fonte de comunicação não verbal. A expressão facial e o comportamento visual são usados para comunicar um estado emocional, revelar intenções comportamentais, sinalizar para o receptor e até dar sinais não intencionais sobre emoções que o emissor está tentando esconder.[38] Os movimentos faciais não intencionais podem minar a ilusão de veracidade, especialmente em situações estressantes.[39]

Cultura, ambiente e fatores específicos devem ser levados em conta ao interpretarmos sorrisos, sobrancelhas erguidas ou cerradas e outras expressões. Um estudo entre alunos americanos e japoneses ilustrou esse aspecto. Foi apresentado aos alunos um filme que induzia ao estresse; as expressões faciais deles foram gravadas. Sozinhos, os alunos demonstraram quase as mesmas expressões. Na presença dos outros, porém, os alunos japoneses mascaravam as expressões faciais de sentimentos desagradáveis muito mais do que os alunos americanos.[40]

Como mencionado anteriormente, o contato visual melhora a escuta reflexiva. Juntamente com o sorriso, o contato visual é uma maneira fácil de expressar honestidade e emoção positiva.[41] No entanto, esse tipo de contato deve ser entendido dentro de um contexto cultural. Nos Estados Unidos, o olhar direto significa dedicação, veracidade e franqueza. Em outras culturas, o significado pode não ser o mesmo. Barbara Walters sentiu muito desconforto ao entrevistar o chefe de estado da Líbia, Muammar al-Gaddafi, pois ele se recusava a olhar diretamente para ela. Na Líbia, é uma grave ofensa para um homem olhar diretamente para uma mulher.[42] Em muitas culturas asiáticas, é considerado educado se curvar em respeito a um superior em vez de olhar em seus olhos.

Paralinguagem

A paralinguagem consiste na variação do discurso, como passo, altura, tempo, tom, duração, riso e choro.[43] As pessoas fazem suposições sobre o emissor decifrando sinais de paralinguagem. Uma moça de voz descompassada e estridente pode levar seus colegas de trabalho a estereotipá-la como "loira burra". Os discursos altos e breves podem ser entendidos como sinal de nervosismo ou de raiva. As interrupções como "hmmm" e "OK" podem ser usadas para apressar o emissor de modo que o receptor o entenda em poucas palavras. Sons com a boca, como "tsc tsc", são usados para repreender alguém. Todos esses sinais estão relacionados a como algo é dito.

RESULTADO DA APRENDIZAGEM 6

Comunicação saudável e positiva

A falta de comunicação sincera nas relações leva à solidão e ao isolamento social. James Lynch denominou essa condição de **doença comunicativa**.[44] Essa doença tem efeitos adversos no coração e no sistema cardiovas-

---

Jogo rápido

Cruzar os braços é uma forma de aumentar a persistência, que, por sua vez, leva a um melhor desempenho. Dois estudos usaram anagramas para demonstrar essa relação. Os participantes que cruzaram os braços quando apresentados a anagramas não solucionáveis persistiram na tentativa de decifrar o impossível. Em outro estudo com anagrama solucionáveis, os participantes que cruzaram os braços não foram apenas mais persistentes – o desempenho também foi melhor (eles resolviam os anagramas com mais frequência). Então, se você pensa que gestos e postura do corpo não informam experiências subjetivas e não influenciam no comportamento, é melhor reconsiderar isso.

Fonte: R. Friedman e A. J. Elliott. "The Effect of Arm Crossing on Persistence and Performance", *European Journal of Social Psychology* 38 (2008): 449-461.

---

cinesiologia
Estudo da postura e do movimento corporal.

doença comunicativa
Solidão e isolamento social resultantes da falta de comunicação sincera nos relacionamentos.

cular e pode, em último caso, levar à morte prematura. De acordo com Lynch, a única forma de cura é retomar conversas afetuosas e atenciosas com amigos e pessoas das quais se gosta. Embora os sentimentos possam ser mais importantes para o processo comunicacional do que para a cognição, o equilíbrio estável entre os dois é integral. O equilíbrio entre mente e coração é alcançado quando uma pessoa demonstra competência emocional positiva e consegue manter uma relação interna saudável entre seus pensamentos e suas emoções.

A comunicação saudável e positiva é um importante aspecto do trabalho em conjunto tanto nas configurações interpessoais como nas intrapessoais.[45] O trabalho em conjunto ocorre quando indivíduos cooperam para atingir um objetivo compartilhado. A comunicação saudável com base em confiança e veracidade é um pilar importante para o trabalho em conjunto. A competição honesta no ambiente de trabalho é condizente com o conceito de trabalho em conjunto, além disso, se sincera e bem gerida, pode realçar o melhor de cada indivíduo envolvido.

Esse tipo de comunicação é o centro da integridade pessoal e do sucesso gerencial. Isso é evidente entre os executivos mais bem-sucedidos, assim como entre os executivos de órgãos do governo americano.[46] O presidente Ronald Reagan foi apelidado de "o grande comunicador" por sua habilidade de se relacionar com o povo americano. Ele transmitia caráter ético forte, integridade pessoal e simplicidade em sua comunicação. Reagan exemplificou o conceito de comunicação sincera de Lynch: sua linguagem nos discursos e nas entrevistas parecia vir de valores centrais e aspirações sinceras. A comunicação que se baseia no coração está ancorada na integridade pessoal e no caráter ético.

A integridade pessoal é um produto da competência emocional e do equilíbrio estável entre mente e coração, como mencionado anteriormente. O psicólogo Karol Wasylyshyn mostrou que um método de desenvolvimento de integridade pessoal é treinar um executivo para desenvolver sua capacidade de conversar por meio de questões desafiadoras, tanto pessoais como profissionais.[47] James Campbell Quick e Marilyn Macik-Frey desenvolveram um programa de treinamento similar que trabalha para cultivar o interior dos executivos por meio da comunicação profunda e interpessoal.[48] Esse modelo de treinamento baseia-se no que Lynch poderia chamar de "diálogo de cura" entre executivo e seu *coach*. Além de melhorar a comunicação interpessoal entre executivos e funcionários, esse modelo pode melhorar a comunicação saudável e positiva em uma gama maior de relações humanas.

RESULTADO DA APRENDIZAGEM 7

Comunicação por meio das novas tecnologias

O comportamento não verbal é importante para estabelecer confiança nas relações de trabalho, mas as tecnologias modernas podem desafiar nossa habilidade de manter tal confiança. Os gestores, hoje em dia, têm acesso a mais ferramentas de comunicação do que jamais tiveram. Toda essa tecnologia tem impacto surpreendentemente pequeno sobre a cultura organizacional, mas influencia no comportamento e na comunicação eficiente. A tecnologia da informação pode incentivar ou desestimular o diálogo moral e esse tipo de conversa é vital para direcionar questões éticas no ambiente de trabalho.[49]

Comunicação escrita

Embora muitas organizações estejam trabalhando para ter escritórios livres de papéis e interfaces com os clientes também sem muita papelada, a comunicação escrita está longe de ser extinta — existem muitos tipos de comunicação escrita ainda necessários para os negócios. Os manuais e relatórios são, geralmente, as formas mais longas de comunicação escrita presente nos ambientes corporativos. Os manuais da política são importantes, pois estabelecem diretrizes para a tomada de decisão e para os códigos de conduta. Os manuais de operações e procedimentos explicam como realizar várias tarefas e resolver problemas que podem ocorrer no trabalho. Os relatórios, como o relatório financeiro anual da empresa, sintetizam os resultados do trabalho de um

Ronald Reagan, o grande comunicador.

CAPÍTULO 8 Comunicação

> **Tanto o volume total de informações disponíveis quanto a sua velocidade de entrega são estarrecedores.**

comitê ou de um departamento ou, ainda, fornecem informações sobre o progresso com relação a certos objetivos.

Cartas e memorandos (memos) são mais breves do que manuais e relatórios e são mais utilizados em organizações maiores. As cartas servem para estabelecer comunicação formal com indivíduos e outras empresas. Elas variam substancialmente com relação ao tamanho e ao tópico. Os memorandos são usados para comunicação formal interna. Às vezes, são utilizados como registros históricos de eventos específicos ou de ocorrências às quais os indivíduos de dentro da organização podem se referir mais tarde.

O tipo mais curto de comunicação escrita é o formulário, usado para coletar informações de dentro ou de fora da empresa.

Tecnologias da comunicação

A comunicação mediada por computador influencia praticamente todos os comportamentos no ambiente de trabalho. O e-mail, a mensagem de voz e o aparelho de fax têm sido comuns no mundo dos negócios por mais de uma década. Recentemente, as grandes bases de dados se tornaram relativamente comuns. Apenas pressionando um botão é possível ter acesso a uma imensa quantidade de informações armazenadas nas bases de dados. Um exemplo é o sistema de catalogação eletrônica, usado em bibliotecas de universidades em todo o mundo. Esses sistemas podem ser interligados para formar redes massivas de dados, armazenar informações sobre conteúdo, distribuição e disponibilidade de livros e jornais.

Contudo, a mais nova tecnologia presente no ambiente de trabalho é o *smartphone*, tão onipresente nas organizações como os celulares convencionais são em nossas vidas pessoais. Os *smartphones* combinam a capacidade de celulares avançados com os aplicativos e a conectividade dos computadores. Como exemplos temos o iPhone, da Apple, o Palm Pre e o BlackBerry Storm, da RIM. A introdução do *smartphone* foi particularmente transformadora na área de venda de viagens. Mesmo que sejam muito utilizados, nem todas as reações ao *smartphone* são positivas. Um produtor de petróleo não queria ser perturbado durante seu trajeto diário para o trabalho – enquanto dirigia tinha tempo para pensar e relaxar. Alguns números sugerem que usar o telefone e dirigir ao mesmo tempo é tão arriscado quanto dirigir sob o efeito de álcool. Por essa razão, nos Estados Unidos, alguns estados proibiram o uso do celular enquanto o motorista está conduzindo um veículo motorizado.

Como as tecnologias da comunicação afetam o comportamento?

Tecnologia da Informação e Comunicação (TIC) é uma categoria extensa de novos avanços na comunicação interpessoal que permitem acesso rápido, e até imediato, às informações. O e-mail, a teleconferência e o Wi-Fi são classificados como TIC. Eles facilitam a troca instantânea de informações em minutos ou segundos através de fronteiras geográficas e fusos horários. Com a implantação adequada das TICs, agendas e horários de expedientes se tornam irrelevantes, ou seja, as considerações de tempo e distância que fixavam negócios internacionais e nacionais se tornam menos importantes. Em razão do impacto na maneira como os negócios são feitos, as TICs exercem influência significativa no comportamento das pessoas.

A comunicação mediada por computadores é impessoal por natureza. Mensagem instantânea, e-mail e outras formas de comunicação on-line podem diminuir a riqueza da interação pessoal. Estudos mostram que usar essas tecnologias pode aumentar a probabilidade de rusgas – fazer comentários rudes, desnecessários ou obscenos.[50] As competências interpessoais de funcionários, como o tato e a bondade, diminuem nos ambientes virtuais, e os gerentes tendem a ser mais bruscos quando usam mídia eletrônica. As pessoas que participam de discussões de forma contida e educada podem se tornar mais íntimas, indelicadas e desinibidas quando se comunicam por meio de conferência via computadores ou mensagens eletrônicas.[51]

Outro efeito da comunicação mediada por computadores é a ausência dos sinais não verbais de que precisamos para decifrar uma mensagem. Gestos, toques, expressões faciais e contato visual não são possíveis, por isso o aspecto emocional da mensagem fica difícil de identificar. Os sinais de poder, como posição organizacional e parceria departamental, podem não estar disponíveis, por isso o contexto social da troca é normalmente alterado.

Tecnologia da Informação e Comunicação (TIC)
Categoria extensiva de avanços na comunicação interpessoal que permitem acesso rápido, e até imediato, às informações.

A comunicação via tecnologia também muda a dinâmica do grupo, equalizando a participação. Como resultado, membros carismáticos ou com mais status podem perder poder.[52] Estudos sobre tomada de decisão em grupo mostraram que grupos mediados por computadores demoravam mais para chegar a consensos do que grupos que trabalhavam face a face. Além disso, eles foram menos cooperativos, mais desinibidos e houve menos influência de uma pessoa dominante. Outro estudo descobriu que as TICs, especialmente e-mails e *e-meetings*, reduzem a tensão causada pela comunicação intercultural.[53] Os grupos que se comunicam via computador parecem enfrentar a quebra de barreiras sociais e organizacionais.

O potencial por sobrecarga é particularmente grande quando indivíduos são apresentados pela primeira vez a novas tecnologias de comunicação. Tanto o volume de informações disponíveis como sua velocidade de transmissão são estarrecedores. Um indivíduo pode se sentir pressionado pelas informações e deve aprender a selecioná-las.

Ao passo que as TICs tornam o trabalho mais simples e aumentam a produtividade do funcionário, se mostram precárias para os gestores. Com a facilidade de e-mails móveis e mensagens instantâneas, os gestores estão mais acessíveis a seus colegas de trabalho, subordinados e chefia do que jamais estiveram. O trabalho não pode mais ser compartimentalizado das 8 h às 17 h.

Além disso, muitas tecnologias novas incentivam a atividade polifásica, ou multitarefa (ou seja, fazer mais de uma coisa por vez). Os gestores podem fazer ligações, enviar mensagens instantâneas e criar memorandos, tudo ao mesmo tempo. A atividade polifásica tem sua vantagem no que diz respeito a produzir mais – mas apenas até certo ponto. Prestar atenção em mais de uma coisa ao mesmo tempo divide a atenção da pessoa e pode reduzir a eficiência em tarefas individuais. Focar múltiplas tarefas pode se tornar um hábito destrutivo e dificultar, do ponto de vista psicológico, a ação de deixar de trabalhar.

Por fim, as novas tecnologias podem tornar as pessoas menos pacientes com a comunicação face a face. A velocidade da mídia eletrônica pode levar a expectativas de aceleração em todas as formas de comunicação. No entanto, se gastarem muito tempo com a comunicação on-line, os indivíduos podem sentir falta de interação social e podem achar que suas necessidades sociais não estão sendo atendidas. A comunicação via computador, às vezes, significa o fim das conversas breves. Em nome da velocidade, a cortesia é sacrificada pela eficiência.

Tendência em debate: tuitando por popularidade

Cada vez mais as empresas estão se voltando às redes sociais, como Facebook e Twitter, para acompanhar as percepções dos clientes com relação aos produtos. No Facebook, as empresas podem estabelecer e monitorar páginas de produtos específicos, de campanhas de marketing, de rostos públicos ou os da própria empresa. No Twitter, as empresas podem se associar a imagens e sites externos com postagens de 140 caracteres em um microblog. A comunicação direta facilitada pela rede corporativa on-line insinua um senso de fortalecimento nos clientes. Eles podem enviar mensagens e se juntar a discussões de produtos no Facebook e seguir notícias atualizadas a cada minuto no Twitter. Para as empresas, a interação on-line se traduz em pesquisa de mercado e em propaganda inestimável de baixo custo. Internamente, as mídias sociais podem ser usadas para promover a comunicação efetiva e eficiente. Os funcionários podem usar o Facebook para planejar reuniões e eventos e para se relacionar com clientes em potencial. Cada um dos 429 funcionários da revendedora on-line Zappo, incluindo o CEO Tony Hsieh, usam contas do Twitter para seguir notícias de empresas e se manter em contato uns com os outros, bem como com o mundo exterior.

Fonte: R. Donkin. "Irrational resistance to innovation". *Human Resources* (ago 2008): 20.

CAPÍTULO 9

Equipes e grupos de trabalho

RESULTADOS DA APRENDIZAGEM

1. Definir grupo e equipe de trabalho.
2. Explicar os benefícios do trabalho em equipe para organizações e indivíduos.
3. Identificar os fatores que influenciam no comportamento do grupo.
4. Descrever como os grupos se formam e se desenvolvem.
5. Explicar como funções de manutenção e tarefa influenciam no desempenho do grupo.
6. Discutir os fatores que influenciam na eficiência do grupo.

> "O trabalho em equipe enfatiza a liderança compartilhada, a responsabilização mútua e os resultados coletivos."

RESULTADOS DA APRENDIZAGEM 1

Equipes e grupos de trabalho

Um **grupo** é formado quando duas ou mais pessoas possuem interesses, objetivos em comum e interação contínua. Uma **equipe de trabalho** é um grupo de pessoas com competências que se complementam e que estão comprometidas com missões, objetivos de desempenho e abordagens em comum, pelos quais se consideram mutuamente responsáveis.[1] Todas as equipes de trabalho são grupos, mas nem todos os grupos são equipes de trabalho. Os grupos enfatizam liderança individual, responsabilidade pessoal e resultados individuais. Já as equipes de trabalho enfatizam liderança compartilhada, responsabilização mútua e resultados coletivos.

As equipes de trabalho são grupos orientados por tarefas, embora, em algumas organizações, o termo *equipe* possua conotação negativa para membros de sindicatos; fazem valiosas contribuições à organização e são importantes para a necessidade de satisfação dos membros.

Existem vários tipos de equipe de trabalho. Algumas funcionam como equipes de beisebol, com responsabilidades estabelecidas, outras, como equipes de futebol, com ações coordenadas. Há, ainda, aquelas que trabalham como duplas de tênis, com responsabilidades primárias, mas flexíveis. Algumas equipes operam como um conjunto de zeladores, em que todos os membros trabalham em sinergia na direção de um único objetivo.[2] Embora cada tipo de equipe tenha um papel útil na organização, o conhecimento individual não deve ser menosprezado.[3] No momento e no contexto certos, a individualidade deve ficar em evidência.

Nem todos os grupos e equipes trabalham frente a frente. Computadores avançados e tecnologia de telecomunicação permitem que as organizações sejam mais flexíveis em relação a equipes virtuais.[4] As organizações usam equipes virtuais para extrair o melhor do funcionário. Tradicionais ou virtuais, grupos e equipes

grupo
Duas ou mais pessoas com interesses e objetivos em comum e interação contínua.

equipe de trabalho
Grupo de pessoas que possuem competências que se complementam e estão envolvidas com uma missão, objetivos de desempenho e abordagens em comum, pelos quais elas próprias se consideram mutuamente responsáveis.

7 Descrever como o fortalecimento se relaciona com equipes autogeridas.

8 Explicar a importância do alto escalão e das equipes de gerenciamento de alto nível.

continuam a desempenhar um papel vital no que diz respeito ao comportamento organizacional e ao desempenho no trabalho.

RESULTADOS DE APRENDIZAGEM 2

Por que equipes de trabalho?

Equipes são muito úteis para realizar trabalhos que são complicados, fragmentados e/ou mais volumosos do que uma pessoa consegue dar conta. Harold Geneen, quando era presidente de TI, disse: "Se eu tivesse braços, pernas e tempo suficiente, eu mesmo faria isso sozinho". Obviamente, pessoas que trabalham em organizações não podem fazer tudo por causa das limitações de braços, pernas, tempo, conhecimento e outros fatores. As limitações individuais são superadas e problemas são solucionados por meio de equipes de trabalho e colaboração. Empresas americanas de nível mundial, como a Motorola Inc., estão implantando cada vez mais equipes de trabalho em suas afiliadas globais para enfrentar a concorrência e obter vantagem.[5] A equipe "Be Cool" da Motorola, nas Filipinas, apresenta uma atmosfera familiar (seus membros podem até iniciar uma reunião com uma oração) e ainda está comprometida com a melhora do desempenho individual e da equipe.

Benefícios para as organizações

As equipes contribuem de forma mais significativa quando os membros colocam de lado interesses individuais a favor da organização. Essa ação conjunta é chamada de **trabalho em equipe**. Tarefas e atividades complexas normalmente requerem um nível considerável de trabalho em equipe. Quando conhecimento, talento e habilidades estão espalhados entre os funcionários e é necessário um esforço integrado para a realização da tarefa, o trabalho em equipe, na maioria dos casos, é a única solução.

Um movimento recente relacionado a ambientes de trabalho orientados para equipe tem promovido a capacitação por meio da colaboração, e não da autoconfiança e competição. Equipes experientes em trabalhar juntas podem apresentar inovações valiosas e as contribuições individuais dentro das equipes também têm seu valor.[6]

Larry Hirschhorn nomeou essa estrutura de "o novo ambiente de equipe", com base em uma mão de obra significativamente mais fortalecida dentro dos setores industriais da economia americana. (Ver Tabela 9.1 para uma comparação entre ambientes novos e antigos.) Nesse novo ambiente, as equipes devem contar com membros que possuam diferentes especialidades e conhecimentos para lidar com problemas complexos. A habilidade para fazer isso melhora o desempenho da equipe e o bem-estar psicológico.[7]

Benefícios sociais para os indivíduos

Em um nível individual, os membros do grupo ou da equipe se beneficiam de experiências coletivas de trabalho. Os benefícios individuais estão organizados em duas categorias. Uma categoria decorre da conquista de intimidade psicológica; a outra surge do envolvimento integrado.[8]

Intimidade psicológica é a proximidade emocional e psicológica com membros de outros grupos ou equipes. Isso resulta em sentimentos de afeição e cordialidade, consideração positiva incondicional, oportunidades para expressão, segurança e apoio emocional, bem como acolhimento. A falha na obtenção da intimidade psicológica pode resultar em sentimentos de isolamento emocional e solidão. Isso pode ser especialmente problemático para executivos de alto escalão que enfrentam a solidão. Embora a intimidade psicológica seja valiosa para a saúde e para o bem-estar emocional,

---

trabalho em equipe
Ação conjunta executada por uma equipe na qual interesses individuais são subordinados à unidade da equipe.

intimidade psicológica
Proximidade emocional e psicológica com membros de outros grupos ou equipes.

TABELA 9.1 Ambiente de equipe novo *versus* ambiente de equipe antigo

AMBIENTE DE EQUIPE NOVO	AMBIENTE DE EQUIPE ANTIGO
Pessoas aparecem com iniciativas. A equipe possui certa autoridade para traçar seus próprios passos.	As pessoas seguem ordens. Uma equipe depende do líder para traçar seu curso.
Os membros formam uma equipe, pois as pessoas aprendem a colaborar quando deparam com seu direito de pensar por si mesmas. As pessoas conturbam o ambiente e trabalham juntas.	Os membros formam uma equipe porque se conformam com a direção estabelecida pelo gestor. Ninguém conturba o ambiente.
As pessoas cooperam usando seus pensamentos e sentimentos. Elas se conectam por meio de conversas diretas.	As pessoas colaboram por meio da supressão de seus pensamentos e sentimentos. Elas querem um bom relacionamento.

Fonte: *Managing in the New Team Environment*, por Larry Hirschhorn, © 1991. Reimpressão autorizada por Addison-Wesley, Reading, MA.

ela não precisa ser alcançada, necessariamente, no ambiente de trabalho. Alguns executivos satisfazem suas necessidades de intimidade com uma rica vida familiar.

Envolvimento integrado é a proximidade conquistada por meio de tarefas e atividades. Resulta na satisfação com o trabalho, identidade social e autodefinição, valorização pelas próprias competências e habilidades, oportunidades para comandar e influenciar, considerações positivas condicionais e apoio para as próprias crenças e valores. A falha na conquista do envolvimento integrado pode resultar em isolamento social. Ao passo que a intimidade psicológica tem base nas emoções, o envolvimento integrado baseia-se em comportamento e atividade. Ele contribui para a saúde e o bem-estar psicológico social.

RESULTADOS DA APRENDIZAGEM 3
Comportamento no grupo

O comportamento no grupo tem sido, há muito tempo, um assunto de interesse da psicologia social e, ao longo dos anos, muitos aspectos do comportamento em grupo têm sido estudados. Vamos analisar quatro desses aspectos: normas de comportamento, coesão do grupo, preguiça social e perda de individualidade. Os tópicos sobre comportamento em grupo relacionados à tomada de decisão, como polarização e pensamento em grupo, são abordados no Capítulo 10.

Normas de comportamento

Os padrões que um grupo de trabalho utiliza para avaliar o comportamento de seus membros são as **normas de comportamento**. Essas normas podem ser escritas ou não escritas, verbalizadas ou não verbalizadas, implícitas ou explícitas. À medida que membros individuais do grupo as entendem, as normas podem ser efetivas no que diz respeito a influenciar no comportamento. Elas podem especificar o que os membros de um grupo devem fazer (como um código específico de vestuário) ou não (como executivos não se comportarem de forma arrogante com os funcionários).

As normas podem estar presentes em qualquer aspecto do trabalho em grupo. Elas podem se desenvolver informal ou inconscientemente, também podem surgir como resposta a desafios específicos, como o comportamento disciplinado dos bombeiros ao reagir a um alarme de incêndio de maneira que proteja o grupo.[9] As normas de moralidade são mais importantes que as normas de competência quando relacionadas à tomada de decisões sobre a melhora do status do grupo de trabalho.[10] Do ponto de vista da organização, as normas de desempenho estão entre as normas de grupo mais importantes. Mesmo quando os membros trabalham de forma isolada em projetos criativos, demonstram conformidade com as normas do grupo.[11] As normas de comportamento cooperativo em uma equipe podem fazer os membros trabalharem pelo benefício mútuo, o que, por sua vez, facilita o desempenho da equipe.[12] Em contrapartida, expressões verbais negativas podem ser prejudiciais para o desempenho da equipe e constituir uma violação das normas de grupo.[13] A cultura organizacional e os códigos de ética corporativos, como a doutrina da Johnson & Johnson, refletem nas normas comportamentais esperadas dentro dos grupos de trabalho. Por fim, as normas que geram conscientização e ajudam a regulamentar emoções são essenciais para a eficiência dos grupos.[14]

> **envolvimento integrado**
> Proximidade conquistada por meio de tarefas e atividades.
>
> **normas de comportamento**
> Padrões que um grupo de trabalho utiliza para avaliar o comportamento de seus membros.

CAPÍTULO 9 Equipes e grupos de trabalho

Coesão do grupo

A cola interpessoal que torna os membros de um grupo unidos denomina-se **coesão do grupo**. A coesão do grupo pode estimular a satisfação com o trabalho e melhorar a produtividade organizacional.[15] Grupos altamente coesos estão aptos para administrar suas relações melhor do que grupos de trabalho pouco coesos. Em um estudo desenvolvido entre 381 equipes de bancos em Hong Kong e nos Estados Unidos, a elevada complexidade do trabalho e a autonomia de tarefa levaram a uma maior coesão do grupo, que se traduzia em melhor desempenho.[16] Além do desempenho melhorado, grupos altamente coesos podem levar à manutenção de relações próximas entre os membros. Discutiremos a coesão de grupo com mais detalhes ao examinarmos as características de grupos bem desenvolvidos.

Folga social

A **folga social** é observada quando um membro do grupo depende dos esforços dos demais membros e não consegue contribuir com seu próprio tempo, esforço, pensamentos ou outros elementos.[17] Isso pode criar um obstáculo real aos esforços e às conquistas do grupo. Alguns estudiosos argumentam que a folga social, também conhecida como parasitismo, é uma reação racional aos sentimentos de desigualdade ou às situações em que esforços individuais são difíceis de se observar. No entanto, isso frustra o grupo, que perde recursos potencialmente valiosos que seus membros possuem.[18]

Existem vários métodos para combater a folga social, por exemplo, o sistema de autoavaliação dos membros. Se os membros revisarem, de maneira formal, suas contribuições ao grupo, estarão menos propensos à folga. Identificar as contribuições individuais para o resultado do grupo também evita a folga. Se cada membro for responsável por uma contribuição específica, a falha de um indivíduo será notada por todos.

Perda de individualidade

A folga social pode ser prejudicial às conquistas do grupo, mas não possui os efeitos potencialmente danosos da **perda de individualidade**. A perda de individualidade é um processo social por meio do qual os membros do grupo perdem a autoconscientização e o senso de prestação de contas, a inibição e a responsabilidade pelo comportamento individual.[19]

Quando se perde a individualidade, as pessoas podem se engajar em atitudes repreensíveis do ponto de vista moral e até mesmo em comportamentos violentos como membros dedicados de um grupo ou da organização. A perda de individualidade foi um dos fatores que contribuíram para o motim que destruiu áreas de Los Angeles após o veredito de Rodney King, em abril de 1992. No entanto, a perda de individualidade nem sempre é negativa ou destrutiva. O afrouxamento dos mecanismos normais de controle de ego de um indivíduo pode levar a comportamentos pró-sociais e a atos heroicos em situações perigosas.[20]

RESULTADO DA APRENDIZAGEM 4

Formação e desenvolvimento de grupo

Após formado, um grupo passa por etapas de desenvolvimento previsíveis. Se cada etapa for negociada de forma bem-sucedida, o grupo se torna uma entidade madura e coesa. Um modelo lógico de desenvolvimento de grupo proposto por Warren Bennis e Hebert Shepard traça quatro estágios após a formação do grupo.[21] Esses estágios são aceitação mútua, tomada de decisão, motivação, comprometimento e controle e consentimento.

De acordo com esse modelo, um grupo abrange três questões: interpessoais, de tarefas e de autoridade.[22] As questões interpessoais incluem aspectos relacionados a confiança, conforto pessoal e segurança. A confiança é essencial para qualquer empresa em suas relações de trabalho. As questões de tarefa incluem a missão ou o propósito do grupo, os métodos que emprega e os resul-

---

coesão do grupo
Cola interpessoal que torna os membros de um grupo unidos.

folga social
Falha do membro de um grupo em contribuir com tempo, esforço, pensamentos e outros recursos.

perda de individualidade
Processo social pelo qual os membros do grupo perdem a autoconscientização e seus sentidos de prestação de contas, inibição e responsabilidade pelo comportamento individual.

tados esperados. As questões de autoridade incluem decisões sobre quem está no comando, como o poder e a influência são geridos e quem tem o direito de dizer a quem o que deve ser feito. Esta seção engloba a formação do grupo, cada etapa de seu desenvolvimento e as características de um grupo maduro.

Formação de grupo

Nas organizações, os grupos formais e informais se constituem por diferentes razões. Os grupos formais são, em alguns casos, chamados de grupos oficiais ou atribuídos; os grupos informais podem ser chamados de grupos emergentes ou não oficiais. Os grupos formais, como forças-tarefa de projetos, quadro de diretores e comitês temporários se reúnem para realizar tarefas. Um exemplo de grupo formal é a força-tarefa organizada pela Universidade do Texas, em Arlington, para desenvolver a Academia de Liderança Goolsby (Goolsby Leadership Academy). Presidida pelo reitor adjunto de negócios, a força-tarefa era composta de sete membros com diversas habilidades acadêmicas e experiências de negócios. Estabeleceu-se, por meio da força-tarefa, um plano de cinco anos para inaugurar o programa de graduação, que cultiva competências de liderança avançada em seu Goolsby Bolsistas e Associados (Goolsby Fellows nad Associates).

Os grupos informais se desenvolvem no ambiente de trabalho para satisfazer necessidades dos membros que não são atendidas pelos grupos formais. A inclusão dos membros da organização e a necessidade de afirmação poderão ser satisfeitas por meio de atividades esportivas informais ou de grupos de interesse específico. As equipes esportivas que representam um departamento, uma unidade ou empresa podem conquistar um status semioficial, como a Equipe Nacional de Corrida da AT&T, que usa o logo da empresa nas camisetas de competição.

A diversidade é um aspecto importante a ser considerado na formação de grupos, uma vez que pode melhorar o desempenho e levar a novas maneiras de pensar. Um estudo sobre diversidade de gênero entre funcionários norte-americanos constatou que homens e mulheres em grupos em que há equilíbrio entre os sexos tiveram maior satisfação com o trabalho do que aqueles em grupos homogêneos.[23] Desde o descobrimento da América, as organizações têm sido desafiadas a mesclar pessoas diferentes, no que diz respeito a aspectos culturais e linguísticos, em grupos de trabalho efetivos. Essa tarefa exigiu muito, em especial, durante o início dos anos 1900, quando ondas de trabalhadores imigrantes chegaram de países europeus e escandinavos.

Além da diversidade étnica, de gênero e cultural, existe a diversidade interpessoal, que pode ser indicada por diferentes necessidades de inclusão, controle de pessoas e eventos e confirmação dos outros. As relações interpessoais bem-sucedidas são a base do esforço em grupo, uma fundação essencial para o sucesso dos negócios.

Etapas do desenvolvimento do grupo

Todos os grupos passam por estágios de desenvolvimento, alguns mais bem-sucedidos do que outros. Grupos maduros podem lidar com questões interpessoais, de tarefa e autoridade que são inevitáveis nos escalões mais altos do mundo dos negócios. No entanto, o caminho para a maturidade nem sempre é tranquilo. Grupos imaturos normalmente experimentam choque de personalidades e outras linhas falhas (ou seja, potenciais rompimentos dentro do grupo) nas várias etapas de desenvolvimento.[24]

Os efeitos positivos do otimismo da equipe

Considerando que psicólogos positivistas e behavioristas organizacionais vêm trabalhando por décadas para descobrir o papel que o positivismo desempenha tanto no sucesso organizacional como individual, é surpreendente que poucos pesquisadores investigaram o positivismo no nível de equipe. No entanto, um estudo recente examinou as consequências do pensamento positivo em um grupo e sua relação com o funcionamento da equipe. Durante o estudo, 300 alunos trabalharam em grupos de três ou quatro pessoas para realizar quatro projetos. Além de informações sobre conhecimento prévio de colegas de grupo e interdependência da tarefa, os pesquisadores mediram três atributos psicológicos positivos: eficácia da equipe, resiliência e otimismo. Os resultados-chave da equipe considerados na pesquisa foram coesão, cooperação, coordenação, conflito e satisfação. Os achados sugerem que o otimismo é importante prognosticador desses resultados quando as equipes são recém-formadas, mas depois da realização de vários projetos, a resiliência e eficácia ganham maior poder em predizer os resultados. No entanto, ainda sim, o otimismo parece ser o atributo mais útil para equipes recém-formadas.

Fonte: B. J. West; J. L. Patera e M. K. Carsten. "Team Level Positivity: Investigating Positive Psychological Capacities and Team Level Outcomes", *Journal of Organizational Behavior* 30 (2009): 249-267.

O modelo dos cinco estágios O modelo dos cinco estágios de desenvolvimento de grupo de Bruce Tuckman propõe que o comportamento da equipe evolui ao longo de cinco etapas: formação, confronto, normatização, realização e encerramento.[25] Essas etapas e suas propriedades estão na Figura 9.1 desta página.

A dependência de orientação e direção é a característica definidora da etapa de *formação*. Os membros de equipes são confusos com relação a papéis individuais e responsabilidades e tendem a depender do líder para responder a questões sobre o propósito, os objetivos e as relações externas da equipe. Sair dessa etapa requer que os membros da equipe sintam que fazem parte dela.

Na etapa de *confronto*, os membros da equipe competem por posições. Como o nome sugere, esse é um período de considerável conflito no qual ocorrem brigas por poder e surgem panelinhas e facções dentro do grupo. Aumenta a clareza dos propósitos, mas ainda existem incertezas. Esse também é o estágio em que os membros avaliam uns aos outros com a ideia de confiabilidade, conforto emocional e aceitação avaliativa. Para a força-tarefa da Monsanto, Valorizando a Diversidade, a confiança foi uma das primeiras questões a serem trabalhadas. O estilo de treinamento do líder do grupo é essencial durante essa etapa do desenvolvimento, uma vez que os membros podem desafiá-lo.

Na etapa de *normatização*, os acordos e o consenso são características dos membros da equipe. Durante esse período, papéis e responsabilidades se tornam claros e são aceitos. O foco do grupo passa das relações interpessoais para as tomadas de decisão e cumprimento de tarefas. As decisões insignificantes podem ser delegadas a indivíduos ou a pequenas equipes, ao passo que decisões mais significativas são discutidas e decididas pelo grupo inteiro. O grupo pode direcionar as questões de autoridade, como a necessidade de um porta-voz e a delegação de papéis internos. A empresa Wallace Supply Company, uma distribuidora industrial de encanamentos, válvulas e acessórios, descobriu que equipes de funcionários são particularmente valiosas para levantar e responder a questões de autoridade.[26] As equipes concluíram que a liderança deve ser facilitadora, e certas responsabilidades podem ser delegadas às próprias equipes.

Assim que a equipe passa para etapa de *realização*, torna-se mais consciente de suas missões e propósitos. Nessa etapa do desenvolvimento, o grupo trabalha com questões interpessoais, de tarefa e de autoridade e pode funcionar por si só, com pouca interferência do líder. As divergências podem ser resolvidas de forma positiva pela equipe, que faz as mudanças necessárias na estrutura e nos processos atendidos. Um grupo maduro pode controlar seus membros por meio de aplicações sensatas de sanções positivas e negativas com base na avaliação de comportamentos específicos. Pesquisas recentes mostram que tendências de avaliação decorrentes de simpatia estão presentes em grupos que operam frente a frente, mas não em grupos que trabalham a distância, como equipes virtuais.[27] Nessa etapa, os membros não precisam ser instruídos, mas podem pedir auxílio do líder no que diz respeito ao desenvolvimento pessoal e interpessoal.

A etapa final do desenvolvimento do grupo é a de *encerramento*. Quando a tarefa está completa, todos da equipe podem prosseguir para coisas novas e diferentes. Os membros da equipe conservam um senso de conquista e se sentem bem ao saber que seus propósitos foram alcançados. O papel do líder, nesse ponto, é principalmente reconhecer as conquistas do grupo. A menos que o grupo seja uma força-tarefa ou outra equipe informal, a maioria dos grupos organizacionais se mantém na etapa de realização e não se separa como a etapa de encerramento sugere.

Modelo do equilíbrio pontuado

Embora ainda seja muito citado em pesquisas de equipes e grupos, o modelo de Tuckman pode ser irrealista se considerada a perspectiva organizacional. Pesquisas mostram que muitas equipes enfrentam conflitos de relação em diferentes momentos e contextos. Connie Gersick propõe que os grupos não seguem, necessaria-

FIGURA 9.1 Desenvolvimento do modelo de grupo de cinco estágios de Tuckman

> "Conflito de objetivos, experiências desagradáveis e domínio de um subgrupo estão entre os fatores que ameaçam a coesão do grupo."

mente, de maneira linear de um passo para outro em uma sequência predeterminada, mas alternam entre períodos de inércia, com pouco progresso visível para a conquista do objetivo. O progresso é pontuado por picos de energia conforme os grupos de trabalho se desenvolvem. Nesses picos, grande parte do trabalho é realizada.[28] Uma força-tarefa que dispõe de nove meses para efetuar um trabalho pode usar os primeiros quatro meses para determinar as normas, explorar questões contextuais e determinar como irá se comunicar. Os cinco meses restantes podem ser dedicados à execução da tarefa propriamente dita.

Características de um grupo maduro

Um grupo maduro possui quatro características: propósito e missão claros, normas e padrões de conduta bem compreendidos, alto nível de coesão e uma estrutura de status flexível.

Propósito e missão O propósito e a missão do grupo podem ser atribuídos (como no exemplo anterior da força-tarefa da Academia de Liderança Goolsby) ou surgem de dentro do grupo (como no exemplo da Equipe Nacional de Corrida da AT&T). No caso de uma missão atribuída, o grupo pode abraçá-la como estabelecida ou reexaminá-la, revisá-la ou questioná-la. A importância da missão é exemplificada pela Gestão de Qualidade de Processo da IBM, que exige que uma equipe de no máximo 12 pessoas desenvolva uma compreensão de missão clara como primeiro passo do processo.[29] A abordagem da IBM demanda que todos os membros concordem em seguir na mesma direção. A declaração da missão é convertida em agenda específica, objetivos claros e um conjunto de fatores críticos de sucesso. Estabelecer o propósito e a missão na forma de objetivo específico realça a produtividade e o desempenho de forma muito mais efetiva do que a fixação de metas individuais.[30]

Normas comportamentais As normas comportamentais são padrões de comportamento bem compreendidos dentro de um grupo e evoluem com o tempo.[31] Elas são referências que baseiam a avaliação dos membros da equipe por membros de outras equipes. Algumas normas comportamentais se tornam regras escritas, como políticas de assiduidade ou códigos de ética. Outras continuam informais. Códigos de vestuário e normas sobre socialização após o expediente podem cair nessa categoria. As normas comportamentais também evoluem em torno do desempenho e da produtividade.[32] As normas de produtividade podem influenciar no desempenho de equipes esportivas de empresas bem como na esfera profissional.[33] A norma de produtividade do grupo pode ser compatível, ou não, com os padrões de produtividade da organização. Uma equipe de alto desempenho estabelece padrões de produtividade acima das expectativas organizacionais com a intenção de sobressair. Equipes regulares estabelecem padrões de produtividade condizentes com as expectativas. Equipes contraproducentes ou fora da conformidade podem estabelecer padrões de produtividade abaixo das expectativas organizacionais com a intenção de prejudicar a empresa ou de provocar mudança. Pelo lado positivo, normas comportamentais podem permear toda uma cultura organizacional para o benefício de todos.

Coesão do grupo A coesão permite que o grupo exerça controle efetivo sobre seus membros em relação às normas e aos padrões comportamentais que possui. Conflito de objetivos, experiências desagradáveis e domínio de um subgrupo estão entre os fatores que ameaçam a coesão do grupo. Grupos com baixos níveis de coesão têm mais dificuldade de exercer controle sobre seus membros e

A coesão tem efeito calmante sobre os membros da equipe

CAPÍTULO 9 Equipes e grupos de trabalho

de reforçar os padrões de comportamento. Especificamente, tensão e ansiedade relacionadas ao trabalho são menores em equipes altamente coesas. De forma recíproca, esses traços são mais intensos em equipes com baixa coesão, como mostra a Figura 9.2. Essa relação sugere que a coesão tem um efeito calmante sobre os membros da equipe. Além disso, descobriu-se que a produtividade real varia significativamente menos em equipes coesas, tornando-as muito mais previsíveis. Os níveis de produtividade real foram primeiro determinados pelas normas de produtividade de cada grupo, ou seja, grupos coesos com altos padrões de produção são muito produtivos. Da mesma forma, grupos coesos com baixos padrões de produtividade são improdutivos. Não importa a produtividade, a satisfação dos membros, o comprometimento e a comunicação são maiores em grupos altamente coesos.

A coesão do grupo é influenciada por vários fatores. Os mais notáveis são tempo, tamanho, prestígio da equipe, pressão e competição externas. A coesão evolui gradualmente, conforme o desenvolvimento. Quanto mais tempo um grupo passa junto, mais coeso será. Grupos menores – aqueles com cinco ou sete membros, por exemplo – tendem a ser mais coesos do que aqueles com mais de 25, embora a coesão não decaia muito com o tamanho se houver 40 membros ou mais. Prestígio ou status social também podem melhorar a coesão de um grupo. Grupos mais prestigiados, como os Thunderbirds, da Força Aérea norte-americana, ou os Blue Angels, da Marinha norte-americana, são altamente coesos. No entanto, grupos de pouco prestígio também podem ser coesos. Por fim, a pressão e a competição externas influenciam na coesão do grupo. Embora o sindicato dos mecânicos, pilotos e outros profissionais externos da Eastern Airlines tivessem diferenças de opinião, eles se mantiveram coesos para resistir à ideia de Frank Lorenzo de remodelar a companhia aérea antes de seu falecimento. Ao passo que pressões externas tendem a aumentar a coesão, a competição externa geralmente diminui a coesão da equipe. Um estudo constatou que pressões impostas pela empresa romperam a coesão do grupo, aumentando a competição interna e reduzindo atividades interpessoais cooperativas.[34]

estrutura de status
Conjunto de relações de autoridade e tarefa entre os membros de um grupo.

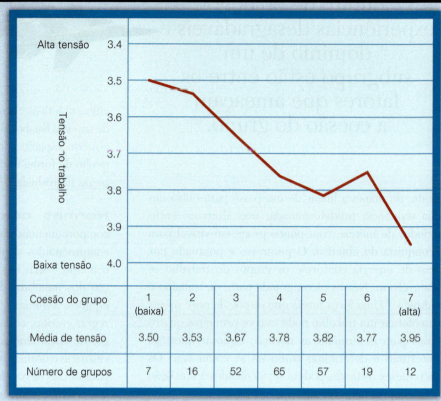

Estrutura de status A estrutura de status é o conjunto de relações de autoridade e tarefa entre os membros de um grupo. A estrutura de status pode ser hierárquica ou igualitária. Soluções bem-sucedidas de questões de autoridade em uma equipe resultam em uma estrutura de status de relações líder-subordinado bem compreendidas. Quando surgem problemas de liderança, é importante encontrar soluções e criar efetividade de líderes de equipe.[35] Ao passo que grupos normalmente possuem apenas um líder, as equipes tendem a compartilhar a liderança. Uma pessoa pode ser o líder de tarefa da equipe, aquele que estabelece a agenda, inicia grande parte das atividades e garante que a equipe as cumpra. Outro membro da equipe pode ter papel de liderança ao manter relacionamentos interpessoais efetivos dentro do grupo. Assim, a liderança compartilhada é muito viável em equipes. Uma estrutura de status efetiva resulta no inter-relacionamento de papéis entre os membros do grupo.[36] Bill Perez e Bill Wrigley promoveram o inter-relacionamento por meio de um estilo de cooperação em liderança que foi satisfatório para a Wm. Wrigley Jr. Company.

> A seção "E você?", disponível no Cartão de Revisão (on-line), inclui as três perguntas sobre coesão de grupo contidas no projeto dessa pesquisa. Utilize-as para determinar o nível de coesão em um grupo do qual você faz parte.

RESULTADO DA APRENDIZAGEM 5

Funções de tarefa e manutenção

Um grupo ou uma equipe eficaz cumpre várias funções de tarefa para realizar seu trabalho de forma bem-sucedida e várias funções de manutenção para garantir a satisfação do membro e o senso de espírito de equipe.[37] Equipes que desempenham essas funções de forma bem-sucedida garantem a seus membros o potencial para benefícios sociais da intimidade psicológica e do envolvimento integrado que discutimos no início do capítulo. A Tabela 9.2 apresenta nove funções de tarefa e nove funções de manutenção observadas nas equipes ou nos grupos.

As **funções de tarefa** são atividades diretamente relacionadas à realização eficiente do trabalho da equipe. A tarefa de iniciar atividades envolve sugerir ideias, definir problemas e propor abordagens e/ou soluções aos problemas. A tarefa de buscar informações envolve solicitar ideias, sugestões, informações ou fatos. Um estudo com analistas de segurança constatou que a qualidade do trabalho de colegas ajudou a melhorar e manter a qualidade do desempenho individual.[38] Equipes eficazes têm membros que realizam várias funções de tarefa conforme isso é exigido deles.

As diferentes funções de tarefa variam em importância ao longo do ciclo de vida de um grupo. Durante os períodos de testes de novas tecnologias, a equipe de engenharia precisa de membros que testem as aplicações práticas de sugestões e de membros que façam diagnósticos de problemas e sugiram soluções.

O uso eficaz das funções de tarefa leva ao sucesso do grupo. A iniciação e coordenação bem-sucedida das atividades de uma equipe da sala de emergência pelo residente sênior salvou a vida de uma vítima ferida.[39] A vítima foi esfaqueada milímetros abaixo do coração e a equipe agiu rapidamente para estancar o sangue, iniciar fluídos intravenais e monitorar os sinais vitais da vítima.

As **funções de manutenção** são atividades essenciais para os relacionamentos interpessoais efetivos e satisfatórios em um grupo ou em uma equipe. Seguir a liderança de outro membro pode ser tão importante quanto ser o líder. Os filtradores de comunicação do grupo geram os contribuições equilibradas de todos os membros. Como as tarefas geram tensão nas equipes ou nos grupos, as atividades de redução de tensão são importantes para drenar sentimentos destrutivos ou negativos. Em um estudo entre 25 grupos de trabalho durante um período de cinco anos, o bom humor foi considerado uma forma de melhorar as relações sociais nos grupos.[40] Os pesquisadores concluíram que melhorias no desempenho nos 25 grupos resultaram, indiretamente, das relações melhoradas

função de tarefa
Atividade diretamente relacionada à realização eficiente do trabalho de uma equipe.

função de manutenção
Atividade essencial para relacionamentos interpessoais efetivos e satisfatórios em um grupo ou uma equipe.

TABELA 9.2 Funções de tarefa e manutenção nas equipes e nos grupos

FUNÇÕES DE TAREFA	FUNÇÕES DE MANUTENÇÃO
Iniciar atividades	Apoiar outras pessoas
Buscar informações	Seguir a liderança de outros
Dar informações	Controlar informações
Elaborar conceitos	Estabelecer padrões
Coordenar atividades	Expressar os sentimentos dos membros
Resumir ideias	Testar as decisões do grupo
Testar ideias	Harmonizar conflitos
Avaliar a eficácia	Harmonizar conflitos
Diagnosticar problemas	Reduzir a tensão

CAPÍTULO 9   Equipes e grupos de trabalho   **149**

atribuídas ao humor e ao comportamento irreverente. Funções de manutenção realçam a união, a cooperação e o trabalho em grupo, permitindo que os membros alcancem intimidade psicológica enquanto promovem o sucesso da equipe. A atitude de apoio e o comportamento reconfortante de Jody Grant como presidente e CEO da Texas Capital Bancshares permitiu-lhe formar um banco vibrante após a grande quebra dos bancos do Texas. Grant obteve respeito por sua expertise *e* por sua habilidade de construir relações. Tanto as funções de tarefa como as de manutenção são importantes para grupos e equipes bem-sucedidos.

RESULTADO DA APRENDIZAGEM 6

Fatores que influenciam na eficiência do grupo

A eficiência de uma equipe de trabalho no novo ambiente requer atenção gerencial tanto em relação à estrutura como em relação ao processo da equipe.[41] Além de como a equipe é estruturada e o que faz, a diversidade e a criatividade estão surgindo como duas áreas com significante impacto no desempenho da equipe.

Estrutura da equipe de trabalho

Questões sobre estrutura da equipe de trabalho incluem metas e objetivos, diretrizes operacionais, medidas de desempenho e especificação de papel. As metas e os objetivos de uma equipe de trabalho especificam o que deve ser conquistado, ao passo que as diretrizes operacionais estabelecem as fronteiras organizacionais e os limites de tomada de decisão que a equipe deve observar. O processo de estabelecimento de metas discutido no Capítulo 6 também se aplica a equipes de trabalho. Além desses dois elementos estruturais, a equipe de trabalho precisa saber quais medidas de desempenho estão sendo usadas para avaliar o cumprimento da tarefa. As medidas de desempenho de uma equipe de emergência médica, por exemplo, podem incluir a taxa de êxito no salvamento de pacientes criticamente feridos e a média de horas que um paciente permanece na sala de emergência antes de ser transferido para o leito de um hospital. Por fim, a estrutura da equipe de trabalho requer um conjunto de papéis claramente definidos para os executivos e gerentes que supervisionam o trabalho, para os líderes que influenciam os membros da equipe e para os próprios membros da equipe. As especificações dos papéis devem incluir informações sobre comportamentos exigidos, como tomada de decisão e desempenho de tarefa, além de restrições ou limites aos comportamentos, como as limitações sobre intervenções gerenciais nas atividades e tomadas de decisão da equipe de trabalho. Expectativas e experiências podem ser especialmente importantes para o desempenho de novatos nas equipes.[42]

Processo de trabalho em equipe

O processo de trabalho em equipe é a segunda dimensão relacionada à eficácia. Duas questões importantes relacionadas às equipes de trabalho são o gerenciamento de comportamentos cooperativos e o gerenciamento de comportamentos competitivos. Ambos os conjuntos de comportamentos são úteis no cumprimento da tarefa e eles devem ser vistos como complementares. As competências de equipes de trabalho cooperativas incluem comunicação aberta, confiança, integridade pessoal, interdependência positiva e apoio mútuo. Já

AS 10 REGRAS DE OURO

>> Estudos de caso de equipes virtuais bem-sucedidas da Ogilvy & Mather, BP e Nokia resultaram em 10 regras de ouro para melhorar a eficácia de equipes virtuais.

1. Investir em recursos on-line por meio dos quais os membros possam aprender rapidamente uns sobre os outros.
2. Escolher alguns membros da equipe que já se conheçam.
3. Identificar os "limites da fronteira" e garantir que eles representem pelo menos 15% da equipe.
4. Cultivar os limites como uma parte regular das práticas e dos processos da empresa.
5. Dividir o trabalho da equipe em módulos para que o progresso em um local não seja excessivamente dependente do progresso em outro.
6. Criar um site no qual a equipe possa oferecer contribuições, trocar ideias e inspirar uns aos outros.
7. Incentivar a comunicação frequente.
8. Atribuir apenas tarefas que sejam desafiadoras e interessantes.
9. Garantir que a tarefa seja significante à equipe e à empresa.
10. Ao montar uma equipe virtual, solicite tantos voluntários quanto possível.

Essas regras surgiram de experiências bem-sucedidas e qualquer empresa que implante equipes virtuais deve monitorar o sucesso e os problemas em seu próprio contexto de trabalho.

Fonte: L. Gratton. "Working Together…When Apart", *The Wall Street Journal* (16 jun. 2007): R4.

as competências de equipes de trabalho competitivas incluem a habilidade para aproveitar a competição, jogar limpo e ser um bom vencedor ou perdedor; ter acesso às informações para monitorar em que ponto a equipe e os membros estão na competição; e não generalizar demais ou exagerar os resultados de alguma concorrência específica. Em um estudo de estruturas de recompensa com 75 equipes de quatro membros, recompensas competitivas melhoraram a velocidade de desempenho, ao passo que as recompensas cooperativas melhoraram a precisão do desempenho.[43]

As questões relacionadas ao processo de trabalho em equipe se tornaram mais complexas no mercado de trabalho global com equipes compostas de membros de muitas culturas e experiências. Isso é realçado pela presença de equipes de trabalho virtuais que operam no cenário global. Além das questões de processo de cooperação, competição e diversidade, três outras questões de processos estão relacionadas com tópicos que discorreremos a seguir: uso o diálogo do poder, abordada na próxima grande seção deste capítulo; tomada de decisão de equipes, discutida no Capítulo 10; e gerenciamento e resolução de conflitos, apresentados no Capítulo 13.

Diversidade

A diversidade também desempenha um papel relevante em quão efetivos grupos e equipes de trabalho são. A diversidade no grupo é saudável, e membros podem contribuir para o esforço coletivo por meio de um dos quatro estilos básicos.[44] Eles são o contribuidor, o colaborador, o comunicador e o desafiador. O contribuidor é dirigido por dados, fornece informações necessárias e adere a altos padrões de desempenho. O colaborador vê um quadro amplo, pode manter o foco na missão e estimula outros membros a unir esforços para cumpri-la. O comunicador ouve bem, facilita o processo do grupo e humaniza o esforço coletivo. O desafiador é o advogado do diabo, que questiona tudo: missão, propósito e métodos éticos do grupo. Os membros podem demonstrar um ou mais desses quatro estilos básicos durante um período. Além disso, um grupo eficaz deve ter um integrador.[45] Isso pode ser especialmente importante em equipes de trabalho que convivem com a diversidade, em que perspectivas diferentes carregam as sementes para conflitos. No entanto, equipes de trabalho que apresentam diversidade não são necessariamente um problema. O gerenciamento efetivo de equipes de trabalho de artistas, *designers*, tipógrafos e especialistas em finanças permitiram que a Hallmark Cards cortasse o tempo de desenvolvimento de seus novos produtos pela metade.[46]

Dissimilaridade Pesquisas recentes sobre diversidade focaram a questão e o efeito da dissimilaridade na própria equipe. Isso é estudado com base na teoria de identidade social e na teoria da autoclassificação. A criatividade diz respeito a novas e/ou diferentes (dissimilares) ideias ou maneiras de fazer as coisas. A novidade e a inovação são companheiras da criatividade. Embora a criatividade seja discutida em detalhes no Capítulo 10, abordamos brevemente o tópico considerando o contexto das equipes.

No Capítulo 1, definimos diversidade no que se refere a diferenças individuais. Recentes pesquisas de demografia relacional indicam que a dissimilaridade demográfica influencia em aspectos como absenteísmo, comprometimento, intenção de saída, crenças, relações de grupos de trabalho, autoestima e comportamento de cidadania organizacional dos funcionários.[47] Assim, a dissimilaridade pode ter efeitos positivos ou negativos nas equipes e em seus membros. A dissimilaridade racial também pode ter um impacto na comunicação entre membros da equipe e no desenvolvimento de um senso de identidade do grupo.[48] Ao passo que a dissimilaridade de valores pode estar positivamente relacionada a tarefas e conflitos, está negativamente relacionada ao envolvimento da equipe.[49] Isso destaca a importância de administrar a dissimilaridade nas equipes, que podem se abrir para a diversidade e transformar conflitos em resultados positivos.

A experiência funcional é uma maneira de observar a dissimilaridade. Um estudo entre 262 profissionais, em 37 equipes de trabalho que apresentavam diversidade, constatou que promover identificação social de experiência funcional ajudou os indivíduos a trabalhar melhor como membros da equipe.[50] Outro estudo de equipes de gerenciamento multifuncional em uma empresa da *Fortune 100* descobriu que a experiência funcional previa o envolvimento da equipe.[51] Por fim, em um estudo um pouco diferente, com 129 membros de 20 equipes de projetos multidisciplinares, a dissimilaridade informacional não teve efeitos adversos quando houve harmonia entre a tarefa e o objetivo.[52]

Diversidade estrutural Diversidade estrutural diz respeito ao número de aberturas estruturais em uma equipe de trabalho. Uma abertura estrutural na equipe é o rompimento entre dois de seus membros. O rompimento dos membros é bom ou ruim para a equipe? Quais as consequências de ter mais ou menos aberturas estruturais entre os membros?

Uma pesquisa examinou a diversidade e o desempenho de 19 equipes em uma empresa de produtos de madeira. Os pesquisadores estavam interessados tanto na diversidade demográfica entre os membros da equipe como na diversidade estrutural da equipe. Etnia e sexo não foram fatores demográficos que influenciaram na proporção de aberturas estruturais em uma equipe de trabalho. No entanto, a diversidade de idade melhorou significativamente a integridade estrutural das equipes. Assim, a maior variação de idade na equipe leva a mais conexões entre membros e menos rompimentos.

Equipes com poucas aberturas estruturais podem ter problemas com criatividade; já as equipes com alta proporção de aberturas estruturais podem ter dificuldade de coordenação. Essas observações levaram pesquisadores a concluírem que existe uma relação curvilínea entre diversidade estrutural, ou integridade estrutural, e desempenho da equipe. As equipes com diversidade estrutural moderada atingem o melhor desempenho. Essa pesquisa é importante, pois indica que os gerentes devem olhar para a estrutura e para as redes de relacionamento como um todo em suas equipes de trabalho, além de observar as características individuais dos membros da equipe ao tentar conquistar o melhor desempenho.[53]

Criatividade

Em geral, a criatividade é considerada algo próprio de um contexto individual, em vez de próprio de um contexto de equipe. No entanto, não existe nada parecido com a criatividade em equipe. Em um estudo com 54 equipes de desenvolvimento e pesquisa, foi constatado que os índices de criatividade em equipe poderiam ser explicados pelo processo de agregação entre pessoas e tempo.[54] Os pesquisadores concluíram que é importante considerar a agregação entre tempo e indivíduos quando se tenta compreender a criatividade em equipe. Em outro estudo sobre comportamento criativo, uma empresa coreana de eletrônicos constatou que dissimilaridades individuais de idade e desempenho, assim como diversidade funcional dentro da equipe afeta positivamente o comportamento criativo dos funcionários. Alguns acreditam que a situação esteja contra as equipes como agentes de criatividade. Leigh Thompson, professor de Administração e Organizações da Universidade Northwestern, pensa de modo diferente e sugere que a criatividade em equipe e o pensamento divergente podem ser melhorados por meio da maior diversidade nas equipes, organização de ideias em meio eletrônico, treinamento de facilitadores, mudança de parcerias nas equipes, *brainstorming* virtual e criação de uma área de lazer.[55] Essas práticas podem superar a folga social, a conformidade e a definição de normas descendentes nas equipes e organizações. Os membros de equipes podem praticar a cautela ao inserir suas novas ideias no processo de equipe para que os benefícios e impactos positivos sejam maximizados.[56]

[**Diversidade na Parker Hannifin e Time Warner Cable**]

Sharon Powell, da Parker Hannifin Corporation, pensa de modo um pouco diferente sobre diversidade em comparação a muitos líderes e gestores. Ela entende que além do país de origem, a especificidade de região também pode afetar o multiculturalismo. Membros de equipes em todas as regiões dos Estados Unidos podem empregar estilos de comunicação, etiqueta de negócios e se apresentar como divergentes uns dos outros assim como são com os estrangeiros. Para alguns líderes, em razão de as operações de suas empresas não serem internacionais, o treinamento de funcionários para trabalhar em equipes multiculturais não é importante. No entanto, como Powell sabe, equipes compostas somente de norte-americanos podem ser surpreendentemente diversificadas. Assim como Powell, líderes da Time Warner Cable alteraram as práticas da empresa para melhor servir sua base diversificada de clientes. A empresa trabalhou para incorporar multiculturalismo em todos os aspectos de suas operações, uma estratégia que permite à empresa compreender a amplitude dos desejos dos consumidores e melhor representar os interesses de uma base de cliente diversificada. Líderes que são sensíveis às mudanças culturais têm o poder de formar equipes de trabalho mais fortes, mais produtivas e conquistar novos mercados ao mesmo tempo que mantêm o apoio aos clientes já existentes. A chave para aprender a conquistar isso é o treinamento gerencial efetivo.

Fonte: S. Gupta. "Mine the Potential of Multicultural Teams", HR Magazine (out. 2008): 279-284.

RESULTADO DA APRENDIZAGEM 7

Capacitação e equipes autogeridas

Para serem bem-sucedidas, as equipes necessitam de uma cultura de capacitação na organização em que são implantadas. Isso é especialmente verdadeiro para equipes autogeridas, que são desenvolvidas para assumir responsabilidades e endereçar questões tradicionalmente reservadas para o gerenciamento.

A capacitação pode ser considerada um atributo de uma pessoa ou da cultura de uma organização.[57] Como atributo de uma cultura organizacional, incentiva a participação, que é o ingrediente essencial para o trabalho em equipe.[58] Equipes de ação de qualidade (QATs) na FedEx são a principal técnica de processo de melhoramento de qualidade (QIP) usada pela empresa para engajar gerência e funcionários horistas em equipes de solução de problemas de quatro a dez membros.[59] As equipes são capacitadas para agir e resolver problemas tão específicos como traçar a melhor rota partindo do aeroporto de Phoenix até o local do centro de distribuição ou tão global quanto fazer melhorias de grandes softwares de sistemas de rastreamento on-line.

A capacitação pode dar aos funcionários o poder de um relâmpago, mas funcionários capacitados devem estar focados no planejamento cuidadoso e na preparação antes de agir.[60]

Competências de capacitação

A capacitação por meio do autogerenciamento é uma alternativa para capacitação pelo trabalho em equipe.[61] Seja pelo autogerenciamento, seja pelo trabalho em equipe, a capacitação exige o desenvolvimento de certas competências para que seja ordenada eficientemente.

As habilidades de competência são o primeiro conjunto de habilidades exigidas para a capacitação. O domínio e a experiência na disciplina e profissão escolhida oferecem fundamentos essenciais para a capacitação. Novos funcionários e estagiários devem lidar com a capacitação limitada só até demonstrarem a capacidade de aceitar mais responsabilidade.

A capacitação também requer certas competências de processos. As competências de processos mais críticas incluem habilidades de negociação, especialmente com aliados, oponentes e adversários.[62] Aliados são pessoas com as quais é mais fácil negociar, pois elas concordam com você sobre a missão da equipe e você pode confiar em suas ações e em seu comportamento. Oponentes requerem uma estratégia de negociação diferente; embora você consiga prever suas ações e seu comportamento, eles não concordam com seu conceito de missão da equipe. Adversários são perigosos e oferecem dificuldade para negociação, pois você não consegue prever suas ações ou seu comportamento e eles não concordam com seu conceito de missão da equipe.

Um terceiro conjunto de competências de capacitação envolve o desenvolvimento de comportamentos cooperativos e de ajuda.[63] Pessoas cooperativas se engajam em incentivar o comportamento prestativo para maximizar os ganhos de todos na equipe. As orientações alternativas para cooperação são competitivas, individualistas e igualitárias. Pessoas competitivas são motivadas a maximizarem seus ganhos pessoais independentemente do custo para outras pessoas. Essa motivação pode ser muito improdutiva para a equipe. As pessoas individualistas são motivadas a agirem de maneira autônoma, embora não necessariamente para maximizar seus ganhos pessoais. São menos propensas a contribuírem com os esforços da equipe. As igualitárias são motivadas a equilibrar os resultados de cada membro, o que pode ou não ser benéfico ao bem-estar da equipe. Na realidade, os membros da equipe que precisam de mais ajuda geralmente recebem menos ajuda, pois comportamentos prestativos são direcionados, na maioria dos casos, para os membros mais especializados, uma dinâmica que compromete o desempenho geral.[64]

As competências de comunicação são o conjunto final de competências essenciais de capacitação.[65] Essas habilidades incluem competências de autoexpressão e competência de escuta reflexiva. A capacitação não pode ocorrer em uma equipe a menos que os membros possam se expressar de forma eficiente, assim como ouvir cuidadosamente uns aos outros.

Equipes autogeridas

As **equipes autogeridas**, também chamadas de *equipes autodirecionadas* ou *grupos de trabalho autônomo*, são equipes que tomam decisões que antes eram reservadas aos gerentes. Essas equipes são uma forma de implantar capacitação nas organizações. Mesmo que equipes autogeridas sejam autodirecionadas, isso não significa que não exista influência de gerentes. Na realidade, os gerentes exercem um papel importante ao proporcionar liderança e influência.[66] Há uma forte tendência para o uso de táticas de influência moderada na comunicação dos gerentes com as equipes autodirecionadas, o que produz resultados mais positivos.[67] Um estudo de um ano com equipes autogeridas sugere que elas têm um impacto positivo sobre as atitudes do funcionário, mas não sobre o absenteísmo ou sobre a rotatividade.[68] Pesquisas avaliativas são úteis para proporcionar

> **equipes autogeridas**
> Equipes que tomam decisões que eram reservadas a gerentes.

uma melhor compreensão dessa maneira relativamente nova de abordar o trabalho em equipe e o formato do trabalho. Pesquisas ajudam a estabelecer expectativas para equipes autogeridas. No entanto, existem riscos, como o pensamento em grupo em equipes autogeridas, que deve ser evitado ou administrado, caso a equipe deseje atingir desenvolvimento e função plena.[69] Por fim, uma avaliação de capacitação, equipes e programas de gerenciamento da qualidade total (GQT) constatou que empresas associadas a essas técnicas de gerenciamento não tiveram desempenho econômico maior.[70]

Outras avaliações de equipes autogeridas são mais positivas. A empresa Southwest Industries, fabricante de aeronaves de alta tecnologia, embarcou em uma grande reorganização interna no início dos anos de 1990, que incluía a criação de equipes autogeridas para encaixar em seu processo de produção de alta tecnologia. A abordagem da equipe da Southwest resultou no aumento de 30% nas entregas, na diminuição de 30% no *lead time* e na redução de quase um terço nos custos de produção.[71] O histórico positivo resultou na utilização cada vez mais ampla de equipes autogeridas por parte de corporações multinacionais norte-americanas em suas operações globais.

equipes do alto escalão
Equipes de executivos de alto nível em uma organização.

RESULTADO DA APRENDIZAGEM 8

Alto escalão: equipes no topo

As equipes autogeridas que estão no topo das organizações – equipes de executivos de alto nível – são conhecidas como **equipes do alto escalão**. Normalmente, as organizações são um reflexo do alto escalão.[72] A teoria do alto escalão diz que as características de experiências da equipe da alta gerência podem prever características organizacionais e estabelecer padrões para valores, competência, ética e características únicas por meio da organização. Além disso, o alto escalão é essencial para o sucesso estratégico da corporação.[73] A capacidade de exercer poder sobre toda a organização e influenciá-la torna a equipe da alta gerência a chave para o sucesso da organização. Essa capacidade pode ficar comprometida caso a alta gerência envie sinais mesclados sobre trabalho em equipe e se os sistemas de pagamento executivo promoverem competição, políticas e individualismo.[74]

Quando Lee Iacocca se tornou CEO da Chrysler Corporation, sua equipe de alta gerência foi montada para fazer o realinhamento estratégico na corporação sobre a força histórica da engenharia da Chrysler. O impressionante sucesso da Chrysler no início dos anos 1980

> "A capacitação exige o desenvolvimento de certas competências para que seja ordenada eficientemente."

foi seguido por conflitos e acomodação no fim da década. Isso levanta a seguinte questão: por quanto tempo um CEO e a equipe de alta gerência podem sustentar o sucesso organizacional?

Hambrick e Fukutomi abordaram esse aspecto examinando a relação dinâmica entre a ocupação de um CEO e o sucesso da organização.[75] Eles identificaram cinco fases durante a gestão de um CEO: (1) resposta ao mandato, (2) experimentação, (3) seleção de um tema duradouro, (4) convergência e (5) disfunção. Na Tabela 9.3, há um resumo de cada fase. Com todo o resto se mantendo igual, o modelo das fases possui significantes implicações para o desempenho organizacional. Especificamente, o desempenho organizacional aumenta durante a ocupação de um CEO até um pico, depois disso, o desempenho decai. Essa relação é ilustrada na Figura 9.3. O pico deve chegar em aproximadamente sete anos – em algum ponto no meio da gestão do executivo. Como indicado pelas linhas pontilhadas na figura, o pico pode ser estendido dependendo de vários fatores, como a diversidade na equipe de apoio desse executivo.

As equipes autogerenciadas costumam ter expertise para saber o que precisam fazer e como fazê-lo.

TABELA 9.3 As cinco fases durante a gestão de um CEO

CARACTERÍSTICAS RELEVANTES DO CEO	1 RESPOSTA AO MANDATO	2 EXPERIMENTAÇÃO	3 SELEÇÃO DE UM TEMA DURADOURO	4 CONVERGÊNCIA	5 DISFUNÇÃO
COMPROMETIMENTO COM UM PARADIGMA	Moderadamente fraco	Pode ser forte ou fraco	Moderadamente forte	Forte; crescente	Muito forte
CONHECIMENTO DA TAREFA	Baixo mas rapidamente crescente	Moderado; com um pouco de aumento	Alto; ligeiramente crescente	Alto; ligeiramente crescente	Alto; ligeiramente crescente
DIVERSIDADE DE INFORMAÇÕES	Muitas fontes; não filtradas	Muitas fontes mas crescentemente não filtradas	Menos fontes; moderadamente filtradas	Poucas fontes; altamente filtradas	Muito poucas fontes; altamente filtradas
INTERESSE NA TAREFA	Alto	Alto	Moderadamente alto	Moderadamente alto, mas decrescente	Moderadamente baixo e decrescente
PODER	Baixo; crescente	Moderado; crescente	Moderado; crescente	Forte; crescente	Muito forte; crescente

Fonte: D. Hambrick e G. D. S. Fukutomi. "The Seasons of a CEO's Tenure". *Academy of Management Review*, 1991, p. 729. Autorização da Copyright Clearance Center, Inc.

Diversidade no topo

Do ponto de vista da saúde organizacional, a diversidade e a profundidade na equipe da alta gerência melhoram o bem-estar do CEO.[76] De um ponto de vista de desempenho, a equipe de alta gerência do CEO pode influenciar o momento do pico de desempenho, o grau de disfunção durante o fechamento da fase da ocupação do CEO e a taxa de declínio no desempenho organizacional.

A diversidade e a heterogeneidade na equipe de alta gerência podem sustentar altos níveis de desempenho organizacional no topo e ajudar a manter a vitalidade do CEO. Um estudo com 207 empresas norte-americanas de 11 segmentos de atividades constatou que a diversidade funcional de equipes de alta gerência tinha efeito positivo sobre o desempenho da empresa à medida que a proporção de líderes no mesmo local aumentava.[77]

A presença de um "wild turkey" (em português, peru selvagem) na equipe da alta gerência pode ser uma força particularmente positiva. O wild turkey é um advogado do diabo que desafia o pensamento do CEO e de outros executivos, oferecendo um contraponto durante debates. Se não for inibido ou repreendido, ele ajuda o CEO e a equipe a manter picos de desempenho e retarda a disfunção e declínio do CEO. O ex-secretário de Estado Colin Powell, por exemplo, melhorou a administração do presidente George W. Bush exercendo uma voz independente. Posicionando-se de forma mais moderada em relação

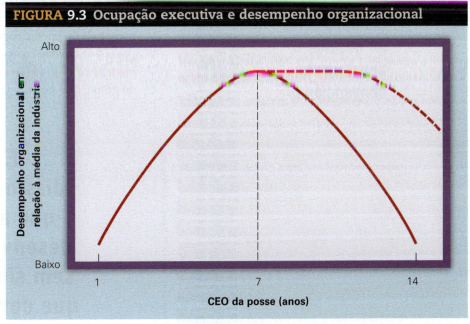

FIGURA 9.3 Ocupação executiva e desempenho organizacional

Fonte: D. Hambrick. "The Seasons of an Executive's Tenure", discurso, the Sixth Annual Texas Conference on Organizations, Lago Vista, Texas, abr. 1991.

[*Os líderes devem reunir uma equipe que seja diversificada do ponto de vista funcional, intelectual, demográfico e temperamental.*]

a questões de política do que o secretário de defesa ou o vice-presidente, Powell trouxe variância e valor à administração de Bush. Os líderes devem desenvolver estratégias de comunicação para trazer consigo uma equipe que seja diversa do ponto de vista funcional, intelectual, demográfico e do temperamento, para que haja um complemento mútuo. É sem dissimilaridade que a força é desenvolvida e é sem similaridade que as conexões são construídas.

Concluímos que a liderança, a composição e as dinâmicas da equipe de alta gerência exercem importante influência sobre o desempenho da organização, levando, em alguns casos, à eliminação de um único CEO. Pesquisas atuais mostram um aumento expressivo no número de configurações com co-CEO, tanto em empresas públicas como privadas.[78] Mais comum na Europa do que nos Estados Unidos, exemplos norte--americanos históricos de configurações com co-CEOs incluem uma equipe de três membros criada por Walter Wriston quando era presidente da Citicorp (agora parte do Citigroup).

Equipes multiculturais de alto escalão

Grupos homogêneos em que todos os membros compartilham experiências similares estão dando lugar a grupos-símbolo em que todos, exceto um integrante do grupo, não compartilham das mesmas experiências, grupos biculturais em que dois ou mais membros representam cada uma das duas culturas distintas e grupos multiculturais em que os membros representam três ou mais experiências étnicas.[79] A diversidade no grupo pode aumentar a incerteza, complexidade e confusão inerentes aos processos do grupo, tornando mais difícil atingir sua produtividade potencial plena.[80] Pelo lado positivo, a empresa Merck atribui seu sucesso no longo prazo ao seu modelo de liderança que promove e desenvolve as competências de liderança de todos os funcionários. O presidente e CEO Ray Gilmartin valoriza a diversidade na equipe de alta gerência porque acredita que essa característica gera inovação quando funcionários com diferentes perspectivas trabalham juntos para oferecer soluções. Diversidade de idade e especialização educacional nas equipes de alta gerência têm efeito positivo sobre o desempenho da equipe, especialmente quando os membros precisam participar de tarefas cognitivas.[81] As vantagens de grupos culturalmente diversos incluem a geração de mais e melhores ideias, embora limitem o risco de pensamento de grupo, que será discutido no Capítulo 10.

O "wild turkey" é um advogado do diabo que mantém o alto escalão no caminho certo ao desafiar o pensamento convencional.

É sem dissimilaridade que a força é desenvolvida e é sem similaridade que conexões são construídas.

Prova chegando? E agora?

Com *CORG* você tem uma infinidade de apostilas ao seu dispor.
Depois de ler os capítulos, confira essas ideias para ajudar ainda mais.

Cartões de revisão do capítulo incluem todos os resultados da aprendizagem, definições e resumos visuais para cada capítulo.

Cartões de memória para impressão fornecem maneiras adicionais para verificar a sua compreensão dos conceitos chave.

Outras excelentes maneiras para ajudá-lo a estudar incluem **testes** e **games interativos**.

Você pode encontrar tudo isso na
Trilha de CORG.
www.cengage.com.br/4ltr/corg

CAPÍTULO 10 >>

Tomada de decisão individual e em grupo

RESULTADO DA APRENDIZAGEM

Após a leitura deste capítulo, você estará apto a:
1. Identificar os passos do processo decisório.
2. Descrever vários modelos de tomada de decisão.
3. Discutir as influências individuais que afetam a tomada de decisão.
4. Explicar como os grupos tomam decisões.
5. Descrever o papel que a cultura desempenha no processo decisório.
6. Explicar como as organizações podem melhorar a qualidade da tomada de decisão por meio da participação.

> **❝ O primeiro passo é reconhecer o problema; ou seja, o gestor percebe que uma decisão deve ser tomada. ❞**

RESULTADO DA APRENDIZAGEM 1

O processo decisório

A tomada de decisão é uma atividade crítica na vida dos gestores. As decisões com as quais têm de lidar variam de questões simples e rotineiras, para as quais possuem uma regra de decisão estabelecida (**decisões programadas**), até novas e complexas decisões que exigem soluções criativas (**decisões não programadas**).[1] O agendamento do horário de almoço de um grupo de trabalho é uma decisão programada. O gestor realiza a atividade de decisão diariamente, utilizando um procedimento estabelecido com o mesmo objetivo claro em mente. Já decisões como comprar outra empresa são não programadas. A decisão de adquirir uma empresa é uma situação única, não estruturada e requer julgamento considerável. Independentemente do tipo de decisão, é importante conhecer bem como agem os grupos e os indivíduos.

A tomada de decisão é um processo que envolve uma série de etapas, como mostra a Figura 10.1. A primeira etapa é reconhecer o problema; ou seja, o gestor percebe que uma decisão deve ser tomada. Identificar o real problema é importante; caso contrário, o gestor pode reagir aos sintomas em vez de lidar com a raiz do problema. Posteriormente, deve identificar o objetivo da decisão. Em outras palavras, o gestor deve determinar o que será alcançado por meio da decisão.

O terceiro passo é reunir informações relevantes sobre o problema. O gestor deve acumular informações suficientes sobre por que o problema ocorreu. Isso envolve conduzir um diagnóstico detalhado da situação e prosseguir na missão de identificar os fatos.

O quarto passo é listar e avaliar cursos de ação alternativos. Nesse ponto, uma minuciosa análise "E, se" deve ser conduzida para determinar os vários fatores que podem influenciar no resultado. É importante gerar uma vasta gama de opções e soluções criativas a fim de prosseguir para a próxima etapa.

Em seguida, o gestor seleciona a alternativa que melhor atende ao objetivo

decisão programada
Simples questão de rotina para qual um gerente possui uma regra de decisão já estabelecida.

decisão não programada
Decisão nova e complexa que requer uma solução criativa.

da decisão. Caso o problema seja diagnosticado corretamente e alternativas suficientes sejam identificadas, essa etapa torna-se muito mais rápida.

Depois que a solução é implantada, a situação deve ser monitorada para ver se a decisão cumpriu seu objetivo. O monitoramento consistente e o *feedback* periódico são essenciais no processo de *follow-up*.

A tomada de decisão pode ser estressante. Os gestores tomam decisões com risco e incerteza significativos e normalmente sem dispor de todas as informações necessárias. Eles devem confiar em outras pessoas e contar com elas no processo de tomada de decisão, mas, no fim das contas, são os responsáveis pela decisão. Às vezes, as decisões são dolorosas e envolvem deixar um negócio, fazer demissões e admitir um erro. O Blue Man Group possui um histórico de tomar decisões efetivas. Suas produções teatrais misturam comédia, música e multimídia em um único tipo de entretenimento. O grupo tornou-se famoso e bem-sucedido fazendo importantes escolhas de negócios, embora nenhum dos fundadores tenha treinamento formal em música, teatro ou negócios. O grupo recusou ofertas para vender cartões de crédito, refrigerantes, balas e tintas, tudo relacionado com a cor azul. A cada nova oportunidade, os três fundadores usavam a mesma avaliação: "OK, tudo está muito bom, é uma bela ideia – mas é Blue Man?". O grupo também concluiu um detalhado manual operacional de 132 páginas, uma tarefa que muitos negócios nunca realizaram. Por fim, decidiram por acordos unânimes.[2]

RESULTADO DA APRENDIZAGEM 2

Modelos e limites da tomada de decisão

O sucesso de qualquer organização depende das habilidades dos gestores em tomar **decisões eficazes**. Uma decisão eficaz é oportuna, aceitável para os indivíduos afetados por ela e satisfaz o objetivo desejado.[3] Este bloco descreve três modelos de tomada de decisão: modelo racional, modelo de racionalidade limitada e modelo Z. Concluímos a seção com uma discussão sobre os limites das técnicas de tomada de decisão.

decisão eficaz
Decisão oportuna que satisfaz um objetivo desejado e é aceita pelos indivíduos afetados por ela.

racionalidade
Abordagem lógica, passo a passo para a tomada de decisão, com minuciosa análise de alternativas e suas consequências.

Modelo racional

A **racionalidade** se refere a uma abordagem lógica, passo a passo, para a tomada de decisão, com uma minuciosa análise de alternativas e suas consequências.

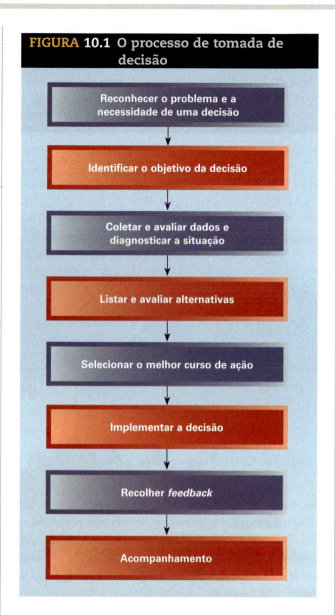

FIGURA 10.1 O processo de tomada de decisão

O modelo racional vem da teoria econômica clássica e afirma que quem toma decisões é racional em sua abordagem. O modelo presume o seguinte:

1. O resultado será completamente racional.
2. O responsável por tomar decisões possui um sistema de preferências consistentes, usado para escolher a melhor alternativa.
3. O responsável por tomar decisões está ciente das possíveis alternativas.
4. O responsável por tomar decisões é capaz de calcular a probabilidade de sucesso de cada alternativa.[4]

No modelo racional, o responsável por tomar decisões se esforça para otimizar, ou seja, para selecionar a melhor alternativa possível.

Dadas as hipóteses do modelo racional, ele se torna irrealista. Existem restrições de tempo e limites ao conhecimento humano e às capacidades de processamento de informações. Além disso, as preferências

e necessidades do gestor mudam frequentemente. O modelo racional é, portanto, um ideal pelo qual os gestores trabalham nas tomadas de decisão. Ele captura a maneira como uma decisão deve ser tomada, mas não reflete a realidade.[5]

Modelo de racionalidade limitada

Ao reconhecer as deficiências do modelo racional, Herbert Simon sugeriu a existência de limites sobre quão racional o responsável por tomar decisões realmente é. Sua teoria da decisão, o modelo de racionalidade limitada, ganhou o Prêmio Nobel de economia em 1978.

O modelo de Simon, também chamado de teoria do "homem administrativo", baseia-se na ideia de que existem restrições que forçam o responsável por tomar decisões a ser menos do que completamente racional. O modelo de racionalidade limitada oferece quatro suposições:

1. Os gestores selecionam a primeira alternativa que seja satisfatória.
2. Os gestores reconhecem que suas concepções do mundo são simples.
3. Os gestores sentem-se confortáveis em tomar decisões sem determinar todas as alternativas.
4. Os gestores tomam decisões com base em regras práticas ou heurística.

A **racionalidade limitada** sugere que os gestores alcançam a **satisfação**; ou seja, eles selecionam a primeira alternativa que é "boa o suficiente", pois os custos de otimização no que diz respeito a tempo e esforços são muito grandes.[6] Além disso, a teoria assume que os gestores devem desenvolver atalhos, chamados de **heu-rística**, para tomar decisões de forma a poupar atividade mental. A heurística refere-se a regras que se baseiam na prática e permite aos gestores tomar decisões considerando o que deu certo em experiências passadas.

O modelo de racionalidade limitada retrata de forma mais realista o processo decisório gerencial? As pesquisas indicam que sim.[7] Uma das razões pelas quais os gestores enfrentam limites à racionalidade é que eles devem tomar decisões sob risco e pressão de tempo. A situação em que eles se encontram é incerta e a probabilidade de sucesso é desconhecida.

Modelo Z

Isabel Briggs Myers, coautora do Myers-Briggs Type Indicator, também desenvolveu o modelo Z de solução de problemas, que reúne os pontos positivos das quatro preferências separadas (percepção, intuição, pensamento e sentimento). Utilizando o modelo Z, os gestores podem usar suas preferências e as não preferências para tomar decisões de forma mais eficaz. O modelo Z é apresentado na Figura 10.2.

De acordo com esse modelo, uma boa solução de problemas segue quatro passos:

1. *Examinar os fatos e detalhes.* Usar a percepção para reunir informações sobre o problema.
2. *Gerar alternativas.* Usar a intuição para desenvolver possibilidades.
3. *Analisar as alternativas de forma objetiva.* Usar o pensamento para determinar de forma lógica os efeitos de cada alternativa.
4. *Ponderar o impacto.* Usar o sentimento para determinar como as pessoas envolvidas serão afetadas.

Utilizar o modelo Z pode ajudar a pessoa a desenvolver suas não preferências. Outra forma de usar o modelo Z é contar com outras pessoas para realizar

racionalidade limitada
Teoria que sugere a existência de limites em relação a quão racional pode ser o responsável por tomar decisões.

satisfação
Escolher a primeira alternativa que seja "boa o suficiente", pois os custos relacionados a tempo e esforço são altos demais para otimizar.

heurística
Atalhos no processo de tomada de decisão que poupam atividade mental.

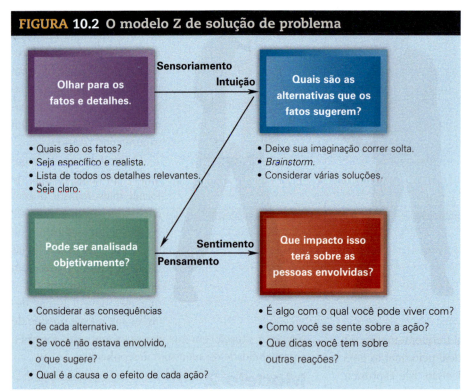

Fonte: Extraído do *Type Talk at Work* por Otto Kroeger e Janet M. Thuesen, 1992, Delacorte Press. Reimpresso com a permissão de Otto Kroeger Associates.

atividades não preferidas. Um indivíduo IS (intuição e sentimento), por exemplo, pode querer ser um confiável IP (intuição e pensamento) para ajudar na análise de alternativas de forma objetiva.

Intensificação de comprometimento

Cada modelo de tomada de decisão tem limites únicos e próprios. Há, porém, uma limitação que todos compartilham. A relutância do responsável por tomar decisões em abandonar uma decisão ruim. Continuar apoiando um curso de ação malsucedido é conhecido como **intensificação de comprometimento**.[8] Em situações caracterizadas pela intensificação de comprometimento, indivíduos que tomam decisões que acabam se tornando escolhas ruins tendem a se apegar a essas escolhas, mesmo quando elas envolvem custos consideráveis.[9] Um exemplo de intensificação é a guerra de preços que entre linhas aéreas. Como resposta aos concorrentes, as empresas reduzem seus preços até certo ponto e ficam na situação de "ganho zero". Elas continuam a competir, apesar das grandes perdas. O desejo de vencer é uma motivação para continuar a escalada, e cada empresa continua a reduzir preços (perder dinheiro) com base na crença de que a outra empresa aérea sairá da guerra. Outro exemplo de intensificação de comprometimento é a enorme Estação Espacial Internacional da Nasa. Com um custo original estimado de US$ 8 bilhões, a estação espacial foi reformada cinco vezes e continua inacabada. Em 2003, seu custo estimado chegou à marca de US$ 30 bilhões, e alguns especialistas especularam que a conta total poderia atingir US$ 100 bilhões, para o que o físico Robert Park descreve como "o maior erro da história da tecnologia". Apesar de a estação sorver mais do que qualquer outro programa da Nasa, continua sendo o ponto focal de seu trabalho e consumindo vastos recursos.[10]

Por que a intensificação de comprometimento ocorre? Uma explicação é apresentada pela teoria de dissonância cognitiva, como foi discutido no Capítulo 4. Essa teoria assume que os indivíduos não gostam de inconsistências e, quando elas existem entre suas atitudes ou entre suas atitudes e comportamentos, eles tentam reduzir a discordância.[11]

Outras razões pelas quais as pessoas permanecem em um curso de ação já perdido são o otimismo e o controle. Há as que são excessivamente otimistas e superestimam a probabilidade de que coisas positivas vão acontecer. Outras pessoas agem sob uma ilusão de controle – que possuem competências especiais para controlar o futuro que outras pessoas não têm.[12] Alguns indivíduos "jogam dinheiro na lata do lixo". Eles pensam: "Bem, se já investi tudo isso, o que importa mais alguns dólares?". Quanto mais próximo um projeto está de sua finalização, mais provável torna-se a ocorrência da intensificação.[13]

Manter uma má decisão pode custar caro para a organização. Enquanto montadoras estrangeiras perceberam a promessa do movimento verde e alteraram o que estavam desenvolvendo com relação a veículos híbridos em 2002, a General Motors manteve uma estratégia de retenção de gastos que racionalizou suas operações e focou a produção continuada de SUVs e caminhões. Entre 2005 e 2008, a GM perdeu US$ 82 milhões, e mesmo essa perda não alterou sua estratégia conturbada.[14] Em 2009, finalmente, o CEO Rick Wagoner tentou minimizar a tensão, e anunciou que o foco da GM em SUVs e caminhões não era mais uma estratégia

Intensificação de comprometimento
Tendência de continuar oferecendo apoio em um curso de ação equivocado.

> "De muitas maneiras, as decisões refletem as pessoas que as tomam."

viável. No entanto, era tarde demais e, apesar de um empréstimo bilionário do governo norte-americano, a empresa declarou falência.

Em pesquisas recentes sobre redução da tensão foi constatado que indivíduos com maior autoestima e aqueles que têm a oportunidade de afirmar um importante valor são mais plausíveis à redução da tensão.[15] As organizações podem usar essas informações de diversas formas para lidar com intensificação de comprometimento. Outra maneira de reduzir a intensificação é dividir a responsabilidade pelas decisões, permitindo que vários indivíduos tomem decisões em diferentes etapas de um projeto. As empresas também tentaram eliminar a intensificação de comprometimento monitorando de perto os responsáveis pela tomada de decisão.[16] Outra sugestão é oferecer ao indivíduo uma saída honrosa das más decisões, para que sua imagem não seja arranhada. Uma maneira de fazer isso é recompensar as pessoas que admitem terem tomado más decisões antes de intensificar o comprometimento sobre elas ou fazer os grupos tomarem uma decisão de investimento inicial. Os que participam da tomada de decisão em grupo experimentam a difusão de responsabilidade no caso de uma decisão errônea em vez de se sentirem pessoalmente responsáveis; assim, podem se retirar de uma decisão ruim sem ameaças à sua imagem.[17]

Vimos que existem limites para quão racional um gestor pode ser nas tomadas de decisão. A maioria das decisões gerenciais envolvem risco considerável, e indivíduos reagem de maneira diferente a situações de risco.

RESULTADO DA APRENDIZAGEM 3

Influências individuais na tomada de decisão

Nenhuma decisão é tomada no vácuo. De muitas maneiras, as decisões refletem as pessoas que as tomam, por isso é apropriado examinar as influências individuais sobre as tomadas de decisão: comodidade pelo risco, **estilo cognitivo**, personalidade, intuição e criatividade.

O gestor e o risco

Muitas decisões envolvem elementos de risco. Para os gestores, as decisões relacionadas a contratação, delegação, aquisições e fusões, expansões no exterior, desenvolvimento de novos produtos, entre outras, tornam o risco parte do trabalho.

Os indivíduos diferem no que se refere à disposição para assumir riscos. Algumas pessoas têm **aversão ao risco**. Elas escolhem opções que implicam menos riscos, dando preferência à familiaridade e à certeza. Outras são ousadas; isto é, aceitam um maior potencial para perda nas decisões, toleram a incerteza e, de modo geral, são mais propensas a tomar decisões arriscadas. Esses indivíduos tendem a tomar a frente de discussões em grupo.[18]

Pesquisas indicam que as mulheres têm mais aversão a riscos do que os homens e que gestores mais velhos e mais experientes são mais avessos a riscos do que os jovens. Há evidências de que gestores mais bem-sucedidos assumem mais riscos do que os malsucedidos.[19] No entanto, a tendência a assumir riscos ou evitá-los é apenas parte do comportamento perante riscos. A assunção de risco é influenciada não apenas pela tendência do indivíduo, mas também pelos fatores organizacionais. Nos bancos, todos o dias são tomadas decisões relacionadas a empréstimo que exigem o acompanhamento de risco.

Os gestores do alto escalão enfrentam a dura tarefa de administrar o comportamento ousado. Ao desencorajar os gestores de níveis mais baixos a assumir riscos, eles podem reprimir a criatividade e a inovação. Se incentivarem a assunção de riscos, porém, devem permitir que os funcionários falhem sem medo de punição. Uma forma

> **estilo cognitivo**
> Preferência individual para a reunião de informações e avaliação de alternativas.
>
> **aversão ao risco**
> Tendência de escolher opções que implicam menos riscos e incertezas.

Muitas decisões envolvem algum elemento de risco.

Arthur Kwiatkowski/iStockphoto

de conquistar isso é considerar a falha uma "experiência de tentativa e erro positiva".[20] O ponto-chave é estabelecer uma atitude condizente com o risco.

Quando indivíduos assumem riscos, pode haver perdas e prejuízos. Suponha que um produtor de petróleo acredite na possibilidade de encontrar o produto perfurando uma área antiga. Ele reúne um grupo de investidores, mostra os planos, e eles contribuem para financiar o negócio. A perfuração ocorre até certa profundidade e nada é encontrado. Convencido de que não foi fundo o bastante, o produtor retorna aos investidores e pede um financiamento bancário adicional para continuar o trabalho. Os investidores consentem e ele vai mais fundo, mas nada é encontrado. Ele aborda os investidores e, após uma longa discussão, eles concordam em fornecer verba adicional para a perfuração mais profunda. Por que os responsáveis por tomar decisões desperdiçam dinheiro dessa forma? Por que continuam a fornecer recursos para o que parece ser um negócio perdido?

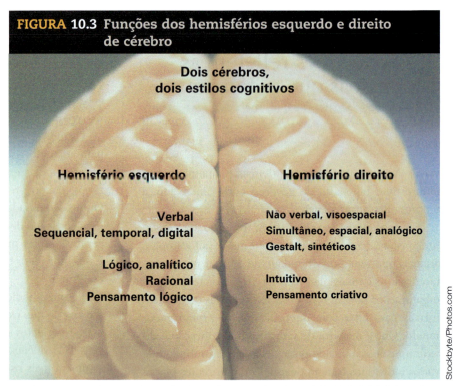

Fonte: Criado com base nas ideias de *Left Brain, Right Brain* por Springer and Deutsch, p. 272. © 1993 by Sally P. Springer e Georg Deutsch (New York: W. H. Freeman and Company, 1993).

Personalidade, atitudes e valores

Além de todas as variáveis individuais (discutidas nos Capítulos 3 e 4) – características de personalidade, atitudes e valores –, os gestores devem usar tanto a lógica como a criatividade para tomar decisões eficazes. A maioria das pessoas se sente mais confortável usando ou lógica ou criatividade e mostra tal preferência nas tomadas de decisão do dia a dia.

Nosso cérebro possui duas metades (Figura 10.3). O lado direito é o centro das funções relacionadas à criatividade; o lado esquerdo é o centro das funções relacionadas a lógica, detalhes e planejamento. Ambos apresentam vantagens, por isso o ideal é a "lateralização cerebral" ou ser capaz de usar a lógica, a criatividade ou ambos, dependendo da situação. Existem meios de desenvolver o lado do cérebro que você não está acostumado a usar. Para desenvolver o lado direito, o lado da criatividade, você pode fazer perguntas do tipo "E se", se envolver em jogos e seguir sua intuição. Para desenvolver o lado esquerdo, pode estabelecer metas para completar tarefas e trabalhar para atingir essas metas. Para os gestores, o importante é ver a ideia geral, moldar uma visão e planejar estrategicamente – tudo o que requer competências do lado direito do cérebro. É igualmente importante compreender as operações cotidianas e fluxogramas de processos de trabalho, que são habilidades do lado esquerdo do cérebro.

Duas influências individuais particulares que podem melhorar a efetividade da tomada de decisões são destacadas a seguir: intuição e criatividade.

Intuição

Há evidências de que os gestores usam a **intuição** para tomar decisões.[21] Henry Mintzberg, em seu trabalho sobre papéis gerenciais, descobriu que, em muitos casos, os gestores não parecem usar uma abordagem sistemática e detalhada para tomar decisões. Ao contrário, fazem julgamentos com base em "pressentimentos".[22] Daniel Isenberg estudou a maneira como os gestores seniores tomam decisões e constatou que a intuição era usada em larga escala, especialmente como um mecanismo para avaliar decisões tomadas de forma mais racional.[23] Robert Beck estudou com gestores do Bank of America tomavam decisões sobre a direção futura da empresa, seguindo a desregulamentação do setor bancário. Beck descreveu a utilização da intuição como um antídoto para "paralisia de análise", ou a tendência de analisar decisões em vez de desenvolver soluções inovadoras.[24]

---

intuição
Força rápida e positiva na tomada de decisão; é utilizada em um baixo nível de consciência e envolve padrões de informação aprendidos.

VOCÊ SABIA?

>> A dominância de um dos hemisférios do cérebro está relacionada às escolhas dos alunos com relação às disciplinas que vão cursar na faculdade. Alunos motivados pelo lado esquerdo ficam entre administração, engenharia e ciências, ao passo que os motivados pelo lado direito são atraídos por educação, enfermagem, comunicação e literatura.[25]

O renomado psicólogo cognitivo, Gary Klein, escreveu um livro sobre o poder da intuição. Dr. Klein e colaboradores afirmam que os responsáveis qualificados por tomar decisões contam com padrões de informações aprendidas para tomar decisões rápidas e eficientes. Em uma série de estudos conduzidos pela Marinha, Corpo de Bombeiros e pelo Exército norte-americano, foi constatado que os responsáveis por tomar decisões normalmente contam com a intuição em situações desafiadoras e não familiares. Essas decisões foram superiores àquelas feitas após uma avaliação cuidadosa de informações e possíveis alternativas.[26]

Mas o que exatamente é intuição? Na teoria junguiana, intuição (I) é uma preferência usada para reunir dados. Essa é apenas uma perspectiva com base na qual o conceito de intuição tem sido aplicado nas tomadas de decisão gerencial, contudo, talvez seja o conceito de intuição mais amplamente pesquisado. Existem, porém, muitas definições de *intuição* na literatura sobre gestão. Chester Barnard, um dos primeiros pesquisadores influentes de administração, dizia que os principais atributos da intuição eram a velocidade e a incapacidade do responsável por tomar decisão determinar como a decisão foi tomada.[27] Outros pesquisadores argumentam que a intuição ocorre em um nível inconsciente e é por isso que quem toma a decisão não consegue verbalizar como ela foi tomada.[28]

A intuição tem sido descrita da seguinte forma:
> A habilidade de saber e reconhecer rápida e prontamente as possibilidades de uma situação.[29]
> O desempenho automático natural de sequências de comportamento aprendido.[30]
> Análises simples mantidas em hábitos e na capacidade para resposta rápida por meio de reconhecimento.[31]

Essas definições compartilham algumas hipóteses. Primeira hipótese: parece haver uma noção de que intuição seja algo rápido. Segunda: a intuição é usada em um nível abaixo da consciência. Terceira: parece haver consenso de que intuição envolve padrões aprendidos de informações. A intuição parece ser uma força positiva na tomada de decisões.

O uso da intuição pode levar a decisões mais éticas. A intuição permite que um indivíduo assuma o papel de outro com facilidade, e a assunção de papéis é parte fundamental do desenvolvimento do raciocínio moral. No Capítulo 4, abordamos o papel do desenvolvimento moral cognitivo na tomada de decisão ética. Um estudo descobriu uma forte ligação entre desenvolvimento moral cognitivo e intuição. O desenvolvimento de novas perspectivas por meio da intuição leva a um maior crescimento moral e, portanto, a mais decisões éticas.[32]

Uma questão que surge está relacionada à possibilidade de ensinar os gestores a usar a intuição. Weston Agor, que apresentava *workshops* sobre o desenvolvimento de competências intuitivas em gestores, alcançou resultados positivos em organizações como as da cidade de Phoenix e a poderosa Walt Disney Enterprises. Após aplicar testes de intuição para mais de 10.000 executivos, ele concluiu que, na maioria dos casos, as posições de gestão mais elevadas são preenchidas por indivíduos com níveis mais altos de intuição. Assim como o cérebro precisa dos dois hemisférios para trabalhar, Agor adverte que as organizações precisam de mentes analíticas e intuitivas para obter o máximo de rendimento. Lee Iacocca, em sua autobiografia, exaltou, em algumas páginas, a intuição: "Até certo ponto, eu sempre agi por pressentimento".[33] Agor sugere técnicas de relaxamento, usando imagens para guiar a mente e pausas criativas antes de tomar decisões.[34] Uma análise da pesquisa sugere que, embora a intuição propriamente dita não possa ser ensinada, os gestores podem ser treinados para contar de forma mais consistente com os impulsos da intuição.[35]

Intuição, e suas muitas definições, é um conceito ilusório. Alguns pesquisadores veem métodos "racionais" como preferíveis à intuição.[36] A intuição parece ter um efeito positivo sobre a tomada de decisões gerenciais, mas não sem controvérsia. Alguns autores argumentam que a intuição tem seu lugar e que devemos confiar nos instintos, mas não como substitutos da razão. Com as novas tecnologias, os gestores podem analisar muito mais informações em menos tempo, tornando os métodos racionais menos demorados do que já foram um dia.[37]

Criatividade

De certa forma, criatividade é um conceito tão ilusório quanto o conceito de intuição. (Percebemos isso quando a experimentamos e sentimos sua ausência.) Embora a criatividade seja altamente individual, ela também pode ser coletiva. A criatividade pessoal desempenha um papel nas decisões tomadas no ambiente organizacional. **Criatividade** é um processo influenciado por fatores individuais e organizacionais que resultam na produção de ideias, de produtos novos ou ambos.[38]

As quatro etapas do processo de criatividade são preparação, incubação, iluminação e verificação.[39] Preparação significa buscar novas experiências e oportunidades para aprender, pois a criatividade origina-se de uma base de conhecimento. Incubação é um processo de pensamento reflexivo, normalmente conduzido no subconsciente. Durante a incubação, o indivíduo se envolve em outras buscas, enquanto a mente considera o problema e trabalha nele. A iluminação ocorre quando o indivíduo tem um *insight* para solucionar o problema. Por fim, são conduzidas verificações para determinar se a solução ou a ideia é válida. A verificação é conquistada com pensamentos por meio de implicações da decisão, apresentando a ideia para outra pessoa ou testando-a. A aquietação momentânea do cérebro por meio de relaxamento pode aumentar a "coerência" ou a habilidade de diferentes partes do cérebro trabalharem juntas.[40] Tanto as influências individuais como as organizacionais afetam o processo de criatividade.

Influências individuais
Diversas variáveis individuais estão relacionadas à criatividade. Um grupo de fatores envolve os processos cognitivos que indivíduos criativos tendem a usar. Um processo cognitivo é o pensamento divergente, ou seja, a habilidade do indivíduo de gerar várias soluções potenciais para um problema.[41] Além disso, habilidades associativas e o uso do imaginário estão associados com a criatividade.[42] Processos inconscientes, como o sonho, também são processos cognitivos essenciais relacionados ao pensamento criativo.[43]

Fatores de personalidade têm sido relacionados à criatividade em estudos com indivíduos de diferentes ocupações. Essas características incluem valores artísticos e intelectuais, amplitude de interesses, alta energia, preocupação com realizações, independência de julgamento, intuição, autoconfiança e autoimagem criativa.[44] Tolerância à ambiguidade, motivação intrínseca, assunção de riscos e desejo por reconhecimento também estão associados com criatividade.[45]

Há evidências de que pessoas bem-humoradas são mais criativas.[46] Nas equipes de trabalho, a emoção positiva está relacionada com a criatividade, pois estar bem-humorado permite que os membros de uma equipe explorem novas formas de pensamento.[47] As emoções positivas destacam a criatividade ampliando os recursos e padrões cognitivos da pessoa. Essas emoções positivas iniciam pensamentos e ações que são inovadoras e imprevistas.[48] Além disso, é um processo cíclico: pensamento positivo nos deixa mais criativos e ser mais criativo nos faz ter pensamentos positivos.[49]

Em contraposição, foi constatado que pessoas mal-humoradas executam melhor tarefas que envolvem demandas cognitivas consideráveis. Quando um indivíduo enfrenta mau humor ou emoções negativas, é sinal de que as coisas não estão indo bem para ele e isso o leva a ter mais atenção e vigilância em relação à atividade cognitiva.

Influências organizacionais
O ambiente organizacional pode tanto favorecer a criatividade como impedir os esforços para que ela se manifeste. Os inibidores de criatividade incluem focar como o trabalho está sendo avaliado, ser monitorado de perto enquanto está trabalhando e competir com outras pessoas em situações de ganho-perda. Em contraposição, os facilitadores da criatividade incluem sentimentos de autonomia, sentir-se parte de uma equipe com competências diversificadas e ter chefias e colegas de trabalho criativos.[50] As relações de apoio de alta qualidade com a chefia estão relacionadas à criatividade.[51] As redes sociais coesas podem ter um impacto positivo na tomada de decisões criativas. Essas redes sociais incentivam a tomada de decisão criativa ao favorecer a criação de sentido compartilhada para informações relevantes e desenvolvimento de consenso.[52] As estruturas organizacionais flexíveis e a tomada de decisão participativa também têm sido associadas com criatividade.

Uma organização pode impedir que a criatividade se manifeste. Essas barreiras incluem problemas políticos internos, duras críticas a novas ideias, competição interna destrutiva e aversão ao risco.[53] O ambiente físico também pode dificultar a criatividade. Empresas como a Oticon, fabricante dinamarquesa de próteses auditivas, e a Ethicon Endo-Surgery, uma divisão da Johnson & Johnson, têm escritórios abertos, sem paredes e divisórias, para que os funcionários interajam mais frequentemente. Quando as pessoas se misturam, as ideias também se misturam.[54] As organizações podem melhorar a tomada de decisões criativas do indivíduo oferecendo um ambiente de apoio, tomada de decisão participativa e estrutura flexível.

---

criatividade
Processo influenciado por fatores individuais e organizacionais que resultam na produção de ideias, produtos ou ambos.

> "Um pensamento equivocado em relação à criatividade é que ou o indivíduo tem ou não tem.

Adaptação individual/organizacional Pesquisas indicam que o desempenho criativo é mais alto quando há uma combinação, ou adaptação, entre o indivíduo e as influências organizacionais sobre a criatividade. Quando ocorre a combinação entre indivíduos que desejam usar a criatividade e organizações que valorizam ideias inovadoras, o resultado é um desempenho mais criativo.[55]

Um pensamento equivocado em relação à criatividade é que ou o indivíduo tem, ou não tem. Pesquisas refutam esse mito e mostram que o indivíduo pode ser treinado para ser mais criativo.[56] O Disney Institute tem uma ampla variedade de programas oferecidos às empresas e um dos seus *best-sellers* é sobre treinamento para ser criativo.

Jogo rápido: O dinheiro pode comprar criatividade?

Estudos sobre o papel das recompensas no ambiente organizacional ao incentivar a criatividade obtiveram vários resultados. Alguns apontam que incentivo monetário pode melhorar o desempenho criativo, ao passo que outros constataram que recompensas materiais não influenciam na atividade de inovação. Outros estudos indicaram que acordos feitos explicitamente para obter recompensas resultaram em níveis mais baixos de criatividade quando comparados a acordos sem nenhuma recompensa, somente para a realização da tarefa, ou para a realização da tarefa com posterior recompensa.

Fontes: D. M. Harrington. "Creativity, Analogical Thinking, and Muscular Metaphors". *Journal of Mental Imagery* 6 (1981): 121-126; R. M. Kanter. The Change Masters (Nova York: Simon & Schuster, 1983); T. M. Amabile, B. A. Hennessey e B. S. Grossman. "Social Influences on Creativity: The Effects of Contracted-for-Reward", *Journal of*

Parte desse treinamento envolve o aprendizado sobre abertura de bloqueios mentais que nos impedem de gerar alternativas criativas para uma decisão ou um problema. A seguir, temos alguns bloqueios mentais que reduzem a criatividade:

> Buscar a resposta "certa".
> Tentar ser lógico.
> Seguir as regras.
> Evitar ambiguidade.
> Buscar praticidade.
> Ter medo de parecer tolo.
> Evitar problemas não relacionados à própria expertise.
> Temer falhas.
> Acreditar que não é criativo.
> Não fazer da brincadeira uma parte do trabalho.[57]

Observe que muitos dos bloqueios mentais derivam de valores organizacionais. As empresas podem facilitar a tomada de decisões criativas de várias formas. Recompensar a criatividade, permitir que os funcionários falhem, tornar o trabalho mais divertido e fornecer treinamento para desenvolver a criatividade são algumas sugestões. Também é possível incentivar a criatividade expondo funcionários a novas ideias por meio da rotação de cargos, por exemplo. Deslocar os funcionários por diferentes cargos os expõe a diferentes informações, projetos e equipes, tanto dentro como fora da empresa. Por fim, os gestores podem incentivar os funcionários a se cercarem de estímulos que melhorem o processo criativo. Entre os estímulos, temos música, livros ou qualquer outra coisa que incentive o pensamento criativo.[58]

Vimos que tanto fatores individuais como organizacionais podem favorecer a criatividade. Criatividade também significa identificar problemas e solucioná-los. Recentemente, quatro tipos de criatividade foram propostos com base na origem da causa (interno ou externo) e do problema (apresentado *versus* descoberto):

> *Criatividade responsiva*: responder a um problema que lhe é apresentado por outras pessoas porque é parte do seu trabalho.
> *Criatividade esperada*: descobrir problemas porque a organização espera que você o faça.
> *Criatividade contributiva*: responder aos problemas que lhe são apresentados porque você quer ser criativo.
> *Criatividade proativa*: descobrir problemas porque você quer ser criativo.[59]

[A seção "E você?", nos Cartões de Revisão, disponível on-line, permite que você verifique sua preferência em relação à solução lógica ou criativa de problemas.]

CAPÍTULO 10 Tomada de decisão individual e em grupo **167**

Na relação anual da *Fortune*, a 3M está entre as dez corporações mais admiradas. Essa reputação advém da inovação. Mais de um quarto das vendas da 3M é de produtos com menos de 4 anos de idade. O bloco de notas Post-It, por exemplo, foi criado por um funcionário que precisava de pequenos papéis adesivos para marcar os cânticos religiosos. Ele se lembrou de outro funcionário que havia aperfeiçoado um tipo de adesivo e os dois passaram o "tempo livre" desenvolvendo os blocos Post-It. A 3M continuou sua tradição de inovação com o Post-It Flags, o Pop-Up Tape Strips e o Nexcare Ease-Off Bandages.

Os líderes podem desempenhar papéis-chave na modelagem do comportamento criativo. Sir Richard Branson, fundador e presidente da Virgin Group, com sede no Reino Unido, acredita que, se o potencial de criatividade dos funcionários não for utilizado, a empresa está condenada à falência. A cultura da Virgin Group incentiva a assunção de riscos e recompensa a inovação. As regras e regulamentações não são sua praia, nem analisar ideias até a exaustão. Branson diz que um funcionário pode ter uma ideia de manhã e implementá-la à tarde.[60]

> **Muitos gestores acreditam que os grupos chegam a decisões melhores do que indivíduos sozinhos.**

RESULTADO DA APRENDIZAGEM 4

O processo de tomada de decisão em grupo

Há várias razões pelas quais os gestores utilizam os grupos para tomar decisões. Uma razão é a **sinergia**, observada quando os membros do grupo estimulam novas soluções para problemas por meio da influência mútua e do incentivo no grupo. Outra é atribuir compromisso a uma decisão. Os grupos também agregam mais conhecimento e experiência a uma situação de solução de problema.

É possível prever as decisões em grupo comparando a visão inicial dos membros com a decisão final do grupo. Essa simples relação é conhecida como **esquema de decisão social**. Esse esquema é guiado pela regra "a maioria vence", em que o grupo apoia qualquer posição que seja assumida pela maioria de seus membros. Outro esquema, a regra "a verdade prevalece", prevê que a decisão correta surge conforme os membros do grupo vão percebendo sua adequação. A regra dos dois terços significa que a decisão escolhida por dois terços do grupo ou mais é apoiada. Por fim, a regra da primeira troca estabelece que os membros apoiam uma decisão representada pela primeira troca de opinião apresentada por um deles.

Pesquisadores indicam que esses esquemas de decisão social podem prever a decisão de um grupo cerca de 80% das vezes.[61] Pesquisas atuais têm o objetivo de descobrir quais regras são usadas em determinadas tarefas. Estudos indicam que a regra "a maioria vence", por exemplo, é usada mais frequentemente em tarefas de julgamento (ou seja, quando a decisão é uma questão de preferência ou opinião), ao passo que a regra "a verdade prevalece" prevê melhores decisões quando a tarefa é intelectiva (ou seja, quando a decisão tem uma resposta correta).[62]

Vantagens e desvantagens da tomada de decisão em grupo

A tomada de decisão em grupo tem vantagens e desvantagens. As vantagens incluem (1) mais conheci-

168 PARTE 3 Processos interpessoais e comportamento

mento e informação por meio da partilha de recursos dos membros do grupo; (2) maior aceitação e comprometimento em relação à decisão, pois os membros tiveram voz ativa e (3) maior entendimento da decisão, pois os membros foram envolvidos nos vários estágios do processo decisório. As desvantagens incluem (1) pressão dentro do grupo por conformidade e adaptação; (2) domínio de um membro influente ou de uma panelinha que controla a decisão; e (3) tempo necessário, pois tomar decisões em grupo demora mais do que tomá-las indivualmente.[63]

Dadas as vantagens e desvantagens, a decisão deve ser tomada por um grupo ou por um indivíduo? Pesquisas empíricas substanciais indicam que a escolha eficaz depende do tipo de tarefa. Para tarefas de julgamento que requerem estimativa ou previsões, os grupos geralmente superam os indivíduos por causa da amplitude da experiência que várias pessoas podem agregar ao problema.[64] Em relação a tarefas que têm uma solução correta, outros estudos indicaram que o indivíduo mais competente supera o grupo.[65] No entanto, esses dados têm sido questionados. Grande parte das pesquisas anteriores sobre grupos foi conduzida em laboratório, em que membros dos grupos interagiam apenas por breves períodos de tempo. Pesquisadores queriam saber como a experiência de um grupo maior afetaria as decisões. Os estudos mostraram que grupos que trabalhavam juntos por maiores períodos de tempo superavam o membro mais competente 70% das vezes. Conforme os grupos iam ganhando experiência, os melhores membros se tornavam menos importantes para o sucesso do grupo.[66] Esse estudo demonstrou que experiência no grupo é uma importante variável a se considerar ao avaliar a questão de tomada de decisão em grupo ou individual.

Dada a ênfase em equipes no local de trabalho, muitos gestores acreditam que os grupos produzem decisões melhores do que indivíduos, ainda que as evidências estejam mescladas. Mais pesquisas precisam ser conduzidas dentro das configurações organizacionais para ajudar a responder a essa questão.

Limites da tomada de decisão em grupo

Há dois riscos potenciais na tomada de decisão em grupo: o pensamento de grupo e a polarização. Esses problemas são discutidos nas subseções seguintes.

Pensamento de grupo Um risco que grupos coesos oferecem é a tendência a desenvolver o **pensamento de grupo**, um processo disfuncional. Irving Janis, o criador desse conceito, descreve pensamento de grupo como "a deterioração da eficiência mental, do teste de realidade e do julgamento moral" resultante das pressões em um grupo.[67]

Certas condições favorecem o desenvolvimento do pensamento de grupo. Uma delas é a coesão. Grupos coesos tendem a favorecer a solidariedade, pois os membros se identificam muito com o grupo.[68] Equipes bem classificadas que tomam decisões sem ajuda exterior são especialmente propensas ao pensamento de grupo, pois possuem os mesmos modelos mentais; ou seja, tendem a pensar de forma parecida.[69] Os grupos homogêneos (com pouca ou sem diversidade entre os membros) são mais propensos a sofrer com o pensamento de grupo.[70] Duas outras condições que favorecem essa situação é ter de tomar uma decisão com grandes consequências e restrições de tempo.[71] Uma decisão com grandes consequências terá forte impacto sobre os membros do grupo e sobre partes externas. Quando os membros do grupo sentem que o tempo é limitado para tomar uma decisão, podem se precipitar. Esses antecedentes fazem os membros preferirem a cooperação nas decisões e falharem em avaliar as sugestões de forma crítica. Um grupo que sofre de pensamento de grupo apresenta sintomas reconhecíveis. Na Tabela 10.1 são apresentados os sintomas e as sugestões para evitar isso.

Um incidente considerado exemplo de pensamento de grupo é o desastre da espaçonave *Challenger*, em 1986, quando a nave explodiu matando os sete tripulantes. Uma comissão presidencial concluiu que tomada de decisão errônea foi a principal causa do acidente.

Em 2003, a nave *Columbia*

---

sinergia
Força positiva que ocorre quando os membros do grupo estimulam uns aos outros para resolver problemas por meio da influência mútua e do incentivo no grupo.

esquema de decisão social
Regras simples usadas para determinar as decisões finais do grupo.

pensamento de grupo
Deterioração da eficiência mental, teste de realidade e julgamento moral resultante das pressões no grupo.

explodiu sobre o Texas ao entrar na atmosfera terrestre, matando os sete tripulantes. Alguns dias após o desastre com a *Columbia*, questões começaram a surgir sobre o processo de decisão que levou os engenheiros do voo a assumirem que danos causados à nave na hora da decolagem eram secundários e continuarem a missão. A investigação posterior ao acidente levou os observadores a notar que o processo de decisão da Nasa, em 2003, foi tão falho quanto o de 1986 e apresentava todos os sintomas clássicos do pensamento de grupo. O relatório final do acidente culpou a cultura da Nasa, que subestimou o risco e reprimiu a divergência durante o processo decisório.[72]

As consequências do pensamento de grupo incluem pesquisas incompletas de alternativas, falhas em avaliar os riscos do curso de ação preferido, processamento de informações tendenciosas e incapacidade de elaborar planos de contingência. O pensamento de grupo pode contribuir para a corrupção nas organizações. A Beech-Nut vendeu milhões de dólares de suco de maçã falso, e investigações indicaram que os funcionários estavam cientes de que a empresa estaria usando concentrado barato. Os funcionários racionalizaram suas ações dizendo que outras empresas vendiam sucos falsificados e que isso era seguro para o consumo. Finalmente, após arcar com US$ 25 milhões em multas e custos legais, a empresa estava quase destruída.[73]

A Tabela 10.1 apresenta as diretrizes de Janis para evitar o pensamento de grupo. Muitas das sugestões focam a garantia de que as decisões sejam avaliadas por completo e de que haja oportunidade para serem discutidas por todos os membros. Essa estratégia incentiva os membros a avaliarem as ideias uns dos outros de maneira crítica. Os grupos que são orientados sobre o valor da diversidade tendem a trabalhar melhor em tarefas que envolvem tomada de decisão. Já os grupos que são homogêneos e não são orientados sobre o valor da diversidade não conseguem tais benefícios na tomada de decisão.[74]

Janis usou o quadro de pensamento de grupo para conduzir análises de fiascos políticos e militares, incluindo a invasão da Baía dos Porcos, a Guerra do Vietnã e o Watergate. Uma revisão da situação de decisão no incidente com a *Challenger* indicou que é importante incluir duas variáveis: tempo e estilo de liderança.[75] Quando uma decisão deve ser tomada rapidamente, o potencial para o pensamento de grupo é maior. O estilo de liderança pode tanto promover o pensamento de grupo (caso o líder apresente sua opinião logo de cara) como evitá-lo (se o líder incentivar discussões francas e abertas).

Existem alguns estudos empíricos de pensamento de grupo e a maioria deles envolveu alunos em uma configuração de laboratório. Pesquisas mais aplicadas devem ocorrer no futuro, assim que questionários forem desenvolvidos para medir as construções associadas com o pensamento de grupo.[76] O trabalho de Janis levou a vários esforços interdisciplinares para possibilitar a compreensão das decisões políticas.[77] O trabalho ressalta a necessidade de examinar múltiplas explicações para decisões fracassadas. Equipes que enfrentam conflitos cognitivos (com base na tarefa) se saem melhor na tomada de decisão do que equipes que enfrentam conflito afetivo (com base na emoção). Dessa forma, a recomendação para gestores é incentivar conflitos cognitivos enquanto minimizam conflitos afetivos. No entanto, essas duas formas de conflito também podem ocorrer juntas e mais pesquisas são necessárias sobre como um conflito pode ser incentivado ao passo que outro é minimizado.[78]

Polarização de grupo Esse fenômeno foi descoberto por um aluno de graduação. Seu estudo mostrou que grupos e indivíduos dentro do grupo tomavam decisões mais arriscadas e aceitavam maiores níveis de riscos após uma discussão sobre o assunto. Estudos subsequentes constataram outra situação – relacionada à cautela. Assim, a discussão em grupo produz situações tanto em direção a posições mais arriscadas como em direção a posições mais cautelosas.[79] Pesquisas complementares revelaram que atitudes individuais dos membros de grupos se tornam extremas após uma discussão em grupo. Indivíduos que, de início, estavam contra uma questão se tornaram radicalmente contra e indivíduos que estavam a favor da questão a apoiaram ainda mais após da discussão. Essas situações ficaram conhecidas como **polarização de grupo**.[80]

A tendência à polarização possui implicações importantes para a tomada de decisão em grupo. Grupos cujas visões iniciais tendem para certo modo podem adotar visões mais extremadas após uma interação.

Várias abordagens tentam explicar por que ocorre a polarização. Uma explicação é a abordagem da comparação social. Antes da discussão em grupo, os indivíduos acreditam que suas perspectivas são melhores do que as dos outros membros. Durante a discussão, eles percebem que suas perspectivas não estão tão longe da média, por isso mudam para posições mais extremas.[81] Uma segunda explicação é a visão dos argumentos persuasivos. Ela mostra que a discussão em grupo reforça as visões iniciais dos membros, por isso eles assumem uma posição mais extrema.[82] Ambas as explicações têm apoio de pesquisas. Pode ser que ambos os processos, juntamente com outros, façam o grupo desenvolver mais atitudes polarizadas.

A polarização leva os grupos a adotar atitudes extremas. Em alguns casos, isso pode ser desastroso. Se os

---

polarização de grupo
Tendência à discussão de grupo para criar situações gerando atitudes mais extremas entre os membros.

indivíduos tendem a uma decisão arriscada, provavelmente vão apoiá-la com mais vontade após a discussão. Por meio de um estudo recente constatou-se que, após discutir decisões de contratação como um grupo, empregadores tornavam-se menos precisos em suas avaliações, com mais efeitos contrastantes e maior efeito halo.[83] Tanto o pensamento de grupo como a polarização são deficiências potenciais da tomada de decisão em grupo, mas muitas técnicas podem ser usadas para ajudar a evitá-las ou controlá-las.

Técnicas para a tomada de decisão em grupo

Uma vez que um gestor determina que uma abordagem de decisão em grupo deve ser usada, ele pode definir as técnicas mais apropriadas para a situação decisória. Abordamos brevemente sete técnicas: *brainstorming*, técnica de grupo nominal, advogado do diabo, indagação dialética, círculos e equipes de qualidade e equipes autogeridas.

Brainstorming O *brainstorming* é uma boa técnica para gerar alternativas. O intuito por trás do *brainstorming* é gerar o máximo de ideias, sem avaliações, até que todas tenham sido sugeridas. Os participantes são incentivados a desenvolver ideias com base nas sugestões dos outros, nisso, a imaginação é enfatizada. Uma empresa que se beneficia dessa técnica é a Toyota. Apesar de seu sucesso com a geração *baby-boomer*,

Image Source: Pink/Jupiterimages

brainstorming
Técnica utilizada para gerar o maior número de ideias possível sobre determinado assunto; as avaliações são suspensas até que todas as ideias tenham sido sugeridas.

TABELA 10.1 Sintomas do pensamento de grupo e como preveni-lo

SINTOMAS DO PENSAMENTO DE GRUPO

- *Ilusão de invulnerabilidade.* Os membros do grupo acreditam que estão acima de críticas. Esse sintoma leva ao otimismo excessivo e à assunção de riscos.
- *Ilusão de moralidade de grupo.* Os membros do grupo sentem que agem com base na moral em relação às suas decisões e, por esse motivo, estão isentos de reprovação. Esse comportamento leva o grupo a ignorar as implicações éticas de suas decisões.
- *Ilusão de unanimidade.* Os membros do grupo acreditam que há concordância unânime em relação às suas decisões. O silêncio é interpretado como consentimento.
- *Racionalização.* Os membros do grupo inventam explicações para suas decisões a fim de torná-las racionais e corretas. O resultado é que as alternativas não são consideradas e há certa indisposição para rever as suposições do grupo.
- *Estereotipagem do inimigo.* Os concorrentes são estereotipados como maldosos ou estúpidos. Isso faz o grupo subestimar a concorrência.
- *Autocensura.* Os membros não expressam suas dúvidas ou preocupações em relação ao curso da ação. Isso evita análise crítica das decisões.
- *Pressão de colegas.* Qualquer membro que expresse dúvidas ou preocupações é pressionado pelos demais membros do grupo que questionam sua lealdade.
- *Mindguards (Sentinelas das opiniões).* Alguns membros se encarregam de proteger o grupo de *feedbacks* negativos. Dessa forma, os membros são resguardados de informações que poderiam levá-los a questionar suas ações.

ORIENTAÇÕES PARA PREVENIR O PENSAMENTO DE GRUPO

- Peça para cada membro do grupo assumir o papel de avaliador crítico e que, de forma ativa, expresse objeções e dúvidas.
- Evite que o líder expresse sua opinião antes de a opinião do grupo ser apresentada.
- Crie vários grupos que trabalhem de forma simultânea em cima da decisão.
- Traga especialistas de fora para avaliar o processo do grupo.
- Indique um advogado do diabo para questionar, consistentemente, o curso de ação do grupo.
- Avalie a concorrência, posicionando o máximo de motivações e intenções possível.
- Ao chegar a um consenso, incentive o grupo a repensar sua posição reexaminando as alternativas.

Fonte: Janis, I. L. *Groupthink: Psychological Studies of Policy Decisions and Fiascoes*, 2. ed. Copyright© 1982 de Houghton Mifflin Company. Uso autorizado.

os executivos da empresa perceberam que estavam falhando ao se conectar com compradores mais jovens que enxergavam a empresa como indigesta. Como resposta, a empresa montou um grupo de jovens funcionários para um *brainstorm* de novos produtos para esse mercado. O resultado foi Scion, uma linha inteiramente nova de veículos *crossover* com um conceito mais jovem.[84]

Evidências sugerem, porém, que *brainstorming* em grupo é menos eficaz do que um número comparável de indivíduos trabalhando sozinhos. Em grupo, os participantes se envolvem em decisões que podem fazê-los perder o foco.[85]

Técnica de grupo nominal

Abordagem estruturada para tomada de decisões que foca na geração de alternativas e na escolha de uma delas é chamada de **técnica de grupo nominal (TGN)**. A TGN envolve os seguintes passos:

1. Os indivíduos listam suas ideias silenciosamente.
2. As ideias são listadas em um quadro, uma por vez, até todas estejam relacionadas.
3. As discussões são permitidas apenas para esclarecer as ideias. Nenhuma crítica é admitida.
4. É feita uma votação por escrito.

A TGN é uma boa técnica a se utilizada em uma situação na qual os membros do grupo temem ser criticados.[86]

Advogado do diabo

No método **advogado do diabo** é atribuído a um grupo ou indivíduo o papel de crítico. Sua tarefa é apresentar os potenciais problemas de uma decisão proposta. Isso ajuda as organizações a evitar erros de alto custo na tomada de decisão ao identificar previamente armadilhas potenciais.[87] Como discutimos no Capítulo 9, um advogado do diabo que desafia o CEO e a equipe da alta gerência pode ajudar a manter a vitalidade e o desempenho do alto escalão.

Indagação dialética

Basicamente, a **indagação dialética** é um debate entre dois conjuntos opostos de recomendações. Embora estabeleça um conflito, trata-se de uma abordagem construtiva, pois apresenta os benefícios e as limitações de ambos os conjuntos de ideias.[88] Quando usamos essa técnica, é importante se precaver contra uma atitude de ganha-perde e se concentrar em alcançar a solução mais eficaz para todos os interessados. Pesquisas apontam para a importância da maneira como uma decisão é planejada (ou seja, ganhar ou ganhar *versus* ganhar ou perder). O resultado de uma decisão pode ser visto como um ganho ou uma perda, dependendo de como a decisão é concebida.[89]

Fatores na seleção da técnica apropriada

Antes de escolher uma técnica de tomada de decisão em grupo, o gestor deve avaliar cuidadosamente os membros e a situação decisória. Após isso, pode-se selecionar o melhor método para a realização dos objetivos do processo de tomada de decisão em grupo. Se o objetivo é gerar um grande número de alternativas, por exemplo, o *brainstorming* pode ser uma boa escolha. Se os membros do grupo estão relutantes em contribuir com ideias, a técnica de grupo nominal seria apropriada.

Tendência em debate: coesão verde

A empresa Moore Ruble Yudell (MRY) recebeu diversos prêmios (como o Prêmio Americano de Arquitetura e o Prêmio de Honra do Design Verde, respectivamente American Architecture Award e Design Green Honor Award) pela nova área de estacionamento Centro Urbano de Santa Mônica. A estrutura utiliza metal reciclado e painéis de vidro reflexivo que não apenas possui boa aparência como também reduz em grande escala o consumo de energia permitindo que a luz solar ilumine o espaço. Painéis solares fotovoltaicos no teto geram um terço da eletricidade utilizada no local e um sistema de reciclagem de água é usado nos regadores.

Há anos, a MRY vem se dedicando à arquitetura verde, segue orientações rígidas sobre conservação de energia e utiliza materiais de construção salubres em seus designs. Entre os projetos da empresa estão a Embaixada Americana em Berlim, as instalações da Wanhao Century Center e um complexo hoteleiro em Pequim. O mantra "reduzir-reusar-reciclar" é aplicado em todos os projetos da empresa e é compartilhado pelo *staff* de 60 profissionais. Muitos deles são antigos (quinze anos de casa ou mais), o que é uma prova do compromisso da empresa de proporcionar um ambiente que favoreça a criatividade e o crescimento profissional dos seus funcionários.

Fonte: D. Philadelphia. "Green Business", *Fortune Small Business*, out. 2008, p. 23; www.moorerubleyudell.com.

---

técnica de grupo nominal (TGN)
Abordagem estruturada para tomada de decisão em grupo que foca a geração de alternativas e a escolha de uma delas.

advogado do diabo
Técnica para evitar o pensamento de grupo; o indivíduo ou o grupo assume o papel de crítico durante a tomada de decisões.

indagação dialética
Debate entre dois conjuntos opostos de recomendações.

A necessidade de contribuições especializadas seria facilitada pela técnica Delphi, que consiste em usar um corpo de especialistas. Para evitar o pensamento de grupo, o advogado do diabo ou a indagação dialética seriam eficazes. Decisões voltadas à qualidade ou à produção seriam beneficiadas pelo conselho de círculos de qualidade ou de decisões capacitadas de equipes de qualidade. Além disso, resultados de pesquisas recentes sugerem que se os indivíduos em uma equipe são parte do processo decisório (em vez de apenas participarem da decisão final); essas equipes são mais propensas a reunir informações diversificadas, compartilhá-las e, finalmente, tomar a melhor decisão.[90] Assim, um gestor que quer oferecer capacitação total a um grupo deve considerar equipes autogeridas.

Grupos especiais de tomada de decisão

Embora nas organizações muitos tipos de grupo tomem decisões coletivas, grupos orientados por qualidade e equipes autogeridas possuem níveis mais altos de envolvimento e autoridade no processo de tomada de decisão em grupo.

O Santa Monica Civic garage center foi projetado por um grupo com experiência em tomar decisões.

Círculo e equipes de qualidade

O **círculo de qualidade** é um pequeno grupo de funcionários que trabalha de forma voluntária durante o expediente, uma hora por semana, para abordar problemas relacionados ao trabalho, como controle de qualidade, redução de custos, planejamento, técnicas de produção e até *design* de produto.[91, 92] Os círculos de qualidade também ampliam a tomada de decisão participativa nas equipes.[93, 94] Os gestores, normalmente, ouvem as recomendações dos círculos e implementam as sugestões. O envolvimento no processo de tomada de decisão é a principal recompensa.

Os círculos de qualidade não são habilitados a aplicar as suas próprias recomendações. Eles atuam em paralelo com a estrutura da organização e contam com participação voluntária.[95] No Japão, os círculos de qualidade estão incorporados à organização em vez de estarem adicionados a ela. Esse pode ser o motivo do sucesso japonês na utilização dessa técnica. Já a experiência norte-americana não é tão positiva. Foi estimado que 60% a 70% dos círculos de qualidade em empresas norte-americanas fracassaram. As razões para isso incluíram ausência de apoio da alta gerência e falta de habilidades entre os membros do círculo de qualidade.[96]

As **equipes de qualidade**, por sua vez, estão envolvidas no gerenciamento total de qualidade e em outros esforços de melhora de qualidade como parte de uma mudança na estrutura organizacional. Essas equipes são geradas de cima para baixo e são capacitadas a agirem de acordo com suas próprias recomendações. Ao passo que os círculos de qualidade enfatizam a geração de ideias, as equipes de qualidade tomam decisões baseadas em dados sobre melhorar a qualidade do produto e do serviço. Várias técnicas de tomada de decisão são empregadas em equipes de qualidade. O *brainstorming*, os fluxogramas e os diagramas de causa e efeito ajudam a identificar problemas que afetam a qualidade.

Os círculos de qualidade e as equipes de qualidade são métodos que utilizam grupos no processo de tomada de decisão. Equipes autogeridas assumem o conceito de participação "um passo além".

Equipes autogeridas

Outro método de tomada de decisão em

círculo de qualidade
Pequeno grupo de funcionários que trabalha de forma voluntária durante o expediente, uma hora por semana, para abordar problemas relacionados ao trabalho, como controle de qualidade, redução de custos, planejamento e técnicas de produção e até design de produto.

equipe de qualidade
Equipe que faz parte da estrutura de uma organização e está capacitada a agir em relação a decisões, considerando o produto e a qualidade do serviço.

CAPÍTULO 10 Tomada de decisão individual e em grupo **173**

grupo é a utilização de equipes autogeridas, que abordamos no Capítulo 9. As atividades de tomada de decisão de equipes autogeridas são mais focadas do que aquelas de círculos de qualidade e equipes de qualidade. As equipes autogeridas tomam muitas das decisões que eram reservadas aos gestores, como horário de expediente, tarefas e pessoal.

Muitas organizações têm tido sucesso com equipes autogeridas. Na Northern Telecom (agora Nortel Networks), as receitas aumentaram 63% e as vendas, 26% após a implantação de equipes autogeridas.[97] Pesquisas mostram que as equipes autogeridas podem levar à maior produtividade, menos rotatividade de funcionários e estrutura organizacional mais achatada.[98]

Esse tipo de equipe, assim como grupos coesos, podem ser vítimas do pensamento de grupo. A chave para estimular a inovação e melhorar a solução de problemas nesses grupos é aceitar as divergências entre os membros. A divergência acaba com a complacência e movimenta um processo que resulta em melhores decisões. Os membros de equipe devem estar cientes de que as divergências são admissíveis, para que não se sintam ridicularizados ou constrangidos.[99]

RESULTADO DA APRENDIZAGEM 5

Diversidade e cultura na tomada de decisões

O estilo de tomada de decisão varia muito entre culturas. Muitas das dimensões propostas por Hofstede que foram apresentadas no Capítulo 2 afetam a tomada de decisão. A aversão à incerteza, por exemplo, pode afetar a maneira como as pessoas veem as decisões. Nos Estados Unidos, uma cultura com baixa aversão à incerteza, as decisões são vistas como oportunidades para desafios. Já culturas como da Indonésia e da Malásia tentam aceitar as situações como elas são em vez de mudá-las.[100] A distância de poder também afeta a tomada de decisão. Em culturas mais hierárquicas, como a Índia, gestores de alto nível tomam as decisões. Em países com baixa distância de poder, os funcionários de níveis mais baixos tomam muitas decisões. A cultura sueca é um exemplo desse tipo.

A dimensão coletivista/individualista tem implicações para tomada de decisão. O Japão, com sua ênfase coletivista, favorece as decisões em grupo. Os Estados Unidos têm dificuldade em lidar com as decisões em grupo por causa de sua cultura individualista. A orientação de tempo afeta o quadro de referência da decisão. Na China, cuja visão é em longo prazo, as decisões são tomadas considerando-se o futuro. Nos Estados Unidos, muitas decisões são tomadas com base no tempo imediato.

A dimensão masculino/feminino pode ser comparada com as preferências junguianas pensamento/sentimento em relação à tomada de decisão. Culturas masculinas, como no caso de muitos países latino-americanos, valorizam decisões rápidas e assertivas. Culturas femininas, como as observadas em muitos países escandinavos, valorizam decisões que demonstrem preocupação com os outros.

Pesquisas recentes que investigaram os efeitos da diversidade sobre a tomada de decisão constataram que, quando indivíduos de um grupo pertencem a etnias diferentes, eles se envolvem no compartilhamento aberto de informações, incentivam perspectivas divergentes e chegam a uma melhor decisão do que grupos semelhantes.[101] Outros tipos de diversidade, como experiência funcional, também foram estudados. Equipes de alta gerência que contam com membros cujas experiências funcionais são diversificadas (por exemplo, marketing, contabilidade, sistemas de informação) se envolvem em debates mais intensos na tomada de decisão do que equipes de alta gerência cujos membros possuem experiências similares. Essa diversidade resulta na melhora do desempenho financeiro da empresa.[102] Pesquisas também indicam que a tomada de decisão estratégica nas empresas pode variar amplamente de acordo com a cultura. Uma das fontes de variação decorre do grau de ênfase colocada na monitoração ambiental em diferentes culturas. Além disso, a tomada de decisão estratégica pode parecer racional, mas também é orientada pelo nível da empresa e pelas características nacionais.[103]

RESULTADO DA APRENDIZAGEM 6

Participação na tomada de decisão

A gestão eficaz de pessoas pode melhorar o desempenho econômico da empresa. Organizações que capitalizam sobre esse fato compartilham várias práticas.

[*A divergência acaba com a complacência e movimenta um processo que resulta em melhores decisões.*]

> "A capacitação exige que membros de níveis mais baixos estejam aptos a tomar decisões e agir."

A principal delas é a participação de funcionários na tomada de decisão.[104] Muitas empresas fazem isso por meio de equipes autogeridas altamente capacitadas. Mesmo em situações nas quais equipes formais não são viáveis, a autoridade de decisão pode ser proferida para funcionários de linha de frente que tenham conhecimento e habilidades para fazer a diferença. Na rede de hotéis Hampton Inn, por exemplo, os funcionários que atendem os hóspedes estão capacitados para fazer o que for necessário para deixar os visitantes felizes – sem precisar consultar seus superiores.

Os efeitos da participação

A **tomada de decisão participativa** ocorre quando indivíduos que são afetados por decisões influenciam na tomada dessas decisões. A participação atenua as experiências negativas do funcionário com a política organizacional.[105] A participação em decisões, por exemplo, a maneira como a tecnologia é desenvolvida, afeta as atitudes do funcionário com relação à tecnologia e como ele a utiliza.[106] Além disso, a administração participativa aumenta a criatividade do funcionário, a satisfação com o trabalho e a produtividade.[107]

A GE Capital acredita na participação. Todo ano, a empresa oferece reuniões de idealizações, e funcionários de todos os níveis participam de reuniões de estratégia e orçamento para discutir a direção que empresa está seguindo.

À medida que a nossa economia se baseia cada vez mais no conhecimento e que novas tecnologias facilitam a vida dos responsáveis por tomar decisões descentralizadas, a tomada de decisão participativa vai, sem dúvida, aumentar.[108] Considere São Francisco, uma sociedade organizada combinada de cidade/condado. Com a necessidade de adotar um único sistema para atender as exigências de mais de 20.000 usuários, ela enfrentou um enorme desafio para conseguir que todos contribuíssem para a decisão. A tecnologia ajudou a criar um sistema que equilibrasse as necessidades de todos os grupos envolvidos; os planejadores de TI desenvolveram uma planilha de 28 páginas para reunir as necessidades e os desejos dos 60 departamentos em uma matriz decisória focada. Em dois anos, 90% dos usuários haviam concordado em utilizar um único sistema, o que reduziu custos e complexidade.[109]

Bases para participação e capacitação

Que condições são necessárias para que a tomada de decisão participativa funcione? As bases organizacionais incluem uma cultura organizacional de apoio e um formato de trabalho orientado por equipe. Um ambiente de trabalho que ofereça apoio é essencial por causa da incerteza dentro da organização. Os membros que estão em níveis mais baixos devem estar aptos para tomar decisões e agir. Como funcionários operacionais são incentivados a agir na tomada de decisão, é possível haver medo, ansiedade e até o pânico entre gestores de médio escalão.[110] As lideranças mais experientes devem proporcionar uma cultura organizacional compassiva e reconfortante para os gestores médios conforme muda a dinâmica do poder do sistema.

Uma segunda base organizacional para tomada de decisão participativa diz respeito à concepção do trabalho. O tipo de trabalho orientado por equipe é uma base organizacional fundamental, pois leva a tarefas mais amplas e maior senso de responsabilidade. A Volvo, por exemplo, fabrica carros utilizando um esquema de trabalho orientado por equipe em que cada pessoa realiza diversas tarefas, mantendo a responsabilidade direta pelo produto acabado.[111] Esses esquemas de trabalho criam um contexto para a participação efetiva.

Os três pré-requisitos para tomada de decisão participativa são:

1. Capacidade de se tornar psicologicamente envolvido em atividades participativas
2. Motivação para agir de forma autônoma
3. Capacidade de perceber a relevância da participação para o próprio bem estar da pessoa.[112]

Em primeiro lugar, é necessário que as pessoas estejam preparadas, no que se refere ao aspecto psicológico, para se envolver em atividades participativas, caso desejem se tornar membros de equipes eficazes. Nem todas as pessoas estão predispostas a isso. A Alemanha possui uma tradição autoritária que contraria a tomada de decisão participativa nos níveis individuais e de grupo. A General Motors enfrentou dificuldades significativas para implementar círculos de qualidade em suas fábricas naquele país, pois os trabalhadores esperavam ser comandados, e não se envolver na solução participativa de problemas.

tomada de decisão participativa
Tomada de decisão em que os indivíduos que são afetados pelas decisões influenciam no processo decisório.

As novas iniciativas para estabelecer quadros de supervisão/trabalhadores nas empresas alemãs têm como objetivo transformar essa tradição autoritária.

O segundo pré-requisito é a motivação para agir de forma autônoma. As pessoas cuja personalidade é dependente estão predispostas a receber ordens sobre o que fazer e depender de motivação externa, e não de motivação interna.[113] Esses indivíduos, na maioria das vezes, não contribuem para a tomada de decisão.

Por fim, se a tomada de decisão participativa significa trabalhar, os funcionários devem ter condições de compreender como isso lhes proporciona benefício pessoal. A recompensa para o indivíduo não precisa ser em curto prazo. Um benefício de longo prazo pode resultar em recompensas maiores proporcionadas aos trabalhadores pela lucratividade melhorada de empresa.

Qual nível de participação?

A tomada de decisão participativa é complexa e uma das coisas que os gestores precisam entender é que os funcionários podem estar envolvidos em algum estágio do processo de tomada decisão, ou em todos os estágios. É possível que os funcionários estejam envolvidos com identificação de problemas, geração de alternativas, seleção de soluções, planejamento de implementações e resultados de avaliação. Pesquisas mostram que um maior envolvimento em todas essas cinco etapas tem um efeito acumulativo. Os funcionários envolvidos nesses processos demonstram mais satisfação e níveis de desempenho mais altos. E os processos de decisão não são criados da mesma forma. Se os funcionários não participam de todos os estágios, as maiores recompensas parecem vir com o envolvimento na geração de alternativas, no planejamento de ações e nos resultados avaliativos.[114] É possível que o estilo de participação na tomada de decisão tenha de mudar conforme o crescimento da empresa ou as mudanças de sua cultura.

Atenção!

O *CORG* foi projetado para estudantes assim como você – pessoas ocupadas que querem fazer escolhas, ter flexibilidade e múltiplas opções de aprendizagem.

O *CORG* fornece informações concisas e focadas, em um formato moderno e contemporâneo. E... *CORG* lhe dá uma variedade de materiais de aprendizagem on-line projetados pensando em você.

Na **página da Trilha** de *CORG* você encontrará recursos eletrônicos, como **cartões cartões de memória para impressão, testes e games interativos**. Esses recursos o ajudarão a completar o seu entendimento de conceitos fundamentais em um formato que combina com o seu estilo de vida agitado.

Visite **www.cengage.com.br/4ltr/corg** para saber mais sobre os vários recursos *CORG* disponíveis para ajudá-lo a ter sucesso!

CAPÍTULO 11

Poder e comportamento político

RESULTADOS DA APRENDIZAGEM

Após a leitura deste capítulo, você estará apto a:
1. Descrever o conceito de poder.
2. Identificar as formas e fontes de poder nas organizações.
3. Descrever o papel da ética ao usar o poder.
4. Identificar símbolos de poder e da falta dele no ambiente de trabalho.
5. Definir políticas organizacionais e entender o papel da habilidade política, bem como das principais táticas de influência.

> "Os indivíduos dispõem de várias formas de poder que podem ser usadas no ambiente de trabalho."

6 Identificar formas de administrar o comportamento político nas organizações.

RESULTADO DA APRENDIZAGEM 1

O conceito de poder

Poder é a capacidade de influenciar outra pessoa. Como relação de troca, ocorre em transações entre um agente e um alvo. O agente é a pessoa que usa o poder, o alvo é o receptor da tentativa de uso do poder.[1]

Como o poder é uma habilidade, indivíduos podem aprender a usá-lo. **Influência** é o processo de afetar os pensamentos, o comportamento e os sentimentos de outra pessoa. **Autoridade** é o direito de influenciar alguém.[2] É importante compreender as diferenças sutis entre esses termos. Um gestor pode ter autoridade, mas não poder. Ele pode ter o direito, em virtude de sua posição como chefe, de dizer a alguém o que fazer. No entanto, pode não ter a habilidade ou competência de influenciar outras pessoas.

Na relação entre o agente e o alvo existem muitas tentativas de influência que o alvo considera legítimas. Trabalhar 40 horas semanais, elogiar clientes, resolver problemas e cobrar dívidas são tarefas que, quando solicitadas por gestores, são consideradas legítimas por um representante de serviço ao cliente. Pedidos como esses estão dentro da **zona de indiferença** do funcionário – extensão em que tentativas de influenciar o funcionário são percebidas como legítimas e são aceitas sem grandes considerações.[7] O funcionário aceita que o chefe tenha autoridade para solicitar tais comportamentos e cumpre essas solicitações. Algumas solicitações, porém, não se encaixam na zona de indiferença do funcionário, por isso o gestor deve trabalhar para ampliá-la. A ampliação dessa zona é conquistada com poder (uma habilidade), e não com autoridade (um direito).

Suponha que o chefe peça ao funcionário para comprar um presente de aniversário para sua esposa ou para sobrecarregar um cliente em uma chamada de serviço. O funcionário pode pensar que seu chefe não tem o direito de pedir essas coisas. Esses pedidos

poder
Capacidade de influenciar outra pessoa.

influência
Processo de afetar os pensamentos, o comportamento e os sentimentos de alguém.

autoridade
Direito de influenciar outra pessoa.

zona de indiferença
Extensão em que tentativas de influenciar uma pessoa são percebidas como legítimas e colocadas em prática sem maiores considerações.

não se enquadram na zona de indiferença, são vistos como extraordinários, e a chefia tem de agir fora da base de autoridade para induzir o funcionário a atendê-los. Em alguns casos, nenhuma base de poder é suficiente para induzir o funcionário a obedecer, especialmente se ele considerar antiético o comportamento solicitado.

RESULTADO DA APRENDIZAGEM 2

Formas e fontes de poder nas organizações

Os indivíduos possuem várias formas de exercer poder no ambiente de trabalho. Algumas delas são interpessoais – usadas em interações com outras pessoas. Uma das teorias de poder mais antigas e influentes é de John French e Bertram Raven, que tentaram determinar as fontes de poder que gestores usavam para influenciar pessoas.

Formas de poder interpessoais

French e Raven identificaram cinco formas de poder interpessoal utilizadas pelos gestores: poder de recompensa, de coerção, poder legítimo, de referência e de conhecimento.[4]

O **poder de recompensa** baseia-se na capacidade que um agente tem de controlar as recompensas que um alvo quer. Os gestores controlam as recompensas, como aumento de salário, bônus e promoção. Esse tipo de poder pode levar a um melhor desempenho, mas somente se o funcionário identificar uma ligação forte e transparente entre desempenho e recompensa. Para usar o poder de recompensa de forma efetiva, portanto, o gestor deve explicitar o comportamento a ser recompensado e deve fazer uma conexão clara entre o comportamento e a recompensa.

O **poder de coerção** baseia-se na habilidade de um agente em causar uma experiência desagradável ao alvo. Coagir significa forçar a pessoa a fazer alguma coisa, normalmente sob ameaça de punição. As chefias que usam o poder coercivo podem abusar verbalmente de funcionários ou negar-lhes apoio.

A política pode ser EXPLOSIVA

Não entender o poder e a política pode custar caro no que diz respeito à imagem. No fim de 2008, a indignação pública irrompeu porque instituições financeiras auxiliadas por empréstimos e garantias do governo pagaram bilhões de dólares em bônus aos seus funcionários. Naquele ano, Lloyd Blankfein, CEO da Goldman Sachs Group, foi contemplado com um pagamento que totalizava US$ 42,9 milhões, sendo parte subsidiado por um empréstimo do governo norte-americano no valor de US$ 10 bilhões. Em 2009, Blankfein expressou arrependimento por tais gratificações e declarou que a indignação pública era "compreensível e apropriada". Cobrar um comportamento político pode atingir resultados desejados, mas também pode produzir efeitos negativos, caso a confiança seja violada.

Fonte: D. Wagner. "Goldman CEO Says Pay Backlash Is 'Appropriate'", Associated Press (9 set. 2009), http://www.google.com/hostednews/ap/article/ALeqM5ivLNgQLm244XwzdWKuwqiIXWgnawD9AK1IH00.

---

poder de recompensa
Sua base está na capacidade de um agente controlar as recompensas que um alvo quer.

poder de coerção
Sua base está na habilidade de um agente em causar uma experiência desagradável ao alvo.

poder legítimo
Sua base está na posição e no acordo mútuo; agente e alvo concordam que o agente tem o direito de influenciar o alvo.

poder de referência
É ilusório; sua base está na atração interpessoal.

poder de conhecimento
Existe quando um agente possui conhecimento ou habilidade especializada que o alvo precisa.

O **poder legítimo**, que é similar à autoridade, baseia-se na posição e no acordo. O agente e o alvo concordam que o primeiro tem o direito de influenciar o segundo. Não importa que o gestor pense que tem o direito de influenciar seus funcionários. Para que o poder legítimo seja efetivo, os funcionários também devem acreditar que o gestor tem o direito de dizer-lhes o que fazer. Em sociedades de nativos norte-americanos, o chefe possui poder legítimo; os membros das tribos acreditam que ele tem o direito de influenciar nas decisões dos demais.

O **poder de referência** é um poder ilusório que se baseia na atração interpessoal. O agente possui poder sobre o alvo, pois esse se identifica com o agente ou quer ser como ele. Os indivíduos carismáticos são propensos a ter poder de referência. Curiosamente, o agente não deseja ser superior ao alvo em nenhum sentido. As pessoas que sabem utilizar o poder de referência geralmente são mais individualistas e mais respeitadas pelo alvo.

O **poder de conhecimento** existe quando um agente possui o conhecimento ou a habilidade especializada de que o alvo precisa. Para o poder de conheci-

> *Que tipo de poder interpessoal é mais efetivo? Alguns resultados são surpreendentes.*

mento funcionar, são necessárias três condições. Primeira, o alvo deve confiar na precisão do conhecimento apresentado. Segunda, o conhecimento envolvido deve ser relevante e útil ao alvo. E, terceira, a percepção do agente como um especialista é crucial. Usar linguagem de fácil compreensão sinaliza ao alvo que o especialista possui um apreço pelas preocupações do mundo real e aumenta a confiança do alvo no especialista.[5]

Que tipo de poder interpessoal é mais efetivo? Pesquisas têm abordado essa questão desde que French e Raven apresentaram suas cinco formas de poder. Alguns dos resultados são surpreendentes. Os efeitos do poder de recompensa e do poder de coerção são similares.[6] Ambos levam à complacência, ou seja, os funcionários farão, pelo menos temporariamente, o que a chefia solicitar, se o gestor oferecer uma recompensa ou ameaçar com punição. A dependência dessas fontes de poder é perigosa, pois pode exigir que o chefe esteja fisicamente presente e atento para aplicar a recompensa ou a punição quando o comportamento ocorrer. A fiscalização constante gera situações desconfortáveis para gestores e funcionários, além disso, pode resultar em uma relação de dependência. Os funcionários não trabalharão a menos que a chefia esteja presente.

O poder legítimo também leva à complacência. Ao ouvir "Faça isso porque sou seu chefe", a maioria dos funcionários obedecerá. No entanto, o uso de poder legítimo não está ligado à eficácia organizacional ou à satisfação do funcionário.[7] Em organizações nas quais os gestores dependem muito do poder legítimo, as metas organizacionais não são necessariamente cumpridas.

O poder de referência está ligado à eficácia organizacional. No entanto, é o mais perigoso tipo de poder, pois pode ser, ao mesmo tempo, muito extensivo e intensivo na alteração do comportamento de terceiros. Líderes carismáticos precisam ter um senso de acompanhamento e de responsabilidade em relação aos outros. O poder de referência de Christopher Reeve tornou-o um poderoso porta-voz de pesquisas sobre lesões espinhais e células-tronco.

O poder de conhecimento é chamado de poder do futuro.[8] Dentre as cinco formas de poder, ele tem a relação mais forte com desempenho e satisfação. É por meio do poder de conhecimento que competências, habilidades e conhecimentos vitais são disseminados no ambiente organizacional. Os funcionários internalizam o que observam e aprendem com gestores que consideram especialistas.

Os resultados sobre a eficácia dessas cinco formas de poder estabelecem um desafio dentro das organizações. As bases de poder menos eficazes – legítimo, de recompensa e de coerção – são as mais utilizadas pelas chefias.[9] Ao assumir um cargo de supervisão, os gestores herdam essas bases de poder como parte da posição. Já as bases de poder mais efetivas – de referência e de conhecimento – devem ser desenvolvidas e fortalecidas por meio de relações interpessoais com funcionários. Marissa Mayer, vice-presidente de produtos de pesquisa e experiência do usuário do Google é muito respeitada e querida por seus colegas. Ela é descrita como alguém que possui um vasto conhecimento técnico e que se sente bem em ambientes sociais. Isso representa seu poder de conhecimento e poder de referência – possui formação em ciência da computação na Universidade de Stanford e é conhecida por sua habilidade de se relacionar com pessoas. Aos 33 anos, já tinha uma carreira bem-sucedida no Google e era uma das mais poderosas executivas do país.[10] O poder de conhecimento e as redes sociais ajudam os CEOs a influenciar suas equipes de alta gerência de maneira lucrativa para a empresa.

Fontes de poder intergrupo

Os grupos e as equipes também podem usar o poder de diversas fontes. Uma fonte de poder intergrupo é o controle de *recursos críticos*.[11] Quando um grupo controla um importante recurso que outro grupo deseja, o primeiro grupo detém o poder. O controle de recursos necessários para o outro grupo permite que o grupo detentor do poder influencie as ações do grupo com menos poder. Esse processo pode continuar em uma espiral ascendente. Grupos vistos como poderosos tendem a receber mais recursos da alta gerência.[12]

Os grupos também detêm poder à medida que controlam **contingências estratégicas** – atividades das quais outros grupos dependem para realizar suas tarefas.[13] A reitoria, por exemplo, pode controlar o número de cargos de docentes a serem preenchidos em cada departamento de

> **contingências estratégicas**
> Atividades de que outros grupos dependem para completar suas tarefas.

uma faculdade. Os planos de contratação departamental dependem da aprovação do reitor. Nesse caso, a reitoria controla a contingência estratégica da contratação de docentes, logo, detém o poder.

Três fatores podem conferir a um grupo o controle sobre uma contingência estratégica.[14] Um fator é a *capacidade de lidar com incertezas*. Se um grupo consegue ajudar outro grupo a lidar com a incerteza, ele detém o poder. Um grupo organizacional cujo poder tem aumentado nos últimos anos é o departamento jurídico. A necessidade de lidar com crescentes regulamentações do governo e litígios tem levado outros departamentos a buscar orientação do departamento jurídico.

Outro fator que confere a um grupo o controle de poder é o *alto grau de centralidade* dentro da organização. Se o funcionamento de um grupo é importante para o sucesso da empresa, ele possui alta centralidade. A força de vendas de uma empresa de informática, por exemplo, tem poder por causa de seu efeito imediato sobre as operações da empresa e porque outros grupos (contabilidade e grupos de prestação de serviços, por exemplo) dependem dessas atividades.

O terceiro fator que pode dar poder a um grupo é a *insubstituibilidade* – extensão na qual um grupo executa uma tarefa que é indispensável para a organização. Uma equipe de especialistas em informática pode ser útil por causa de sua expertise sobre determinado sistema. Ela pode ter experiência específica que outras equipes não oferecem.

O modelo de contingências estratégicas, portanto, mostra que um grupo detém poder sobre outros grupos quando consegue reduzir a incerteza, quando sua funcionalidade é central para o sucesso da organização e quando as atividades do grupo são difíceis de serem substituídas.[15] O ponto central de todos esses fatores, como podemos observar, é a dependência. Quando um grupo controla algo de que outro grupo precisa, gera uma relação de dependência – e dá a um grupo poder sobre outro.

TABELA 11.1 Orientações para a utilização ética do poder

FORMA DE PODER	ORIENTAÇÕES PARA SUA UTILIZAÇÃO
Poder de recompensa	Verificar o cumprimento. Fazer solicitações viáveis e sensatas. Fazer apenas solicitações éticas. Oferecer recompensas desejadas pelos subordinados. Oferecer apenas recompensas credíveis.
Poder de coerção	Informar subordinados sobre regras e punições. Avisar antes de punir. Administrar a punição de forma consistente e uniforme. Entender a situação antes de agir. Manter a credibilidade. Adaptar a punição à infração. Punir em particular.
Poder legítimo	Ser cordial e educado. Ser confiante. Ser claro e verificar a compreensão. Estar seguro de que o pedido é apropriado. Explicar as razões do pedido. Seguir canais apropriados. Exercer o poder de forma constante. Fazer cumprir. Ser sensível às preocupações dos subordinados.
Poder de referência	Tratar os subordinados de forma justa. Defender o interesse dos subordinados. Ser sensível às necessidades e aos sentimentos dos subordinados. Selecionar subordinados semelhantes a si mesmo. Comportar-se como modelo.
Poder de conhecimento	Manter a credibilidade. Agir de forma confiante e decidida. Manter-se informado. Reconhecer as preocupações do funcionário. Evitar ameaçar a autoestima dos subordinados.

Fonte: *Leadership in Organizations*, de Gary A. Yukl. Copyright © 1981. Reimpresso com permissão de Pearson Education, Inc., Upper Saddle River, N.J.

RESULTADO DA APRENDIZAGEM 3

Usando o poder eticamente

Os gestores podem trabalhar no desenvolvimento das cinco formas de poder para utilizá-las no futuro. O ponto-chave para usá-las bem é fazê-lo de forma ética, como mostra a Tabela 11.1. O poder coercivo, por exemplo, requer administração cuidadosa, quando se espera que seja usado de maneira ética. Os funcionários devem estar cientes das regras, e qualquer punição deve ser aplicada de modo consistente, uniforme e particular. O segredo para utilizar os cinco tipos de poder interpessoal de forma ética é ter sensibilidade em relação às preocupações do funcionário e se comunicar bem.

PARA EXAMINAR O COMPORTAMENTO RELACIONADO AO PODER, PERGUNTE:

> O comportamento produz um bom resultado para as pessoas dentro e fora da organização?
> O comportamento respeita os direitos das partes?
> O comportamento lida com as partes de forma equitativa e justa?

Às cinco fontes de poder de French e Raven podemos acrescentar uma fonte muito importante dentro das organizações nos dias de hoje. O **poder de informação** está relacionado ao acesso às informações e ao controle sobre elas. Considere, por exemplo, o auxiliar administrativo do CEO. Ele detém informações de que as pessoas precisam caso seja necessário falar com o CEO. Fundamental para noção de poder de informação é a posição da pessoa nas redes de comunicação dentro da organização, tanto na formal quanto na informal. Também fundamental é a ideia de enquadramento, o "giro" que os gestores dão à informação. Os gestores não apenas transmitem informações aos seus subordinados, mas também interpretam essas informações e influenciam as percepções dos subordinados. O poder de informação ocorre não somente na direção descendente; ele pode fluir de forma ascendente, dos subordinados aos gerentes. Em fábricas, operadores de banco de dados normalmente controlam informações sobre as métricas da fábrica e a logística do transporte pontos vitais para a tomada de decisão gerencial. O poder de informação também pode fluir lateralmente. Os vendedores transmitem informações do ambiente externo (seus clientes) que são essenciais para as ações de marketing.

É complexa a tarefa de determinar se um comportamento relacionado ao poder é ético. Outra forma de observar a ética que cerca o uso do poder é fazer três perguntas que mostram os critérios para examinar os comportamentos relacionados ao poder.[16]

1 *O comportamento produz um bom resultado para as pessoas dentro e fora da organização?* Essa pergunta representa o critério de *resultados utilitários*. O comportamento deve gerar o melhor resultado possível para o maior número de pessoas. Se o comportamento relacionado ao poder serve apenas ao interesse individual e falha no aspecto de ajudar a organização a atingir seus objetivos, é considerado antiético. Um vendedor pode se sentir seduzido a conceder um grande desconto para realizar uma venda que lhe daria destaque na empresa. Esse comportamento visa ao próprio interesse e não beneficia a organização.

2 *O comportamento respeita os direitos das partes?* Essa questão enfatiza o critério dos *direitos individuais*. Liberdade de expressão, privacidade e o devido processo legal são direitos individuais que devem ser respeitados; os comportamentos relacionados ao poder que violam esses direitos são considerados antiéticos.

3 *O comportamento lida com as partes de forma equitativa e justa?* Essa questão representa o critério da *justiça distributiva*. O comportamento relacionado ao poder que trata uma parte arbitrariamente ou beneficia uma parte à custa de outra é considerado antiético. O ato de conceder um dia de folga para um funcionário em um dia normal de trabalho no qual os colegas têm de se desdobrar para cobrir o horário pode ser considerado antiético.

Para ser considerado ético, o comportamento relacionado ao poder deve satisfazer os três critérios. Se isso não for observado, é necessário considerar ações alternativas. Infelizmente, não é fácil analisar a maioria dos comportamentos relacionados ao poder. É possível haver conflitos entre os critérios; por exemplo, um comportamento pode maximizar os benefícios para o maior número de pessoas possível, mas pode não tratar as partes de forma equitativa. Talvez os direitos individuais tenham de ser sacrificados pelo bem da organização. Um CEO pode ser afastado do poder para que a organização seja salva. Além do mais, esses critérios podem ser usados caso a caso para classificar questões éticas complexas que cercam o uso do poder. A relação entre ética e poder é um dos tópicos mais quentes na atual arena de negócios em razão do abuso de poder por parte dos altos executivos, como Bernie Madoff, que supostamente comandou um esquema Ponzi de US$ 50 bilhões, cujo resultado foi a ruína financeira de pessoas e negócios em todo o mundo.

Poder positivo *versus* poder negativo

Agora vamos abordar uma teoria de poder que se apoia na abordagem do tipo "certo" de poder contra o tipo "errado" observado nas organizações. David McClelland passou grande parte de sua carreira estudando a necessidade de poder e como os gerentes usam o poder. Como foi

poder de informação
Acesso e controle sobre informações importantes.

CAPÍTULO 11 Poder e comportamento político **183**

discutido no Capítulo 5, ele acredita que existem duas faces distintas de poder, a negativa e a positiva.[17] A face negativa é o **poder pessoal** – usado para o ganho individual. Os gestores que o utilizam costumam ser descritos como pessoas que têm "fome de poder". O ex-governador do estado de Illinois, Rod Blagojevich, usou seu poder como funcionário público eleito para negociar uma cadeira no senado do Presidente Barack Obama em troca de dinheiro, cargos e até de um salário para sua esposa. As pessoas que abordam relações com uma orientação de troca usam o poder pessoal para garantir que recebam suas parcelas justas – geralmente mais – na relação. Elas estão mais centradas em seus próprios interesses e necessidades. Uma forma de estimular o comportamento ético nas organizações é incentivar a dissidência de princípio. Isso se refere a críticas que podem beneficiar a organização, em vez de meras queixas sobre as condições de trabalho. Mais parecido com os delatores que atuam como fiscais de pessoas poderosas, os dissidentes podem apontar irregularidades, incentivar a participação do funcionário em questões importantes e criar um ambiente propício ao uso ético do poder.[18]

Os indivíduos que utilizam o poder pessoal de forma intensa podem ser considerados maquiavélicos – pessoas dispostas a fazer qualquer coisa para que as coisas sejam feitas do seu jeito. Nicolau Maquiavel foi um estadista italiano do século XVI que escreveu a obra *O Príncipe*, um guia sobre a conquista e o uso do poder.[19] Entre seus métodos para usar o poder estava a manipulação de pessoas; para ele, era melhor ser temido do que adorado. Os maquiavélicos (ou *high machs*) estão dispostos a manipular as pessoas visando ao seu próprio benefício e não estão preocupados com a opinião ou com o bem-estar alheio.

A face positiva do poder é o **poder social** – usado para criar motivação ou atingir os objetivos do grupo. McClelland favorece o uso do poder social pelos gestores. As pessoas que abordam relações com uma orientação comunal focam as necessidades e os interesses alheios. Elas contam apenas com o poder social.[20] McClelland constatou que os gestores que usam o poder de forma positiva possuem quatro características:

1. *Crença no sistema de autoridade.* Eles acreditam que a instituição é importante e que seu sistema de autoridade é válido. Sentem-se bem influenciando e sendo influenciados. A fonte de seu poder é o sistema de autoridade de que fazem parte.
2. *Preferência por trabalho e disciplina.* Eles gostam de seu trabalho e são muito ordenados. Têm preferência pelo valor básico da ética de trabalho protestante; acreditam que o trabalho é bom para o indivíduo, independente da renda.
3. *Altruísmo.* Colocam publicamente a empresa e suas necessidades na frente das próprias necessidades. Fazem isso porque consideram que seu bem-estar está integralmente associado com o bem-estar corporativo.
4. *Crença na justiça.* Acreditam que é necessário buscar a justiça acima de tudo. As pessoas devem receber aquilo a que têm direito e que conquistaram. McClelland assume uma posição definida sobre o correto uso do poder por parte dos gestores. Quando o poder é usado para o bem do grupo, em vez do ganho individual, ele é positivo.

RESULTADO DA APRENDIZAGEM 4

Símbolos de poder

Os quadros organizacionais mostram quem tem autoridade, mas não revelam muito sobre quem detém o

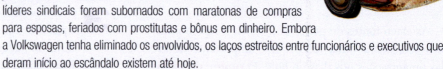

[**Volkswagen: escândalo das regalias e prostitutas**]

Recentemente, a Volkswagen, montadora automotiva alemã, foi abalada por uma série de escândalos que envolveram tanto executivos quanto líderes sindicais. O ex-diretor de recursos humanos Peter Hartz foi considerado culpado de tentar comprar apoio de Klaus Volkert, líder da comissão de trabalho dos funcionários da empresa, para planos de cortar gastos e reestruturar a montadora. Volkert tinha exigido e recebido US$ 2,5 milhões de gratificação e US$ 786 mil para férias, roupas, joias e falsos honorários de consultoria. Outros líderes sindicais foram subornados com maratonas de compras para esposas, feriados com prostitutas e bônus em dinheiro. Embora a Volkswagen tenha eliminado os envolvidos, os laços estreitos entre funcionários e executivos que deram início ao escândalo existem até hoje.

Fonte: M. Landler, "Sentence in Volkswagen Scandal", New York Times, 23 fev. 2008. Acessado em http://www.nytimes.com/2008/02/23/business/worldbusiness/23volkswagen.htm; "Hit by an Earthquake: How Scandals Have Led to a Crisis in German Corporate Governance", Knoweldge @ Wharton. Acessado em http://knowledge.wharton.upenn.edu/printer_friendly.cfm?articleid=1695.

---

poder pessoal
Poder usado para ganho pessoal.

poder social
Poder usado para gerar motivação ou atingir as metas do grupo.

Como descobrir se os funcionários estão se sentindo impotentes?

A solução para superar a impotência é compartilhar poder e delegar ao funcionário autoridade para tomar decisões.

poder. Abordamos aqui duas noções sobre os símbolos de poder. A primeira noção é de Rosabeth Moss Kanter. Trata-se de uma abordagem acadêmica para determinar quem tem poder e quem se sente impotente. A segunda, de Michael Korda, trata-se de um olhar parcialmente sério para os símbolos tangíveis de poder.

Símbolos de poder de Kanter

Kanter apresenta várias características de pessoas que detêm poder nas organizações:[21]

1. *Capacidade de interceder por alguém com problemas.* Uma pessoa que consegue tirar alguém de uma situação delicada tem poder.
2. *Capacidade de conseguir colocação para funcionários favorecidos.* Obter uma promoção para um funcionário é sinal de poder.
3. *Exceder as limitações de orçamento.* Um gestor que consegue ir além dos limites orçamentários sem ser reprimido tem poder.
4. *Conquista de aumentos acima da média para funcionários.* Um membro docente reportou que o chefe de seu departamento concedeu aumentos de 10% aos membros mais produtivos, embora o orçamento permitisse aumentos de apenas 4%. "Não sei como ele fez isso; ele deve ter se forçado muito", disse.
5. *Ter itens na pauta das reuniões.* Se nas reuniões um gestor consegue gerar questões para ação, isso indica que ele tem poder.
6. *Acesso a informações com antecedência.* Ter informações antes de qualquer outra pessoa é um sinal de que o gestor está ligado às fontes corretas.
7. *Fazer os membros da alta gerência buscarem opinião.* Quando os gestores do alto escalão têm um problema, podem pedir conselho aos gestores de níveis mais baixos. Os gestores para os quais se voltam têm poder.

Um tema que aparece na lista de Kanter é fazer coisas pelos outros – para pessoas com dificuldades, para funcionários e para chefes. Há um elemento ativo direcionado a outro elemento relacionado aos símbolos de poder que Kanter propõe.

Os símbolos de poder de Kanter podem servir de base para identificar pessoas poderosas dentro das organizações. Eles são particularmente úteis para identificar um mentor que possa, efetivamente, usar o poder.

Símbolos de falta de poder de Kanter

Kanter também tratou dos sintomas de **impotência** – falta de poder – em gestores de diferentes níveis da organização. Supervisores de primeira linha, por exemplo, normalmente demonstram três sintomas de impotência: supervisão excessivamente estrita, rígida aderência às regras e tendência de fazer o trabalho sozinho, em vez de treinar seus funcionários para fazê-lo. Profissionais, como contadores e advogados, demonstram diferentes sintomas de impotência. Quando se sentem impotentes, tendem a resistir a mudanças e tentam proteger seu território. Os altos executivos também podem se sentir impotentes. Eles demonstram sintomas como foco no corte de orçamento, punição de funcionários e comportamento ditatorial, além disso, aderem à comunicação de cima para baixo. Agir de determinadas maneiras pode levar os funcionários a acreditar que o gerente está sem poder. Ao fazer atribuições externas (culpar as circunstâncias ou outras pessoas) em relação a eventos negativos, o gestor aparenta não ter poder.[22]

Símbolos de poder de Korda

Michael Korda assume uma visão diferente dos símbolos de poder nas organizações.[23] Ele discute três símbolos incomuns: mobiliário de escritório, poder relacionado ao tempo e *stand by* (algo como "estar a postos").

O mobiliário não é útil apenas fisicamente; ele também transmite mensagem de poder. Arquivos trancados é um sinal de que o gestor tem informações importantes e confidenciais. Uma mesa de reunião retangular (em vez de redonda) permite que a pessoa mais importante se posicione na cabeceira.

impotência
Falta de poder.

O tamanho da mesa de trabalho pode indicar a extensão do poder. A maioria dos executivos prefere mesas caras e grandes.

O poder relacionado ao tempo diz respeito a usar o relógio como símbolo de poder. Segundo Korda, a maior honra que um executivo ocupado pode prestar a um visitante é tirar o próprio relógio e colocá-lo sobre a mesa virado para baixo, comunicando, dessa forma, que "meu tempo é todo seu". Ele também observa que, quanto menos poderoso o executivo, mais confuso é o relógio. Além disso, os gerentes que são realmente seguros de seu poder não usam relógio, pois acreditam que nada importante pode acontecer sem eles. Um calendário cheio também é prova de poder. O planejamento pessoal é deixado sobre a mesa para indicar agenda cheia.

Stand by é um esquema em que os funcionários são obrigados a manter seus celulares, *pagers* etc. à disposição o tempo todo para que a chefia possa estabelecer contato. A ideia é que, quanto mais o gestor impõe sua programação a outras pessoas, mais poder tem. Na realidade, Korda define *poder* assim: há mais pessoas que se incomodam com você do que pessoas com quem você se incomoda. Muito relacionada a isso é a capacidade de fazer outras pessoas realizarem tarefas simples para você, como pegar um café e buscar a correspondência.

Ao passo que os símbolos de Kanter focam na capacidade de ajudar outras pessoas, os símbolos de Korda focam o *status* – a posição que uma pessoa ocupa no grupo com base no seu prestígio e no fato de haver outras pessoas se submetendo a ela.[24] Ao identificar pessoas poderosas e aprender o comportamento delas, você decifra o segredo para usar o poder no ambiente organizacional.

RESULTADO DE APRENDIZAGEM 5

Comportamento político nas organizações

Assim como o termo poder, a expressão *política nas organizações* pode incitar imagens negativas. No entanto, as **políticas organizacionais** não são necessariamente negativas; é o uso de poder e influência no ambiente de trabalho. Como as organizações são arenas em que há interesses conflitantes, os gestores eficazes devem conciliar tais interesses. As políticas organizacionais são centrais para a administração. Para adquirir poder e expandir suas bases, as pessoas usam várias táticas e estratégias. Algumas são sancionadas (aceitáveis para a organização); outras não. O **comportamento político** refere-se a ações não sancionadas oficialmente pela organização, mas que ocorrem para influenciar outras pessoas e para satisfazer os objetivos pessoais de alguém.[25] Às vezes, os objetivos pessoais estão alinhados com os objetivos da equipe ou da organização e podem ser atingidos com o apoio dos interesses de outras pessoas. No entanto, outras vezes, os objetivos pessoais e os interesses de outros se chocam, e os indivíduos buscam políticas à custa dos interesses alheios.[26]

Entre os gestores, a política é um tópico controverso. Alguns assumem uma visão favorável de comportamento político; outros a veem como algo prejudicial à organização. Alguns funcionários que interpretam seu local de trabalho como altamente político acham o uso de táticas políticas mais satisfatório e apresentam maior satisfação no trabalho quando se engajam no comportamento político. Assim, há pessoas que podem prosperar em ambientes políticos, ao passo que outras podem considerar as políticas de escritório desagradáveis e estressantes.[27]

A maioria das pessoas é muito boa em reconhecer o comportamento político em todos os níveis da empresa. Os funcionários não estão apenas cientes do comportamento político em seus níveis, eles também podem identificar comportamentos políticos tanto no nível de supervisão como nos níveis de alta gerência da organização.[28]

Muitas condições organizacionais incentivam a atividade política. Entre elas estão objetivos não claros, tomada de decisão autocrática, linhas de autoridade ambígua, escassez de recursos e incerteza.[29] Até mesmo atividades supostamente objetivas podem envolver política. Um exemplo é o processo de avaliação de desempenho. Um estudo com 60 executivos que tiveram experiência com avaliação de funcionários indicou que considerações políticas eram, quase sempre, parte do processo de avaliação de desempenho.[30]

Os efeitos do comportamento político nas organizações podem ser muito negativos quando esse comportamento é estrategicamente direcionado a maximizar interesses próprios. Se as pessoas no ambiente de trabalho buscam resultados que lhes favoreçam, provavelmente não estão atentas às preocupações alheias. O local de trabalho pode parecer menos cooperativo, mais ameaçador e mais imprevisível para pessoas que focam suas próprias preocupações, em vez de focarem seus objetivos organizacionais. Isso representa a face negativa do poder descrita anteriormente por David McClelland como poder pessoal. Se os funcionários consideram o clima político da empresa extremo, experimentarão mais ansiedade, tensão, fadiga e esgo-

---

políticas organizacionais
Referem-se ao uso do poder e da influência nas organizações.

comportamento político
Ações não oficialmente sancionadas por uma organização realizadas para influenciar outras pessoas a cumprir metas pessoais.

> **[Tentando influenciar seu funcionário? Considere a relação.]**
>
> Os gestores têm diversas opções para exercer sua influência, mas o sucesso pode estar além da tática escolhida. Pesquisas recentes indicam que a forma como os funcionários enxergam a relação com a chefia influencia a eficácia da tática utilizada. Quando líderes utilizam-se do agrado e os funcionários sentem que têm boas relações com seus chefes, os funcionários são menos propensos a resistir à mudança. Quando funcionários julgam que sua relação com a chefia é precária, tendem a resistir às mudanças quando o agrado é utilizado. Isso se confirma quando líderes aplicam punições ou táticas que tentam estabelecer credibilidade. Esses resultados indicam que, antes de os líderes determinarem como devem influenciar seus seguidores, precisam considerar a relação. Se a relação é considerada de baixa qualidade pelo funcionário, táticas de agrado, punição e de legitimidade podem resultar no aumento da resistência.
>
> Fonte: S. A. Furst e D. M. Cable. "Employee Resistance to Change: Managerial Influence Tactics and Leader-Member Exchange". *Journal of Applied Psychology*, 93 (2008); 453-462.

tamento; além disso, estarão mais insatisfeitos com o trabalho e mais propensos a deixar a empresa.[31]

No entanto, nem todo comportamento político é destrutivo. Embora o comportamento político positivo ainda envolva interesse próprio, quando está alinhado com os objetivos organizacionais, é visto de forma positiva pelos funcionários. O comportamento político também é visto de forma positiva quando constitui o único meio de obter algo. A satisfação no trabalho e a satisfação pessoal em relação aos colegas de trabalho e chefias são afetadas por qualquer tipo de comportamento político.[32]

Táticas de influência

Influência é o processo de afetar os pensamentos, o comportamento ou os sentimentos alheios. A outra pessoa pode ser um chefe (influência ascendente), um funcionário (influência descendente) ou um colega de trabalho (influência lateral). Existem três tipos básicos de táticas de influência, que estão listados e descritos na Tabela 11.2.[33]

Pesquisas mostram que as quatro táticas mais utilizadas são consulta, persuasão racional, apelo inspirador e agrado. O apelo ascendente e as táticas de coligação são usados moderadamente. As táticas de trocas são menos frequentes.

As táticas de influência são usadas para gerenciar a impressão, aspecto descrito no Capítulo 3. No gerenciamento da impressão, os indivíduos usam táticas de influência para controlar a impressão que os outros têm a seu respeito. Uma forma por meio da qual as pessoas se dedicam ao gerenciamento da impressão é pela construção da imagem. Outra forma é usar o gerenciamento da impressão a fim de obter apoio para iniciativas ou projetos importantes.

O agrado é um exemplo de tática usada para gerenciar a impressão. Ele pode assumir muitas formas, incluindo bajulação, conformidade de opinião e comportamento subordinado.[34] A troca é outra tática de influência que pode ser usada para a mesma finalidade. Oferecer-se para fazer favores em um esforço de criar impressão favorável é uma tática de troca.

Quais táticas de influência são mais eficazes? Depende do alvo da tentativa de influência e do objetivo. Os indivíduos usam táticas diferentes para propósitos diferentes e para pessoas diferentes. A tentativa de influenciar subordinados, por exemplo, geralmente envolve atribuição de tarefas ou mudança de comportamentos. No caso de colegas, o objetivo é, na maioria das vezes, solicitar ajuda. No caso de superiores, a tentativa de influenciar ocorre, normalmente, para solicitar aprovação, recursos, apoio político ou benefícios pessoais. A persuasão racional e as táticas de coligação são usadas para obter apoio de colegas e superiores para alterar a política da empresa. A consulta e o apelo inspirador são particularmente eficazes para obter apoio e recursos para um novo projeto.[35] De modo geral, a tática mais efetiva no que se refere à conquista de objetivos é a persuasão racional. A pressão é a tática menos eficaz.

As táticas de influência normalmente são usadas para fazer o chefe avaliar o funcionário de modo mais favorável ou dar-lhe uma promoção. Duas táticas, a persuasão racional e o agrado, parecem funcionar de forma eficaz nesses casos. Os funcionários que usam essas táticas recebem avaliações de desempenho mais altas do que outros funcionários que não usam persuasão racional e agrado.[36] Caso os supervisores acreditem que o motivo pelo qual um funcionário está fazendo favores para o chefe é simplesmente para ser um bom cidadão, eles provavelmente recompensarão o funcionário. No entanto, quando o motivo é visto como bajulação (agrado), os supervisores respondem de forma negativa.[37] Conforme se torna mais óbvio que o funcionário tem algo a ganhar ao impressionar o chefe, a probabilidade do agrado dar certo diminui. Então, como usar o agrado de forma eficaz?

TABELA 11.2 Táticas de influência usadas nas organizações

TÁTICAS	DESCRIÇÃO	EXEMPLOS
Pressão	A pessoa faz exigências, ameaça ou intimida a fim de convencer você a cumprir uma solicitação ou apoiar uma proposta.	Se você não fizer, estará demitido. Você tem até as 17h para mudar de ideia ou eu vou sem você.
Apelo ascendente	A pessoa busca persuadir você dizendo que o pedido está aprovado pela gerência superior ou apela para os gestores superiores para ter apoio no cumprimento do pedido.	Estou comunicando isso ao meu chefe. Meu chefe apoia essa ideia.
Troca	A pessoa faz uma promessa implícita ou explícita de que você receberá recompensas ou benefícios tangíveis caso cumpra o que foi solicitado ou apoie uma proposta; ou, ainda, faz você se lembrar de um favor anterior que deve ser retribuído agora.	Você me deve um favor. Pagarei um almoço se você me apoiar nessa.
Coligação	A pessoa procura ajuda para persuadir você a fazer algo ou utiliza o apoio de outras pessoas como argumento para você também concordar.	Todos os outros supervisores concordam comigo. Eu vou lhe perguntar na frente da comissão.
Agrado	A pessoa tenta deixar você de bom humor ou tenta criar uma boa imagem dela antes de lhe pedir para fazer algo.	Só você consegue fazer isso direito. Sei que sempre posso contar com você, por isso faço outro pedido.
Persuasão racional	A pessoa utiliza argumentos lógicos e evidências factuais para convencer você de que uma proposta ou um pedido é viável e provavelmente resultará no cumprimento dos objetivos da tarefa.	Com esse procedimento, economizaremos US$ 150 mil. Contratar John parece o mais sensato; ele tem mais experiência.
Apelo inspirador	A pessoa faz um pedido ou uma proposta emotiva que gera entusiasmo, apelando para seus valores e ideais ou aumentando sua confiança de que você pode fazer aquilo.	O correto é ter conscientização ambiental. Conseguir aquela conta vai ser difícil, mas eu sei que você consegue.
Consulta	A pessoa busca sua participação na tomada de uma decisão ou no planejamento de como implantar uma política, estratégia ou mudança proposta.	Esse novo plano de acompanhamento é controverso. Como podemos torná-lo mais aceitável? O que você acha que podemos fazer para tornar nossos funcionários menos temerosos na linha de produção com relação aos novos robôs?

FONTE: Primeiras duas colunas: G. Yukl e C. M. Falbe. "Influence Tactics and Objectives in Upward, Downward, and Lateral Influence Attempts". *Journal of Applied Psychology* 75 (1990): 132-140. Copyright © 1990 da American Psychological Association. Reimpressão autorizada.

Os resultados de um estudo conduzido entre chefias e subordinados de uma grande agência estatal indicam que subordinados com pontuações maiores em relação à habilidade política usavam o agrado regularmente e recebiam maiores indicadores de desempenho, ao passo que indivíduos com baixa pontuação relacionada à habilidade política que usavam o agrado tiveram indicadores de desempenho mais baixos.[38] Além disso, uma outra pesquisa demonstrou que as chefias classificavam o comportamento de agrado ao subordinado como menos manipulador caso o subordinado fosse muito competente na esfera política.[39] Esses resultados indicam que a competência política pode ser um fator que permite que as pessoas usem o agrado de forma eficaz.

E, ainda, o agrado bem disfarçado é difícil de impedir. As tentativas que não são tão óbvias geralmente são bem-sucedidas em aumentar o apreço do alvo com relação ao agraciador.[40] A maioria das pessoas têm problemas para se manter neutras quando alguém as bajula ou concorda com elas. Entretanto, as testemunhas de agrados são mais propensas a questionar o motivo por trás da bajulação ou do consentimento. Os observadores são mais céticos do que os receptores do agrado/bajulação.

Há uma evidência de que homens e mulheres veem a política e as tentativas de influência de maneira diferente. Os homens tendem a ver o comportamento político de forma mais favorável do que as mulheres. Quando tanto homens quanto mulheres presenciam

um comportamento político, eles o veem de forma mais positiva se o agente é de seu próprio sexo e o alvo é do sexo oposto.[41] As mulheres executivas normalmente veem a política com repugnância e esperam ser reconhecidas e promovidas apenas por seus méritos. A falta de conscientização acerca de políticas organizacionais é uma barreira que mantém as mulheres atrás no que se refere à promoção a posições executivas avançadas.[42] As mulheres podem ter menos oportunidades para desenvolver competência política em razão da falta de mentores ou modelos e porque costumam ser excluídas de redes informais.[43]

Culturas diferentes preferem diferentes táticas de influência no ambiente de trabalho. Um estudo constatou que gestores americanos que lidavam com funcionários atrasados faziam uso de táticas de pressão como "Se você não se apresentar no horário, não terei escolha a não ser descontar de seu salário". Os gestores japoneses, por sua vez, contavam com táticas de influência que apelavam ao senso de dever do funcionário ("É seu dever como funcionário responsável dessa companhia chegar no horário.") ou uma abordagem consultiva ("Existe algo que eu possa fazer para ajudá-lo a superar os problemas que o estão impedindo de chegar no horário?").[44]

A influência também pode derivar de como a personalidade de uma pessoa se encaixa no ambiente de trabalho. Um estudo recente constatou que pessoas extrovertidas possuem mais influência em ambientes de trabalho orientados por equipe, ao passo que funcionários conscientes possuem mais influência em ambientes nos quais os indivíduos trabalham sozinhos em tarefas técnicas.[45]

É importante observar que as táticas de influência têm alguns efeitos positivos. Quando investidores formam coligações e pressionam empresas a aumentarem seus esforços de pesquisa e desenvolvimento, funciona.[46] No entanto, algumas táticas de influência, como pressão, coligação e troca podem ter fortes implicações éticas. Existe uma linha tênue entre ser um gerente de impressão e ser visto como manipulador.

Como o gestor pode usar bem as táticas de influência? Primeiro, ele pode desenvolver e manter linhas de comunicação abertas em todas as direções: horizontal, vertical e lateralmente. Então, o gestor pode tratar dos alvos de tentativas de influência – sejam gestores, sejam funcionários, sejam colegas – com respeito básico. Por fim, o gerente pode entender que relações de influência são recíprocas – são relacionamentos de duas vias. Uma vez que as tentativas de influência são direcionadas às metas organizacionais, o processo de influência pode ser vantajoso para todos os envolvidos.

Habilidade política

Os pesquisadores da Universidade Estadual da Flórida geraram um considerável repertório de pesquisas sobre habilidade política.[47] A habilidade política é um atributo interpessoal distinto importante para o sucesso gerencial. Pesquisadores sugerem que ela deve ser considerada em decisões de contratação e promoção. Eles constataram que as habilidades políticas dos líderes têm efeito positivo sobre o desempenho da equipe, sobre a confiança e o apoio ao líder.[48] Além disso, a habilidade política ameniza efeitos negativos de fatores estressantes, como conflito de papéis nos locais de trabalho. Esse conjunto de resultados aponta para a importância de desenvolver habilidade política para o sucesso gerencial.[49]

Mas o que é exatamente habilidade política? É a habilidade de realizar tarefas por meio de relações interpessoais positivas fora da organização formal. Indivíduos politicamente capacitados possuem a habilidade de entender com precisão outras pessoas e usar esse conhecimento para influenciá-las a cumprir metas pessoais ou organizacionais. A habilidade política é formada por quatro dimensões fundamentais: astúcia social, influência interpessoal, habilidade de *networking* e sinceridade.

[*Existe uma linha tênue entre ser um gerente de impressão e ser visto como manipulador.*]

habilidade política
Habilidade de realizar tarefas por meio de relações interpessoais favoráveis fora dos mecanismos organizacionais formalmente descritos.

A astúcia social refere-se à percepção e avaliação precisa de situações sociais. Os indivíduos astutos no que se refere ao aspecto social gerenciam situações sociais de forma a serem apresentados da maneira mais favorável.

A influência interpessoal refere-se a um estilo sutil e influente que é eficaz na realização de tarefas. Indivíduos que exercem influência interpessoal são muito flexíveis ao adaptar seu comportamento para diferenciar alvos de influência ou de diferentes contextos para atingir um objetivo. A habilidade de *networking* é a capacidade de um indivíduo de desenvolver e manter redes sociais extensas e diversificadas. As pessoas que têm essa habilidade são eficazes na construção de alianças e coligações bem-sucedidas, o que as torna competentes em negociações e resolução de conflitos. A sinceridade refere-se à habilidade de um indivíduo de retratar franqueza e autenticidade em todas as suas relações. Indivíduos que parecem ser sinceros inspiram mais confiança e segurança por essa razão, são bem-sucedidos em influenciar outras pessoas.[50]

Essas quatro dimensões de habilidade política podem ser aprendidas. Atualmente, muitas organizações oferecem treinamento para ajudar seus funcionários a desenvolver a habilidade política. Essa habilidade é importante em todos os níveis da organização. A causa mais potente de fracasso entre executivos do alto escalão é a falta de eficácia social.[51] Indivíduos automonitores e experientes no que se refere ao aspecto político têm pontuação mais alta em um índice de habilidade política, assim como indivíduos que são inteligentes no aspecto emocional.

O ambiente militar é particularmente exigente em relação à necessidade de líderes que se adaptem às mudanças e mantenham boa reputação. Em um ambiente como esse, líderes que têm habilidade política são vistos como mais sinceros em suas razões, podem perceber eventos de trabalho e se adaptar mais rapidamente a eles, assim, constroem uma reputação positiva entre os seguidores. Na realidade, é possível desenvolver a habilidade política por meio de um processo de aprendizagem social e tendo um mentor enérgico. Esse mentor serve de modelo e ajuda o pupilo a navegar pelas políticas organizacionais e a aprender os aspectos relacionados às fontes informais de poder e às políticas da organização.[52] Indivíduos que têm habilidade política tendem a se engajar em comportamento de cidadania organizacional, a ter mais promoções, bem como mais sucesso na carreira e maior satisfação pessoal.[53, 54]

> A seção "E você?", nos Cartões de Revisão, disponível on-line, oferece uma avaliação de sua habilidade política.

RESULTADO DA APRENDIZAGEM 6

Administrando o comportamento político nas organizações

A política não pode e não deve ser eliminada do ambiente organizacional. No entanto, os gestores podem assumir uma postura pró-ativa e administrar o comportamento político que inevitavelmente ocorre.[55]

O primeiro passo para administrar o comportamento político é reconhecê-lo. Alguns comportamentos a serem observados incluem fazer *networking*, encontrar peças-chave para apoiar iniciativas, estabelecer laços de amizade com pessoas poderosas, quebrar as regras e a autopromoção. As táticas menos utilizadas incluem fornecer informações incorretas, espalhar boatos e fazer chantagem.[56]

Para difundir esses comportamentos, a comunicação aberta é uma ferramenta essencial. A incerteza tende a aumentar o comportamento político, e a comunicação que reduz a incerteza é importante. Uma maneira de estabelecer a comunicação aberta é esclarecer os comportamentos políticos aceitáveis e não aceitáveis na organização. Os gestores podem, por exemplo, querer incentivar o poder social em oposição ao poder pessoal.[57]

Outra saída é esclarecer as expectativas com relação ao desempenho. Isso pode ser realizado por meio do estabelecimento de metas claras e quantificáveis, bem como por meio do estabelecimento da ligação clara entre a realização da meta e as recompensas.[58]

A administração participativa também é uma solução. Normalmente, as pessoas engajam-se em comportamentos políticos quando se sentem excluídas dos processos de tomada de decisão. Ao incluí-las, os gestores incentivam as contribuições positivas e eliminam as manobras de bastidores.

Incentivar a cooperação entre os grupos de trabalho é outra estratégia para gerenciar o comportamento político. Os gestores podem introduzir uma unidade de propósito entre as equipes de trabalho, recompensando o comportamento cooperativo e implantando atividades que enfatizem a integração de esforços de equipes em direção a objetivos comuns.[59]

É importante administrar bem os recursos escassos. Uma solução óbvia para o problema de escassez de recursos é aumentar a fonte de recurso, mas poucos gestores dispõem desse luxo. Esclarecer o processo de alocação de recurso e fazer a ligação entre desempenho e recursos explícitos pode ajudar a desestimular o comportamento político disfuncional.

Oferecer um clima organizacional favorável é outra forma de administrar o comportamento político de forma eficaz. Um clima favorável permite que funcionários discutam questões controversas com rapidez e abertamente. Isso evita possíveis atritos e desconforto entre os funcionários.[60]

É importante administrar o comportamento político no ambiente de trabalho. A percepção de comportamento político disfuncional pode levar à insatisfação.[61] Ao perceber que no trabalho existem grupos cujos interesses são dominantes ou panelinhas, os funcionários tendem a ficar menos satisfeitos com a remuneração e com as promoções. Quando eles acreditam que as práticas de recompensas são influenciadas por quem o funcionário conhece em vez de serem influenciadas por quão bem o funcionário trabalha, eles se tornam menos satisfeitos.[62] Além disso, quando funcionários julgam que seus colegas de trabalho estão demonstrando comportamento político elevado, tornam-se insatisfeitos com eles. A comunicação aberta, as expectativas claras sobre desempenho e recompensas, as práticas de tomada de decisão participativa, a cooperação do trabalho em grupo, a administração eficaz de recursos escassos e o clima organizacional favorável podem ajudar os gestores a evitar consequências negativas advindas do comportamento político.

Administração superior: administrando o chefe

Um dos aspectos de política e poder menos discutido é a relação entre você e seu chefe. Essa é uma relação crucial, pois seu chefe é a sua ligação mais importante com o resto da organização.[63] A relação funcionário-chefe é de dependência mútua; você depende do seu chefe para lhe dar *feedback* de desempenho, fornecer recursos e informações críticas. Seu chefe depende de seu desempenho, informação e apoio. Como se trata de uma relação mútua, você deve assumir um papel ativo ao gerenciá-lo. Muito frequentemente, a administração dessa relação fica a cargo do chefe; mas se a relação não atende as necessidades do funcionário, provavelmente esse não assume a responsabilidade de administrá-la de maneira pró-ativa.

A Tabela 11.3 mostra os passos básicos para administrar a relação com seu chefe. O primeiro passo é tentar entender o máximo possível o seu chefe. Quais são suas metas e objetivos pessoais? Que tipo de pressão enfrenta no trabalho? Muitos indivíduos, inocentemente, esperam que o chefe seja perfeito e ficam desapontados quando descobrem que isso não é verdade. Quais são os pontos fortes, fracos e os pontos cegos do seu chefe? Como essa é uma relação que sofre cobranças do ponto de vista emocional é difícil ser objetivo, mas esse é um passo crítico para moldar uma relação de trabalho eficaz. Qual o estilo de trabalho preferido do chefe? Ele prefere tudo escrito ou odeia detalhes? Ele prefere

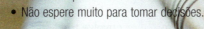

[**Maneiras de manter o chefe informado**]

- Ofereça-lhe uma lista semanal sobre o que será feito como um lembrete do progresso em direção aos objetivos.
- Ao ler algo relacionado ao seu trabalho, reporte-o ao seu chefe. A maioria de executivos gosta de receber materiais que eles não têm tempo de encontrar sozinhos.
- Apresente-lhe relatórios provisórios e deixe-o saber se a programação de trabalho está sendo cumprida.
- Não espere muito para tomar decisões.

TABELA 11.3 Administrando a relação com seu chefe

Certifique-se de que você entende seu chefe e o contexto dele, incluindo:
Metas e objetivos.
A pressão que sofre.
Os pontos fortes, fracos e os pontos cegos.
O estilo de trabalho preferido.
Avalie você mesmo e suas necessidades, incluindo:
Seus próprios pontos fortes e fracos.
Seu estilo pessoal.
Sua predisposição com relação à dependência de figuras de autoridade.
Desenvolva e mantenha uma relação que:
Se adapte tanto às suas necessidades como ao seu estilo.
Seja caracterizada por expectativas mútuas.
Mantenha seu chefe informado.
Tenha base na confiança e na honestidade.
Utilize de forma seletiva o tempo e os recursos de seu chefe.

Fonte: Reimpressão autorizada por *Harvard Business Review*. "Managing Your Boss", de J. J. Gabarro e J. P. Kotter, (maio-jun. 1993): p. 155. Copyright © 1993 de Harvard Business School Publishing Corporation; todos os direitos reservados.

que você faça consultas ou tem isso como inaceitável? A questão é reunir o máximo de informações sobre seu chefe e tentar se colocar no lugar dele.

O segundo passo para gerenciar essa importante relação é avaliar-se e avaliar as próprias necessidades da mesma forma que analisou as do seu chefe. Quais são seus pontos fortes, fracos e pontos cegos? Qual seu estilo de trabalho? Como você normalmente se relaciona com figuras de autoridade? Algumas pessoas têm tendência à contradependência, isto é, rebelamo-nos contra o chefe como autoridade e o vemos como um obstáculo para o nosso desempenho. Podemos também assumir uma posição de dependência excessiva, aceitando passivamente a relação funcionário-chefe e tratando o chefe como um paizão sábio e protetor. Qual a sua tendência? Saber como você reage a figuras de autoridade pode ajudar a entender suas interações com seu chefe.

Após ter feito uma cuidadosa autoanálise e tentado compreender seu chefe, o próximo passo é trabalhar para desenvolver uma relação eficaz. Os estilos e as necessidades de ambas as partes devem ser acomodados. Uma arrecadadora de fundos de uma grande organização voluntária relata uma história sobre um chefe novo e o descreve como frio, desorganizado, distante e incompetente. Ela fazia repetidas tentativas de se encontrar com ele e esclarecer suas expectativas, e a resposta mais frequente que ele lhe dava era que não tinha tempo. Frustrada, ela quase procurou um novo trabalho. "Eu não consigo falar com ele!", dizia ela. Então, ela desistiu de considerar o estilo do seu chefe e o próprio estilo.

Sendo uma pessoa do tipo intuição-sentimento, ela preferiu *feedback* constante e reforços de outras pessoas. Seu chefe, um intuitivo-pensador, trabalhava de forma confortável sem o *feedback* de outras pessoas e tinha a tendência de falhar ao fazer elogios e oferecer recompensas. Ela se sentou com ele e discutiu as diferenças de suas necessidades. Essa discussão se tornou a base para desenvolver uma confortável relação. "Eu ainda não gosto dele, mas o compreendo melhor", ela disse.

Outro aspecto relacionado a administrar a relação envolve trabalhar em cima de expectativas mútuas. Uma atividade central é desenvolver um plano para objetivos de trabalho e fazer o chefe concordar com isso.[64] É importante fazer corretamente as coisas, mas também é importante fazer as coisas corretas. Nenhuma parte é capaz de ler pensamentos, por isso esclarecer metas é um passo crucial. Manter o chefe informado também é uma prioridade. Ninguém gosta de ser pego de surpresa.

A relação funcionário-chefe deve ter como base a confiança e a honestidade. Isso significa dar e receber *feedback* positivo e negativo. A maioria das pessoas não se sente à vontade para dar qualquer *feedback* ao chefe, mas o *feedback* positivo é bem-vindo pela alta gerência. O *feedback* negativo, apesar de ser mais difícil de iniciar, pode clarear as coisas. Se dado em formato de solução de problema, pode até desencadear uma relação mais próxima.[65]

Por fim, lembre-se de que seu chefe está do mesmo lado que você. A regra de ouro é fazer o seu chefe parecer bom, porque você espera que ele faça o mesmo com você.

[Kiva: capacitando empreendedores]

Com um clique de mouse, qualquer um pode se tornar credor de pequenas finanças para um empreendedor no Peru ou em outro país em desenvolvimento. Esse tipo de credor, um indivíduo de um país desenvolvido, faz um microempréstimo para um indivíduo ou pequeno negócio em um país onde tais recursos serão empregados no cultivo e venda de vegetais, na fabricação de tijolos e na criação de cabras. Kiva, uma organização sem fins lucrativos fundada por Matt e Jessica Flannery, em 2005, facilita essas transações por meio de um website que combina microfinanças com redes sociais. No site, várias instituições de microfinanças postam perfis de empreendedores qualificados para que os credores façam sua busca. Cada perfil inclui uma foto do empreendedor, uma descrição do negócio e um plano para o uso eficaz do empréstimo. O credor recebe atualizações de como o empreendedor está indo e quando ele pretende saldar o empréstimo. Os credores têm a opção de emprestar novamente o dinheiro, doá-lo às operações da Kiva ou mantê-lo. Os empréstimos da Kiva são administrados por instituições de microfinanças com muita experiência – a taxa de inadimplência é menor do que 1%, e 98% dos empréstimos são saldados por completo. A Kiva espera emprestar US$ 1 bilhão em 10 anos. Bill Clinton e Oprah Winfrey são credores, assim como mais 495 mil pessoas. O número de empreendedores capacitados pela Kiva ultrapassa 105 mil.

Pode-se dizer que a Kiva permite que qualquer pessoa capacite outra – uma ideia poderosa.

Fonte: www.kiva.org; "When Small Loans Make a Big Difference", Forbes.com, 3 jun. 2008. Acessado no http://www.forbes.com/2008/06/03/kiva-microfinance-uganda-ent-fin-cx_0603whartonkiva.html.

Compartilhando o poder: capacitação

Como organizações modernas crescem mais achatadas, eliminando camadas de gerenciamento, a capacitação se torna mais e mais importante. Jay Conger define **capacitação** como "criar condições para motivação por meio do desenvolvimento de um forte senso de autoeficácia".[66] Isso significa compartilhar poder de forma que indivíduos aprendam a acreditar em sua capacidade de realizar o trabalho. A ideia motriz da capacitação é que os indivíduos mais próximos do trabalho e dos clientes devem tomar decisões e que isso faz o melhor uso das habilidades e dos talentos dos funcionários. Você pode se capacitar desenvolvendo um senso de autoeficácia.

Quatro dimensões resumem a essência de capacitação: significado, competência, autodeterminação e impacto.[67] *Significado* é uma adaptação entre o papel do trabalho e os valores e as crenças do funcionário. É o motor da capacitação por meio do qual os funcionários se fortalecem em relação ao seu trabalho. Se o coração do funcionário não está no trabalho, ele não consegue se sentir capacitado. *Competência* é a convicção de ter a habilidade para realizar bem o trabalho. Sem competência, os funcionários se sentirão inadequados e com falta de senso de capacitação. *Autodeterminação* é ter o controle sobre como se realiza o trabalho. Os funcionários que se veem apenas seguindo ordens do chefe não se sentem capacitados. *Impacto* é a convicção de que a realização do próprio trabalho faz a diferença na organização. Sem um senso de contribuição para um objetivo, os funcionários não se consideram capacitados.

É preciso que os funcionários enfrentem as quatro dimensões de capacitação para se sentirem verdadeiramente capacitados. Apenas dessa forma as empresas colherão as recompensas dos esforços: funcionários com comprometimento organizacional elevado, melhor desempenho no trabalho e estresse reduzido.[68]

É fácil defender a capacitação, mas é difícil colocá-la em prática. Funcionários responsáveis pelas cobranças, que falavam diretamente com clientes, eram os melhores juízes para saber se o acordo financeiro era viável; ter de consultar a chefia os fez se sentirem supervisionados de perto e impotentes.

Primeiro, os gestores devem expressar confiança em seus funcionários e estabelecer altas expectativas de desempenho. Expectativas positivas podem representar muito no que diz respeito a permitir o bom desempenho, como mostra o efeito pigmalião (Capítulo 3).

Segundo, os gestores devem gerar oportunidades para que os funcionários participem da tomada de decisões. Isso significa participar na forma de voz ativa e escolha. Os funcionários não devem ser solicitados apenas a contribuir com suas opiniões sobre algo; eles também devem ter voto na decisão a ser tomada. Um método para aumentar a participação é utilizar equipes autogeridas, que, como foi discutido no Capítulo 9, são essenciais em equipes capacitadas, pois assumem decisões e atividades que tradicionalmente pertencem aos gestores.

Terceiro, os gestores devem eliminar as limitações burocráticas que sufocam a autonomia. Geralmente, as empresas têm regras e políticas antiquadas que não permitem aos funcionários gerenciarem a si mesmos. Um exemplo é uma agência de cobrança cujo gerente precisava assinar a aprovação de acordos de pagamentos em longo prazo de clientes inadimplentes. Os cobradores, que falavam diretamente com os clientes, eram os melhores juízes para avaliar se o acordo era viável ou não; ter de consultar o gerente os fez se sentirem supervisionados e impotentes. A regra foi quebrada e as cobranças aumentaram.

Quarto, os gestores devem estabelecer metas inspiradoras e significativas. Quando indivíduos sentem que possuem uma meta, tornam-se mais dispostos a assumir responsabilidade pessoal por isso.

A capacitação é uma questão de grau. O trabalho pode ser englobado em duas dimensões: conteúdo e contexto. O conteúdo consiste nas tarefas e nos procedimentos necessários para realizar determinado trabalho. O contexto é mais amplo. É a razão pela qual a organização precisa do trabalho e inclui a forma como o trabalho se encaixa na missão, nas metas e nos objetivos da empresa. Essas duas dimensões são ilustradas na Figura 11.1, a grade de capacitação do funcionário.

Os dois eixos contêm os principais passos no processo de tomada de decisão. Como mostra o eixo horizontal, a autoridade na tomada de decisão sobre o conteúdo do trabalho aumenta no que diz respeito a um maior envolvimento no processo de tomada de decisão. Da mesma forma, o eixo vertical mostra que a autoridade sobre o contexto do trabalho aumenta com maior envolvimento no processo de tomada de decisão. Combinar autoridade no conteúdo do trabalho com autoridade no contexto do trabalho produz cinco pontos que variam em termos de grau de capacitação.[69]

O ponto A, sem critério, representa o trabalho tradicional da linha de montagem – altamente rotineiro e repetitivo, sem nenhum poder de decisão. Lembre-se do que tratamos no Capítulo 7: se esse tipo de trabalho tiver um ritmo de demanda e se os trabalhadores não tiverem critério, resultará em pressão.

O ponto B, definição de tarefa, é a essência da maioria dos programas organizacionais nos dias de hoje. Nesse caso, o funcionário está capacitado para

> **capacitação**
> Compartilhar poder de forma que os indivíduos aprendam a acreditar na própria capacidade de realizar o trabalho.

CAPÍTULO 11 Poder e comportamento político

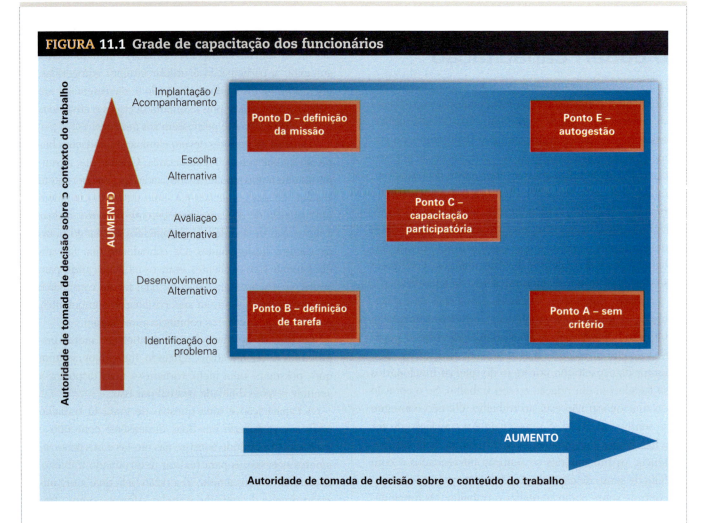

FIGURA 11.1 Grade de capacitação dos funcionários

tomar decisões sobre a melhor forma de realizar o trabalho, mas não há responsabilidade de decisão para o contexto do trabalho.

O ponto C, capacitação participativa, representa a situação típica de grupos de trabalho autônomos que têm algum poder decisório, tanto sobre o contexto, como sobre o conteúdo do trabalho. Seu envolvimento está na identificação de problemas, desenvolvimento e avaliação de alternativas, mas a escolha real de alternativas está, geralmente, além de seu poder. A capacitação participativa pode levar à satisfação no trabalho e à melhora da produtividade.

O ponto D, definição da missão, é um caso incomum de capacitação e raramente é visto. Aqui, os funcionários possuem poder sobre o contexto do trabalho, mas não sobre o conteúdo. Um exemplo seria o de uma equipe sindicalizada a qual é solicitado decidir se seu trabalho poderia melhorar se fosse realizado por um vendedor externo. Decidir terceirizar afetaria a missão da empresa, mas não afetaria o conteúdo do trabalho, que é especificado no contrato do sindicato. Nesse caso, seria necessário garantir aos funcionários a continuidade do emprego independentemente de suas decisões.

O ponto E, autogestão, representa o controle total de tomada de decisão tanto sobre o conteúdo como sobre o contexto do trabalho. É a expressão definitiva de confiança. Um exemplo é o da TXI Chaparral Steel (parte da Texas Industries), em que os funcionários projetaram novamente o próprio trabalho para adicionar valor para a organização.

A capacitação deve começar com o conteúdo do trabalho e prosseguir com o contexto do trabalho. Como o grupo de trabalho é diversificado, os gestores devem reconhecer que alguns funcionários estão mais preparados para a capacitação do que outros. As chefias devem diagnosticar situações e determinar o grau de capacitação para estender aos funcionários. Recentemente, a administração de mudanças dentro das organizações foi identificada como outra área em que a capacitação pode ter um forte efeito. Funcionários capacitados são mais propensos a participar dos processos de mudanças e a facilitá-los conforme se sentem mais comprometidos com o sucesso da empresa.[70]

O processo de capacitação também carrega consigo o risco de fracasso. Quando você delega responsabilidade e autoridade, deve estar preparado para permitir que os funcionários errem; e fracasso não é algo que a maioria dos gestores tolera bem. Na Merck, alguns dizem que o CEO Ray Gilmartin capacitou demais os cientistas e que seus fracassos custaram a lucratividade e a reputação da Merck como uma das empresas mais admiradas listadas na *Fortune*. Um exemplo dessa capacitação envolveu um medicamento contra diabetes; as pesquisas primárias em ratos mostraram que eles desenvolveram tumores. Os cientistas argumentam que, apesar de estudos iniciais mostrarem que a droga não era viável, as pesquisas deveriam continuar, e assim foi, até que a droga foi eliminada, o que custou muito para a empresa no que se refere a tempo e dinheiro.[71]

NÚMEROS

5 tipos de poder interpessoal.

US$ 10 bilhões foi o montante do empréstimo do governo para Goldman Sachs.

1515 foi o ano que *O Príncipe* foi publicado.

105 mil foi a quantidade de empreendedores capacitados pela Kiva.

8 táticas de influência são usadas nas organizações.

US$ 786 mil foi a quantia que Klaus Volkert embolsou para suas férias de luxo, roupas, joias e falsos honorários de consultoria.

CAPÍTULO

12 >>

Liderança e subordinação

RESULTADOS DA APRENDIZAGEM

Após a leitura deste capítulo, você estará apto a:
1. Discutir as diferenças entre liderança e gestão e entre líderes e gestores.
2. Explicar o papel da teoria dos traços na descrição de líderes.
3. Descrever o papel fundamental da pesquisa comportamental no desenvolvimento das teorias de liderança.
4. Descrever e comparar as quatro teorias de contingência da liderança.
5. Discutir os recentes avanços na teoria de liderança líder-membro e liderança inspiradora.
6. Discutir como aspectos relacionados a inteligência emocional, confiança, gênero e liderança servidora estão formando os modelos atuais de liderança.

> **"Organizações saudáveis precisam tanto de uma liderança eficaz como de uma boa gestão."**

Liderança nas organizações é o processo de guiar e direcionar o comportamento das pessoas no ambiente de trabalho. A primeira seção do capítulo diferencia liderança de gestão. **Liderança formal** é a liderança oficialmente legitimada com base na autoridade de um cargo/função. **Liderança informal** é a liderança não oficial concedida a uma pessoa pelos outros membros da organização. A liderança está entre os tópicos mais pesquisados no que diz respeito ao comportamento organizacional e está entre os menos compreendidos processos sociais observados nas organizações.

RESULTADO DA APRENDIZAGEM 1

Liderança versus gestão

John Kotter sugere que liderança e gestão são dois sistemas de ação distintos, porém complementares dentro das organizações.[1] Especificamente, ele acredita que a liderança eficaz produz mudanças úteis nas organizações e essa boa gestão controla a complexidade da organização e de seu ambiente. As organizações saudáveis precisam tanto de uma liderança eficaz como de uma boa gestão.

Para Kotter, a gestão envolve (1) planejamento e orçamento, (2) organização e pessoal e (3) controle e solução de problemas. O processo de gestão reduz a incerteza e estabiliza uma organização. A integração e a estabilização promovidas na General Motors, por Alfred P. Sloan, após os primeiros anos de crescimento da empresa, são um exemplo de boa gestão.

O processo de liderança, por sua vez, envolve (1) estabelecimento de uma direção para a empresa; (2) alinhamento das pessoas com essa direção por meio da comunicação e (3) motivação das pessoas para que ajam, parcialmente por meio da capacitação e parcialmente por meio da satisfação de necessidades básicas. O processo de liderança gera incerteza e mudança na

7 Definir subordinação e identificar os diferentes tipos de seguidores.
8 Sintetizar as pesquisas históricas de liderança em diretrizes fundamentais para líderes.

liderança
Processo de guiar e direcionar o comportamento das pessoas no ambiente de trabalho.

liderança formal
Liderança oficialmente sancionada com base na autoridade de uma posição formal.

liderança informal
Liderança não oficial concedida a uma pessoa pelos outros membros da organização.

organização. Líderes eficazes não apenas controlam o futuro da organização, mas também agem como catalisadores de mudanças. Eles se incomodam com padrões de comportamentos existentes, promovem novas ideias e ajudam os envolvidos a se conscientizar do processo de mudança.[2]

Abraham Zaleznik propõe a noção de que o líder possui uma personalidade distinta que se diferencia da personalidade do gestor.[3] Ele sugere que tanto líderes como gestores fazem valiosas contribuições para a organização, e que a contribuição de cada um é diferente. Ao passo que os **líderes** trabalham por mudanças e novas abordagens, os **gestores** defendem a estabilidade e o cenário inalterado. Existe uma tensão dinâmica entre líderes e gestores, o que torna difícil um compreender o outro. Há quatro dimensões distintas de personalidade que os tornam diferentes um do outro: atitudes perante metas, concepções de trabalho, relações com outras pessoas e autoconhecimento.

Foi proposta a ideia de que algumas pessoas são líderes estratégicos que incorporaram tanto a estabilidade dos gestores como as habilidades visionárias dos líderes. Assim, líderes estratégicos combinam sinergicamente o melhor dos dois. O sucesso sem precedentes da Coca-Cola e da Microsoft sugere que seus líderes, o já falecido Robert Goizueta e Bill Gates, respectivamente, foram líderes estratégicos.[4]

RESULTADO DA APRENDIZAGEM 2

As primeiras teorias dos traços

Os primeiros estudos sobre liderança tentavam identificar quais atributos físicos, características da personalidade e habilidades distinguiam líderes de outros membros de um grupo.[5] Os atributos físicos considerados eram a altura, o peso, o físico, a energia, a saúde, a aparência e até a idade. Embora essa linha de pesquisa tenha rendido alguns resultados interessantes, surgiram poucas generalizações válidas. Assim, as evidências são insuficientes para concluir que os líderes se diferenciam por meio de atributos físicos.

As características da personalidade de líderes incluem originalidade, adaptabilidade, introversão ou extroversão, domínio, autoconfiança, integridade, convicção, otimismo e controle emocional. Existem algumas evidências de que líderes podem ser mais adaptáveis e confiantes do que um membro regular de um grupo.

Com relação às competências do líder, foi dada mais atenção para construtos como habilidade social, inteligência, conhecimento, fluência oral, cooperação e *insight*. Nessa área, há evidências de que líderes são mais inteligentes, verbais, cooperativos e possuem um nível mais alto de escolaridade do que o membro regular do grupo.

No entanto, esses resultados não são consistentes nem uniformes. Para cada atributo ou traço apresentado para distinguir líderes de subordinados, havia sempre no mínimo um ou dois estudos com resultados contraditórios. Para alguns, as teorias dos traços são inválidas, embora interessantes e intuitivas, de certa forma. Essas teorias não tiveram muito êxito em identificar atributos de distinção universal de líderes.

líder
Indivíduo que defende as mudanças e as novas abordagens para os problemas.

gestor
Indivíduo que defende a estabilidade e o *status* inalterado.

RESULTADO DA APRENDIZAGEM 3

Teorias comportamentais

As teorias comportamentais surgiram como resposta para as deficiências das teorias dos traços. As teorias dos traços diziam apenas como os líderes eram, e não como se comportavam. Três estudos construíram as bases de muitas teorias de liderança moderna: os estudos de Lewin, Lippitt e White; os estudos de Ohio; e os estudos de Michigan.

Fundamentos da pesquisa comportamental

As primeiras pesquisas sobre estilos de lideranças, conduzidas por Kurt Lewin e seus alunos, identificaram três estilos básicos: autocrático, democrático e liberal.[6] Cada líder utiliza um desses estilos ao abordar um grupo de seguidores em uma situação de liderança. A situação em si não é uma consideração importante, pois o estilo do líder não varia com a situação. O líder com **estilo autocrático** utiliza força, ações diretivas para controlar as regras, regulamentações, atividades e relacionamentos no ambiente de trabalho. Os subordinados têm pouca influência sobre a natureza do trabalho, sua realização ou aspectos relacionados ao ambiente. O líder com **estilo democrático** usa a interação com os subordinados e o senso de colaboração deles para direcionar o trabalho e o ambiente. Os subordinados possuem alto grau de influência arbitrária, embora o líder tenha a autoridade e responsabilidade suprema. O líder com **estilo liberal** utiliza a abordagem de "lavar as mãos". Um líder liberal abdica a autoridade e a responsabilidade da posição, esse estilo geralmente resulta em caos. A liderança liberal também causa ambiguidade de papéis nos subordinados por causa da falha do líder em definir metas, responsabilidades e resultados de maneira clara. Isso leva a mais conflitos interpessoais no trabalho.[7]

O programa de pesquisa de liderança desenvolvido na Universidade do Estado de Ohio também avaliou comportamentos específicos de líderes. Os resultados iniciais sugeriram que havia duas importantes dimensões subjacentes de comportamentos de líderes — estrutura de iniciação e consideração.[8]

Estrutura de iniciação é o comportamento do líder com o objetivo de definir e organizar as relações e papéis de trabalho, bem como estabelecer padrões claros de organização, comunicação e formas de realizar tarefas. **Consideração** é o comportamento do líder focado no estímulo de relações de trabalho amigáveis e acolhedoras, bem como no incentivo à confiança e ao respeito interpessoal no ambiente de trabalho. Esses dois comportamentos são independentes um do outro, ou seja, um líder pode ser forte em ambos, ou fraco em ambos, ou forte em um e fraco em outro.[9]

Por fim, estudos conduzidos na Universidade de Michigan sugerem que o estilo do líder tem importantes implicações para a atmosfera emocional do ambiente de trabalho e, consequentemente, para os subordinados. Dois estilos de liderança foram identificados: orientado ao funcionário e orientado à produção.[10]

O estilo orientado à produção leva a um ambiente de trabalho no qual o foco é a realização de tarefas. Nesse caso, o líder utiliza supervisão próxima, direta e muitas regras e regulamentações escritas ou não escritas para controlar o comportamento.

Já o estilo de liderança orientado ao funcionário conduz a um ambiente de trabalho no qual o foco são as relações. O líder demonstra menos supervisão próxima e direta e estabelece menos regras e regulamentações para os comportamentos, tanto escritas como não escritas. Os líderes orientados a funcionários demonstram preocupação com pessoas e suas necessidades. Juntos, esses três grupos de estudos (de Lewin, Lippitt e White; de Ohio, e de Michigan) formam os blocos que constituem muitas das teorias de liderança recentes. O que os estudos têm em comum é que os dois estilos básicos de liderança foram identificados, um deles com foco nas tarefas (autocrático, orientado à produção, estrutura de iniciação) e outro com foco nas pessoas (democrático, orientado ao funcionário, consideração).

A grade de liderança: uma extensão contemporânea

A **grade de liderança** de Robert Blake e Jane Mouton, originalmente chamada de grade gerencial, foi

---

estilo autocrático
Estilo de liderança em que o líder utiliza força e ações diretivas para controlar regras, regulamentações, atividades e relacionamentos no ambiente de trabalho.

estilo democrático
Estilo de liderança em que o líder usa a interação com os subordinados, bem como o senso de colaboração deles, para direcionar o trabalho e o ambiente.

estilo liberal
Estilo de liderança em que o líder adota uma abordagem de "passar a bola".

estrutura de iniciação
Comportamento do líder que objetiva definir e organizar as relações e papéis no trabalho, bem como estabelecer padrões claros de organização, comunicação e formas de realizar tarefas.

consideração
Comportamento do líder focado no estímulo de relações de trabalho amigáveis e acolhedoras, bem como na confiança e no respeito interpessoal.

grade de liderança
Abordagem para compreensão das preocupações de um líder ou gestor em relação a resultados (produção) e pessoas.

desenvolvida com foco nas atitudes.[11] As duas dimensões subjacentes da grade são chamadas de foco em resultados e foco em pessoas. Essas duas dimensões são independentes e com diferentes combinações formam diversos estilos de liderança. Originalmente, Blake e Mouton identificaram cinco estilos gerenciais distintos e o desenvolvimento adicional da grade levou a sete estilos de liderança distintos (Figura 12.1).

O **gestor (5,5)** é um líder que fica no meio-termo, tem interesse médio em relação às pessoas e produção. Esse líder tenta equilibrar ambos os interesses sem se comprometer com nenhum.

O **gestor autoridade (9,1)** interessa-se muito com a produção e pouco com as pessoas. Esse líder deseja ter o controle estrito para que a realização de tarefas seja eficaz e considera a criatividade e as relações humanas desnecessárias. Ele pode se tornar tão focado na administração de uma organização eficiente a ponto de se valer de táticas como o *bullying*. Alguns podem intimidar, atacar verbal e moralmente ou, então, destratar subordinados. Essa forma de abuso é bastante comum: um em cada seis trabalhadores americanos reportam que já foram vítimas de *bullying* por parte de um superior.[12] Em contraposição, temos o **gestor de clube (1,9)**, muito interessado nas pessoas e pouco com a produção; tenta evitar conflitos e busca ser bem quisto. O objetivo desse líder é manter as pessoas felizes por meio de boas relações interpessoais, que para ele são mais importantes do que a tarefa. (Esse estilo não é uma abordagem de relações humanas sadias, mas sim uma abordagem mais branda da teoria X.)

O **gestor equipe (9,9)** constrói uma equipe altamente produtiva de pessoas comprometidas. Esse líder trabalha para motivar os funcionários a alcançar seus mais altos níveis de realizações, é flexível, sensível a mudanças e entende que elas são necessárias. O **gestor empobrecido (1,1)** se esforça apenas o suficiente. Tem pouco interesse em pessoas e produtividade, evita tomar partido e se esquiva de conflitos; geralmente é chamado de líder liberal. Dois novos estilos de liderança foram acrescentados a esses cinco estilos origi-

nais. O **gestor paternalista (9+9)** promete recompensa pelo cumprimento de uma tarefa e ameaça com punição pelo não cumprimento. O **gestor oportunista** utiliza qualquer estilo para maximizar seu ganho pessoal.

É importante destacar que a grade avalia o gerente equipe (9,9) como o melhor estilo de comportamento gerencial. Essa é a base segundo a qual a grade foi utilizada para a formação de equipes e para treinamentos de liderança no desenvolvimento de uma organização. Assim como o método de desenvolvimento organizacional, o foco da grade é transformar o líder da organização de modo que ele lidere da melhor forma, que, de acordo com a grade, é a abordagem em equipe. O estilo de equipe combina o interesse ideal nas pessoas com o interesse ideal em resultados.

Use a seção "E você?", nos Cartões de Revisão, disponíveis on-line e acesse os estilos de supervisão orientada a tarefas X supervisão orientada às pessoas.

BASICAMENTE A MESMA IDEIA COM MANIFESTAÇÕES BEM DIFERENTES	
Estado de Ohio	**Blake-Mouton**
descritivo	normativo
não avaliativo	prescritivo
sem orientação a atitudes	atitudes excedentes

RESULTADO DA APRENDIZAGEM 4

Teorias de Contingência

As teorias de contingência envolvem a convicção de que o estilo de liderança deve ser apropriado ao tipo de situação. Por natureza, as teorias de contingência são do tipo "se – então": se a situação for x, então, o comportamento de liderança adequado será y. Examinaremos quatro dessas teorias, incluindo a teoria de contingência de Fiedler, teoria trajetória-meta, teoria de decisão normativa e teoria de liderança situacional.

Teoria de contingência de Fiedler

A teoria de liderança contingencial de Fiedler propõe que a adaptação entre a estrutura de necessidade do líder e o favorecimento da situação do líder determina a eficácia da equipe na realização de um trabalho. Essa teoria assume que líderes são orientados por tarefa ou por relacionamento, dependendo de como obtêm a satisfação de suas necessidades básicas.[13] Os líderes orientados por tarefas são gratificados realizando tarefas

---

gestor (5,5)
Líder meio-termo.

gestor autoridade (9,1)
Líder que enfatiza a produção eficiente.

gestor de clube (1,9)
Gerente muito preocupado com pessoas e pouco com a produção; tenta evitar conflitos e tenta ser bem quisto.

gestor equipe (9,9)
Líder que constrói uma equipe altamente produtiva de pessoas comprometidas.

gestor empobrecido (1,1)
Líder que exerce apenas o esforço necessário para conseguir algo.

gestor paternalista (9+9)
Líder que promete recompensas e ameaça com punições.

gestor oportunista
Líder que usa qualquer estilo para maximizar seu próprio benefício.

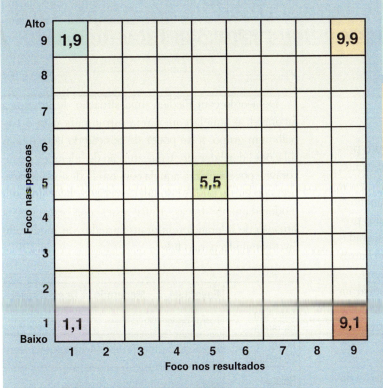

FIGURA 12.1 A grade de liderança

1,9 Gestão de clube
A considerável atenção à necessidade que as pessoas têm de relacionamentos satisfatórios leva a uma atmosfera organizacional amigável e confortável e dá ritmo ao trabalho.

9,9 Gestão de equipe
A realização do trabalho surge com pessoas comprometidas; a interdependência por meio do "apoio comum" ao propósito da organização leva a relacionamentos de confiança e respeito.

5,5 Gestão "meio-termo"
O desempenho organizacional adequado se dá pelo equilíbrio entre a necessidade de realizar o trabalho e manter o moral das pessoas em um nível satisfatório.

1,1 Gestão empobrecida
O emprego de esforço mínimo para que o trabalho seja realizado é apropriado para sustentar a filiação organizacional.

9,1 Gestão autoridade
A eficiência nas operações resulta da adaptação das condições de trabalho de tal maneira que os elementos humanos interfiram o mínimo.

Gestão oportunista
A pessoa se adapta e muda para qualquer estilo da grade a fim de conquistar o máximo de vantagem. O desempenho fica submetido ao sistema de ganho egoísta. O esforço ocorre apenas pela vantagem de obter ganho pessoal.

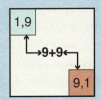

9+9 Gestão paternalista
Recompensa e aprovação são outorgadas às pessoas em troca de lealdade e obediência; o fracasso ao seguir as normas leva à punição.

Fonte: The Leadership Grid® figure, Paternalism Figure and Opportunism from Leadership Dilemmas – Grid Solutions, por Robert R. Blake e Anne Adams McCanse (Formerly the Managerial Grid, de Robert R. Blake e Jane S. Mouton). Houston: Gulf Publishing Company (Grid Figure: p. 29; Paternalism Figure: p. 30; Opportunism Figure: p. 31). Copyright 1991 de Blake e Mouton; Scientific Methods, Inc. Reprodução autorizada pelos autores.

e concluindo trabalhos. Os líderes orientados por relacionamento são recompensados desenvolvendo relações interpessoais boas e confortáveis. Dessa forma, a eficácia de ambos os tipos de líderes depende do favorecimento da situação. A teoria classifica o favorecimento da situação do líder de acordo com o seu poder, com a estrutura da tarefa da equipe e com a qualidade das relações líder-subordinado.

O colaborador menos preferido Fiedler classifica os líderes usando a Escala do Colaborador Menos Preferido (CMP).[14] A escala CMP é uma técnica projetiva por meio da qual se pede para um líder pensar sobre a única pessoa com quem ele não gostaria de trabalhar (o **colaborador menos preferido**, ou **CMP**). Pede-se ao líder para que descreva esse colaborador usando 16 conjuntos de oito pontos de adjetivos bipolares. Seguem dois desses adjetivos (o líder marca o lugar mais descritivo sobre o colaborador menos preferido):

colaborador menos preferido (CMP)
A única pessoa com quem o líder tem menos preferência para trabalhar.

CAPÍTULO 12 Liderança e subordinação **201**

> *Uma situação de liderança favorável é aquela com uma tarefa estruturada para o trabalho em grupo, forte poder de posição do líder e boas relações líder-liderado.*

Eficiente : : : : : : : : : : : Ineficiente
Alegre : : : : : : : : : : : : Triste

Líderes que descrevem seu colaborador menos preferido de forma positiva (ou seja, agradável, eficiente, alegre, e assim por diante) são classificados como altos CMP, ou líderes orientados por relacionamentos. Aqueles que descrevem seus colaboradores menos preferidos por meio de termos negativos (como desagradável, ineficiente, triste etc.) são classificados como baixos CMP, ou líderes orientados por tarefas.

A pontuação CMP é um elemento controverso na teoria de contingência.[15] Tem sido criticada conceitual e metodologicamente por ser uma técnica projetiva cuja confiabilidade de medição é baixa.

Favorecimento situacional A situação do líder tem três dimensões: estrutura da tarefa, poder de posição e relações líder-liderado. Com base nessas três dimensões, a situação é favorável ou desfavorável para o líder. **Estrutura da tarefa** refere-se ao grau de clareza ou ambiguidade nas atividades atribuídas ao grupo. **Poder de posição** refere-se à autoridade associada com a posição formal do líder na organização.

A **relação líder-liderado**, a qualidade do relacionamento interpessoal entre um líder e os membros do grupo, é medida pela escala grupo-atmosfera, composta de nove conjuntos de oito pontos de adjetivos bipolares. Dois desses conjuntos são:

Amigável : : : : : : : : : : : Hostil
Aceito : : : : : : : : : : : : Não aceito

estrutura da tarefa
Grau de clareza, ou ambiguidade, nas atividades de trabalho atribuídas ao grupo.

poder de posição
Autoridade associada com a posição formal do líder na organização.

relações líder-liderado
Qualidade das relações interpessoais entre um líder e os membros do grupo.

De acordo com Fiedler, uma situação de liderança favorável é aquela com tarefa estruturada para o trabalho em grupo, forte poder de posição do líder e boas relações líder-liderado. Uma situação de liderança desfavorável, por sua vez, é aquela com tarefa desestruturada, fraco poder de posição do líder e relações líder-liderado moderadamente fracas. Entre esses dois extremos, a situação de liderança tem graus variados de moderado favorecimento para o líder.

	Favorável	Moderado	Desfavorável
Estrutura da tarefa	Estruturada		Desestruturada
Poder de posição	Forte		Fraco
Relação líder-liderado	Boa		Fraca

Eficácia da liderança A teoria de contingência sugere que líderes com baixos e altos CMP são eficazes se colocados na situação correta.[16] Especificamente, líderes com baixo CMP (orientado por tarefa) são mais eficazes em situações muito favoráveis ou muito desfavoráveis. Por outro lado, líderes com alto CMP (orientado por relacionamento) são mais eficazes em situações de favorecimento intermediário. A Figura 12.2 mostra a natureza dessas relações e sugere que a eficácia da liderança é determinada por grau de adaptação entre o líder e a situação. Pesquisas recentes mostraram que líderes orientados por relacionamento incentivam o aprendizado e a inovação em equipe, o que ajuda os produtos a chegar aos mercados mais rapidamente. Isso significa que a maioria dos líderes orientados por relacionamento lidera bem equipes de desenvolvimento de novos produtos. Em suma, o líder de equipe certo pode ajudar na saída mais rápida de novos produtos, ao passo que a disparidade entre o líder e a situação pode ter efeito oposto.[17]

O que se deve fazer, então, em caso de disparidade? O que acontece quando um líder CMP baixo está em uma situação moderadamente favorável ou quando um líder CMP alto está em uma situação altamente favorável ou desfavorável? De acordo com a teoria, é improvável que o líder possa ser mudado, porque a estrutura de necessidade do

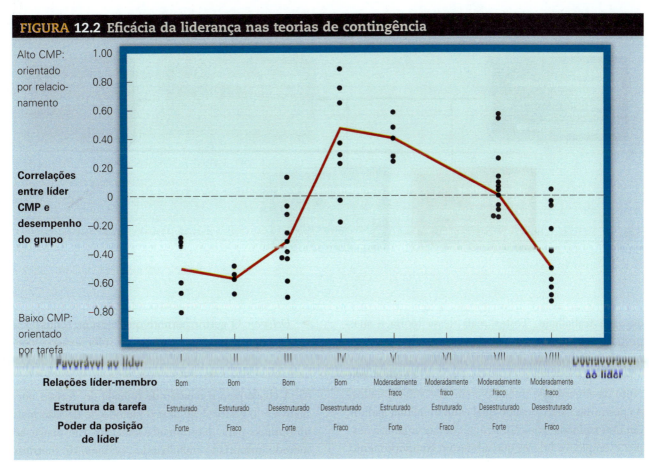

Fonte: F. E. Fiedler, *A Theory of Leader Effectiveness* (New York: McGraw-Hill, 1964). Reimpressão autorizada.

líder é um traço resistente difícil de mudar. Fiedler recomenda que a situação seja alterada para se adaptar ao estilo do líder.[18] Uma situação moderadamente favorável seria redefinida para mais favorável e mais apropriada para o líder CMP baixo. Uma situação altamente favorável ou desfavorável seria alterada para moderadamente favorável e mais apropriada para o líder CMP alto.

Teoria do caminho-meta

Robert House desenvolveu uma teoria de eficácia do líder chamada caminho-meta com base em uma teoria de expectativa de motivação.[19] Da perspectiva da teoria caminho-meta, o papel básico do líder é clarear a trajetória do subordinado com relação ao objetivo. O líder usa o mais apropriado dos quatro estilos de comportamento para ajudar os subordinados a tornar claros os caminhos que os levam aos objetivos pessoais e de trabalho. Os principais conceitos da teoria estão na Figura 12.2.

O líder escolhe, dentre os quatro estilos de comportamento mostrados na Figura 12.3, o que é mais útil para os subordinados em determinado momento. O estilo diretivo é usado quando o líder precisa dar uma diretriz específica sobre as tarefas, sobre o expediente, e faz os subordinados tomarem conhecimento do que é esperado. O estilo de apoio é usado quando o líder precisa expressar preocupação com o bem-estar e com a posição social do subordinado. O estilo participativo é usado quando o líder tem de se engajar em atividades de tomada de decisão conjunta com os subordinados. O estilo orientado por conquistas é usado quando o líder precisa estabelecer metas desafiadoras para os subordinados e mostrar muita confiança neles.

Ao selecionar o estilo de liderança apropriado, o líder deve considerar tanto os subordinados como o ambiente de trabalho. Algumas características estão na Figura 12.3. Vamos considerar dois cenários. No cenário 1, os subordinados são inexperientes e trabalham com tarefas não estruturadas e ambíguas. O líder, nessa situação, deve fazer melhor uso de um estilo diretivo. No cenário 2, os subordinados são profissionais altamente treinados; a tarefa é difícil, porém alcançável. O líder, nessa situação, deve fazer o melhor uso de um estilo orientado a conquistas. O líder sempre escolhe o estilo de comportamento que ajuda os subordinados a atingirem seus objetivos.

A teoria caminho-meta assume que líderes adaptam seus comportamentos e estilos para se encaixarem nas características dos subordinados e no ambiente

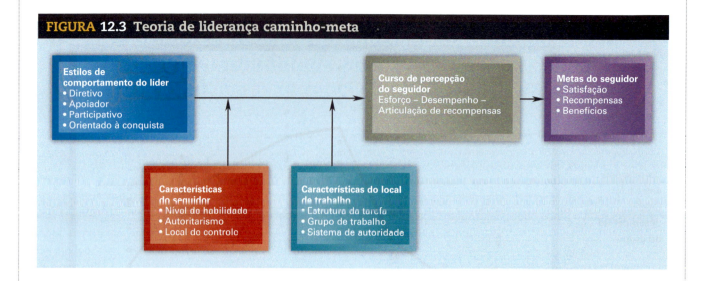

FIGURA 12.3 Teoria de liderança caminho-meta

em que trabalham. Testes reais dessa teoria e suas proposições apresentam evidências conflitantes.[20] A teoria caminho-meta possui apelo intuitivo e reforça a ideia de que o estilo de liderança apropriado depende tanto da situação de trabalho como dos subordinados. As pesquisas estão focando qual estilo funciona melhor em determinada situação. Em pequenas organizações, por exemplo, os líderes que adotavam comportamento visionário, transacional e de capacitação, enquanto evitavam comportamentos autocráticos, eram mais bem-sucedidos.[21]

Modelo de decisão normativa Vroom-Yetton-Jago

Victor Vroom, Phillip Yetton e Arthur Jago desenvolveram e aperfeiçoaram o modelo de decisão normativa, que ajuda líderes e gestores a determinar o nível apropriado da participação do funcionário na tomada de decisão. O modelo reconhece os benefícios dos estilos de liderança autoritário, democrático e consultivo.[22] Cinco formas de tomada de decisão são descritas no modelo:

> *Decidir.* O gestor toma decisões sozinho, então, anuncia ou "vende" essa decisão ao grupo.
> *Consultar individualmente.* O gestor apresenta o problema aos membros do grupo individualmente, reúne as contribuições e, então, toma a decisão.
> *Consultar o grupo.* O gestor apresenta o problema aos membros do grupo em uma reunião, reúne as contribuições e, então, toma a decisão.
> *Facilitar.* O gestor apresenta o problema ao grupo em uma reunião e age como um facilitador, definindo o problema e fronteiras que cercam a decisão. As ideias do gestor não são consideradas mais relevantes do que as ideias de qualquer outro membro do grupo. O objetivo é chegar a um consenso.

> *Delegar.* O gestor permite que o grupo tome decisões dentro dos limites prescritos, oferecendo recursos e incentivos necessários.[23]

A chave para o modelo de tomada de decisão normativa é: o gestor deve usar o método de decisão mais apropriado para determinada situação. Ele chega ao método apropriado trabalhando por meio de métricas como mostra a Figura 12.4. Os fatores da parte de cima do modelo (importância da decisão, comprometimento, conhecimento do líder, e assim por diante) são os fatores situacionais no modelo de decisão normativa. Essa matriz é para decisões que devem ser tomadas sob pressão de tempo, mas há outras matrizes disponíveis. Há uma matriz diferente que os gestores podem usar quando o objetivo é desenvolver competências de tomada de decisão dos subordinados. Embora o modelo ofereça previsões muito explícitas assim como prescrições para líderes, sua utilidade limita-se às tarefas de tomada de decisão do líder.

Modelo de liderança® situacional

O modelo de liderança situacional, desenvolvido por Paul Hersey e Kenneth Blanchard, sugere que o comportamento do líder deve ser ajustado ao nível de maturidade dos subordinados.[24] O modelo aplica duas dimensões do comportamento do líder como usadas nos estudos de Ohio; uma dimensão é orientada à tarefa, a outra, orientada ao relacionamento. A maturidade do subordinado é categorizada em quatro níveis. A prontidão do subordinado é determinada por sua habilidade e disposição em realizar uma tarefa específica. Dependendo da tarefa, a prontidão pode ser alta ou baixa. Além disso, a prontidão varia em relação à própria pessoa, de acordo com a tarefa. Uma pessoa pode

FIGURA 12.4 Modelo dirigido por tempo

MODELO DIRIGIDO POR TEMPO →

Instruções: a matriz opera como um funil. Deve-se começar pelo lado esquerdo com um problema de decisão específico em mente. O título da coluna denota fatores situacionais que poderão ou não se apresentar no problema. Deve-se prosseguir selecionando Alto ou Baixo (A ou B) para cada fator situacional relevante. Prossiga no sentido descendente do funil, julgando apenas os fatores situacionais que são necessários julgamentos, até atingir o processo recomendado.

	Importância da decisão	Importância do comprometimento	Conhecimento do líder	Probabilidade de comprometimento	Apoio do grupo	Conhecimento do grupo	Competência da equipe	
APRESENTAÇÃO DO PROBLEMA	A	A	A	A				Decida
	A	A	A	B	A	A	A	Delegue
	A	A	A	B	A	A	B	Consulte (o grupo)
	A	A	A	B	A	B	–	Consulte (o grupo)
	A	A	A	B	B	–	–	Consulte (o grupo)
	A	A	B	A	A	A	A	Facilite
	A	A	B	A	A	A	B	Consulte (individualmente)
	A	A	B	A	A	B	–	Consulte (individualmente)
	A	A	B	A	B	–	–	Consulte (individualmente)
	A	A	B	B	A	A	A	Facilite
	A	A	B	B	A	A	B	Consulte (o grupo)
	A	A	B	B	A	B	–	Consulte (o grupo)
	A	A	B	B	B	–	–	Consulte (o grupo)
	A	B	A	–	–	–	–	Decida
	A	B	B	–	A	A	A	Facilite
	A	B	B	–	A	A	B	Consulte (individualmente)
	A	B	B	–	A	B	–	Consulte (individualmente)
	A	B	B	–	B	–	–	Consulte (individualmente)
	B	A		A	–	–	–	Decida
	B	A		B			A	Delegue
	B	A		B			B	Facilite
	B	B					–	Decida

Fonte: Reimpresso de *Organizational Dynamics*, 28, de V. H. Vroom, "Leadership and the Decision-Making Process", 82-94 (Primavera de 2000), com permissão da Elsevier.

OS 4 ESTILOS DE HERSEY E BLANCHARD

>> Diretivo (S1)
Persuasivo (S2)
Participativo (S3)
Delegador (S4)

estar disposta a satisfazer as solicitações de clientes (alta prontidão) e ser capaz de fazê-lo, mas pode ter menos capacidade e disposição para lhes oferecer auxílio técnico (baixa prontidão). É importante que o líder seja capaz de avaliar o nível de prontidão de cada subordinado em cada tarefa. Os quatro estilos do comportamento de liderança associados com os quatro níveis de prontidão estão ilustrados na figura citada.

De acordo com o modelo de liderança situacional, o líder deve usar o estilo diretivo (S1) quando o subordinado é incapaz de realizar determinada tarefa ou está relutante em fazê-lo. Esse estilo envolve fornecer instruções e monitorar o desempenho de perto. Dessa forma, o estilo expositivo envolve um considerável comportamento de tarefa e um baixo comportamento de relacionamento. Quando um subordinado é incapaz, mas disposto e confiante para realizar uma tarefa, o líder pode usar o estilo persuasivo (S2) em que há um alto comportamento de tarefa e alto comportamento de relacionamento. Nesse caso, o líder explica as decisões e oferece a oportunidade para o funcionário buscar esclarecimentos ou auxílio. Algumas vezes, o subordinado pode realizar uma tarefa, mas se mostra relutante ou inseguro para realizá-la. Nesses casos, justifica-se o estilo participativo (S3), que envolve alto relacionamento, mas baixo comportamento de tarefa. O líder incentiva o subordinado a participar de tomadas de decisão. Por fim, para tarefas em que o subordinado é capaz e está disposto, o líder pode usar um estilo delegador (S4), caracterizado por baixo comportamento de tarefa e baixo comportamento de relacionamento. Nesse caso, a prontidão do subordinado é alta e são necessários níveis baixos de envolvimento do líder (tarefa ou relacionamento).

Uma limitação importante do modelo de liderança situacional é a falta de hipóteses centrais que poderiam ser testadas, o que faria a teoria ser mais válida e confiável.[25] No entanto, a teoria possui em apelo intuitivo e é amplamente utilizada no treinamento e desenvolvimento nas organizações. Além disso, a teoria foca na maturidade do subordinado como um importante determinante no processo de liderança.

RESULTADO DA APRENDIZAGEM 5

Teorias de liderança recentes

Muitas abordagens novas das teorias de liderança merecem ser discutidas aqui.

Troca entre líder-membro

A teoria de troca entre líder-membro, ou LMX, reconhece que os líderes podem estabelecer diferentes relações com os subordinados. A ideia básica por trás da LMX é que os líderes formam dois grupos de subordinados: *in-group* e *out-group*. Os membros *in-group* tendem a ser parecidos com o líder e recebem mais responsabilidades, mais recompensas e mais atenção. Eles trabalham dentro do círculo de comunicação interna do líder. Como resultado, são mais satisfeitos, apresentam menos rotatividade e possuem maior comprometimento organizacional. Já os membros *out-group* estão fora do círculo e recebem menos atenção e recompensas. Eles são administrados por políticas e regras formais.[26]

Pesquisas sobre LMX servem de apoio. Membros *in-group* são mais propensos a se engajarem em comportamento de cidadania organizacional, ao passo que os membros *out-group* são mais propensos a se posicionar contra a organização.[27] E, ainda, o tipo de estresse varia em relação ao grupo ao qual o subordinado pertence. O estresse de membros *in-group* advém de responsabilidades adicionais impostas pelo líder; o estresse dos membros *out-group* advém do fato de terem sido excluídos das redes de comunicação.[28] Um resultado surpreendente é que comunicação mais frequente com

> **Membros fora do grupo estão fora do círculo e recebem menos atenção e menos recompensas.**

> "O lado negro do carisma foi revelado nas motivações do poder personalizado de Adolf Hitler na Alemanha nazista.

o chefe pode ajudar ou prejudicar as taxas de desempenho de um funcionário, dependendo se o funcionário é um membro *in-group* ou *out-group*. Entre os *in-group*, a comunicação mais frequente geralmente leva a uma taxa de desempenho melhor; já os membros *out-group* que se comunicam mais frequentemente com a chefia tendem a receber avaliações de desempenho menos satisfatórias.[29]

Os funcionários que apreciam o contato frequente com o chefe também possuem uma melhor compreensão sobre quais são as expectativas dele. Tal acordo tende a levar a um melhor desempenho por parte dos funcionários e menos mal-entendidos entre chefe e funcionário.[30] Membros *in-group* também são mais propensos em apoiar os valores da organização e se tornam modelos de comportamento apropriado. Se o líder, por exemplo, quiser promover segurança no trabalho, os membros *in-group* devem esboçar práticas de trabalho seguras, o que leva a um clima de segurança no ambiente organizacional.[31]

Liderança inspiradora

A liderança é uma interessante área do comportamento organizacional e objeto de constantes pesquisas. Três novos conceitos são importantes de entender. São eles: liderança transformacional, liderança carismática e liderança autêntica. Essas três teorias podem ser chamadas de *teorias de liderança inspiradoras*, pois, em cada uma, os subordinados são inspirados pelo líder a fazer um bom trabalho.

Liderança transformacional

Os líderes transacionais são aqueles que usam recompensas e punições para fazer acordos com subordinados ou modelar seus comportamentos. Em contrapartida, líderes transformacionais inspiram e estimulam os seguidores a altos níveis de desempenho.[32] Eles contam com os próprios atributos pessoais em vez de seus cargos para administrar os seguidores. Existem evidências de que a liderança transformacional pode ser aprendida.[33] Esse tipo de liderança consiste em quatro subdivisões: carisma, consideração individualizada, motivação inspiradora e estímulo intelectual. Descreveremos carisma com mais detalhes a seguir. A consideração individualizada refere-se à quantidade de atenção que o líder demonstra para com as necessidades individuais de cada subordinado e age como um treinador ou mentor. A motivação inspiradora é a medida em que o líder é capaz de articular uma visão que surta efeito sobre os seguidores.[34]

A liderança transformacional foi apresentada para aumentar o desempenho da empresa. Empresas norte-americanas cada vez mais operam em uma economia global, por isso há uma demanda maior por líderes que conseguem praticar a liderança transformacional convertendo suas visões em realidade e inspirando seguidores a realizar as tarefas "acima e além do sentido do dever".[35] Howard Schultz, fundador e presidente da Starbucks Coffee, é o líder transformacional e o coração visionário da empresa. Ele desenvolveu sua organização de um pequeno bar cuja especialidade era café e transformou-o em uma das marcas mais conhecidas do mundo. No entanto, a enfraquecida economia global pode ser um desafio às habilidades de Schultz em continuar a desenvolver os novos líderes que ajudaram a empresa a crescer tão rapidamente no passado.[36]

Os líderes podem ser tanto transformacionais como transacionais.[37] A liderança transformacional acrescenta aos efeitos da liderança transacional, mas uma excelente liderança transacional não substitui a liderança transformacional.[38] Esta é eficaz porque líderes transformacionais incentivam os subordinados a estabelecer metas congruentes com seus próprios valores e interesses. Como resultado, os seguidores veem seu trabalho como importante e suas metas alinhadas com quem eles são.[39]

liderança carismática
Uso das habilidades e dos talentos pessoais de um líder para ter efeitos profundos e relevantes sobre os subordinados.

Howard Schultz

Liderança carismática Steve Jobs, o pioneiro por trás da Apple, tinha uma inexplicável habilidade de criar visões e convencer pessoas a se tornar parte delas. Isso foi evidenciado pelo sucesso contínuo da Apple, apesar dos graves erros que cometeu na guerra dos *desktops*. A habilidade única de Jobs era tão poderosa que os funcionários da empresa cunharam um termo para ela nos anos 1980 – *campo de distorção da realidade*. Essa expressão é usada para descrever a habilidade persuasiva e o carisma peculiar do gestor como Steve Jobs. Esse campo de distorção da realidade permitia que Jobs convencesse até mesmo os mais céticos que seus planos eram dignos de apoio, não importa o quão inviável eles pudessem ser. Aqueles que são mais próximos a esse tipo de gestor tornam-se fervorosamente comprometidos com projetos muitas vezes insanos sem considerar a praticidade da implementação ou a concorrência.[40]

A **liderança carismática** ocorre quando um líder usa a força de habilidades e talentos pessoais para produzir efeitos profundos e notáveis sobre os seguidores.[41] Alguns estudiosos veem a liderança transformacional e a liderança carismática de forma muito parecida; outros acreditam que elas são diferentes. Os líderes carismáticos contam com o poder de referência, discutido no Capítulo 11, e a liderança carismática é especialmente eficaz em tempos de incerteza.[42] A liderança carismática cai sobre aqueles que são escolhidos (que nascem com o dom do "carisma") ou que cultivam esse dom. Alguns dizem que líderes carismáticos nascem assim; outros dizem que eles aprendem a sê-lo.

A liderança carismática não apenas carrega consigo um grande potencial para altos níveis de conquistas e desempenho por parte dos subordinados, mas também acoberta os riscos do curso de ações destrutivas que poderiam prejudicar os subordinados ou outras pessoas. Diversos pesquisadores tentaram desmistificar a liderança carismática e diferenciaram seus dois lados[43]. O lado negro do carisma foi revelado nas motivações personalizadas de poder de Adolf Hitler na Alemanha nazista e de David Koresh, da seita Ramo Davidiano, em Waco, Texas. Os dois conduziram seus seguidores para brigas, conflitos e mortes. O lado brilhante do carisma foi revelado nas motivações socializadas de poder do presidente americano Franklin D. Roosevelt. Os ex-presidentes Bill Clinton e Ronald Reagan, embora totalmente diferentes no que se refere a convicções políticas, eram, na realidade, muito parecidos no uso do carisma pessoal para inspirar seguidores e motivá-los a buscar a visão do líder. Em cada caso, os seguidores percebiam que o líder estava imbuído de uma visão única para os Estados Unidos e de habilidades únicas para conduzir o país.

Liderança autêntica Recentemente, uma nova forma de liderança começou a ganhar mais atenção graças aos escândalos que abalaram o ambiente dos negócios. Em resposta às preocupações com o potencial lado negativo de formas inspiradoras de liderança, pesquisadores buscaram a liderança autêntica.[44] Esse tipo de liderança inclui lideranças transformacionais, carismáticas ou transacionais como demanda a situação. Entretanto, a liderança autêntica se difere dos outros tipos de liderança na medida em que os líderes autênticos têm um senso de valores consciente e bem desenvolvido. Eles agem de forma condizente com seus sistemas de valores, por isso possuem um senso bem desenvolvido do que é certo e errado. Suas experiências de vida (chamados de "momentos importantes") levam ao desenvolvimento da liderança autêntica e permitem que os líderes sejam eles mesmos.[45]

Os líderes autênticos despertam e motivam seguidores para níveis de desempenho mais altos construindo um grupo de trabalho caracterizado por elevados níveis de esperança, otimismo, resiliência e autoeficácia.[46] Os seguidores também experimentam mais emoções positivas e confiança na liderança, conforme o líder cria um ambiente de transparência e atenção. Pesquisadores

---

QUEM É QUEM

>> As pessoas que trabalharam com Ken Chenault, CEO da American Express, sabem que fariam qualquer coisa por ele e o admiram imensamente. Ele é conhecido por conversar com executivos e secretárias da mesma forma e é visto como alguém livre das armadilhas do poder

---

Jogo rápido

Carisma é uma palavra grega que significa "dom". Os dons únicos e poderosos de um líder carismático são a fonte de sua influência sobre seus seguidores. Na realidade, os seguidores veem o líder carismático como alguém que possui qualidades sobre-humanas ou até místicas.

Fontes: J. A. Conger e R. N. Kanungo, "Toward a Behavioral Theory of Charismatic Leadership in Organizational Settings", *Academy of Management Review* 12 (1987): 637-647, A. R. Willner, *The Spellbinders: Charismatic Political Leadership* (New Haven, Conn.: Yale University Press, 1984).

afirmam que esse é tipo de liderança incorporado por Gandhi, Nelson Mandela e outros como eles. Apenas o tempo e sólidas pesquisas na área da administração dirão se essa abordagem pode render resultados para a liderança organizacional.

Um avanço recente na identificação de líderes autênticos foi observado na área das emoções. As emoções agem como restrições para o lado negativo do carisma e oferecem certos sinais aos seguidores. Um líder que defende a benevolência (como um valor) e não demonstra compaixão (uma emoção) pode não ser muito autêntico na visão dos seguidores.[47] Da mesma forma, um líder que demonstra compaixão ao anunciar um dia de folga pode ser visto pelos subordinados como mais digno e tido em alta consideração.[48]

Apesar das emoções acolhedoras que os líderes carismáticos podem despertar, alguns são narcisistas, escutam apenas aqueles que concordam com eles e não aceitam conselhos daqueles que discordam.[49] Ao passo que os líderes carismáticos com motivação por poder socializado estão preocupados com o bem-estar coletivo de seus seguidores, os líderes carismáticos com motivação por poder personalizado são levados pela necessidade do ganho e da glorificação pessoal.[50]

Os estilos de liderança carismática estão associados com vários resultados positivos. Um estudo reportou que as empresas chefiadas por líderes carismáticos superaram outras empresas, especialmente em tempos de dificuldade econômica. Talvez até mais importante, os líderes carismáticos eram capazes de gerar mais apoio financeiro para suas empresas do que líderes não carismáticos, o que nos leva a concluir que carisma no alto escalão pode reverter em um maior financiamento para o resto da empresa.[51]

RESULTADO DA APRENDIZAGEM 6

Questões emergentes na liderança

Juntamente com os recentes avanços teóricos, surgiram algumas questões surpreendentes às quais os líderes devem dar atenção. Isso inclui inteligência emocional, confiança, liderança feminina e liderança servidora.

Inteligência emocional

Foi sugerido que líderes eficazes possuem inteligência emocional, que é a habilidade de reconhecer e gerenciar as próprias emoções e as dos outros. Na realidade, alguns pesquisadores argumentam que inteligência emocional é mais importante para liderança eficaz do que QI ou habilidades técnicas.[52] A inteligência emocional é composta de várias competências, incluindo autoconscientização, empatia, adaptabilidade e autoconfiança. Ao passo que a maioria das pessoas adquire inteligência emocional quando a idade chega, nem todas começam com a mesma quantidade. Felizmente, a inteligência emocional pode ser aprendida. Com um *feedback* honesto de colegas de trabalho e diretrizes contínuas, quase todos os líderes podem melhorar sua inteligência emocional e, consequentemente, a habilidade de liderar em tempos de adversidade.[53]

A inteligência emocional afeta a maneira como os líderes tomam decisões. Sob alto nível de estresse, líderes com mais inteligência emocional tendem a manter a calma e a tomar decisões mais apropriadas, ao passo que líderes com baixa inteligência emocional tomam decisões mais frágeis e perdem sua eficácia.[54] Quando Joe Torre era dirigente do New York Yankess, obteve o máximo de sua equipe, trabalhou com um chefe notoriamente durão e manteve a calma. Atualmente, como dirigente do Los Angeles Dodgers, ele ainda é um modelo de inteligência emocional: compassivo, calmo em situações de estresse e um grande motivador.

[Ela é a original]

Quando Anne Mulcahy assumiu como presidente e CEO da Xerox, em 2000, a empresa estava atolada em dívidas (US$ 18 bilhões) e os conselheiros diziam que era necessário iniciar o processo de falência. Ela não tinha experiência em finanças, então, contatou alguns funcionários para orientá-la. Começou a andar com vendedores externos para entender melhor o negócio. Mulcahy temperou sua tenacidade com humildade e compreensão. Mais do que qualquer outra coisa, era conhecida por ser uma líder equilibrada, alguém que buscava várias opiniões e tomava as decisões com base no consenso. Ser vista como uma líder autêntica a ajudou comandar a Xerox de forma bem-sucedida até 2009, quando passou o bastão para sua colega de longa data e pupila Ursula Burns.

Fonte: B. George. "What Is Your True North?", Fortune (19 mar. 2007): 125-130; Forbes 100 Most Powerful Women, acessado em: http://www.forbes.com/lists/2009/11/power-women-09_Anne-Mulcahy_V16W.html.

Ele defende a "gestão contra o ciclo", o que significa ficar calmo quando as situações estão complicadas e levantar o ânimo dos jogadores quando as coisas estão indo bem.[55]

Confiança

Confiança é um elemento essencial na liderança. É a disposição de estar vulnerável às ações de outros.[56] Isso significa que os seguidores acreditam que seus líderes agirão pensando no bem-estar dos seus subordinados. A confiabilidade é também uma das competências da inteligência emocional. Entre os membros do alto escalão, a confiança facilita a implantação de estratégias. Isso significa que se os membros de uma equipe confiam uns nos outros, terão mais chance de conquistar seus funcionários.[57] E, se os funcionários confiarem em seus líderes, mostrarão comprometimento sem demora.

A todo momento, a confiança nos líderes de grandes empresas pode ficar em baixa em razão dos fracassos de muitos CEOs. Rick Wagoner, CEO da General Motors de 2000 a 2009, perdeu mais dinheiro do que qualquer outro CEO na história, porém ele continuou a expressar confiança em sua empresa e em sua estratégia. Ele foi dispensado pelo governo um pouco antes de a GM ir à falência.[58] Ed Zander, CEO da Motorola de 2004 a 2008, reorganizou os departamentos da empresa para competir uns com os outros como tribos hostis. Ele fracassou ao capitalizar o sucesso do telefone RAZR, da Motorola, e não prestou atenção na transição para os *smartphones*, fato que levou a Motorola a trilhar uma espiral descendente.[59]

Os líderes eficazes também entendem em *quem* confiar e *como* confiar. Em um extremo, os líderes geralmente confiam em um círculo restrito de assessores, ouvem apenas essas pessoas e, gradualmente, excluem opiniões divergentes. No extremo oposto, os líderes solitários não confiam em ninguém, o que pode levá-los a erros evitáveis. Os líderes sábios avaliam cuidadosamente a competência e a posição daqueles em que confiam, buscando uma variedade de opiniões e contribuições.[60]

Gênero e liderança

Uma importante e emergente questão sobre liderança é a seguinte: mulheres e homens lideram de forma diferente? Certos estereótipos resistem ao tempo, e pessoas caracterizam os gestores bem-sucedidos como tendo mais atributos orientados à masculinidade do que atributos relacionados à feminilidade.[61] Embora possam existir diferenças legítimas de gênero, os mesmos traços de liderança podem ser interpretados de forma diferente no caso de um homem e no caso de uma mulher por causa de estereótipos. A verdadeira questão deve ser o comportamento de líderes que não estão vinculados aos estereótipos de gênero.

Evidências anteriores mostram que as mulheres tendem a usar um estilo mais orientado à pessoa, mais inclusivo e capacitador. Os gestores do sexo feminino sobressaem em posições que exigem fortes competências interpessoais.[62] Embora mais e mais mulheres estejam assumindo posições de liderança dentro das organizações, curiosamente, muito do que sabemos sobre liderança é com base em estudos que foram conduzidos com homens. Precisamos saber mais sobre como as mulheres lideram.

Pesquisas recentes abordam o fenômeno do *penhasco de vidro* (como o oposto do *teto de vidro*, efeito discutido no Capítulo 2). O *penhasco de vidro* representa uma tendência dentro das organizações em que mais mulheres são colocadas em situações difíceis de liderança. As mulheres veem essas atribuições como necessárias em razão da dificuldade em conquistar posições de liderança e falta de oportunidades alternativas combinada com o favoritismo de grupos masculinos. Já os homens percebem que as mulheres são mais adequadas para posições complexas de liderança por causa da melhor tomada de decisão.[63]

Liderança servidora

Robert Greenleaf foi diretor de pesquisa de gerenciamento na AT&T por anos. Ele acreditava que os líderes deveriam servir os funcionários, os clientes e a comunidade e suas experiências tornaram-se a base para a abordagem que hoje conhecemos como *liderança servidora*. Sua filosofia pessoal e profissional era que os líderes conduzem para servir as demais pessoas. Outros princípios de liderança servidora são: o trabalho existe para as pessoas assim como as pessoas existem para o trabalho e os líderes servidores devem descobrir o desejo do grupo e liderar com base nisso. Os líderes servidores

QUEM É QUEM

>> Donna Dubinsky, cofundadora e diretora da Palm, é conhecida como mãe do computador de mão. O Palm Pre é um dos mais populares smartphones dos Estados Unidos.

também são gestores que consideram a liderança como uma forma de verdade e desejo de deixar a organização da melhor forma para as gerações futuras.[64] Embora os escritos de Greenleaf tenham sido concluídos 30 anos depois, muitos têm sido publicados e estão se tornando cada vez mais populares.

Supervisão abusiva

Algumas pesquisas têm investigado não apenas o que fazem os líderes eficazes, mas também os comportamentos negativos de liderança. Os mais comuns são assédio sexual, violência física, acessos de raiva, ridicularização pública, assumir o crédito pelo sucesso do funcionário e usar o funcionário como bode expiatório.[65] A supervisão abusiva, como esses comportamentos são chamados, afeta aproximadamente 13% dos trabalhadores norte-americanos e leva a muitas consequências negativas. Os funcionários que sofrem abuso reportam diminuição do bem-estar, juntamente com elevado comportamento de desvio de conduta, problemas com bebida, tensão psicológica e estresse emocional.[66] Além disso, a supervisão abusiva aumenta o absenteísmo e reduz a produtividade. De fato, o custo da supervisão abusiva para as empresas norte-americanas foi estimado em US$ 23,8 bilhões.[67] Não é claro o motivo pelo qual supervisores abusam de outras pessoas. Algumas pesquisas sugerem que a injustiça que os gestores enfrentam aumenta a probabilidade de eles agirem abusivamente. Os gestores abusivos são mais propensos a direcionar suas agressões a funcionários que são muito negativos ou aqueles que parecem fracos, indispostos ou incapazes de se defender.[68]

RESULTADO DA APRENDIZAGEM 7

Subordinação

Em contraposição à liderança, o tópico **subordinação** não tem sido pesquisado de forma extensiva. A maior parte da literatura sobre liderança sugere que os papéis de líder e subordinado são muito diferenciados. A visão tradicional modela os subordinados como passivos, ao passo que uma visão mais contemporânea molda o papel do subordinado como ativo, com potencial para a liderança.[69] O papel do subordinado foi alternativamente modelado como um papel de autoliderança em que o subordinado assume responsabilidade por influenciar seu próprio desempenho.[70] Essa abordagem enfatiza a responsabilidade individual e o autocontrole. Subordinados autoliderados executam naturalmente tarefas motivadoras e fazem trabalhos que devem ser feitos, mas que não são naturalmente motivadores. A autoliderança permite que os subordinados sejam disciplinados e efetivos, primeiros passos essenciais caso queiram se tornar líderes. Programas organizacionais, como capacitação e equipes de trabalho autogeridas, podem ser implementados para ativar ainda mais o papel do subordinado.[71]

Tipos de subordinados

Os ambientes de trabalho contemporâneos são aqueles em que os subordinados reconhecem a interdependência com o líder, aprendem a desafiá-lo e, ao mesmo tempo, respeitar sua autoridade.[72] Os subordinados eficientes são ativos, responsáveis, autônomos em seus comportamentos e críticos em seus pensamentos, sem serem insubordinados ou desrespeitosos – de modo geral, são muito engajados com o trabalho.

O subordinado eficiente e quatro outros tipos de subordinados são identificados com base em duas dimensões: (1) atividade *versus* passividade e (2) pensamento crítico e independente *versus* pensamento dependente e não crítico.[73] A Figura 12.5 mostra esses tipos de seguidores.

Os subordinados alienados pensam de forma independente e crítica, porém são muito passivos em seus comportamentos. Como resultado, eles se distanciam do líder em relação aos aspectos psicológico e emocional. Eles são potenciais desagregadores e uma ameaça à saúde da organização. As ovelhas são seguidores que não pensam por si só ou de forma crítica e são passivos em seus comportamentos. São "pessoas-sim", que simplesmente fazem o que seus líderes dizem. Esse tipo de seguidor não pensa de forma independente ou crítica, porém apresenta um comportamento bastante ativo. Sem criticar, reforça com entusiasmo o pensamento e as ideias do líder, não questionam ou desafiam a sabedoria e os propósitos de quem está na liderança. As "pessoas-sim" são as que mais oferecem perigo para o líder porque tendem a apresentar uma falsa reação positiva e não dar nenhum aviso de potenciais falhas. Os sobreviventes são os subordinados menos desagregadores e que oferecem menos riscos ao ambiente organizacional. Eles perpetuamente tiram amostra do vento e seu lema é "melhor prevenir do que remediar".

Os subordinados eficientes são mais valiosos para o líder e para o organização por causa de suas contribui-

subordinação
Processo de ser guiado e direcionado por um líder no ambiente de trabalho.

CAPÍTULO 12 Liderança e subordinação **211**

ções ativas. Eles compartilham quatro qualidades essenciais. Primeiro, praticam a autogestão e a autorresponsabilidade. O líder pode delegar tarefas a um subordinado eficiente sem se preocupar com o resultado. Segundo, são comprometidos tanto com a organização como com um propósito, princípio ou uma pessoa diferente deles. Os subordinados eficientes não são centrados neles próprios nem se engrandecem. Terceiro, investem em sua própria competência e profissionalismo e focam sua energia para causar impacto máximo. Eles procuram desafios e maneiras de adicionar seus talentos ou habilidades. Quarto, eles são corajosos, honestos e confiáveis.

Os subordinados eficientes podem ser considerados autolíderes que não demandam supervisão de perto.[74] A noção de autoliderança, ou superliderança, ofusca a distinção entre líderes e seguidores. Líderes atenciosos são capazes de desenvolver subordinados dinâmicos.

FIGURA 12.5 Cinco tipos de subordinados

Fonte: Reimpressão autorizada por *Harvard Business Review*. de "In Praise of Followers" by R. E. Kelley, (Novembro-Dezembro 1988), p. 145. Copyright © 1988 by Harvard Business School Publishing Corporation; todos os direitos reservados.

RESULTADO DA APRENDIZAGEM 8

Diretrizes para a liderança

A liderança é essencial para influenciar o comportamento organizacional e atingir a eficácia organizacional. Quando instrumentos são eliminados, estudos de sucessão de liderança mostram uma influência de liderança moderadamente forte sobre o desempenho organizacional.[75] Isso posto, é importante reconhecer que outros fatores também influenciam o desempenho organizacional. Esses fatores incluem fatores ambientais (como condições econômicas) e fatores tecnológicos (como eficiência).

Os líderes corporativos desempenham um papel central no estabelecimento do tom ético e dos valores morais nas organizações. Enquanto muitos líderes corporativos falam sobre ética, alguns nunca tiveram de arriscar a sorte da empresa por causa de uma decisão ética. Em 1976, quando James Burke, diretor da Johnson & Johnson, desafiou sua equipe de gerência para reafirmar o comprometimento da empresa com o comportamento ético, ele não tinha ideia de que lhe seria solicitado demonstrar esse comprometimento em ação. Seis anos depois, quando pacotes envenenados de Tylenol apareceram nas prateleiras, Burke não hesitou em

Sim, as pessoas não pensam de maneira independente e crítica.

QUEM É QUEM

>> Recentemente, Jim Burke foi reconhecido pela Fortune como um dos maiores CEOs de todos os tempos, e a Johnson & Johnson continua sendo uma das melhores empresas para se trabalhar.[76]

agir como havia prometido. A empresa retirou o produto do mercado a um custo de US$ 100 milhões, ofereceu uma recompensa e renovou a embalagem do produto. Por fim, o Tylenol se recuperou e, novamente, é líder entre os medicamentos para dor nos Estados Unidos.

As pesquisas sobre liderança desenvolvidas nos últimos seis anos fizeram surgir cinco diretrizes:

1 Líderes e organizações devem apreciar os atributos, as predisposições e os talentos únicos de cada líder. Nenhum líder é igual ao outro e existe valor nessa diversidade.

2 Embora pareça não existir um único melhor estilo de liderança, existem preferências organizacionais no que diz respeito a estilo. Líderes devem ser escolhidos como quem desafia a cultura organizacional quando necessário, sem destruí-la.

3 Comportamentos de liderança participativos e atenciosos, que demonstram preocupação com as pessoas, parecem melhorar a saúde e o bem-estar dos subordinados no ambiente de trabalho. Isso não significa que um líder deve ignorar as tarefas da equipe.

4 Diferentes situações de liderança pedem diferentes talentos e comportamentos de liderança. Isso pode resultar em diferentes indivíduos assumindo o papel de líder, dependendo da situação específica em que a equipe se encontra.

5 Bons líderes são propensos a ser bons seguidores. Embora haja distinções entre seus papéis sociais, os atributos e comportamentos de líder e seguidores podem não ser tão distintos como às vezes se imagina.

[Lições aprendidas no topo]

Andrea Jung foi CEO da Avon Products, Inc. por mais de 10 anos, o que a fez figurar na Fortune 500 como a CEO com mais tempo no cargo. Desde que se tornou uma executiva do alto escalão, em 1999, Jung aprendeu várias lições tanto sobre a vida como sobre os negócios.

De acordo com ela, é necessário se reinventar antes de poder reinventar sua empresa. A experiência profissional é uma coisa boa, mas pode limitar a habilidade do CEO em olhar para o negócio de perspectivas inovadoras e objetivas. Para superar isso, Jung se despedia toda sexta-feira. Isso significa que ela chegava todas as segundas-feiras como se tivesse acabado de ser contratada, de uma hora para outra, como a nova líder. De acordo com Jung, as habilidades que levam ao sucesso a cada ano se tornam obsoletas no ano seguinte. Para se manter no ritmo acelerado do mundo dos negócios, os CEOs nunca devem se acomodar em situações inalteradas de conforto.

Outra lição aprendida por Jung é que a comunicação é vital para um negócio florescer. Especialmente em épocas difíceis, os CEOs e todos os líderes devem ser francos em relação a seus pontos de vista e à racionalidade por trás das decisões difíceis. Os líderes devem se comunicar frequentemente frente a frente, não apenas por e-mail. A confiança e o respeito tornam a empresa mais saudável.

A lição final de Jung é que, sem apoio das pessoas certas, visão e estratégia correta não significam nada. Ela dedicava mais de 25% de seu tempo para desenvolver talentos. Jung acredita que os negócios devem continuamente desenvolver os melhores talentos porque, como ela, eles precisarão se reinventar para ficar à frente no jogo.

Fonte: "Reinvent Yourself and Your Company", *USA Today*, 15 jun. 2009, 3B.

CAPÍTULO 13
Conflitos e negociações

RESULTADOS DA APRENDIZAGEM

Após a leitura deste capítulo, você estará apto a:
1. Descrever a natureza dos conflitos nas organizações.
2. Explicar o papel de fatores pessoais e estruturais no surgimento de conflitos no ambiente de trabalho.
3. Discutir a natureza do conflito de grupo nas organizações.
4. Descrever os fatores que influenciam nos conflitos entre indivíduos nas empresas.

> *"Estimativas mostram que os gestores gastam aproximadamente 21% de seu tempo, ou um dia por semana, lidando com conflitos."*

RESULTADO DA APRENDIZAGEM 1

A natureza dos conflitos nas organizações

Todos nós vivenciamos conflitos de vários tipos, mas provavelmente falhamos ao reconhecer a variedade de conflitos que ocorrem no ambiente de trabalho. *Conflito* é definido como qualquer situação em que objetivos, atitudes, emoções e comportamentos incompatíveis levam à discordância ou oposição entre duas ou mais partes.[1]

As organizações de hoje enfrentam um potencial maior de conflitos do que em épocas anteriores. O mercado de trabalho, com a crescente concorrência e globalização, amplia diferenças entre pessoas no que diz respeito a personalidade, valores, atitudes, percepções, idiomas, culturas e experiências nacionais.[2] Com a crescente diversidade da mão de obra, vem o potencial para incompatibilidades e conflitos.

Importância das habilidades para administrar conflitos

Estimativas mostram que os gestores gastam aproximadamente 21% de seu tempo, ou um dia por semana, lidando com conflitos.[3] Dessa forma, as habilidades para administrar conflitos são um grande previsor de sucesso gerencial.[4] Um indicador crítico da habilidade de um gestor em administrar conflitos é a sua inteligência emocional (IE), que é o poder de controlar as emoções e perceber as emoções de outros, adaptar-se às mudanças e administrar adversidades. (As habilidades para administrar conflitos podem ser mais um reflexo de IE do que do QI.) As pessoas que não têm inteligência emocional, especialmente empatia ou capacidade de ver a vida sob a perspectiva do outro, são mais propensas a causar conflitos em vez de geri-los.[5]

Conflito funcional *versus* conflito disfuncional

Nem todos os conflitos são ruins. Na realidade, alguns tipos de conflito incentivam novas soluções para problemas e melhoram a criatividade no ambiente organizacional. Nesses casos, os gestores vão querer incentivar os conflitos. Assim, a chave para administrar conflitos é

5 Descrever técnicas eficazes e ineficazes para administrar conflitos.
6 Identificar cinco estilos de gestão de conflitos.

215

TABELA 13.1 Consequências do conflito

CONSEQUÊNCIAS POSITIVAS	CONSEQUÊNCIAS NEGATIVAS
• Leva a novas ideias	• Desvia a energia do trabalho
• Estimula a criatividade	• Ameaça o bem-estar psicológico
• Conduz a mudanças	• Desperdiça recursos
• Promove a vitalidade organizacional	• Cria um ambiente negativo
• Ajuda indivíduos e grupos a estabelecer identidades	• Prejudica a coesão do grupo
• Serve de válvula de segurança para indicar problemas	• Pode aumentar a hostilidade e o comportamento agressivo

estimular o conflito funcional e evitar ou resolver o conflito disfuncional. A dificuldade, porém, é diferenciá-los. As consequências dos conflitos podem ser positivas ou negativas, como mostra a Tabela 13.1.

Conflito funcional é uma divergência saudável e construtiva entre duas ou mais pessoas. Esse tipo de conflito pode produzir novas ideias, bem como estimular o aprendizado e o crescimento dos indivíduos. Quando as pessoas se engajam em conflitos construtivos, desenvolvem uma melhor conscientização de si próprias e dos outros. Além disso, o conflito funcional pode melhorar as relações de trabalho; quando duas partes trabalham as suas divergências, sentem que conquistaram algo juntas. Liberando tensões e solucionando problemas do trabalho em conjunto, eleva-se o moral.[6] O conflito funcional pode levar à inovação e à mudança positiva na organização.[7] Como tende a incentivar a criatividade entre indivíduos, essa forma positiva de conflito pode significar produtividade elevada.[8] A chave para reconhecer o conflito funcional é que muitas vezes é cognitivo de origem, isto é, ele surge a partir de alguém que desafia antigas políticas e pensamentos a partir de novas maneiras de resolver problemas. Uma ocasião em que os gestores devem trabalhar para estimular conflitos é quando desconfiam de que o grupo esteja adotando o pensamento de grupo.[9]

Conflito disfuncional é uma divergência destrutiva e prejudicial observada entre duas ou mais pessoas. O perigo é que ele tira o foco do trabalho que deve ser feito e o coloca no conflito propriamente dito e nas partes envolvidas. O conflito excessivo suga a energia que poderia ser usada de forma mais produtiva. A chave para reconhecer o conflito disfuncional é que sua origem é normalmente emocional ou comportamental.

As divergências que envolvem raiva personalizada e ressentimento direcionado a pessoas específicas em vez de ideias específicas são disfuncionais.[10] Os indivíduos envolvidos nesse tipo de conflito tendem a agir antes de pensar e geralmente se apoiam em ameaças, mentiras e abuso verbal para se comunicar. Em alguns casos, o conflito disfuncional pode levar a atos de agressão ou retaliação direcionados à chefia, aos colegas, aos subordinados ou até mesmo aos prestadores de serviço.[11] Em um conflito disfuncional, as perdas para ambas as partes podem ultrapassar qualquer ganho potencial advindo do conflito.

Diagnosticando conflitos

Diagnosticar um conflito seja ele bom, seja ruim não é fácil. O gestor deve olhar para a questão, para o contexto e para as partes envolvidas. Uma vez diagnosticado o tipo de conflito, o gestor pode trabalhar para resolvê-lo (se for disfuncional) ou estimulá-lo (se for funcional).

É fácil cometer erros ao diagnosticar conflitos. Às vezes, o conflito de tarefa, que é funcional, pode ser caracterizado erroneamente como pessoal e pode gerar conflito disfuncional. Desenvolver a confiança dentro do grupo de trabalho pode evitar a ocorrência de uma atribuição equivocada.[12] Um estudo sobre eficácia de grupo constatou que grupos de tomada de decisão constituídos por amigos eram capazes de se engajar mais abertamente em divergências do que grupos constituídos por estranhos, permitindo tomadas de decisão mais eficazes. Quando membros de grupos (amigos) sentem-se confortáveis e confiantes o suficiente para expressar opiniões conflitantes, o resultado é a otimização do desempenho. No entanto, grupos de tomada de decisão constituídos por amigos e por estranhos demonstraram *tanto* um alto nível de conflitos *como* baixo nível de desempenho, sugerindo que as divergências nesses grupos não eram úteis.

conflito funcional
Divergência saudável e construtiva entre duas ou mais pessoas.

conflito disfuncional
Divergência destrutiva e prejudicial entre duas ou mais pessoas.

As seguintes perguntas servem para diagnosticar a natureza do conflito que o gestor pode enfrentar.
> As partes estão abordando o conflito de um ponto de vista hostil?
> O resultado tende a ser negativo para a organização?
> As perdas potenciais das partes excedem os possíveis ganhos?
> A energia para conquistar a meta está sendo desviada?

Se a maioria das respostas para essas perguntas for afirmativa, o conflito provavelmente é disfuncional.

FIGURA 13.1 Causas de conflitos nas organizações

Fatores estruturais
- Especialização
- Interdependência
- Recursos comuns
- Metas divergentes
- Relações de poder
- Inconsistência de status
- Falta de clareza nas responsabilidades

Conflito

Fatores pessoais
- Competências e habilidades
- Personalidade
- Percepções
- Valores e ética
- Emoções
- Barreiras comunicacionais
- Diferenças culturais

Essa descoberta indica que o gestor deve ser cuidadoso ao tentar aplicar o estilo e a técnica de administração de um país em outro contexto cultural.[13]

RESULTADO DA APRENDIZAGEM 2

Causas de conflitos nas organizações

Os conflitos são difundidos no ambiente organizacional. Para administrá-los de forma eficiente, os gestores devem compreender as suas fontes. Os conflitos podem ser classificados em duas amplas categorias: fatores estruturais, que surgem da natureza da organização e da forma como o trabalho é organizado, e fatores pessoais, que surgem das diferenças entre indivíduos. A Figura 13.1 resume as causas dos conflitos em cada categoria.

Fatores estruturais

As causas dos conflitos relacionados à estrutura da organização incluem: especialização, interdependência, recursos comuns, metas divergentes, relações de poder, inconsistência de *status* e falta de clareza das responsabilidades.

Especialização Quando um trabalho é altamente especializado, os funcionários se tornam *experts* em determinadas tarefas. Uma empresa de software, por exemplo, tem um especialista em banco de dados, um em pacote estatístico e outro em sistemas inteligentes. Uma atividade profissional altamente especializada pode gerar conflitos, pois as pessoas são pouco conscientes das tarefas de outros profissionais.

Um clássico conflito de especialização pode ocorrer entre vendedores e engenheiros. Os engenheiros são especialistas técnicos responsáveis pelo design e pela qualidade de produtos. Os vendedores são especialistas em marketing e contato com clientes. Normalmente, são acusados de fazer promessas de entrega para os clientes que os engenheiros não conseguem cumprir, pois lhes falta o conhecimento técnico necessário para determinar prazos de entrega realistas.

Interdependência O trabalho que é interdependente requer grupos ou indivíduos que dependem um dos outros para atingir metas.[14] Depender de outras pessoas para realizar um trabalho é interessante quando o processo funciona de forma tranquila. Quando há um problema, porém, fica mais fácil culpar a outra parte, e o conflito se intensifica. Em uma fábrica de roupas, por exemplo, se os cortadores de tecido atrasam o trabalho, os funcionários que costuram as vestimentas atrasam também. Pode haver frustração quando os funcionários que operam as máquinas de costura sentem que seus esforços estão sendo anulados pelo ritmo lento dos cortadores, consequentemente, o salário dos primeiros é afetado, pois recebem por produção.

Recursos comuns A qualquer momento, as partes podem compartilhar recursos e, aí, existe um conflito potencial.[15] Esse potencial é reforçado quando os recursos compartilhados se tornam escassos. Os gestores,

CAPÍTULO 13 Conflitos e negociações **217**

> [*As pessoas não deixam sua personalidade na porta de entrada quando chegam ao local de trabalho.*]

por exemplo, costumam compartilhar o apoio de secretárias. Não raro, uma secretária chega a auxiliar dez ou mais gestores, cada um acreditando que é mais importante do que o outro. Isso pressiona a profissional e leva a conflitos em relação a prioridades e agenda.

Metas divergentes Quando os grupos de trabalho possuem metas diferentes, essas podem ser incompatíveis. Em uma empresa de TV a cabo, a meta dos vendedores era vender o máximo de instalações possível. Isso gerou problemas para o departamento de serviços, cujo objetivo era fazer instalações dentro dos prazos. Com o aumento das vendas, a sobrecarga tornou-se uma constante e os pedidos começaram a atrasar. Geralmente, esse tipo de conflito ocorre porque os funcionários não têm conhecimento dos objetivos dos outros departamentos.

Relações de poder Uma tradicional relação chefe-empregado é hierárquica por natureza, com um chefe sendo superior ao funcionário. Para muitos funcionários, tal relação não é confortável, pois outro indivíduo tem o direito de dizer o que devem fazer. Algumas pessoas se ressentem da autoridade mais do que outras, o que, obviamente, gera conflitos. Além disso, alguns chefes são mais autocratas do que outros; isso compõe um potencial para conflito na relação. Como as organizações seguem em direção à abordagem de equipe e capacitação, deveria haver menos potencial para conflitos provocados pelas relações com a autoridade.

Inconsistência de *status* Algumas organizações possuem uma grande diferença de *status* entre funcionários de gerência e de não gerência. Os gestores gostam de privilégios – agenda flexível, vaga de estacionamento reservada e longas horas de almoço – aos quais os demais funcionários não têm acesso. Isso pode resultar em ressentimento e conflito.

Falta de clareza das responsabilidades Você já telefonou para uma empresa por causa de um problema e sua ligação foi transferida para várias pessoas e departamentos? Essa situação ilustra a **falta de clareza das responsabilidades** – ou seja, as linhas de responsabilidade não são muito claras na organização.[16] A situação clássica aqui envolve

falta de clareza das responsabilidades
Presença de linhas de responsabilidades confusas na organização.

o dilema hardware/software. Você liga para a empresa que montou seu computador e eles informam que o problema é causado pelo software. Então, você liga para o departamento de software, e eles dizem que é problema do hardware...

Fatores pessoais

Nem todos os conflitos surgem de fatores relacionados ao aspecto estrutural da organização. Alguns surgem das diferenças entre os funcionários. As causas dos conflitos que têm origem nas diferenças individuais incluem habilidades e competências, personalidade, percepção, valores e ética, emoções, barreiras comunicacionais e diferenças culturais.

Habilidades e competências Diversidade de habilidades e competências pode ser positiva, para a organização, mas também funciona como um potencial para conflitos, especialmente quando as tarefas são interdependentes. Os funcionários experientes podem achar difícil trabalhar com recém-contratados. Pode haver ressentimento se o novo chefe, que acabou de sair da faculdade, souber muito sobre gerenciamento de pessoas, mas for inexperiente em relação à tecnologia com a qual está trabalhando.

Personalidade As pessoas não deixam sua personalidade na porta de entrada quando chegam ao local de trabalho. Os conflitos de personalidade são uma realidade nas organizações. É um tanto quanto ingênuo achar que você vai gostar de todos os seus colegas de trabalho e que eles vão gostar de você.

Um traço de personalidade com o qual muitas pessoas acham difícil de lidar é a rispidez.[17] Uma pessoa ríspida ignora os aspectos interpessoais de trabalho e os sentimentos dos colegas. Os indivíduos ríspidos normalmente são orientados para as conquistas e trabalham duro, mas seu estilo crítico e perfeccionista faz as outras pessoas se sentirem menos importantes. O estilo de trabalho de uma pessoa ríspida causa estresse e tensão aos que estão à sua volta.[18]

Percepção As diferenças de percepção podem levar a conflitos. Os gestores e funcionários podem não ter uma percepção compartilhada do que motiva as pessoas. Nesse caso, o sistema de recompensa pode criar conflitos caso os gestores ofereçam o que eles acham que os funcionários desejam em vez do que eles realmente querem.

Valores e ética As diferenças de valores e ética podem ser fontes de divergências. Os funcionários mais antigos, por exemplo, valorizam a lealdade à empresa e, provavelmente, não ficariam em casa doente caso não estivessem realmente debilitados. Os mais novos, por sua vez, valorizam a mobilidade, por isso apreciam o conceito de "dia da saúde mental", dizendo que estão doentes para se livrar do trabalho. Isso pode não ser verdadeiro para todos os funcionários, mas ilustra as diferenças de valores que podem acarretar em conflitos.

A maioria das pessoas possui seu próprio conjunto de valores e ética. O quanto aplicam a ética no local de trabalho varia. Algumas pessoas possuem forte desejo de serem aprovadas por outras e trabalharão para atender os padrões éticos exigidos. Outras são relativamente despreocupadas em relação à aprovação dos outros e agem conforme os próprios padrões éticos. Há, ainda, os que, aparentemente, agem sem nenhuma preocupação com ética e valores.[19] No caso de conflitos relacionados a valores ou ética, não comum as divergências mais acaloradas por causa da natureza pessoal das diferenças.

Emoções O conflito, por natureza, é uma interação emocional, e a emoção das partes envolvidas no conflito desempenha um papel essencial em como elas percebem a negociação e respondem umas às outras.[20] Na realidade, hoje as emoções são consideradas elementos críticos em qualquer negociação e devem ser incluídas no exame do processo e de como se manifestam.[21]

Um importante estudo constatou que as emoções podem desempenhar um papel problemático nas negociações. Em particular, quando os negociadores agem com base nas emoções, em vez de se basear na cognição, tornam-se mais propensos a experimentar impasses.[22]

Barreiras comunicacionais As barreiras de comunicação, como separação física e idioma, podem criar distorções em mensagens e essas distorções podem levar a conflitos. Outra barreira de comunicação é o julgamento de valor, em que um ouvinte atribui um valor à mensagem antes de recebê-la. Suponha que o membro de uma equipe seja um reclamador crônico. Quando esse indivíduo entra na sala da gerência, o gestor está predisposto a desvalorizar a mensagem antes mesmo de ela ser verbalizada. Dessa situação pode surgir um conflito.

Diferenças culturais Embora as diferenças culturais sejam positivas nas organizações, elas podem ser fontes de conflitos. Na maioria das vezes, esses conflitos surgem da falta de compreensão da cultura alheia. Em uma aula de MBA, por exemplo, alunos indianos ficavam horrorizados quando alunos americanos questionavam o professor. Os alunos americanos, por sua vez, achavam que os alunos indianos eram muito passivos. Discussões subsequentes revelaram que, na Índia, os professores esperavam ser tratados de forma diferenciada e com muito respeito. Embora os alunos pudessem contestar uma ideia com vigor, raramente desafiariam o professor. O treinamento acerca da diversidade, que enfatiza a educação sobre diferenças culturais, pode significar um avanço significativo na prevenção de desentendimentos.

RESULTADO DA APRENDIZAGEM 3

Tipos de conflito de grupo nas organizações

No ambiente organizacional, os tipos de conflito podem ser separados em dois grupos principais: conflitos que ocorrem no grupo e conflitos que ocorrem na esfera do indivíduo. Os conflitos grupais podem ser classificados como *intergrupal* ou *intragrupal*. É importante perceber que o prefixo *inter* significa "entre" e o prefixo *intra* significa "dentro". O conflito no âmbito de grupo pode ocorrer entre organizações (interorganizacional), entre grupos (intergrupal) ou dentro de um grupo (intragrupal).

Conflito interorganizacional

Os conflitos que ocorrem entre duas ou mais organizações são chamados de **conflitos interorganizacionais**. A competição pode aumentar o conflito interorganizacional. As aquisições e fusões corporativas também podem produzir conflitos interorganizacionais. E o que dizer sobre o conflito interorganizacional entre a associação dos jogadores da Liga Americana de Beisebol (MLB) e os donos das equipes, que às vezes é caracterizado como uma

conflito interorganizacional
Conflito que ocorre entre duas ou mais organizações.

CAPÍTULO 13 Conflitos e negociações 219

batalha entre milionários e multimilionários (sem saber ao certo quem é quem)? Regularmente, os jogadores entram em greve para extrair mais dos lucros dos donos das equipes, estes, por sua vez, choram porque não estão tirando nenhum centavo.

Conflito intergrupal

Quando o conflito ocorre entre grupos ou equipes, é denominado **conflito intergrupal**. Os conflitos entre grupos podem ter efeitos benéficos a cada grupo, como aumento de coesão, aumento do foco nas tarefas e da lealdade ao grupo. No entanto, também há consequências negativas. Os grupos em conflito tendem a desenvolver uma mentalidade "nós contra eles" em que cada grupo vê o outro como inimigo, torna-se mais hostil e diminui a comunicação com o outro grupo. Os grupos, ainda, são mais competitivos e menos cooperativos do que os indivíduos. O resultado inevitável é que um grupo sai ganhando e outro sai perdendo.[23]

A competição entre grupos deve ser gerenciada cuidadosamente para que se intensifique em forma de conflito disfuncional. Pesquisas mostram que, quando os grupos competem por um objetivo que, apenas um grupo pode alcançar, as consequências podem ser negativas, como briga por território e preconceito com relação ao outro grupo.[24] Os gestores devem incentivar e recompensar o comportamento cooperativo entre os grupos. Algumas maneiras eficazes de fazer isso incluem modificar as avaliações de desempenho para incluir o comportamento intergrupo assistido e considerar a avaliação de comportamento intergrupo de um gestor externo. Os membros de grupos se tornam mais propensos a ajudar outros grupos quando sabem que o gestor do outro grupo está avaliando os comportamentos e que serão recompensados pela cooperação.[25] Além disso, os gestores devem incentivar a interação social entre os grupos para que a confiança possa ser desenvolvida. A confiança permite que indivíduos troquem ideias e recursos com membros de outros grupos, o que resulta em inovação quando os membros de grupos diferentes cooperam.[26]

Conflito intragrupal

O conflito que ocorre dentro de grupos ou equipes é chamado de **conflito intragrupal**. Alguns conflitos observados em um grupo são funcionais e podem ajudar o grupo a evitar o pensamento de grupo, como discutido no Capítulo 10.

Até mesmo as mais novas equipes, as virtuais, não estão imunes aos conflitos. As nuances e sutilezas da comunicação frente a frente, na maioria das vezes, não existem nessas equipes, e podem ocorrer mal-entendidos. Para evitar conflitos disfuncionais, as equipes virtuais devem ter certeza de que suas tarefas se encaixam em seus meios de comunicação. Decisões estratégicas complexas podem exigir reuniões ao vivo, em vez de e-mails ou discussões segmentadas. As interações iniciais frente a frente e as telefônicas podem eliminar conflitos posteriores e permitem que equipes virtuais continuem a usar a comunicação eletrônica, pois a confiança já foi desenvolvida.[27]

RESULTADO DA APRENDIZAGEM 4

Conflitos individuais nas organizações

Assim como com nos grupos, os conflitos podem ocorrer entre indivíduos ou dentro de um mesmo indivíduo.

Tipos de conflito intrapessoal

O conflito que ocorre dentro do indivíduo é chamado de **conflito intrapessoal**. Existem vários tipos de conflito intrapessoal, incluindo conflitos pessoa-papéis, interpapéis e intrapapéis. Papel é um conjunto de expectativas que as pessoas colocam sobre um indivíduo.[28] A pessoa que ocupa o papel é a encarregada dele e os indivíduos que geram as expectativas são os emissores dos papéis. A Figura 13.2 ilustra um conjunto de relações de papéis.

CHOQUE DE GERAÇÕES

>> Um desafio emergente na administração de conflitos é o conflito entre gerações ocasionado diferença de idade da força de trabalho dos Estados Unidos. Algumas fontes desse conflito são:

> pacotes de benefícios para atingir mais uma faixa etária do que outra; ou

> temor por parte de funcionários mais velhos de que profissionais mais jovens possam tomar seus postos.

As organizações devem desenvolver sistemas de benefícios flexíveis que abranjam várias faixas etárias e que incentivem a interação social, de modo que seja possível reduzir as ameaças percebidas e criar confiança.[29]

---

conflito intergrupal
Conflito que ocorre entre grupos ou equipes em uma organização.

conflito intragrupal
Conflito que ocorre dentro de grupos ou equipes.

conflito intrapessoal
Conflito que ocorre dentro de um indivíduo.

FIGURA 13.2 Conjunto de papéis dos membros de uma organização

Fonte: J. B. Quick, J. B. Quick, B. L. Nelson e J. J. Hurrell, Jr., *Preventive Stress Management in Organizations*, 1997. Copyright © 1997 by The American Psychological Association. Reimpressão autorizada.

O **conflito interpapéis** ocorre quando a pessoa enfrenta um conflito entre os múltiplos papéis em sua vida. Um conflito interpapéis que muitos funcionários enfrentam é o conflito trabalho/casa, em que o papel de funcionário colide com os papéis de cônjuge ou pai.[30] O conflito trabalho/casa pode advir de restrições de tempo, tensão e responsabilidade por pessoas no trabalho e em casa.[31] Com o aumento de profissionais que trabalham em casa e a distância, esse tipo de conflito vem se tornando cada vez mais comum, pois o lar se torna escritório, o o limite entre trabalho e família é ofuscado.[32] Recentemente, as organizações estão alavancando o uso da tecnologia da informação para ganhar vantagem competitiva. Isso se traduziu em funcionários ambiciosos e altamente envolvidos usando comunicação organizacional (mensagem de voz, e-mail etc.) até mesmo depois do expediente.

A comunicação pós-expediente está associada com o elevado conflito trabalho-vida pessoal como reportado pelo funcionário e seu cônjuge.[33]

O **conflito intrapapéis** ocorre em um único papel. Geralmente, surge quando uma pessoa recebe mensagens conflitantes de emissores de papéis sobre como desempenhar determinado papel. Suponha que um gerente receba um conselho do chefe de seu departamento dizendo que ele precisa se socializar menos com os funcionários que não são da gerência. Também foi dito por seu gerente de projetos que ele precisa melhorar como membro da equipe e que ele pode conseguir isso se socializando mais com outros membros de equipes não gerenciais. Essa é uma situação de conflito intrapapéis.

O **conflito pessoa-papéis** ocorre quando determinado papel que o indivíduo desempenha o leva a adotar comportamentos que vão de encontro aos seus valores pessoais.[34] É possível que seja exigido dos vendedores oferecer primeiro o item mais caro da linha de produtos, mesmo quando é aparente que o cliente não quer ou não tem condições de comprá-lo. Pode-se exigir de um vendedor de computadores

conflito interpapéis
Ocorre quando uma pessoa enfrenta conflito entre os múltiplos papéis que desempenha.

conflito intrapapéis
Conflito que ocorre dentro de uma única pessoa, quando ela recebe mensagens conflitantes de emissores de papéis sobre como executar certo papel.

conflito pessoa-papéis
Conflito que ocorre quando se espera que um indivíduo em um papel particular adote comportamentos que vão de encontro a seus valores pessoais.

CAPÍTULO 13 Conflitos e negociações **221**

que ele ofereça um sistema grande e elaborado para um estudante cujo orçamento está apertado. Esse comportamento pode entrar em conflito com os valores do vendedor, que acaba enfrentando o conflito pessoa-papéis.

Os conflitos intrapessoais podem ter consequências positivas. Normalmente, as responsabilidades profissionais colidem com os valores da pessoa. Um déficit orçamentário pode obrigá-lo a dispensar um funcionário leal e trabalhador. O recital de piano de sua filha pode ocorrer no mesmo dia em que seu melhor cliente está na cidade para visitar o escritório. Nesses conflitos, geralmente temos de escolher entre o certo e o certo; ou seja, não existe uma resposta correta. Isso pode ser considerado um *momento de definição* que desafia o indivíduo a escolher entre duas ou mais coisas em que acredita.[35] O caráter é formado por momentos de definição, pois eles fazem os indivíduos moldarem suas identidades. Eles ajudam as pessoas a cristalizar seus valores e servem de oportunidades para crescimento pessoal.

Administrando o conflito intrapessoal

O conflito intrapessoal pode ser administrado com cuidadosa autoanálise e diagnóstico da situação. Três ações em particular podem ajudar na prevenção ou na solução de conflitos intrapessoais.

Primeira ação: quando você procura um novo emprego, deve descobrir os valores da organização.[36] Muitos conflitos pessoa-papéis estão centrados nas diferenças entre os valores da empresa e os valores dos indivíduos. Pesquisas mostram que, quando há uma boa combinação entre os valores do indivíduo e os da organização, o funcionário fica mais satisfeito e torna-se comprometido e menos propenso a deixar a empresa.[37]

Segunda: para administrar conflitos interpapéis e intrapapéis, a análise do papel é uma boa ferramenta.[38] Na análise de papéis, o indivíduo pergunta aos vários emissores o que esperam dele. Os resultados são papéis de trabalho claros e redução de conflito e ambiguidade.[39] A análise de papéis é uma ferramenta simples que esclarece as expectativas de ambas as partes em um relacionamento e reduz o potencial de conflito intrapapéis e interpapéis.

Terceira: as habilidades políticas podem ajudar a amenizar os efeitos negativos do estresse ocasionados pelos conflitos de papéis. Aqueles que são políticos eficazes podem negociar as expectativas em relação aos papéis quando elas ocorrem. Todas essas formas de conflito podem ser administradas. Compreendê-las é o primeiro passo.

Administrando o conflito interpessoal

O **conflito interpessoal**, que ocorre entre dois ou mais indivíduos, pode surgir de diferenças individuais, incluindo personalidade, atitudes, valores, percepção. Para administrá-lo, é importante compreender as redes de poder nas organizações e os mecanismos de defesa que os indivíduos demonstram quando estão em situações de conflito.

Redes de poder De acordo com Mastenbroek, no ambiente de trabalho, os indivíduos organizam-se de acordo com os três tipos básicos de redes de poder.[40] Com base nessas relações, certos tipos de conflito tendem a surgir. A Figura 13.3 ilustra os três tipos de relação de poder observados nas organizações.

A primeira relação é igual *versus* igual, na qual existe um equilíbrio horizontal de poder entre as partes. Um exemplo seria o conflito entre indivíduos de duas equipes de projetos. A tendência comportamental é em direção à subotimização; ou seja, foco na abordagem ganhar-perder em relação aos problemas, e cada parte tenta maximizar seu poder à custa da outra parte. O conflito nesse tipo de rede pode levar à depressão, à baixa autoestima e a outros sintomas de tensão. Intervenções, como melhorias na coordenação entre as partes e o trabalho com enfoque nos interesses comuns, podem ajudar a administrar esses conflitos.

A segunda rede de poder é alto *versus* baixo, ou uma relação poderosa *versus* uma relação menos poderosa. Os conflitos que surgem envolvem indivíduos poderosos que tentam controlar outros, e as pessoas menos poderosas tentam se tornar mais autônomas. O conflito nessa rede pode levar a insatisfação no trabalho, baixo comprometimento organizacional e rotatividade.[41] As organizações costumam reagir a esses conflitos apertando as regras. No entanto, as formas mais bem-sucedidas de administrar esses conflitos são tentar um tipo diferente de liderança, que considere treinamento ou aconselhamento, ou mudar a estrutura para uma mais descentralizada.

conflito interpessoal
Conflito que ocorre entre dois ou mais indivíduos.

[**Dicas rápidas para administrar conflitos intrapessoais**]

1. Candidatar-se para trabalhar em empresas cujos valores combinem com os seus.
2. Aplicar a análise de papel.
3. Desenvolver competências políticas.

FIGURA 13.3 Relações de poder nas organizações

Tipos de relacionamento de poder	Tendências e problemas comportamentais	Intervenções
Igual × Igual 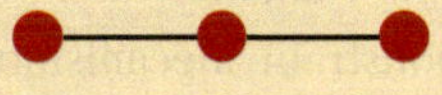	Subotimização • Tendência de competir um com o outro. • Transforma brigas em posições. • Constante atrito nas áreas de fronteiras.	• Definir linhas de demarcação. • Melhorar procedimentos de coordenação. • Integrar unidades. • Ensinar habilidades de negociação. • Esclarecer interesses comuns. • Ativar autoridade central.
Alto × Baixo 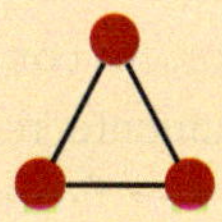	Controle versus autonomia • Resistência a mudanças. • Problemas de motivação.	• Burocratizar poder através de regras. • Utilizar um estilo diferente de liderança. • Intervenções estruturais e culturais.
Alto × Médio × Baixo 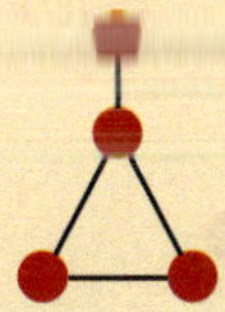	Conflito de papéis, ambiguidade de papéis, estresse. • Concessões, conversa dupla e uso de sanções e recompensas para fortalecer a posição.	• Melhoramento de comunicação. • Esclarecer tarefas. • Horizontalização, expansão de tarefa vertical. • Ensinar estratégias de poder.

Fonte: W. F. G. Mastenbroek, *Conflict Management and Organization Development*, 1987. Copyright John Wiley & Sons Limited. Reprodução autorizada.

A terceira rede de poder é alta *versus* média *versus* baixa. Essa rede ilustra os conflitos clássicos enfrentados pela média gerência. Dois conflitos particulares são evidentes nesse caso: conflito de papéis, em que chefes e funcionários colocam expectativas conflitantes sobre o gestor, e ambiguidade de papéis, em que as expectativas do chefe não são claras. A comunicação melhorada entre as partes pode reduzir o conflito e a ambiguidade de papéis. Além disso, a média gerência pode se beneficiar de treinamentos para influenciar os outros.

Conhecer os tipos de conflito que podem surgir em vários tipos de relação pode ajudar o gestor a diagnosticar os conflitos e encontrar formas adequadas para administrá-los.

Mecanismos de defesa Quando o indivíduo entra em conflito com outra pessoa, geralmente surge frustração.[42] Na maioria das vezes, os conflitos podem surgir em um contexto de avaliação de desempenho. Grande parte das pessoas não reage bem ao *feedback* negativo, como foi ilustrado em um estudo clássico.[43] Nesse estudo, quando funcionários recebiam críticas sobre seu trabalho, mais de 50% das reações eram defensivas.

Quando indivíduos se sentem frustrados, como ocorre no caso de conflitos interpessoais, eles reagem demonstrando mecanismos de defesa.[44] Os mecanismos de defesa são reações comuns para a frustração que acompanha os conflitos.

Mecanismos agressivos, como fixação, deslocamento e negativismo visam atacar a fonte do conflito. Na **fixação**, o indivíduo fica obcecado pelo conflito ou mantém um comportamento disfuncional que, obviamente, não resolve a situação. Um exemplo de fixação ocorreu em uma universidade na qual um docente se envolveu em uma batalha com o reitor porque sentia que não havia recebido um aumento salarial bom o suficiente. Ele insistia em escrever cartas furiosas ao reitor, cujas mãos estavam atadas em razão do baixo orçamento alocado na faculdade. **Deslocamento** significa direcionar a raiva para alguém que não é a fonte do conflito. Um gestor pode responder rispidamente para um funcionário após um desentendimento por telefone com um cliente nervoso. Outro mecanismo de defesa agressivo é o **negativismo**, por meio do qual a pessoa responde com pessimismo a qualquer tentativa de resolução do problema. O negativismo é ilustrado por um gestor que, quando indicado para um comitê no qual não gostaria de trabalhar, faz comentários negativos ao longo de toda a reunião.

Mecanismos de compromisso, como compensação, identificação e racionalização, são usados por indivíduos para fazer o melhor

> "A maioria das pessoas não reage bem ao *feedback* negativo."

fixação
Mecanismo agressivo em que um indivíduo mantém um comportamento disfuncional que obviamente não resolverá o problema.

deslocamento
Mecanismo agressivo em que um indivíduo direciona sua raiva em direção a alguém que não é a fonte do conflito.

negativismo
Mecanismo agressivo em que uma pessoa responde com pessimismo a qualquer tentativa de resolver um problema.

possível em uma situação conflituosa. **Compensação** é um mecanismo de compromisso por meio do qual o indivíduo tenta contornar uma situação negativa dedicando-se a outra busca com mais vigor. A compensação é observada quando a pessoa gasta mais tempo no escritório por causa de um mau relacionamento em casa. **Identificação** é um mecanismo de compromisso por meio do qual o indivíduo padroniza seu comportamento conforme outro. O supervisor de uma construtora, não querendo tomar consciência de que provavelmente não seria promovido, imitava o comportamento de seu chefe, chegando a ponto de comprar o mesmo carro. **Racionalização** é tentar justificar um comportamento atribuindo-lhe falsos motivos. Os funcionários podem racionalizar o comportamento antiético, por exemplo, enchendo suas contas de despesas porque "todos fazem isso".

Os mecanismos de retirada são apresentados quando indivíduos frustrados tentam escapar de um conflito usando tanto meios físicos como psicológicos. Projeção, retirada, conversão e fantasia são exemplos de mecanismos de retirada. Escapar fisicamente de um conflito é chamado de **projeção**. Um funcionário que falta num dia de trabalho após ter perdido a cabeça com o chefe é um exemplo. **Retirada** pode assumir a forma de saída emocional de um conflito, como demonstrar uma atitude do tipo "Não me importo mais". **Conversão** é um processo em que conflitos emocionais se expressam em sintomas físicos. A maioria de nós presenciou a reação de conversão de uma dor de cabeça depois de uma troca emocional com outra pessoa. **Fantasia** é um mecanismo de retirada que permite o escape de um conflito por meio de devaneios. Na era da internet, a fantasia como mecanismo de escape encontrou novo significado. Um estudo conduzido pela Internacional Data Corporation (IDC) mostrou que de 30% a 40% de todo o acesso à internet no trabalho não está relacionado ao trabalho e que em mais de 70% das empresas os sites de sexo foram acessados de suas redes, sugerindo que a mente do funcionário nem sempre está focada no trabalho.[45]

Quando funcionários demonstram mecanismos de retirada, eles geralmente fingem concordar com seus chefes ou colegas de trabalho para evitar um enfrentamento imediato. Muitos funcionários fingem porque, informalmente, as empresas recompensam acordos e punem as desavenças. A consequência da retirada e do fingimento é uma tensão emocional para o funcionário.[46]

O conhecimento dessas técnicas de defesa pode ser extremamente benéfico para o gestor. Ao compreender as maneiras como as pessoas tipicamente reagem perante um conflito interpessoal, o gestor fica preparado para as reações dos funcionários e pode ajudá-los a identificar os sentimentos relacionados ao conflito.

RESULTADO DA APRENDIZAGEM 5

Estratégias e técnicas de administração de conflitos

A abordagem (ou estratégia) que você usa em um conflito é importante para determinar se ele terá um resultado positivo ou negativo.

As estratégias gerais são as estratégias competitivas *versus* estratégias cooperativas. A Tabela 13.2 ilustra as duas estratégias e quatro diferentes cenários de conflitos. A estratégia competitiva é fundada em hipóteses de ganhar-perder e implica comunicação desonesta, desconfiança e posicionamento rígido de ambas as partes.[47] A estratégia cooperativa é fundada em hipóteses diferentes: os potenciais resultados de ganhar-perder, comunicação honesta, abertura a risco e vulnerabilidade e a noção de que o todo pode ser maior do que a soma das partes.

Para ilustrar a importância da estratégia geral, considere o caso de dois grupos competindo por recursos

---

compensação
Mecanismo de compromisso em que um indivíduo tenta contornar uma situação negativa dedicando-se a outra busca com mais vigor.

identificação
Mecanismo de compromisso em que um indivíduo padroniza seu comportamento conforme o comportamento de outra pessoa.

racionalização
Mecanismo de compromisso caracterizado por tentar justificar o comportamento de alguém construindo falsas razões para isso.

projeção/retirada
Mecanismo de retirada que implica fuga física (projeção) ou psicológica (retirada) de um conflito.

conversão
Mecanismo de retirada em que conflitos emocionais são expressos em sintomas físicos.

fantasia
Mecanismo de retirada que oferece o escape de um conflito por meio de devaneios.

TABELA 13.2 Estratégia ganhar-perder versus estratégia ganhar-ganhar

ESTRATÉGIA	DEPARTAMENTO A	DEPARTAMENTO B	ORGANIZAÇÃO
Competitiva	Perder	Perder	Perder
	Perder	Ganhar	Perder
	Ganhar	Perder	Perder
Cooperativa	Ganhar —	Ganhar —	Ganhar

escassos. Suponha que cortes orçamentários tenham de ser feitos em uma empresa de seguros. O gerente que reclama argumenta que o pessoal de treinamento de vendas deveria ser cortado, pois os agentes estão bem treinados. O gerente de treinamento de vendas argumenta que o pessoal que reclama deveria ser cortado, pois a empresa está processando menos reclamações. Isso poderia se tornar em uma rixa disfuncional, com ambos os lados se recusando a ceder. Essa situação constituiria um cenário de ganhar-perder, perder-ganhar ou perder-perder. O corte de pessoal poderia ser feito em apenas um departamento ou em ambos os departamentos. Nos três casos, em razão da abordagem competitiva, a organização acaba em uma posição de perda.

Mesmos em conflitos intensos como aqueles relacionados a recursos escassos, a estratégia ganhar-perder pode levar a organização a resultados positivos. Na realidade, os conflitos ocasionados por recursos escassos podem ser produtivos se as partes possuem objetivos cooperativos — uma estratégia que busca uma solução vitoriosa para ambas as partes. Para alcançar um resultado ganhar-ganhar, o conflito deve ser abordado por meio de discussões abertas dos pontos de vista opostos. Dessa forma, ambas as partes integram visões e criam novas soluções para facilitar a produtividade e fortalecer sua relação; o resultado é um senso de unidade em vez de separação.[48]

No exemplo do conflito entre o gerente que reclama e o gerente do treinamento de vendas, a discussão aberta pode revelar que existem maneiras de proceder aos cortes orçamentários sem cortar pessoal. O departamento de apoio às vendas poderia renunciar parte de seu orçamento para viagens e o departamento de reivindicações poderia cortar as horas extras. Isso representa uma situação ganhar-ganhar para a empresa. O orçamento foi reduzido, e as relações entre os dois departamentos foram preservadas. Ambas as partes abriram mão de algo (observe o "Ganhar–" na Tabela 13.2), mas o conflito foi resolvido e o resultado obtido, positivo.

[Anulação de conflitos de grupos]

O tipo de conflito que um grupo enfrenta pode não ter impacto no desempenho do grupo tanto quanto sua estratégia de resolução preferencial de conflitos. Os grupos tendem a se encaixar em uma categoria estratégica dentre as quatro existentes:

1. **Preocupação dupla:** grupos que trabalham para melhorar ou manter o máximo desempenho, bem como a satisfação do integrante, emprega uma abordagem que foca na preocupação com a tarefa e na integração dos interesses dos membros da equipe.

2. **Focados na tarefa:** grupos que mantêm alto desempenho, mas enfrentam o declínio da satisfação dos integrantes, empregam uma estratégia que cria um ambiente orientado a regras à custa da integração dos interesses individuais.

3. **Focados no psicológico:** grupos com baixo desempenho, mas com alta satisfação dos integrantes, acomodam as preocupações individuais, evitando conflito interpessoal e atingindo harmonia à custa do desempenho.

4. **Preocupação zero:** grupos com baixo desempenho e a baixa satisfação dos integrantes não têm uma estratégia de gerenciamento de conflitos: os papéis não são claros e ninguém identifica ou erradica a fonte do problema.

O resultado? Bom desempenho e integrantes satisfeitos quando as equipes enfatizam a produtividade e integram os interesses dos envolvidos ao mesmo tempo que reconhecem os membros que ajudam a evitar conflitos disfuncionais.

Fonte: K. J. Behfar, R. S. Peterson, E. A. Mannix e W. M. K. Trochim. "The Critical Role of Conflict Resolution in Teams", *Journal of Applied Psychology* 93 (2008): 170-188.

É possível observar a importância da estratégia ampla usada para abordar um conflito. Agora passamos de estratégias amplas para técnicas mais específicas.

Técnicas ineficazes

Existem muitas técnicas específicas para lidar com conflito. Antes de abordar técnicas que funcionam, é preciso reconhecer que algumas ações comumente adotadas nas organizações para lidar com conflitos não são eficazes.[49]

Sem ação é não fazer nada na esperança de que o conflito vai desaparecer. Geralmente, essa não é uma boa técnica, pois a maioria dos conflitos não some, e os indivíduos envolvidos reagem com frustração.

Sigilo é a tentativa de esconder um conflito ou um assunto que tem potencial para gerar conflito, e apenas gera desconfiança. Um exemplo é a política organizacional de sigilo de pagamento. Em algumas organizações, discussões acerca de salários são base para demissões. Quando

sem ação
Não fazer nada na esperança de que o conflito vá acabar.

sigilo
Tentativa de esconder um conflito ou um assunto que tem potencial para gerar conflito.

CAPÍTULO 13 Conflitos e negociações **225**

esse é o caso, os funcionários podem suspeitar que a empresa tem algo a esconder.

Esfera administrativa é demorar para agir em relação a um conflito para ganhar tempo, normalmente dizendo aos indivíduos envolvidos que o problema está sendo trabalhado ou que o chefe titular está pensando a respeito. Como a técnica sem ação, essa provoca frustração e ressentimento.

Processo legal sem ação é um procedimento estabelecido para abordar conflitos que são tão custosos, demorados ou arriscados que ninguém vai usá-lo. As políticas de assédio sexual de algumas empresas são exemplos dessa técnica. Para registrar uma reclamação de assédio sexual, são necessários documentos detalhados, o acusador deve usar os canais apropriados e se arrisca a passar por causador de problemas. Assim, a empresa possui um procedimento para lidar com reclamações (processo legal), mas ninguém o usa (sem ação).

Sujar a imagem é uma tentativa de rotular ou desconsiderar um oponente. Esse tipo de abordagem pode ter efeitos negativos e fazer a pessoa parecer desonesta e cruel. Geralmente, leva a xingamentos e acusações de ambas as partes, que acabam como perdedores aos olhos de quem presencia o conflito.

Técnicas eficazes

Felizmente existem técnicas efetivas de gerenciamento de conflitos. Isso inclui apelar para metas superordenadas, expansão de recursos, mudança de pessoal, mudança de estrutura e confronto e negociação.

Metas superordenadas
Uma meta organizacional que é mais importante para ambas as partes de um conflito do que as metas individuais ou do grupo é uma **meta superordenada**.[50] Essas metas não podem ser alcançadas por um indivíduo ou por um grupo. A conquista desses objetivos requer cooperação de ambas as partes.

Uma técnica efetiva para solução de conflito é apelar para uma meta superordenada – na realidade, focar as partes em uma questão maior em que ambas concordam. Isso ajuda os envolvidos a perceber suas semelhanças em vez de suas diferenças.

No conflito entre os representantes de serviço e os instaladores de TV a cabo que foi discutido anteriormente, apelar para uma meta superordenada seria uma técnica eficaz para a solução do conflito. Ambos os departamentos podem concordar que o serviço de qualidade oferecido ao cliente é uma meta que vale a pena atingir e que esse objetivo não pode ser alcançado a menos que os cabos sejam instalados adequadamente e de maneira pontual e que as reclamações dos clientes sejam efetivamente verificadas. Oferecer serviços de qualidade requer que ambos os departamentos cooperem para atingir o objetivo.

Expansão de recursos
Uma técnica de solução de conflitos tão simples que pode passar despercebida. Se a fonte do conflito é comum ou escassa, oferecer mais recursos pode ser uma solução. Obviamente, os gestores que trabalham com orçamento apertado podem não ter o luxo de obter recursos adicionais. Entretanto, essa é uma técnica a ser considerada. No exemplo anterior deste capítulo, uma solução para o conflito entre gerentes relacionado ao apoio de secretárias seria contratar mais profissionais para essa função.

Mudança de pessoal
Em alguns casos, conflitos de longa duração podem ser marcados para um único indivíduo. Gestores com baixos níveis de inteligência emocional demonstraram ter mais atitudes negativas, menos comportamento altruísta e mais resultados negativos no trabalho. Um gestor cujo descontentamento é crônico e que demonstra baixa IE pode não apenas frustrar seus funcionários, mas também prejudicar o desempenho de seu departamento. Nesses casos, transferir ou dispensar o funcionário pode ser a melhor solução, mas apenas depois do processo legal.[51]

Mudança de estrutura
Outra forma de solucionar um conflito é mudar a estrutura da organização. Isso é alcançado criando-se um papel integrador. Um integrador é uma ligação entre grupos com interesses muito diferentes. Em conflitos severos, a melhor solução pode ser a atuação do integrador como uma terceira parte neutra.[52] Criar o papel de integrador é uma forma de abrir o diálogo entre grupos com dificuldade de comunicação.

As equipes multifuncionais são outra maneira de mudar a estrutura da organização para gerenciar con-

---

esfera administrativa
Demorar a agir sobre um conflito de forma a ganhar tempo.

processo legal sem ação
Procedimento estabelecido para abordar conflitos que são tão caros, demorados ou arriscados que ninguém quer usá-los.

sujar a imagem
Tentativa de rotular ou desconsiderar um oponente.

meta superordenada
Meta organizacional que é mais importante para ambas as partes de um conflito do que as metas individuais ou dos grupos.

flitos. Nos antigos métodos de desenvolver novos produtos, muitos departamentos tinham de contribuir e isso resultava em atrasos gerados pelas dificuldades de coordenar as atividades de vários departamentos. Usar uma equipe multifuncional composta de membros de diferentes departamentos melhora a coordenação e reduz atrasos, permitindo que muitas atividades sejam realizadas ao mesmo tempo em vez de serem realizadas de forma sequencial.[53] A abordagem de equipe permite que membros de diferentes departamentos trabalhem juntos e reduz o potencial para conflitos. No entanto, pesquisas recentes sugeriram que a diversidade funcional pode levar a processamento informacional mais lento nas equipes em razão das diferentes percepções dos membros sobre o que poderia ser necessário para atingir as metas do grupo. Ao reunir equipes multifuncionais, as organizações devem enfatizar metas superordenadas e treinar os membros das equipes para que sejam capazes de solucionar conflitos. Tais técnicas de treinamento podem envolver a educação em outras áreas funcionais, para que todos da equipe possam ter uma linguagem compartilhada.[54] No trabalho em equipe, é necessário dividir uma tarefa grande em tarefas menores e menos complexas, dessa forma, é possível ter equipes menores trabalhando em tarefas menores. Isso ajuda a reduzir os conflitos, e as organizações, por sua vez, podem melhorar o desempenho da equipe melhorando os resultados em cada subequipe.[55]

Confronto e negociação Alguns conflitos requerem confronto e negociação entre as partes. Ambas as estratégias exigem habilidade da parte do negociador e cuidadoso planejamento antes das negociações. O processo de negociação envolve uma discussão aberta das soluções dos problemas; o resultado é, geralmente, uma troca em que ambas as partes trabalham por uma solução mutuamente benéfica.

Negociação é um processo conjunto de encontrar uma solução mutuamente aceitável para um conflito complexo. Existem duas grandes abordagens de negociação: barganha distributiva e negociação integrativa.[56] A **barganha distributiva** é uma abordagem em que as metas de uma parte estão em conflito direto com as metas da outra parte. Os recursos são limitados e cada parte quer maximizar sua porção (pegar seu pedaço da torta). É uma abordagem competitiva ou de ganhar-perder. Em alguns casos, a barganha distributiva faz os negociadores focarem tanto em suas diferenças que ignoram as bases em comum. Nesses casos, a barganha distributiva pode se tornar contraprodutiva. No entanto, a realidade é que algumas situações são distributivas por natureza, principalmente quando as partes são interdependentes. Se o negociador quer maximizar o valor de um único acordo e não está preocupado com a manutenção de um bom relacionamento com a outra parte, a barganha distributiva pode ser a solução.

Por outro lado, **negociação integrativa** é uma abordagem de negociação em que as metas das partes não são vistas como mutuamente exclusivas, mas o foco é sobre ambos os lados atingindo seus objetivos. A negociação integrativa foca nos méritos das questões e é uma abordagem ganhar-ganhar. (Como podemos fazer a torta ficar maior?) Para a negociação integrativa ser bem-sucedida, certas precondições devem estar presentes. Isso inclui ter uma meta comum, acreditar nas habilidades da pessoa para solucionar problemas, convicção na validade da posição da outra parte, motivação para trabalhar junto, confiança mútua e comunicação clara.[57]

Nas negociações, é preciso reconhecer as diferenças culturais. Os negociadores japoneses, por exemplo, quando trabalham com negociadores americanos, tendem a ver seu poder vindo de seu papel (comprador contra vendedor). Os americanos, em contrapartida, veem seu poder como a capacidade de se afastar das negociações.[58] Nenhuma cultura entende muito bem a outra, e as negociações podem lembrar uma dança em que um está dançando valsa e o outro, samba. A dimensão coletivismo-individualismo (discutida no Capítulo 2) exerce grande influência sobre as negociações. Os

QUANDO NEGOCIAR

>> Negociação é uma estratégia útil se considerarmos as seguintes condições.

> Existência de duas ou mais partes. Basicamente, a negociação é um processo interpessoal ou intergrupo.
> Existência de um conflito de interesses entre as partes: o que uma das partes quer não é o que a outra parte quer.
> A disposição das partes de negociar, pois elas acreditam que podem usar sua influência para obter um resultado melhor do que simplesmente tomar partido de um lado.
> A preferência das partes por trabalhar juntas em vez de brigar abertamente, abrir mão, romper relações ou levar a disputa para uma chefia superior.

barganha distributiva
Uma abordagem de negociação em que as metas das partes estão em conflito e cada parte busca maximizar seus recursos.

negociação integrativa
Abordagem de negociação em que as metas das partes não são vistas como mutuamente exclusivas, mas o foco é sobre ambos os lados atingindo seus objetivos.

CAPÍTULO 13 Conflitos e negociações **227**

> *Os homens podem se sentir sufocados quando cobrados para agir de acordo com o estereótipo de serem firmes negociadores e temem não ter capacidade para fazê-lo.*

americanos, com seu individualismo, negociam levando em conta o interesse próprio; os japoneses focam o bem do grupo. A negociação entre diferentes culturas pode ser mais eficaz se você aprender o máximo possível sobre a outra cultura.

O gênero também pode desempenhar um papel importante nas negociações. Parece não existir evidências de que homens são melhores negociadores do que mulheres, ou vice-versa. As diferenças estão em como os negociadores são tratados. As mulheres são descaradamente discriminadas no que diz respeito a ofertas que lhes são feitas nas negociações.[59] Os estereótipos sexistas também afetam o processo de negociação. De acordo com os estereótipos tradicionais, as mulheres são vistas como acomodadas, conciliadoras e emocionais (negativo nas negociações), e os homens são vistos como assertivos, poderosos e convincentes (positivo nas negociações). Algumas vezes, quando mulheres sentem que estão sendo estereotipadas, elas demonstram resistência de estereótipo, a tendência para apresentar comportamento não condizente com o estereótipo ou oposto a ele. Isso significa que elas se tornam mais assertivas e convincentes. Da mesma forma, os homens podem se sentir sufocados quando cobrados para agir de acordo com o estereótipo de serem firmes negociadores e temem não ter capacidade para fazê-lo.

RESULTADO DA APRENDIZAGEM 6

Estilos de gerenciamento de conflitos

Os gestores têm à sua disposição uma variedade de estilos de gerenciamento de conflitos: esquiva, acomodação, competição, comprometimento e colaboração. Uma forma de classificar os estilos de gerenciamento de conflitos é examinar a assertividade dos estilos (medida em que você deseja que suas metas sejam cumpridas) e a cooperatividade (medida em que você quer ver as preocupações da outra parte dissipadas).[60] A Figura 13.4 expõe os cinco estilos de gerenciamento de conflitos que têm como base essas duas dimensões. A Tabela 13.3 na página 230 lista as situações apropriadas a cada estilo de gerenciamento de conflitos.

Esquiva

Esquiva é um estilo de baixa assertividade e cooperatividade. Diz respeito à decisão deliberada de não ter nenhuma ação em relação a determinado conflito ou de permanecer de fora em uma situação conflituosa. Nos últimos tempos, a Airbus, fabricante europeia de aeronaves, enfrentou um conflito intraorganizacional massivo por causa de grandes expansões que incluíam subsidiárias francesas, alemãs, espanholas e britânicas dentro da mesma matriz. As brigas entre executivos pelo poder combinadas com as mudanças na estrutura organizacional podem ter levado a esse tipo de conflito. A Airbus parece ter adotado a estratégia de esquiva na tentativa de deixar esses conflitos diminuírem por si só.[61] Alguns conflitos de relacionamento, como os que envolvem normas políticas

Tendência em debate: sequestro de patrão

Os altos executivos franceses deveriam tomar cuidado. Considerando que o público acredita cada vez mais que a única maneira de as pessoas serem atendidas é por meio do sequestro, os incidentes com executivos que são mantidos como reféns por funcionários que exigem concessões estão se tornando cada vez mais frequentes. Na fábrica da 3M em Orleans, os funcionários que exigiam indenização para os demitidos e garantias de segurança para os remanescentes mantiveram o diretor industrial da empresa como refém por mais de 24 horas até que se chegasse a um acordo. O diretor de recursos humanos e CEO da Sony foram mantidos como reféns enquanto os sindicatos discutiam melhores condições para os funcionários demitidos. No fim das contas, os sequestradores receberam 13 milhões de euros a mais em seus pacotes de benefícios. O sequestro de patrão pode ser uma tática ilegal, mas parece ser eficaz.

Fonte: T. Monicelli, "Sure, kidnap the man," *Newsweek* (25 abr. 2009), http://www.newsweek.com/id/195092; A. Sage, "Angry french workers turn to bossnapping to solve their problems, *Timesonline* (4 abr. 2009), http://www.timesonline.co.uk/tol/news/world/europe/article6031822.ece

e gostos pessoais, podem distrair os membros do grupo em suas tarefas e a esquiva pode ser uma estratégia apropriada.[62] Quando há nervosismo entre as partes e elas precisam de tempo para acalmar, pode ser melhor utilizar a esquiva. No entanto, há um perigo potencial ao usar esse estilo com frequência. Pesquisas mostram que sua aplicação excessiva resulta em avaliações negativas das outras pessoas no ambiente de trabalho.[63]

Acomodação

O estilo que demonstra preocupação com a realização das metas pela outra parte, mas é relativamente despreocupado com o próprio desempenho é chamado de acomodação. Trata-se de um estilo cooperativo, mas não assertivo. As situações de acomodação incluem aquelas vezes em que achamos que estamos errados, quando queremos deixar prevalecer a opinião da outra parte para que a pessoa nos deva um tratamento similar mais tarde ou quando a relação é importante. A superdependência em relação a esse estilo tem seus riscos. Os gestores que constantemente cedem podem pensar que os outros perderão o respeito. Além disso, os gestores acomodados podem ficar frustrados porque suas próprias necessidades não são satisfeitas e podem perder a autoestima.[64] Pesquisas mostraram que os indivíduos superestimam a importância da relação e se acomodam à custa dos resultados reais. Além disso, mostraram que duas mulheres envolvidas em conflito ou negociação usam de forma excessiva a acomodação mais do que dois homens envolvidos na mesma situação.[65]

Competição

A competição é um estilo muito assertivo e não cooperativo. O indivíduo deseja satisfazer os próprios interesses mesmo que seja à custa da outra parte. Em uma emergência ou em situações nas quais a pessoa sabe que está correta, poderá ser apropriado colocar os pés no chão. Depois de uma amarga campanha contra a Shell, ambientalistas obrigaram a Companhia Petrolífera Shell (parte da Royal Duto/Shell Group) a desistir dos planos de construir uma refinaria em Delaware.[66] Contudo, basear-se apenas em estratégias de competição é perigoso. Os gestores que querem proceder dessa maneira podem relutar em admitir quando estão errados e podem ficar cercados por pessoas que temem discordar

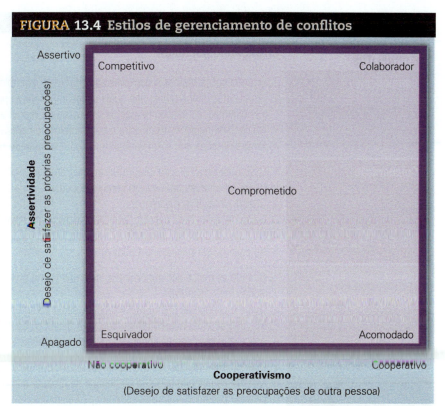

FIGURA 13.4 Estilos de gerenciamento de conflitos

Fonte: K. W. Thomas, "Conflict and Conflict Management," in M. D. Dunnette, *Handbook of Industrial and Organizational Psychology* (Chicago: Rand McNally, 1976), 900. Autorizado por M. D. Dunnette.

deles. Em configurações de equipe, foi observado que o conflito de tarefa e o de relacionamento podem ocorrer juntos, embora o conflito de tarefa seja visto como funcional, ao passo que o conflito de relacionamento é visto como disfuncional para a equipe. Em um estudo recente, duplas de participantes foram expostas a conflito com base em tarefa. Um dos dois membros das duplas foi treinado para usar o estilo competitivo de gerenciamento de conflito ou o estilo colaborativo. Os resultados demonstraram que o estilo de competição levou a mais conflitos de relacionamento, ao passo que o estilo colaborativo levou a menos conflitos de relacionamento.[67]

Comprometimento

O estilo de comprometimento é intermediado tanto pela assertividade como pela cooperatividade, pois cada parte deve abrir mão de algo para chegar à solução do problema. Em geral, o compromisso é estabelecido nos momentos finais das negociações entre sindicato e gerência, quando o tempo é essencial. O compromisso pode ser um estilo substituto eficaz quando os esforços para colaboração não são bem-sucedidos.[68]

É importante reconhecer que o compromisso não é a solução ideal. Compromisso significa a renúncia parcial da posição de uma pessoa com a intenção de atingir os termos. Geralmente, quando as pessoas se comprometem, elas inflam as suas demandas que estão para começar. As soluções alcançadas podem ser apenas

TABELA 13.3 Os cinco estilos de gerenciamento de conflitos

ESTILO CONTROLADOR DE CONFLITOS	SITUAÇÃO APROPRIADA
Competição	1. Quando ações rápidas e decisivas são vitais (por exemplo: emergências). 2. Em questões importantes nas quais ações impopulares precisam ser implementadas (por exemplo: contenção de gastos, aplicação de regras antipáticas, disciplina). 3. No caso de questões vitais para o bem-estar da empresa quando você sabe que está certo. 4. Contra pessoas que tiram vantagem do comportamento não competitivo.
Colaboração	1. Busca por uma solução integrativa quando ambos os conjuntos de preocupações são muito importantes para serem comprometidos. 2. Quando o objetivo é aprender. 3. União de *insights* de pessoas com perspectivas diferentes. 4. No caso de obter comprometimento incorporando preocupações em um consenso. 5. No caso de ser necessário trabalhar com sentimentos que interferem em uma relação.
Comprometimento	1. Quando as metas são importantes, mas não vale a pena o esforço ou a ruptura potencial de modos mais assertivos. 2. Quando oponentes com o mesmo poder estão comprometidos com metas mutuamente exclusivas. 3. No caso de obter acordo temporário para questões complexas. 4. Aplicável como ação de segurança quando a colaboração ou a competição não são bem-sucedidas.
Esquiva	1. Quando uma questão é trivial ou questões mais importantes são oprimidas. 2. Quando se percebe que não há chance de dissipar as preocupações. 3. Quando potenciais rupturas superam os benefícios da solução. 4. Para acalmar as pessoas e readquirir perspectivas. 5. Quando a reunião de informações deixa em segundo plano as decisões imediatas. 6. Quando outras pessoas conseguem resolver o conflito de forma mais eficaz. 7. Quando questões parecem tangenciais ou sintomas de outras questões.
Acomodação	1. Quando você acha que você está errado – para permitir que uma melhor posição seja ouvida, para aprender e demonstrar sua sensatez. 2. Quando questões são mais importantes para os outros do que para si mesmo – para satisfazer os outros e manter a cooperação. 3. Para reunir crédito social a ser utilizado em questões futuras. 4. Para minimizar perdas quando a pessoa está superada e em desvantagem. 5. Quando a harmonia e a estabilidade são especialmente importantes. 6. Para permitir que os funcionários se desenvolvam aprendendo com os erros.

Fonte: K. W. Thomas. "Toward Multidimensional Values in Teaching: The Example of Conflict Behaviors", *Academy of Management Review* 2 (1977): 309-325. Reproduzido com permissão do editor via Copyright Clearance Center, Inc.

temporárias e, normalmente, o compromisso não melhora as relações entre as partes do conflito.

Colaboração

Um estilo ganhar-ganhar que mostra alta assertividade e cooperatividade é conhecido como colaboração. Trabalhar para isso envolve a discussão aberta do conflito e chegar a uma solução satisfatória para ambas as partes. As situações em que a colaboração pode ser eficaz incluem momentos em que ambas as partes precisam estar comprometidas com uma solução final ou quando uma combinação de diferentes perspectivas pode ser formada para uma solução. Em longo prazo, leva a melhora de relacionamentos e desempenho eficaz.[69] Equipes que usam a colaboração de forma eficaz veem conflitos como um problema mútuo que precisa de considerações comuns para chegar a uma resolução. Entendendo isso, os membros de equipes adquirem a confiança de que os outros membros trabalharão para soluções mutuamente benéficas e, finalmente, vão gerar ideias diversificadas para facilitar o desempenho da equipe.[70]

Pesquisas sobre os cinco estilos de gerenciamento de conflitos indicam que, embora a maioria dos gestores prefira determinado estilo, eles têm a capacidade de mudar os estilos de acordo com a situação.[71] Um estudo de gerentes de projetos descobriu que os gestores que combinavam os estilos de competição e esquiva eram vistos como ineficientes pelos engenheiros que trabalhavam em suas equipes de projetos.[72] Em um outro estudo sobre conflitos entre gerentes de projetos P&D e o *staff* técnico, os estilos de competição e esquiva resultaram em conflitos mais frequentes e baixo desempenho, ao passo que o estilo de colaboração resultou em conflitos menos frequentes e melhor desempenho.[73]

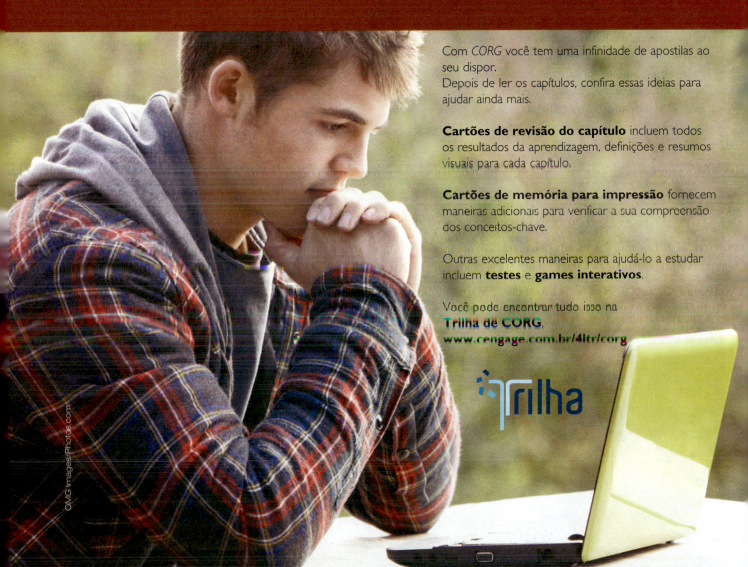

CAPÍTULO 14

Cargos e desenho de trabalho

RESULTADOS DA APRENDIZAGEM

Após a leitura deste capítulo, você estará apto a:

1. Diferenciar cargo de trabalho.
2. Discutir abordagens tradicionais para o desenho do cargo.
3. Identificar e descrever abordagens alternativas do desenho do cargo.
4. Identificar questões atuais que as organizações enfrentam em relação ao desenho do trabalho.

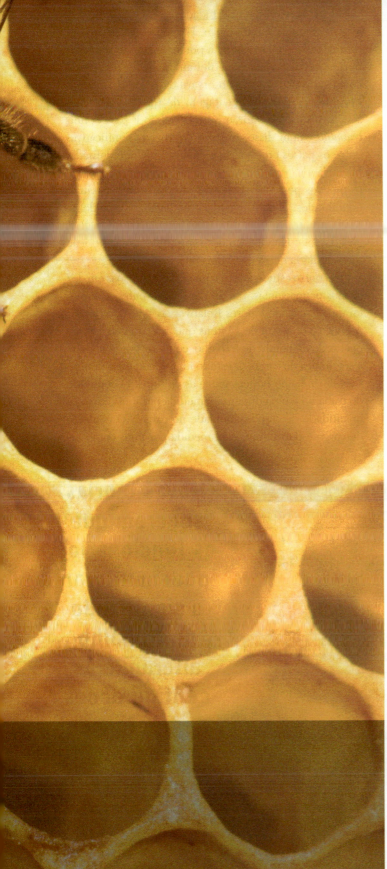

> **❝** É importante compreender e apreciar as diferenças entre culturas e indivíduos com relação ao significado do trabalho. **❞**

> **❝** Para todas as pessoas, o trabalho é organizado em cargos, e cargos se encaixam na estrutura mais ampla de uma organização.

RESULTADO DA APRENDIZAGEM 1

Trabalho nas organizações

Um **cargo** é definido como um conjunto de tarefas e trabalhos específicos que engaja um indivíduo na organização. Um cargo não é o mesmo que uma posição organizacional ou uma carreira. *Posição organizacional* identifica um cargo em relação às outras partes da organização; carreira se refere a uma sequência de experiências de cargos ao longo do tempo.

Trabalho é uma atividade mental ou física que gera resultados produtivos. O trabalho é uma importante razão para que as organizações existam. Um cargo é composto de um conjunto de tarefas específicas, cada tarefa é uma parte do trabalho a ser realizado em determinado período de tempo. O trabalho é um importante empenho humano, pois possui um efeito poderoso. Por meio do trabalho, as pessoas se tornam seguramente atreladas à realidade e conectadas às relações humanas. *Trabalho* tem diferentes significados para diferentes pessoas. Para todas as pessoas, o trabalho é organizado em cargos, e cargos se encaixam na estrutura mais amplas de uma organização. A estrutura dos cargos é o foco deste capítulo, e a estrutura organizacional é o assunto do próximo capítulo. Ambos os capítulos enfatizam as organizações como grupos de relações de tarefas e autoridade por meio dos quais as pessoas realizam trabalhos.

cargo
Conjunto de tarefas e trabalhos específicos que engaja um indivíduo na organização.

trabalho
Atividade mental ou física que gera resultados produtivos.

233

O significado de trabalho

O **significado de trabalho** difere de pessoa para pessoa, de cultura para cultura e de profissão para profissão.[1] Em um ambiente de trabalho cada vez mais global, é importante compreender e apreciar diferenças entre indivíduos e culturas com relação ao significado de trabalho. Um estudo identificou seis padrões que as pessoas seguem para definir *trabalho*, e eles ajudam a explicar as diferenças culturais na motivação das pessoas para trabalhar.[2]

Padrão A define *trabalho* como uma atividade em que os valores vêm do desempenho e pela qual uma pessoa é responsável. Geralmente, é autodirecionado e desprovido de sentimento negativo.

Padrão B define *trabalho* como uma atividade que oferece a uma pessoa sentimento e identidade pessoal positiva. O trabalho contribui para a sociedade e não é desagradável.

Padrão C define *trabalho* como uma atividade cujos lucros revertem para as pessoas em razão de seu desempenho e que pode ser realizado em contextos diversos, além do local de trabalho. Geralmente, é fisicamente árduo e, de certa, forma compulsivo.

Padrão D define *trabalho* como uma atividade física primária que uma pessoa deve fazer direcionada por outras pessoas e geralmente executada em um local próprio. Em geral, é desprovido de sentimento positivo e está, desagradavelmente, atrelado ao desempenho.

Padrão E define *trabalho* como uma atividade mental e fisicamente extenuante. É desagradável e desprovido de sentimento positivo.

Padrão F define *trabalho* como uma atividade restrita a períodos de tempo específicos que não provoca sentimento positivo por meio do desempenho.

Esses padrões foram estudados em seis países: Bélgica, Alemanha, Israel, Japão, Holanda e Estados Unidos. A Tabela 14.1 resume a porcentagem de trabalhadores que, em cada país, definiu trabalho de acordo com os seis padrões. Ao observarmos os dados, notamos que uma pequena porcentagem de trabalhadores nos seis países usou o Padrão E ou o Padrão F para definir *trabalho*. Além disso, existem diferenças significativas entre os países em relação a como *trabalho* é definido. Na Holanda, *trabalho* é definido de forma mais positiva; os motivos pessoais e coletivos para realizá-lo são mais equilibrados. Já na Alemanha e no Japão, é definido de modo menos positivo e com mais motivos coletivos. Bélgica, Israel e Estados Unidos representam uma posição intermediária entre esses dois polos.

Em outro estudo internacional, 5.500 pessoas em dez grupos ocupacionais, em 20 países diferentes, completaram a Escala de Valores Relativos ao Trabalho (EVT).[3] A EVT é composta de 13 itens que avaliam diversos aspectos do ambiente de trabalho, como responsabilidade e segurança do cargo. O estudo identificou duas dimensões de trabalho básicas entre as culturas. O conteúdo do trabalho é uma dimensão, medida por itens como "a quantidade de responsabilidade no cargo". O contexto do cargo é outra dimensão, medida por itens como "as

> **significado de trabalho**
> Maneira como uma pessoa interpreta e compreende o valor do trabalho como parte da vida.

TABELA 14.1 Padrões de definição de trabalho por país

AMOSTRA	A	B	C	D	E	F
Total da amostra (N × 4.950)	11%	28%	18%	22%	11%	12%
País						
Bélgica	8%	40%	13%	19%	11%	9%
Alemanha	8%	26%	13%	28%	11%	14%
Israel	4%	22%	33%	23%	9%	9%
Japão	21%	11%	13%	29%	10%	17%
Holanda	15%	43%	12%	11%	9%	9%
Estados Unidos	8%	30%	19%	19%	12%	11%

Nota: $X^2 = 680,98$ (25 graus de liberdade). $P < .0001$ Nível de importância.

* No Padrão A, o trabalho é valorizado pelo seu desempenho. A pessoa é responsável e, geralmente, autodirecionada. No Padrão B, oferece à pessoa sentimento e identidade positiva. Ele contribui para sociedade. No Padrão C, oferece lucro para as pessoas em razão do desempenho. É algo físico e não se limita ao local de trabalho. No Padrão D, é uma atividade física direcionada por outras pessoas e geralmente desagradável. No Padrão E, é extenuante mental e fisicamente. É desagradável. No Padrão F, é restrito a períodos específicos de tempo. Não traz sentimento positivo por meio do desempenho.

Fonte: G. W. England e I. Harper. "How Working Is Defined: National Contexts and Demographic and Organizational Role Influences", de *Journal of Organizational Behavior* 11, 1990. Material utilizado com a autorização de John Wiley & Sons, Inc.

> **Novas teorias sugerem que os funcionários podem alterar o significado do trabalho alterando as configurações de tarefa e de relacionamento no ambiente de trabalho.**

políticas da minha empresa". O resultado sugere que as pessoas, em diversas culturas, distinguem a natureza do trabalho propriamente dito e os elementos do contexto em que o trabalho é realizado. Isso apoia a teoria de motivação dos dois fatores de Herzberg (ver Capítulo 5) e seu método de enriquecimento de cargo discutido mais adiante neste capítulo. Embora haja diferenças em relação ao significado de *trabalho* entre os países, novas teorias sobre a elaboração de um trabalho sugerem que os funcionários podem alterar tanto o significado como a identidade do trabalho mudando as configurações de tarefa e relacionamento.[4]

Cargos nas organizações

As relações de tarefa e autoridade definem a estrutura de uma organização. Cargos são os blocos básicos que constituem a estrutura tarefa-autoridade e são considerados o elemento microestrutural com o qual os funcionários se relacionam mais diretamente. Normalmente, os cargos são projetados para complementar o apoiar outros cargos na organização. Os cargos isolados são raros, embora um tenha sido identificado na Coastal Corporating durante o início dos anos 1970. Logo depois que Oscar Wyatt mudou a empresa de Corpus Christi, Texas, para Houston, a Coastal desenvolveu quadros organizacionais e descrições de cargo porque a empresa havia crescido muito. Nesse processo, constatou-se que o adorado economista da empresa não se reportava a ninguém. Todos achavam que ele trabalhava para uma pessoa. No entanto, esse tipo de ocorrência é raro.

Nas organizações, os cargos são interdependentes e desenvolvidos para contribuir com a missão e as metas gerais da organização. Para que os vendedores sejam bem-sucedidos, o pessoal da produção deve ser eficaz. Para que o pessoal da produção seja eficaz, o departamento de suprimentos deve ser eficaz. Essa interdependência requer planejamento e desenvolvimento cuidadoso para que todas as "partes do trabalho" se encaixem. Um vendedor de envelopes que quer fechar um pedido de 1 milhão de envelopes da John Hancock Financial Services deve se alinhar com o departamento de produção para estabelecer uma data de entrega viável. A falha ao incorporar essa interdependência no planejamento pode criar um conflito e condenar a empresa ao fracasso no cumprimento das expectativas de John Hancock. Os pontos centrais deste capítulo são desenho do trabalho e estruturação de cargos para evitar tais problemas e garantir o bem-estar do funcionário. Os cargos não flexíveis, estruturados de forma rígida, têm um efeito adverso e conduzem os funcionários ao estresse.

As maiores questões relacionadas ao *desenho* das organizações são os processos competitivos de diferenciação e integração nas organizações (ver Capítulo 15). Diferenciação é o processo de subdividir e "departamentalizar" o trabalho de uma empresa. Os cargos resultam da diferenciação, que é necessária porque ninguém pode fazer tudo sozinho (contrariando a famosa afirmação feita por Harold Geneen, ex-presidente da ITT: "Se eu tivesse braços, pernas e tempo suficientes, eu mesmo faria isso sozinho"). Até mesmo pequenas organizações devem dividir o trabalho para que cada pessoa seja capaz de realizar uma parte gerenciável do todo. Ao mesmo tempo em que a organização divide o trabalho, ela também deve integrar todos os pedaços. Integração é o processo de conectar cargos e departamentos em um todo coordenado e coeso. Se o vendedor de envelopes estivesse sincronizado com o gerente de produção antes de finalizar o pedido com John Hancock, a empresa poderia ter atingido as expectativas do cliente e teria ocorrido uma integração.

> " Ninguém pode fazer tudo sozinho

CAPÍTULO 14 Cargos e desenho de trabalho   **235**

RESULTADO DA APRENDIZAGEM 2

Abordagens tradicionais da especificação do trabalho

A falha ao diferenciar, integrar, ou ambos, pode resultar em cargos mal especificados que, por sua vez, causam uma variedade de problemas de desempenho. A correta especificação de cargos ajuda a evitar esses problemas, melhora a produtividade e aumenta o bem-estar do funcionário. As abordagens relacionadas à especificação de cargos desenvolvidas durante o século XX são ampliação/rotação de cargos, enriquecimento de cargos e a teoria das características do cargo. Tais abordagens oferecem benefícios únicos para a organização, para o funcionário ou para ambos, mas cada uma delas tem limitações e inconvenientes. Além disso, a dependência involuntária de uma abordagem tradicional pode ser um sério problema em qualquer empresa. As últimas abordagens sobre especificação de cargos foram desenvolvidas para superar as limitações das abordagens tradicionais. A ampliação de tarefas pretendia superar o problema do tédio relacionado com a abordagem da administração científica para a definição de cargos.

Administração científica

A administração científica, abordagem de desenho do trabalho, primeiro defendida por Frederick Taylor, enfatiza a simplificação do trabalho. A **simplificação do trabalho** é a padronização e a especificação explícita das tarefas dos funcionários.[5] Os cargos especificados por meio da administração científica apresentam um número limitado de tarefas e cada tarefa é cientificamente especificada para que o funcionário não seja obrigado a pensar deliberadamente. De acordo com Taylor, o papel da administração e do engenheiro industrial é calibrar e definir cuidadosamente cada tarefa. O papel do funcionário é executá-la. Os elementos da administração científica, como tempo e estudos de movimentos, sistemas diferenciais de salários por produção e seleção científica de funcionários focam o uso eficiente do trabalho para o benefício econômico da corporação.

Ampliação de tarefas/ rodízio de funções

Ampliação de tarefas é uma abordagem tradicional que visa superar as limitações de trabalhos altamente especializados, como tédio e dificuldade de coordenar o trabalho.[6] A **ampliação de tarefas** é um método de especificação de cargo que aumenta o número de tarefas para evitar o tédio do trabalho superespecializado. A **rotação de funções**, variação da ampliação de tarefas, expõe o funcionário a uma variedade de tarefas especializadas ao longo do tempo. O motivo pelos quais essas diferentes abordagens surgiram foi para resolver os problemas advindos da superespecialização. Primeiro, o principal problema com o trabalho superespecializado foi entendido como falta de variedade, ou seja, as funções descritas pela administração científica eram muito estritas e limitadas no que diz respeito ao número de tarefas e atividades atribuídas a cada trabalhador. Segundo, a falta de variedade levou ao desestímulo e subutilização do funcionário. Terceiro, o funcionário seria mais estimulado e melhor utilizado se a variedade

---

simplificação do trabalho
Padronização e especificação estreita e explícita das tarefas dos funcionários.

ampliação de tarefas
Método de especificação de trabalho que aumenta o número de tarefas de um cargo para superar o tédio e o trabalho superespecializado.

rotação de funções
Variação da ampliação do trabalho; expõe o funcionário a uma variedade de tarefas especializadas ao longo do tempo.

[Argumentos para a simplificação do trabalho]

1. Permitiu que funcionários de etnias e experiências diversificadas trabalhassem juntos de forma sistemática, um importante fator durante o primeiro grande período de globalização e imigração para a América no fim de 1800.[7]

2. Conduz à eficiência na produção e, consequentemente, a lucros mais altos.

[Limitações da simplificação do trabalho]

1. Subestima a capacidade humana em relação ao pensamento e ao talento. As funções desenvolvidas por meio da administração científica usam apenas uma porção das capacidades da pessoa. A subutilização torna o trabalho chato, monótono e desestimulante e pode causar uma variedade de problemas no ambiente organizacional.

2. Tende a tratar o funcionário como meio de produção, desumanizando a mão de obra.

Os funcionários que trabalham na linha de produção geralmente têm atitudes positivas em relação a salário, segurança no trabalho e supervisão.

contemporâneo em uma fábrica de eletrônicos na Suécia usou medidas fisiológicas de tensão muscular.[9] A ampliação de tarefas teve um efeito positivo sobre a variabilidade da exposição mecânica.

Um estudo posterior examinou os efeitos do trabalho baseado na produção em massa em funcionários de linhas de montagem do ramo automotivo.[10] Os trabalhos que se baseiam na produção em massa apresentam seis características: ritmo de trabalho controlado mecanicamente, repetitividade, exigências mínimas de habilidades, ferramentas e técnicas predeterminadas, divisão do processo de produção por minuto e exigência de atenção mental em vez de concentração profunda. Pesquisadores conduziram 180 entrevistas com funcionários que trabalhavam em linhas de montagem e identificou atitudes positivas com relação ao salário, à segurança e à supervisão. Eles concluíram que a ampliação de tarefas e o rodízio de funções melhorariam outros aspectos do trabalho, como repetição e ritmo de trabalho mecânico.

de funções fosse aumentada. A variedade poderia ser ampliada com o aumento do número de atividades ou com o rodízio do funcionário em diferentes funções. A ampliação de tarefas no caso de um torneiro mecânico em uma metalúrgica poderia incluir a seleção de metais e a realização de todo o trabalho de manutenção. Como um exemplo de rotação de funções, o funcionário de um pequeno banco poderia abrir novas contas em um dia, trabalhar como caixa num outro dia e processar aplicações de empréstimo em um terceiro dia.

Um dos primeiros estudos relacionados ao problema do trabalho repetitivo foi conduzido na IBM após a Segunda Guerra Mundial. A empresa implantou um programa de ampliação de tarefas durante a guerra e avaliou o esforço após seis anos.[8] Os dois resultados mais importantes foram o aumento significativo na qualidade da produtividade e a redução do tempo de inatividade, tanto das pessoas como das máquinas. Benefícios menos óbvios e mensuráveis são a melhora do status do funcionário e da comunicação entre chefia-funcionário. A IBM concluiu que a ampliação de tarefas rebatia os problemas da especialização do trabalho. Um estudo

Programas de rodízio de funções e **treinamento cruzado** são variações da ampliação de tarefas. A empresa farmacêutica Eli Lilly constatou que o rodízio de funções pode ser um meio pró-ativo de melhorar as experiências no trabalho para o desenvolvimento de carreira e pode ter benefícios tangíveis para os funcionários na forma de aumentos salariais e promoções.[11] No treinamento cruzado, os funcionários são treinados em diferentes tarefas ou atividades especializadas. Embora o rodízio de funções possa ser uma prática comum para funcionários com alto potencial, eles devem se manter em uma posição por tempo suficiente para observar as consequências de suas decisões.[12] Os três tipos de programa ampliam horizontalmente as funções; isto é, há um aumento do número e da variedade de tarefas e atividades realizadas pelo funcionário. A empresa Graphic Controls Corporation (agora uma subsidiária da Tyco International) valeu-se do treinamento cruzado para desenvolver um grupo de trabalho flexível que permitisse à empresa manter os altos níveis de produção.[13] Muito dos trabalhos de hoje exigem que os funcionários administrem diversas atividades como parte de sua rotina. É importante que os

[**Dois problemas-chave podem surgir na implementação da ampliação de tarefas:**]

1. Pode ocorrer uma queda inicial no desempenho à medida que os funcionários se acomodam com a mudança.
2. Supervisores de primeira linha podem enfrentar certo grau de ansiedade ou hostilidade como resultado do aumento de responsabilidade do funcionário.

treinamento cruzado
Variação da ampliação do trabalho em que os funcionários são treinados em diferentes atividades e tarefas especializadas.

CAPÍTULO 14   Cargos e desenho de trabalho   **237**

funcionários consigam se desvencilhar de uma tarefa antes de partir para outra, dessa forma, podem atingir altos níveis de desempenho.[14]

Valorização do cargo

Enquanto a ampliação de tarefas aumenta o número de atividades por meio de carga horizontal, a valorização do cargo aumenta a quantidade de responsabilidade por meio de carga vertical. As duas abordagens de especificação de cargo têm o objetivo, em parte, de aumentar a satisfação dos funcionários. Um estudo para testar se a satisfação é resultado de características do trabalho ou da pessoa constatou que uma abordagem interacionista é mais precisa e que o replanejamento do cargo pode contribuir para uma maior satisfação no caso de alguns funcionários. Outro estudo de dois anos verificou que satisfação intrínseca em relação ao cargo e percepções do cargo estão relacionadas de forma recíproca.[15]

Enriquecimento do cargo é projetar ou redesenhar um trabalho incorporando nele fatores motivacionais. Esse enriquecimento edifica-se sobre a teoria dos dois fatores de Herzberg: os fatores de higiene e os fatores motivacionais presentes no ambiente de trabalho. Ao passo que a ampliação de tarefas recomenda aumento e variedade no número de atividades que uma pessoa realiza, a valorização do trabalho recomenda o aumento do reconhecimento, da responsabilidade e de oportunidades. Ampliar o trabalho do torneiro mecânico significa acrescentar atividades de manutenção e enriquecer o trabalho significa a possibilidade de o funcionário contatar os clientes que compram os produtos.

De acordo com Herzberg, apenas alguns trabalhos devem ser enriquecidos; o primeiro passo é selecionar os mais apropriados para a valorização.[16] Ele reconhece que algumas pessoas preferem cargos simples. Uma vez selecionados os trabalhos, a gerência deve fazer um *brainstorm* sobre possíveis mudanças, revisar a lista para incluir apenas mudanças específicas relacionadas a fatores motivacionais e filtrar generalidades e sugestões que simplesmente aumentariam as atividades ou a quantidade de tarefas. As pessoas cujos cargos serão enriquecidos não devem participar desse processo, pois poderia haver um conflito de interesses.

Um estudo de sete anos de implementação do enriquecimento de cargo na AT&T constatou que a abordagem era benéfica.[17] O enriquecimento do cargo exigia uma grande mudança no estilo de administração e a AT&T descobriu que não poderia ignorar fatores de higiene no ambiente de trabalho só porque valorizava os trabalhos já existentes. Embora a experiência da AT&T com a valorização do trabalho fosse positiva, uma revisão crítica não achou que esse seria um caso a ser generalizado.[18] Um problema relacionado ao enriquecimento do cargo como estratégia para a especificação do cargo é que se baseia em uma teoria de motivação supersimplificada. Outro problema é não considerar as diferenças individuais entre funcionários. O enriquecimento do cargo, assim como a especialização do cargo da administração científica e a ampliação/rotação de cargos, é uma abordagem universal para o *desenho* do trabalho, portanto, não se diferencia entre indivíduos.

Teoria das características do cargo

A teoria das características do cargo, que teve início nos anos de 1960, é uma abordagem tradicional para

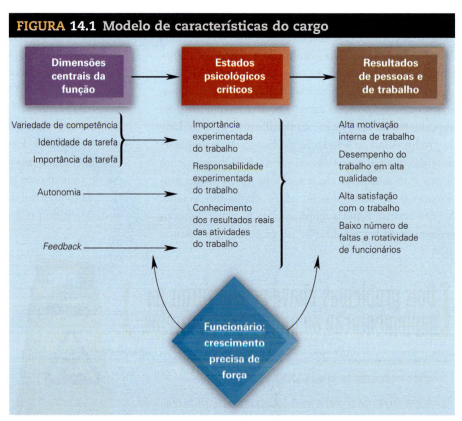

FIGURA 14.1 Modelo de características do cargo

Fonte: J. R. Hackman e G. R. Oldham, "The Relationship Among Core Job Dimensions, the Critical Psychological States, and On-the-Job Outcomes," *The Job Diagnostic Survey: An Instrument for the Diagnosis of Jobs and the Evaluation of Job Redesign Projects*, 1974. Reimpressão autorizada por Greg R. Oldham.

---

enriquecimento do cargo
Projetar ou redesenhar um trabalho incorporando fatores motivacionais.

CINCO CARACTERÍSTICAS FUNDAMENTAIS DO CARGO

1 *Variedade de Habilidades.* Grau em que um cargo inclui diferentes atividades e envolve o uso de múltiplas habilidades e talentos.

2 *Identidade da Tarefa.* Grau em que o cargo requer realização de um todo e de partes identificáveis do trabalho – ou seja, desempenhar um cargo do início ao fim com um resultado tangível.

3 *Importância da Tarefa.* Grau em que o trabalho possui um impacto substancial sobre a vida ou o trabalho de outras pessoas, seja na organização, seja no ambiente externo.

4 *Autonomia.* Grau em que o cargo oferece ao funcionário liberdade, independência e critério na programação do trabalho e na determinação dos procedimentos a serem adotados para sua realização.

5 *Feedback do próprio cargo.* Grau em que a realização das atividades do trabalho resulta na obtenção direta e clara de informações, por parte do funcionário, sobre a eficácia de seu desempenho.

---

o *desenho* do trabalho que faz um desvio significativo em relação às três abordagens anteriores. Ela enfatiza a interação entre os atributos individuais e específicos do cargo; portanto, é um modelo de adaptação pessoa-cargo em vez de um modelo de especificação de trabalho universal. Originou-se de um estudo com 470 funcionários de 47 funções diferentes em 11 indústrias.[19] O estudo media e classificava características relevantes de tarefas dessas 47 funções e identificou quatro características fundamentais: variedade das funções, autonomia, responsabilidade e interação. O estudo também descobriu que as características fundamentais do cargo não afetavam todos os funcionários da mesma forma. As experiências étnicas, as crenças religiosas e os valores do funcionário influenciavam na maneira como ele reagia ao cargo. Especificamente, os funcionários com valores rurais e fortes crenças religiosas preferiram trabalhos com as características fundamentais e funcionários com valores urbanos e poucas crenças religiosas preferiram trabalhos com poucas características fundamentais. Um estudo testou o efeito do cargo e as características do trabalho sobre as intenções de saída dos funcionários e constatou que eles consideram ambos ao decidir deixar a empresa.[20]

Richard Hackman e colaboradores modificaram o modelo original incluindo três estados psicológicos do indivíduo e refinaram a medida das características fundamentais do cargo. Disso resultou o **Modelo de Características do Cargo** exibido na Figura 14.1.[21] A **Pesquisa de Diagnóstico do Cargo (JDS)**, medida de especificação de cargo mais utilizada, foi desenvolvida para diagnosticar o cargo por meio da medição das cinco características fundamentais e dos três estados psicológicos críticos mostrados no modelo. As características fundamentais do trabalho estimulam os estados psicológicos críticos, como vimos na Figura 14.1. Isso resulta na variação dos resultados pessoais e do trabalho. Uma nova proposta para modificar o modelo de características do cargo sugere que propriedade psicológica é um importante fator no desenho do cargo.[22]

De acordo com Hackman e colaboradores, as cinco características fundamentais do cargo interagem para determinar uma Pontuação de Motivação Potencial (MPS) para determinado cargo. A MPS indica o potencial de um cargo para tarefas motivadoras. A MPS de uma pessoa é determinada pela seguinte equação:

$$MPS = \frac{\begin{bmatrix}\text{Variedade de} \\ \text{habilidades}\end{bmatrix} + \begin{bmatrix}\text{Identidade} \\ \text{de tarefas}\end{bmatrix} + \begin{bmatrix}\text{Importância} \\ \text{da tarefa}\end{bmatrix}}{3} \times [\text{Autonomia}] \times [\textit{Feedback}].$$

O Modelo de Características do Cargo inclui a *necessidade de crescimento* (desejo de crescer e desenvolver as habilidades individuais) como moderador. Pessoas com alto nível de necessidade de crescimento reagem de forma favorável a cargos com alto MPS, já os indivíduos com baixo nível de necessidade do crescimento reagem menos favoravelmente a tais cargos. A teoria das características do cargo ainda sugere que as dimensões fundamentais do cargo estimulam três estados psicológicos críticos, de acordo com as relações especificadas no modelo.

Modelo de Características do Cargo
Quadro para compreender a adaptação entre pessoa-trabalho por meio da interação de dimensões essenciais de trabalho com estados psicológicos críticos da pessoa.

Pesquisa de Diagnóstico do Cargo (JDS)
Instrumento projetado para medir os elementos do Modelo de Características do Trabalho.

Esses estados psicológicos são definidos assim:

1. *Significância percebida do trabalho*, ou grau em que o funcionário enxerga o cargo de forma significativa, valiosa e compensadora.
2. *Responsabilidade percebida pelos resultados do trabalho*, ou grau em que o funcionário se sente responsável pelos resultados do trabalho que executa.
3. *Conhecimento dos resultados*, ou grau em que o funcionário sabe e compreende, de forma contínua, o quão efetivamente ele está executando o cargo.

Em um estudo inicial, Hackman e Oldham administraram a JDS entre 658 funcionários, em 62 trabalhos diferentes em sete organizações.[23] A JDS foi útil na reespecificação do cargo por meio de um ou mais de cinco conceitos de implementação: (1) combinação de tarefas em cargos maiores, (2) formação natural de equipes para aumentar a identidade da tarefa e sua importância, (3) estabelecimento de relacionamentos com os clientes, (4) obtendo cargos verticais com mais responsabilidade e/ou (5) canais abertos de *feedback* para as tarefas do cargo. Se um mecânico automotivo recebesse pouco *feedback* sobre a qualidade do conserto realizado, uma estratégia de redesenho do cargo serviria para solicitar ao cliente *feedback* um mês após cada reparo.

Uma recente sequência de dois estudos conduzidos no Egito teve como objetivo desagregar a autonomia do cargo, um importante componente na teoria de especificação do cargo.[24] O estudo 1 envolveu 534 funcionários de duas organizações egípcias. O estudo 2 envolveu 120 gerentes em quatro organizações. Os resultados indicaram que método de trabalho separado, programação do trabalho e autonomia de critérios de trabalho eram três facetas separadas da autonomia de trabalho.

Uma alternativa para o Modelo de Características do Cargo é o Inventário das Características do Cargo (JCI) desenvolvido por Henry Sims e Andrew Szilagyi.[25] O JCI mede, primeiro, as características principais do cargo. Não é tão compreensivo quanto a JDS, pois não incorpora estados psicológicos críticos, resultados pessoais e de trabalho ou necessidades dos funcionários. O JCI fornece algumas considerações para as variáveis individuais e estruturais que afetam a relação entre as características principais e o indivíduo.[26] Uma análise comparativa do JCI e JDS identificou similaridades nas medidas e nas previsões de modelos.[27] A análise comparativa também constatou duas diferenças. Primeira diferença: as escalas de variedade nos dois modelos parecem ter efeitos diferentes sobre o desempenho. Segunda: as escalas de economia nos dois modelos parecem ter efeitos diferentes sobre a satisfação do funcionário. De modo geral, tanto a JCI como a JDS apoiam a utilidade da abordagem de adaptação pessoa-cargo para o *desenho* do cargo ao invés das teorias antigas e universais.

Comprometimento As condições psicológicas relacionadas às características de especificação do cargo são uma preocupação particular do Modelo de Características do Cargo.[28] Um estudo com mais de 200 gerentes e funcionários de uma companhia de seguros no Oriente Médio constatou que significado, segurança e disponibilidade foram três importantes condições psicológicas que afetavam o **comprometimento** dos funcionários em suas funções e papéis. O comprometimento no trabalho é importante pelos seus resultados individuais e organizacionais. Embora importante para o sucesso da empresa, apenas um terço dos funcionários em um estudo recente reportaram que estavam engajados em seus trabalhos.[29] Comprometimento é o aproveitamento dos membros organizacionais em relação aos seus papéis do trabalho. Quando engajadas, as pessoas se expressam física, cognitiva e emocionalmente ao realizar seus trabalhos e desempenhar seus papéis. O questionário Q12 de Gallup foi usado para melhorar o comprometimento de um grupo de nutrição na Clínica de Saúde de St. Mary/Duluth.[30]

O comprometimento total requer a administração estratégica da energia de uma pessoa como resposta ao ambiente.[31] Estar completamente engajado no cargo e no papel do trabalho pode ser muito apropriado e exigir tempo, energia e esforço. Para atingir o equilíbrio e a recuperação, existe a necessidade para se desligar do cargo e do papel do trabalho regularmente. A administração efetiva de energia em reposta ao cargo e ao papel do trabalho leva tanto ao alto desempenho como à renovação pessoal. Assim como o *desenho* do trabalho é importante, a reação do espírito humano às características do cargo e aos traços da especificação do cargo também é.

RESULTADO DA APRENDIZAGEM 3

Abordagens alternativas para a especificação do cargo

Como cada uma das abordagens tradicionais de especificação do cargo tem suas limitações, várias abordagens alternativas surgiram ao longo das últimas décadas. Esta seção examina quatro alternativas que estão no processo de serem experimentadas e testadas. Primeiro, examinamos o modelo de processamento de informa-

comprometimento
Expressão de si ao realizar um trabalho ou outros papéis.

> **Trabalhos mal projetados causam mais problemas de desempenho do que os gestores percebem.**

ção social. Segundo, revisamos ergonomia e o quadro interdisciplinar de Michael Campion e Paul Thayer. O quadro se baseia em abordagens tradicionais de especificação de cargo. Terceiro, investigamos as perspectivas internacionais dos japoneses, alemães e escandinavos. Por fim, focamos aspectos de saúde e bem-estar do *desenho* do trabalho. Um trabalho saudável permite que os indivíduos se adaptem, rendam bem e equilibrem o trabalho com atividades da vida pessoal.[32] Uma quinta abordagem do *desenho* do trabalho por meio de equipes e grupos de trabalho autônomo foi abordada no Capítulo 9.

Processamento de informação social

As abordagens tradicionais para o *desenho* do trabalho enfatizam as características fundamentais e objetivas do cargo. Já o **modelo de processamento de informação social (SIP)** enfatiza os aspectos interpessoais do *desenho* do trabalho. Especificamente, de acordo com o modelo SIP, o que os outros dizem sobre o nosso cargo é importante.[33] O modelo SIP possui quatro premissas básicas sobre o ambiente de trabalho.[34] Primeira premissa: outras pessoas dão sinais que nós usamos para compreender o ambiente de trabalho. Segunda: outras pessoas nos ajudam a julgar o que é importante em nosso cargo. Terceira: outras pessoas nos dizem como veem nosso cargo. Quarta, os *feedbacks* positivo e negativo das outras pessoas nos ajudam a compreender nossos sentimentos sobre nosso cargo. Isso é condizente com o modelo dinâmico do processo de especificação do cargo que o vê como um trabalho social que envolve quem o executa, supervisores e colegas.[35]

Para atingir o equilíbrio, os funcionários têm de se "desligar" do trabalho periodicamente.

As percepções e reações da pessoa com relação a seu cargo são moldadas pelas informações dos outros no ambiente de trabalho.[36] Em outras palavras, aquilo em que os outros acreditam sobre o cargo de uma pessoa pode ser importante para compreender as percepções e reações da pessoa com relação ao cargo. Isso não significa que características objetivas do cargo não sejam importantes, pelo contrário, significa que outros podem modificar como essas características nos afetam. Um estudo de complexidade de tarefas constatou que a complexidade objetiva de uma tarefa deve ser diferenciada da complexidade de uma tarefa subjetiva com que o funcionário tem de lidar.[37] Embora a complexidade objetiva da tarefa possa ser um motivador, a presença de outras pessoas no ambiente de trabalho, a interação social ou até mesmo os devaneios podem ser importantes fontes adicionais de motivação. O modelo SIP contribui de forma significativa para o *desenho* do trabalho ao enfatizar a importância das outras pessoas e do contexto social do trabalho. A especificação relacional do cargo, por exemplo, pode motivar funcionários a tomar ações pró-sociais e fazer uma diferença positiva na vida das outras pessoas.[38] Além disso, os aspectos relacionais do ambiente de trabalho podem ser mais importantes do que as características objetivas principais do cargo. Assim, o *feedback* subjetivo das outras pessoas sobre quão difícil determinada tarefa é pode ser mais importante para a motivação da pessoa do que uma estimativa positiva da dificuldade da tarefa.

Ergonomia e quadro interdisciplinar

Michael Campion e Paul Thayer usam a **ergonomia** com base na engenharia, biologia e psicologia para desenvolver um quadro interdisciplinar para o *desenho do trabalho*. Na realidade, eles dizem que quatro abordagens – mecanicista, motivacional, biológica e perceptual/motora – são necessárias, pois nenhuma abordagem pode resolver todos os problemas de desempenho causados por cargos mal especificados. Cada abordagem tem seus benefícios e suas limitações. Um estudo ergonômico com 87 funcionários

---

modelo de processamento de informação social (SIP)
Modelo que sugere que os fatores importantes do trabalho dependem, em parte, do que os outros dizem sobre o trabalho.

ergonomia
Ciência de adaptar o trabalho e as condições ao funcionário.

municipais administrativos apontou menores níveis de dor e outros resultados positivos graças à remodelagem da estação de trabalho.[39]

O quadro interdisciplinar permite ao gestor ou ao especificador de cargo considerar negociações e alternativas entre as abordagens com base nos resultados desejáveis. Se um gestor identifica um problema de baixo desempenho, por exemplo, ele deve analisar o cargo para garantir um *desenho* que vise a melhora do desempenho. O quadro interdisciplinar é importante, pois cargos mal especificados causam muito mais problemas de desempenho do que os gestores imaginam.[40]

A abordagem biológica para a especificação do cargo enfatiza a interação da pessoa com os aspectos físicos do ambiente de trabalho e se preocupa com a quantidade de esforço físico, como levantamento e esforço muscular, exigido pela posição. Uma análise das queixas médicas na Chaparreal Steel Company identificou dores nas costas como o problema físico mais comum que metalúrgicos e gestores enfrentavam. Como resultado, a empresa instituiu um programa de exercícios e educação sob uma diretriz especializada para melhorar os cuidados com as costas. Os que frequentavam o programa recebiam almofadas para suas cadeiras com o nome "Chaparral Steel Company" gravado nelas. Problemas nas costas associados com levantamento inadequado podem custar caro, mas não são fatais.[41]

A abordagem perceptual/motora também enfatiza a interação da pessoa com os aspectos físicos do ambiente de trabalho e se baseia na engenharia que considera fatores humanos, como força ou coordenação, ergonomia e psicologia experimental. Ela enfatiza a interação humana com computadores, informações e outros sistemas operacionais. Essa abordagem engloba como as pessoas processam as informações adquiridas do ambiente de trabalho físico por meio de competências perceptuais e motoras. A abordagem destaca a percepção e as habilidades motoras finas em oposição às habilidades motoras grossas e à força muscular enfatizada na abordagem mecanicista. A abordagem perceptual/motora é mais propensa a ser relevante para trabalhos operacionais e técnicos, como digitação e cargos de entrada de dados, que poderão forçar a concentração e a atenção de uma pessoa mais do que cargos gerenciais, administrativos e privativos de liberdade, que tendem a exigir menos concentração e atenção.

Um estudo que utilizou o quadro interdisciplinar para melhorar cargos avaliou 377 empregados, 80 gerentes e 90 postos da área analítica.[42] Os cargos foram melhorados por meio da combinação de tarefas e do acréscimo de funções auxiliares. Esses cargos proporcionavam maior motivação para os encarregados e eram melhores do ponto de vista perceptual/motor. No entanto, para os engenheiros mecânicos, os cargos não eram bem especificados e, de um ponto de vista biológico, esses profissionais não eram afetados. Mais uma vez, o quadro interdisciplinar considera negociações e alternativas ao avaliar esforços de *redesenho* do cargo. A Tabela 14.2 apresenta um resumo dos resultados positivos e negativos do *redesenho*.

Perspectivas internacionais sobre especificação do trabalho

Cada país ou grupo étnico possui uma maneira única de entender e especificar o trabalho.[43] Como as organizações se tornam cada vez mais globais e internacionais, a apreciação das perspectivas de outros países é muito importante. Um estudo com 2.359 *call centers* em 16 países constatou que a estratégia administrativa de uma organização e o contexto operacional influenciam na variação no desenho do trabalho.[44] Japoneses, alemães e escandinavos, em particular, têm perspectivas distintas sobre a especificação e a organização do trabalho.[45] A perspectiva de cada país é moldada dentro de seu sistema único de cultura e economia, e cada uma é distinta das abordagens usadas na América do Norte.

A abordagem japonesa
Os japoneses começaram a aproveitar a sua energia produtiva na década de 1950, baseando-se nas ideias de qualidade do produto de W. Edwards Deming.[46] Além disso, o governo envolveu-se ativamente na retomada econômica do Japão e incentivou as empresas a conquistar indústrias em vez de maximizar lucros.[47] Tal política, construída sobre a ética cultural japonesa de coletivismo, possui implicações na maneira como o trabalho é feito. Ao passo que Frederick Taylor e seus sucessores nos Estados Unidos enfatizavam o trabalho individual, o sistema japonês enfatizava o nível estratégico e acordos de trabalho cooperativos e coletivos.[48] Os

Herman Miller projetou a cadeira Aeron para ser a solução ergonômica para os que trabalham em escritórios.

Cortesia, Herman Miller, Inc. Uso sob permissão.

TABELA 14.2 Resumo dos resultados de várias abordagens de especificação do cargo

ABORDAGEM DE ESPECIFICAÇÃO DO CARGO (DISCIPLINA)	RESULTADOS POSITIVOS	RESULTADOS NEGATIVOS
ABORDAGEM MECANICISTA (engenharia mecânica)	Tempo de treinamento diminuído Maiores níveis de utilização do pessoal Menor probabilidade de erros Menos chance de sobrecarga mental Níveis de estresse mais baixos	Menor satisfação no trabalho Menor motivação Maiores índices de absenteísmo
ABORDAGEM MOTIVACIONAL (psicologia industrial)	Maior satisfação no trabalho Maior motivação Maior envolvimento com o trabalho Maior desempenho no trabalho Menores índices de absenteísmo	Tempo de treinamento aumentado Menores níveis de utilização do pessoal Mais chance de erro Mais chance de estresse e sobrecarga mental
ABORDAGEM BIOLÓGICA (biologia)	Menos esforço físico Menos fadiga física Menos queixas com relação à saúde Menos incidentes médicos Menores índices de absenteísmo Maior satisfação no trabalho	Maiores custos financeiros ocasionados pela mudança de equipamentos ou do ambiente de trabalho
ABORDAGEM PERCEPTUAL/MOTORA (psicologia experimental)	Menor probabilidade de erro Menor probabilidade de incidentes Menos chance de estresse mental Tempo de treinamento diminuído Maiores níveis de utilização do pessoal	Menor satisfação no trabalho Menor motivação

Fonte: Reimpresso de *Organizational Dynamics*, 1987. Copyright © 1987, com permissão de Elsevier Science.

japoneses destacam o desempenho, a responsabilidade e o direcionamento na definição do trabalho feito por si mesmo ou pelos outros, já os americanos destacam a parte positiva, identidade pessoal e benefícios sociais do trabalho.

O sucesso japonês com a produção enxuta chamou a atenção dos gestores. Os métodos de **produção enxuta** são similares ao conceito de produção dos **sistemas sociotécnicos (STS)**, embora existam algumas diferenças.[49] Em particular, os STS dão maior ênfase ao trabalho em equipe e aos grupos de trabalho autônomos e autogeridos, à natureza contínua do processo de especificação e aos valores humanos no processo de trabalho. No entanto, as abordagens são similares: ambas se diferem da administração científica de Taylor e ambas enfatizam a variedade do trabalho, o *feedback* aos grupos e equipes de trabalho, o apoio aos recursos humanos e o controle de variação de produção próximo ao ponto de origem. Uma avaliação de três anos com equipes enxutas, linhas de montagem e formalização de fluxo de trabalho como práticas de produção enxuta foram conduzidas na Austrália.[50] Funcionários em todos os grupos de produção enxuta foram afetados negativamente, e os que trabalhavam nas linhas de montagem experimentaram os piores efeitos.

A abordagem alemã Essa abordagem foi moldada pelo sistema educacional único, pelos valores culturais e pelo sistema econômico da Alemanha. Os alemães são muito educados e organizados. Seu sistema educacional possui um formato de múltiplos segmentos com alternativas técnicas e universitárias. O sistema econômico alemão enfatiza a empresa livre, os direitos de propriedade privada e a cooperação gerência-funcionários. Uma comparação entre a cooperação gerência-funcionários voluntária e mandatária identificou que a produtividade era superior no caso da cooperação voluntária.[51] Os alemães valorizam relações de hierarquia e autoridade e, como resultado, são disciplinados.[52] Os funcionários alemães são fortemente sindicalizados, e sua disciplina e eficiência permitiram que a Alemanha se tornasse muito produtiva, mesmo trabalhando menos que o observado entre os americanos.

A abordagem alemã tradicional para o *desenho*

produção enxuta
Utilizar funcionários comprometidos com responsabilidades expandidas para atingir gasto zero, 100% de boa produção, entrega no prazo, o tempo todo.

sistemas sociotécnicos (STS)
Dar atenção igual às considerações técnicas e sociais na especificação do trabalho.

do trabalho era **tecnocêntrica**, ou seja, a tecnologia e a engenharia estavam no centro das decisões de especificação do cargo. Recentemente, engenheiros industriais alemães passaram para uma abordagem mais **antropocêntrica**, que coloca as considerações humanas no centro das decisões de especificação do cargo. A abordagem anterior utiliza um processo científico natural no *desenho* do trabalho, ao passo que a mais recente conta com um processo humanístico, como mostra a Figura 14.2. Na abordagem antropocêntrica, o trabalho é avaliado com base nos critérios de praticabilidade e satisfação do trabalhador em um nível individual e nos critérios de resistência e aceitabilidade no nível de grupo. A Figura 14.2 também identifica áreas e disciplinas problemáticas relacionadas a cada aspecto do *desenho* do trabalho.

A abordagem escandinava

Os valores e o sistema econômico da cultura escandinava contrastam com o verificado no sistema alemão. A tradição democrática social na Escandinávia enfatizou a preocupação social em vez da eficácia industrial. Os escandinavos enfatizam um modelo de *desenho* de trabalho que incentiva um alto grau de controle do funcionário e bons sistemas de apoio social.[53] Lennart Levi acredita que evidências científicas circunstanciais e inferenciais oferecem uma base suficientemente forte para ações legislativas e políticas para *redesenho* visando à melhora do bem-estar do funcionário. Um exemplo de ação para promover um bom ambiente de trabalho e proporcionar saúde ocupacional foi a emenda do governo sueco 1976/77:149, que dizia: "() trabalho deve ser seguro tanto física como mentalmente *e também* oferecer oportunidades de envolvimento, satisfação do trabalho e desenvolvimento pessoal". Em 1991, o Parlamento Sueco estabeleceu o Fundo Sueco de Vida no Trabalho para custear pesquisas, programas de intervenção e projetos de demonstração relacionados a *desenho* do trabalho. Um estudo com a polícia de Estocolmo sobre horários de turnos concluiu que partir de uma rotação diária anti-horária para uma rotação horária era mais compatível com a biologia humana, e isso resultou na melhora do sono, em menos cansaço, pressão sanguínea mais baixa e menores níveis de triglicérides e glicose no sangue.[54] O *redesenho* do trabalho melhorou a saúde dos oficiais de polícia.

Desenho do trabalho e bem-estar

Um grupo internacional de pesquisadores, incluindo cientistas sociais norte-americanos, tem se preocupado com o *desenho* do trabalho e de cargos que seja tanto saudável como produtivo.[55] Durante a década de 1990,

---

tecnocêntrico
Colocar a tecnologia e a engenharia no centro das decisões de especificação do trabalho.

antropocêntrico
Colocar as considerações humanas no centro das decisões de especificação do trabalho.

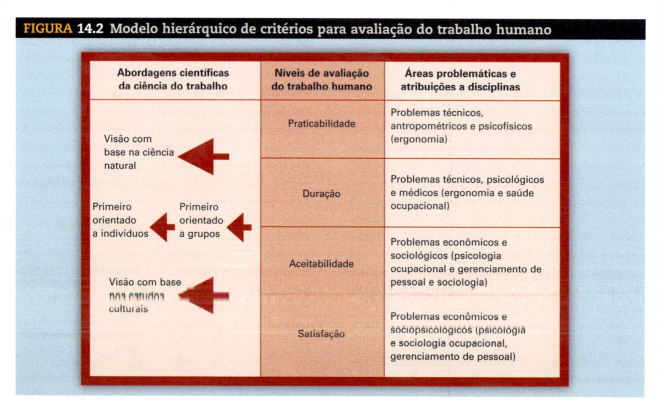

FIGURA 14.2 Modelo hierárquico de critérios para avaliação do trabalho humano

Fonte: H. Luczak "'Good Work' Design: An Ergonomic, Industrial Engineering Perspective". In: J. C. Quick, L. R. Murphy e J. J. Hurrell. (eds.) *Stress and Well-Being at Work* (Washington, D.C.). Copyright ©1997 de American Psychological Association. Reimpressão autorizada.

A troca de turno no sentido horário (1º, 2º e 3º) em vez de anti-horário (1º, 3º e 2º) é mais compatível com a biologia humana.

A seção "E você?", presente nos Cartões de Revisão, disponíveis on-line, oferece uma atividade por meio da qual é possível avaliar o quão saudável é seu ambiente de trabalho.

Em um estudo com 629 unidades de segurança do trabalho constatou que a incerteza relacionada à tarefa tem um efeito adverso sobre o moral.[58] Mais importante, o estudo mostrou que o moral era melhor previsto se considerados tanto o *desenho* geral do trabalho como a incerteza da tarefa. Isso sugere que, se um parâmetro do *desenho* do trabalho, como incerteza da tarefa, é um problema em um cargo, seus efeitos adversos sobre as pessoas podem ser mitigados por outros parâmetros do *desenho* do trabalho. Um salário maior, por exemplo, pode compensar a frustração de um funcionário com um colega de trabalho difícil de lidar ou um ambiente de trabalho amigável pode compensar a frustração ocasionada pela baixa remuneração. Consulte a Tabela 14.3 para mais informações sobre aumento de controle, redução de incerteza e administração de conflitos.

crises no segmento industrial e econômico nos Estados Unidos provocaram desemprego, e a atenção voltou-se para o impacto adverso desses fatores sobre a saúde.[56] Também foi dada atenção para os efeitos de parâmetros específicos do *desenho* do trabalho sobre a saúde psicológica.[57] Combinar tarefas desafiadoras no aspecto cognitivo com tarefas triviais ao longo do dia pode reduzir a sobrecarga crônica de trabalho e realçar a criatividade. Além disso, o *desenho* tarefa/cargo pode ser melhorado realçando-se as características principais do trabalho e não padronizando o trabalho de manutenção depois do trabalho na linha de montagem. Frank Landy acredita que as organizações devem fazer o redesenho de cargos para aumentar o controle do funcionário e reduzir sua incerteza e, ao mesmo tempo, administrar conflitos e demandas de tarefas/cargos.

RESULTADO DA APRENDIZAGEM 4

Questões contemporâneas relacionadas ao desenho do trabalho

Muitas questões contemporâneas relacionadas a aspectos do *desenho* do trabalho têm um efeito sobre o crescente número de funcionários. Em vez de abordar a especificação do cargo ou o bem-estar do funcioná-

TABELA 14.3 Ajustando parâmetros de desenho do trabalho

Como aumentar controle:	Como reduzir a incerteza:	Como administrar conflitos:
▸ Oferecer aos funcionários a oportunidade de controlar vários aspectos do trabalho e do ambiente de trabalho.	▸ Fornecer aos funcionários informações oportunas e necessárias para que completem o trabalho.	▸ Favorecer a tomada de decisões participativa.
▸ Projetar máquinas e determinar tarefas com pausas e tempo de resposta ideais.	▸ Fazer atribuições claras e inequívocas.	▸ Adotar estilo de gestão incentivador.
▸ Implantar sistemas de monitoramento de desempenho como uma fonte relevante de f*eedback* aos funcionários.	▸ Melhorar a comunicação na mudança de turno.	▸ Ter recursos suficientes disponíveis para atender as demandas de trabalho, evitando, assim, conflitos.
	▸ Aumentar o acesso dos funcionários a informações.	

O trabalho a distância promove um melhor ajuste entre as necessidades do funcionário e as demandas de trabalho da organização.

CAPÍTULO 14 Cargos e desenho de trabalho **245**

rio de forma ampla, essas questões abordam um ou outro aspecto do trabalho. Tais questões incluem trabalho a distância, padrões de trabalho alternativo, tecnoestresse e desenvolvimento de competência. Um estudo constatou que os funcionários ficam motivados quando seu trabalho pode proporcionar oportunidade para contatos respeitosos com os que criticam o trabalho.[59] Trabalho a distância e padrões de trabalho alternativo, como compartilhamento de trabalho, pode aumentar a flexibilidade. Empresas usam essas e outras abordagens do *desenho* do trabalho como formas de administrar um negócio crescente e, ao mesmo tempo, contribuir para um maior equilíbrio entre trabalho e vida familiar dos funcionários.

Trabalho a distância

Como observado no Capítulo 2, o trabalho à distância diz respeito a uma situação na qual o funcionário trabalha em casa ou em outras localidades que não estão próximas do local principal da empresa. Aproximadamente 28 milhões de americanos trabalham à distância. Essa modalidade de trabalho combina ambiente doméstico, escritório satélite e sede da empresa. Esse acordo flexível é desenvolvido para atingir uma melhor adaptação entre as necessidades individuais do funcionário e as demandas de tarefa da organização. O gerente da empresa Cisco Systems, Christian Renaud, mudou-se da Califórnia e começou a trabalhar à distância de Johnston, Iowa, quando ele e sua esposa iniciaram uma família.

O trabalho à distância existe desde a década de 1970, mas não se popularizou com a rapidez que alguns esperavam.[60] Isso ocorreu em razão de confusões e erros de horários.[61] Na realidade, com maior ênfase na administração do trabalho em vez de no funcionário, os gestores podem aumentar o controle, descentralizar de forma eficaz e até mesmo incentivar trabalho em equipe por meio do trabalho a distância. Várias empresas, como a AT&T, em Phoenix, e a Verizon Communications, possuem programas de trabalho a distância para uma vasta gama de funcionários. Esses acordos flexíveis

NO FUTURO, TODOS NÓS TRABALHAREMOS A DISTÂNCIA?

>> Hoje, o trabalho a distância pode ser ideal para várias profissões (como web designers e programadores, analistas, publicitários ou vendedores da área financeira e, no futuro, a expansão do comércio intelectual e do comércio eletrônico incrementará a lista de funções para as quais o trabalho a distância será ideal. No entanto, as posições de liderança talvez nunca figurem nessa lista, pois a impossibilidade de trabalhar face a face torna o trabalho a distância e a liderança antiéticos e insustentáveis. A liderança é pessoal e interpessoal, exige interação e presença física. Os subordinados precisam de líderes fisicamente presentes e isso o trabalho a distância não permite.

Fonte: J. Welch e S. Welch. "The Importance of Being There". *BusinessWeek* (16 abr. 2007): 92.

246 PARTE 4 Processos organizacionais e estrutura

Tendência em debate: ROWE

Linda Skoglund descobriu que seus esforços para melhorar o desempenho financeiro da J.A. Counter & Associates (uma seguradora de Wisconsin) haviam prejudicado o moral dos funcionários. Ela também percebeu que a produtividade não estava de acordo com o esperado. Em uma tentativa de dar moral e impulsionar a produtividade, Skoglund apresentou uma nova forma de gerenciar programações chamada ROWE (Results Only Work Environment). O sistema ROWE permite que os funcionários tenham horários flexíveis, entrem e saiam quando bem entenderem. Skoglund assegura que o trabalho é realizado por meio do estabelecimento de metas mensuráveis para todos os funcionários, com erradicação da linguagem negativa e garantia de que a liderança estabeleça exemplos positivos. O ROWE tem sido um sucesso, aumentando o moral e a produtividade da empresa.

Fonte: S. Westcott, "Beyond Flextime: Trashing the Workweek", *Inc. Magazine* (ago. 2008): 30-31.

---

ajudam algumas empresas a reagir a mudanças demográficas e diminuição da força de trabalho. A Travelers Group (agora parte do Citigroup) foi uma das empresas a experimentar o trabalho a distância e foi considerada líder no que diz respeito a essa modalidade de trabalho. Por causa da confiança em seus funcionários, a Travelers colheu recompensas significativas, incluindo maior produtividade, redução do absenteísmo, ampliação das oportunidades para profissionais com deficiências e habilidade aumentada para atrair e reter talentos.[62]

A Pacific Bell (agora parte da SBC Communications) tentou o trabalho a distância em grande escala.[63] Em 1990, tinha 1.500 gestores trabalhando a distância. Um desenvolvedor de sistemas de informação, por exemplo, pode trabalhar em casa quatro dias por semana e passar um dia na sede da empresa para reuniões, troca de trabalho e coordenação com outros. De 3 mil gestores da Pacific Bell que responderam a uma pesquisa via correio, 87% disseram que o trabalho a distância poderia reduzir o estresse dos funcionários, 70% disseram que poderia aumentar a satisfação no trabalho, diminuindo o índice de faltas, e 64% disseram que poderia elevar a produtividade.

O trabalho à distância não é nem a salvação de tudo nem uma alternativa viável em todas as situações. Muitos dos funcionários sentem isolamento social. Alguns executivos se preocupam com a fato de que, embora os funcionários que trabalham a distância sejam mais produtivos, a falta de visibilidade pode atrasar o desenvolvimento da carreira. Além disso, nem todas as formas de trabalho são passíveis de ocorrer a distância. Bombeiros e oficiais de polícia, por exemplo, devem estar em seus postos para terem sucesso em suas atividades. Os funcionários que não têm a opção de trabalhar a distância podem ficar ressentidos em relação aos que o fazem. Além disso, trabalhar a distância pode ter o potencial de criar as empresas exploradoras do século XXI. Como se vê, o trabalho a distância é uma questão nova e emergente.

Padrões alternativos de trabalho

O **compartilhamento do trabalho** é um padrão alternativo de trabalho em que mais de uma pessoa ocupa um único cargo. Essa pode ser uma alternativa para o trabalho a distância por abordar preocupações de âmbito demográfico e ocupacional. É uma modalidade encontrada em uma vasta gama de cargos gerenciais e profissionais, bem como trabalhos de produção e serviços. Não é muito comum entre executivos de posição mais elevada.

A *semana de trabalho de quatro dias* é um segundo tipo de trabalho alternativo. O pessoal de sistemas da informação da United Services Automobile Association (USAA), em San Antonio, Texas, trabalha quatro dias da semana com uma carga horária diária de dez horas e goza um fim de semana de três dias. Esse acordo oferece o benefício de mais tempo para aqueles que querem equilibrar a vida profissional com a familiar por meio de viagens nos fins de semana. No entanto, os dias de trabalho mais longos podem ser um inconveniente para funcionários com muitas atividades sociais e familiares nas noites de semana. A semana de trabalho de quatro dias proporciona tanto benefícios como limitações.

Horário flexível é um terceiro padrão alternativo de trabalho. Essa modalidade, em que os funcionários podem estabelecer seus próprios horários de

---

compartilhamento do trabalho
Padrão alternativo de trabalho em que mais de uma pessoa ocupa um único cargo.

horário flexível
Padrão alternativo de trabalho que permite aos funcionários estabelecer o próprio horário de trabalho.

CAPÍTULO 14 Cargos e desenho de trabalho 247

trabalho, tem sido aplicada nas empresas e pode levar à redução do absenteísmo. Empresas localizadas em áreas urbanas concentradas, como Houston, Los Angeles e Nova York, permitem que seus funcionários estabeleçam os próprios horários de trabalho diário contanto que comecem suas oito horas de jornada a qualquer intervalo de 30 minutos entre 6 horas e 9 horas da manhã. Esse acordo é projetado para aliviar as pressões do trânsito e da distância. Além disso, essa alternativa é sensível ao biorritmo individual, permitindo aos que acordam mais cedo ir trabalhar cedo e às corujas da madrugada ir trabalhar mais tarde. Até mesmo em empresas sem programas oficiais de horário flexível, essa pode ser uma opção individual acordada entre a chefia e o subordinado. Um supervisor de primeira linha que quer concluir a faculdade pode negociar o horário de trabalho acomodando tanto as necessidades do trabalho como os horários do curso. As opções de horário de trabalho podem atrair mais os funcionários de alto desempenho, que garantem aos seus chefes que a qualidade e a produtividade não serão afetadas.[64] Pelo lado preventivo, um estudo constatou que uma mulher adepta do horário flexível mostrou menos dedicação ao trabalho e à carreira e menos motivação por realizações, embora não tenha demonstrado ter menos habilidades.[65]

Tecnologia no trabalho

As novas tecnologias e o comércio eletrônico vieram para ficar e estão mudando a cara dos ambientes de trabalho, drasticamente em alguns casos. Espera-se que muitos cargos governamentais mudem, e até desapareçam, com o advento do *e-government*. O conceito envolve levar o trabalho onde as pessoas estão, em vez de as pessoas se deslocarem para onde o trabalho está. As novas tecnologias facilitam a conectividade, a colaboração e a comunicação. As mensagens de voz e os *e-mails* importantes podem ser enviados e recebidos do escritório central, do escritório de um cliente, do aeroporto, do carro ou de casa. As conexões *wireless* e os softwares de reuniões *on-line* como WebEx permitem que os funcionários participem de reuniões em qualquer lugar e a qualquer hora.

Como um incentivo para mudança, as novas tecnologias são uma faca de dois gumes que pode ser usada para melhorar o desempenho no trabalho ou gerar estresse. Pelo lado positivo, estão ajudando a revolucionar o modo como os cargos são projetados e como os trabalhos são realizados. O **escritório virtual** é uma plataforma móvel de computador, de telecomunicação e de tecnologia e serviços da informação que permite aos membros de equipes móveis conduzir os negócios de qualquer lugar e a qualquer hora. No entanto, ao mesmo tempo que os escritórios virtuais oferecem benefícios, podem levar à falta de interação social ou ao tecnoestresse.

O **tecnoestresse** é o estresse causado por novas e avançadas tecnologias no ambiente de trabalho, a maioria delas tecnologias de informação.[66] O uso generalizado de fóruns *on-line* e *blogs* como fonte de rumores de demissões pode causar sentimentos de incerteza e ansiedade (tecnoestresse). Entretanto, os mesmos quadros eletrônicos de avisos podem ser uma importante fonte de informações e, dessa forma, reduzir a incerteza dos funcionários.

As novas tecnologias de informação permitem que as organizações monitorem o desempenho do funcionário, mesmo quando ele não está ciente do monitora-

escritório virtual
Plataforma móvel de computador, telecomunicação e tecnologia e cargos da informação.

tecnoestresse
Estresse causado por novas e avançadas tecnologias presentes no ambiente de trabalho.

mento.[67] Essas novas tecnologias também permitem que as organizações vinculem o salário ao desempenho, pois esse é eletronicamente monitorado.[68] Três diretrizes podem ajudar o monitoramento eletrônico do ambiente de trabalho, especialmente do desempenho, a ser menos estressante. Primeira diretriz: os funcionários devem participar da apresentação do sistema de monitoramento. Segunda: os padrões de desempenho devem ser vistos como justos. Terceira: os registros de desempenho devem ser usados para melhorar o desempenho, e não para punir o funcionário. De forma extrema, as novas tecnologias que permitem o trabalho virtual em localidades remotas levam os funcionários além de tal monitoramento.[69]

Desenvolvimento de habilidade

Os problemas no desenho do sistema de trabalho normalmente são vistos como a fonte de frustração para aqueles que lidam com o tecnoestresse.[70] No entanto, problemas técnicos e de sistema não são as únicas fontes de tecnoestresse causado pelas das novas tecnologias de informação. Alguns especialistas veem um crescente hiato entre as habilidades exigidas pelas novas tecnologias e as habilidades que os funcionários possuem para atuar em funções que exigem essas tecnologias.[71] Embora as habilidades técnicas sejam importantes e enfatizadas em muitos programas de treinamento, o maior setor da economia é, na realidade, orientado aos serviços, e, nesse caso, o que se exige são as habilidades interpessoais. Os gestores também precisam de uma vasta gama de habilidades para serem eficazes em seus trabalhos.[72] Assim, qualquer discussão acerca de cargos e de *desenho* do trabalho deve reconhecer a importância de competências e habilidades designadas para atender as demandas do trabalho. Organizações devem considerar os talentos e as competências de seus funcionários quando eles se engajam aos esforços do *desenho* do cargo. As duas questões de desenvolvimento de habilidades do funcionário e de *desenho* do cargo estão inter-relacionadas. As exigências em relação ao conhecimento e à informação para cargos do futuro são altas.

NÚMEROS

6 padrões que as pessoas seguem para definir trabalho.

5 características fundamentais do cargo.

1994 foi quando Don Chadwick e Bill Stumpf, da Herman Miller, desenvolveram a cadeira Aeron.

170 participantes no estudo fundacional de JCM.

Em **1970** começou o trabalho a distância.

CAPÍTULO 15

Design e estrutura organizacional

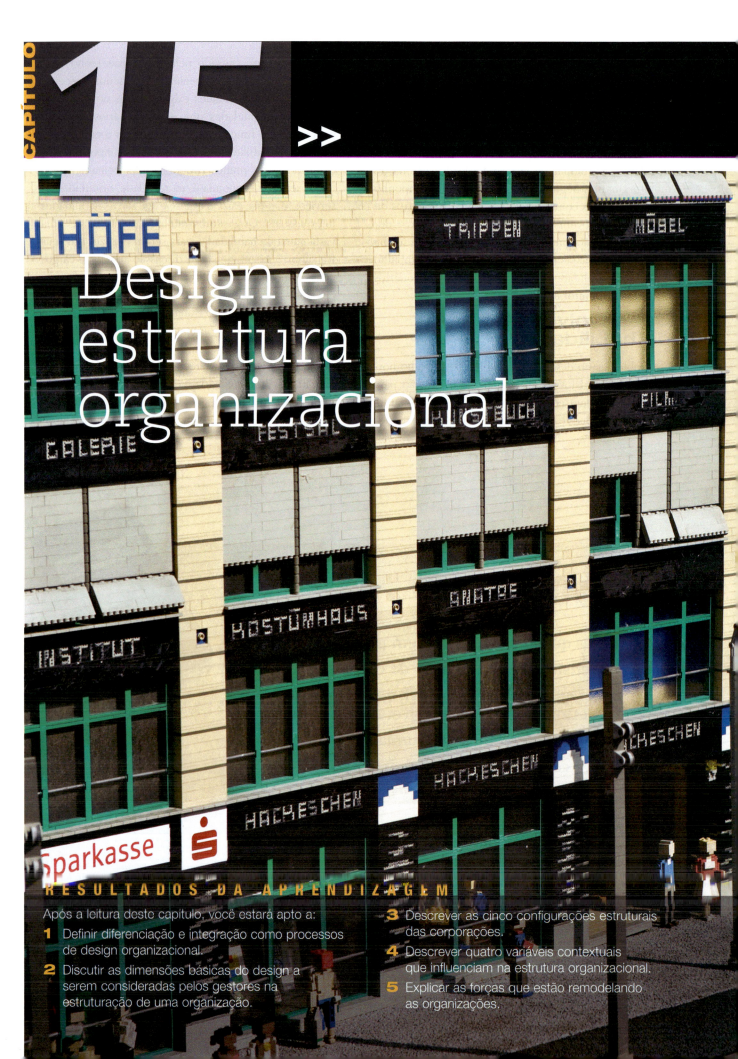

RESULTADOS DA APRENDIZAGEM

Após a leitura deste capítulo, você estará apto a:

1. Definir diferenciação e integração como processos de design organizacional.
2. Discutir as dimensões básicas do design a serem consideradas pelos gestores na estruturação de uma organização.
3. Descrever as cinco configurações estruturais das corporações.
4. Descrever quatro variáveis contextuais que influenciam na estrutura organizacional.
5. Explicar as forças que estão remodelando as organizações.

> **"** *Diferenciação e integração são os elementos-chave para o design organizacional bem-sucedido.* **"**

Design organizacional é o processo de construção e ajuste da estrutura de uma organização para alcançar suas metas e estratégias de negócios. O processo de design começa com as metas da organização. Essas metas são divididas em tarefas, como as bases para os trabalhos, como discutimos no Capítulo 14. Serviços são agrupados em departamentos e estes se ligam para formar a **estrutura organizacional**.

RESULTADO DA APRENDIZAGEM 1

Processos-chave do design organizacional

A diferenciação é o processo de design que consiste em dividir as metas organizacionais em tarefas. Já a integração consiste em unir tarefas para formar uma estrutura que apoie a realização de um objetivo. Esses dois processos são essenciais para o sucesso do design organizacional. A estrutura organizacional é desenvolvida por meio de um conjunto ordenado de relacionamentos hierárquicos e canais de comunicação que visa evitar o caos. Apreender os processos-chave do design e a estrutura organizacional ajuda o indivíduo a compreender o vasto ambiente de trabalho, podendo evitar conflitos na organização.

O organograma é a melhor representação da estrutura organizacional e dos seus componentes subjacentes. Na Figura 15.1, temos o organograma organizacional da Organização Mundial do Comércio. A maioria das organizações possui uma série de organogramas que mostram as relações de hierarquia. Os componentes subjacentes são (1) linhas formais de autoridade e responsabilidade (a estrutura organizacional designa relacionamentos hierárquicos pela forma como os trabalhos e departamentos são agrupados) e (2) sistemas formais de comunicação, coordenação e integração (a estrutura organizacional designa os padrões esperados de interação formal entre os funcionários).[1]

6 Identificar e descrever estruturas organizacionais emergentes.

7 Identificar fatores que podem afetar negativamente a estrutura organizacional.

design organizacional
Processo de construção e ajuste da estrutura organizacional para alcançar suas metas e estratégias de negócios.

estrutura organizacional
A ligação entre serviços e departamentos em uma organização.

251

FIGURA 15.1 Organização

Estrutura da OMC

Todos os membros da OMC devem fazer parte de todos os conselhos, comitês etc., exceto do Órgão de Apelação, de painéis de Solução de Litígios, do Órgão de Monitoramento Têxtil e de comitês plurilaterais.

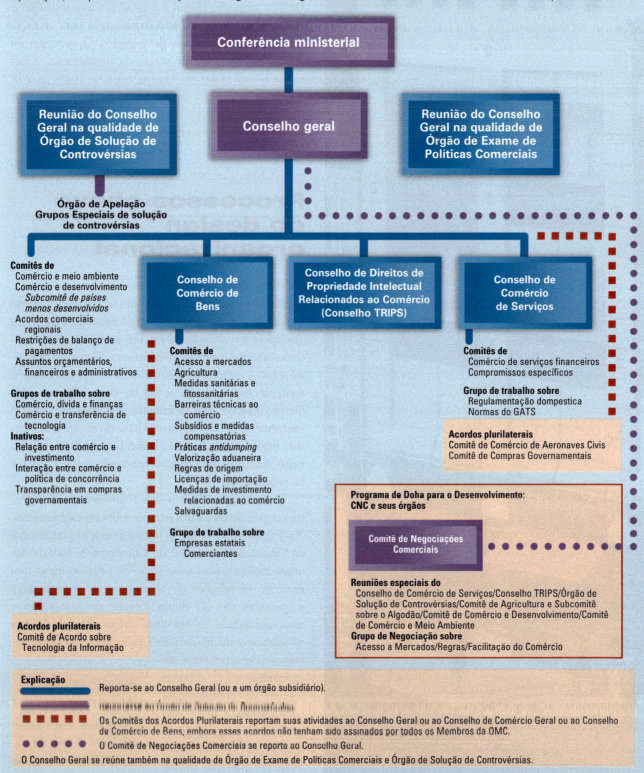

Fonte: Organograma Organizacional da OMC. Disponível em: <http://www.wto.org/english/thewto_e/whatis_e/tif_e/org2_e.htm>.

> ### Jogo rápido
>
> A pirâmide de Quéops, no Egito, não poderia ter sido construída sem uma organização bem desenvolvida. A pirâmide é formada por 2,3 milhões de blocos que tiveram de ser extraídos, cortados de forma precisa, curados (endurecidos ao sol), transportados de barco por dois a três dias, levados para o canteiro de obras, numerados para que fosse possível definir onde seriam colocados e, em seguida, foram moldados e acabados para que pudessem se encaixar perfeitamente no lugar. Foram necessários 23 anos para que 20 mil trabalhadores concluíssem essa pirâmide; mais de 8 mil apenas para extrair as pedras e transportá-las.
>
> Fonte: A. Erman. *Life in Ancient Egypt* (Londres: Macmillan & Co., 1984); C. Williams. *Management* (Mason, OH: Cengage Learning, 2008).

Diferenciação

Diferenciação é o processo de decidir como dividir o trabalho em uma organização.[2] A diferenciação garante que todas as tarefas essenciais sejam atribuídas a um ou mais trabalhos e que as tarefas recebam a atenção necessária. Muitas dimensões da diferenciação têm sido consideradas nas organizações. Lawrence e Lorsch identificaram quatro dimensões de diferenciação: (1) orientação por metas gerenciais, (2) orientação por prazo, (3) orientação interpessoal e (4) formalidade de estrutura.[3] As três diferentes formas de diferenciação são horizontal, vertical e espacial.

Diferenciação horizontal
Diz respeito ao grau de diferenciação entre as subunidades da organização e tem base no conhecimento especializado, na educação ou no treinamento do funcionário. Dois professores universitários, por exemplo, que ministram disciplinas especializadas em diferentes departamentos acadêmicos estão sujeitos à diferenciação horizontal. Esse tipo de diferenciação aumenta com a departamentalização e a especialização.

Especialização refere-se ao agrupamento particular de atividades realizadas pelo indivíduo.[4] O grau de especialização ou da divisão do trabalho na organização indica quanto treinamento será necessário, qual será o escopo do trabalho e quais características individuais serão exigidas para os ocupantes do cargo. A especialização pode levar ao desenvolvimento de um vocabulário específico, bem como a outras normas comportamentais. Como os dois professores universitários são especializados em suas disciplinas, abreviações ou acrônimos assumem significados únicos. A sigla CO significa "comportamento organizacional" para um professor de administração, mas pode significar "monóxido de carbono" para um professor de química.

Normalmente, quanto mais especializados os cargos dentro da organização, mais departamentos são diferenciados dentro dessa organização (maior a departamentalização). A departamentalização pode ser por função, produto, serviço, cliente, localização geográfica, processos ou alguma dessas combinações. Uma organização grande pode departamentalizar sua estrutura utilizando todos esses métodos ou a maioria deles em níveis diferentes. A Reserva do Exército Americano, por exemplo, primeiro mudou sua departamentalização de divisional para uma reserva estratégica operacional e, então, para uma estrutura de força operacional.[5]

Diferenciação vertical
Diz respeito à diferença entre autoridade e responsabilidade na hierarquia. A diferenciação vertical ocorre, por exemplo, entre um CEO e um supervisor de manutenção. Organizações extremamente hierarquizadas apresentam maior diferenciação vertical; organizações menos hierarquizadas apresentam menor diferenciação vertical. O nível da verticalização também é influenciado pelo nível de diferenciação horizontal e alcance de controle. O alcance de controle refere-se ao número de subordinados que um gestor pode e deve supervisionar e define essa quantidade.[6]

Estruturas verticalizadas – aquelas cujo alcance de controle é restrito – tendem a ser caracterizadas por uma supervisão direta e controles mais rígidos. Além disso, a comunicação se torna mais difícil, uma vez que instruções e informações devem ser passadas através de várias camadas. O segmento bancário, na maioria das vezes, apresenta estruturas verticalizadas. As estruturas planas – aquelas cujo alcance de controle é mais amplo – possuem cadeias de comunicação mais simples e menos promoções em razão de um número menor de níveis gerenciais. A Sears é um exemplo de organização que passou para uma estrutura plana. Com a perda de mais de um milhão de posições de média gerência, muitas organizações tornaram-se mais achatadas. O grau de diferenciação vertical afeta a eficácia organizacional, mas não há evidências de que organizações mais achatadas ou mais verticalizadas sejam melhores.[7] Tamanho organizacional, tipos de trabalhos, habilidades, características pessoais dos funcionários e grau de liberdade devem ser considerados para determinar a eficácia organizacional.[8]

Diferenciação espacial
Diz respeito à dispersão geográfica de escritórios, fábricas e pessoal de uma organização. Um vendedor em Nova York e um em Portland enfrentam diferenciação espacial.

> **diferenciação**
> Processo de decidir como dividir o trabalho na organização.

CAPÍTULO 15 Design e estrutura organizacional

> *Quanto mais diferenciada do ponto de vista estrutural, mais complexa é a organização.*

O aumento no número de localidades faz elevar a complexidade do design organizacional, mas pode ser necessário para a conquista do objetivo ou da proteção organizacional. Se uma empresa quer se expandir em um país diferente, talvez seja melhor formar uma subsidiária que seja parcialmente detida e gerida pelos cidadãos daquele país. Poucos americanos pensam na Shell Oil Company como uma subsidiária da Royal Dutch/Shell Group, uma empresa cuja matriz internacional está na Holanda. A diferenciação espacial pode proporcionar para a organização vantagens políticas e legais dentro de um país, pois é vista como uma empresa local. No momento de tomar decisões relacionadas à diferenciação espacial, a distância é tão importante quanto questões políticas e legais.

Implicações da diferenciação

Diferenciação horizontal, vertical e espacial indicam a quantidade de largura, altura e profundidade de que uma estrutura organizacional precisa. Só porque uma organização é altamente diferenciada em uma dessas dimensões não significa que ela deva sê-lo nas demais. O ambiente universitário, por exemplo, é caracterizado pela grande diferenciação horizontal, mas por relativamente pouca diferenciação vertical e espacial. Por outro lado, uma empresa como a Coca-Cola é caracterizada por uma grande parcela de todos os tipos de diferenciação.

Quanto mais diferenciada do ponto de vista estrutural, mais complexa é a organização.[9] *Complexidade* refere-se ao número de atividades, subunidades e subsistemas presentes na empresa. Lawrence e Lorsch sugerem que a complexidade de uma organização deve espelhar a complexidade de seu ambiente. Quando a complexidade aumenta, a necessidade de um mecanismo para ligar e coordenar as unidades diferenciadas também aumenta. Se essas ligações não existirem, os departamentos ou unidades diferenciadas da organização podem perder a visão da missão maior da organização e essa correrá o risco de entrar num caos.

integração
Processo de coordenar as diferentes partes de uma organização.

Integração

Para serem eficazes, as organizações devem projetar e construir mecanismos de articulação e coordenação. Esse processo é conhecido como **integração** e envolve coordenar as diferentes áreas da organização. Os mecanismos de integração são desenvolvidos para atingir unidade entre indivíduos e grupos em diversos serviços, departamentos e divisões no cumprimento das metas e tarefas organizacionais.[10] A integração ajuda a manter a organização em um estado de equilíbrio dinâmico, uma condição em que todas as partes estejam inter-relacionadas e equilibradas.

As articulações verticais são usadas para integrar atividades para cima ou para baixo da cadeia de comando organizacional. Uma variedade de dispositivos estruturais pode ser usada para atingir articulações verticais. Isso inclui referências hierárquicas, regras e procedimentos, planos e horários, posições adicionadas à estrutura da organização e sistemas de informações de gestão.[11]

As linhas verticais em um organograma organizacional indicam as linhas de referência hierárquica para cima e para baixo. Quando os colaboradores não sabem como resolver um problema, podem encaminhar para os níveis superiores buscando consideração e resolução. Os trabalhos que precisam ser atribuídos geralmente são delegados para baixo na cadeia de comando, como indicam as linhas verticais.

Regras e procedimentos, assim como planos e horários, fornecem aos colaboradores que não têm acesso à comunicação direta informações já estabelecidas. Esses integradores verticais, como o manual do funcionário, oferecem informações padronizadas ou que eles podem entender sozinhos. Esse material permite que os gestores tenham amplo controle, pois não precisam informar a cada colaborador sobre o que se espera dele e qual o prazo a ser cumprido. Os integradores verticais incentivam os gestores a usar a gerência por exceção — para só tomar decisões quando funcionários trazem problemas para cima na hierarquia. As organizações militares dependem muito de articulações verticais. O exército, por

[Velocidade, habilidade e flexibilidade]

Recentemente, o CEO da Cisco Systems, John Chambers, achatou a estrutura organizacional da empresa, colocando ênfase na integração horizontal e em equipes multifuncionais. Ainda que seja uma estrutura organizacional altamente complexa, Chambers acredita que uma estrutura organizacional com base no conceito de equipe de gerenciamento oferece à empresa velocidade, habilidade e flexibilidade. As equipes de gestão assumem várias formas, como conselhos, quadro de diretores e grupos de trabalho. A administração da Cisco, funcionários e líderes superiores participam de várias delas. As numerosas equipes da Cisco criam uma rede de estruturas integradas que permite a tomada de decisões acertadas. A rapidez e eficácia na tomada de decisão permite que a Cisco seja ágil. A empresa adapta-se rapidamente a novos mercados em razão de seus funcionários serem capacitados e engajados nos setores nos quais são mais eficazes.

Fonte: M. Kimes, "Cisco Systems Layers It On", *Fortune* 158 (8 dez. 2008): 24.

exemplo, possui uma cadeia de comando bem definida. Espera-se que algumas funções sejam realizadas e a documentação apropriada deve estar em ordem. Em épocas de crise, porém, muito mais informação é processada e a documentação apropriada torna-se secundária para realizar o trabalho. As articulações verticais ajudam os indivíduos a entender o papel que exercem nas organizações, especialmente em momentos de crise.

A adição de posições à hierarquia é usada como integrador vertical quando o gestor fica sobrecarregado pelas referências hierárquicas ou, então, quando problemas surgem na cadeia de comando. Posições como "assistente" podem ser acrescentadas ou outro nível pode ser adicionado. Adicionar níveis à hierarquia geralmente resulta em crescimento e aumento de complexidade. Essa ação tende a aprimorar o controle, permitindo, assim, mais comunicação e supervisão próxima.

Em geral, quanto mais vertical a organização, mais mecanismos de integração vertical são necessários. Isso porque as correntes de comando e comunicação são mais extensas, portanto requerem mais articulações para minimizar desentendimentos e falhas de comunicação.

Os mecanismos de integração horizontal oferecem a comunicação e a integração necessárias para ligar trabalhos e departamentos. A necessidade de mecanismos de integração horizontal aumenta quando a complexidade da organização aumenta. As articulações horizontais são construídas no design da organização incluindo função de ligação, forças-tarefa, posições de integrador e equipes.

Uma função de ligação é criada quando uma pessoa de determinado departamento ou área tem a responsabilidade de coordenar com outro departamento (por exemplo, estabelecer contato entre os departamentos de engenharia e produção). Forças-tarefa são grupos temporários compostos de representantes de múltiplos departamentos que se reúnem para abordar um problema específico que afeta esses departamentos.[12]

Um dispositivo mais forte para integração é desenvolver uma pessoa ou um departamento projetado para integrar. Na maioria das organizações, o integrador possui uma boa parcela de responsabilidade, mas nem tanta autoridade. Esse indivíduo deve ter a habilidade de reunir pessoas para solucionar diferenças considerando a perspectiva das metas organizacionais.[13]

O método mais eficaz de integração horizontal é por meio de equipes. As equipes horizontais cruzam linhas existentes na estrutura organizacional para criar novas entidades que tomam decisões organizacionais. Um exemplo disso pode ocorrer durante o processo de desenvolvimento de produtos por meio da formação de uma equipe que inclua marketing, pesquisa, design e pessoal de produção. A Ford usou uma equipe multifuncional para desenvolver o Taurus, desenvolvido para reconquistar parte do mercado dos Estados Unidos. As informações trocadas pela equipe de desenvolvimento de produto devem levar a um produto que é aceitável para uma gama mais ampla de grupos organizacionais, assim como para os clientes.[14]

O uso desses mecanismos de articulação varia de organização para organização, bem como entre as áreas da mesma organização. Em geral, quanto mais plana a empresa, maior a necessidade de utilizar os mecanismos de integração horizontal.

RESULTADO DA APRENDIZAGEM 2

Dimensões básicas de design

Diferenciação, portanto, é o processo de dividir o trabalho e integração é o processo de coordenar o trabalho. De uma perspectiva estrutural, cada gestor e organização buscam a melhor combinação de diferenciação e integração para alcançar os objetivos organizacionais. Existem muitas formas de abordar esse processo. Uma delas é estabelecer um nível desejado de cada dimensão estrutural sobre um *continuum* de cima para baixo e, então, desenvolver uma estrutura que atenda a configuração desejada. Essas dimensões estruturais incluem:

1 **Formalização:** grau em que o papel do funcionário é definido pela documentação formal (procedimentos, descrição de trabalho, manuais e regulamentações).

2 **Centralização:** medida em que a autoridade de tomada de decisão é delegada para níveis mais baixos da organização. Se as decisões são tomadas no topo, a organização é centralizada; caso elas sejam passadas para níveis mais baixos, é descentralizada.

3 **Especialização:** grau em que tarefas organizacionais são subdivididas dentro de cargos separados. A divisão do trabalho e o grau em que as descrições formais do trabalho enunciam as exigências da função indicam o nível de especialização da organização.

4 **Padronização:** medida em que as atividades de trabalho são descritas e executadas rotineiramente da mesma forma. Organizações altamente padronizadas apresentam pouca variação na definição de trabalhos.

5 **Complexidade:** quantidade de atividades e o grau de diferenciação exigido na organização.

6 **Hierarquia de autoridade:** grau de diferenciação vertical nos relacionamentos hierárquicos e o alcance de controle na estrutura da organização.[15]

Uma organização que apresenta forte formalização, centralização, especialização, padronização e complexidade e tem alta hierarquia de autoridade é considerada muito burocrática. A burocracia não é inerentemente ruim; porém costuma ser contaminada por abusos e procedimentos inúteis. No entanto, há casos em que as estruturas centralizadas podem ser benéficas. Um estudo constatou que uma estrutura mais centralizada é eficaz para o aumento da satisfação no trabalho quando percepções de justiça nos relacionamentos e procedimentos estão presentes.[16]

Uma organização que está do lado oposto dessas linhas é muito flexível e frouxa. É difícil implantar e manter o controle em uma organização como essa, mas, em certos casos, tal organização é apropriada. Em muitas empresas, para estimular a criatividade, os departamentos de pesquisa e desenvolvimento são mais flexíveis do que outros departamentos. Uma importante variável organizacional, que não está incluída nas dimensões estruturais, é a confiança.

Outra abordagem para o processo de realização de metas organizacionais é descrever o que é e o que não é importante para o sucesso da organização em vez de se preocupar com características específicas. De acordo com Henry Mintzberg, as seguintes perguntas podem guiar os gestores no desenvolvimento de estruturas formais que se encaixem no conjunto único de circunstâncias de cada organização:

1. Quantas tarefas determinada posição deve englobar e quão especializada deve ser cada tarefa?
2. Quão padronizado deve ser o conteúdo do trabalho de cada posição?
3. Que competências, habilidades, conhecimentos e treinamentos devem ser necessários para cada posição?
4. Qual deve ser a frequência do agrupamento das posições em unidades, departamentos, divisões, e assim por diante?
5. Quão grande deve ser cada unidade e qual deve ser o alcance de controle (ou seja, quantos indivíduos devem se reportar a cada gestor)?
6. Quanta padronização é necessária na contribuição de cada posição?
7. Que mecanismos devem ser estabelecidos para ajudar indivíduos em diferentes posições e unidades a se ajustarem às necessidades dos outros indivíduos?
8. Quão centralizado ou descentralizado deve ser o poder de tomada de decisão na cadeia de autoridade. A maioria das decisões deve ser tomada no topo da organização (centralizado) ou na parte de baixo da cadeia de autoridade (descentralizado)?[17]

O gestor que conseguir responder a essas perguntas possui um bom entendimento de como a organização deve implantar as decisões estruturais básicas. Essas dimensões de design agem em conjunto e não são características inteiramente independentes em uma organização.

RESULTADO DA APRENDIZAGEM 3

Cinco configurações estruturais

Diferenciação, integração e as dimensões básicas de design combinam-se para produzir várias configurações estruturais. As estruturas organizacionais mais antigas

---

formalização
Grau em que a organização possui regras, regulamentações e procedimentos oficiais.

centralização
Grau em que as decisões são tomadas no topo da organização.

especialização
Grau em que os trabalhos são estreitamente definidos e dependem de especialidade única.

padronização
Grau em que as atividades de trabalho são realizadas de uma forma rotineira.

complexidade
Grau em que diferentes tipos de atividades ocorrem na organização.

hierarquia de autoridade
Grau de diferenciação vertical entre níveis de administração.

tinham como base produtos ou função. A estrutura organizacional matriz fundiu essas duas maneiras de organizar.[18] Mintzberg foi além dessas primeiras abordagens e propôs cinco configurações estruturais: estrutura simples, burocracia mecânica, burocracia profissional, burocracia departamentalizada e adhocracia.[19] A Tabela 15.1 resume o principal mecanismo de coordenação, a parte-chave da organização, e o tipo de descentralização para cada uma dessas configurações. Para Mintzberg, as cinco partes básicas da organização são o escalão superior ou vértice estratégico; a linha hierárquica; o centro operacional, no qual o trabalho é realizado; a tecnoestrutura e o pessoal de apoio. A Figura 15.2 ilustra essas cinco partes com um ápice estratégico, ligado por uma linha hierárquica até um centro grande e plano. Cada configuração afeta as pessoas de modo diferente, e todas as estruturas organizacionais devem apoiar as metas estratégicas da empresa.

TABELA 15.1 Cinco configurações estruturais das organizações

Configuração estrutural	Mecanismo de coordenação principal	Parte-chave da organização	Tipo de descentralização
Estrutura simples	Supervisão direta	Alto escalão	Centralização
Burocracia mecânica	Padronização de processos	Tecnoestrutura	Descentralização horizontal limitada
Burocracia profissional	Padronização de competências	Nível operacional	Descentralização vertical e horizontal
Burocracia departamentalizada	Padronização de saídas	Média gerência	Descentralização vertical limitada
Adhocracia	Adaptação mútua	Pessoal de apoio	Descentralização seletiva

Fonte: H. Mintzberg, The Structuring of Organizations, © 1979, 301. Reimpresso com permissão de Pearson Education, Inc., Upper Saddle River, N.J.

Estrutura simples

A **estrutura simples** é uma forma centralizada de organização que enfatiza um pequeno grupo técnico e de apoio, forte centralização na tomada de decisão no escalão superior e um nível médio mínimo. Essa estrutura tem pouca diferenciação de autoridade e mínima formalização. A coordenação é alcançada por meio de supervisão direta, geralmente pelo executivo principal do escalão superior. Um exemplo de estrutura simples é um serviço paisagístico pequeno e independente em que um ou dois arquitetos supervisionam grande parte do trabalho sem gestores intermediários.

Burocracia mecânica

A **burocracia mecânica** é uma forma moderadamente descentralizada de organização que enfatiza um pessoal de apoio diferenciado das operações de linha da organização, descentralização horizontal limitada de tomada de decisão e hierarquia de autoridade bem definida. O pessoal técnico (tecnoestrutura) é poderoso. Existe intensa formalização por meio de políticas, procedimentos, regras e regulamentações. A coordenação é alcançada com a padronização dos processos de trabalho. Um exemplo de burocracia mecânica é uma montadora de automóveis cujas tarefas operacionais são rotineiras. O ponto positivo da burocracia mecânica é a eficiência da operação em ambientes estáveis e imutáveis. O ponto fraco é resposta lenta às mudanças externas e às preferências e ideias dos colaboradores.

Burocracia profissional

A **burocracia profissional** é uma forma descentralizada de organização que enfatiza

FIGURA 15.2 Cinco partes básicas de uma organização por Mintzberg

[Figura: Estratégica Apex, Tecnoestrutura, Mediana, Pessoal de apoio, Núcleo operacional]

Fonte: De H. Mintzberg, The Structuring of Organizations, ©1979, 20. Reimpresso com permissão de Pearson Education, Inc., Upper Saddle River, N.J.

estrutura simples
Forma centralizada de organização que enfatiza o pequeno número de pessoal técnico e de apoio, a forte centralização em relação à tomada de decisão no escalão superior e um nível médio mínimo.

burocracia mecânica
Forma moderadamente descentralizada de organização que enfatiza pessoal de apoio diferenciado das operações de linha da organização, descentralização horizontal limitada na tomada de decisão e hierarquia de autoridade bem definida.

burocracia profissional
Forma descentralizada de organização que enfatiza a especialidade dos profissionais no centro operacional da empresa.

Empresas pequenas, com um ou dois funcionários de gerência média, são consideradas estruturas simples.

a experiência dos profissionais no núcleo operacional da organização. O pessoal técnico e de apoio suportam os profissionais. Nessa configuração, há tanto diferenciação horizontal como vertical. A coordenação é alcançada por meio da padronização das habilidades profissionais. Os hospitais e as universidades são exemplos de burocracias profissionais. Médicos, enfermeiras e professores recebem alta liberdade para exercer seu trabalho com base em treinamento profissional e divulgam suas doutrinas por meio de programas de treinamento. As grandes empresas de contabilidade encaixam-se nessa categoria.

Burocracia departamentalizada

A **burocracia departamentalizada** é uma configuração estrutural frouxamente articulada.[20] Cada divisão é designada para responder ao mercado em que opera. Há uma descentralização vertical do escalão superior para o nível médio, cuja gestão é a peça chave da organização. Essa forma de organização pode ter uma divisão que é uma burocracia mecânica, outra que é uma adocracia, e outra que é uma estrutura simples. A organização utiliza padronização de saídas como mecanismo de coordenação.

Adhocracia

A **adhocracia** é uma forma seletiva descentralizada de organização que enfatiza o pessoal de apoio e o ajuste mútuo entre as pessoas. É projetado para unir especialistas interdisciplinares em equipes de projetos funcionais para uma finalidade específica. Os dispositivos de contato são o principal mecanismo para integração de equipes de projetos por meio de um processo de adaptação mútua. Existe um alto grau de especialização horizontal com base no treinamento e especialização formal. A descentralização seletiva das equipes de projetos ocorre na adhocracia. Um exemplo dessa forma de organização é a Administração Nacional de Aeronáutica e Espaço dos Estados Unidos (Nasa), composta de especialistas talentosos que trabalham em pequenas equipes em uma vasta gama de projetos relacionados à agenda do espaço americano. Os novos negócios de alta tecnologia também costumam optar pela adhocracia.

RESULTADO DA APRENDIZAGEM 4

Variáveis contextuais

As dimensões básicas de design e as configurações estruturais resultantes agem no contexto dos ambientes internos e externos da organização. Quatro **variáveis contextuais** influenciam no processo de design de uma organização: tamanho, tecnologia, ambiente e estratégia e metas. Essas variáveis evidenciam ao gestor aspectos essenciais para o correto design organizacional, embora elas não determinem a estrutura. A quantidade de mudanças das variáveis contextuais ao longo da existência da organização influencia a quantidade de mudanças necessárias nas dimensões básicas de sua estrutura.[21] As pressões competitivas observadas em muitas indústrias, por exemplo, levam à terceirização, considerada uma das maiores mudanças na estrutura organizacional em um século.[22]

---

burocracia departamentalizada
Configuração estrutural composta e frouxamente articulada, constituída de divisões, cada uma delas com sua própria configuração estrutural.

adhocracia
Forma seletiva descentralizada de organização que enfatiza o pessoal de apoio e o ajuste mútuo entre as pessoas.

variáveis contextuais
Conjunto de quatro variáveis contextuais que influenciam no processo de design de uma organização: tamanho, tecnologia, ambiente e estratégia e metas.

Jogo rápido

O tamanho organizacional é um prognóstico importante, assim como o tipo de indústria, a estratégia de diversificação da empresa e os efeitos de rede, da probabilidade de haver mulheres ocupando posições nos quadros corporativos.

Fonte: A. J. Hillman e A. A. Cannella Jr. "Organizational Predictors of Women on Corporate Boards". *Academy of Management Journal* 50 (2007): 941-952.

Tamanho

O número total de funcionários é a definição apropriada de tamanho quando se discute o design da estrutura organizacional. Isso é lógico porque as pessoas e suas interações são os blocos de construção da estrutura. Outras medidas, como ativos líquidos, taxas de produção e total de vendas estão correlacionados com o número total de funcionários. No entanto, isso pode não refletir o número real de relações interpessoais necessárias para estruturar de forma eficaz uma organização.

Embora haja algumas discussões sobre o grau de influência que o tamanho tem sobre a estrutura organizacional, não existem argumentos que indiquem sua influência nas opções de design. Em um estudo, Meyer destacou o tamanho da organização como a mais importante de todas as variáveis consideradas para influenciar na estrutura e o design da organização, ao passo que outros pesquisadores argumentam que a decisão de expandir os negócios da organização gera um aumento no tamanho à medida que a estrutura é ajustada para acomodar o crescimento planejado.[23] *Downsizing* é uma estratégia planejada para reduzir o tamanho de uma organização e normalmente é acompanhada por reestruturação e atividades de renovação.[24]

O quanto de influência que o tamanho exerce sobre a estrutura da organização não é tão importante quanto a relação entre tamanho e dimensões de design da estrutura. Em outras palavras, ao explorar alternativas estruturais, o que o gestor deve saber sobre desenhar estruturas para organizações grandes e pequenas?

Formalização, especialização e padronização tendem a ser maiores em grandes organizações, pois esses elementos são necessários para controlar as atividades. As organizações maiores são mais propensas a usar documentação, regras, políticas e procedimentos em descrições detalhadas de serviços do que se basear na observação pessoal do gestor. O McDonald's possui vários registros que descrevem como fazer todos os seus produtos, como cumprimentar clientes, como manter organizadas as dependências etc. Esse nível de padronização, formalização e especialização ajuda o McDonald's a manter a mesma qualidade dos produtos não importa onde o restaurante esteja localizado. Já em uma pequena lanchonete local, o hambúrguer e as batatas fritas podem ter um gosto diferente a cada vez que forem saboreados. Isso é uma evidência da falta de padronização.

A formalização e a especialização também ajudam uma grande empresa a descentralizar a tomada de decisão. Por causa da complexidade e do número de decisões necessárias, a formalização e a especialização são usadas para estabelecer parâmetros para tomada de decisões em níveis mais inferiores. Você já pensou no caos que seria se o presidente dos Estados Unidos, chefe das forças militares americanas, tivesse de tomar decisões de nível operacional na guerra contra o terrorismo? Ao descentralizar o poder, uma grande organização acrescenta complexidade vertical e horizontal, mas não necessariamente complexidade espacial. No entanto, é mais comum para uma grande organização ter mais dispersão geográfica. O governo do Condado de San Diego, na Califórnia, criou uma estrutura regionalizada para descentralizar a tomada de decisão, compartilhar recursos e competências comuns e atender exclusivamente às necessidades dos clientes.[26]

A hierarquia de autoridade é outra dimensão de design relacionada à complexidade. Com o aumento de tamanho, a complexidade também aumenta; portanto, mais níveis são acrescentados à hierarquia de autoridade. Isso evita que o alcance de controle fique grande demais. No entanto, existe uma força de equilíbrio, pois a formalização e a especialização são adicionadas. Quanto mais formalizados, padronizados e especializados são os papéis, mais amplo o alcance de controle.

O TAMANHO INTERESSA?

>> Embora algumas pessoas argumentem que o futuro pertence às organizações pequenas e ágeis, outras argumentam que o tamanho continua sendo uma vantagem. Para se beneficiar do tamanho, as organizações devem se tornar corporações excêntricas com um núcleo global.[25] Esses conceitos foram primeiro conduzidos por Booz Allen Hamilton, com base em sua consultoria de tecnologia e administração. O núcleo global permite a liderança estratégica, ajuda a distribuir e fornecer acesso ao conhecimento e às capacidades da empresa, cria identidade corporativa, garante acesso ao capital de baixo custo e exerce controle sobre a empresa em sua totalidade.

CAPÍTULO 15 Design e estrutura organizacional **259**

Tecnologia

A tecnologia de uma organização é uma variável contextual importante para se determinar a estrutura da organização.[27] É definida como as ferramentas, técnicas e ações utilizadas por uma organização para transformar entradas em saídas.[28] As entradas incluem recursos humanos, máquinas, materiais, informações e dinheiro. As saídas são os produtos e serviços oferecidos ao ambiente externo. Determinar a relação entre tecnologia e estrutura é complicado, pois diferentes departamentos podem empregar tecnologias diversas. Conforme as organizações se tornam maiores, há uma maior variação de tecnologias entre as suas unidades. Joan Woodward, Charles Perrow e James Thompson desenvolveram formas para compreender as tecnologias organizacionais tradicionais.

Woodward apresentou um dos esquemas de classificação de tecnologia mais conhecidos; ele identificou três tipos: unidade, massa ou processo de produção. Tecnologia de unidade é uma tecnologia de fabricação de pequenos lotes e, algumas vezes, produção por demanda. Como exemplo, podemos citar o fabricante de armas Smith & Wesson e a produção mobília fina. A tecnologia de massa está relacionada à fabricação em grandes lotes. Exemplos incluem linhas de montagem automotiva e produção de luvas de látex. Processo de produção refere-se a um processo de produção contínua. Alguns exemplos são refino de petróleo e fabricação de cerveja. Woodward classificou a tecnologia de unidade como a menos complexa, tecnologia de massa como muito complexa e tecnologia de processo como a mais complexa. Quanto mais complexa a tecnologia da organização, mais complexo precisa ser o componente administrativo ou a estrutura da organização.

Perrow propôs uma alternativa para o esquema de Woodward com base em duas variáveis: variabilidade da tarefa e análise do problema. A variabilidade da tarefa considera o número de exceções encontradas ao realizar as tarefas dentro de um serviço. A análise do problema examina os tipos de procedimentos de pesquisa adotados para encontrar as maneiras de responder às exceções da tarefa. Para algumas exceções encontradas ao realizar uma tarefa, a resposta apropriada é fácil de ser identificada. Se você está dirigindo em uma rua e vê uma placa com os dizeres "Desvio – Ponte em Reforma", é fácil de responder à variabilidade da tarefa, por isso a análise é baixa (ou seja, é necessária uma análise limitada). No entanto, quando Thomas Edison estava desenvolvendo a primeira lâmpada elétrica, a análise do problema era muito alta para a tarefa.

Perrow foi além ao identificar os quatro aspectos-chave da estrutura que poderiam ser modificados para tecnologia. Esses elementos são (1) a quantidade de critérios que um indivíduo pode usar para realizar uma tarefa, (2) o poder de grupos para controlar as metas e estratégias da unidade, (3) o nível de interdependência entre os grupos e (4) a extensão em que as unidades organizacionais coordenam o trabalho usando *feedback* ou planejamento. A Figura 15.3 sintetiza os resultados de Perrow em relação aos tipos de tecnologia e às dimensões básicas de design.[29]

Thompson, por sua vez, ofereceu outra perspectiva de tecnologia e seu relacionamento com o design organizacional. Essa visão está fundamentada no conceito de **interdependência tecnológica** (grau de inter-relacionamento dos diversos elementos tecnológicos

---

interdependência tecnológica
Grau de inter-relacionamento dos vários elementos tecnológicos da organização.

FIGURA 15.3 Resultados de Perrow

Análise do problema	Variabilidade da tarefa – Poucas exceções	Variabilidade da tarefa – Muitas exceções
Mal definida e não analisável	**Ofício** 1. Moderado 2. Moderado 3. Moderado 4. Baixo-moderado 5. Alto 6. Baixo	**Não rotineiro** 1. Baixo 2. Baixo 3. Baixo 4. Baixo 5. Alto 6. Baixo
Bem definida e analisável	**Rotina** 1. Alto 2. Alto 3. Moderado 4. Alto 5. Baixo 6. Alto	**Engenharia** 1. Moderado 2. Moderado 3. Alto 4. Moderado 5. Moderado 6. Moderado

Explicação:
1. Formalização
2. Centralização
3. Especialização
4. Padronização
5. Complexidade
6. Hierarquia de autoridade

Fonte: Built from C. Perrow, "A Framework for the Comparative Analysis of Organizations," *American Sociological Review* (Abril 1967): 194–208.

da organização) e no padrão dos fluxos de trabalho da empresa. As pesquisas de Thompson sugerem que uma maior interdependência tecnológica leva a uma maior complexidade organizacional e que problemas de maior complexidade podem ser compensados por tomadas de decisão descentralizadas.[30]

As pesquisas desses três primeiros estudiosos sobre a influência da tecnologia no *design* organizacional podem ser combinadas em um conceito de integração – rotina no processo de transformar entradas em saídas. Essa rotina tem forte relação com a estrutura organizacional. Quanto mais rotineiras e repetitivas as tarefas, maior será o grau de formalização, mais centralizada, especializada e padronizada a organização será e mais níveis hierárquicos com acesso ao controle terá.

Ambiente

A terceira variável contextual para o *design* organizacional é o **ambiente**. O ambiente de uma organização é mais facilmente definido como qualquer coisa fora de seus limites. Diferentes aspectos do ambiente possuem graus variados de influência na estrutura da empresa. Em um estudo com 318 CEOs entre 1996 e 2000, a velocidade da decisão estratégica foi considerada moderadora do relacionamento entre o ambiente, a estrutura da organização e o desempenho.[31] O ambiente inclui todas as condições que podem exercer impacto na organização, como fatores econômicos, considerações políticas, mudanças ecológicas, demandas socioculturais e regulamentações governamentais.

Ambiente da tarefa Quando aspectos relacionados ao ambiente se tornam mais focados em áreas de interesse da organização, passam a fazer parte do **ambiente da tarefa**, ou ambiente específico. O ambiente de tarefa é a parte do ambiente diretamente relevante para a organização. Tipicamente, esse nível de ambiente inclui investidores, sindicatos, clientes, fornecedores, concorrentes, agências regulatórias do governo e associações de comércio. O domínio da organização se refere à área em que a organização atribui para si como se encaixa em seus ambientes relevantes. O domínio é particularmente importante, pois é definido pela organização e influencia em como ela percebe seu ambiente e atua nele.[32] As empresas Walmart e Neiman Marcus, por exemplo, vendem peças de vestuário, mas seus domínios são muito diferentes.

As percepções da organização em relação ao seu ambiente e ao ambiente real podem não ser as mesmas. O ambiente que o gestor percebe é aquele ao qual a organização responde e o qual organiza.[33] Dessa forma, duas organizações podem estar relativamente no mesmo ambiente de um ponto de vista objetivo, mas, se os gestores percebem diferenças, as organizações podem decretar estruturas muito diferentes para lidar com esse mesmo ambiente. Uma empresa pode descentralizar e lançar mão de incentivos financeiros para gestores que considerarem a descentralização como uma forma de serem competitivamente agressivos, ao passo que outra empresa pode centralizar e usar tal incentivo para gestores que conduzirem a empresa a uma competitividade menos agressiva.[34]

[**Como determinar a incerteza ambiental**]

Dess e Beard identificaram as três dimensões de ambiente que devem ser medidas na avaliação do grau de incerteza: capacidade, volatilidade e complexidade.[35] A capacidade do ambiente reflete a abundância ou escassez de recursos. Se os recursos são abundantes, o ambiente apoia expansão, erros ou ambos. No entanto, em tempos de escassez, o ambiente requer a sobrevivência dos mais aptos. Volatilidade é o grau de instabilidade. A indústria de linhas aéreas está em um ambiente volátil. Isso torna difícil para gestores saberem o que precisa ser feito. A complexidade do ambiente refere-se às diferenças e à variabilidade entre os elementos ambientais.

ambiente
Qualquer coisa relacionada ao exterior dos limites de uma organização.

ambiente da tarefa
Parte do ambiente que é diretamente relevante para a organização.

Incerteza ambiental A **incerteza ambiental** é a quantidade e a taxa de mudanças no ambiente da organização. O nível identificado de incerteza ambiental é a variável ambiental que mais influencia no design organizacional. Os ambientes de algumas empresas são relativamente estáticos, com pouca incerteza, outros são tão dinâmicos que ninguém tem certeza do que acontecerá no dia seguinte. A Binney & Smith, por exemplo, faz basicamente os mesmos produtos há mais de 50 anos, com poucas mudanças no design ou na embalagem do produto. O ambiente para seus produtos Crayola é relativamente estático. Na realidade, os clientes não gostavam quando a empresa tentava se desfazer de algumas cores antigas e adicionar cores novas. Em contraposição, nas últimas duas décadas, os concorrentes no segmento de linhas áreas enfrentaram desregulamentações, fusões, falências, alterações de custos e preços, mudanças demográficas de clientes e funcionários e alterações na concorrência global. Em tais condições de incerteza, organizações de rápida resposta devem fazer uso de práticas de coordenação especializadas para garantir que a especialização distribuída seja aplicada de forma oportuna.[36]

A quantidade de incerteza do ambiente influencia as dimensões estruturais. Burns e Stalker nomearam duas extremidades que são apropriadas para os extremos da incerteza ambiental – **estrutura mecânica** e **estrutura orgânica**.[37] As estruturas mecânicas e orgânicas ocupam lados opostos de um *continuum* de possibilidades de design organizacional. Embora a premissa de incerteza ambiental e dimensões estruturais tenha sido confirmada por pesquisas, a organização deve fazer ajustes para a realidade de seu ambiente identificado ao projetar sua estrutura.[38] Algumas pesquisas sugerem que o tipo de estrutura, mecânica ou orgânica, depende do nível de experiência de desenho organizacional de um gestor e do treinamento formal.[39]

Se o ambiente da organização é incerto, dinâmico e complexo e os recursos são escassos, o gestor precisa de uma estrutura orgânica que seja capaz de se adaptar a esse ambiente. Essa estrutura permite que o gestor monitore o ambiente com base em algumas perspectivas internas, dessa forma ajuda a organização a manter a flexibilidade na reação às mudanças ambientais.[40]

Estratégia e metas

A quarta variável contextual que influencia em como as dimensões de design estrutural devem ser ordenadas diz respeito às estratégias e metas da organização. Estratégias e metas fornecem legitimidade para a organização, direção aos funcionários, diretrizes de decisão e critérios para desempenho.[41] Além disso, ajudam a organização a se encaixar em seu ambiente.

Quando a Apple introduziu sua linha de computadores pessoais no mercado, suas estratégias eram muito inovadoras. A estrutura da organização era relativamente achatada e muito informal. As reuniões que aconteciam na empresa, nas tardes de sexta-feira, eram acompanhadas de cerveja e pipoca e o comportamento excêntrico era bem-aceito. Como o mercado de computadores pessoais se tornou mais competitivo, a estrutura da Apple mudou com o objetivo de diferenciar seus produtos e controlar custos. As estratégias e estruturas inovadoras desenvolvidas por Steve Jobs, um dos fundadores da Apple, já não eram mais apropriadas. Então, a diretoria da empresa contratou John Scully, especialista em marketing da PepsiCo, para ajudar a Apple a competir no mercado que ela havia criado. Em 1996 e 1997, a organização se reinventou mais uma vez e trouxe Jobs de volta para tentar restabelecer sua parte inovadora. Desde seu retorno, a Apple vem liderando o mercado de música digital com a introdução de vários modelos do iPod e iPhone.

No entanto, existem limitações relacionadas à extensão em que as estratégias e metas influenciam na estrutura. Como a estrutura da organização inclui os canais formais de processamento de informação, é óbvio que a necessidade de mudanças estratégicas pode não ser comunicada por toda a organização. Nesse caso, a estrutura organizacional influencia na escolha estratégica. Alterar a estrutura da organização pode não liberar valor, mas pode elevar custos e dificuldades. Assim, o sucesso estratégico pode depender da escolha de um design organizacional que funcione razoavelmente bem e que mantenha a estrutura sintonizada por meio de um sistema estratégico.[42]

A ineficiência da estrutura em perceber mudanças ambientais pode levar ao fracasso organizacional. Na indústria de linhas aéreas, várias transportadoras falharam ao se ajustar de maneira rápida o suficiente à desregulamentação e ao mercado de trabalho altamente competitivo. Apenas empresas que eram vistas como estruturas enxutas com bons sistemas de processamento de informações se destacaram nos anos turbulentos desde a desregulamentação. Exemplos de quão diferentes as dimensões do design podem afetar o processo de decisão estratégica estão listados na Tabela 15.2.

As quatro variáveis contextuais – tamanho, tecnologia, ambiente e estratégia e metas – se combinam para influenciar no processo de design. No entanto, a estrutura

---

incerteza ambiental
Quantidade e nível de mudança no ambiente organizacional.

estrutura mecânica
Design organizacional que enfatiza atividades estruturadas, tarefas especializadas e tomada decisão centralizada.

estrutura orgânica
Design organizacional que enfatiza o trabalho em equipe, a comunicação aberta e a tomada de decisão descentralizada.

da organização influencia em como a organização interpreta as informações sobre cada uma das variáveis e reage a elas. Cada uma das variáveis contextuais possui pesquisadores de gestão que afirmam que elas são as variáveis mais importantes para determinar o melhor design estrutural. Por causa da dificuldade em estudar as interações das quatro dimensões contextuais e da complexidade das estruturas organizacionais, a discussão sobre qual variável é mais importante continua.

O que está evidente é que deve haver alguns níveis de adaptação entre a estrutura e as dimensões contextuais da organização. Quanto melhor a adaptação, maior probabilidade de a organização alcançar objetivos no curto prazo. Além disso, quanto melhor a adaptação, maior a probabilidade de a organização processar informações e desenvolver papéis organizacionais apropriados para o sucesso no longo prazo, como indica a Figura 15.4.

RESULTADO DA APRENDIZAGEM 5
Forças remodelando organizações

Gestores e pesquisadores, tradicionalmente, examinam o design e a estrutura organizacional dentro do quadro de dimensões básicas de design e variáveis contextuais. A ação de várias forças remodelando as organizações está fazendo os gestores irem além dos quadros tradicionais e examinarem formas de tornar as organizações mais preparadas às necessidades do cliente. Algumas dessas forças incluem ciclos de vida organizacional mais curtos, globalização e mudanças rápidas na tecnologia da informação. Juntas, essas forças aumentam a demanda por capacidade de processos na organização e estruturas organizacionais emergentes. Para manter a saúde e a vitalidade, as organizações devem atuar como sistemas abertos prontos para seus ambientes de tarefas.[43]

Ciclos de vida nas organizações

As organizações são entidades dinâmicas. Como tais, passam e repassam por diferentes estágios. Geralmente, os pesquisadores veem esses estágios como **ciclos de vida organizacional**. A empresa tem um ciclo de vida que começa no nascimento, passa pelo crescimento e pela maturidade para decair e, possivelmente, experimenta uma reestruturação.[44]

As subunidades organizacionais podem ter ciclos de vida bem parecidos. Por causa de mudanças no design do produto e na tecnologia, muitas subunidades organizacionais, especialmente aquelas que se baseiam em produtos, estão enfrentando ciclos de vida mais curtos. As subunidades que compõem a organização estão mudando mais rapidamente do que no passado. O ciclo de vida mais curto permite que a organização responda rapidamente às demandas e mudanças externas.

Quando uma nova organização ou subunidade nasce, a estrutura é orgânica e informal. Se a organização ou subunidade for bem-sucedida, ela cresce e

> **ciclo de vida organizacional**
> Diferentes estágios da vida de uma organização, desde o princípio até seu final.

TABELA 15.2 Exemplos de como a estrutura afeta o processo de decisão estratégica

Formalização

Com o aumento do nível de formalização, é provável que:
1. O processo de decisão estratégica se torne reativo à crise em vez de proativo por meio de oportunidades.
2. As manobras estratégicas sejam incrementais e precisas.
3. A diferenciação na organização não esteja equilibrada com mecanismos integrativos.
4. Apenas as crises ambientais que estão nas áreas monitoradas pelos sistemas organizacionais formais sejam tratadas.

Centralização

Com o aumento do nível de centralização, é provável que:
1. O processo de decisão estratégica seja iniciado por apenas alguns indivíduos dominantes.
2. O processo de decisão seja racional e orientado por meta.
3. O processo estratégico seja condicionado pelas limitações dos gestores do alto escalão.

Complexidade

Com o aumento do nível de complexidade, é provável que:
1. O processo de decisão estratégica torne-se mais politizado.
2. Seja mais difícil para a organização reconhecer oportunidades e ameaças ambientais.
3. As restrições relacionadas a processos de decisão adequados sejam multiplicados pelas limitações de cada indivíduo na organização.

Fonte: Reimpresso com autorização da Academia de Administração, Caixa Postal 3020, Briarcliff Manor, NY 10510-8020. "The Strategic Decision Process and Organizational Structure" (Tabela), J. Fredrickson. *Academy of Management Review* (1986): 284. Reproduzido com permissão do editor via Copyright Clearance Center, Inc.

amadurece. Isso geralmente leva à formalização, especialização, padronização, complexidade e a uma estrutura mais mecânica. Entretanto, se o ambiente mudar, a organização deve ter capacidade de responder. Uma estrutura mecânica não é capaz de responder a um ambiente dinâmico tão bem quanto a um ambiente orgânico. Se a organização ou subunidade não responder, ela se torna mais orgânica e renasce, caso contrário, entra em declínio e possivelmente morre. Novas pesquisas sugerem ciclos temporários por meio de designs mecânicos e orgânicos para atender as demandas normalmente conflitantes das organizações.[45]

Os ciclos de vida mais curtos pressionam a organização para ser, ao mesmo tempo, flexível e eficiente. Além disso, como as organizações flexíveis utilizam o design para sua vantagem competitiva, ciclos de vida organizacional discretos podem dar espaço a um caleidoscópio de designs organizacionais emergentes focados na eficácia.[46] Nessa situação, o desafio do gestor é criar congruência entre as várias dimensões do design organizacional para se encaixar nos mercados e nas localidades continuamente mutáveis. Muitas organizações que experimentam um rápido crescimento enfrentam pontos de transição ao longo de seu ciclo de vida, que apresenta crescimento e desafios estruturais. A organização deve tentar resolvê-los antes de passar para a próxima fase de crescimento e desenvolvimento.[47]

Globalização

Outra força que está remodelando as organizações é o processo de globalização. Em outras palavras, as organizações operam em todo o mundo em vez de apenas em um país. As corporações globais podem se opor às nações soberanas quando regras e leis entram em conflito com os limites nacionais. Cada vez mais, a globalização torna a diferenciação espacial uma realidade para as organizações. Além das óbvias diferenças geográficas, pode haver profundas diferenças nos sistemas de valores e cultura. Isso acrescenta outro tipo de complexidade ao processo de design estrutural e torna necessária a criação de mecanismos de integração para que as pessoas sejam capazes de compreender e interpretar umas às outras bem como se coordenar umas com as outras.

A escolha de estrutura para administrar um negócio internacional é feita, geralmente, com base em escolhas referentes aos seguintes fatores:

1. *O nível de diferenciação vertical.* Uma hierarquia de autoridade deve ser criada para esclarecer as responsabilidades dos gestores locais e estrangeiros.
2. *O nível de diferenciação horizontal.* Operações domésticas e estrangeiras devem ser agrupadas para que a empresa satisfaça de forma eficaz as necessidades dos clientes.
3. *O grau de formalização, especialização, padronização e centralização.* A estrutura global deve permitir que as decisões sejam tomadas na área mais apropriada da organização. No entanto, os controles devem estar funcionando para que reflitam as estratégias e as metas da matriz.[48]

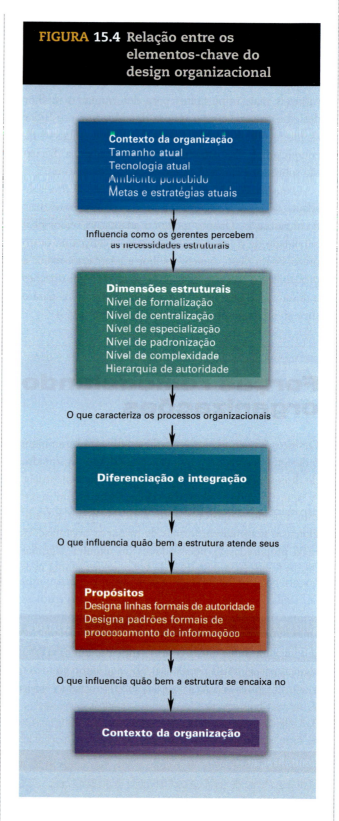

FIGURA 15.4 Relação entre os elementos-chave do design organizacional

Mudanças nas tecnologias de processamento de informação

Muitas das mudanças nas tecnologias de processamento de informação permitiram que as organizações seguissem mais rapidamente na direção de novas áreas de produtos e mercados. No entanto, assim como os ciclos de vida mais curtos e a globalização geraram novas preocupações relacionadas ao projeto de estruturas organizacionais, houve também o aumento de disponibilidade de avançadas tecnologias de processamento de informação. Novas tecnologias de negócios estão mudando cada vez mais e moldando os processos de negócios futuros, as iniciativas e os designs organizacionais.[49]

As estruturas organizacionais já estão sentindo o impacto das tecnologias avançadas de processamento de informação. É evidente que há mais integração e coordenação, pois os gestores ao redor do mundo podem permanecer conectados por meio de redes computadorizadas. As dimensões básicas de design também foram afetadas:

1. A hierarquia de autoridade foi achatada.
2. A base de centralização foi alterada. Novos gestores podem usar tecnologia para obter informações e tomar mais decisões ou podem usar a tecnologia para passar as informações e tomadas de decisão para camadas inferiores na hierarquia e, assim, diminuir a centralização.
3. Há menos necessidade de especialização e padronização, pois aqueles que usam tecnologias avançadas de processamento de informação têm trabalhos mais sofisticados que requerem um entendimento mais amplo de como a organização realiza o trabalho.[50]

Avanços no processamento de informações estão conduzindo organizações em organizações baseadas em conhecimento, e que incorporam empreendedorismo virtual, formação de equipes dinâmicas e redes de conhecimento.[51]

Demandas sobre os processos organizacionais

Por causa das forças que estão remodelando as organizações, os gestores estão tentando alcançar o que parece ser metas conflitantes: uma orientação eficaz que resulta em entregas pontuais *e* uma orientação que resulta em produtos e serviços personalizados e de alta qualidade.[52] Tradicionalmente, os gestores consideram eficácia e personalização como demandas conflitantes.

Para atender essas demandas conflitantes, as organizações precisam se tornar "dinamicamente estáveis".[53] Para isso, uma empresa deve contar com gestores que se veem como arquitetos que compreendem claramente o "como" do processo de organização. Os gestores devem combinar pensamentos em longo prazo com respostas rápidas e flexíveis que ajudam a melhorar o processo e o *know-how*. A estrutura organizacional deve ajudar a definir, pelo menos em algum grau, papéis para gestores que esperam abordar de forma bem-sucedida as demandas conflitantes da estabilidade dinâmica.

RESULTADO DA APRENDIZAGEM 6

Estruturas organizacionais emergentes

As exigências que recaem sobre os gestores e sobre a capacidade dos processos colocam demandas às estruturas.

[**Rapidez aos seus pés**]

No início de 2009, a Yahoo!, na esperança de impulsionar seus números, indicou Carol Bartz como CEO. Bartz se desfez rapidamente da estrutura matricial complicada que dificultava a tomada de decisões e duplicava os recursos funcionais e a substituiu por uma estrutura organizacional achatada e centralizada. A nova estrutura racionalizada foi desenvolvida para acelerar a tomada de decisões e aumentar a responsabilidade exigindo que todos os altos executivos se reportassem diretamente a Bartz. Ao achatar a estrutura, Bartz também aumentou a habilidade da Yahoo! de reconhecer grupos não produtivos e focar o negócio principal da empresa – o cliente. Para aumentar a resposta aos clientes, Bartz criou um Grupo de Defesa ao Cliente, que luta para garantir que a ligação entre a Yahoo! e seus clientes continue aberta. Ainda que a reconstrução de Bartz pareça uma forte tacada para a Yahoo!, ela não garante, necessariamente, mudanças. Para ser bem-sucedida, a nova estrutura deve ser completamente aceita e implantada por todos da equipe de gestão da Yahoo!.

Fonte: R. D. Hof. "Yahoo's Bartz Shows Who's Boss". *BusinessWeek Online* 114 (2 mar. 2009): 9.

A ênfase nas organizações está se deslocando para a organização em torno de processos (ver Tabela 15.3). Essa orientação de processo surge da combinação de três ramos de design organizacional aplicado: alto desempenho, equipes autogeridas; administração de processos em vez de funções; e a evolução da tecnologia da informação. A tecnologia da informação e os sistemas avançados de comunicação geraram uma rede entre as pessoas. Em um estudo com 469 empresas, aquelas mais interconectadas foram consideradas mais focadas e especializadas, menos hierárquicas e mais comprometidas com parcerias externas.[54] Três estruturas organizacionais emergentes associadas com essas mudanças são organizações em rede, organizações virtuais e organização em círculo. Em geral, a virtualidade nas organizações é dividida em quatro componentes interligados: dispersão geográfica, interdependência eletrônica, estrutura dinâmica e diversidade nacional.[55]

As organizações em rede são estruturas orientadas pela web que restringem alguma ou todas as suas funções operacionais para outras organizações e, então, coordenam suas atividades por meio de gestores e outros funcionários nas matrizes. A tecnologia da informação é a base para a construção da estrutura em teia dessas organizações, bem como das gerências de unidade de negócios, que são essenciais para o sucesso desse sistema. Esse tipo de organização surgiu na era do comércio eletrônico e trouxe para a prática economia no custo de transações, colaborações interorganizacionais e alianças estratégicas. As organizações em rede podem ser globais em escopo.[56]

As organizações virtuais são organizações em rede temporárias formadas por empresas independentes. Muitas empresas "ponto com" são organizações virtuais desenvolvidas para se ligar rapidamente a fim de explorar uma aparente oportunidade de mercado. Elas podem operar como uma trupe teatral em que todos estão juntos para uma "performance".[57] A confiança pode ser um desafio para as organizações virtuais, pois se trata de um fenômeno complexo que envolve ética, moral, emoções, valores e atitudes. No entanto, confiança e confiabilidade são questões importantes conectivas em ambientes virtuais. Os três ingredientes-chave para o desenvolvimento da confiança nas organizações virtuais são: tecnologia capaz de comunicar emoção; compartilhamento de valores, visão e identidade organizacional; e alto padrão ético.[58]

A organização em círculo é uma terceira estrutura emergente, desenvolvida pela Harley-Davidson com o objetivo de alcançar trabalho em equipe sem equipes.[59] A empresa desenvolveu a forma círculo como mostra a Figura 15.5. As três partes organizacionais são aquelas que (1) criam demanda, (2) produzem produto e (3) fornecem suporte. Como indica a figura, essas três partes são ligadas pelo conselho de estratégia e liderança (LSC). A organização em círculo é um sistema aberto e uma estrutura orgânica que visa responder ao cliente. Uma inovação nesse esquema organizacional é o "círculo *coach*", que possui comunicação acurada, ouvidoria e habilidades de influência de modo a ser altamente respeitado pelos membros do círculo e pelo presidente da empresa.

TABELA 15.3 Papéis estruturais: gestores de hoje *versus* gestores do futuro

Papéis dos gestores de hoje	
	1. Ser adepto das relações chefe-funcionário.
	2. Realizar tarefas por meio de delegação de ordens.
	3. Transmitir mensagens para cima e para baixo na hierarquia.
	4. Realizar um conjunto prescrito de tarefas de acordo com a descrição do trabalho.
	5. Ter foco funcional restrito.
	6. Transitar pelos canais, um por um.
	7. Controlar os subordinados.
Papéis dos gestores do futuro	
	1. Ter relações hierárquicas subordinadas a relações funcionais e de colegas de trabalho.
	2. Alcançar a realização de tarefas por meio de negociação.
	3. Resolver problemas e tomar decisões.
	4. Criar trabalho desenvolvendo projetos empreendedores.
	5. Ter ampla colaboração multifuncional.
	6. Enfatizar velocidade e flexibilidade.
	7. Treinar seus funcionários.

Fonte: Reimpressão autorizada pela editora. Com base em *Management Review*, jan. 1991 ©1991. Thomas R. Horton. American Management Association, Nova York. Todos os direitos reservados.

FIGURA 15.5 Organização em círculo da Harley-Davidson

Fonte: Reimpresso com a permissão de Harvard Business School Press from *More Than a Motorcycle: The Leadership Journey at Harley-Davidson*, by R. Teerlink and L. Ozley, Boston, MA, 2000, p. 139. Copyright © 2000 by the Harvard Business School Publishing Corporation; todos os direitos reservados.

RESULTADO DA APRENDIZAGEM 7

Fatores que podem afetar negativamente a estrutura

Este capítulo identificou os propósitos da estrutura, os processos de design organizacional e as dimensões e os contextos que devem ser considerados na estrutura. Além disso, abordou forças e tendências no *design* organizacional. Duas notas são importantes para os que estudam comportamento organizacional. Primeira nota: uma estrutura organizacional pode ser fraca ou deficiente. Em geral, se a estrutura está desalinhada em suas variáveis contextuais, um ou mais dos seguintes sintomas podem surgir.

> A tomada de decisão ocorre com atraso, pois a hierarquia é sobrecarregada e muita informação é canalizada por meio de um ou dois canais.
> Falta qualidade à tomada de decisão, pois a articulação das informações não oferece as informações corretas para a pessoa certa no formato apropriado.
> A organização não responde de forma inovadora a um ambiente em transformação, especialmente quando não há esforço coordenado entre os departamentos.
> A grande quantidade de conflitos fica evidente quando departamentos trabalham um contra o outro em vez de trabalhar pelas estratégias e metas da organização; geralmente a estrutura é falha.

Segunda: a personalidade do executivo-chefe pode afetar negativamente a estrutura da organização.[60] A ideologia política e os vieses cognitivos pessoais dos gestores afetam o bom julgamento e a tomada de decisão[61]. Cinco combinações disfuncionais de personalidade e organização foram identificados: paranoica, depressiva, dramática, compulsiva e a esquizofrênica.[62] Cada uma dessas constelações personalidade-organização pode gerar problemas para as pessoas que trabalham na empresa. Em uma constelação paranoica, por exemplo, as pessoas suspeitam umas das outras, e a desconfiança nas relações de trabalho pode interferir na comunicação eficaz e na realização de tarefas. Em uma constelação depressiva, as pessoas se sentem deprimidas e inibidas em relação a suas atividades de trabalho, o que pode levar a baixos níveis de produtividade e realização de tarefas.

CAPÍTULO 16

Cultura organizacional

RESULTADOS DA APRENDIZAGEM

Após a leitura deste capítulo, você estará apto a:
1. Identificar os três níveis de cultura e avaliar os papéis que eles desempenham em uma organização.
2. Avaliar as quatro funções da cultura em uma organização.
3. Explicar a relação entre desempenho e cultura organizacional.
4. Descrever cinco maneiras pelas quais os líderes reforçam a cultura organizacional.
5. Descrever os três estágios de socialização organizacional e as formas como a cultura é comunicada em cada estágio.
6. Discutir como os gestores avaliam a cultura de suas organizações.

> **"A cultura organizacional é compartilhada, comunicada por meio de símbolos e passada adiante de geração para geração de funcionários."**

O conceito de cultura organizacional tem suas raízes na antropologia cultural. Assim como existem culturas em grandes sociedades humanas, existem culturas nas organizações. Como culturas societárias, elas são compartilhadas, comunicadas por meio de símbolos e passadas adiante de geração para geração de funcionários.

O conceito de cultura nas organizações foi considerado tão antigo quanto os estudos de Hawthorne, que descreveu a cultura do grupo de trabalho. O assunto emergiu no início dos anos de 1970, quando gestores e pesquisadores iniciaram investigações importantes acerca da sobrevivência das organizações em ambiente turbulento e competitivo. Assim, no início dos anos de 1980, vários livros sobre cultura corporativa foram publicados, incluindo a obra de Terry Deal e Allan Kennedy, *Corporate Cultures*,[1] a de William Ouchi, *Theory Z*,[2] e a obra de Thomas Peters e Robert Watermane, *In Search of Excellence*.[3] Essas obras tiveram vasto público e motivaram a realização de pesquisas mais sérias sobre o elusivo tópico de culturas organizacionais. Os executivos indicaram que essas culturas eram reais e podiam ser administradas.[4]

RESULTADO DA APRENDIZAGEM 1
Níveis de cultura organizacional

Há muitas definições para *cultura organizacional*. A maioria delas concorda que existem vários níveis de cultura e que esses níveis se diferenciam no que diz respeito à visibilidade e à capacidade de serem alterados. A definição adotada neste capítulo é de *cultura organizacional (corporativa)* como um padrão de assunções básicas consideradas válidas, que são ensinadas para novos membros como a maneira de perceber, pensar e sentir na organização.[5]

Edgar Schein, em seu abrangente livro sobre cultura e liderança organizacional, sugere que há três níveis de cultura organizacional. Sua visão de cultura é apresentada na Figura 16.1. Os níveis variam de artefatos visíveis e criações de valores testáveis até invisíveis e pressupostos básicos. Para atingir um completo entendimento da cultura de uma organização, é preciso examinar os três níveis.

cultura organizacional (corporativa)
Padrão de pressupostos básicos considerados válidos e que são ensinados aos novos membros como a maneira de perceber, pensar e sentir na organização.

7 Explicar ações que os gestores devem tomar para mudar a cultura organizacional.

8 Identificar os desafios que as organizações enfrentam ao desenvolver culturas coesas e positivas.

David Hiser/Stone/Getty Images

269

FIGURA 16.1 Níveis de cultura organizacional

Artefatos
- Representação pessoal
- Cerimônias e ritos
- Histórias
- Rituais
- Símbolos

Valores
- Testáveis no ambiente físico
- Testáveis apenas por consenso social

Pressupostos básicos
- Relacionamento com o ambiente
- Natureza da realidade, do tempo e do espaço
- Natureza da natureza humana
- Natureza da atividade humana
- Natureza das relações humanas

Visíveis, mas muitas vezes não decifráveis

Maior nível de consciência

Menosprezado, invisível, preconceituoso

Fonte: Edgar H. Schein. *Organizational Culture and Leadership: A Dynamic View.* Copyright © 1985 Jossey-Bass, Inc. Reimpresso com a permissão de John Wiley & Sons, Inc.

Artefatos

Os símbolos de cultura presentes no ambiente de trabalho físico e social são chamados de **artefatos**. Eles são os mais visíveis e acessíveis níveis de cultura. A chave para entender a cultura por meio de artefatos está na identificação de seus significados. Os artefatos também são as manifestações mais frequentemente estudadas da cultura organizacional, talvez por causa de sua acessibilidade. Os exemplos de artefatos culturais incluem representação pessoal, cerimônias e ritos, histórias, rituais e símbolos.[6]

A cultura corporativa da Google está aparente nos escritórios da matriz da empresa localizada em Mountain View, Califórnia. A entrada é repleta de lâmpadas de lava, pianos e painéis nos quais são exibidas as pesquisas que estão sendo feitas no sistema de busca Google ao redor do mundo. Nos corredores, há bicicletas e aparelhos de ginástica, os escritórios são descontraídos, há sofás e os cachorros acompanham seus donos.[7] Na Google, os artefatos reforçam a noção de que a empresa se preocupa com os funcionários e quer que eles sejam criativos e se sintam confortáveis.

Representação pessoal A cultura pode ser compreendida, em parte, por meio da verificação do comportamento dos membros da organização. A representação pessoal é o comportamento que reflete os valores da empresa. Em particular, a representação pessoal por parte dos gestores do alto escalão fornecem *insights* sobre esses valores. Steve Irby é fundador e CEO da Stillwater Designs, empresa que criou os autofalantes Kicker. Ele desenvolve confiança em seus funcionários compartilhando mensalmente os resultados financeiros da empresa. Os funcionários sabem que se as vendas do mês corrente forem mais altas do que as vendas do mesmo mês do ano anterior, Irby vai oferecer um jantar para os funcionários na sexta-feira seguinte. Irby e o gerente geral sempre cozinham. Eskimo Joe's, uma rede de restaurantes com sede em Stillwater, Oklahoma, e uma das maiores vendedoras de camisetas dos Estados Unidos, poderia ter se tornado uma franquia nacional anos atrás. No entanto, o fundador Stan Clark, que começou como sócio daquilo que no começo era apenas um pequeno bar, diz que sua intenção é se tornar melhor, e não maior. Clark ainda se reúne pessoalmente com os novos contratados para o restaurante,

artefatos
Símbolos culturais nos ambientes físico e social de uma empresa.

Um dos chefs do Google sushi.

270 PARTE 4 Processos organizacionais e estrutura

[Ritos nas organizações]

Rito	Papel	Exemplo
Ritos de passagem	mostrar que o status de um indivíduo foi alterado	jantar para comemorar a aposentadoria
Rito de intensificação	reforçar as conquistas dos indivíduos	certificados para premiar os vencedores de disputas de vendas
Ritos de renovação	enfatizar a mudança na organização e o comprometimento com o aprendizado e o crescimento	abertura de um novo centro de treinamento corporativo
Ritos de integração	unir grupos e equipes diversificadas e renovar o comprometimento com a organização maior	atividades como confraternizações anuais
Ritos de redução de conflitos	lidar com conflitos ou desentendimentos que surgem naturalmente	audiência de reclamações e negociação de contratos de sindicatos
Ritos de rebaixamento	usados para punir visivelmente pessoas que não aderem aos valores e às normas de comportamento	substituição pública de um CEO por conduta antiética ou falha ao atingir as metas organizacionais

uma garantia de que eles conhecerão a verdadeira filosofia da empresa em relação à comida e diversão.[8]

O comportamento modelado é uma poderosa ferramenta para funcionários, como demonstrou a teoria de aprendizagem social de Bandura.[9] Como vimos no Capítulo 5, indivíduos aprendem indiretamente observando o comportamento de outros e padronizando seu próprio comportamento de forma similar. A cultura é uma importante ferramenta de liderança. O comportamento gerencial pode esclarecer o que é importante e coordenar o trabalho de funcionários, com o intuito de negar a necessidade de supervisão mais próxima.[10]

Cerimônias e ritos Os conjuntos de atividades relativamente elaboradas representadas em ocasiões importantes são conhecidos como cerimônias e ritos organizacionais.[11] Essas ocasiões geram oportunidades para recompensar e reconhecer funcionários cujos comportamentos são congruentes com os valores da empresa. As cerimônias e os ritos transmitem a mensagem de que os indivíduos que adotam e exibem os valores corporativos devem ser admirados.

As cerimônias também reúnem membros da organização. A Southwestern Bell (agora parte da SBC Communications) enfatizava a importância do treinamento de gestão. O treinamento era promovido pelos executivos do alto escalão (um rito de renovação) e o encerramento era feito em uma cerimônia de graduação (rito de passagem). Seis tipos de ritos foram identificados nas organizações.[12]

Berkshire Hathaway, Inc., empresa localizada em Omaha, possui e opera várias seguradoras e diversas subsidiárias. O presidente e CEO Warren Buffett é conhecido por sua sagacidade e por garantir bons retornos dos investimentos dos acionistas. A reunião anual com os acionistas da Berkshire é uma celebração e parece mais com um grande festival de rock do que com uma reunião corporativa. A reunião começa com um breve clipe que zomba do CEO e de seu assistente rabugento, Charlie Munger. Susan Lucci estrelou no clipe de 2008 e, em seguida, apareceu pessoalmente fingindo querer

Jogo rápido
Em algumas organizações japonesas, os funcionários ineficientes recebem a faixa da vergonha como punição.

Warren Buffett (à esquerda) com Bill Gates.

assumir o cargo de Buffet. Outros que já fizeram uma ponta foram Arnold Schwarzenegger, Donald Trump e as atrizes da série *Desperate Housewives*. Em 2007, Jimmy Buffett cantou "Margaritaville" na reunião e fez alguns trocadilhos com a letra da música em relação ao controle de desperdícios da empresa. Bill Gates, que está no quadro de diretores da empresa, costuma aparecer nas reuniões e jogar pingue-pongue com Warren Buffett. Todos os anos, mais de 20 mil pessoas, entre acionistas, funcionários e parentes de Buffett, comparecem a esse evento de estrelas.[13]

Histórias Alguns pesquisadores argumentaram que a forma mais eficaz de reforçar os valores organizacionais é por meio de histórias.[14] Conforme vão sendo recontadas, dão significado e identidade às organizações e são especialmente úteis para orientar novos funcionários. Parte da força das histórias organizacionais é que os ouvintes são conduzidos a chegar às suas próprias conclusões – uma poderosa ferramenta de comunicação.[15]

Algumas histórias corporativas transcendem determinadas barreiras culturais e políticas. Visite o site do Walmart China e você encontrará a verdadeira história de Jeff, um farmacêutico de Harrison, uma pequena cidade na região de Ozarks, Arkansas. Quando Jeff recebeu uma ligação logo cedo, dizendo que um paciente diabético precisava de insulina, ele rapidamente abriu a farmácia e preencheu a prescrição.[16] Ainda que Arkansas e Pequim sejam mundos completamente diferentes, histórias como essas ajudam a transferir a "personalidade" corporativa do Walmart aos seus novos parceiros asiáticos. Pesquisas conduzidas por Joanne Martin e colaboradores indicam que certos temas estão presentes nas histórias de diferentes tipos de organizações:[17]

1. *Histórias sobre chefes.* Essas histórias podem refletir se o chefe é humano ou como ele reage a erros.
2. *Histórias sobre ser demitido.* São narrados eventos que levam a demissões de funcionários.
3. *Histórias sobre como a empresa lida com funcionários que precisam ser realocados.* Essas histórias relatam as ações da empresa no caso de funcionários que têm de se mudar – se a empresa é compassiva e se leva em consideração as preocupações de familiares e de outras pessoas.
4. *Histórias sobre a possibilidade de funcionários de níveis mais baixos atingirem o topo.* Geralmente essas histórias descrevem uma pessoa que começou por baixo e, no fim, se tornou CEO. A empresa QuikTrip é conhecida por promover o pessoal interno, uma razão pela qual se manteve, por sete anos consecutivos, entre as 100 Melhores Empresas para se Trabalhar da *Fortune*. Na realidade, dois terços dos cem gestores do alto escalão da QuikTrip começaram em cargos iniciais dentro da empresa.[18]
5. *Histórias sobre como a empresa lida com situações de crise.* Essas histórias mostram como a empresa supera obstáculos. Os US$ 73 milhões em bônus que a AIG pagou a 73 funcionários da unidade que perdeu muito financeiramente, forçou o contribuinte a socorrer a empresa AIG, e foi feito um poster com uma criança sobre a ganância de Wall Street, excessos e incompetências de gestão.[19]
6. *Histórias sobre como considerações de status funcionam quando as regras são quebradas.* Quando Tom Watson era CEO da IBM, um segurança o enfrentou por não estar usando o crachá funcional.

Esses são os temas que podem surgir quando histórias são repassadas. As informações servem para guiar o comportamento dos membros da organização.

Para serem ferramentas culturais eficazes, as histórias devem ser dignas de confiança. Não se pode contar uma história sobre a hierarquia corporativa plana de uma empresa e ter vagas de estacionamento reservadas para as chefias. As histórias que não têm apoio na realidade podem levar ao cinismo e à desconfiança.

Histórias eficazes não são apenas motivacionais; elas também podem reforçar a cultura e gerar energia

[Um experiente contador de histórias]

Para manter seu renomado nível de serviço ao cliente e conquistar clientes permanentes, a cadeia de hotéis Ritz-Carlton oferece a seus funcionários, todos os dias, treinamento sobre o valor de cada serviço. Nas sessões de quinze minutos, chamadas de "lineups" (se refere a uma equipe ou grupo de pessoas que se destacam...), funcionários são incentivados a compartilhar histórias de pessoas do grupo de trabalho que tenham ido além do sentido de dever. As histórias de cada escalação são compartilhadas com outros hotéis da rede ao redor do mundo como uma maneira de reforçar o serviço organizacional e os valores da equipe de trabalho. O Ritz-Carlton está investindo milhares de horas em treinamento de funcionários e usando histórias como uma ferramenta para reforçar a cultura e os valores da empresa.

Fonte: C. Gallo. "How Ritz-Carlton Maintains Its Mystique". *BusinessWeek* (13 fev. 2007), http://www.businessweek.com/print/smallbiz/content/feb2007/sb20070213_171606.htm.

O mantra do Ritz-Carlton é "Senhoras e senhores servindo senhoras e senhores".

renovada. A Lucasfilm é o lar do diretor e produtor George Lucas e o local de nascimento de grandes sucessos como *Star Wars* e *Indiana Jones*. As histórias de conquistas lendárias da empresa são usadas para reforçar a cultura criativa e para reagrupar as equipes. Quando Gail Currey, ex-diretora da divisão digital da empresa, percebeu que seus 300 designers estavam descontentes, ela os lembrou de como eles chegaram aos efeitos especiais de *Forrest Gump*, quando todos diziam que era impossível, e o sucesso que o filme foi. Os gênios, então, voltaram a seus computadores para somar ao sucesso da empresa.[20]

[**Colisão de valores**]

Quando os debates públicos sobre reforma na área da saúde varreram os Estados Unidos, no verão de 2009, o CEO da Whole Foods Market e autodeclarado libertário John Mackey ficou sob o fogo dos funcionários e clientes por se opor a um seguro de saúde coletivo. Muitos sentiram que a reprovação de Mackey em relação ao atendimento universal prejudicava o estabelecimento de valor progressivo da empresa, que incluía bem-estar dos animais, teto salarial de executivos e agricultura orgânica. Embora a publicação on-line Progressive Review e vários grupos do Facebook tivessem incentivado um boicote à Whole Foods Markets, Mackey não alterou sua visão sobre a área da saúde.

Fonte: "Rethinking the Social Responsibility of Business", http://www.reason.com/news/show/32239.html; "Whole Foods CEO's Health Care Views Provoke Some Customers to Boycott Store", http://www.foxnews.com/politics/2009/08/15/foods-ceo-provokes-customers-boycottt-store-health-care-view/.

Rituais As práticas organizacionais repetitivas diárias são rituais. Geralmente não são escritos, mas passam uma clara mensagem sobre "a maneira como fazemos as coisas por aqui". Ao passo que algumas empresas insistem que as pessoas devem se direcionar umas às outras por meio de títulos (senhor e senhora) e sobrenomes para reforçar uma imagem profissional, outras preferem que os funcionários usem apenas os primeiros nomes – do topo até o chão da fábrica. A Hewlett-Packard valoriza a comunicação aberta, por isso seus funcionários chamam uns aos outros apenas pelo primeiro nome.

Como práticas cotidianas, os rituais reforçam a cultura organizacional. Funcionários que regularmente praticam os rituais talvez não tenham consciência da sutil influência, mas as pessoas de fora reconhecem isso facilmente.

Símbolos Os símbolos comunicam a cultura organizacional por meio de mensagens não faladas. Eles representam a identidade e o companheirismo organizacional dos funcionários. Alguns funcionários da Nike exibem orgulhosamente o símbolo da empresa tatuado acima de seus tornozelos. Os símbolos são usados para construir solidariedade na cultura da empresa.[21] Representação pessoal, ritos e cerimônias, histórias, rituais e símbolos servem para reforçar os valores, o próximo nível de cultura.

Valores

Valores são o segundo e o mais profundo nível de cultura. Eles refletem as crenças e convicções inerentes à pessoa sobre o que ela deve ou não deve ser. Os valores são, com frequência, articulados conscientemente, tanto em conversas como na missão da empresa ou no relatório anual. No entanto, pode haver uma diferença entre os **valores defendidos** (o que os membros dizem que valorizam) e os **valores representados** (valores refletidos na forma como os membros realmente se comportam).[22] Os valores também podem se refletir no comportamento dos indivíduos, o que é um artefato de cultura. Um estudo que investigou os *gaps* relacionados ao gênero em uma empresa de esportes canadense constatou que treinadores e atletas acreditavam que a diferença entre valores defendidos e representados era normal ou natural. Alguns até mesmo negaram a existência, embora tais desigualdades fossem amplamente presentes. Isso porque, embora a organização defendesse a equidade de gêneros como um valor, suas práticas não representavam essa equidade.[23]

Como uma empresa promove e publica seus valores pode afetar como os trabalhadores se sentem em relação à empresa e a si próprio. Um estudo com 180 gestores avaliou a eficácia dos empregadores em demonstrar preocupações com o bem-estar dos funcionários. No entanto, que trabalham em organizações que demonstram preocupação com o bem-estar dos funcionários e focam o tratamento justo demonstram sentimentos melhores sobre si mesmos e sobre os papéis que desempenham na organização.[24] A lição? *Trate* funcionários como valiosos membros de equipes e eles serão mais propensos a se *sentirem* como valiosos membros de equipes.

valores defendidos
O que os membros de uma organização dizem que valorizam.

valores representados
Valores refletidos na maneira como os indivíduos realmente se comportam.

Algumas culturas organizacionais são caracterizadas por valores que apoiam comportamentos relacionados a estilo de vida saudável. Quando o ambiente de trabalho valoriza a saúde e as necessidades psicológicas dos trabalhadores, existe um maior potencial para o alto desempenho e a melhora do bem-estar.[25] A Clif Bar, fabricante de barras de cereais energéticas, tem até uma parede de escalada de quase 7 metros no escritório.

Crenças

As **crenças** são convicções profundamente estabelecidas que guiam o comportamento e indicam aos membros de uma organização como perceber situações e pessoas. Assim como o nível mais profundo e mais importante da cultura de uma organização, de acordo com Edgar Schien, elas são a essência da cultura. As crenças são tão fortemente mantidas que é algo impensável um membro se comportar de forma a violá-los. Outra característica das crenças é que, na maioria dos casos, são inconscientes. É possível que os membros de uma organização não percebam as crenças e relutem em discuti-las ou mudá-las, ou sejam incapazes de fazê-la.

Enquanto as crenças inconscientes guiam as ações e decisões de uma empresa, algumas organizações são bem explícitas no que diz respeito às suas crenças em relação aos funcionários. A NetApp, empresa que fornece soluções para armazenamento de dados, opera segundo a filosofia de que tratar as pessoas de forma justa reduz a necessidade de regras e regulamentações excessivas. A política de viagem da NetApp, por exemplo, é simples: "Somos uma empresa frugal, mas não passamos necessidade para economizar alguns trocados".[26] Em parte por causa de seu foco na confiança e na abertura, em 2009, a NetApp foi nomeada pela *Fortune* a melhor empresa para se trabalhar.

crenças
Convicções estabelecidas que guiam o comportamento e dizem aos membros de uma organização como perceber situações e pessoas.

cultura forte
Cultura organizacional que apresenta consenso em relação aos valores que conduzem a empresa, com intensidade reconhecível até por membros de fora.

RESULTADO DA APRENDIZAGEM 2

Funções da cultura organizacional

Em uma organização, a cultura apresenta quatro finalidades básicas. A primeira finalidade é oferecer um senso de identidade aos membros e aumentar o comprometimento deles com a organização.[27] Quando os funcionários internalizam os valores da empresa, eles acham o trabalho gratificante e se identificam com seus companheiros. A motivação é reforçada e os funcionários são mais comprometidos.[28]

A segunda é proporcionar uma forma pela qual os funcionários possam interpretar o significado dos eventos organizacionais.[29] Os líderes podem utilizar símbolos, como logos corporativos, para ajudar os funcionários a entender a natureza mutável de sua identidade organizacional. Às vezes, os símbolos podem permanecer os mesmos para garantir que algumas coisas se mantenham constantes ainda que as condições sejam propícias a mudanças. Em outras ocasiões, pode haver a necessidade de mudar os símbolos de forma que reflitam a nova cultura da organização.

A terceira é reforçar os valores da organização. Por fim, a cultura serve de mecanismo de controle para modelar o comportamento. As normas que guiam o comportamento são da cultura. Se a norma que a empresa quer promover é o trabalho em equipe, então, sua cultura deve reforçar essa norma. A cultura da empresa deve ser caracterizada pela comunicação aberta, cooperação entre os grupos e integração de equipes.[30] A cultura também pode ser usada como uma poderosa ferramenta para desencorajar comportamentos disfuncionais e anormais nas organizações. As normas transmitem mensagens claras de que certos comportamentos são inaceitáveis.[31]

RESULTADO DA APRENDIZAGEM 3

Relação entre cultura e desempenho

Os efeitos da cultura organizacional são fervorosamente debatidos pelos behavioristas e pesquisadores organizacionais. Ao que parece, embora gestores atestem os efeitos positivos da cultura nas organizações, é difícil quantificar esses efeitos. John Kotter e James Heskett revisaram três teorias sobre a relação entre cultura organizacional, desempenho e evidências que apoiam e refutam essas teorias.[32] Elas são a perspectiva da cultura forte, a perspectiva do ajuste e a perspectiva da adaptação.

A perspectiva da cultura forte

De acordo com a perspectiva da cultura forte, as organizações cuja cultura é bem estabelecida trabalham melhor do que outras organizações. Uma **cultura forte** apresenta consenso em relação aos valores que a conduzem e é tão intensa que até pessoas de fora a reconhecem. Uma cultura forte é mantida e amplamente compartilhada; além disso, resiste às mudanças. Um bom exemplo é a IBM, que tem forte cultura de conservadorismo, lealdade da mão de obra e ênfase no serviço ao cliente.

A cultura forte é considerada facilitadora do desempenho por três razões. Primeira razão: é caracterizada pelo alinhamento de meta, ou seja, todos os funcionários compartilham metas comuns. Segunda: cria um alto nível de motivação por causa dos valores compartilhados. Terceira: oferecem controle sem os efeitos da opressão de uma burocracia.

Há duas questões relacionadas à cultura forte que causam perplexidade. Primeira questão: o que pode ser dito sobre as evidências de que o forte desempenho econômico pode gerar culturas fortes em vez do oposto? Segunda: e se a cultura forte levar a empresa para o caminho errado? A Sears, por exemplo, é uma organização cuja cultura é forte. Em 1980, a empresa focou si própria, ignorando a competição e as preferências e arriscou o próprio desempenho. Mudar a cultura forte, mas inadequada da Sears, foi uma dura tarefa: apenas recentemente o desempenho financeiro mostrou uma tendência ascendente.[34]

A perspectiva do ajuste

De acordo com a perspectiva do "ajuste", uma cultura é boa apenas se ela se adaptar à estratégia da empresa ou do segmento. Uma cultura que valoriza a estrutura hierárquica tradicional e a estabilidade não funcionaria bem na indústria de fabricação de computadores, que exige respostas rápidas e organização enxuta e achatada. Três características particulares da indústria podem afetar a cultura: o ambiente competitivo, as exigências dos clientes e as expectativas societárias.[35]

Um estudo com 12 grandes empresas americanas indicou que culturas condizentes com as condições do segmento ajudam os gestores a tomar decisões mais adequadas. A pesquisa também mostrou que a cultura não precisa mudar, desde que o segmento também não mude. Caso mude, as culturas tendem a acompanhar de forma extremamente lenta, para evitar efeitos negativos no desempenho da empresa.[36]

Tópico em debate: renovação de marcas

O símbolo mais proeminente de uma empresa é o seu logo. Alguns logos nunca mudam (os arcos dourados do McDonald's têm sido a logomarca da empresa desde seu início, em 1955), outros se modificam para refletir as mudanças na direção da empresa. A United Parcel Service (UPS) já usou 4 logos em seus 97 anos de história. Recentemente, a empresa alterou o logo da embalagem com laço para evidenciar seu crescimento em outras áreas além da entrega de pacotes, como a gestão da cadeia de suprimento.

Fonte: http://www.mcdonalds.com/corp/about/mcd_history_pg1.html; http://www.pressroom.ups.com/mediakits/factsheet/0,2305,1060,000.html.

TABELA 16.1 Culturas organizacionais adaptativas e não adaptativas

	CULTURAS ORGANIZACIONAIS ADAPTATIVAS	CULTURAS ORGANIZACIONAIS NÃO ADAPTATIVAS
Valores centrais	A maioria dos gestores se importa com os clientes, acionistas e funcionários. Eles também valorizam as pessoas e os processos que podem gerar mudanças úteis (por exemplo, liderança para cima e para baixo na hierarquia de gestão).	A maioria dos gestores se preocupa principalmente com eles mesmos, com seus grupos de trabalho imediato ou com algum produto (ou tecnologia) associado com seu grupo. Eles valorizam o processo de gestão redutor de riscos e ordenado muito mais do que iniciativas de liderança.
Comportamento comum	Os gestores prestam atenção a todos os seus constituintes, especialmente clientes, e iniciam mudanças quando necessário para servir seus interesses legítimos, mesmo se isso envolver a assunção de alguns riscos.	Os gestores tendem a se comportar de forma limitada, política e burocrática. Como resultado, não têm rapidez para alterar suas estratégias a fim de se ajustar ou tirar vantagem das mudanças no ambiente de trabalho.

Fonte: Reimpresso com a permissão de The Free Press, uma divisão da Simon & Schuster, *Adult Publishing Group*, de *Corporate Culture and Performance*, de John P. Kotter e James L. Heskett. Copyright © 1992 de Kotter Associates, Inc. e James L. Heskett. Todos os direitos reservados.

> A 3M é uma empresa cuja cultura é adaptativa – ela incentiva ideias de novos produtos em todos os níveis da organização. (A propósito, a 3M criou o Post-It.)

A perspectiva do ajuste é útil para explicar o desempenho em curto prazo, mas não o em longo prazo. Da mesma forma, indica que é difícil alterar rapidamente uma cultura, em especial se a cultura for compartilhada e estabelecida. Entretanto, essa abordagem não explica como as empresas podem se adaptar à mudança ambiental.

A perspectiva da adaptação

A terceira teoria sobre cultura e desempenho é a perspectiva da adaptação. De acordo com essa teoria, apenas culturas que ajudam as organizações a se adaptarem às mudanças ambientais estão associadas com um desempenho excelente. Uma **cultura adaptativa** incentiva a confiança e o risco assumido entre os funcionários,[37] conta com lideranças que produzem mudanças[38] e foca as necessidades mutáveis dos clientes.[39]

Para testar a perspectiva da adaptação, Kotter e Heskett entrevistaram analistas de indústrias sobre as culturas de 22 empresas. O contraste observado entre culturas adaptativas e não adaptativas foi surpreendente. Os resultados do estudo estão reunidos na Tabela 16.1.

As culturas adaptativas facilitam mudanças para atender as necessidades de três grupos de constituintes: acionistas, clientes e funcionários. As culturas não adaptativas são caracterizadas pela gestão cautelosa, que tenta proteger seus próprios interesses. No estudo de Kotter e Heskett, as empresas adaptativas mostraram melhor desempenho econômico no longo prazo. Considerando que culturas de alto desempenho são adaptativas, é importante saber como os gestores podem desenvolver culturas adaptativas.

RESULTADO DA APRENDIZAGEM 4

O papel do líder em modelar e reforçar a cultura

cultura adaptativa
Cultura organizacional que incentiva a confiança e o risco assumido entre os funcionários, possui liderança que produz mudanças e foca nas necessidades mutáveis dos clientes.

De acordo com Edgar Schein, o líder desempenha um papel crucial nas ações de modelar e reforçar a cultura.[40] Os cinco elementos mais importantes na administração de culturas são (1) no que o líder presta atenção; (2) como reage às crises; (3) como se comporta; (4) como aloca recompensas; e (5) como contrata e demite indivíduos.

No que o líder presta atenção

Em uma organização, o líder comunica suas prioridades, seus valores e suas convicções por meio de temas que surgem de seu foco. Esses temas se refletem no que ele percebe, comenta, mede e controla. Se o líder é consistente no que diz respeito a seu foco, os funcionários recebem sinais claros do que é importante na organização. Entretanto, se o líder é inconsistente, os funcionários perdem muito tempo tentando decifrar os sinais e seus significados.

Como o líder reage às crises

A forma como o líder trata os momentos de crise transmite uma poderosa mensagem sobre a cultura. Durante uma crise, as emoções são intensificadas, assim como o aprendizado.

Os períodos de dificuldades econômicas impõem momentos de crise para muitas empresas e ilustram as diferenças de valores. Algumas organizações evitam dispensar funcionários a todo custo. Outras afirmam que os funcionários são importantes, mas, ao primeiro sinal de revés econômico, fazem demissões em massa. Os funcionários percebem que a empresa mostra sua verdadeira face durante uma crise e podem passar a prestar muita atenção às reações dos líderes.

Como o líder se comporta

Ao modelar, treinar e ensinar papéis, o líder reforça os valores que apoiam a cultura organizacional. Os funcionários costumam imitar o comportamento dos líderes e olham para eles buscando dicas de comportamento apropriado. Muitas empresas incentivam os funcionários a serem mais empreendedores, terem mais iniciativa e pensarem de forma inovadora. Um estudo mostrou que se os gestores desejam que os funcionários sejam mais empreendedores, eles mesmos devem demonstrar tal comportamento.[41] Isso se aplica a qualquer valor cultural. Os funcionários observam o comportamento dos líderes para identificar o que a organização valoriza.

Como o líder aloca recompensas

Para assegurar que os valores sejam aceitos, o líder deve recompensar comportamentos condizentes com os valores. Algumas empresas podem alegar que usam um sistema de remuneração que recompensa de acordo com o desempenho. No entanto, ao conceder aumento, baseiam-se no tempo que o funcionário trabalha na empresa. Imagine o que sente um recém-contratado de alto desempenho que recebe apenas um pequeno aumento após ouvir que os líderes da empresa valorizam a recompensa pelo desempenho individual.

Algumas empresas querem valorizar o trabalho em equipe. Elas montam equipes multifuncionais e as capacitam para tomar decisões importantes. No entanto, quando o desempenho é avaliado, os critérios para classificar os funcionários focam o desempenho individual. Essa situação envia sinais confusos para os funcionários sobre a cultura da empresa: o que se valoriza é o desempenho individual ou o segredo é o trabalho em equipe?

Como o líder contrata e demite indivíduos

Um modo eficaz do líder reforçar a cultura é por meio da seleção de novos funcionários. Com o advento do recrutamento eletrônico, a percepção dos candidatos com relação à cultura organizacional é moldada pelo que a organização informa em seu *site*. Típicas percepções de mecanismos de modelagem são valores organizacionais, políticas, recompensas e metas.[42] Os líderes costumam procurar, de forma inconsciente, indivíduos que sejam semelhantes aos atuais membros da organização no que diz respeito a valores e crenças. Algumas empresas contratam indivíduos pela recomendação de um funcionário. Isso tende a perpetuar a cultura, pois os novos funcionários possuem valores similares. Jeffrey Schwartz, CEO da Timberland, tem um jeito único de contratar. O recrutador chama o candidato com antecedência, diz para ele usar qualquer coisa que o faça se sentir bem, exceto os sapatos Timberland. Então ele manda os candidatos promissores para um dia de trabalho comunitário com os executivos da Timberland. Schwartz afirma que qualquer um pode ser mais esperto que ele na entrevista, mas o trabalho mostra a verdadeira pessoa, e essa, sim, é quem quer contratar.[43]

Se você quer passar por uma entrevista na Timberland, use sapatos confortáveis: você fará algum trabalho voluntário.

O modo como uma empresa demite um funcionário e a racionalidade por trás disso também comunica uma cultura. Algumas empresas lidam com funcionários cujo desempenho é fraco tentando encontrar um lugar na organização na qual eles possam trabalhar melhor e fazer a sua contribuição. Outras empresas adotam a filosofia de que os que não conseguem executar bem estão fora.

As razões das demissões podem não ser comunicadas diretamente aos outros funcionários, mas a curiosidade leva a especulações. Um funcionário que demonstra comportamento antiético e é pego pode simplesmente ser repreendido, embora tal comportamento seja contra os valores da organização. Os outros funcionários podem considerar essa atitude como uma falha no reforço dos valores da empresa.

Em suma, os líderes desempenham um papel crítico ao modelar e reforçar a cultura organizacional. Os gestores precisam criar uma cultura positiva com base no que eles dão atenção, como reagem às crises, como se comportam, como alocam recompensas e como contratam e demitem funcionários. Os líderes transformacionais criam uma cultura mais adaptativa, o que, por sua vez, aumenta o desempenho da unidade de negócio.[44]

RESULTADO DA APRENDIZAGEM 5

Socialização Organizacional

Já vimos que os líderes desempenham um papel-chave na modelagem da cultura de uma organização. Outro processo que perpetua a cultura é a forma como ela é passada adiante de geração para geração de funcionários. Os recém-contratados aprendem a cultura por meio da **socialização organizacional** – processo pelo qual passam a ser membros efetivos e participantes da organização.[45] Como vimos anteriormente, a socialização cultural começa com a seleção cuidadosa de funcionários propensos a reforçar a cultura organizacional.[46] Uma vez selecionados, eles passam pelo processo de socialização.

Estágios do processo de socialização

Geralmente, considera-se que o processo de socialização organizacional tem três estágios: socialização antecipatória, encontro e mudança e aquisição. A Figura 16.2 apresenta um modelo do processo e as principais preocupações em cada estágio.[47] Ela também descreve os resultados do processo, que serão discutidos na próxima seção deste capítulo.

socialização organizacional
Processo pelo qual recém-contratados são transformados de membros externos em membros eficazes e participativos da organização.

CAPÍTULO 16 Cultura organizacional **277**

Socialização antecipatória A *socialização antecipatória*, o primeiro estágio, engloba todo o aprendizado que ocorre antes do primeiro dia de trabalho do recém-contratado, incluindo as suas expectativas. As duas preocupações mais importantes nesse estágio são realismo e congruência.

Realismo é o grau em que um recém-contratado mantém expectativas realistas sobre o trabalho e a organização. Durante o processo de admissão, o recém-contratado deve receber informações acerca da cultura. Nesse estágio, as informações sobre valores podem ajudá-lo a começar a construir um esquema para interpretar suas experiências organizacionais. A compreensão mais profunda da cultura da organização ocorrerá com o passar do tempo e por meio das experiências na empresa. Além disso, um estudo recente constatou que, quando as organizações oferecem uma ideia realista do cargo, que não apenas destaca os estressores, mas também ensina estratégias de superação para lidar com eles, os recém-contratados se sentem menos estressados e reportam níveis de adaptação mais altos de seis a nove meses após a admissão.[48]

Existem dois tipos de *congruência* entre um indivíduo e uma organização: congruência entre as capacidades do indivíduo e as demandas do trabalho e ajuste entre os valores do indivíduo e os valores da organização. As organizações disseminam informações sobre os seus valores por meio de suas páginas na internet, de relatórios anuais e cartilhas de recrutamento.[49] A congruência de valores é particularmente importante para a cultura organizacional. É importante também no que diz respeito à adaptação do recém-contratado. Os recém-contratados cujos valores se encaixam nos valores da empresa são mais satisfeitos com seus novos trabalhos, ajustam-se mais rapidamente e dizem que pretendem permanecer na empresa por mais tempo.[50]

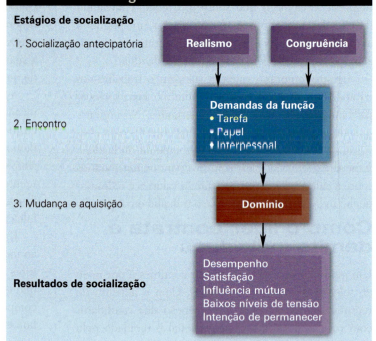

FIGURA 16.2 Processo de socialização organizacional: estágios e resultados

Fonte: Reimpresso de *Organizational Dynamics*, 1989, "An Ethical Weather Report: Assessing the Organization's Ethical Climate", de John B. Cullen et al. Copyright © 1989, com permissão de Elsevier Science.

Encontro O segundo estágio de socialização, *encontro*, é quando os recém-chegados aprendem as tarefas associadas com o trabalho, esclarecem seus papéis e estabelecem novos relacionamentos. Esse estágio começa no primeiro dia de trabalho e deve

---

socialização antecipatória
Primeiro estágio de socialização que engloba todo o aprendizado que ocorre antes do primeiro dia de trabalho do recém-contratado.

encontro
Segundo estágio de socialização em que recém-chegados aprendem as tarefas associadas com o trabalho, esclarecem seus papéis e estabelecem novos relacionamentos.

No fim do processo de socialização, os novatos são considerados membros da organização.

englobar os primeiros seis a nove meses. Durante esse período, os recém-contratados enfrentam demanda de tarefas, demanda de papéis e demandas interpessoais.

Demanda de Tarefas envolve o trabalho realizado real. Aprender a realizar tarefas está relacionado com a cultura da organização. Em algumas empresas, nas quais a criatividade é valorizada, os recém-contratados têm um grau de liberdade considerável para experimentar novas formas de fazer seu trabalho. Em outras, espera-se que eles aprendam os procedimentos já estabelecidos. Experiências prematuras em tentar dominar a execução da tarefa podem afetar a carreira do funcionário. Auditores, por exemplo, geralmente são forçados a escolher entre ser minucioso ou ser rápido na realização de seu trabalho. Ao pressionar os auditores dessa forma, as empresas criam situações-problema em potencial, uma vez que eles se tornam suscetíveis a tomar decisões menos éticas.

Demanda de Papéis envolve as expectativas em relação aos recém-contratados, que talvez não saibam exatamente o que é esperado deles (ambiguidade de papéis) ou podem vivenciar expectativas conflitantes em relação a outros indivíduos (conflito de papéis). A forma como os recém-contratados abordam essas demandas depende, em parte, da cultura da organização. Espera-se que eles ajam com considerável incerteza ou espera-se que o gestor esclareça os papéis dos recém-contratados? No processo de socialização, algumas culturas colocam os recém-admitidos em situações de considerável estresse, incluindo experiências que induzem à humildade, dessa forma, eles ficam mais abertos a aceitar os valores e normas da empresa. Os cronogramas de viagens longas e cansativas, bem como a sobrecarga de trabalho, são exemplos de práticas de socialização.

Demanda Interpessoal surge do relacionamento no trabalho. A política, o estilo de liderança e a pressão de grupo são demandas interpessoais. Todas elas refletem os valores e pressupostos que operam na organização. A maioria das organizações possui pressupostos básicos sobre a natureza dos relacionamentos humanos. O coreano *chaebol*, da LG Group, valoriza a harmonia nos relacionamentos e na sociedade e sua política de tomada de decisão enfatiza a unanimidade.

Na fase de estágio, as expectativas formadas na socialização antecipatória podem colidir com a realidade do trabalho. É um momento de encarar as demandas de tarefa, de papéis e interpessoais do novo trabalho.

Mudança e aquisição No terceiro e último estágio de socialização, **mudança e aquisição**, os recém-contratados começam a dominar as demandas do cargo. Eles se tornam proficientes no gerenciamento de suas tarefas, esclarecem e negociam seus papéis e se engajam em relacionamentos. O momento em que o processo de socialização se completa varia muito, dependendo do indivíduo, do trabalho e da organização. O sinal do fim do processo é o momento em que os recém-contratados são considerados por eles mesmos e pelos outros como membros organizacionais.

Resultados da socialização

Os recém-admitidos que são socializados de forma bem-sucedida demonstram bom desempenho, alta satisfação e intenção de permanecer na organização. Além disso, apresentam baixos níveis de sintomas de estresse.[51] O alto nível de comprometimento organizacional também é uma marca da socialização bem-sucedida.[52] Esse comprometimento é facilitado pelo processo de socialização por meio da comunicação de valores aos quais esses recém-contratados podem aderir. A socialização bem-sucedida também é sinalizada pela influência mútua, ou seja, os recém-contratados fazem ajustes no trabalho e na organização para acomodar seus conhecimentos e personalidades. Espera-se que eles deixem suas marcas na organização e que não sejam acomodados.

Quando a socialização é efetiva, os recém-contratados entendem as normas e os valores da organização

> **mudança e aquisição**
> Terceiro estágio da socialização em que o recém-contratado começa a dominar as demandas do trabalho.

[Sucesso por meio da socialização]

A socialização organizacional é importante tanto para novos funcionários como para a organização. A maneira como os funcionários aprendem tem efeitos de longa duração nas suas atitudes e comportamentos no trabalho. Em um estudo recente, o apoio de gestores foi medido em vários pontos depois da admissão de um recém-contratado. Os resultados mostraram que o apoio do gestor diminui em um período de 6 a 21 meses após uma nova contratação. Quanto mais íngreme o declínio, menos clareza e satisfação com o trabalho o recém-contratado tem e mais lentamente seu salário aumenta ao longo do tempo. Esses resultados falam sobre o impacto da socialização. Se os gestores querem colher os benefícios da socialização organizacional, eles devem apoiar novos funcionários por pelo menos os primeiros dois anos. Se não forem capazes de oferecer apoio ao longo de dois anos completos, os gestores devem incentivar os funcionários a buscarem auxílio de colegas de trabalho.

Fonte: M. Jokisaari e J. Nurmi. "Change in Newcomers' Supervisor Support and Socialization Outcomes after Organizational Entry", *Academy of Management Journal* 52 (2009): 527-544.

e se adaptam a eles. Isso garante que a cultura da empresa, incluindo seus principais valores, sobreviva. Ela também oferece aos funcionários um contexto para interpretar as coisas que acontecem no trabalho e reagir a elas, bem como garante um quadro compartilhado do entendimento entre funcionários.[53]

Os recém-contratados se adaptam às normas e aos valores da empresa mais rapidamente quando recebem apoio positivo dos membros organizacionais. Às vezes, isso é alcançado por meio de reuniões sociais informais.[54]

RESULTADO DA APRENDIZAGEM 6

Avaliação da cultura organizacional

Embora alguns cientistas organizacionais discutam a avaliação da cultura organizacional por meio de métodos quantitativos, outros consideram que a cultura organizacional deve ser avaliada por meio de métodos qualitativos.[55] Métodos quantitativos, como questionários, são valiosos por causa da precisão, comparabilidade e objetividade. Métodos qualitativos, como entrevistas e observação, são valiosos por causa do detalhismo, da descrição e da singularidade.

Dois instrumentos de avaliação quantitativa muito utilizados são o Inventário de Cultura Organizacional (OCI) e a Pesquisa Gap de Cultura de Klimann-Saxton. Ambos avaliam as normas comportamentais das culturas organizacionais, em oposição aos artefatos, valores ou pressupostos da organização.

Inventário de cultura organizacional

O OCI foca os comportamentos que ajudam os funcionários a se adaptarem na organização e satisfazerem as expectativas dos colegas de trabalho. Tomando como base a hierarquia das necessidades motivacionais de Maslow, ele mede 12 estilos culturais. As duas dimensões subjacentes do OCI são tarefa/pessoas e segurança/satisfação. Existem quatro estilos culturais de satisfação e oito estilos culturais de segurança.

Instrumento de autorrelato, o OCI contém 120 questões. Ele oferece uma avaliação individual de cultura e pode ser agregado ao grupo de trabalho e ao nível organizacional.[56] Esse instrumento tem sido usado em empresas por toda América do Norte, Europa ocidental, Nova Zelândia e Tailândia, bem como nas unidades militares americanas, na Administração Federal de Aviação e em organizações sem fins lucrativos.

triangulação
O uso de múltiplos métodos para avaliar a cultura organizacional.

Pesquisa Gap de cultura de Kilmann-Saxton

A Pesquisa Gap de Cultura de Klimann-Saxton foca o que realmente acontece na organização e nas expectativas dos outros.[57] As duas dimensões subjacentes são técnico/humano e tempo (curto prazo versus longo prazo). Por meio dessas duas dimensões, é possível avaliar as normas operacionais reais e as normas ideais em quatro áreas. As áreas são apoio de tarefa (normas técnicas de curto prazo), inovação da tarefa (normas técnicas de longo prazo), relacionamentos sociais (normas de orientação humana de curto prazo) e liberdade pessoal (normas de orientação humana de longo prazo). Lacunas significativas em qualquer uma dessas quatro áreas são usadas como ponto de partida para mudanças culturais, a fim de melhorar o desempenho, a satisfação com o trabalho e a moral.

Instrumento de autorrelato, a Pesquisa de Gap oferece uma avaliação individual da cultura e pode ser agregada ao grupo de trabalho. Tem sido usada em empresas nos Estados Unidos e em organizações sem fins lucrativos.

Triangulação

Um estudo de um centro de reabilitação em um hospital com 400 leitos incorporou a triangulação (uso de múltiplos métodos para medir a cultura organizacional) para melhorar a inclusão e a precisão ao medir a cultura organizacional.[58] A triangulação foi usada por antropólogos, sociólogos e outros cientistas comportamentais para estudar a cultura das empresas. Seu nome vem da técnica de navegação de utilizar múltiplos pontos de referência para localizar um objeto. No estudo citado, os três métodos usados na triangulação foram (1) observação feita por oito observadores treinados, que ofereciam uma perspectiva de alguém de fora; (2) questionários autoadministrados, que ofereciam informações internas quantitativas; e (3) entrevistas com os funcionários, o que fornecia informações contextuais qualitativas.

As entrevistas evidenciaram que cada um dos três métodos contribuiu de forma única com relação à descoberta da cultura do centro de reabilitação. O quadro completo não poderia ter sido concluído com uma única técnica. A triangulação pode levar a um melhor entendimento do fenômeno da cultura e é a melhor abordagem para avaliar a cultura organizacional.

RESULTADO DA APRENDIZAGEM 7

Alterando a cultura organizacional

Com as rápidas mudanças ambientais, como globalização, diversidade da força de trabalho e inovações tecnológicas, os pressupostos fundamentais e os valores básicos que conduzem a organização podem ser alterados.

Mudar a cultura de uma organização é viável, porém difícil.[59] Uma dificuldade é que os pressupostos – o nível mais profundo da cultura – são, na maioria das vezes, inconscientes. Dessa forma, são resistentes a confrontos e debates. Outra razão da dificuldade é que a cultura é profundamente enraizada e as normas e recompensas comportamentais são bem aprendidas.[60] De certo modo, funcionários devem desaprender as velhas normas antes de aprenderem as novas. Os gestores que desejam mudar a cultura devem olhar primeiro para como ela é mantida. Pesquisas entre hospitais constataram que as mudanças eram bem-vindas em hospitais particulares cuja cultura era colaborativa, ao passo que o oposto ocorreu em hospitais públicos cuja cultura era autocrática.[61]

FIGURA 16.3 Intervenções para mudanças da cultura organizacional

Gerentes que procuram criar mudanças culturais devem intervir nesses pontos.

Fonte: From Vijay Sathe, "How to Decipher and Change Corporate Culture," Chap. 13 in *Gaining Control of the Corporate Culture* (R. H. Kilmann et al., eds.), Fig. 1, p. 245. Copyright © 1985 Jossey-Bass, Inc. Reimpressão autorizada por John Wiley & Sons, Inc.

Um modelo para mudança cultural que resume as intervenções que os gestores podem fazer está na Figura 16.3. Nesse modelo, os números representam os passos que os gestores devem dar. Há duas abordagens básicas para alterar a cultura existente: (1) ajudar os membros atuais a aderirem a um novo conjunto de valores (passos 1, 2 e 3); ou (2) adicionar recém-contratados e socializá-los na organização, enquanto afasta os membros atuais de forma apropriada.[62]

O primeiro passo é mudar o comportamento na organização. Mesmo se o comportamento mudar, essa mudança não é suficiente para que ocorram alterações na cultura. O comportamento é um artefato (nível 1) de cultura. Os indivíduos podem mudar seus comportamentos, mas não os valores que levam a tais comportamentos. Eles podem racionalizar "Eu só estou fazendo isso porque meu chefe quer que eu faça".

Assim, os gestores devem usar o segundo passo, que é examinar as justificativas para o comportamento alterado. Os funcionários estão aderindo aos novos conjuntos de valores ou estão apenas seguindo o que lhes é determinado?

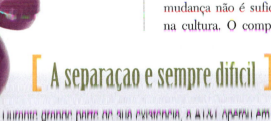

[**A separação é sempre difícil**]

Durante grande parte de sua existência, a AT&T operou em um ambiente estável com níveis de incerteza baixos e competição mínima. A organização era uma burocracia altamente estruturada e sua cultura enfatizava a duração do emprego, a promoção interna e a lealdade. Em 1984, a justiça condenou a AT&T a alienar suas empresas operantes Bell, então, a AT&T foi imediatamente lançada em uma agressiva competição com os segmentos recém-formados, chamados "baby bells". Nesse ambiente dinâmico, a cultura antiga, que valorizava segurança individual ao longo do desempenho corporativo, já não era mais eficaz. AT&T teve de seguir na direção de uma cultura que fizesse os indivíduos serem responsáveis pelo próprio desempenho. A mudança na AT&T foi dolorosa e lenta, mas necessária para a empresa se preparar para operar no ambiente competitivo.[64]

CAPÍTULO 16 Cultura organizacional **281**

O terceiro passo, comunicação cultural, é extremamente importante. Todos os artefatos (representação pessoal, histórias, ritos e cerimônias, rituais e símbolos) devem passar mensagens condizentes com os novos valores e convicções. É crucial que a comunicação seja confiável; isto é, os gestores devem viver os novos valores, e não apenas falar sobre eles. Os líderes devem estar atentos às redes sociais informais mais do que às posições estruturais ao conduzir a mudança organizacional. Esses canais de comunicação de rede informal, combinados com os valores e as crenças dos funcionários em relação ao fato de os gestores estarem altamente comprometidos com o esforço de mudança, podem fazer das mudanças um grande sucesso.[63]

Os dois passos restantes (4 e 5) envolvem moldar a força de trabalho para que se encaixe na cultura pretendida. Primeiro passo: a organização pode revisar suas estratégias de seleção para refletir mais precisamente a nova cultura. Segundo: a organização pode identificar indivíduos que resistem à mudança cultural ou que não estão mais confortáveis com os valores da organização. Remodelar a força de trabalho não deve envolver uma perseguição implacável a funcionários não conformes; deve ser uma mudança gradual e sutil que leva um tempo considerável. Mudar pessoas na organização é um processo longo; não é algo que possa ser feito de forma eficaz em pouco tempo sem que haja problemas consideráveis.

A avaliação do processo de mudança cultural pode ser mais bem feita se olharmos para o comportamento. A mudança cultural pode ser bem-sucedida se o comportamento foi intrinsecamente motivado — no "piloto automático". Se o novo comportamento persiste mesmo sem recompensas e se os funcionários internalizam o novo sistema de valor, então, provavelmente o comportamento será intrinsecamente motivado. Se os funcionários respondem a uma crise de forma condizente com a cultura corporativa, o esforço para mudar de cultura pode ser considerado bem-sucedido.

Dado o atual ambiente de negócios, os gestores podem querer focar três modificações culturais: (1) apoio por uma visão global de negócios, (2) reforço do comportamento ético e (3) capacitação de funcionários para se destacar em relação à qualidade de produtos e serviços.

RESULTADO DA APRENDIZAGEM 8

Desafios do desenvolvimento de uma cultura positiva e coesa

Desenvolver uma cultura organizacional é um desafio por si só, mas certos fatores impõem mais desafios para os gestores na busca por uma cultura positiva e coesa: fusões e aquisições, globalização, ética e capacitação e qualidade.

Fusão e aquisição

A fusão ou a aquisição são situações que podem exigir mudança de cultura. A combinação de duas culturas organizacionais distintas pode ser difícil.

Apesar dos esforços baseados na boa-fé, combinar culturas é algo complexo. Quando a digna e estabelecida gigante da mídia Time Warner se fundiu com a empresa de internet liberal America Online, em 2001, poucos podiam imaginar o rojão resultante da tentativa

[**O cachorro comeu minha lição de casa e outras desculpas para a conduta antiética**]

Desculpas

As razões (desculpas) mais frequentes para a conduta corporativa antiética são:
> Isso não é realmente antiético.
> É para o bem da empresa.
> Ninguém vai descobrir.
> A organização vai apoiar porque dá um bom retorno.

Como rebatê-las

Uma cultura corporativa ética pode eliminar a viabilidade dessas desculpas de várias formas:
> A empresa comunica claramente os limites da conduta ética.
> A empresa seleciona funcionários que apoiam a cultura ética.
> A administração recompensa os funcionários que demonstram comportamento ético.
> A chefia pune membros que adotam comportamento antiético.

Fonte: S. W. Gellerman. "Why Good Managers Make Bad Ethical Choices". *Harvard Business Review* 64 (1986): 85-90.

> Qual é o clima ético da organização à qual você pertence? Complete a seção "E você?" presente nos Cartões de Revisão, disponíveis on-line, para descobrir.

de essas duas empresas "água e óleo" se unirem. Um exemplo dos frequentes conflitos é o jantar com um cliente no qual o executivo da AOL, Neil Davis, horrorizou os executivos da Time Warner, descrevendo que a AOL preferia lidar com competidores enfraquecidos. Pegando uma faca, Davis levantou o braço e levou a faca ao tampo da mesa, e explicou: "O que gostamos de fazer com um concorrente que está machucado é levar a faca ao seu coração". O cliente, espantado, recusou comprar anúncios na AOL e a fusão estava fadada a um prejuízo de bilhões de dólares em razão, pelo menos em parte, do choque de culturas entre os dois parceiros.[65]

As alterações na cultura também podem ser necessárias quando uma organização emprega pessoas de diferentes países. Pesquisadores indicam que algumas culturas organizacionais destacam diferenças em culturas nacionais.[66] Um estudo comparou funcionários estrangeiros que trabalhavam em uma organização multinacional com funcionários que trabalhavam em diferentes organizações em seus próprios países. O pressuposto era que os funcionários de vários países trabalhando para a mesma empresa multinacional estariam mais parecidos do que funcionários em organizações diversificadas em seus países de origem. Os resultados foram surpreendentes, pois foram observadas mais diferenças entre funcionários da multinacional do que entre os gestores que trabalhavam para empresas diferentes em seu país nativo. Na multinacional, suecos se tornaram mais suecos e americanos se tornaram mais americanos, e assim por diante. Parece que os funcionários destacam suas tradições de cultura nacional até mesmo quando trabalham em uma única cultura organizacional.[67] Isso é mais comum de acontecer quando a diversidade é moderada. Quando a diversidade é muito alta, os funcionários são mais propensos a desenvolver uma identidade compartilhada na cultura da organização em vez de se basear em sua própria cultura.[68]

Desenvolvendo uma cultura organizacional global

Os valores que orientam a cultura organizacional devem apoiar uma visão global da empresa e seus esforços. A chefia deve incorporar os valores compartilhados e recompensar os funcionários que apoiam a visão global. Por fim, os valores devem ser consistentes ao longo do tempo. Valores consistentes dão à organização um tema unificado que talvez os concorrentes não consigam imitar.[69] Como as corporações globais sofrem pressões conflitantes de centralização e descentralização, uma cultura corporativa abrangente que integre as subsidiárias descentralizadas ao redor do mundo pode ser um trunfo no mercado global cada vez mais competitivo.

Desenvolvendo uma cultura organizacional ética

A cultura organizacional pode ter profundos efeitos no comportamento ético dos funcionários.[70] Quando a cultura de uma empresa promove normas éticas, os indivíduos se comportam adequadamente. Os gestores podem incentivar o comportamento ético servindo de modelo para os funcionários. Eles podem instituir a filosofia de que o comportamento ético produz um senso corporativo forte e coloca a empresa em congruência com os valores maiores da sociedade.[71] Os gestores também podem transmitir a ideia de que justificativas para comportamentos antiéticos não são toleradas.

A confiança é um diferencial no que diz respeito à administração eficaz do comportamento ético, especialmente em culturas que incentivam a denúncia (como vimos no Capítulo 2). Os funcionários devem acreditar que os delatores estão protegidos, que os procedimentos usados para investigar problemas éticos são justos e que a chefia agirá para resolver os problemas identificados.

Muitas empresas implantaram um código de ética para ajudar seus funcionários a discernirem o certo do errado, mas o impacto desses códigos nem sempre é tão positivo quanto o esperado. Espera-se que a implantação de diretrizes formais éticas melhore o comportamento ético, mas alguns estudos mostram exatamente o oposto – a instituição de códigos de ética pode levar fazer o comportamento ético diminuir entre os funcionários. Ao que parece, há duas razões para isso: em alguns casos, os funcionários veem o código de ética como uma demonstração da chefia, levando ao cinismo e ao ressentimento. em outros casos, uma forte dependência de um rigoroso conjunto de regras pode reduzir a percepção da necessidade de funcionários no sentido de pensarem e estarem envolvidos na tomada de decisão ética, levando a escolhas inferiores no longo prazo.[72]

Desenvolvendo uma cultura de capacitação e qualidade

Ao longo deste livro, vimos que organizações bem-sucedidas promovem culturas que capacitam funcionários e se destacam na qualidade de produtos e serviços. A capacitação serve para liberar a criatividade e aumentar a produtividade dos funcionários. Isso exige a eliminação de noções hierárquicas tradicionais de poder. Os funcionários preferem as culturas que enfatizam a capacitação e a qualidade. As empresas que valorizam a capacitação e o aprimoramento contínuo têm culturas que promovem alta qualidade de produtos e serviços.[73] Para promover essa cultura, é essencial que o gestor confie em seus funcionários. Quando uma organização luta para desenvolver uma cultura de confiança, os funcionários se sentem responsáveis pelo próprio desempenho, consequentemente, o desempenho na área de vendas e de serviço ao cliente melhora.[74] O alto nível de qualidade de uma Harley-Davidson não é apenas produto de melhores práticas de vendas. A gestão da empresa trabalhou para sustentar uma relação única agradável e de confiança com seus grupos, garantindo que o aprimoramento contínuo seja uma prioridade organizacional em vez de ser uma moda passageira. Hoje a produção de uma máquina da Harley custa menos e é mais confiável do que qualquer outra, em grande parte, por causa da insistência da empresa em produzir um produto cada vez melhor.[75] Envolver funcionários nas tomadas de decisão, remover obstáculos ao desempenho e comunicar o valor da qualidade do produto e do serviço reforçam os valores de capacitação e qualidade da cultura organizacional.

Cortesia de Chapel House Photography

NÚMEROS

3 níveis de cultura organizacional.

120 questões no OCI.

6 tipos de ritos organizacionais.

>20.000 participantes na reunião anual da Berkshire Hathaway.

1984 foi o ano em que o governo americano separou a AT&T.

15 minutos é o tempo que duram os "lineups" dos funcionários do Ritz-Carlton.

4 logos foram usados pela UPS desde sua fundação.

Dê sua opinião!

Dê sua opinião!

CORG foi elaborado com base em um princípio simples: criar um novo modo de ensinar e uma solução de aprendizagem que refletem como os professores ensinam atualmente e a maneira que você aprende.

Por meio de conversas, grupos de foco, pesquisas e entrevistas, foram coletados os dados que levaram à criação de *CORG*. Mas não paramos por aí, para tornar o *CORG* melhor ainda, nós gostaríamos que você desse a sua opinião e nos dissesse como o *CORG* funcionou para você. O que você gosta nele? O que você mudaria? Há outras ideias que você tem que nos ajudariam a construir um livro melhor para os futuros alunos de comportamento organizacional?

Na Trilha de *CORG* você encontrará todos os recursos de que precisa para ter sucesso no comportamento organizacional – cartões de memória para impressão, games interativos, testes e muito mais!

Dê sua opinião pelo acesso da Trilha (www.cengage.com.br/4ltr/corg) ou diretamente pelo e-mail: suporte.brasil@cengage.com

CAPÍTULO 17

Gestão de carreira

RESULTADOS DA APRENDIZAGEM

Após a leitura deste capítulo, você estará apto a:
1. Explicar as escolhas ocupacional e organizacional.
2. Identificar as bases para uma carreira bem-sucedida.
3. Explicar o modelo de carreira.
4. Explicar as principais tarefas que indivíduos enfrentam na fase de estabelecimento do modelo de carreira.
5. Identificar as questões que indivíduos confrontam na fase de avanço do modelo de carreira.

> **Se a abordarmos tanto como gestores quanto como funcionários, a gestão de carreira é uma atividade integral em nossas vidas.**

Uma **carreira** é um padrão de experiências relacionadas ao trabalho que abrange o curso da vida de uma pessoa.[1] Os dois elementos em uma carreira são o elemento objetivo e o elemento subjetivo.[2] O elemento objetivo é o ambiente observável e concreto. Você pode administrar sua carreira participando de treinamentos para melhorar suas habilidades. Já o elemento subjetivo envolve sua percepção da situação. Em vez de treinar (elemento objetivo), você pode mudar suas aspirações (elemento subjetivo). Tanto os eventos objetivos quanto a percepção individual desses eventos são importantes na definição de uma carreira.

A **gestão de carreira** é um processo de aprendizagem de longa duração sobre si mesmo, sobre o trabalho e as organizações, definição de metas profissionais, desenvolvimento de estratégias para atingir as metas e revisão das metas baseadas nas experiências de trabalho e de vida.[3] A gestão de carreira é responsabilidade de quem? É tentador, e também apropriado, colocar a responsabilidade sobre os indivíduos. No entanto, é dever também da organização formar parcerias com os indivíduos para gerir suas carreiras. As carreiras são formadas por trocas entre indivíduos e organizações. A ideia de reciprocidade ou de dar e receber é inerente nessa troca.

Se a abordarmos tanto como gestor quanto como funcionário, a administração de carreira é uma atividade integral em nossas vidas. Existem três razões pelas quais é importante entender de carreiras:

> Se soubermos o que estamos buscando ao longo do curso de nossa carreira, podemos realizar uma abordagem pró-ativa para planejá-la e administrá-la.
> Como gestores, precisamos compreender as experiências de nossos funcionários e colegas conforme eles passam pelas diversas fases da carreira ao longo de suas vidas.
> A administração de carreira é um bom negócio. Faz sentido financeiro ter funcionários altamente treinados em seus campos para que as organizações possam proteger os valiosos investimentos em recursos humanos.

6 Descrever como indivíduos podem navegar pelos desafios da fase de manutenção do modelo de carreira.

7 Explicar como os indivíduos se retiram do mercado de trabalho.

8 Explicar como âncoras de carreira ajudam a formar uma identidade de carreira.

carreira
Padrão de experiências relacionadas ao trabalho que abrange o curso da vida de uma pessoa.

gestão de carreira
Processo de aprendizagem de longa duração sobre si mesmo, trabalhos e organizações, definição de metas de carreira, desenvolvimento de estratégias para atingir as metas e revisão das metas baseadas nas experiências de trabalho e de vida.

RESULTADO DA APRENDIZAGEM 1
Decisões de escolha ocupacional e organizacional

A época da busca rápida pelo topo da organização hierárquica é coisa do passado. Também passada é a ideia do tempo do emprego em uma única organização. O ambiente de hoje exige organizações mais enxutas. A atitude paternalista das empresas em relação aos funcionários já não existe mais. Agora os indivíduos assumem mais responsabilidade na gestão de suas próprias carreiras. O conceito de carreira está passando por uma mudança de paradigma. A antiga carreira está dando espaço para uma nova carreira caracterizada pela troca discreta, excelência ocupacional, capacitação organizacional e submissão de projetos.[4] Além disso, um estudo recente constatou que tanto indivíduos como organizações estão ativamente envolvidos na gestão da nova carreira dos funcionários. Dessa forma, a nova carreira envolve um tipo de técnica de administração participativa por parte do indivíduo, mas a organização reage a cada necessidade dele e, portanto, é mais flexível em seus programas de desenvolvimento de carreira.[5]

A troca discreta ocorre quando a organização ganha produtividade enquanto a pessoa ganha experiência de trabalho. É um acordo de curto prazo que reconhece que

TABELA 17.1 Novos paradigmas de carreira *versus* antigos paradigmas de carreira

NOVO PARADIGMA DE CARREIRA	ANTIGO PARADIGMA DE CARREIRA
Mudança discreta significa: • troca explícita de recompensa por desempenho na tarefa • recompensas com base no atual valor de mercado do trabalho que está sendo realizado • envolvimento em aberturas e renegociações sobre os dois lados dos desdobramentos da relação empregatícia • a flexibilidade ocorre conforme mudam as circunstâncias do mercado e os interesses de cada parte	**O contrato de lealdade mútua significava:** • negociação implícita da submissão do funcionário em troca de segurança no trabalho • recompensas rotineiramente adiadas • os pressupostos de lealdade mútua representam barreiras políticas para renegociação • aceitação de que emprego e oportunidades de carreira são padronizados e prescritos pela empresa
Excelência ocupacional significa: • execução do trabalho atual em troca do desenvolvimento de novas competências ocupacionais • funcionários identificam o que lhes está acontecendo no âmbito profissional e focam isso • ênfase no desenvolvimento de competência organizacional sobre as demandas locais de uma empresa qualquer • treinamento antecipado visando futuras oportunidades de trabalho; treinamento direcionado ao trabalho	**O foco "um único empregador" significava:** • dependência em relação à empresa para especificar os trabalhos e as bases de competências ocupacionais relacionadas • funcionários identificam o que está acontecendo na empresa e focam nisso • renúncia do desenvolvimento funcional e técnico em favor do aprendizado específico para a empresa • primeiro fazer o trabalho para ter direito a um novo treinamento: treinamento seguido de trabalho
Capacitação organizacional significa: • posicionamento estratégico é dissipado para separar as unidades de negócio • todos são responsáveis pela agregação de valores e melhoramento da competitividade • unidades de negócios são livres para cultivar seus próprios mercados • novo empreendedorismo, desdobramento e construção de alianças são amplamente encorajados	**A empresa "do topo à base" significava:** • direção estratégica subordinada à "matriz corporativa" • competitividade e agregação de valores são responsabilidades dos especialistas corporativos • o marketing da unidade de negócios depende da agenda corporativa • o empreendedorismo independente não é incentivado e é considerado deslealdade
Aliança de projeto significa: • comprometimento compartilhado entre funcionário e empregador com o objetivo global do projeto • um resultado satisfatório é mais importante do que manter a equipe do projeto unida • recompensas financeiras e de reputação derivam diretamente dos resultados do projeto • após o encerramento do projeto, disposições organizacionais e de comunicação são quebradas	**Aliança corporativa significava:** • os objetivos do projeto são subordinados à política corporativa e às restrições organizacionais • ser leal ao grupo de trabalho pode ser mais importante do que o projeto • recompensas de reputação e financeiras derivam do fato de ser um "bom soldado", independentemente dos resultados • relacionamento social dentro dos limites corporativos são incentivados

as competências de trabalho mudam em valor e que a renegociação das relações deve ocorrer conforme mudam as condições. Isso contrasta com o contrato de lealdade mútua do antigo paradigma de carreira em que a lealdade do funcionário era trocada por segurança no trabalho.

A excelência ocupacional significa aperfeiçoamento contínuo de competências que podem ser comercializadas entre organizações. O individual se identifica mais com a ocupação (eu sou um engenheiro) do que com a organização (eu sou um IBMer). Em contraposição, de acordo com o foco do antigo empregador, o treinamento era específico para empresa em vez de uma preparação da pessoa para futuras oportunidades de empregos. Um estudo recente que se concentrou em dados etnográficos (entrevistas e histórias) foi conduzido entre engenheiros de software em três empresas europeias e duas americanas. Esses profissionais não tinham muita consideração por seus supervisores imediatos, pela organização ou por códigos de vestuário formal. A única coisa em que acreditavam era na excelência profissional para que pudessem ser melhores naquilo que faziam. Com relação a isso, os autores do estudo observaram que engenheiros de software representam um grupo único no que se refere a desenvolvimento de carreira e que eles se encaixam bem no modelo da "nova carreira".[6]

Capacitação organizacional significa que o poder segue para baixo, para as unidades de negócios e, então, para os funcionários. Espera-se que os funcionários acrescentem valor e ajudem a organização a se manter competitiva sendo inovadoras e criativas. A antiga abordagem de cima para baixo significava que controle e estratégia eram ações próprias apenas da alta gerência e a iniciativa individual poderia ser vista como deslealdade e desrespeito.

Fidelidade de projeto significa que tanto indivíduos quanto organizações estão comprometidos com a realização bem-sucedida de um projeto. O ganho da empresa é o resultado do projeto; o ganho do indivíduo é a experiência e o sucesso compartilhado. Com a realização do projeto, a equipe divide-se conforme os indivíduos assumem novos projetos. Sob o antigo paradigma, a lealdade corporativa era primordial. As necessidades dos projetos eram ofuscadas por políticas e procedimentos corporativos. Os grupos de trabalho eram de longo prazo e mantê-los unidos era, na maioria dos casos, um objetivo mais importante do que a realização do projeto.

Preparando-se para o mundo do trabalho

Ao vermos de uma perspectiva, podemos dizer que gastamos nossa juventude nos preparando para o mundo do trabalho. Experiências de vida pessoais e educacionais ajudam o indivíduo a desenvolver as competências e a maturidade necessárias para ingressar em uma carreira. A preparação para o trabalho é um processo de desenvolvimento que se desdobra ao longo do tempo.[8] Quando vai chegando a hora de escolher uma carreira, os indivíduos têm de tomar duas decisões difíceis: escolha ocupacional e escolha organizacional.

Escolha ocupacional

Ao escolher uma ocupação, os indivíduos avaliam suas necessidades, seus valores, suas habilidades e preferências e tentam compatibilizá-los com uma profissão que se encaixe em suas características. A personalidade desempenha um importante papel na escolha da ocupação. A teoria de escolha ocupacional de John Holland afirma que existem seis tipos de personalidade e que cada uma é caracterizada por um grupo de interesses e valores.[9]

Holland também afirma que as profissões podem ser classificadas com base nessa tipologia. As ocupações realistas incluem mecânico, atendente de restaurantes e engenheiro mecânico. As ocupações artísticas incluem arquiteto, instrutor de canto e designer de interiores. As ocupações investigativas incluem físicos, médicos e economistas. Corretor de imóveis, gestor de recursos humanos e advogado são ocupações empreendedoras. As ocupações

Tendência em debate: saltando de emprego em emprego

No ambiente corporativo de hoje, a troca constante de trabalho e de empresa está se tornando cada vez mais rotineira. Na realidade, universitários graduados trocam de emprego quatro vezes nos primeiros dez anos de trabalho, número esse que deve crescer. Nessa média, é possível ter 20 cargos diferentes ao longo da carreira. O estigma associado com a frequente mudança de emprego desapareceu e alguns recrutadores veem um currículo repleto de diferentes empresas e localidades como sinal de um inteligente autopromotor. A questão é saber "por que" o indivíduo troca de emprego, incluindo o que isso pode lhe custar e o que ele pode ganhar. Ao apresentar seu plano de carreira com diversas trocas de empregos como um processo de crescimento em vez de uma série de mudanças compulsivas, você pode ser visto de forma diferente pelos recrutadores.[7]

OS SEIS TIPOS DE HOLLAND

1. *Realista:* estável, persistente e materialista.
2. *Artístico:* imaginativo, emocional e impulsivo.
3. *Investigativo:* curioso, analítico e Independente.
4. *Investigativo:* ambicioso, energético e aventureiro.
5. *Social:* generoso, cooperativo e sociável.
6. *Convencional:* eficiente, prático e obediente.

sociais incluem conselheiro, assistente social e membro do clero. As ocupações convencionais incluem processador de palavra, contador e operador de entrada de dados.

A tipologia de Holland tem sido usada para prever escolhas de carreiras com uma variedade de participantes de outros países, incluindo alemães, indianos, mexicanos, neozelandeses, paquistaneses, sul-africanos e tailandeses.[10]

Uma premissa que conduz a teoria de Holland é que as pessoas escolhem ocupações que combinam com suas personalidades. As que se encaixam no tipo social preferem trabalhos que sejam interpessoais por natureza. Eles podem considerar as carreiras das áreas de física e matemática, por exemplo, como não propícias às relações interpessoais.[11] Para preencher o desejo pelo trabalho interpessoal, elas podem, em vez disso, variar entre ocupações que envolvam serviço ao cliente ou de conselheiro para melhor adaptar suas personalidades.

Embora a personalidade seja uma grande influência na escolha ocupacional, ela não é a única. Existe uma gama de outras influências, incluindo classe social, profissão dos pais, condições econômicas e geografia.[12] Uma vez escolhida a profissão, outra grande decisão a tomar é escolher a empresa.

Escolha e entrada organizacional

Existem várias teorias de como os indivíduos escolhem as organizações, variando desde teorias que postulam processos de escolha muito lógicos e racionais até aqueles que são aparentemente irracionais. A teoria da expectativa, discutida no Capítulo 5, pode ser aplicada na escolha organizacional.[13] De acordo com essa teoria, os indivíduos escolhem organizações que maximizam resultados positivos e evitam resultados negativos. Os candidatos calculam a probabilidade de uma organização oferecer certo resultado e, então, compararam as probabilidades entre organizações.

Outras teorias propõem que as pessoas escolhem as organizações de uma forma muito menos racional. Os candidatos podem se satisfazer, ou seja, escolher a primeira organização que atender um ou dois importantes critérios e, então, justificar sua escolha distorcendo suas percepções.[14]

O método de seleção de uma organização varia muito entre indivíduos e pode refletir uma combinação da teoria da expectativa e teorias que postulam menos abordagens racionais. Adentrar em uma organização é um pouco mais complicado pelos conflitos que ocorrem entre indivíduos e organizações durante o processo. Existem quatro tipos de conflito que podem ocorrer à medida que os indivíduos escolhem organizações e organizações escolhem indivíduos. Os primeiros dois conflitos ocorrem entre indivíduos e organizações. O primeiro é um conflito entre o esforço da organização para atrair candidatos e a escolha do indivíduo. O indivíduo precisa de informações completas e precisas para fazer uma escolha, mas é possível que a organização não as forneça. A organização está tentando atrair um grande número de candidatos qualificados, por isso ela se apresenta de maneira excessivamente atraente.

O segundo conflito é entre a tentativa do indivíduo para atrair várias organizações e a necessidade da organização de selecionar o melhor candidato. Os indivíduos querem boas ofertas. Eles descrevem seus trabalhos favoritos em relação à abertura da organização em vez de descrever um trabalho que realmente prefeririam.

Os conflitos 3 e 4 são internos para ambas as partes. O terceiro é um conflito entre o desejo da organização em recrutar uma grande quantidade de candidatos qualificados e a necessidade da organização de selecionar e reter o melhor. Ao recrutar, as organizações tendem a dar apenas informações positivas e isso resulta em disparidades entre o indivíduo e a organização. O quarto conflito é interno para o indivíduo; é entre o desejo de várias ofertas de trabalho e a necessidade de fazer uma boa escolha. Quando indivíduos se apresentam como muito atrativos, eles correm o risco de serem direcionados a posições que condizem pouco com suas competências e metas profissionais.[15]

A escolha organizacional e o processo de entrada são complexos em razão da natureza dos conflitos. A responsabilidade parcial para evitar conflitos repousa sobre o indivíduo. Os indivíduos devem se orientar por meio de pesquisa cuidadosa sobre a organização em relatórios publicados e análises da indústria. Além disso, devem fazer uma autoanálise e ser o mais honestos possível com as empresas para garantir um bom entrosamento. O processo de entrevista de emprego pode ser estressante, mas também divertido.

Parte da responsabilidade em relação às boas combinações também repousa sobre a organização. Uma forma de evitar conflitos e incompatibilidade é fazer uma pré-visualização realista do trabalho.

Pré-visualização realista do trabalho

Os conflitos discutidos podem resultar em expectativas irreais por parte do candidato. As pessoas que adentram no mundo do trabalho podem esperar, por exemplo, receber orientações explícitas de seus chefes, até descobrirem que há ambiguidade no que se refere a como realizar o trabalho. Elas podem esperar que as promoções se baseiem em desempenho, mas então descobrem que são baseadas principalmente em considerações políticas. Alguns recém-contratados recebem responsabilidades gerenciais imediatamente; no entanto, esse não é o caso mais comum.

Apresentar a funcionários potenciais um panorama realista do trabalho ao qual estão se candidatando é conhecido como **pré-visualização realista do trabalho (RJP)**. Quando candidatos recebem tanto informações positivas como negativas, eles podem fazer escolhas mais eficazes. As práticas tradicionais de recrutamento produzem expectativas irreais, o que leva à baixa satisfação no trabalho quando essas expectativas se chocam com a realidade da situação no ambiente organizacional. A RJP tende a criar expectativas que são muito próximas da realidade e elas aumentam o número de candidatos que retrocedem de outras considerações.[16] Isso ocorre porque candidatos com expectativas irrealistas tendem a buscar outro emprego. O site do Departamento de Polícia do Estado de Idaho oferece uma RJP que começa com estas palavras: "(...) você deve desconsiderar as imagens que já viu na televisão ou no cinema e ler cuidadosamente as tarefas que um oficial da polícia do Estado de Idaho executa".[17] Isso segue para oferecer uma abrangente lista de tarefas que variam de estimulantes (perseguições e mandados) até mais comuns (inspecionar caminhões pesados), e ainda há a observação de que os soldados atualmente trabalham em turnos de dez horas. Embora o site apresente um resumo das recompensas que acompanham o trabalho, claramente expõe que às vezes o trabalho é entediante e menos glamoroso do que se poderia esperar.

A RJP também pode ser uma vacina contra decepções. Se os recém-contratados sabem o que esperar do novo trabalho, eles podem se preparar para a experiência.

> **Com a ênfase atual na ética, as organizações precisam fazer tudo o que podem para que suas ações sejam vistas como consistentes e honestas.**

Os recém-contratados que não têm acesso à RJP podem constatar que seu trabalho não atinge suas expectativas. Eles podem achar que o empregador os enganou no processo de contratação, situação que pode tornar as demandas do cargo fracassadas e impraticáveis, isso, por fim, pode levá-los a deixar a organização.[18]

Os candidatos que têm acesso à RJP veem a organização como honesta e possuem uma maior habilidade de dar conta das demandas do trabalho.[19] A RJP tem outra importante função: reduzir as incertezas.[20] Saber o que esperar, tanto coisas boas como coisas ruins, proporciona aos recém-contratados um senso de controle que é importante para satisfação no trabalho e para o desempenho.

Com a ênfase atual sobre a ética, as organizações precisam fazer tudo o que podem para que suas ações sejam vistas como consistentes e honestas. A pré-visualização realista do trabalho é uma forma por meio da qual as empresas podem oferecer de maneira ética as informações necessárias aos recém-contratados. Por fim, a RJP resulta em combinações mais eficazes, menor rotatividade e maior comprometimento organizacional e satisfação com o trabalho.[21] Há muito a ganhar e pouco risco a correr com o fornecimento de informações realistas acerca do trabalho.[22]

Em suma, as necessidades e metas de indivíduos e organizações podem entrar em conflito durante o processo de admissão. Para evitar problemas, os candidatos devem fazer uma autoanálise cuidadosa e fornecer informações pessoais e profissionais precisas para os potenciais empregadores. As organizações devem oferecer pré-visualizações realistas do trabalho tanto no aspecto positivo quanto no negativo, assim como as possibilidades de carreira disponíveis ao funcionário.

RESULTADO DA APRENDIZAGEM 2

Bases para uma carreira bem-sucedida

Além do planejamento e da preparação, construir uma carreira requer atenção e autoexame. Uma forma de construir uma carreira bem-sucedida é se tornando seu

> **pré-visualização realista do trabalho (RJP)**
> Informações positivas e negativas sobre o trabalho que se estão se candidatando.

CAPÍTULO 17 Gestão de carreira **291**

> O segredo para a sobrevivência é adicionar valor todos os dias e ser flexível. A seção "E você?", presente nos Cartões de Revisão, disponíveis on-line, oferece uma avaliação do estado atual de suas competências de flexibilidade.

próprio orientador vocacional. Outra forma é desenvolvendo sua inteligência emocional, o que é um importante atributo caso queira subir na escada corporativa.

Tornando-se seu próprio orientador vocacional

A melhor forma de se manter empregado é se ver na empresa, mesmo se você trabalhar para outra pessoa. Saiba quais competências você pode oferecer para outros empregadores e o que você pode fazer para garantir que suas competências sejam de ponta. As organizações precisam de funcionários que conquistaram habilidades múltiplas e são experientes em mais de um serviço. Os empregadores querem funcionários que demonstrem competência ao lidar com mudanças.[23] Para ser bem-sucedido, pense na mudança organizacional não como uma ruptura de seu trabalho, mas como o foco central. Você também vai precisar desenvolver autoconfiança, como discutido no Capítulo 7, para lidar de forma eficaz com o estresse da mudança. Indivíduos autoconfiantes assumem uma abordagem interdependente em relacionamentos e se sentem à vontade tanto dando apoio a outros como recebendo apoio deles.

As pessoas mais bem-sucedidas no novo paradigma de carreira são indivíduos flexíveis, orientados a equipes (em vez de hierárquicos), energizados por mudanças e tolerantes à ambiguidade. Os que se frustram com na nova carreira são indivíduos rígidos em seus estilos de pensamento e aprendizagem e possuem grande necessidade de controle. O comprometimento contínuo e de longa duração evita que você se torne um dinossauro profissional.[24] O comprometimento intencional e proposital em assumir sua vida profissional é necessário na administração da nova carreira.

Comportar-se de maneira ética, posicionar-se no mundo com seus valores e construir uma imagem profissional de integridade também são ações muito importantes. Grandes corporações,

como a Google, verificam as referências de seus candidatos – não apenas as referências fornecidas pelos candidatos, mas também por amigos de amigos de tais referências. Comportar-se de forma ética não é benéfico apenas para candidatar-se a uma vaga de emprego. Uma base ética pode ajudá-lo a resistir a pressões que podem colocar sua carreira em risco. Um estudo sugere que executivos sucumbem à tentação da fraude por se sentirem pressionados a manter as expectativas infladas e mudanças nas normas culturais, orientações de curto prazo contra orientações de longo prazo, composição do quadro de diretores e liderança sênior da organização.[25]

Inteligência emocional e sucesso na carreira

Quase 40% dos novos gestores caem nos primeiros 18 meses de trabalho. Quais as causas do fracasso? Os gestores recém-contratados se queimam, pois falham na construção de bons relacionamentos com colegas e subordinados (82% de fracassos), são confusos ou incertos em relação ao que seus chefes esperam (52% de fracassos), faltam em competências políticas internas (50% de fracassos) e são incapazes de atingir os dois ou três objetivos mais importantes do novo trabalho (47% de fracassos).[26] Você vai perceber que todos esses fracassos estão relacionados à falta de competências.

No Capítulo 13, apresentamos o conceito de inteligência emocional (IE) como um importante determinante de habilidades de gestão de conflitos. Daniel Goleman argumenta que inteligência emocional é uma constelação de qualidades que marcam um desempenho exemplar no trabalho. Esses atributos incluem conscientização, controle, confiabilidade, confiança e empatia, entre outros. A convicção de Goleman é que as competências emocionais são duas vezes mais importantes para o sucesso das pessoas hoje do que inteligência crua ou *know-how* técnico. Ele também argumenta que, quanto mais você avança na hierarquia corporativa, mais importante é a inteligência emocional.[27] Empregadores,

A L'Oréal encontrou na inteligência emocional uma valiosa ferramenta de seleção. Vendedores selecionados com base na competência emocional superaram em média US$ 91.370 por ano em vendas àqueles selecionados por meio de métodos antigos. Como bônus adicional para a empresa, esses vendedores também tiveram uma redução de rotatividade de 63% durante o primeiro ano em relação àqueles selecionados de forma tradicional.[30]

tanto de forma consciente como inconsciente, buscam inteligência emocional durante o processo de contratação. Além de reconhecidas competências, como comunicação e habilidades sociais, funcionários com altos níveis de inteligência emocional são classificados como mais suscetíveis de serem contratados pelos empregadores do que aqueles com nível de IE menor.[28] Nem a questão do gênero parece ter monopolizado o mercado com relação à IE. Tanto homens quanto mulheres que conseguem demonstrar altos níveis de IE são considerados privilegiados e podem ser promovidos rapidamente.[29]

Em muitas culturas, a inteligência emocional é importante para o sucesso na carreira. Um estudo recente na Austrália constatou que altos níveis de inteligência emocional estão associados com o sucesso no trabalho. A IE melhora a habilidade para trabalhar com membros de outras equipes e oferece serviço de alta qualidade ao cliente; funcionários com alta IE são mais propensos a tomar medidas para desenvolver suas habilidades. Isso confirma os estudos norte-americanos que identificam a inteligência emocional em alto grau como um importante atributo para a ascensão do funcionário.[31]

A boa notícia é que inteligência emocional pode ser desenvolvida e tende a melhorar ao longo da vida. Algumas empresas estão oferecendo treinamento em competências relacionadas à inteligência emocional. A American Express começou a enviar gestores para um programa de treinamento em competências relacionadas à inteligência emocional. A empresa constatou que gestores treinados superavam aqueles que não haviam participado do treinamento. No ano seguinte, após a conclusão do programa, gestores treinados desenvolveram seus negócios em uma média de 18,1% comparado com 16,2% dos negócios cujos gestores não foram treinados.[32]

RESULTADO DA APRENDIZAGEM 3
Modelo de estágio de carreira

Uma forma comum de entender as carreiras é vendo-as como uma série de fases pelas quais os indivíduos passam durante suas vidas profissionais.[33] A Figura 17.1 apresenta o modelo de estágio de carreira, que vai formar a base para nossa discussão ao longo deste capítulo.[34] O modelo de estágio de carreira mostra que indivíduos passam por quatro estágios profissionais: **estabelecimento, progresso, manutenção e retirada**. É importante observar que as variações de idade apresentadas são aproximações; ou seja, o momento de transição de carreira varia muito entre indivíduos.

Estabelecimento é o primeiro estágio da carreira de uma pessoa. As atividades que ocorrem nessa fase estão em torno da aprendizagem do trabalho e da adaptação à organização e à ocupação. **Progresso** é um estágio orientado por avanço em que pessoas focam o aumento de suas competências. No estágio de **manutenção**, o indivíduo tenta manter a produtividade e, ao mesmo tempo, valoriza o progresso com relação às metas da carreira. O estágio de **retirada** envolve a aposentadoria ou uma possível mudança de carreira.

Junto do eixo horizontal, na Figura 17.1, estão os estágios da vida correspondentes a cada estágio da carreira. Os estágios da vida são baseados nas pesquisas pioneiras sobre o desenvolvimento adulto conduzido por Levinson e colaboradores. Levinson conduziu extensas entrevistas biográficas para traçar os estágios da vida de homens e mulheres. Ele apresentou suas pesquisas em dois livros.

estabelecimento
Primeiro estágio da carreira de uma pessoa em ela aprende o trabalho e começa a se adaptar à organização e à profissão.

progresso
Segundo estágio, altamente orientado por progresso em que as pessoas focam o aumento de suas competências.

manutenção
Terceiro estágio na carreira de um indivíduo em que ele tenta manter a produtividade e, ao mesmo tempo, valorizar o progresso com relação às metas da carreira.

retirada
Estágio final na carreira de um indivíduo em que ele contempla a aposentadoria ou as possíveis mudanças na carreira.

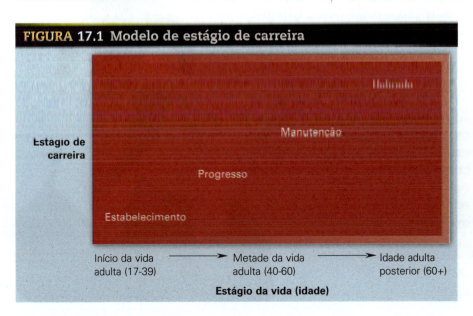

FIGURA 17.1 Modelo de estágio de carreira

The Seasons of a Man's Life e *The Seasons of a Woman's Life*.[35] Os estágios de vida de Levinson são caracterizados por padrão alternante de estabilidade e transição.[36] Ao longo da discussão dos estágios de carreira que segue, entrelaçaremos as transições dos estágios de vida de Levinson. A vida pessoal e a vida profissional são inseparáveis, e, para entender as experiências da carreira de uma pessoa, devemos examinar também o desdobramento de suas experiências pessoais.

Você vai perceber que o desenvolvimento adulto oferece desafios únicos para o indivíduo e que pode haver consideráveis sobreposições entre os estágios. Agora vamos examinar cada estágio da carreira em detalhes.

RESULTADO DA APRENDIZAGEM 4

O estágio de estabelecimento

Durante esse estágio, o indivíduo inicia uma carreira como recém-chegado à organização. É um período de grande dependência em relação aos outros, uma vez que o indivíduo está aprendendo aspectos do trabalho e da empresa. O estágio de estabelecimento geralmente ocorre durante o início dos primeiros anos da vida adulta (entre 18 e 25 anos). Durante esse período, Levinson observa que uma importante transição da vida pessoal para a fase adulta ocorre: o indivíduo começa a se separar dos pais e se torna menos dependente do ponto de vista emocional e financeiro. Após esse período, segue uma fase estável de exploração do papel adulto e se estabelece.

A transição da escola para o trabalho é uma parte do estágio de estabelecimento. Muitos graduados encontram na transição uma experiência memorável. A seguinte descrição foi dada por um indivíduo recém-graduado que foi trabalhar em uma grande prestadora de serviços públicos:

Todos nós tentamos nos envolver com os trabalhos que acabamos de aceitar... nos gabamos que temos o salário mais alto, o melhor programa de treinamento de gestão, os colegas de trabalho mais desejáveis... e acreditamos que estamos destinados a nos tornar futuros líderes corporativos... Toda sexta-feira depois do trabalho nos reunimos para um happy hour para visitar e relacionar os eventos da semana. É interessante observar como o humor nessas ocasiões muda ao longo dos primeiros meses... no início, disputávamos para contar histórias sobre como era legal o novo emprego, como eram estúpidos os nossos chefes... Gradualmente, as coisas foram esfriando no happy hour. O humor foi de "Uau, isso não é ótimo?" para "Que diabos estamos fazendo?". Começou a se tornar consenso que o emprego não era tudo aquilo.[37]

Estabelecimento, portanto, é um período de importantes transições tanto na vida pessoal quanto profissional. No trabalho, o recém-chegado tem de lidar com três grandes tarefas: negociação de contratos psicológicos eficazes, administração de estresse de socialização e transição de membro externo à organização para membro interno.

Contratos psicológicos

Um **contrato psicológico** é um acordo implícito entre o indivíduo e a organização que especifica o que se

---

[**Reparando uma transgressão**]

Quando o contrato psicológico do funcionário com a organização é quebrado, o funcionário normalmente tenta resistir ou resolver a violação. Pode-se fazer isso revidando à organização faltas, execução negligente das tarefas ou até mesmo ter um desvio de conduta maior, como roubo. Um estudo recente, porém, constatou que indivíduos conscientes respondem de forma diferente em comparação àqueles com baixa conscientização em relação a violações psicológicas. Ao passo que funcionários conscientes são mais propensos a reagir com diminuição do desempenho, funcionários não conscientes tendem a experimentar uma queda na lealdade organizacional e na satisfação com o trabalho. Os funcionários não conscientes são mais propensos a se afastar ou deixar a empresa. É importante que as organizações reconheçam essas distinções. Embora violações psicológicas devam ser evitadas a todo custo, quando são inevitáveis, as organizações precisam entender como intervir para reduzir alguns impactos negativos. Entender como diferentes indivíduos reagem a violações psicológicas pode ajudar nessa busca.

Fonte: K. A. Orvis, N. M. Dudley e J. M. Cortina. "Conscientiousness and Reactions to Psychological Contract Breach". *Journal of Applied Psychology* (2008): 1183-1193.

espera que cada um dê e receba na relação.[38] Indivíduos esperam receber salário, ter status, oportunidades de progresso e trabalho desafiador para satisfazer suas necessidades. As organizações esperam receber tempo, energia, talento e lealdade para atingir suas metas. Trabalhar em cima de contrato psicológico com a organização começa com a entrada, mas o contrato é modificado conforme o indivíduo segue na carreira.

Há contratos psicológicos também entre indivíduos.[39] Durante o estágio de estabelecimento, os recém-chegados criam relacionamentos com muitas pessoas na organização. Trabalhar em cima de contratos psicológicos eficazes em cada relação é importante. Os recém-chegados precisam de apoio social de várias formas e de muitas fontes. A Tabela 17.2 mostra os tipos de contrato psicológico, na forma de apoio social, que os recém-chegados podem estabelecer com as pessoas certas na organização.

Uma preocupação comum do recém-contratado é se basear no comportamento alheio para identificar o comportamento apropriado. Colegas mais experientes podem oferecer apoio como modelo demonstrando o comportamento que o recém-chegado pode seguir. Esse é apenas um dos muitos tipos de apoio de que os recém-contratados precisam. Os que acabaram de chegar devem estabelecer contratos com outros para receber o apoio necessário para que possam se ajustar ao novo trabalho. As organizações devem ajudar os recém-contratados a logo estabelecer relacionamentos e devem incentivar o processo de contrato psicológico entre recém-contratados e veteranos. Os contratos psicológicos quebrados ou violados podem ter resultados prejudiciais. Quando ocorre uma violação, os funcionários podem enfrentar reações emocionais negativas que levam à perda de confiança, à satisfação profissional reduzida, ao menor comprometimento com a organização e à maior rotatividade.[40] A influência de um contrato psicológico quebrado é sentida mesmo depois do desligamento do funcionário. Funcionários dispensados que sentem que ocorreu a violação de um contrato psicológico não apenas ficam descontentes com suas antigas empresas, mas também demonstram um ar mais cínico e menos confiança no novo empregador.[41]

RESULTADO DA APRENDIZAGEM 5

O estágio de progresso

O estágio de progresso é um período durante o qual muitos indivíduos lutam por conquistas. Eles buscam maior responsabilidade

contrato psicológico
Acordo implícito entre indivíduo e organização que especifica o que cada um espera dar e receber na relação.

TABELA 17.2 Contratos psicológicos entre recém-chegados e veteranos para apoio social

TIPO DE APOIO	FUNÇÃO DE LIGAÇÃO DE APOIO	PREOCUPAÇÃO DO RECÉM-CHEGADO	EXEMPLO DE RESPOSTA/ AÇÃO DO VETERANO
Proteção contra fatores causadores de estresse	Assistência direta em relação a recursos, tempo, trabalho ou modificação ambiental	Quais os principais riscos/ ameaças nesse ambiente?	Chefia alerta o recém-chegado sobre riscos/ameaças
Informacional	Provisão de informações necessárias para administração de demandas	O que eu preciso para saber realizar as tarefas?	Mentor fornece conselhos sobre o clima político informal na organização
Avaliativo	*Feedback* sobre o desempenho do papel profissional e pessoal	Como estou indo?	Chefia fornece *feedback* de desempenho dia após dia durante a primeira semana
Aconselhamento	Evidência dos padrões comportamentais fornecidos por meio de comportamento modelado	Quem devo seguir?	O recém-chegado é aconselhado pelos colegas mais experientes
Emocional	Empatia, estima, cuidado ou amor	Eu sou importante para alguém? Quem se importa se eu estou aqui ou não?	Outros recém-chegados se simpatizam com a pessoa e a incentivam quando o choque de realidade se encaixa

Fonte: Tabela de D. L. Nelson, J. C. Quick e J. R. Joplin. "Psychological Contracting and Newcomer Socialization: An Attachment Theory Foundation". *Journal of Social Behavior and Personality* 6 (1991): 65. Reimpressão autorizada.

e autoridade e lutam por ascensão profissional. Normalmente, por volta dos 30 anos, acontece uma importante transição.[42] Os indivíduos reavaliam suas metas e sentem a necessidade de fazer mudanças em relação à carreira. A transição aos 30 anos é seguida por um período de estabilidade durante o qual o indivíduo tenta encontrar um papel na sociedade adulta e quer ser bem-sucedido na carreira. Durante esse estágio, diversas questões são importantes: exploração de planos de carreira, identificação de um mentor, trabalho baseado em parcerias de carreiras duplas e administração de conflitos entre a vida pessoal e profissional.

Plano de carreira e escada de carreira

Os **planos de carreira** são sequências de experiências de trabalho que os funcionários seguem durante sua vida profissional.[43] No estágio de progresso, indivíduos examinam os sonhos e planos de carreira que devem seguir para atingir esses sonhos. Suponha que o sonho de uma pessoa seja se tornar uma grande executiva da indústria farmacêutica. Ela se forma em química na faculdade e aceita um trabalho em uma empresa nacionalmente reconhecida. Depois que se adaptou ao trabalho de química de controle de qualidade, reavalia seu plano e percebe a necessidade de mais formação acadêmica. Ela planeja fazer MBA meio período, esperando ganhar conhecimento em administração. A partir daí, espera ser promovida a uma posição de supervisão na atual empresa. Se isso não acontecer em cinco anos, vai considerar a possibilidade de ingressar em outra empresa farmacêutica. Uma rota alternativa seria tentar se transferir para uma posição de vendas, na qual poderia ser promovida à gerência.

O plano de carreira de muitas mulheres passou a ser trabalhar em grandes organizações para abrir o próprio negócio. Atualmente, nos Estados Unidos, 10,6 milhões de empresas pertencem a mulheres, isso compreende quase metade de todas as empresas privadas do país. Qual o motivo desse êxodo para o empreendedorismo? As principais razões são buscar desafio adicional e autorrealização e ter mais autodeterminação e liberdade.[44]

A **escada de carreira** refere-se a uma série de posições ao longo das quais um indivíduo progride na organização. Na Southwestern Bell, por exemplo, costuma-se passar por uma série de segmentos alternados e atribuições de pessoal de supervisão para avançar para um nível superior de gerência. Os supervisores da área de serviço ao cliente podem ficar junto do pessoal de treinamento e, então, voltar como supervisores de linha em serviços de rede para ganhar experiência em departamentos diferentes.

Algumas empresas usam o conceito tradicional de escada de carreira para ajudar os funcionários a progredirem profissionalmente. Outras assumem uma abordagem mais contemporânea para o progresso na carreira. A Sony incentiva a criatividade por parte de seus engenheiros valendo-se de planos de carreira não tradicionais. Na empresa, os indivíduos têm liberdade para seguir em tarefas desafiadoras e interessantes sem notificar seus supervisores. Se eles se unirem a uma nova equipe de projeto, espera-se de seu chefe atual o aval para prosseguir. A filosofia de autopromoção na Sony é vista como chave para altos níveis de inovação e design criativo de novos produtos. O interesse em atribuições internacionais por parte de corporações multinacionais vem crescendo em resposta a globalização e questões globais de pessoal. Um desafio com relação a isso tem sido que a maioria das atribuições de expatriados não é bem-sucedida e as organizações vêm encarando o desafio de preparar e treinar apropriadamente os indivíduos para tais tarefas. Trabalhos alternativos internacionais (trabalho a distância, tarefas virtuais, atribuições em curto prazo, e assim por diante) podem ser usados para ajudar os indivíduos a ganhar experiência profissional na preparação para níveis mais altos na organização.[45]

Outra abordagem usada por algumas companhias para desenvolver competências é a ideia de "carreira entrelaçada" – abordagem para construção de competências segundo a qual o indivíduo se move lateralmente por diferentes departamentos da organização ou participa de diferentes projetos. O apoio da alta gerência para esse tipo de carreira é essencial, pois, em termos tradicionais, um funcionário que fez vários movimentos laterais pode não ser visto com bons olhos.

plano de carreira
Sequência de experiências de trabalho que um funcionário vivencia durante sua carreira.

escada de carreira
Série estruturada de posições de trabalho pelos quais um indivíduo progride na organização.

No entanto, essa abordagem é uma forma eficaz de desenvolver uma ordem de competências para garantir a empregabilidade.[46]

Explorar planos de carreira é uma importante atividade de progresso. Outra atividade crucial durante o progresso é encontrar um mentor.

Encontrar um mentor

O **mentor** é um indivíduo que oferece diretriz, treinamento, aconselhamento e amizade ao aprendiz. Os mentores são importantes para o sucesso profissional, pois lidam tanto com funções de carreira como com funções psicossociais.[47]

As funções de carreira oferecidas pelo mentor incluem patrocínio, facilitação à exposição e visibilidade, *coaching* e proteção. Patrocínio significa ajudar ativamente o indivíduo a obter experiência profissional e promoções. Facilitação à exposição e visibilidade significa oferecer oportunidades para o aprendiz desenvolver relacionamentos com figuras-chave da organização visando o próprio avanço. *Coaching* envolve oferecer conselhos tanto sobre a carreira como sobre o desempenho no trabalho. A proteção é fornecida livrando o aprendiz de potenciais experiências prejudiciais. As funções de carreira são especialmente importantes para o sucesso futuro do aprendiz. Um estudo constatou que a quantidade de treinamento que o aprendiz recebeu estava relacionada com mais promoções e salários mais altos quatro anos depois.[48]

O mentor também executa funções psicossociais. O modelo de conduta ocorre quando o mentor demonstra um comportamento para o aprendiz seguir. Isso facilita a aprendizagem. A aceitação e a confirmação são importantes tanto para o mentor quanto para o aprendiz. Quando o aprendiz sente que foi aceito pelo mentor, cria-se um senso de orgulho. Da mesma forma, a consideração positiva e a valorização por parte de colegas com menos tempo de casa propiciam ao mentor um senso de satisfação. O aconselhamento do mentor ajuda o aprendiz a explorar questões pessoais que surgem e requerem assistência. A amizade é outra função psicossocial que beneficia tanto o mentor quanto o aprendiz.

Existem características que detêm bons relacionamentos de orientação por parte do mentor. Em relacionamentos de orientação eficazes, existe um único contato entre o mentor e o aprendiz, que tem propósitos claramente especificados. Esse tipo de orientação deve ser condizente com a cultura corporativa e as metas da organização. Tanto os mentores quanto os aprendizes devem ser treinados para administrar a relação. Os mentores devem ser responsáveis e recompensados por seus papéis. Eles devem ser vistos (precisamente) pelos aprendizes como detentores de considerável influência na organização.[49] Embora possa ser tentador "seguir o chefe" como seu mentor, a compatibilidade de personalidades também é um importante fator no sucesso ou no fracasso de uma relação entre mentor e aprendiz. Os mentores que são parecidos com seus aprendizes em relação a traços de personalidade, como extroversão, e cujas expectativas são satisfeitas na relação são mais propensos a mostrar interesse em continuar com o acordo.[50] A Cigna Financial Advisors assume uma abordagem pró-ativa na integração de novos funcionários. Como parte do Programa de Parceria da empresa, todos os novos contratados trabalham por mais de 27 meses sob a batuta de um mentor experiente e bem-sucedido. Essa relação oferece aos recém-contratados instruções práticas de como vender de forma mais eficaz e aumentar os níveis de venda para os próprios mentores. A Cigna demonstra seu comprometimento com essa abordagem não contratando mais do que pode atribuir para os mentores individuais.[51]

Os programas de orientação também são formas de abordar o desafio da diversidade da força de trabalho. O processo de orientação, porém, apresenta problemas únicos, incluindo a disponibilidade de mentores, questões de idioma e aculturação e sensibilidade cultural para grupos minoritários como os hispano-americanos. Estereótipos negativos podem limitar o acesso de membros minoritários às relações de orientação e aos benefícios associados com a relação.[52] Para abordar esse problema, as empresas podem facilitar o acesso aos mentores. Programas de orientação informais identificam grupos de mentores e aprendizes, propiciam treinamento para o desenvolvimento de orientação eficaz e questões de diversidade e, então, oferecem oportunidades informais para o desenvolvimento das relações de orientação. O grupo de rede é outro caminho para a orientação. Ele ajuda os membros a se identificarem com os poucos que são parecidos com eles, a construir relacionamentos e a estabelecer apoio social. Os grupos de

> "A consideração positiva e a valorização por parte de colegas com menos tempo de casa propiciam ao mentor um senso de satisfação."

mentor
Indivíduo que oferece diretriz, treinamento, aconselhamento e amizade a um aprendiz.

rede aumentam as chances de as minorias encontrarem mentores.[53] A Lucent Technologies, por exemplo, possui vários grupos denominados Funcionários Parceiros do Negócio (Employee Business Party), que servem para funções de *networking*. Alguns desses grupos são a Hispa, para hispano-americanos; 4A, para ásio-americanos; Able para afro-americanos; Luna, para americanos nativos, e Equal!, para gays, lésbicas e bissexuais. Esses grupos servem de ligação para suas respectivas comunidades na Lucent. As redes também aumentam a probabilidade de indivíduos terem mais de um mentor. Indivíduos com múltiplos mentores, como aqueles recebidos de redes de orientação, experimentam até mais sucesso na carreira em comparação com os que contam com apenas um mentor.[54]

Algumas empresas possuem programas de orientação formais. A PricewaterhouseCoopers (PwC) também utiliza o modelo de orientação para ajudar seus funcionários. Cada funcionário recebe tanto um mentor colega de trabalho para ajudar com questões do dia a dia como um mentor mais experiente para ajudar com questões mais amplas, como o desenvolvimento do plano de carreira. Como uma empresa internacional, a PwC também emprega métodos similares em outros países. Nas operações da empresa na República Tcheca, uma equipe de dois mentores – um deles é chamado de "conselheiro" – preenche o mesmo papel de guia como os dois mentores geralmente fazem com os funcionários norte-americanos.[55]

A orientação teve forte impacto na formação de identidades das empresas de contabilidade Big Four. Em um estudo, cada parceiro que foi entrevistado reportou ter pelo menos um mentor que desempenhava um papel crucial na realização da parceria e mais. A identidade dos aprendizes é formada por meio de orientação e suas metas de trabalho, linguagem e até mesmo estilo de vida refletem os imperativos da Big Four.[56] Os aprendizes são educados sobre os "pontos delicados" (o que não falar) dos parceiros, o que vestir, como dar nó na gravata e não cortar a grama sem camisa.

Embora algumas empresas tenham programas de orientação formal, funcionários menos experientes negociam seus próprios relacionamentos de orientação. As barreiras para encontrar um mentor incluem falta de acesso a mentores, medo de iniciar uma relação de orientação e de que supervisores e colegas de trabalho não aprovem a relação de orientação. Os indivíduos também podem ter receio de iniciar uma relação de orientação, pois isso pode ser mal interpretado como um avanço com carga sexual pelo potencial mentor ou por outros. Esse também é o sentimento de mentores. Alguns não estão dispostos a estabelecer uma relação em virtude do sexo do aprendiz. As mulheres reportam mais esse tipo de barreira do que homens, e indivíduos que não possuem experiência prévia reportam mais barreiras para encontrar um mentor.[57] Existem outras diferenças de sexo nas relações de orientação. Os aprendizes homens reportam menos apoio psicológico do que aprendizes mulheres. Além disso, mentores do sexo masculino reportam dar mais apoio ao desenvolvimento da carreira, ao passo que mulheres reportam dar mais apoio psicológico.

As organizações podem incentivar novos funcionários a abordar mentores oferecendo oportunidades para interagirem com colegas veteranos. O supervisor imediato nem sempre é o melhor mentor, por isso é importante a exposição a outros funcionários mais experientes. Seminários, equipes de níveis variados e eventos sociais podem servir de veículo para unir potenciais mentores e aprendizes.

As relações de orientação passam por quatro fases: iniciação, cultivação, separação e redefinição. Não há um tempo de duração de cada fase, pois cada relacionamento é único. Na fase de iniciação, a relação de orientação começa a ter um significado tanto para o mentor quanto para o aprendiz. Na fase de cultivação, o relacionamento se torna mais significativo e o aprendiz demonstra rápido progresso em razão do apoio profissional e psicossocial fornecido pelo mentor. Os aprendizes também influenciam os mentores.

Na fase de separação, o aprendiz sente a necessidade de firmar sua independência e de trabalhar de forma mais autônoma. A separação pode ser voluntária ou pode ser resultado de uma mudança involuntária (no caso de promoção ou transferência do aprendiz ou do mentor). A fase de separação pode ser difícil se houver resistência, tanto por parte do mentor (que reluta em ter de deixar a relação) como por parte do aprendiz (que se ressente pela retirada de apoio por parte do mentor). A separação pode ocorrer de forma tranquila e natural ou pode ser resultado de um conflito que rompe a relação.

A fase de redefinição ocorre quando a separação é bem-sucedida. Nessa fase, a relação assume uma nova identidade de forma que as duas partes se consideram colegas ou amigas. O mentor sente orgulho do aprendiz e o aprendiz desenvolve uma profunda admiração pelo mentor.

Por que mentores são tão importantes? Além do apoio que prestam, pesquisas mostram que eles são mais importantes para o sucesso futuro do aprendiz. Estudos demonstraram que indivíduos com mentores apresentam maiores taxas de promoção e maiores lucros do que indivíduos que não possuem mentores.[59] Os profissionais com mentores ganham entre US$ 5,600 e US$ 22,000 a mais por ano do que aqueles que não têm.[60] Indivíduos com mentores também são melhores na tomada de decisão.[61] Não é apenas a presença do mentor que rende esses benefícios. A qualidade da relação é mais importante.[62]

Parcerias de carreira dupla

Durante a fase de desenvolvimento profissional, muitos indivíduos enfrentam outra transição. Eles estabelecem uma relação com um parceiro. Essa transição requer adaptações em vários aspectos – aprender a viver com alguém, preocupar-se com outra pessoa além de si mesmo, lidar com uma família maior e muitas outras demandas. A parceria pode ser particularmente estressante caso ambos os membros sejam orientados à carreira.

O estilo de vida de carreira dupla aumentou nos últimos anos em parte por causa da necessidade de duas rendas para manter um padrão de vida desejável. **Parcerias de carreira dupla** são relacionamentos em que ambas as pessoas desempenham papéis importantes em suas respectivas carreiras. Esse tipo de parceria pode ser mutuamente benéfico, mas também pode ser estressante. Normalmente o estresse envolve estereótipos como de que gerar renda é responsabilidade do homem e cuidar da casa é domínio da mulher. Entre os casados, a satisfação profissional da mulher com o casamento é afetada pelo quanto o marido ajuda a cuidar dos filhos. Os homens que aderem às crenças tradicionais relacionadas ao gênero podem se sentir ameaçados quando a renda da esposa excede seus próprios vencimentos. As crenças sobre quem deve fazer o que complica a questão da dupla carreira.[63]

Um fator que gera estresse em uma parceria de dupla carreira é a pressão do tempo. Quando ambos os parceiros trabalham fora, pode haver momentos de crise para se adaptar à hora do trabalho, da família e do lazer. Outro problema potencial é o ciúme. Quando a carreira de um dos parceiros floresce antes da do outro, um deles pode se sentir ameaçado.[64] Outra questão relacionada a trabalhar fora diz respeito à prioridade profissional. O que acontece se um parceiro é transferido para outra cidade? O outro deve aderir à mudança que pode ameaçar sua própria carreira para ficar com o que foi transferido? Quem, se é que existe alguém, vai ficar em casa e tomar conta do bebê?

Para uma parceria de dupla carreira dar certo, é necessário planejamento cuidadoso e comunicação consistente entre os parceiros. Cada parceiro deve servir de apoio para o outro. Caso seja necessário, o casal pode recorrer a outros membros da família, a amigos e a profissionais para obter apoio.

DESENVOLVIMENTO E MEIA-IDADE

>> As pessoas que estão em pleno estágio de progresso profissional têm de lidar com mudanças desenvolvimentais e de estágio de vida. A transição da meia-idade, que ocorre aproximadamente entre os 40 e 45 anos, geralmente é uma época de crise. Levinson aponta três grandes mudanças que contribuem para a transição da meia-idade:

> Os indivíduos percebem que já estão na metade de suas vidas e que são mortais.

> Pessoas com seus 20, 30 anos consideram os que têm 40 anos "ultrapassados" e fora da cultura jovem.

> Os indivíduos reavaliam seus sonhos e avaliam quão próximos chegaram de conquistá-los.

A transição da meia-idade pode adicionar estresse aos desafios que os funcionários enfrentam durante o estágio de desenvolvimento.

Conflitos casa-trabalho

Uma questão relacionada às parcerias de dupla carreira que é enfrentada por todo ciclo da carreira, mas normalmente na fase de desenvolvimento profissional, é o conflito entre a vida pessoal e o trabalho. Vivenciar muitos conflitos casa-trabalho de forma negativa afeta a qualidade de vida do indivíduo. Tais conflitos podem levar à exaustão emocional.

parceria de dupla carreira
Relacionamento em que ambas as pessoas desempenham papéis importantes em suas respectivas carreiras.

CAPÍTULO 17 Gestão de carreira

Lidar com reclamações de clientes o dia todo, ligações sobre vendas que não foram bem-sucedidas e não cumprimento de prazos pode provocar eventos negativos em casa, e vice-versa.[65] As responsabilidades domésticas podem colidir com as responsabilidades profissionais e esses conflitos devem ser planejados. Suponha que seu filho passe mal na escola. Quem vai pegá-lo e ficar com ele em casa? Os casais devem trabalhar juntos para resolver esses conflitos. Até mesmo na Eli Lilly and Co., apenas 36% dos trabalhadores disseram que é possível progredir na carreira e dedicar tempo suficiente para a família. Isso é surpreendente, pois a empresa tem a reputação de ser um dos melhores lugares do mundo para trabalhar no que diz respeito a família e amigos.[66] Um estudo recente constatou que o conflito casa-trabalho pode levar a críticas desfavoráveis e desmotivação por parte do parceiro, provocando sentimentos mútuos de exaustão e negatividade.[67]

[**A KPMG oferece ajuda para a geração sanduíche**]

Muitos funcionários de meia-idade cuidam tanto dos filhos como dos pais. A empresa de contabilidade KPMG reconheceu sua posição precária e adotou ações para abordar as necessidades dos funcionários que estão nessa fase implementando horários progressivos que promovem um equilíbrio saudável trabalho-vida pessoal. As semanas reduzidas, o horário flexível e o trabalho a distância estão disponíveis, e, se os serviços de babás contratados pelos funcionários não derem certo, a KPMG oferece os creches como auxílio. A empresa também tem um programa de licença compartilhada em que funcionários podem doar seu período de férias para colegas que estão passando por situações de emergência familiar, como doenças súbitas, ou de morte de um ente querido.

Um benefício ímpar que a empresa oferece é a assistência a idosos de três partes. Primeiro, a KPMG oferece informações on-line e serviços de referência de modo a estabelecer contato entre os funcionários e os recursos e instalações relacionadas à saúde e assistência a idosos. Segundo, a empresa cobre até 20 dias de cuidados por ano tanto em casa como em clínicas. Com o programa compartilhado de doação, os funcionários podem doar dias de auxílio não utilizados para colegas. Terceiro, se um funcionário precisar de uma folga para cuidar do idoso, ele pode pedir uma licença ou usar os dias de férias pagos.

Os ganhos obtidos com tais benefícios são muitos. Os programas têm levado à redução da rotatividade de funcionários e resultaram em um prêmio da Catalyst (a principal organização sem fins lucrativos que promove, inclusive, locais de trabalho para mulheres). Os funcionários apresentaram maior produtividade, moral estimulado e redução do estresse e do conflito casa-trabalho. Certamente, os esforços inovadores da KPMG para acomodar a geração sanduíche têm sido compensadores.

Fonte: http://www.catalyst.org/file/280/difinalpracticekpmg_pdf.pdf; https://www.web1.lifebenefits.com/MMG/resources/aware_newsletter/aware0408/ef_print.html.

Os conflitos casa-trabalho são um problema para mulheres que trabalham fora.[68] Elas têm sido mais rápidas para compartilhar o papel de provedor do que os homens têm de dividir responsabilidades em casa.[69] Quando a mulher enfrenta o conflito casa-trabalho, seu desempenho decai e ela sente mais tensão. Esse tipo de conflito é um tópico bem abrangente. No entanto, pode se tornar mais específico se considerarmos o conflito trabalho-família, em que o trabalho interfere na família, e o conflito família-trabalho, no qual a família ou o lar interfere no trabalho.[70] Os indivíduos que acreditam que homens e mulheres devem dividir as preocupações do trabalho e de casa enfrentam mais culpa em relação ao conflito trabalho-casa do que os que têm uma visão mais tradicional, que tendem a sentir mais culpa quando a vida domiciliar interfere no trabalho.[71]

Nesses tipos de conflito, surgem as diferenças culturais. De acordo com um estudo, ao passo que os americanos enfrentam mais conflitos família-trabalho, os chineses enfrentam mais conflitos trabalho-família.[72] As mulheres que ocupam cargos de chefia na China eram mais positivas sobre futuros avanços e tinham forte convicção de suas habilidades para ter êxito. Isso, por sua vez, as fazia reavaliar suas identidades pessoais e profissionais. Essa transformação de identidade é marcada pela felicidade associada com o avanço profissional, embora muitas mulheres prevejam custos emocionais com tal desenvolvimento. Esse estudo apontou que gestoras chinesas enfrentam o conflito trabalho-família em parte porque a cultura chinesa enfatiza laços sociais próximos e o *guanxi*.[73]

Formas de administrar o conflito casa-trabalho
Para ajudar os indivíduos a lidar com o conflito casa-trabalho, as empresas podem oferecer **horários de trabalho flexíveis**.[74] Programas,

---

horário de trabalho flexível
Horário de trabalho que permite o livre-arbítrio do funcionário para acomodar preocupações pessoais.

4 SOLUÇÕES PARA UM PROGRAMA DE ACONSELHAMENTO BEM-SUCEDIDO

Kathy Kram observa que existem quatro aspectos que levam um programa de aconselhamento ao sucesso:

> A participação deve ser voluntária. Ninguém deve ser forçado a estabelecer relações de aconselhamento; a combinação cuidadosa entre o mentor e o aprendiz é importante.

> O apoio dos executivos do alto escalão é necessário para transmitir a intenção do programa e seu papel no desenvolvimento da carreira.

> O treinamento deve ser oferecido aos mentores para que eles entendam as funções do relacionamento.

> Uma saída agradável deve ser oferecida no caso de incompatibilidade ou de pessoas que atingiram seus propósitos na relação.[83]

como horários flexíveis, discutidos no Capítulo 14, dão aos funcionários liberdade para cuidar de assuntos pessoais enquanto trabalham. A creche mantida pela empresa é outra forma de auxílio. As empresas com creche no próprio local de trabalho incluem a Johnson & Johnson, a Perdue Farms e a Campbell's Soup. Mitchell Gold, um premiado fabricante de móveis, acredita que tratar as pessoas de forma correta é primordial. Sua creche de 800 m² fundamenta-se na educação em vez de atividades e trabalha com taxas igualitárias para torná-la mais acessível. As instalações da creche foram nomeadas "Provedoras do Ano" do condado em 2003.[75] Ao passo que as grandes empresas podem oferecer creches corporativas, as pequenas podem assistir seus funcionários com serviços de referência para localizar o tipo de creche de que os trabalhadores precisam. Para organizações menores, essa é uma alternativa com bom custo benefício.[76] Pelo menos, as empresas têm lidado com o conflito casa-trabalho e os administram caso a caso, com flexibilidade e preocupação.

Um programa que tem despertado muito interesse e que as empresas podem oferecer a seus funcionários é a assistência aos idosos. Na maioria das vezes, os funcionários fazem parte da geração sanduíche. Eles têm de tomar conta dos filhos e dos pais. A inclusão nesse papel extremamente estressante é reportado, na maioria dos casos, por mulheres.[77] Às vezes, o impacto de cuidar de uma pessoa amada que está envelhecendo é subestimado. Dezessete por cento das pessoas que cuidam de parentes idosos deixam o trabalho por causa das restrições de tempo e outros 15% diminuem as horas trabalhadas pela mesma razão.[78] Cuidar de pessoas idosas em casa pode provocar sérios conflitos casa-trabalho, além disso, o funcionário paga um preço em relação a seu bem-estar e desempenho profissional. Isso ocorre muito se a empresa não propicia um clima de apoio para a discussão da questão da assistência aos mais velhos.[79] A Universidade de Harvard tomou medidas para ajudar os docentes e os funcionários em geral a lidar com essa questão: contratou a Parents in a Pinch, Inc., uma empresa especializada em oferecer cuidados a crianças e a pessoas idosas.[80]

John Beatrice é um entre vários homens que fazem o trabalho se adaptar à família, em vez de tentar adaptar a família à carreira. John se lembra que seu pai trabalhava à noite para que pudesse estar nos eventos esportivos de John durante o dia; John quer o mesmo para sua família. Embora a partilha de trabalho, os horários flexíveis e o trabalho a distância têm sido vistos como formas tradicionais de atender as necessidades das mães que trabalham fora, John e outros homens estão cada vez mais tirando vantagem dessas oportunidades. No caso de John, o horário flexível na Ernst & Young permite que ele passe parte das manhãs e tardes treinando uma equipe de hóquei escolar. Na avaliação de John, o horário flexível, na realidade, o faz trabalhar mais horas do que o normal, mas ele está mais feliz dessa forma. E não é de surpreender, o empregador de John também se beneficia do acordo. Após 19 anos, John está mais leal do que nunca e ainda ama o que faz.[81]

Acordos alternativos de trabalho, como horário flexível, semana reduzida, trabalho em casa, em meio período e opções de saída podem ajudar o funcionário a administrar o conflito casa-trabalho. Os gestores não devem deixar seus vieses interferirem nesses benefícios. É possível que a alta gerência seja menos propensa a propor acordos alternativos de trabalho para homens do que para mulheres, para chefias do que para subordinados e para funcionários que cuidam dos pais em vez daqueles que cuidam de crianças. É importante que as políticas amigáveis de família sejam aplicadas de forma justa.[82]

RESULTADO DA APRENDIZAGEM 8

O estágio de manutenção

Manutenção pode ser um nome impróprio para essa fase da carreira, pois algumas pessoas continuam a evoluir profissionalmente, embora o crescimento não seja na mesma taxa de antes. Uma crise na carreira durante a meia-idade pode ser

assistência aos idosos
Assistência no cuidado dos pais e/ou de outros parentes mais velhos.

CAPÍTULO 17 Gestão de carreira **301**

acompanhada da transição da meia-idade. Um experiente gerente de produção da Borden se viu nessa crise e a descreveu desta forma: "Quando eu estava na faculdade, pensava em ser o presidente de uma empresa... Mas na Bordem eu me senti usado e encurralado. A maioria dos caras nos dois níveis acima de mim tinha MBA ou 15 ou 20 anos de experiência no ramo alimentício. Meus planos de longo prazo se estagnaram".[84]

De acordo com Carolyn Smith Paschal, proprietária de uma empresa de pesquisa executiva, alguns indivíduos que chegam à crise na carreira estão queimados, e um período de férias pode ajudar. Ela recomenda que as empresas deem aos funcionários nessa fase licenças sabáticas em vez de bônus. Isso ajudaria a renová-los.

Alguns indivíduos chegam à fase de manutenção com um senso de conquista e contentamento, não sentem a necessidade de lutar por mais ascensão. Ainda que o estágio de manutenção seja uma época de crise ou de satisfação, há duas questões a considerar: sustentação do desempenho e tornar-se um mentor.

Sustentando o desempenho

Manter-se produtivo é uma das principais preocupações de indivíduos que estão no estágio de manutenção. Isso se torna um desafio quando se alcança um **patamar na carreira**, ponto em que a probabilidade de avançar mais na hierarquia é baixa. Algumas pessoas lidam bem com esse patamar, mas outras podem se tornar frustradas, entediadas e insatisfeitas com o trabalho.

Para manter os funcionários produtivos, as organizações podem oferecer desafios e oportunidades para o aprendizado. Os movimentos laterais são uma opção. Envolver o funcionário em equipes de projetos que oferecem novas tarefas e desenvolvimento de competências também é uma alternativa. O ponto é manter o trabalho estimulante e envolvente. Os indivíduos nessa fase também precisam de afirmação contínua de seu valor para a organização. Eles precisam saber que sua contribuição é significativa e apreciada.[85]

patamar na carreira
Ponto na carreira de um indivíduo em que a probabilidade de avanço na hierarquia é baixa.

Tornando-se um mentor

Durante a manutenção, os indivíduos contribuem compartilhando seu amplo conhecimento e experiência com outros. A oportunidade de se tornar mentor pode manter os funcionários mais experientes motivados e envolvidos com o trabalho. É importante recompensar o mentor pelo tempo e energia dispensada. Alguns funcionários se adaptam naturalmente ao papel do mentor, mas outros podem precisar de treinamento para orientar e aconselhar funcionários menos experientes.

A manutenção é uma época de transição, como todos os estágios da carreira. Ela pode ser administrada por indivíduos que sabem o que esperar e planejam se manter produtivos, bem como pelas organizações, que focam a maximização do envolvimento do funcionário no trabalho. De acordo com Levinson, durante a última parte do estágio de manutenção, acontece outra transição. A transição dos 50 anos é o período de reavaliar o sonho e trabalhar mais as questões levantadas na transição da meia-idade. Após a transição dos 50 anos, segue-se um período bem tranquilo durante o qual os indivíduos começam a planejar a aposentadoria.

RESULTADO DA APRENDIZAGEM 7

O estágio de retirada

O estágio de retirada geralmente ocorre por último e sinaliza que um longo período de trabalho contínuo em breve chegará ao fim. Os funcionários mais velhos podem enfrentar discriminação e estereótipos. Eles podem ser vistos como menos produtivos, mais resistentes a mudanças e menos motivados. Esses indivíduos fazem parte de um dos grupos mais desvalorizados no mercado de trabalho. No entanto, eles podem oferecer continuidade em meio a mudanças e servir de mentores e modelo de conduta para gerações mais novas de funcionários.

De acordo com a Lei Trabalhista contra Discriminação por Idade, nos Estados Unidos, (Age Discrimination in Employment Act), a discriminação contra funcionários mais velhos no ambiente de trabalho é proibida. (Acesse eeoc.gov/policy/adea.html para ler as provisões dessa lei de 1967.) As organizações devem criar uma cultura que valorize as contribuições dos funcionários mais velhos. Com a experiência deles, o sendo de ética no trabalho e a lealdade, esses funcionários têm muito a contribuir. Na realidade, eles apresentam índices mais baixos de atrasos e faltas, são mais seguros e satisfeitos com o que fazem do que os mais jovens.[86]

Planejamento para a mudança

A decisão de se aposentar é uma questão pessoal, mas a necessidade de planejamento é universal. Um executivo de vendas aposentado da Boise Cascade disse que o melhor conselho é "planejar a aposentadoria não planejada".[87] Isso significa planejar cuidadosamente não apenas a transição mas também as atividades com as quais o indivíduo estará envolvido uma vez feita a transição. Todas as opções devem estar abertas à consideração. Uma tendência recente é a necessidade de executivos temporários de alto escalão. Algumas empresas estão contratando por um período determinado gestores mais experientes. As qualidades de um bom executivo temporário incluem considerável experiência em gestão de alto nível, segurança financeira que lhe permita escolher apenas as tarefas que realmente são interessantes e disposição para mudar de lugar.[88] Alguns indivíduos na fase de aposentadoria consideram essa uma opção atrativa.

O planejamento da aposentadoria deve incluir não apenas o aspecto financeiro, mas também o psicológico. Hobbies e viagens, trabalho voluntário ou mais tempo com a família podem fazer parte desse planejamento. A chave é planejar com antecedência e de forma cuidadosa, assim como antecipar a transição com uma atitude positiva e muitas opções de atividades desejáveis.

Aposentadoria

Hoje, existem várias tendências relacionadas à aposentadoria, de aposentadoria antecipada, aposentadoria gradual a nunca se aposentar. Alguns indivíduos escolhem uma combinação dessas opções: deixam a primeira carreira por algum tempo antes de reentrar no mercado de trabalho tanto em meio período como em período integral fazendo algo de que gostem. Para a maioria dos americanos, a ideia de se aposentar e ficar sentado em uma piscina parece, por falta de uma melhor palavra, entediante. Os fatores que influenciam na decisão de quando se aposentar incluem política da empresa, considerações financeiras, apoio ou pressão da família e oportunidades de outras atividades produtivas.[90]

Algumas pessoas na fase da aposentadoria podem passar por uma segunda crise da meia-idade. As pessoas estão vivendo mais e se mantendo mais ativas. Vickie Ianucelli, por exemplo, comprou uma casa em um condomínio numa praia mexicana, comemorou seu aniversário em Paris, comprou um anel de 9,5 quilates e fez cirurgia plástica. E essa é a sua segunda crise da meia-idade. Ela é uma psicóloga de 60 e poucos anos e avó de dois netos.[89]

Durante o estágio de retirada, o indivíduo enfrenta a maior transição à qual Levinson se refere como a última transição da vida adulta (entre 60 e 65 anos). A própria mortalidade se torna uma grande preocupação e a perda de membros da família e amigos se torna mais frequente. A pessoa trabalha para alcançar um senso de integridade – ou seja, trabalha para descobrir o significado maior e o valor da vida.

A aposentadoria não precisa ser uma interrupção completa do trabalho. Muitos acordos alternativos de trabalho podem ser considerados e muitas empresas oferecem flexibilidade em relação a isso. A **aposentadoria gradual** é uma opção popular para funcionários que estão para se aposentar e querem reduzir gradativamente as horas de trabalho e as responsabilidades. Existem muitas formas de aposentadoria gradual: dias ou semanas com horários reduzidos, compartilhamento de tarefas e acordos de aconselhamento. Muitas organizações não têm condições de sustentar a perda de um grande número de funcionários experientes de uma vez. Na realidade, embora 50% de todos os trabalhadores norte-americanos estejam oficialmente aposentados aos 60 anos, apenas 11% se retiram totalmente do mercado de trabalho. Isso significa que existe um **emprego ponte**, o emprego depois que a pessoa se aposenta de um trabalho de período integral, mas antes de seu afastamento definitivo do mercado de trabalho. Esse tipo de emprego está relacionado com a satisfação em relação à aposentadoria e à vida de modo geral.[91]

Algumas empresas têm adotado formas inovadoras de ajudar os funcionários que estão se aposentando. Os aposentados podem manter os laços com a organização no papel de mentores para funcionários que estão iniciando o planejamento da aposentadoria ou que estão experimentando outras transições na vida profissional. Isso ajuda a diminuir o medo da perda que algumas pessoas têm em relação à aposentadoria,

aposentadoria gradual
Acordo que permite aos funcionários reduzirem as horas de trabalho e/ou as responsabilidades para aliviar a pressão da aposentadoria.

emprego ponte
Emprego depois que a pessoa se aposenta de uma posição de período integral, mas antes do afastamento definitivo do mercado de trabalho.

pois o aposentado tem a opção de atuar como mentor ou consultor na organização.

A Lawrence Livermore National Labs (LLNL) emprega algumas das melhores mentes de pesquisas do mundo. E, quando essas mentes se aposentam do trabalho de período integral, têm à disposição diversas oportunidades para continuar contribuindo. O site do programa de aposentadoria da LLNL lista uma variedade de solicitações, de guiar visitas e fazer ligações até fornecer diretrizes sobre pesquisas atuais e ajudar os pesquisadores a estabelecer contato com outros pesquisadores.[92] Esse tipo de programa ajuda a LLNL a evitar a fuga de conhecimento que ocorre quando funcionários veteranos se aposentam.

Agora que você conhece o modelo de estágio da carreira, pode planejar sua própria carreira. Nunca é cedo para começar.

5 ÂNCORAS DE CARREIRA

1 Competência funcional e técnica. Os indivíduos que possuem essa âncora querem se especializar em determinada área funcional (marketing ou finanças, por exemplo) e se tornar competentes. A ideia de gestão ampla não lhes interessa.

2 Competência gerencial. Adaptar-se a essa âncora significa que os indivíduos querem ser responsáveis pela gestão ampla. Eles querem que seus esforços tenham impacto sobre a eficácia organizacional.

3 Autonomia e independência. Liberdade é a chave para essa âncora e, na maioria dos casos, os indivíduos se sentem desconfortáveis trabalhando em grandes organizações. Carreiras autônomas, como de escritor, professor ou consultor, atraem esses indivíduos.

4 Criatividade. Indivíduos com essa âncora sentem uma forte necessidade de criar algo. Geralmente, são empreendedores.

5 Segurança/estabilidade. Estabilidade profissional no longo prazo, tanto em uma organização como em uma região geográfica, atrai pessoas com essa âncora. Alguns empregos públicos oferecem esse tipo de segurança.

RESULTADO DA APRENDIZAGEM 8
Âncoras de carreira

Grande parte do autoconceito de um indivíduo repousa sobre a carreira. Durante o curso da vida profissional, são desenvolvidas âncoras de carreira. As **âncoras de carreira** são talentos, razões e valores autopercebidos que guiam as decisões profissionais de um indivíduo descritas anteriormente.[93] Edgar Schein desenvolveu o conceito com base em um estudo de 12 anos com graduados em MBA do Instituto de Tecnologia de Massachusetts (MIT). Schein descobriu grande diversidade nos históricos das carreiras dos graduados, mas muitas semelhanças na forma como explicavam as decisões relacionadas à carreira que escolheram.[94] Com base em extensas entrevistas com os graduados, Schein desenvolveu as cincos âncoras de carreira (ver no quadro ao lado).

As âncoras de carreira surgem ao longo do tempo e podem ser modificadas pelo trabalho ou por experiências de vida.[95] A importância de saber sua âncora de carreira é que ela o ajuda a descobrir a combinação entre você e uma organização. Indivíduos com criatividade como âncora podem se sentir sufocados em organizações burocráticas. Vender livros pode não ser a profissão mais apropriada para um indivíduo com âncora de segurança por causa das viagens frequentes e da natureza sazonal do negócio.

> **âncora de carreira**
> Rede de talentos, razões e valores autopercebidos que guiam as decisões profissionais de um indivíduo.

NÚMEROS

11% dos aposentados se afastam completamente do trabalho.

17% dos funcionários responsáveis por familiares deixam o emprego.

10,6 milhões de mulheres possuem o próprio negócio nos Estados Unidos.

US$ 91.370,00 a mais na média de vendas de funcionários da L'Oréal com alta competência emocional em comparação aos que não a possuem.

6 personalidades na tipologia de Holland.

Atenção!

O *CORG* foi projetado para estudantes assim como você – pessoas ocupadas que querem fazer escolhas, ter flexibilidade e múltiplas opções de aprendizagem.

O *CORG* fornece informações concisas e focadas, em um formato moderno e contemporâneo. E... *CORG* lhe dá uma variedade de materiais de aprendizagem on-line projetados pensando em você.

Na **página da Trilha** de *CORG* você encontrará recursos eletrônicos, como **cartões de memória para impressão, testes e games interativos**. Esses recursos o ajudarão a completar o seu entendimento de conceitos fundamentais em um formato que combina com o seu estilo de vida agitado.

Visite **www.cengage.com.br/4ltr/corg** para saber mais sobre os vários recursos *CORG* disponíveis para ajudá-lo a ter sucesso!

CAPÍTULO 18

Administrando as mudanças

RESULTADOS DA APRENDIZAGEM

Após a leitura deste capítulo, você estará apto a:

1. Identificar as principais forças internas e externas que provocam mudanças nas organizações.
2. Descrever como diferentes tipos de mudança variam em sua abrangência.
3. Discutir métodos que as organizações podem usar para administrar a resistência às mudanças.
4. Explicar o modelo de mudança organizacional de Lewin.
5. Explicar como as empresas determinam a necessidade de conduzir uma intervenção no desenvolvimento organizacional.

> "As organizações estão passando por uma fase de grande turbulência e transição, e todos os membros são afetados."

RESULTADO DA APRENDIZAGEM 1

Forças para mudanças nas organizações

As mudanças estão se tornando normais na maioria das organizações. Muitas empresas americanas enfrentaram fechamento de fábricas, falência, fusão e aquisição e *downsizing*. Adaptabilidade, flexibilidade e responsividade são características de organizações que conseguem lidar com os desafios impostos pela competitividade que as empresas enfrentam.[1] No passado, as organizações tinham sucesso afirmando a excelência em uma área – qualidade, confiabilidade ou custo –, mas esse não é o caso hoje. O ambiente atual exige excelência em todas as áreas e líderes vigilantes. Um estudo recente com CEOs que estavam enfrentando momentos de crise constatou que 50% deles disseram acreditar que os problemas apareceram "de repente" e que não se prepararam adequadamente para solucioná-los. Mais de 10% dos CEOs disseram que, na realidade, foram os últimos a saber dos problemas.[2]

Como vimos no Capítulo 1, a mudança está na mente do gestor. A busca pela eficácia organizacional por meio de *downsizing*, reestruturação, reengenharia, administração de produtividade, redução do tempo de meio a outros esforços é essencial. As organizações estão passando por uma fase de grande agitação e transição, e todos os membros são afetados. Os *downsizings* contínuos podem ter deixado as empresas mais enxutas, mas não necessariamente mais ricas. Embora o *downsizing* possa aumentar o valor do acionistas ao alinhar melhor custos e receita, as empresas podem ser criticadas por suas ações. Dispensar funcionários pode estar acompanhado por aumento de salário de CEOs e opções de compra, unindo a angústia dos funcionários com o sucesso financeiro dos proprietários e da gerência.[3]

As organizações também têm de lidar com questões éticas, ambientais e sociais. A competição é acirrada, e as empresas já não podem se dar ao luxo de descansar sobre os louros da vitória. A American Airlines desenvolveu uma série de programas para reavaliar e alterar constantemente seus métodos operacionais para evitar a estagnação. A General Electric oferece treinamento fora do local de trabalho com grupos de gestores e fun-

6 Discutir as principais técnicas focadas em grupos para a intervenção no desenvolvimento da organização.

7 Discutir as principais técnicas individuais para a intervenção no desenvolvimento da organização.

cionários. O objetivo é tornar a empresa mais ágil e menos complexa para que possa responder de forma eficaz às mudanças. Nas sessões de treinamento, os funcionários recomendam mudanças específicas, explicam por que elas são necessárias e propõem formas por meio das quais as mudanças podem ser implantadas. A alta gerência deve tomar uma ação imediata: aprovar, desaprovar (com justificativa) ou pedir mais informações. As sessões de treinamento eliminam barreiras que impedem que funcionários contribuam para as mudanças.

A Coca-Cola enfrentou uma crise quando introduziu a água engarrafada Dasani no Reino Unido. A empresa havia escolhido um tema particularmente atraente para sua propaganda, destacando a Dasani como mais pura do que as outras águas de garrafa. Depois de ter investido mais de £ 7 milhões nesse projeto, agências reguladoras do governo descobriram que a água continha altos níveis de bromato, uma substância química que pode causar câncer. Para piorar as coisas, a Coca-Cola foi obrigada a admitir que a contaminação ocorreu em seu próprio processo de produção. A resposta da empresa foi rápida. Foi retirado aproximadamente meio milhão de garrafas da Dasani das prateleiras de Londres e o lançamento na França e na Alemanha foi adiado. Alguns autores britânicos classificaram a introdução da Dasani, da Coca-Cola, como um dos piores desastres de marketing da história da Grã-Bretanha.[5]

Existem duas formas básicas de mudanças na organização. A **mudança planejada** é resultado de uma decisão deliberada para alterar a organização. As empresas que desejam mudar de uma estrutura hierárquica tradicional para uma que favoreça as equipes autogeridas devem usar uma abordagem pró-ativa e cuidadosamente orquestrada. A **mudança não planejada**, por sua vez, é imposta e geralmente imprevisível. As mudanças nas regulamentações do governo e na economia, por exemplo, geralmente não são planejadas. A responsividade a mudanças não planejadas requer extrema flexibilidade e adaptabilidade por parte das organizações. Os gestores devem estar preparados para lidar tanto com formas planejadas como não planejadas de mudanças.

As forças por mudanças podem vir de várias fontes. Algumas delas são externas, surgem do lado de fora da empresa; outras são internas, surgem dentro da organização.

Forças externas

Os quatro principais desafios gerenciais descritos no livro são as grandes forças externas para mudanças. Globalização, diversidade da mão de obra, mudança tecnológica e gestão do comportamento ético são desafios que precipitam mudanças nas organizações.

Jogo rápido

No início dos anos 2000, o conglomerado Tata, da Índia, adquiriu mais de 40 empresas, incluindo Tetley Tea, Jaguar e Land Rover.[4]

Globalização Os jogadores que têm poder no mercado global são organizações multinacionais e transnacionais. O impacto do Nafta (Acordo de Livre Comércio da América do Norte) é sentido por várias indústrias. A agricultura americana tem sido uma grande beneficiária do Nafta, com exportações anuais de frutas e vegetais para o México ultrapassando a marca de mais de US$ 1 bilhão desde 1993. Apesar da ótima surpresa para os produtores norte-americanos, os problemas são iminentes. Agricultores do México acusaram os Estados Unidos de despejar de forma desleal frutas e vegetais no mercado mexicano.[6] Eles também afirmaram que os pequenos agricultores mexicanos não podem competir com grandes operações industrializadas norte-americanas e pediram para o governo mexicano renegociar com o Nafta para lhes dar mais proteção.[7] Como os negócios globais envolvem múltiplos governos e sistemas legais, carregam riscos únicos não encontrados por empresas que competem dentro de um único país.

Os Estados Unidos nada mais são que uma nação que está a caminho de abrir novos mercados. Japão e Alemanha estão respondendo à competição global de forma satisfatória e o aparecimento da União Europeia como um poderoso grupo de negociação terá profundo impacto sobre os mercados mundiais. Ao se juntarem com seus vizinhos europeus, empresas em países menores começarão a fazer maiores progressos no mundo dos negócios, aumentando, dessa forma, a competição acirrada que já existe.

Essas mudanças, entre outras, levaram empresas a repensar os limites de seus mercados e incentivar seus funcionários a pensar de forma global. Jack Welch, ex-CEO da GE, estava entre os primeiros a reivindicar uma empresa sem fronteiras, em que não existisse distinção entre operações domésticas e estrangeiras ou

mudança planejada
Resultado de uma decisão deliberada para alterar a organização.

mudança não planejada
É imposta à organização; geralmente é imprevisível.

entre gestores e funcionários.[8] A GE está localizada em 160 países e se tornou uma corporação multinacional confiável. O pensamento que conduz uma empresa sem fronteiras é que as barreiras interferem no trabalho em conjunto e deveriam ser removidas. Globalizar uma organização significa repensar as formas mais eficientes de usar os recursos, disseminar e reunir informações e desenvolver pessoas. Isso requer não apenas mudanças estruturais, mas também mudanças no modo de pensar dos funcionários. A Microsoft, por exemplo, se tornou uma líder global adquirindo provedores de soluções de software de ponta por todo o mundo. Em 2002, adquiriu a Navision, uma empresa de soluções de software dinamarquesa. Dessa forma, a Microsoft combinou o poder de alcance da Navision nos mercados europeus com o seu próprio poder e hoje tem forte influência no fornecimento de soluções no ramo de software.[9]

Diversidade da mão de obra Relacionado à globalização está a diversidade da mão de obra. Como vimos neste livro, essa diversidade é uma poderosa força para mudanças nas organizações. Primeiro, espera-se um aumento na participação feminina, pois a maioria dos novos funcionários é mulher.[10] No fim dos anos 2000, a porcentagem de mulheres no mercado de trabalho saltou à medida que os homens eram demitidos em razão da recessão.[11] Segundo, do ponto de vista cultural, a mão de obra será mais diversificada do que nunca em virtude da globalização e das mudanças demográficas nos Estados Unidos. A participação de afro-americanos e hispano-americanos vem crescendo em números recorde. Terceiro, a mão de obra está envelhecendo. Haverá poucos jovens e mais pessoas de meia-idade trabalhando.[12] A mão de obra global também está se diversificando. Após um escândalo de suborno de grande repercussão (em virtude do qual muitos gestores que ocupavam altos cargos pediram demissão), a Siemens, uma empresa alemã de equipamentos e tecnologia de 160 anos, mudou para representar melhor a diversidade de seus 2 milhões de clientes. A empresa contratou um diretor de diversidades que passou a lançar vários programas com foco no aconselhamento e no aumento da diversidade nos antigos cargos gerenciais ocupados só por homens.[13]

> " Os que não conseguem seguir o passo podem rapidamente ficar para trás.

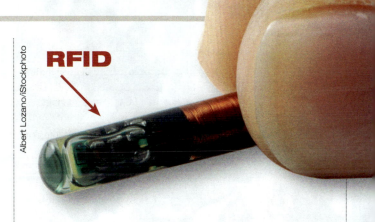

Mudança tecnológica As rápidas inovações tecnológicas são outra força que leva a mudanças nas organizações, e os que não conseguem seguir o passo podem ficar para trás. As *marcas inteligentes* (ou *smart tags*), por exemplo, estão substituindo os códigos de barra na localização e identificação de produtos. Os códigos de barras são marcadores de identificação passivos, cujas listras são inalteravelmente, e no geral devem ser marcadas individualmente para identificação (como no caixa de um mercado). Os fabricantes estão começando a usar identificação por radiofrequência (RFID), que é tão pequena quanto dois palitos de fósforo colocados lado a lado e possui *chip* de memória do tamanho da cabeça de um alfinete.

Uma RFID contém muito mais informações do que os códigos de barras, e os usuários podem alterar as informações gravadas nela. Mais de 50 *tags* podem ser lidas por segundo – quarenta vezes mais rápido do que os leitores de código de barras. A Ford usa RFID para rastrear peças. Dados como uma identificação única, tipo de peça, localidade da fábrica e selos de hora/data estão inclusos na *tag*. Como RFID é reutilizável, os custos no longo prazo são basicamente os mesmos dos códigos de barras.[14]

O programa de viagem executiva da American Express tornou-se muito popular no mundo corporativo por meio da competição tecnológica e do excelente serviço ao consumidor. A empresa investe em programas de comprometimento do funcionário, treinamento de competências e desenvolvimento de liderança. Além disso, enfatiza a qualidade do atendimento ao cliente mediante o que denomina *Great Experience Call*. Os funcionários são treinados para seguir um conjunto de protocolos para melhorar a satisfação do cliente.[15]

As inovações tecnológicas provocaram profundas mudanças, pois o processo de inovação promove transformações nas relações de trabalho e na estrutura organizacional.[16] A abordagem de equipe adotada por muitas empresas leva a estruturas mais achatadas, tomada de decisão descentralizada e comunicação aberta entre líderes e membros de equipes.

Administração do comportamento ético Recentes escândalos levaram o comportamento ético nas organizações para o plano público. Questões éticas, porém, nem sempre são públicas e de grandes dimensões. Diariamente, os funcionários enfrentam dilemas éticos relacionados à vida profissional. A necessidade de administrar o comportamento ético promoveu diversas mudanças nas organizações. A maioria delas envolve a ideia de que as organizações devem criar uma cultura que incentive o comportamento ético.

Todas as empresas públicas emitem relatórios financeiros anuais. A Gap Inc. foi além ao emitir um relatório ético anual. A indústria de roupas é quase sinônimo de exploração, mas o que diferencia a Gap das outras é a admissão franca de que nenhum de seus 3 mil fornecedores segue por completo o código ético de conduta da empresa. Em vez de evitar esse problema, a empresa escolheu trabalhar com seus fornecedores para melhorar as condições no exterior. A empresa possui mais de 90 funcionários em período integral que são encarregados de monitorar as operações de fornecimento ao redor do mundo.[17]

O relatório anual inclui descrições abrangentes de atividades de funcionários, incluindo quais fábricas foram monitoradas, que violações ocorreram e quais fábricas não estão mais ligadas à Gap em virtude das violações. O documento também aborda as críticas da mídia feitas à empresa e às suas operações.

A Gap tenta melhorar as condições de trabalho oferecendo treinamento e incentivando os fornecedores a desenvolver seus próprios códigos de conduta. Na China, encorajou sessões na hora do almoço durante as quais os operários são comunicados sobre seus direitos. Embora a maioria das fábricas tenha respondido positivamente a esses esforços, isso não ocorreu em outras, então, a Gap se desligou de 136 fábricas que não pretendiam melhorar. Ela também encerrou contratos com duas fábricas que utilizavam mão de obra infantil. A abordagem da Gap com relação ao trabalho no exterior oferece um modelo para outras empresas do ramo de vestuário.[18]

A sociedade espera que as organizações mantenham um comportamento ético tanto internamente e nas relações com outras organizações como também com clientes, com o meio ambiente e com a sociedade. Essa expectativa pode ser informal ou pode estar na forma de aumento de regulamentação. Além da pressão da sociedade, os desenvolvimentos legais, a mudança das expectativas dos acionistas e as alterações nas demandas do consumidor também podem levar a mudanças.[19] Algumas empresas mudam apenas porque outras estão mudando.[20] Outras forças poderosas para a mudança têm origem no ambiente interno da organização.

Forças internas

As pressões para mudança que se originam dentro da organização geralmente são reconhecíveis. A redução de eficiência é uma pressão para mudança. Uma empresa que enfrenta seu terceiro trimestre de prejuízo no ano fiscal está, indiscutivelmente, motivada a fazer algo a respeito. Algumas empresas reagem fazendo demissões e corte de custos em massa; outras enxergam a situação de maneira mais ampla, visualizando o prejuízo como sintoma de um problema subjacente e busca a causa.

A crise também estimula mudanças em uma organização. As greves e paralisações podem levar a administração a mudar a estrutura salarial. O desligamento de um tomador de decisão importante pode fazer a empresa repensar sobre a composição de sua equipe de gestão e o papel que exerce na organização.

A mudança na expectativa dos funcionários também pode desencadear mudanças na organização. Uma empresa que contrata um grupo de jovens pode achar que as expectativas deles são bem diferentes das expectativas expressas por funcionários mais velhos. A força de trabalho está mais instruída do que nunca. Embora tenha suas vantagens, funcionários com maior nível de educação exigem mais dos empregadores. Os profissionais de hoje também estão preocupados com questões relacionadas ao equilíbrio entre carreira e família, como o auxílio aos dependentes. As muitas fontes de diversidade da força de trabalho têm potencial de criar

310 PARTE 4 Processos organizacionais e estrutura

diferentes expectativas entre funcionários.

As alterações no ambiente de trabalho também podem estimular mudanças. Um grupo de trabalho que parece apático, desmotivado e insatisfeito está apresentando sintomas de problemas maiores que devem ser abordados. Tais sintomas são comuns em organizações que passam por um período de demissão de funcionários. Os que escapam de uma demissão podem se lamentar por aqueles que perderam seus postos e podem enfrentar dificuldade para manter a produtividade. Eles temem ser demitidos também e muitos se sentem inseguros.

[Under Armour: com um pé no mercado de calçados]

Os atletas competitivos constituem a base mais consistente da indústria de roupas Under Armour, um fato conhecido por Kevin Plank, CEO e ex-jogador de futebol americano da Universidade de Maryland. Recentemente, com a intenção de se tornar uma marca principal, a Under Armour virou-se para o mercado esportivo casual. Uma ação que a empresa está tomando para atrair mulheres e consumidores mais velhos é explorar a produção de calçados esportivos. Para sobreviver nesse mercado altamente competitivo, a empresa está adotando novas tecnologias, como uma esteira conectada a uma câmera digital que registra dados biométricos do movimento dos pés e das pernas. Esses dados geram imagens em 3D, o que permite desenvolver tênis sem perder o tempo e o dinheiro envolvidos na criação de amostras físicas. Mesmo se ganhasse uma pequena parcela do mercado de calçados esportivos, o porte financeiro e cultural da Under Armour aumentaria significativamente. A empresa espera que a mudança compense.

Fonte: S. N. Mehta, "Under Armour Reboots", Fortune, 2 fev. 2009, 29-33.

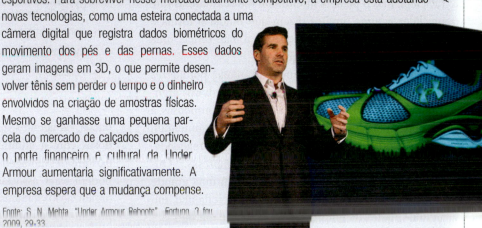

RESULTADO DA APRENDIZAGEM 2

O escopo da mudança

A mudança pode ter um alcance (escopo) relativamente pequeno, como uma modificação em um procedimento (uma **mudança incremental**). Tais mudanças são a sintonia fina da organização. A Intel e outros fabricantes de *chip* precisam atualizar continuamente os equipamentos de produção apenas para manter a competitividade. A transformação da Intel de uma fábrica de tecnologia antiga, localizada no Arizona e produtora de chips, para uma de tecnologia mais nova custou US$ 3 bilhões.[21] Ao passo que mudanças radicais são mais motivadoras e interessantes para discutir, a maioria das pesquisas sobre mudanças foca a mudança evolutiva (incremental) em vez de focar a mudança revolucionária.[22] As mudanças também podem ser de grande escala, como a reestruturação de uma organização (uma **mudança estratégica**).[23] Na mudança estratégica, a organização passa de um antigo estado para um novo estado conhecido durante um período de tempo controlado. Esse tipo de mudança geralmente envolve uma série de passos de transição. A AT&T, a mãe das empresas telecomunicações, tomou uma decisão estratégica em 2004: retirar-se do mercado de telefonia residencial. Em vez de simplesmente cortar os clientes, a empresa parou de fazer propaganda e aumentou drasticamente as taxas residenciais.[24]

O escopo de mudança mais massivo é a **mudança transformacional**, em que a organização passa para um estado diferente e, às vezes, desconhecido.[25] Na mudança transformacional, a missão, a cultura, as metas e o

mudança incremental
Mudança de um escopo relativamente pequeno, como fazer pequenas melhorias.

mudança estratégica
Mudança em larga escala, como reestruturação organizacional.

mudança transformacional
Mudança em que a organização vai em direção de um estado futuro radicalmente diferente, e às vezes desconhecido.

CAPÍTULO 18 Administrando as mudanças **311**

liderança da organização podem mudar de forma drástica.[26] Há aproximadamente um século, duas fabricantes de bicicletas decidiram deixar a segurança do ramo para se dedicar à construção e à comercialização de uma invenção incrível – o avião –, que transformou as viagens, o bem-estar e a comunicação em todo o mundo. Os irmãos Wright transformaram não apenas o negócio de bicicleta, mas o planeta inteiro! De todas as tarefas que um líder assume, muitos dizem que mudar a forma e a natureza da organização pode ser a mais difícil, uma observação apoiada por pesquisas.[27]

Uma das decisões mais duras enfrentadas por líderes é o "ritmo" certo da mudança. Alguns estudiosos argumentam que mudanças rápidas são mais propensas a dar certo, pois geram um ímpeto;[28] outros argumentam que as mudanças rápidas e diretas são, na realidade, raras e não utilizadas pela maioria das empresas.[29] Outros, ainda, observam que a mudança em uma grande organização pode ocorrer de forma incremental em algumas partes da empresa e rapidamente em outras.[30] Em suma, os pesquisadores concordam que o ritmo da mudança é importante, mas entre eles não há consenso em relação a qual ritmo seria mais benéfico.

Pesquisas desenvolvidas em um prazo considerável observaram a mudança ao longo de um período de tempo significativo. Um estudo de 12 anos verificou as mudanças na estrutura das Organizações Nacionais dos Esportes Canadenses (National Sports Organizations – NSOs). Foi descoberto que dentro das NSOs a transição radical nem sempre exigia um ritmo rápido de mudança. Descobriu-se também que as transições bem-sucedidas normalmente envolvem mudar os elementos de grande impacto de uma organização (nesse caso, as estruturas de tomada de decisão) no início do processo.[31]

O papel do agente de mudança

O indivíduo ou grupo que apresenta e administra as mudanças em uma organização é conhecido como o agente de mudança. O **agente de mudança** pode ser interno, como gestores ou funcionários que são apontados para supervisionar o processo de mudança. Em seu livro *The Change Masters*, Rosabeth Moss Kanter observa que, em empresas como Hewlett Packard e Polaroid, gestores e funcionários desenvolvem da mesma forma as competências necessárias para produzir mudança e inovação.[32]

Os agentes de mudanças internos possuem certas vantagens na administração do processo. Eles conhecem o histórico da organização, seu sistema político e sua cultura. Como eles devem gerir os resultados de seus esforços de mu-

> **agente de mudança**
> Indivíduo ou grupo que assume a tarefa de introduzir uma mudança e administrá-la.

[**Razões para resistir**]

Alguns desses itens são significativos para você? Haveria outras razões pelas quais as pessoas poderiam resistir a mudanças?

> Medo do desconhecido
> Medo da perda
> Medo do fracasso
> Rompimento de relacionamentos interpessoais
> Conflitos de personalidade
> Política

dança, os agentes internos tendem a ser muito cuidadosos com a administração da mudança. Entretanto, existem desvantagens em utilizar agentes internos. Eles podem estar associados com certas facções dentro da organização, ser acusados de favoritismo ou estar muito próximo da situação para ter uma visão objetiva do que precisa ser feito.

Os líderes de mudanças geralmente são jovens entre 25 e 40 anos. Grande parte desses líderes é mulher. Elas são mais flexíveis do que gestores de forma geral e são muito mais orientadas a pessoas. Com base no equilíbrio entre competências técnicas e interpessoais, elas são tomadoras de decisão que focam os resultados do desempenho. Elas também sabem como motivar pessoas e fazê-las se alinhar na mesma direção. Além disso, têm a habilidade de atuar em mais de um estilo de liderança e trocam do modo de equipe para comando e controle, dependendo da situação. Também trabalham bem com incertezas.[33]

Se a mudança é em larga escala ou estratégica por natureza, pode ser necessária uma equipe de líderes para fazer as mudanças acontecerem. Uma equipe de líderes com diversidade de competências, conhecimentos a influência, que podem trabalhar harmoniosamente em conjunto podem resultar em mudanças de ampla escala.[34]

Os *agentes de mudanças externos* trazem a visão objetiva de uma pessoa de fora para a organização. Talvez eles sejam preferidos pelos funcionários por causa da imparcialidade. No entanto, esses agentes enfrentam certos problemas não apenas em relação ao histórico limitado de conhecimento da empresa, mas também em relação a serem vistos como suspeitos pelos membros da organização. Os agentes de mudanças externos terão mais poder para direcionar mudanças se os funcionários os virem como pessoas de confiança, com conhecimento e histórico que estabeleça credibilidade e, além disso, se forem semelhantes aos membros da empresa.[35]

Os vários estágios do processo de mudança exigem que os agentes tenham diferentes competências. Liderança, comunicação, treinamento e participação provocam diferentes níveis de impacto conforme a mudança ocorre. Isso significa que os agentes de mudança devem ser flexíveis na forma como trabalham nas diferentes fases do processo.[36] Os líderes de mudanças eficazes estabelecem fortes relações em suas equipes, entre os membros organizacionais e da equipe e entre a equipe os principais atores do ambiente. Manter essas três relações simultaneamente é muito difícil, dessa forma, líderes bem-sucedidos associam-se continuamente com os diferentes grupos e desassociam-se deles, conforme o processo de mudança ocorre. A adaptabilidade é uma competência essencial tanto para líderes de mudanças internos como para os líderes externos.[37]

RESULTADO DA APRENDIZAGEM 3

Resistência a mudanças

Geralmente, as pessoas resistem a mudanças como uma resposta racional baseada no próprio interesse. No entanto, há outras razões pelas quais as pessoas resistem a mudanças. Muitas têm relação com a noção de resistência, isto é, a reação negativa que ocorre quando indivíduos sentem que sua liberdade pessoal está ameaçada.[38]

Principais razões pelas quais as pessoas resistem a mudanças

Existem diversas razões para que pessoas resistam a mudanças. Elas incluem:

Medo do desconhecido As mudanças trazem consigo incerteza substancial. Funcionários que enfrentam mudança tecnológica podem resistir à mudança simplesmente porque ela apresenta ambiguidade em relação ao que um dia lhes era confortável.

Medo da perda Alguns funcionários temem perder seus postos quando a mudança é iminente, em especial no caso da introdução de um avanço tecnológico como a robótica. Os funcionários também temem perder seu status.[39] Especialistas em sistemas de informação, por exemplo, podem se sentir ameaçados ao perceber que seus conhecimentos estão ultrapassados pela instalação de um sistema de informação em rede mais amigável ao usuário. Outro medo comum é que as mudanças diminuam as qualidades positivas que o indivíduo aprecia na organização. A informatização dos serviços ao cliente na Southwestern Bell (agora parte da SBC Communications), por exemplo, ameaçou a autonomia que os representantes apreciavam.

Medo do fracasso Alguns funcionários têm medo de mudanças, pois temem pelo próprio fracasso. Os funcionários podem ter receio de que as mudanças resultem no aumento da carga de trabalho e da dificuldade da tarefa, consequentemente, vão questionar suas próprias competências. Eles também podem temer que haja um aumento das expectativas com relação ao desempenho e que não consigam se equiparar ao esperado.[40]

A resistência pode derivar do medo de a mudança não ocorrer de fato. Em uma grande biblioteca que estava passando por um amplo processo de automação, os funcionários não tinham certeza de que o vendedor pudesse entregar o melhor sistema do mercado que estava prometido. Nesse caso, a implementação não se tornou realidade – o receio dos funcionários estava bem fundado.[41]

Ruptura de relacionamentos interpessoais Os funcionários podem resistir a mudanças que ameaçam limitar as relações significativas no ambiente de trabalho. Os bibliotecários que estavam passando pelo processo de automação temiam que a implantação do sistema computadorizado acabasse com a interação que ocorria quando tinham de ir a outro andar para obter ajuda para encontrar uma fonte.

Personalidade Indivíduos com um *lócus* interno de controle, alta necessidade de crescimento, forte motivação e perspectivas positivas tendem a abraçar as mudanças.[42] Os conflitos de personalidade podem exercer certo impacto na aceitação da mudança por parte dos funcionários. Um agente de mudança que parece insensível às preocupações e aos sentimentos dos funcionários pode experimentar considerável resistência daqueles que sentem que suas necessidades não estão sendo levadas em conta.

Política A mudança organizacional também pode alterar o equilíbrio de poder existente na organização. Indivíduos ou grupos capacitados sob a atual disposição podem se sentir ameaçados com a perda de vantagens políticas ocasionada pela mudança.

Valores e pressupostos culturais Algumas vezes, valores e pressupostos culturais podem constituir impedimentos para as mudanças, principalmente se os pressupostos envolvidos na mudança estiverem alinhados com os funcionários. Outras vezes, os funcionários podem interpretar as iniciativas de mudança estratégica do ponto de vista do sistema de valores da organização e da ideologia da equipe de gestão. De fato, pesquisas indicam que funcionários prestam atenção ao processo natural informal prevalecente nas organizações e fazem as iniciativas de mudanças do topo até a base não darem certo.[43] Essa forma de resistência pode ser muito difícil de superar, pois alguns pressupostos culturais são inconscientes. Como discutido no Capítulo 2, algumas culturas tendem a evitar a incerteza. Nas culturas mexicana e grega, por exemplo, as mudanças que geram muita incerteza podem encontrar grande resistência.

Reconhecemos diversas fontes de resistência a mudanças. As razões para a resistência são tão diversificadas quanto as próprias forças de trabalho e variam conforme os indivíduos e as organizações. O desafio para os gestores é introduzir a mudança de forma positiva e administrar a resistência do funcionário.

Administrando a resistência a mudanças

A perspectiva tradicional da resistência à mudança a tratava como algo a ser superado e muitas tentativas organizacionais para reduzir a resistência serviram apenas para intensificá-la. A visão contemporânea afirma que a resistência é simplesmente uma forma de *feedback*, o qual pode ser usado de forma muito produtiva para administrar o processo de mudança.[44] Uma forma de administrar a resistência é se planejar para ela e estar pronto com uma variedade de estratégias para usar a resistência como *feedback* e ajudar os funcionários a negociar a transição. As estratégias-chave para administrar a resistência são comunicação, participação e empatia e apoio.[45]

Comunicar as mudanças iminentes é essencial caso o funcionário tenha de se adaptar efetivamente.[46] Os detalhes e, igualmente importante, a racionalidade da mudança devem ser expostos. Informações precisas e oportunas podem ajudar a evitar medos infundados e rumores de potenciais prejuízos. Da mesma forma, retardar o anúncio e reter informações pode servir de combustível para alimentar boatos. A comunicação aberta em uma cultura de confiança é um ingrediente essencial para mudança bem-sucedida.[47] Os gestores devem prestar atenção a redes de comunicação informais, pois elas podem constituir um poderoso canal para disseminar as informações relacionadas às mudanças.[48] É útil educar os funcionários sobre novos procedimentos de trabalho e outras potenciais consequências da mudança. Além disso, mentores e aprendizes se beneficiam do processo de mudança juntos. Os aprendizes são assistidos por mentores, que os ajudam a compreender a mudança; os mentores se sentem satisfeitos por ter ajudado os aprendizes ao longo do processo de mudança. Outro ingrediente importante que pode ajudar os funcionários a se adaptar à mudança é a presença de um gestor confiável. A confiança na chefia serve de mecanismo de apoio social e eles se sentem mais comprometidos com a organização mesmo se perceberem que não podem controlar o processo de mudança.[49]

> "Comunicar as mudanças iminentes é essencial, caso o funcionário tenha de se adaptar efetivamente."

[A resistência não é inútil]

Muitas pesquisas anteriores sobre resistência a mudanças assumem que os que resistem incentivam a disfunção. Em um estudo recente, pesquisadores constataram que a resistência a mudanças pode ser um valioso recurso organizacional em três níveis: existência, comprometimento e fortalecimento.

Existência: ao passo que é sempre difícil disseminar novas ideias, a resistência oferece uma oportunidade de repetir, esclarecer e manter uma mudança de tópico ou ideia por tempo suficiente para angariar apoio.

Comprometimento: os indivíduos que resistem são mais visados no impacto da mudança. Agentes de mudança devem ouvir as pessoas comprometidas e considerar mudar o ritmo, o escopo ou a sequência da mudança baseada em seus argumentos.

Fortalecimento: enfrentar a resistência de forma efetiva pode ser benéfico ao processo de mudança. A resistência pode fortalecer a comunicação e a participação, que geralmente leva à melhora dos relacionamentos no trabalho.

Fonte: J. D. Ford, L. W. Ford e A. D'Amelio. "Resistance to Change: The Rest of the Story". *Academy of Management Review* 33 (2008): 362-377.

Há uma pesquisa de apoio que ressalta a importância da participação no processo de mudança. Os funcionários devem estar comprometidos e envolvidos para a mudança funcionar – apoiados pela noção de que "Aquilo que criamos, nós apoiamos". A participação ajuda os funcionários a se envolverem na mudança e estabelecerem um sentimento de propriedade no processo. As fusões e aquisições prevalecem no ambiente empresarial atual.

Outra estratégia para administrar a resistência é oferecer compreensão e apoio aos funcionários que enfrentam problemas ao lidar com a mudança. A escuta ativa é uma excelente ferramenta para identificar as razões por trás da resistência e para descobrir os medos. Uma expressão de preocupação fornece um importante *feedback* no qual os gestores podem se basear para melhorar o processo de mudança. O apoio emocional e o incentivo ajudam o funcionário a lidar com a ansiedade, que é uma resposta natural à mudança. Os funcionários que enfrentam reações severas à mudança podem se beneficiar da conversa com um conselheiro. Nos EUA, algumas empresas oferecem aconselhamento aos funcionários.*

A Hartford Financial Services Group encontrou resistência ao tornar-se uma empresa global. Quando a empresa tentou entrar nos lucrativos mercados de seguros britânico e holandês por meio de aquisições, o *staff* estrangeiro resistiu às mudanças sugeridas pela Hartford, como uso de laptop e adoção de novos produtos financeiros. A introdução de tais práticas norte-americanas de negócios é conhecida como "imperialismo econômico" pelos funcionários que sentem que estão sendo forçados a substituir os valores corporativos por valores pessoais ou nacionais.

A empresa esforçou-se para que seu *staff* europeu entendesse que fazia parte de uma organização transnacional. A solução foi oferecer um plano de propriedade de ações que atrelava os bens pessoais do *staff* à empresa. Isso fez crescer nos funcionários um considerável interesse pelo sucesso da Hartford e os ajudou a se identificar com a empresa.[50]

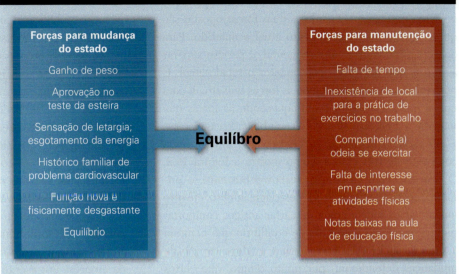

FIGURA 18.1 Análise de campo de força da decisão de praticar exercícios físicos

Forças para mudança do estado
- Ganho de peso
- Aprovação no teste da esteira
- Sensação de letargia; esgotamento da energia
- Histórico familiar de problema cardiovascular
- Função nova e fisicamente desgastante
- Equilíbrio

Equilíbrio

Forças para manutenção do estado
- Falta de tempo
- Inexistência de local para a prática de exercícios no trabalho
- Companheiro(a) odeia se exercitar
- Falta de interesse em esportes e atividades físicas
- Notas baixas na aula de educação física

Modelo de Lewin para administrar a mudança

Kurt Lewin desenvolveu um modelo do processo de mudança que resistiu ao tempo e continua a influenciar a forma como as organizações administram a mudança planejada. O modelo de Lewin é baseado na ideia de análise de campo de força.[51] A Figura 18.1 apresenta uma análise de campo de força da decisão de praticar exercícios físicos.

---

* No Brasil, não existe um plano de assistência para isso, mas se contratam consultorias pontuais. (N.R.T.)

De acordo com esse modelo, o comportamento do indivíduo é produto de duas forças opostas: uma força atua para preservar estado atual e a outra atua para que ocorram mudanças. Quando as duas forças opostas são quase iguais, o comportamento atual é mantido. Para ocorrer a mudança comportamental, é preciso superar as forças que trabalham para manter o estado atual. É possível fazer isso aumentando as forças que atuam para que a mudança ocorra e enfraquecendo as forças que mantêm a situação inalterada ou combinando essas ações.

O modelo de mudança de Lewin é um processo composto de três etapas, como mostra a Figura 18.2. O processo começa com o **descongelamento**, o primeiro obstáculo crucial. O descongelamento envolve incentivar os indivíduos a descartar antigos comportamentos mexendo no estado de equilíbrio que mantém a situação inalterada. Livros sobre a administração de mudanças defenderam, por muito tempo, que certos indivíduos possuem personalidades que os tornam mais resistentes à mudança. No entanto, pesquisas recentes indicaram que apenas uma pequena porção dos participantes de um estudo (23%) demonstrou consistência em suas reações para três diferentes tipos de mudança: estrutural, tecnológica e de localidade. A maioria dos participantes (77%) reagiu de forma diferente a esses tipos divergentes de mudança, sugerindo que as reações a mudanças podem ser mais orientadas pela situação do que se pensava anteriormente.[52] Em geral, as organizações realizam o descongelamento eliminando as recompensas pelo atual comportamento e mostrando que ele não é valorizado. Em essência, os indivíduos se entregam e permitem que as fronteiras de seu estado de inalterabilidade sejam transpostas como preparação a mudança.[53]

A segunda etapa no processo de mudança é o **movimento**. Na fase de movimento, novas atitudes, valores e comportamentos substituem os antigos. As organizações atingem essa etapa iniciando novas opções e explicando a racionalidade da mudança bem como oferecendo treinamento para que os funcionários desenvolvam as novas competências de que precisam. Os funcionários devem ter acesso a uma visão abrangente da mudança para que possam estabelecer seus papéis na nova estrutura organizacional e nos processos organizacionais.[54]

Congelamento é o último passo no processo de mudança. Nesse estágio, novas atitudes, valores e comportamentos são estabelecidos como o novo *status quo*. As novas formas de operação são estabelecidas e reforçadas. Os gestores devem garantir que a cultura organizacional e os sistemas formais de recompensa incentivem os novos comportamentos. As mudanças na estrutura de recompensa podem ser necessárias para garantir que a organização não está recompensando os antigos comportamentos e esperando os novos de forma passiva. Um estudo conduzido pela Exxon Research and Engineering mostrou que enquadrar e exibir a missão da empresa nos escritórios dos gestores pode alterar o comportamento de 2% deles. Em contraposição, mudar o sistema de avaliação e de recompensa dos gestores pode mudar o comportamento de 55% dos gestores quase que do dia para a noite.[55]

A abordagem da Monsanto para aumentar as oportunidades para mulheres na empresa ilustra como o modelo de Lewin pode ser utilizado de forma eficaz. Primeiro, a Monsanto enfatizou o descongelamento ajudando os funcionários a se desapegarem dos estereótipos negativos sobre as mulheres nas corporações. Isso também ajudou a superar a resistência à mudança. Segundo, a Monsanto fez os funcionários passarem por treinamentos de diversidade em que as diferenças eram enfatizadas como sendo positivas, e as chefias aprendiam formas de treinar e desenvolver os profissionais do sexo feminino. Terceiro, a empresa mudou seu sistema de recompensa para que os gestores fossem avaliados e remunerados de acordo com o modo como treinavam e promoviam as mulheres, o que ajudava a congelar as novas atitudes e comportamentos.

Uma questão que frequentemente passa despercebida é se a mudança é condizente com os principais valores mantidos pela empresa. Consistência de valor é essencial para manter uma mudança "firme". Organizações cujos membros veem as mudanças como consistentes com os valores da empresa se adaptam às mudanças com mais facilidade e de forma total. Já

---

descongelamento
O primeiro passo do modelo de mudança de Lewin, em que indivíduos são incentivados a descartar antigos comportamentos mexendo no estado de equilíbrio que mantém a situação inalterada.

movimento
Segundo passo do modelo de mudança de Lewin, em que novas atitudes, valores e comportamentos substituem os antigos.

congelamento
O último passo do modelo de mudança de Lewin, em que novas atitudes, valores e comportamentos são estabelecidos como o novo *status quo*.

FIGURA 18.2 Modelo de mudança de Lewin

Descongelamento	Movimento	Congelamento
Reduz as forças de um estado inalterado.	Desenvolve novos valores, atitudes e comportamentos.	Reforça as novas atitudes, valores e comportamentos.

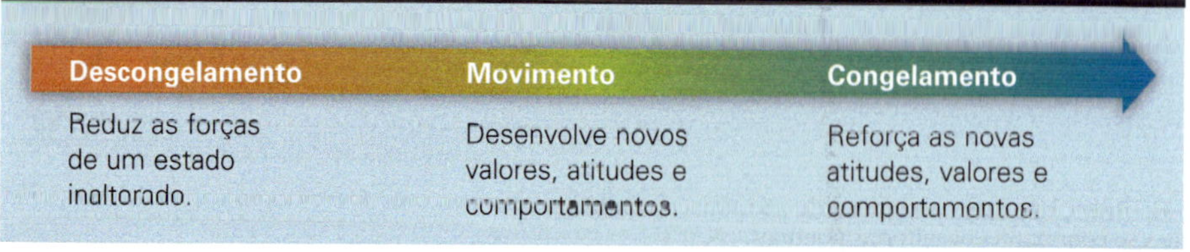

as organizações cujos valores dos membros são conflitantes com as mudanças podem demonstrar "conformidade superficial", em que membros aderem às mudanças da boca para fora e no fim acabam voltando aos antigos comportamentos.[56]

As organizações que desejam mudar podem escolher entre uma variedade de métodos aquele que pode tornar a mudança uma realidade. O desenvolvimento organizacional é um método que consiste em vários programas para tornar as organizações mais eficazes.

RESULTADO DA APRENDIZAGEM 5

Determinando a necessidade de intervenções de desenvolvimento organizacional

Desenvolvimento organizacional (DO) é uma abordagem sistemática para o melhoramento organizacional que aplica teoria e pesquisas de ciência comportamental para aumentar o bem-estar e a eficácia individual e organizacional.[57] Essa definição implica algumas características. Em primeiro lugar, DO é uma abordagem sistemática para mudança planejada. É um ciclo estruturado para diagnosticar os problemas e as dificuldades organizacionais e, então, aplicar conhecimento. Segundo, o DO é baseado em pesquisas e teorias sólidas. Isso envolve aplicar os conhecimentos da ciência comportamental aos desafios que as organizações enfrentam. Terceiro, o DO reconhece o relacionamento recíproco entre indivíduos e organizações. Ele admite que, para as organizações mudarem, os indivíduos devem mudar. Por fim, o DO é orientado a metas. É um processo que busca melhorar o bem-estar e a eficácia individual e organizacional.

Antes de decidir qual método de intervenção adotar, os gestores devem diagnosticar cuidadosamente o problema que estão tentando abordar. Diagnóstico e análise de necessidades são os primeiros passos críticos em uma intervenção baseada no DO. Dessa forma, um método de intervenção é escolhido e aplicado. Por fim, é feito um acompanhamento minucioso do processo. A Figura 18.3 apresenta o ciclo de DO como um processo contínuo de levar a organização e seus membros a funcionar de forma eficiente.

Diagnóstico e análise de necessidades

Antes que qualquer intervenção seja feita, deve-se conduzir um minucioso diagnóstico organizacional. O diagnóstico é o primeiro passo para qualquer intervenção de desenvolvimento organizacional.[58] O termo *diagnóstico* vem de duas palavras gregas, *dia* (por meio de) e *gnosis* (conhecimento). Assim, o diagnóstico deve identificar problemas e áreas específicas que necessitam de melhorias. Seis áreas que devem ser examinadas com cuidado são propósito, estrutura, sistema de recompensas, sistemas de apoio, relacionamentos e liderança.[59]

De acordo com a abordagem diagnóstica de Harry Levinson, o processo deve começar pela identificação de onde está a dor (o problema) na organização, como ela é, por quanto tempo vem ocorrendo e o que já foi feito em relação a isso.[60] Posteriormente, um diagnóstico abrangente, de quatro etapas, pode começar. A primeira parte do diagnóstico envolve compreender o histórico da organização. Na segunda parte, a organização é analisada para obter dados sobre sua estrutura e processos. Na terceira etapa, são reunidos os dados interpretativos sobre atitudes, relacionamentos e atual funcionamento organizacional. Na quarta parte do diagnóstico, os dados são analisados e, então, chega-se às conclusões. Em cada estágio do diagnóstico, os dados podem ser reunidos utilizando uma variedade de métodos, incluindo observação, entrevistas, questionários e registros arquivados.

A análise das necessidades é outro passo crucial na administração das mudanças. Trata-se da análise das habilidades e competências que os funcionários devem ter para alcançar os objetivos da mudança. Esse

FIGURA 18.3 Ciclo de desenvolvimento da organização

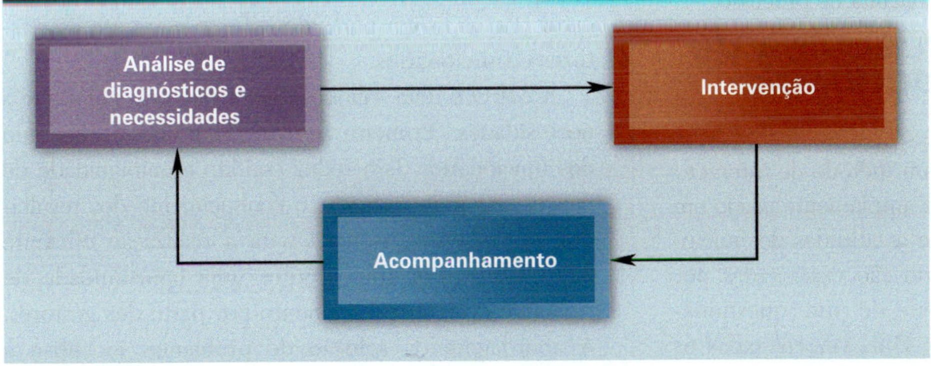

Análise de diagnósticos e necessidades → Intervenção → Acompanhamento → (retorna a Análise)

desenvolvimento organizacional (DO)
Abordagem sistemática para o melhoramento organizacional que aplica teoria e pesquisas de ciência comportamental para aumentar o bem-estar e a eficácia individual e organizacional.

[*A seção "E você?", nos Cartões de Revisão, disponíveis on-line, ajuda você a fazer uma análise de campo de força pessoal.*]

 O processo de diagnóstico pode levar à conclusão de que a mudança é necessária. Como parte do diagnóstico, é importante abordar as seguintes questões:

> Que forças concorrem para a mudança?
> Que forças preservam o *status quo*?
> Que fontes tendem a resistir à mudança?
> Quais são os objetivos a serem alcançados por meio da mudança?

Essas informações constituem uma análise de campo de força, como discutimos anteriormente no capítulo.

procedimento é essencial, pois as intervenções, como programas de treinamento, devem ter como alvo essas habilidades e competências.

Há centenas de métodos alternativos de intervenção no DO. Uma forma de classificar esses métodos é pelo alvo da mudança, que pode ser a organização, os grupos dentro dela ou os indivíduos.

RESULTADO DA APRENDIZAGEM 6

Técnicas focadas em grupos para intervenção DO

Alguns métodos de intervenção DO enfatizam a mudança da organização propriamente dita ou dos grupos de trabalho. Os métodos de intervenção nessa categoria incluem pesquisa de *feedback*, administração por objetivos, programas de qualidade de serviço e produto, formação de equipe e consulta de processo.

Pesquisa de feedback

pesquisa de *feedback*
Método de intervenção amplamente usado em que as atitudes do funcionário são expostas por meio de um questionário.

gestão por objetivos (MBO)
Técnica de intervenção organizacional que envolve a ligação o estabelecimento de metas de funcionários e gestores.

A pesquisa de *feedback* é um método de intervenção amplamente usado em que as atitudes do funcionário são explicitadas por meio de um questionário. Uma vez coletados os dados, eles são analisados e passados aos funcionários para diagnosticar problemas e planejar outras intervenções. Esse procedimento geralmente é realizado como uma ferramenta exploratória e, então, é combinado com alguma outra intervenção. A efetividade da pesquisa de *feedback* em realmente melhorar os resultados (no caso de absenteísmo ou produtividade, por exemplo) aumenta substancialmente quando esse método é combinado com outras intervenções.[61] A efetividade dessa técnica depende da confiança entre chefias e subordinados, o que pode ser reforçado por meio do anonimato e da confidencialidade das respostas.

Para que a pesquisa de *feedback* seja um método efetivo, é necessário utilizar algumas diretrizes. Os funcionários devem ter garantia de que as respostas serão confidenciais e anônimas. O *feedback* deve ser reportado no formato de grupo. Os funcionários devem ter certeza de que não haverá repercussões negativas como resultado de suas respostas. Além disso, devem ser informados sobre o propósito da pesquisa. A falha nessa etapa pode criar expectativas irrealistas sobre as mudanças advindas das pesquisas.

Os gestores devem estar preparados para acompanhar os resultados. Se algumas coisas não puderem ser mudadas, a razão (custo proibitivo, por exemplo) deve ser explicada aos funcionários. Sem o acompanhamento apropriado, os funcionários não levarão o processo de pesquisa a sério da próxima vez.

Gestão por objetivos

Como uma abrangente técnica organizacional, a **gestão por objetivos (MBO)** envolve a união das metas de colaboradores e gestores. O processo MBO inclui definição de objetivos iniciais, revisões periódicas do progresso das metas e solução de problemas para eliminar qualquer obstáculo para atingir a meta.[62] Todos esses passos fazem parte do esforço conjunto de gestores e funcionários.

A MBO é uma valiosa intervenção, pois atende três necessidades. Primeiro, esclarece o que é esperado dos funcionários. Isso reduz conflito e ambiguidade de papéis. Segundo, propicia o conhecimento dos resultados, ingrediente essencial para a realização eficiente do trabalho. Por fim, oferece uma oportunidade de treinamento e aconselhamento por parte dos gestores. A abordagem da solução de problemas incentiva a comunicação aberta e a discussão acerca dos obstáculos para realização do objetivo.[63]

As empresas que usaram a MBO de forma bem-sucedida incluem a ex-Tenneco, Mobil (agora parte da ExxonMobil) e a General Electric. O sucesso da MBO nos resultados organizacionais efetivos depende da ligação entre as metas individuais e as metas da organização.[64] Entretanto, os programas MBO devem ser aplicados com cautela. Uma ênfase excessiva na realização do objetivo pode resultar na competição entre funcionários, na falsificação de resultados e em brigas por resultados a qualquer custo.

Esse cabo é chamado andon. Ele corre o comprimento de cada linha de montagem da Toyota, e qualquer funcionário que depare com um problema de qualidade pode puxá-lo e parar a linha.

Programas de qualidade de produtos e serviços

Os **programas de qualidade** – programas que embutem na cultura organizacional excelência de qualidade de produtos e serviços – estão assumindo um papel central nos esforços de desenvolvimento organizacional de muitas empresas. É possível que o sucesso ou fracasso de uma empresa de serviços, por exemplo, dependa da qualidade do serviço ao cliente que ela oferece.[65]

A Toyota Motor Corporation sempre encontra formas de integrar as inovações tecnológicas de ponta com as dificuldades da expansão global. O famoso "estilo Toyota" de fazer negócio concentra-se em dois princípios-chave: melhora contínua focada na inovação e respeito pelas pessoas.[66]

Formação de equipe

Os programas de **formação de equipe** podem melhorar a eficácia dos trabalhos em grupo. A formação de equipes geralmente começa com um processo de diagnóstico pelo qual os membros da equipe identificam problemas e continuam com as ações de planejamento para agir com o intuito de resolver esses problemas. O praticante de DO na formação de equipe serve de facilitador, e o trabalho é realizado pelos membros da equipe.[67]

A formação de equipe é um método muito popular de DO. Uma pesquisa com as 500 empresas da *Fortune* indicou que gestores de recursos humanos consideravam a formação de equipe a técnica de DO mais bem-sucedida.[68] Os gestores têm particular interesse na formação de equipes que possam aprender. Para formar equipes, os membros devem ser incentivados a buscar *feedback*, discutir erros, refletir sobre sucessos e fracas-

sos e experimentar novas formas de inovação. Os erros devem ser analisados como formas para melhorar e deve haver um clima de apoio mútuo. Os líderes de equipes de aprendizagem são bons treinadores que promovem um clima de segurança psicológica para que os membros se sintam confortáveis discutindo problemas.[69]

Uma técnica popular para formação de equipe é propor desafios externos. Os participantes devem realizar uma série de atividades externas, como escalar uma parede de 4 metros. Desafios físicos similares exigem que os participantes trabalhem em equipe e foquem aspectos como confiança, comunicação, tomada de decisão e liderança. A GE e a Weyerhaeuser, no início de seus cursos de formação de equipes, propõem desafios externos, posteriormente, no treinamento, os membros da equipe aplicam o que aprenderam em situações reais de trabalho.[70] Uma empresa inovadora chamada Teambuilding, Inc. usa o remo como exercício para formação de equipe. Ela recrutou os serviços de um medalhista de ouro olímpico, Dan Lyons, para desenvolver um seminário focado na formação de equipes usando o remo como tema central. Essa atividade incentiva os participantes a praticar a liderança, a comunicação, o estabelecimento de metas, a gestão de conflitos e a motivação. A GE Healthcare, a ING Direct e a Wyeth Corporate Communications usaram essa técnica em seus programas de formação de equipes.[71] Estudos preliminares indicam que formação de equipe pode melhorar processos de grupo.[72]

> **programa de qualidade**
> Programa que embute excelência de qualidade de produtos e serviços na cultura da organização.
>
> **formação de equipe**
> Intervenção desenvolvida para melhorar a eficácia de um grupo de trabalho.

Consulta de processo

Primeiro abordado por Edgar Schein, **consulta de processo** é um método de DO que ajuda gestores e funcionários a melhorar os processos utilizados nas organizações.[73] Os processos mais visados são comunicação, resolução de conflitos, tomada de decisão, interação do grupo e liderança.

Uma das características distintivas da abordagem da consulta de processo é que um consultor externo está presente. O papel do consultor é ajudar funcionários a se ajudarem. Dessa forma, a obtenção de um resultado bem-sucedido recai sobre os funcionários.[74] O consultor guia os membros da organização para examinar os processos e refiná-los. Os passos no processo de consulta são entrar na organização, definir o relacionamento, escolher uma abordagem, reunir dados e diagnosticar problemas, intervir e gradualmente deixar a organização.

A consulta de processo é uma técnica interativa entre funcionários e um consultor externo, por isso raramente é usada como um único método de DO. Na maioria dos casos, é combinada com outras intervenções de DO.

Todos os métodos de DO focam a mudança da organização ou do grupo de trabalho. Os próximos métodos de DO são voltados à mudança individual.

RESULTADO DA APRENDIZAGEM 7

Técnicas focadas em indivíduos para intervenção DO

Os esforços de desenvolvimento organizacional voltados a indivíduos incluem treinamento de competências, desenvolvimento e treinamento de liderança, *coaching* executivo, negociação de papéis, redefinição de funções, programas de promoção de saúde e planejamento de carreira.

Treinamento de competências

A questão-chave abordada pelo **treinamento de competências** é "Quais conhecimentos, competências e habilidades são necessárias para fazer esse trabalho de forma eficaz?". O treinamento de competências é feito em salas de aula formais ou no trabalho. O desafio é integrar o treinamento de competências ao desenvolvimento da organização no atual ambiente de mudanças que grande parte das organizações enfrenta. O conhecimento do trabalho na maioria dos cargos exige atualização contínua para acompanhar as rápidas transformações.

Desenvolvimento e treinamento de liderança

As empresas investem milhões de dólares em **desenvolvimento e treinamento de liderança**, termo que engloba uma variedade de técnicas que são desenvolvidas para melhorar competências de liderança individuais. Uma técnica popular é levar os futuros líderes a fazer o treinamento fora do local de trabalho. Pesquisas mostram que esse tipo de experiência de educação pode ter certo impacto, mas o retorno entusiástico dos participantes pode ser de curta duração por causa dos desafios e da realidade da rotina de trabalho. Assim, aulas apenas têm efeito limitado sobre as competências de liderança.

Os melhores programas de treinamento e desenvolvimento de liderança combinam aprendizado de sala de aula com as experiências do trabalho. Uma forma de buscar o desenvolvimento é por meio do aprendizado em ação, uma técnica que teve início na

---

consulta de processo
Método de DO que ajuda gestores e funcionários a melhorar os processos utilizados nas organizações.

treinamento de competências
Aumento do conhecimento sobre competências e habilidades necessárias para fazer um trabalho de forma eficaz.

desenvolvimento e treinamento de liderança
Variedade de técnicas que são desenhadas para melhorar as competências de liderança individuais.

Europa.[75] No aprendizado em ação, os líderes assumem problemas desconhecidos ou problemas conhecidos em configurações desconhecidas. Eles trabalham nos problemas e se reúnem semanalmente em grupos pequenos com indivíduos de diferentes organizações. O resultado do aprendizado em ação é que os líderes aprendem sobre si mesmos por meio dos desafios de seus companheiros. Outras técnicas que propiciam a aprendizagem ativa para os participantes são simulação, jogos corporativos, dinâmicas de grupo e estudos de caso.[76]

A Eli Lilly tem um programa de aprendizado em ação que reúne 18 futuros líderes de empresas e lhes propõe uma questão estratégica para resolver. Durante seis semanas, os participantes se encontram com especialistas, organizações que têm as melhores práticas e clientes e, então, apresentam suas recomendações à cúpula. Uma equipe de aprendizado em ação ficou responsável em acompanhar estratégia *e-business*; o plano era tão bom que os executivos imediatamente o implantaram. Na Eli Lilly e em outras empresas, os programas de aprendizado em ação oferecem experiências de desenvolvimento para líderes e resultam em iniciativas úteis para a empresa.[77]

Treinamento e desenvolvimento de liderança é um processo contínuo que precisa de certo tempo e esforço. Não existem soluções rápidas. Na IBM, os gestores são responsáveis pelo desenvolvimento da liderança. Na realidade, os gestores não serão considerados para promoção a cargos mais altos a menos que tenham um registro de desenvolvimento de líderes. A alta gerência deve estar comprometida com o processo de treinamento e desenvolvimento de liderança caso queira criar um banco de colaboradores potenciais para preencher as posições de liderança.[78]

Coaching executivo

O *coaching* executivo é uma técnica em que gestores ou executivos estão emparelhados com um *coach* em uma parceria para ajudar o executivo a realizar as tarefas de forma mais eficaz. Embora essa prática seja geralmente praticada de um para um, às vezes é aplicada em grupos. A popularidade do *coaching* executivo aumentou drasticamente nos últimos anos. A Federação Internacional de Treinadores (International Coach Federation), um grupo que treina e habilita *coach* de executivos, em apenas dois anos de existência dobrou seus associados e hoje possui 7 mil membros em 35 países.

> **Os *coaches* propiciam outros conjuntos de percepções e ajudam os executivos a verem além do próprio umbigo.**

O *coaching* é um investimento para gestores de alto nível. Os *coaches* propiciam outros conjuntos de percepções e ajudam os executivos a ver além do próprio umbigo. Eles extraem soluções e ideias do cliente em vez de fazer sugestões; então, desenvolvem e enaltecem os talentos e capacidades do cliente. Muitos contratos de *coaching* focam no desenvolvimento da inteligência emocional do executivo e usam a avaliação 360 graus em que o executivo, seu chefe, os colegas de trabalho, subordinados e até mesmo os membros da família avaliam as competências emocionais do executivo.[79] Após isso, as informações são passadas ao executivo que, juntamente com o coach, colocam um plano de desenvolvimento em prática.

Os bons coaches estabelecem forte ligação com seus clientes, demonstram profissionalismo e oferecem *feedback* franco e direto. As principais razões pelas quais os executivos buscam coaches são mudar o comportamento pessoal, melhorar a eficiência e estabelecer relacionamentos mais fortes. O *coaching* executivo compensa? Evidências sugerem que o *coaching* bem-sucedido pode resultar em mudanças no comportamento dos executivos, aumento de compreensão e conscientização e competências de liderança mais eficientes.[80] Em um estudo, executivos que trabalharam com *coaches* eram mais propensos a estabelecer metas específicas, solicitar *feedback* de seus chefes e eram considerados melhores executantes por seus supervisores e subordinados quando comparados com executivos que simplesmente recebiam *feedback* de pesquisas.[81] Os relacionamentos eficazes de *coaching* dependem de um *coach* profissional e experiente, de um executivo que esteja motivado a aprender e mudar e de uma boa adaptação entre os dois.

Negociação de papéis

Os indivíduos que trabalham juntos podem possuir expectativas diferentes uns dos outros na relação de trabalho. A **negociação de papéis** é uma técnica por meio da qual os indivíduos cumprem e esclarecem o contrato psicológico. Ao fazer isso, as expectativas de cada parte são esclarecidas e negociadas. O resultado da negociação de papéis é uma

---

coaching executivo
Técnica em que gestores ou executivos estão emparelhados com um *coach* em uma parceria para ajudar o executivo a realizar tarefas de forma mais eficaz.

negociação de papéis
Técnica em que indivíduos cumprem e esclarecem seus contratos psicológicos.

melhor compreensão entre as duas partes. Quando ambas têm um acordo mútuo sobre as expectativas, há menos ambiguidade no processo de se trabalhar junto.

Redefinição de funções

Como um método de intervenção de DO, a redefinição de funções altera funções para melhorar a adaptação entre competências individuais e as demandas do trabalho. O Capítulo 14 salientou várias abordagens da redefinição de funções. Muitos dos métodos são usados como técnicas para realinhar as demandas das tarefas e capacidades individuais ou para redesenhar funções para aplicar melhor novas técnicas e estruturas organizacionais.

A Ford Motor Company redefiniu praticamente todas as funções de produção, mudando o papel do funcionário de baseado no indivíduo para baseado em equipe em que eles tenham maior controle de seu trabalho e tomem iniciativas para melhorar os produtos e as técnicas de produção. A Ford começou a experimentar essa técnica há mais de 10 anos e descobriu que isso melhorava não apenas a satisfação do funcionário em relação ao trabalho, mas também a qualidade do produto e a produtividade.

Outra forma de redefinição de funções é o trabalho a distância. Empresas como American Express, AT&T e Merrill Lynch possuem um número significativo de funcionários que trabalham dessa forma. Quando a AT&T aplicou uma pesquisa entre seus funcionários para avaliar o impacto do trabalho a distância, 76% estavam felizes com o que faziam e 79% estavam mais felizes com suas carreiras desde que começaram a trabalhar a distância.[82]

Programas de promoção da saúde

Como as organizações passaram a se preocupar mais com o custo da tensão no ambiente de trabalho, programas de promoção da saúde se tornaram uma parte dos

redefinição de funções
Método de intervenção de DO; altera funções para melhorar a adaptação entre competências individuais e as demandas do trabalho.

OS ESFORÇOS DE DESENVOLVIMENTO ORGANIZACIONAL SÃO EFICAZES?

>> Uma vez que o desenvolvimento organizacional é desenvolvido para ajudar organizações a administrar mudanças, é importante avaliar a eficiência desse esforço. O sucesso de qualquer intervenção de DO depende de uma gama de fatores, incluindo a técnica usada, a competência do agente de mudança, a prontidão da organização com relação à mudança e o comprometimento do alto escalão. Nenhum método de DO isolado é eficaz em todas as instâncias. Ao contrário, abordagens de múltiplos métodos de DO são recomendadas, pois permitem que as organizações capitalizem os benefícios das diversas abordagens.[83]

Os esforços para avaliar os efeitos do DO focaram resultados como a produtividade. Uma análise de mais de 200 intervenções indicou que a produtividade do funcionário melhorou em 87% dos casos.[84] Podemos concluir que, quando aplicados e administrados apropriadamente, os programas de desenvolvimento organizacional têm efeitos positivos sobre o desempenho.[85]

esforços de desenvolvimento mais amplos da organização. No Capítulo 7, examinamos o estresse e a tensão no trabalho. As empresas que possuem programas bem-sucedidos de promoção da saúde incluem AT&T, Caterpillar, Kimberly-Clark e Johnson & Johnson.

A Associação Americana de Psicologia (American Psychological Association) reconhece as empresas por programas inovadores que apoiam ambientes de trabalho psicologicamente saudáveis. Entre os vencedores de 2007, estão *Una Gran Familia de Empleados* e Green Mountain Coffee Roasters. *Una Gran Familia de Empleados* é o jornal mais popular de Porto Rico e oferece benefícios de assistência médica a seus funcionários sem custo, atividade física depois do trabalho e publicações trimestrais de saúde desenvolvidas para evitar estresse e manter um estilo de vida saudável. A Green Mountain Coffee Roasters tem programas de ioga, meditação e terapia física para reduzir o estresse e as lesões ocupacionais. Ela paga por 90% dos custos voltados à saúde de seus funcionários de período integral. Além disso, oferece um reembolso anual de US$ 400 a cada funcionário pela participação em programas de bem-estar, por se tornar sócio de um clube com atividades físicas saudáveis ou por participar de programas antitabagismo.[86]

Embora as empresas reconheçam a importância da manutenção de seus maquinários, só agora algumas estão aprendendo que as habilidades humanas também precisam de manutenção na forma de bem-estar e atividades que promovam a saúde. Todos são focados em ajudar os funcionários a administrar o estresse e cuidar da saúde de forma preventiva.

Planejamento de carreira

Combinar as aspirações da carreira de um indivíduo com as oportunidades oferecidas pela organização é denominado planejamento de carreira. A abordagem pró-ativa para a gestão da carreira geralmente é parte de um esforço de desenvolvimento da organização. O planejamento de carreira é a ligação entre a responsabilidade das organizações e a responsabilidade dos indivíduos.

As atividades de planejamento de carreira beneficiam tanto a organização como os funcionários. Por meio de sessões de aconselhamento, os funcionários identificam suas habilidades e deficiências. A organização, com base nessas informações, consegue planejar ações de treinamento e desenvolvimento. Além disso, o processo é válido para identificar e estimular funcionários talentosos para potenciais promoções.

Os gestores podem escolher entre várias técnicas de desenvolvimento organizacional para facilitar a mudança. Mudanças em grande escala requerem múltiplas técnicas. Implantar uma nova tecnologia, como robôs, pode exigir mudanças simultâneas na estrutura da organização, na configuração dos grupos de trabalho e nas atitudes individuais.

A essa altura, devemos reconhecer que os métodos de desenvolvimento da organização são meios para um fim. Os programas não levam a mudanças; as necessidades da empresa sim. Os métodos de DO são meros veículos para conduzir a organização e seus funcionários para uma direção mais eficiente.

Notas

Capítulo 1

1. H. Schwartz. "The Clockwork or the Snakepit: An Essay on the Meaning of Teaching Organizational Behavior", *Organizational Behavior Teaching Review* 11, n. 2 (1987): 19-26.
2. Rath and Strong Management Consultants. "Creating an Energized Organization". Disponível em: < http://www.rathstrong.com/whitepaper_creatingenergized.htm>. Acesso em: 27 jun. 2008.
3. H. G. Barkem, J. A. C. Baum e E. A. Mannix. "Management Challenges in a New Time", *Academy of Management Journal* 45 (2002): 916-930.
4. K. Lewin. "Field Theory in Social Science" artigos teóricos selecionados (editado por Dorin Cartwright) (Nova York: Harper, 1951).
5. N. Schmitt, ed. Industrial/Organizational Section. In: *Encyclopedia of Psychology* (Washington, D.C.: American Psychological Association e Nova York: Oxford University Press, 2000).
6. R. M. Yerkes. "The Relation of Psychology to Military Activities", *Mental Hygiene* 1 (1917): 371-376.
7. R. Lopopolo. "Development of the Professional Role Behaviors Survey (PROBES)", *Physical Therapy* 81 (jul. 2001): 1317-1327.
8. F. W. Taylor. *The Principles of Scientific Management* (Nova York: Norton, 1911).
9. E. A. Locke e G. P. Latham. *A Theory of Goal Setting and Task Performance* (Englewood Cliffs, N.J.: Prentice-Hall, 1990).
10. A. L. Wilkins e W. G. Ouchi. "Efficient Cultures: Exploring the Relationship between Culture and Organizational Performance", *Administrative Science Quarterly* 28 (1983): 468-481.
11. M. F. R. Kets de Vries e D. Miller. "Personality, Culture, and Organization", *Academy of Management Review* 11 (1986): 266-279.
12. H. Schwartz. *Narcissistic Process and Corporate Decay: The Theory of the Organizational Ideal* (Nova York: NYU Press, 1990).
13. J. G. March e H. A. Simon. *Organizations* (Nova York: Wiley, 1958).
14. H. B. Elkind. *Preventive Management: Mental Hygiene in Industry* (Nova York: B. C. Forbes, 1931).
15. J. C. Quick. "Occupational Health Psychology: Historical Roots and Future Directions", *Health Psychology* 18 (1999).
16. R. Eby e D. Mahone. "How to use ergonomics as a loss control tool", *Risk Management* (1º mar. 1991).
17. "Workplace Initiative Reduces Headaches, Neck and Shoulder Pain", Occupational Health and Safety (10 jun. 2008), Disponível em: <http://www.ohsonline.com/articles/64148>.
18. B. M. Staw, L. E. Sandelands e J. E. Dutton. "Threat-Rigidity Effects in Organizational Behavior: A Multilevel Analysis", *Administrative Science Quarterly* 26 (1981): 501-524.
19. D. Kirkpatrick. "The Net Makes It All Easier- Including Exporting U.S. Jobs", *Fortune* (26 mar. 2003): 146.
20. C. Crosby. "Quest For Talent Is Driving Evolution in Outsourcing", *Banking Wire* (25 jun. 2008) 59.
21. E. V. Brown, vice-presidente da Global Business Development, Alberto Culver, Inc.. "Commencement Address-College of Business Administration, the University of Texas at Arlington" (dez. 2003).
22. T. Reay, K. Golden-Biddle e K. Germann. "Legitimizing a New Role: Small Wins and Microprocesses of Change", Academy of Management Journal 49 (2006): 977-998.
23. R. L. A. Sterba. "The Organization and Management of the Temple Corporations in Ancient Mesopotamia". *Academy of Management Review* 1 (1976): 16-26; S. P. Dorsey, *Early English Churches in America* (Nova York: Oxford University Press, 1952).
24. Sir I. Moncreiffe of That Ilk. *The Highland Clans: The Dynastic Origins, Chiefs, and Background of the Clans and of Some Other Families Connected to Highland History,* ed. rev. (Nova York: C. N. Potter, 1982); D. Shambaugh. "The Soldier and the State in China: The Political Work System in the People's Liberation Army". *Chinese Quarterly* 127 (1991): 527-568.
25. L. L'Abate, ed. *Handbook of Developmental Family Psychology and Psychopathology* (Nova York: Wiley, 1993); J. A. Hostetler, *Communitarian Societies* (Nova York: Holt, Rinehart & Winston, 1974).
26. J. M. Lewis. "The Family System and Physical Illness". In: *No Single Thread: Psychological Health in Family Systems* (Nova York: Brunner/Mazel, 1976).
27. D. Katz e R. L. Kahn. *The Social Psychology of Organizations*, 2ª ed. (Nova York: John Wiley, 1978); H. J. Leavitt, "Applied Organizational Change in Industry: Structural, Technological, and Humanistic Approaches". In: J. G. March, ed., *Handbook of Organizations* (Chicago: Rand McNally, 1965): 1144-1170.
28. J. D. Thompson. *Organizations in Action* (Nova York: McGraw-Hill, 1967).
29. M. Malone. "The Twitter Revolution". *The Wall Street Journal* (18 abr. 2009): A11.
30. I. Brat. "Rebuilding After a Catastrophe". *The Wall Street Journal* (19 maio 2008) B1.
31. F. J. Roethlisberger e W. J. Dickson. *Management and the Worker* (Cambridge, Mass.: Harvard University Press, 1939).
32. W. L. French e C. H. Bell. *Organization Development,* 4ª ed. (Englewood Cliffs, N.J.: Prentice-Hall, 1990).
33. S. G. Barsade e D. E. Gibson. "Why Does Affect Matter in Organizations?". *Academy of Management Perspectives,* 21 (2007): 36-59.
34. J. P. Kotter. "Managing External Dependence". *Academy of Management Review* 4 (1979): 87-92.
35. H. K. Steensma e D. G. Corley. "Organizational Context as a Moderator of Theories on Firm Boundaries for Technology Sourcing". *Academy of Management Journal* 44 (2001): 271-291.
36. T. B. Lawrence e V. Corwin. "Being There: The Acceptance and Marginalization of Part-Time Professional Employees". *Journal of Organizational Behavior* 24 (2003): 923-943.
37. M. K. Gowing, J. D. Kraft e J. C. Quick. *The New Organizational Reality: Downsizing, Restructuring and Revitalization* (Washington, D.C.: American Psychological Association, 1998); T. Tang e R. M. Fuller. "Corporate Downsizing: What Managers Can Do to Lessen the Negative Effects of Layoffs". *SAM Advanced Management Journal* 60 (1995): 12-15, 31.
38. L. F. Thurow. *Head to Head: The Coming Economic Battle among Japan, Europe, and America* (Nova York: William Morrow, 1992).

39. J. E. Patterson. *Acquiring the Future: America's Survival and Success in the Global Economy* (Homewood, Ill.: Dow Jones-Irwin, 1990); H. B. Stewart, *Recollecting the Future: A View of Business, Technology, and Innovation in the Next 30 Years* (Homewood, Ill.: Dow Jones--Irwin, 1989).
40. D. Ciampa. *Total Quality* (Reading, Mass.: Addison-Wesley, 1992).
41. T. J. Douglas e W. Q. Judge, Jr. "Total Quality Management Implementation and Competitive Advantage: The Role of Structural Control and Exploration". *Academy of Management Journal* 44 (2001): 158-169.
42. American Management Association, *Blueprints for Service Quality: The Federal Express Approach* (Nova York: American Management Association, 1991); P. R. Thomas, L. J. Gallace e K. R. Martin. *Quality Alone Is Not Enough* (Nova York: American Management Association, 1992).
43. J. de Mast. "A Methodological Comparison of Three Strategies for Quality Improvement". *International Journal of Quality & Reliability Management* 21 (2004): 198-213.
44. M. Barney. "Motorola's Second Generation". *Six Sigma Forum Magazine* 1(3) (maio 2002): 13.
45. S. Shahabudin. "Six Sigma: issues and problems", International Journal of Productivity and Quality Management 3 (2008): 145-160.
46. J. A. Edosomwan. "Six Commandments to Empower Employees for Quality Improvement". *Industrial Engineering* 24 (1992): 14-15.
47. Ver também os cinco artigos no Special Research Forum on Teaching Effectiveness in the Organizational Sciences, *The Academy of Management Journal* 40 (1997): 1305-1390.
48. L. Proserpio e D. A. Gioia. "Teaching the Virtual Generation". *Academy of Management Learning & Education* 6 (2007): 69-80.
49. R. M. Steers, L. W. Porter, and G. A. Bigley, *Motivation and Leadership at Work* (Nova York: McGraw-Hill, 1996).
50. H. Levinson. *Executive Stress* (Nova York: New American Library, 1975).
51. D. L. Whetzel. "The Department of Labor Identifies Workplace Skills", *Industrial/Organizational Psychologist* 29 (1991): 89-90.
52. D. A. Whetton and K. S. Cameron, *Developing Management Skills*, 3ª ed. (Nova York: HarperCollins, 1995).
53. U.S. Department of Labor 21st Century Workforce Office. Disponível em: <http://www.dol.gov/21cw>.
54. C. Argyris e D. A. Schon. *Organizational Learning: A Theory of Action Perspective* (Reading, Mass.: Addison-Wesley, 1978).
55. A. Y. Kolb e D. A. Kolb. "Learning Styles and Learning Spaces: Enhancing Experiential Learning in Higher Education", *Academy of Management Learning & Education* 4 (2005): 193-212.

Capítulo 2

1. M. A. Hitt, R. E. Hoskisson e J. S. Harrison. "Strategic Competitiveness in the 1990s: Challenges and Opportunities for U.S. Executives", Academy of Management Executive 5 (1991): 7-22.
2. H. C. Barkem, J. A. C. Baum e E. A. Mannix. "Management Challenges in a New Time", Academy of Management Journal 45 (2002): 916-930.
3. C. O. Harper. "The Challenges Facing CEOs: Past, Present, and Future", Academy of Management Executive 6 (1992): 7-25; T. R. Mitchell e W. G. Scott. "America's Problems and Needed Reforms: Confronting the Ethic of Personal Advantage", Academy of Management Executive 4 (1990): 23-35.
4. K. Sera. "Corporate Globalization: A New Trend", Academy of Management Executive 6 (1992): 89-96.
5. K. Ohmae. Borderless World: Power and Strategies in the Interlinked Economy (Nova York: Harper & Row, 1990).
6. C. A. Bartlett e S. Ghoshal. Managing across Borders: The Transnational Solution (Boston: Harvard Business School Press, 1989).
7. K. R. Xin e J. L. Pearce. "Guanxi: Connections as Substitutes for Formal Institutional Support", Academy of Management Journal 39 (1996): 1641-1658.
8. P. S. Chan. "Franchise Management in East Asia", Academy of Management Executive 4 (1990): 75-85.
9. H. Weihrich. "Europe 1992: What the Future May Hold", Academy of Management Executive 4 (1990): 7-18.
10. E. H. Schein. "Coming to a New Awareness of Organizational Culture", MIT Sloan Management Review 25 (1984): 3-16.
11. S. S. Sarwano e R. M. Armstrong. "Microcultural Differences and Perceived Ethical Problems: An International Business Perspective", Journal of Business Ethics 30 (2001): 41-56.
12. f. Warner, "Learning How to Speak to Gen Y," *Fast Company* 72 (Julho 2003): 36–37.
13. R. Sharpe. "Hi-Tech Taboos", The Wall Street Journal (31 out. 1995): A1.
14. G. Hofstede. Culture's Consequences: International Differences in Work-Related Values (Beverly Hills, Calif.: Sage Publications, 1980). G. Hofstede. "Motivation, Leadership, and Organization: Do American Theories Apply Abroad?", Organizational Dynamics (1980): 42-63.
15. G. M. Spreitzer, M. W. McCall, Jr. e J. D. Mahoney. "Early Identification of International Executive Potential", Journal of Applied Psychology 82 (1997): 6-29.
16. M. A. Hitt, L. Bierman, K. Uhlenbruck e K. Shimizu. "The Importance of Resources in the Internationalization of Professional Service Firms: The Good, the Bad, and the Ugly", Academy of Management Journal 49 (2006): 1137-1157.
17. A. J. Michel. "Goodbyes Can Cost Plenty in Europe", Fortune (6 abr. 1992): 16.
18. G. Hofstede, "Gender Stereotypes and Partner Preferences of Asian Women in Masculine and Feminine Countries," Journal of Cross Cultural Psychology 27 (1996): 533–546.
19. G. Hofstede. "Cultural Constraints in Management Theories", Academy of Management Executive 7 (1993): 81-94.
20. "IBM Offers Employees New 'Learning Accounts' And Global Training Programs; The company will invest $60 million in its Global Citizens Portfolio programs to encourage employees to expand their skills, leadership abilities, and global experiences", *InformationWeek* (26 jul. 2007).
21. J. Sandberg. "Global-Market Woes Are More Personality Than Nationality", *The Wall Street Journal* (29 jan. 2008).
22. L. R. Offerman e M. K. Growing. "Organizations of the Future", *American Psychologist* 45 (1990): 95-108.
23. J. Chatman, J. Polzer, S. Barsade e M. Neale. "Being Different Yet Feeling Similar: The Influence of Demographic Composition and Organizational Culture on Work Processes and Outcomes", *Administrative Science Quarterly* 43 (1998): 749-780.
24. S. Caudron. "Task Force Report Reveals Coke's Progress on Diversity", Workforce 82 (2003): 40. Disponível em: <http://www.workforceonline.com/section/03/feature/23/42/44/234246.html>.
25. S. Prasso. "Google Goes to India", *Fortune* (29 out. 2007).
26. U.S. Department of Labor. Disponível em: <http://stats.bls.gov/data/home.htm>.
27. "Degrees Earned by Women", *Indicator* 27 (2008). Disponível em: <http://nces.ed.gov/programs/coe/2008/section3/indicator27.asp>.
28. Catalyst, *2007 Catalyst Census of Women Corporate Officers and Top Earners of the Fortune 500*. Disponível em: <http://catalyst.org/publication/13/2007-catalyst-census-of-women-corporate-officers--and-top-earners-of-the-fortune-500>.
29. D. de Lafuente. "The Elite Eight: Pink's Top Companies for Women-2007", *Pink* (ago./set. 2007) 67-73.
30. U.S. Department of Labor. "Highlights of Women's Earnings in 2005", Report 995 (set. 2006) 33; Catalyst, Catalyst Census of Women Corporate Officers and Top Earners (2001).
31. A. M. Morrison, R. P. White, E. Van Velsor e the Center for Creative Leadership. Breaking the Glass Ceiling: Can Women Reach the Top of America's Largest Corporations? (Reading, Mass.: Addison--Wesley, 1987).
32. D. E. Arfken, S. L. Bellar e M. M. Helms. "The Ultimate Glass Ceiling Revisited: The Presence of Women on Corporate Boards", Journal of Business Ethics 50 (mar. 2004): 177-186.
33. D. L. Nelson e M. A. Hitt. "Employed Women and Stress: Implications for Enhancing Women's Mental Health in the Workplace. In: J. C. Quick, L. R. Murphy e J. J. Hurrell, Jr., eds. *Stress and Well-Being at Work* (Washington, D.C.: American Psychological Association, 1992): 164-177.
34. L. L. Martins e C. K. Parsons. "Effects of Gender Diversity Management on Perceptions of Organizational Attractiveness: The Role of Individual Differences in Attitudes and Beliefs", Journal of Applied Psychology 92 (2007): 865-875.

35. A. Eyring e B. A. Stead. "Shattering the Glass Ceiling: Some Successful Corporate Practices", Journal of Business Ethics 17 (1998): 245-251.
36. Catalyst. Advancing Women in Business: The Catalyst Guide (San Francisco: Jossey-Bass, 1998).
37. U.S. Department of Health and Human Services. Profile of Older Americans (Washington, D.C.: U.S. Government, 1997).
38. W. B. Johnston. "Global Workforce 2000: The New World Labor Market", Harvard Business Review 69 (1991): 115-127.
39. S. Needleman. "The Last Office Perk: Getting Paid to Volunteer", The Wall Street Journal (29 abr. 2008) D1-D5.
40. S. E. Jackson e E. B. Alvarez. "Working through Diversity as a Strategic Imperative". In: S. E. Jackson, ed. Diversity in the Workplace: Human Resources Initiatives (Nova York: Guilford Press 1992), 13-36.
41. "Managing Generational Diversity", HR Magazine 36 (1991): 91-92.
42. K. Tyler. "The Tethered Generation", HR Magazine (maio 2007): 41-46.
43. S. R. Rhodes. "Age-Related Differences in Work Attitudes and Behavior: A Review and Conceptual Analysis", Psychological Bulletin 93 (1983): 338-367.
44. B. L. Hassell e P. L. Perrewe. "An Examination of Beliefs about Older Workers: Do Stereotypes Still Exist?", Journal of Organizational Behavior 16 (1995): 457-468.
45. U.S. Bureau of the Census. Population Profile of the United States, 1997 (Washington, D.C.: U.S. Government Printing Office, 1997).
46. W. J. Rothwell. "HRD and the Americans with Disabilities Act", Training and Development Journal (ago. 1991): 45-47.
47. J. J. Laabs. "The Golden Arches Provide Golden Opportunities", Personnel Journal (jul. 1991): 52-57.
48. L. Armstrong. "What Men Say Behind Closed Doors", Working Mother (jun.-jul. 2008): 87-90.
49. J. E. Rigdon. "PepsiCo's KFC Scouts for Blacks and Women for Its Top Echelons", The Wall Street Journal (13 nov. 1991): A1.
50. P. A. Galagan. "Tapping the Power of a Diverse Workforce", Training and Development Journal 26 (1991): 38-44.
51. C. L. Holladay, J. L. Knight, D. L. Paige e M. A. Quinones. "The Influence of Framing on Attitudes Toward Diversity Training", Human Resource Development Quarterly 14 (2003): 245-263.
52. R. Thomas. "From Affirmative Action to Affirming Diversity", Harvard Business Review 68 (1990): 107-117.
53. T. H. Cox, Jr. Cultural Diversity in Organizations: Theory, Research and Practice (San Francisco: Berrett-Koehler, 1994).
54. "Business Ethics 100 Best Corporate Citizens 2004". Disponível em: <http://www.business-ethics.com/BE100_2004>. Acesso em: 23 jun. 2008.
55. M. R. Fusilier, C. D. Aby, Jr., J. K. Worley e S. Elliott. "Perceived Seriousness of Business Ethics Issues", Business and Professional Ethics Journal 15 (1996): 67-78.
56. J. S. Mill. Utilitarianism, Liberty, and Representative Government (Londres: Dent, 1910).
57. K. H. Blanchard e N. V. Peale. The Power of Ethical Management (Nova York: Morrow, 1988).
58. A. Smith. An Inquiry into the Nature and Causes of the Wealth of Nations, v. 10 do The Harvard Classics, ed. C. J. Bullock (Nova York: P. F. Collier & Son, 1909).
59. C. Fried. Right and Wrong (Cambridge, Mass.: Harvard University Press, 1978).
60. I. Kant. Groundwork of the Metaphysics of Morals. Tradução para o inglês de H. J. Paton (Nova York: Harper & Row, 1964).
61. R. C. Solomon. "Corporate Roles, Personal Virtues: Aristotelean Approach to Business Ethics", Business Ethics Quarterly 2 (1992): 317-339; R. C. Solomon. A Better Way to Think about Business: How Personal Integrity Leads to Corporate Success (Nova York: Oxford University Press, 1999).
62. W. Bulkeley. "Email Software Delves Into Employees' Contacts", The Wall Street Journal (21 abr. 2008) B9.
63. D. Kemp. "Employers and AIDS: Dealing with the Psychological and Emotional Issues of AIDS in the Workplace", American Review of Public Administration 25 (1995): 263-278.
64. J. J. Koch. "Wells Fargo's and IBM's HIV Policies Help Protect Employees' Rights", Personnel Journal (abr. 1990): 40-48.
65. U.S. EEOC. "Discrimination Because of Sex under Title VII of the 1964 Civil Rights Act as Amended: Adoption of Interim Guidelines – sexual harassment", Federal Register 45 (1980): 25024-25025.
66. L. F. Fitzgerald, F. Drasgow, C. L. Hulin, M. J. Gelfand e V. J. Magley. "Antecedents and Consequences of Sexual Harassment in Organizations: A Test of an Integrated Model", Journal of Applied Psychology 82 (1997): 578-589.
67. F. Felsenthal. "Rulings Open Way for Sex-Harass Cases", The Wall Street Journal (29 jun. 1990): A10; O. J. Adler. "Lawyers Advise Concerns to Provide Precise Written Policy to Employees", The Wall Street Journal (9 out. 1991): B1.
68. K. T. Schneider, S. Swan e L. F. Fitzgerald. "Job-Related and Psychological Effects of Sexual Harassment in the Workplace: Empirical Evidence from Two Organizations", Journal of Applied Psychology 82 (1997): 401-415.
69. A. M. O'Leary-Kelly, R. L. Paetzold e R. W. Griffin. "Sexual Harassment as Aggressive Behavior: An Actor-Based Perspective", Academy of Management Review 25 (2000): 372-388.
70. L. M. Goldenhar, N. G. Swanson, J. J. Hurrell, Jr., A. Ruder e J. Deddens. "Stressors and Adverse Outcomes for Female Construction Workers", Journal of Occupational Health Psychology 3 (1998): 19-32; C. S. Piotrkowski. "Gender Harassment, Job Satisfaction and Distress Among Employed White and Minority Women", Journal of Occupational Health Psychology 3 (1998): 33-42.
71. R. A. Posthuma, C. P. Maertz, Jr. e J. B. Dworkin. "Procedural Justice's Relationship with Turnover: Explaining Past Inconsistent Findings", Journal of Organizational Behavior 28 (2007): 381-398.
72. D. Fields, M. Pang e C. Chio. "Distributive and Procedural Justice as Predictors of Employee Outcomes in Hong Kong", Journal of Organizational Behavior 21 (2000): 547-562.
73. H. L. Laframboise. "Vile Wretches and Public Heroes: The Ethics of Whistleblowing in Government", Canadian Public Administration (1991): 73-78.
74. S. Covel. "Tours to Fair-Trade Farms Help Coffee Sellers Spread Word", The Wall Street Journal (11 mar. 2008) B5.
75. D. B. Turban e D. W. Greening. "Corporate Social Performance and Organizational Attractiveness to Prospective Employees", Academy of Management Journal 40 (1996): 658-672.
76. R. Walker. "sex vs. ethics", Fast Company (jun. 2008): 74-78.
77. R. Nelson. Technology, Institutions, and Economic Growth (Cambridge: Harvard University Press, 2005); N. Sandler. "High Tech Puts Israel in the Black", BusinessWeek Online (14 maio 2008). Disponível em: <http://infotrac-college.thomsonlearning.com/itw/infomark/196/855/37423363w16/_purl=rc1_WAD_0_A178998281&dyn=23!xrn_4_0_A178998281?sw_aep=olr_wad>. Acesso em: 24 jun. 2008..
78. C. H. Ferguson. "Computers and the Coming of the U.S. Keiretsu", Harvard Business Review 68 (1990): 55-70.
79. J. Collins. Good to Great: Why Some Companies Make the Leap… and Others Don't (Nova York: HarperCollins, 2001).
80. J. A. Senn. Information Systems in Management, 4ª ed. (Belmont, Calif.: Wadsworth, 1990).
81. D. K. Sorenson, O. Bouhaddou e H. R. Warner. Knowledge Engineering in Health Informatics (Nova York: Springer, 1999).
82. M. T. Damore. "A Presentation and Examination of the Integration of Unlawful Discrimination Practices in the Private Business Sector with Artificial Intelligence" (Thesis, Oklahoma State University, 1992).
83. A. Tanzer e R. Simon. "Why Japan Loves Robots and We Don't", Forbes (16 abr. 1990): 148-153.
84. E. Fingleton. "Jobs for Life: Why Japan Won't Give Them Up", Fortune (20 mar. 1995): 119-125.
85. M. Iansiti. "How the Incumbent Can Win: Managing Technological Transitions in the Semiconductor Industry", Management Science 46 (2000): 169-185.
86. M. B. W. Fritz, S. Narasimhan e H. Rhee. "Communication and Coordination in the Virtual Office", Journal of Management Information Systems 14 (1998): 7-28.
87. J. Langhoff. "A Telemanager's Index: The Definitive Roundup of Telecommuting Statistics – a template for telecommuting contracts is provided – Industry Trend or Event", Home Office Computing (abr. 1999). Disponível em: <http://findarticles.com/p/articles/mi_m1563/

is_4_17/ai_54256828/pg_2?tag=artBody;col1>. Acesso em: 24 jun. 2008.
88. M. Apgar, IV. "The Alternative Workplace: Changing Where and How People Work," Harvard Business Review (maio-jun. 1998): 121-136.
89. D. L. Nelson. "Individual Adjustment to Information-Driven Technologies: A Critical Review", MIS Quarterly 14 (1990): 79-98.
90. S. Armour. "Hi, I'm Joan and I'm a Workaholic", USA Today (23 maio 2007).
91. M. Allen. "Legislation Could Restrict Bosses from Snooping on Their Workers", The Wall Street Journal (24 set. 1991): B1-B8.
92. V. Vara. "Pleasing Google's Tech-Savvy Staff: Information Officer Finds Security in Gadget Freedom of Choice", The Wall Street Journal (18 mar. 2008). Disponível em: <http://online.wsj.com/article_print/SB120578961450043169.html>.
93. K. D. Hill e S. Kerr. "The Impact of Computer-Integrated Manufacturing Systems on the First Line Supervisor", Journal of Organizational Behavior Management 6 (1984): 81-87.
94. J. Anderson. "How Technology Brings Blind People into the Workplace", Harvard Business Review 67 (1989): 36-39.
95. D. L. Nelson e M. G. Kletke. "Individual Adjustment during Technological Innovation: A Research Framework", Behaviour and Information Technology 9 (1990): 257-271.
96. D. Mankin, T. Bikson, B. Gutek e C. Stasz. "Managing Technological Change: The Process Is the Key", Datamation 34 (1988): 69-80.

Capítulo 3

1. K. Lewin. "Formalization and Progress in Psychology",. In: D. Cartwright, ed. Field Theory in Social Science (Nova York: Harper, 1951).
2. N. S. Endler e D. Magnusson. "Toward an Interactional Psychology of Personality", Psychological Bulletin 83 (1976): 956-974.
3. J. R. Terborg. "Interactional Psychology and Research on Human Behavior in Organizations", Academy of Management Review 6 (1981): 561-576.
4. C. Spearman. "General Intelligence: Objectively Determined and Measured", American Journal of Psychology 15 (1904): 201-293.
5. F. L. Schmidt e J. Hunter. "General Mental Ability in the World of Work: Occupational Attainment and Job Performance", Journal of Personality and Social Psychology 86(1) (2004): 162-173; C. Bertua, N. Anderson e J. F Salgado. "The Predictive Validity of Cognitive Ability Tests: A UK Meta-Analysis", Journal of Occupational and Organizational Psychology 78 (2004): 387-409.
6. T. J. Bouchard, Jr. "Twins Reared Together and Apart: What They Tell Us about Human Diversity". In: S. W. Fox, ed. Individuality and Determinism (Nova York: Plenum Press, 1984); R. D. Arvey, T. J. Bouchard, Jr., N. L. Segal e L. M. Abraham. "Job Satisfaction: Environmental and Genetic Components", Journal of Applied Psychology 74 (1989): 235-248.
7. G. Allport. Pattern and Growth in Personality (Nova York: Holt, 1961).
8. R. B. Cattell. Personality and Mood by Questionnaire (San Francisco: Jossey-Bass, 1973).
9. J. M. Digman. "Personality Structure: Emergence of a Five-Factor Model", Annual Review of Psychology 41 (1990): 417-440.
10. T. A. Judge, J. J. Martocchio e C. J. Thoresen. "Five-Factor Model of Personality and Employee Absence", Journal of Applied Psychology 82 (1997): 745-755.
11. H. J. Bernardin, D. K. Cooke e P. Villanova. "Conscientiousness and Agreeableness as Predictors of Rating Leniency", Journal of Applied Psychology 85 (2000): 232-234.
12. S. E. Seibert e M. L. Kraimer. "The Five-Factor Model of Personality and Career Success", Journal of Vocational Behavior 58 (2001): 1-21.
13. T. A. Judge e R. Ilies. "Relationships of Personality to Performance Motivation: A Meta-Analytic Review", Journal of Applied Psychology 87 (2002): 797-807.
14. G. M. Hurtz e J. J. Donovan. "Personality and Job Performance: The Big Five Revisited", Journal of Applied Psychology 85 (2000): 869-879.
15. S. T. Bell. "Deep-Level Composition Variables as Predictors of Team Performance: A Meta-Analysis", Journal of Applied Psychology 92(3) (2007): 595-615.

16. J. F. Salgado, S. Moscoso e M. Lado. "Evidence of Cross-Cultural Invariance of the Big Five Personality Dimensions in Work Settings", European Journal of Personality 17 (2003): S67-S76; C. Rodriguez e T. H. Church. "The Structure and Personality Correlates of Affect in Mexico: Evidence of Cross-Cultural Comparability Using the Spanish Language", Journal of Cross-Cultural Psychology 34 (2003): 211-230.
17. H. C. Triandis. "Cultural Influences on Personality", Annual Review of Psychology 53 (2002): 133-160.
18. M. Moody. "Adaptive Behavior in Intercultural Environments: The Relationship between Cultural Intelligence Factors and Big Five Personality Traits" (Tese de doutorado, George Washington University, 2007).
19. M. R. Barrick e M. K. Mount. "The Big Five Personality Dimensions and Job Performance: A Meta-Analysis", Personnel Psychology 44 (1991): 1-26.
20. D. D. Clark e R. Hoyle. "A Theoretical Solution to the Problem of Personality-Situational Interaction", Personality and Individual Differences 9 (1988): 133-138.
21. D. Byrne e L. J. Schulte. "Personality Dimensions as Predictors of Sexual Behavior". In: J. Bancroft, ed. Annual Review of Sexual Research, vol. 1 (Filadélfia: Society for the Scientific Study of Sex, 1990).
22. P. Harms, B. Roberts e D. Wood. "Who shall lead? An integrative personality approach to the study of the antecedents of status in informal social organizations", Journal of Research in Personality 41 (2007): 689-699.
23. T. A., Judge, E. A. Locke e C. C. Durham. "The Dispositional Causes of Job Satisfaction: A Core Self-Evaluation Approach", Research in Organizational Behavior 19 (1997):151-88.
24. M. Erez e T. A. Judge. "Relationship of Core Self-Evaluations to Goal Setting, Motivation and Performance", Journal of Applied Psychology 86 (2001): 1270-79; R. F. Piccolo, T. A. Judge, K. Takahashi, N. Watanabe e E. A. Locke. "Core Self-Evaluations in Japan: Relative Effects on Job Satisfaction, Life Satisfaction, and Happiness", Journal of Organizational Behavior 26(8) (2005): 965-984.
25. J. B. Rotter. "Generalized Expectancies for Internal vs. External Control of Reinforcement", Psychological Monographs 80, n. 609, na íntegra, (1966).
26. T. A. Judge e J. E. Bono. "Relationship of Core Self-Evaluations Traits – Self-Esteem, Generalized Self-Efficacy, Locus of Control, and Emotional Stability – with Job Satisfaction and Job Performance: A Meta-Analysis", Journal of Applied Psychology 86 (2001): 80-92.
27. Idem.
28. S. S. K. Lam e J. Shaubroeck. "The Role of Locus of Control in Reactions to Being Promoted and to Being Passed Over: A Quasi Experiment", Academy of Management Journal 43 (2000): 66-78.
29. G. Chen, S. M. Gully, J. Whiteman e R. N. Kilcullen "Examination of Relationships Among Trait-Like Individual Differences, State-Like Individual Differences, and Learning Performance", Journal of Applied Psychology 85 (2000): 835-847; G. Chen, S. M. Gully e D. Eden. "Validation of a New General Self-Efficacy Scale", Organizational Research Methods 4 (2001): 62-83.
30. A. Bandura. Self-Efficacy: The Exercise of Control (San Francisco: Freeman, 1997).
31. D. R. Avery. "Personality as a Predictor of the Value of Voice", The Journal of Psychology 137 (2003): 435-447.
32. T. A. Judge e J. E. Bono. "Relationship of Core Self-Evaluations Traits – Self-Esteem, Generalized Self-Efficacy, Locus of Control, and Emotional Stability – with Job Satisfaction and Job Performance: A Meta-Analysis", Journal of Applied Psychology 86 (2001): 80-92.
33. B. W. Pelham e W. B. Swann, Jr. "From Self-Conceptions to Self--Worth: On the Sources and Structure of Global Self-Esteem", Journal of Personality and Social Psychology 57 (1989): 672-680.
34. A. H. Baumgardner, C. M. Kaufman e P. E. Levy. "Regulating Affect Interpersonally: When Low Esteem Leads to Greater Enhancement", Journal of Personality and Social Psychology 56 (1989): 907-921.
35. J. Schimel, T. Pyszczynski, J. Arndt e J. Greenberg. "Being Accepted for Who We Are: Evidence that Social Validation of the Intrinsic Self Reduces General Defensiveness", Journal of Personality and Social Psychology 80 (2001): 35-52.

36. P. Tharenou e P. Harker. "Moderating Influences of Self-Esteem on Relationships between Job Complexity, Performance, and Satisfaction", *Journal of Applied Psychology* 69 (1984): 623-632.
37. R. A. Ellis e M. S. Taylor. "Role of Self-Esteem within the Job Search Process", *Journal of Applied Psychology* 68 (1983): 632-640.
38. J. Brockner e T. Hess. "Self-Esteem and Task Performance in Quality Circles", *Academy of Management Journal* 29 (1986): 617-623.
39. B. R. Schlenker, M. F. Weingold e J. R. Hallam. "Self-Serving Attributions in Social Context: Effects of Self Esteem and Social Pressure", *Journal of Personality and Social Psychology* 57 (1990): 855-863.
40. M. K. Duffy, J. D. Shaw e E. M. Stark. "Performance and Satisfaction in Conflicted Interdependent Groups: When and How Does Self-Esteem Make a Difference?", *Academy of Management Journal* 43 (2000): 772-782.
41. T. Mussweiler, S. Gabriel e G. V. Bodenhausen. "Shifting Social Identities as a Strategy for Deflecting Threatening Social Comparisons", *Journal of Personality and Social Psychology* 79 (2000): 398-409.
42. M. Erez e T. A. Judge. "Relationship of Core Self-Evaluations to Goal Setting, Motivation and Performance", *Journal of Applied Psychology* 86 (2001): 1270-79.
43. M. Snyder e S. Gangestad. "On the Nature of Self-Monitoring: Matters of Assessment, Matters of Validity", *Journal of Psychology and Social Psychology* 51 (1986): 125-139.
44. G. Toegel, N. Anand e M. Kilduff. "Emotion Helpers: The Role of High Positive Affectivity and High Self-monitoring Managers", *Personnel Psychology* 60(2) (2007): 337-365.
45. A. Mehra, M. Kilduff e D. J. Brass. "The Social Networks of High and Low Self-Monitors: Implications for Workplace Performance", *Administrative Science Quarterly* 46 (2001): 121-146.
46. W. H. Turnley e M. C. Bolino. "Achieving Desired Images While Avoiding Undesired Images: Exploring the Role of Self-Monitoring in Impression Management", *Journal of Applied Psychology* 86 (2001): 351-360.
47. M. Kilduff e D. V. Day. "Do Chameleons Get Ahead? The Effects of Self-Monitoring on Managerial Careers", *Academy of Management Journal* 37 (1994): 1047-1060.
48. A. H. Church. "Managerial Self-Awareness in High-Performing Individuals in Organizations", *Journal of Applied Psychology* 82 (1997): 281-292.
49. C. Douglas e W. L. Gardner. "Transition to Self-Directed Work Teams: Implications of Transition Time and Self-Monitoring for Managers' Use of Influence Tactics", *Journal of Organizational Behavior* 25 (2004): 45-67.
50. A. M. Isen e R. A. Baron. "Positive Affect and Organizational Behavior". In: B. M. Staw e L. L. Cummings, eds. *Research in Organizational Behavior*, v. 12 (Greenwich, Conn.: JAI Press, 1990).
51. D. Watson e L. A. Clark. "Negative Affectivity: The Disposition to Experience Aversive Emotional States", *Psychological Bulletin* 96 (1984): 465-490.
52. R. Ilies e T. Judge. "On the Heritability of Job Satisfaction: The Mediating Role of Personality", *Journal of Applied Psychology* 88 (2003): 750-759.
53. J. M. George. "State or Trait", *Journal of Applied Psychology* 76 (1991): 299-307.
54. J. M. George. "Mood and Absence", *Journal of Applied Psychology* 74 (1989): 287-324.
55. S. Lyubormirsky, L. King e L. E. Diener. "The Benefits of Frequent Positive Affect: Does Happiness Lead to Success?". *Psychological Bulletin* 131(6) (2005): 803-855.
56. S. Barsade, A. Ward, J. Turner e J. Sonnenfeld. "To Your Heart's Content: A Model of Affective Diversity in Top Management Teams", *Administrative Science Quarterly* 45 (2000): 802-836.
57. H. Rorschach, *Psychodiagnostics* (Bern: Hans Huber, 1921).
58. C. G. Jung. *Psychological Types* (Nova York: Harcourt & Bruce, 1923).
59. Consulting Psychologists Press. Disponível em: <http://www.cpp.com/products/mbti/index.asp>. Acesso em: 30 jun. 2008.
60. R. Benfari e J. Knox. *Understanding Your Management Style* (Lexington, Mass.: Lexington Books, 1991).
61. O. Kroeger e J. M. Thuesen. *Type Talk* (Nova York: Delacorte Press, 1988).
62. S. Hirsch e J. Kummerow, *Life Types* (Nova York: Warner Books, 1989).
63. I. B. Myers e M. H. McCaulley. *Manual: A Guide to the Development and Use of the Myers-Briggs Type Indicator* (Palo Alto, Calif.: Consulting Psychologists Press, 1990).
64. G. P. Macdaid, M. H. McCaulley e R. I. Kainz. *Myers-Briggs Type Indicator: Atlas of Type Tables* (Gainesville, Fla.: Center for Application of Psychological Type, 1987).
65. J. D. Murray. "Review of Research on the Myers Briggs Type Indicator", *Perceptual and Motor Skills* 70 (1990): 1187-1202; J. G. Carlson. "Recent Assessment of the Myers-Briggs Type Indicator", *Journal of Personality Assessment* 49 (1985): 356-365.
66. A. Thomas, M. Benne, M. Marr, L. Thomas e R. Hume. "The Evidence Remains Stable: The MBTI Predicts Attraction and Attrition in an Engineering Program", *Journal of Psychological Type* 55 (2000): 35-42.
67. C. Walck. "Training for Participative Management: Implications for Psychological Type," *Journal of Psychological Type* 21 (1991): 3-12.
68. G. Lawrence e C. Martin. *Building People, Building Programs: A Practitioner's Guide for Introducing the Mbti to Individuals and Organizations* (Center for Applications of Psychological Type, 2001); L. Berens, L. Ernst, M. Smith. *Quick Guide to the 16 Personality Types and Teams: Applying Team Essentials® to Create Effective Teams* (Telos Publications, 2004).
69. J. Michael. "Using the Myers-Briggs Indicator as a Tool for Leadership Development: Apply with Caution", *Journal of Leadership & Organizational Studies* 10 (2003): 68-78.
70. E. C. Webster. *The Employment Interview: A Social Judgment Process* (Schomberg, Canadá: SIP, 1982).
71. A. J. Ward, M. J. Lankau, A. C. Amason, J. A. Sonnenfeld e B. R. Agle. "Improving the Performance of Top Management Teams", *MIT Sloan Management Review* 48(3) (2007): 85-90.
72. N. Adler. *International Dimensions of Organizational Behavior*, 2ª ed. (Boston: PWS-Kent, 1991).
73. L. R. Offerman e M. K. Gowing. "Personnel Selection in the Future: The Impact of Changing Demographics and the Nature of Work". In: Schmitt, Borman & Associates, eds. *Personnel Selection in Organizations* (San Francisco: Jossey-Bass, 1993).
74. L. Armstrong. "What Men Say Behind Closed Doors", *Working Mother* (jun.-jul. 2008): 87-90.
75. J. Park e M. R. Banaji. "Mood and Heuristics: The Influence of Happy and Sad States on Sensitivity and Bias in Stereotyping", *Journal of Personality and Social Psychology* 78 (2000): 1005-1023.
76. M. W. Levine e J. M. Shefner. *Fundamentals of Sensation and Perception* (Reading, Mass.: Addison-Wesley, 1981).
77. R. L. Dipboye, H. L. Fromkin e K. Willback. "Relative Importance of Applicant Sex, Attractiveness, and Scholastic Standing in Evaluations of Job Applicant Resumes", *Journal of Applied Psychology* 60 (1975): 39-43; I. H. Frieze, J. E. Olson e J. Russell. "Attractiveness and Income for Men and Women in Management", *Journal of Applied Social Psychology* 21 (1991): 1039-1057.
78. P. Ekman e W. Friesen. *Unmasking the Face* (Englewood Cliffs, N.J.: Prentice-Hall, 1975).
79. J. E. Rehfeld. "What Working for a Japanese Company Taught Me", *Harvard Business Review* (nov.-dez. 1990): 167-176.
80. M. W. Morris e R. P. Larrick. "When One Cause Casts Doubt on Another: A Normative Analysis of Discounting in Causal Attribution", *Psychological Review* 102 (1995): 331-355.
81. G. B. Sechrist e C. Stangor. "Perceived Consensus Influences Intergroup Behavior and Stereotype Accessibility", *Journal of Personality and Social Psychology* 80 (2001): 645-654; A. Lyons e Y. Kashima. "How Are Stereotypes Maintained through Communication? The Influence of Stereotype Sharedness", *Journal of Personality and Social Psychology* 85 (2003): 989-1005.
82. R. Hastings. "The forgotten minority: stereotypes of Asian-Americans not only can limit their workplace opportunities but also can stifle the talents they can offer their employers", *HR Magazine* (jul. 2007). Disponível em: <http://infotrac-college.thomsonlearning.com>. Acesso em: 30 jun. 2008; J. Katz. "How Troublesome are Stereotypes in International Business?", *CAHRS Working Paper Series 1995*. Disponível em: <http://digitalcommons.ilr.cornell.edu/cahrswp/193>. Acesso em: 30 jun. 2008.

83. A. Feingold. "Gender Differences in Effects of Physical Attractiveness on Romantic Attraction: A Comparison across Five Research Paradigms", *Journal of Personality and Social Psychology* 59 (1990): 981-993.
84. M. Snyder. "When Belief Creates Reality", *Advances in Experimental Social Psychology* 18 (1984): 247-305.
85. M. Biernat. "Toward a Broader View of Social Stereotyping", *American Psychologist* 58 (2003): 1019-1027.
86. E. Burnstein e Y. Schul. "The Informational Basis of Social Judgments: Operations in Forming an Impression of Another Person", *Journal of Experimental Social Psychology* 18 (1982): 217-234.
87. T. DeGroot e S. Motowidlo. "Why Visual and Vocal Cues Can Affect Interviewers' Judgments and Predict Job Performance", *Journal of Applied Psychology* 84 (1999): 986-993; M. C. L. Greene e L. Mathieson. *The Voice and Its Disorders* (LondresLondres: Whurr, 1989).
88. R. L. Gross e S. E. Brodt. "How Assumptions of Consensus Undermine Decision Making", *MIT Sloan Management Review* 42 (Winter 2001): 86-94.
89. R. Rosenthal e L. Jacobson. *Pygmalion in the Classroom: Teacher Expectations and Pupils' Intellectual Development* (Nova York: Holt, Rinehart & Winston, 1968).
90. D. Eden. "Pygmalion without Interpersonal Contrast Effects: Whole Groups Gain from Raising Manager Expectations", *Journal of Applied Psychology* 75 (1990): 394-398.
91. R. A. Giacolone e P. Rosenfeld, eds. *Impression Management in Organizations* (Hillsdale, N.J.: Erlbaum, 1990); J. Tedeschi e V. Melburg, "Impression Management and Influence in the Organization," in S. Bacharach and E. Lawler, eds., *Research in the Sociology of Organizations* (Greenwich, Conn.: JAI Press, 1984), 31-58.
92. A. Colella e A. Varma. "The Impact of Subordinate Disability on Leader-Member Exchange Relationships", *Academy of Management Journal* 44 (2001): 304-315.
93. D. C. Gilmore e G. R. Ferris. "The Effects of Applicant Impression Management Tactics on Interviewer Judgments", *Journal of Management* (dez. 1989): 557-564; C. K. Stevens e A. L. Kristof. "Making the Right Impression: A Field Study of Applicant Impressions Management during Job Interviews", *Journal of Applied Psychology* 80 (1995): 587-606.
94. S. J. Wayne e R. C. Liden. "Effects of Impression Management on Performance Ratings: A Longitudinal Study", *Academy of Management Journal* 38 (1995): 232-260.
95. R. A. Baron. "Impression Management by Applicants during Employment Interviews: The 'Too Much of a Good Thing' Effect". In: R. W. Eder e G. R. Ferris, eds. The Employment Interview: *Theory, Research, and Practice* (Newbury Park, Calif.: Sage Publications, 1989).
96. F. Heider. *The Psychology of Interpersonal Relations* (Nova York: Wiley, 1958).
97. S. Graham e V. Folkes. *Attribution Theory: applications to achievement, mental health, and interpersonal conflict* (Hillsdale: L. Erlbaum and Associates, 1990).
98. P. D. Sweeney, K. Anderson e S. Bailey. "Attributional Style in Depression: A Meta-Analytic Review", *Journal of Personality and Social Psychology* 51 (1986): 974-991.
99. P. Rosenthal, D. Guest e R. Peccei. "Gender Differences in Managers' Causal Explanations for Their Work Performance", *Journal of Occupational and Organizational Psychology* 69 (1996): 145-151.
100. J. Silvester, "Spoken Attributions and Candidate Success in Graduate Recruitment Interviews", *Journal of Occupational and Organizational Psychology* 70 (1997): 61-71.
101. L. Ross. "The Intuitive Psychologist and His Shortcomings: Distortions in the Attribution Process". In: L. Berkowitz, ed. *Advances in Experimental Social Psychology* (Nova York: Academic Press, 1977); M. O'Sullivan. "The Fundamental Attribution Error in Detecting Deception: The Boy-Who-Cried-Wolf Effect", *Personality & Social Psychology Bulletin* 29 (2003): 1316-1327.
102. D. T. Miller e M. Ross. "Self-Serving Biases in the Attribution of Causality: Fact or Fiction?". *Psychological Bulletin* 82 (1975): 313-325.
103. J. R. Schermerhorn, Jr. "Team Development for High-Performance Management", *Training and Development Journal* 40 (1986): 38-41.
104. J. G. Miller. "Culture and the Development of Everyday Causal Explanation", *Journal of Personality and Social Psychology* 46 (1984): 961-978.
105. G. Si, S. Rethorst e K. Willimczik. "Causal Attribution Perception in Sports Achievement: A Cross-Cultural Study on Attributional Concepts in Germany and China", *Journal of Cross-Cultural Psychology* 26 (1995): 537-553.

Capítulo 4

1. A. H. Eagly e S. Chaiken. *The Psychology of Attitudes* (Orlando, Fla.: Harcourt Brace Jovanovich, 1993).
2. M. Pounds. "South Florida Sun-Sentinel Business Strategies column: Bring positive attitude to the workplace using praise", *South Florida Sun-Sentinel* (Fort Lauderdale, FL) (27 set. 2007). Disponível em: <http://infotrac-college.thomsonlearning.com>. Acesso em: 2 jul. 2008.
3. M. J. Rosenberg, C. I. Hovland, W. J. McGuire, R. P. Abelson e J. H. Brehm. *Attitude Organization and Change* (New Haven, Conn.: Yale University Press, 1960).
4. L. Festinger. *A Theory of Cognitive Dissonance* (Evanston, Ill.: Row, Peterson, 1957).
5. R. H. Fazio e M. P. Zanna. "On the Predictive Validity of Attitudes: The Roles of Direct Experience and Confidence", *Journal of Personality* 46 (1978): 228-243.
6. A. Tversky e D. Kahneman. "Judgment under Uncertainty: Heuristics and Biases". In: D. Kahneman, P. Slovic e A. Tversky, eds. *Judgment under Uncertainty* (Nova York: Cambridge University Press, 1982): 3-20.
7. A. Bandura. *Social Learning Theory* (Englewood Cliffs, NJ: Prentice-Hall, 1977).
8. I. Ajzen e M. Fishbein. "Attitude–Behavior Relations: A Theoretical Analysis and Review of Empirical Research", *Psychological Bulletin* 84 (1977): 888-918.
9. B. T. Johnson e A. H. Eagly. "Effects of Involvement on Persuasion: A Meta-Analysis", *Psychological Bulletin* 106 (1989): 290-314.
10. K. G. DeBono e M. Snyder. "Acting on One's Attitudes: The Role of History of Choosing Situations", *Personality and Social Psychology Bulletin* 21 (1995): 629-636.
11. I. Ajzen e M. Fishbein. *Understanding Attitudes and Predicting Social Behavior* (Englewood Cliffs, N.J.: Prentice-Hall, 1980).
12. I. Ajzen. "From Intentions to Action: A Theory of Planned Behavior" In: J. Kuhl e J. Beckmann, eds. *Action-Control: From Cognition to Behavior* (Heidelberg: Springer, 1985).
13. I. Ajzen. "The Theory of Planned Behavior", *Organizational Behavior and Human Decision Processes* 50 (1991): 1-33.
14. A. Sagie e M. Krausz. "What Aspects of the Job Have Most Effect on Nurses?". *Human Resource Management Journal* 13 (2003): 46-62.
15. J. Kettle. "Factors Affecting Job Satisfaction in the Registered Nurse", *Journal of Undergraduate Nursing Scholarship*. Disponível em: <http://juns.nursing.arizona.edu/Default.htm>. Acesso em: 1º jul. 2008.
16. C. P. Parker, B. B. Baltes, S. A. Young, J. W. Huff, R. A. Altman, H. A. LaCost, e J. E. Roberts. "Relationships between Psychological Climate Perceptions and Work Outcomes: A Meta Analytic Review", *Journal of Organizational Behavior* 24 (2003): 389-416.
17. E. A. Locke. "The Nature and Causes of Job Satisfaction". In: M. Dunnette, ed. *Handbook of Industrial and Organizational Psychology* (Chicago: Rand McNally, 1976).
18. P. C. Smith, L. M. Kendall e C. L. Hulin. *The Measurement of Satisfaction in Work and Retirement* (Skokie, Ill.: Rand McNally, 1969).
19. R. Ilies e T. A. Judge. "On the Heritability of Job Satisfaction: The Mediating Role of Personality", *Journal of Applied Psychology* 88 (2003): 750-759.
20. D. J. Weiss, R. V. Davis, G. W. England e L. H. Lofquist. *Manual for the Minnesota Satisfaction Questionnaire* (Minneapolis: Industrial Relations Center, University of Minnesota, 1967).
21. C. D. Fisher. "Why Do Lay People Believe that Satisfaction and Performance Are Correlated? Possible Sources of a Commonsense Theory", *Journal of Organizational Behavior* 24 (2003): 753-777.

22. M. Christen, G. Iyer e D. Soberman. "Job Satisfaction, Job Performance, and Effort: A Reexamination Using Agency Theory", *Journal of Marketing* 70 (jan. 2006): 137-150
23. L. A. Bettencourt, K. P. Gwinner e M. L. Meuter. "A Comparison of Attitude, Personality, and Knowledge Predictors of Service-Oriented Organizational Citizenship Behaviors", *Journal of Applied Psychology* 86 (2001): 29-41.
24. D. W. Organ. *Organizational Citizenship Behavior: The Good Soldier Syndrome* (Lexington, Mass.: Lexington Books, 1988).
25. P. M. Podsakoff, S. B. Mackenzie e C. Hui. "Organizational Citizenship Behaviors and Managerial Evaluations of Employee Performance: A Review and Suggestions for Future Research", G. Ferris, ed. In: *Research in Personnel and Human Resources Management* (Greenwich, Conn.: JAI Press, 1993): 1-40.
26. K. Lee e N. J. Allen. "Organizational Citizenship Behavior and Workplace Deviance: The Role of Affect and Cognitions", *Journal of Applied Psychology*, 87(1), (2002): 131-142.
27. O. Christ, R. Van Dick e U. Wagner. "When Teachers Go the Extra Mile: Foci of Organizational Identification as Determinants of Different Forms of Organizational Citizenship Behavior among Schoolteachers", *British Journal of Educational Psychology* 73 (2003): 329-341.
28. G. L. Blakely, M. C. Andrews e J. Fuller. "Are Chameleons Good Citizens: A Longitudinal Study of the Relationship between Self-Monitoring and Organizational Citizenship Behavior", *Journal of Business & Psychology* 18 (2003): 131-144.
29. W. H. Bommer, E. W. Miles e S. L. Grover. "Does One Good Turn Deserve Another? Coworker Influences on Employee Citizenship", *Journal of Organizational Behavior* 24 (2003): 181-196.
30. C. Ostroff. "The Relationship between Satisfaction, Attitudes and Performance: An Organizational Level Analysis", *Journal of Applied Psychology* 77 (1992): 963-974.
31. R. Griffin e T. Bateman. "Job Satisfaction and Organizational Commitment". In: C. Cooper e I. Robertson, eds. *International Review of Industrial and Organizational Psychology* (Nova York: Wiley, 1986).
32. A. R. Wheeler, V. C. Gallagher, R. L. Brouer e C. J. Sablynski. "When Person-Organization (Mis)Fit and (Dis)Satisfaction Lead to Turnover: The Moderating Role of Perceived Job Mobility", *Journal of Managerial Psychology* 22 (2): 203-219.
33. X. Huang e E. Van De Vliert. "Where Intrinsic Job Satisfaction Fails to Work: National Moderators of Intrinsic Motivation", *Journal of Organizational Behavior* 24 (2003): 133-250.
34. L. Sun, S. Aryee e K. S. Law. "High-Performance Human Resource Practices, Citizenship Behavior, and Organizational Performance: A Relational Perspective", *Academy of Management Journal,* 50 (2007): 558-577.
35. S. L. Robinson e R. J. Bennett. "A Typology of Deviant Workplace Behaviors: A Multidimensional Scaling Study", *Academy of Management Journal*, 38(2) (1995), 555; P. D. Dunlop e K. Lee. "Workplace Deviance, Organizational Citizenship Behavior, and Business Unit Performance: The Bad Apples Do Spoil the Whole Barrel", *Journal of Organizational Behavior* 25 (2004): 67-80.
36. M. E. Heilman e V. B. Alcott. "What I Think You Think of Me: Women's Reactions to Being Viewed as Beneficiaries of Preferential Selection", *Journal of Applied Psychology* 86 (2001): 574-582; M. E. Heilman, C. J. Block e P. Stathatos. "The Affirmative Action Stigma of Incompetence: Effects of Performance Information Ambiguity", *Academy of Management Journal*, 40, (1997): 603-625.
37. R. T. Mowday, L. W. Porter e R. M. Steers. *Employee-Organization Linkages: The Psychology of Commitment* (Nova York: Academic Press, 1982).
38. N. Allen e J. Meyer, "Affective, Continuance, and Normative Commitment to the Organization: An Examination of Construct Validity", *Journal of Vocational Behavior* 49 (1996): 252-276.
39. J. P. Meyer, N. J. Allen e C. A. Smith, "Commitment to Organizations and Occupations: Extension and Test of a Three-Component Model", *Journal of Applied Psychology* 78 (1993): 538-551.
40. J. P. Curry, D. S. Wakefield, J. L. Price e C. W. Mueller. "On the Causal Ordering of Job Satisfaction and Organizational Commitment", *Academy of Management Journal* 29 (1986): 847-858; T. N. Bauer, T. Bodner, B. Erdogan, D. M. Truxillo e J. S. Tucker. "Newcomer Adjustment during Organizational Socialization: A Meta-Analytic Review of Antecedents, Outcomes, and Methods", *Journal of Applied Psychology,* 92 (2007): 707-721.
41. B. Benkhoff. "Ignoring Commitment Is Costly: New Approaches Establish the Missing Link between Commitment and Performance", *Human Relations* 50 (1997): 701-726; N. J. Allen e J. P. Meyer. "Affective, Continuance, and Normative Commitment to the Organization: An Examination of Construct Validity", *Journal of Vocational Behavior* 49 (1996): 252-276.
42. M. J. Somers. "Organizational Commitment, Turnover, and Absenteeism: An Examination of Direct and Interaction Effects", *Journal of Organizational Behavior* 16 (1995): 49-58; L. Lum, J. Kervin, K. Clark, F. Reid e W. Sirola. "Explaining Nursing Turnover Intent: Job Satisfaction, Pay Satisfaction, or Organizational Commitment?", *Journal of Organizational Behavior* 19 (1998): 305-320.
43. F. Stinglhamber e C. Vandenberghe. "Organizations and Supervisors as Sources of Support and Targets of Commitment", *Journal of Organizational Behavior* 24 (2003): 251-270.
44. R. Eisenberger et al. "Reciprocation of Perceived Organizational Support", *Journal of Applied Psychology* 86 (2001): 42-51; J. E. Finegan. "The Impact of Person and Organizational Values on Organizational Commitment", *Journal of Occupational and Organizational Psychology* 73 (2000): 149-169.
45. E. Snape e T. Redman. "Too Old or Too Young? The Impact of Perceived Age Discrimination, *Human Resource Management Journal* 13 (2003): 78-89. "
46. J. A. Conger. "The Necessary Art of Persuasion", *Harvard Business Review* 76 (1998): 84-96.
47. J. Cooper e R. T. Croyle. "Attitudes and Attitude Change", *Annual Review of Psychology* 35 (1984): 395-426.
48. B. Martin, D. Wentzel e T. Tomczak. "Effects of susceptibility to normative influence and type of testimonial on attitudes toward print advertising", *Journal of Advertising* (primavera de 2008). Disponível em: <http://infotrac-college.thomsonlearning.com>. Acesso em: 2 jul. 2008.
49. D. M. Mackie e L. T. Worth. "Processing Deficits and the Mediation of Positive Affect in Persuasion", *Journal of Personality and Social Psychology* 57 (1989): 27-40.
50. J. W. Brehm. *Responses to Loss of Freedom: A Theory of Psychological Reactance* (Nova York: General Learning Press, 1972).
51. D. DeSteno, R. E. Petty e D. D. Rucker. "Discrete Emotions and Persuasion: The Role of Emotion-Induced Expectancies", *Journal of Personality & Social Psychology* 86 (2004): 43-56.
52. R. Petty, D. T. Wegener e L. R. Fabrigar. "Attitudes and Attitude Change", *Annual Review of Psychology* 48 (1997): 609-647.
53. P. Brinol e R. E. Petty. "Overt Head Movements and Persuasion: A Self-Validation Analysis", *Journal of Personality & Social Psychology* 84 (2003): 1123-1139.
54. W. Wood. "Attitude Change: Persuasion and Social Influence", *Annual Review of Psychology* 51 (2000): 539-570.
55. N. H. Frijda. "Moods, Emotion Episodes, and Emotions". In: M. Lewis e J. M. Haviland (Eds.). *Handbook of Emotions* (Nova York: Guilford Press, 1993): 381-403.
56. A. Ortony, G. L. Clore e A. Collins. "The Cognitive Structure of Emotions" (Cambridge, England: Cambridge University Press, 1988).
57. R. S. Lazarus. *Emotion and Adaptation* (Nova York: Oxford University Press, 1991).
58. H. M. Weiss, K. Suckow e R. Cropanzano. "Effects of Justice Conditions on Discrete Emotions", *Journal of Applied Psychology,* 84 (1999): 786-794.
59. T. B. Lawrence e S. L. Robinson. "Ain't Misbehavin: Workplace Deviance as Organizational Resistance", *Journal of Management,* 33 (2007): 378-394.
60. B. L. Fredrickson e C. Brannigan. "Positive Emotions" In: G. Bonnano e T. Mayne (eds.). *Emotions: Current Issues and Future Directions* (Nova York: Guilford Press, 2001): 123-152.
61. A. M. Isen e R. A. Baron. "Positive Affect as a Factor in Organizational Behavior", *Research in Organizational Behavior,* 13 (1991): 1-53.
62. S. G. Barsade e D. E. Gibson. "Why Does Affect Matter in Organizations?". *The Academy of Management Perspectives,* 21 (2007): 36-59.

63. S. G. Barsade. "The Ripple Effect: Emotional Contagion and Its Influence on Group Behavior", *Administrative Science Quarterly*, 47 (2007): 644-675.
64. J. E. Dutton, P. J. Frost, M. C. Worline, J. M. Lilius, J. M. Kanov. "Leading in Times of Trauma", *Harvard Business Review*, v. 80 (2002): 54-61.
65. T. A. Stewart. "The Highway of the Mind", *Harvard Business Review*, 82 (2004): 116.
66. F. Navran. "Your Role in Shaping Ethics", *Executive Excellence* 9 (1992): 11-12.
67. K. Labich. "The New Crisis in Business Ethics", *Fortune* (20 abr. 1992): 167-176.
68. L. S. Paine. *Value Shift: Why Companies Must Merge Social and Financial Imperatives to Achieve Superior Performance* (Nova York: McGraw-Hill, 2003).
69. D. B. Turban e D. M. Cable. "Firm Reputation and Applicant Pool Characteristics", *Journal of Organizational Behavior* 24 (2003): 733-751.
70. E. A. Lind, J. Greenberg, K. S. Scott e T. D. Welchans. "The Winding Road from Employee to Complainant: Situational and Psychological Determinants of Wrongful-Termination Claims", *Administrative Science Quarterly* 45 (2000): 557-590.
71. "Stolen birthrights, Australia's aborigines", *The Economist* (US) (2 fev. 2008). Disponível em: <http://infotrac-college.thomsonlearning.com>. Acesso em: 8 jul. 2008; T. Johnston. "Australia Says, 'Sorry' to Aborigines for Mistreatment", *The New York Times* (13 fev. 2008). Disponível em: <http://www.nytimes.com>. Acesso em: 2 jul. 2008.
72. Miriam Schulman. "Little Brother Is Watching You", Makkula Center for Applied Ethics. Disponível em: <http://www.scu.edu/ethics/publications/iie/v9n2/brother.html>. Acesso em: 1º jul. 2008.
73. M. Oneal, P. Callahan e E. Osnos. "Mattel recalls 18 million toys", Chicago Tribune (15 ago. 2007). Disponível em: <http://www.chicagotribune.com/business/chi-toysaug15,0,7223810.story>.
74. M. S. Baucus e D. A. Baucus. "Paying the Piper: An Empirical Examination of Longer-Term Financial Consequences of Illegal Corporate Behavior", *Academy of Management Journal* 40 (1997): 129-151.
75. J. O. Cherrington e D. J. Cherrington. "A Menu of Moral Issues: One Week in the Life of *The Wall Street Journal*", *Journal of Business Ethics* 11 (1992): 255-265.
76. B. L. Flannery e D. R. May. "Environmental Ethical Decision Making in the U.S. Metal-Finishing Industry", *Academy of Management Journal* 43 (2000): 642-662.
77. K. R. Andrews. "Ethics in Practice", *Harvard Business Review* (set.-out. 1989): 99-104.
78. M. Rokeach. *The Nature of Human Values* (Nova York: Free Press, 1973).
79. M. Rokeach e S. J. Ball-Rokeach. "Stability and Change in American Value Priorities, 1968-1981", *American Psychologist* 44 (1989): 775-784.
80. S. P Eisner (2005). "Managing Generation Y", *S.A.M. Advanced Management Journal*, 70(4): 4-15.
81. M. Henderson e D. Thompson. *Values at Work: The Invisible Threads Between People, Performance, and Profit* (Auckland, Nova Zelândia: HarperBusiness, 2003).
82. B. C. Ravlin e B. M. Meglino. "Effects of Values on Perception and Decision Making: A Study of Alternative Work Values Measures", *Journal of Applied Psychology* 72 (1987): 666-673.
83. E. C. Ravlin e B. M. Meglino. "The Transitivity of Work Values: Hierarchical Preference Ordering of Socially Desirable Stimuli", *Organizational Behavior and Human Decision Processes* 44 (1989): 494-508.
84. B. M. Meglino, E. C. Ravlin e C. L. Adkins. "A Work Values Approach to Corporate Culture: A Field Test of the Value Congruence Process and Its Relationship to Individual Outcomes", *Journal of Applied Psychology* 74 (1989): 424-432.
85. T. A. Judge e R. D. Bretz, Jr. "Effects of Work Values on Job Choice Decisions", *Journal of Applied Psychology* 77 (1992): 261-271.
86. R. H. Doktor. "Asian and American CEOs: A Comparative Study", *Organizational Dynamics* 18 (1990): 46-56.
87. R. L. Tung. "Handshakes across the Sea: Cross-Cultural Negotiating for Business Success", *Organizational Dynamics* (inverno de 1991): 30-40.
88. C. Gomez, B. L. Kirkman e D. L. Shapiro. "The Impact of Collectivism and In-Group/Out-Group Membership on the Evaluation Generosity of Team Members", *Academy of Management Journal* 43 (2000): 1097-1106; J. Zhou e J. J. Martocchio, "Chinese and American Managers' Compensation Award Decisions: A Comparative Policy-Capturing Study", *Personnel Psychology* 54 (2001): 115-145.
89. A. J. Ali e M. Amirshahi. "The Iranian Manager: Work Values and Orientations", *Journal of Business Ethics* 40 (2002): 133-143.
90. R. Neale e R. Mindel. "Rigging Up Multicultural Teamworking", *Personnel Management* (jan. 1992): 27-30.
91. J. B. Rotter. "Generalized Expectancies for Internal versus External Control of Reinforcement", *Psychological Monographs* 80 (1966): 1-28.
92. L. K. Trevino e S. A. Youngblood. "Bad Apples in Bad Barrels: A Causal Analysis of Ethical Decision-Making Behavior", *Journal of Applied Psychology* 75 (1990): 378-385.
93. H. M. Lefcourt. *Locus of Control: Current Trends in Theory and Research*, 2ª ed. (Hillsdale, N.J.: Erlbaum, 1982).
94. N. Machiavelli. *The Prince*. Tradução para o inglês de George Bull (Middlesex, Inglaterra: Penguin Books, 1961).
95. R. Christie e F. L. Geis. *Studies in Machiavellianism* (Nova York: Academic Press, 1970).
96. R. A. Giacalone e S. B. Knouse. "Justifying Wrongful Employee Behavior: The Role of Personality in Organizational Sabotage", *Journal of Business Ethics* 9 (1990): 55-61.
97. S. B. Knouse e R. A. Giacalone. "Ethical Decision Making in Business: Behavioral Issues and Concerns", *Journal of Business Ethics* 11 (1992): 369-377.
98. L. Kohlberg. "Stage and Sequence: The Cognitive Developmental Approach to Socialization". In: D. A. Goslin, ed. *Handbook of Socialization Theory and Research* (Chicago: Rand McNally, 1969), 347-480.
99. C. I. Malinowski e C. P. Smith. "Moral Reasoning and Moral Conduct: An Investigation Prompted by Kohlberg's Theory", *Journal of Personality and Social Psychology* 49 (1985): 1016-1027; M. Brabeck. "Ethical Characteristics of Whistleblowers", *Journal of Research in Personality* 18 (1984): 41-53; W. Y. Penn e B. D. Collier. "Current Research in Moral Development as a Decision Support System", *Journal of Business Ethics* 4 (1985): 131-136; Trevino e Youngblood, "Bad Apples in Bad Barrels".
100. C. Gilligan. *In a Different Voice: Psychological Theory and Women's Development* (Cambridge, Mass.: Harvard University Press, 1982).
101. S. Jaffee e J. S. Hyde. "Gender Differences in Moral Orientation: A Meta-Analysis", *Psychological Bulletin* 126 (2000): 703-726.
102. G. R. Franke, D. F. Crown e D. F. Spake. "Gender Differences in Ethical Perceptions of Business Practices: A Social Role Theory Perspective", *Journal of Applied Psychology* 82 (1997): 920-934.

Capítulo 5

1. L. W. Porter, G. Bigley e R. M. Steers. *Motivation and Leadership at Work*, 7ª ed. (Nova York: McGraw-Hill, 2002).
2. J. P. Campbell e R. D. Pritchard, "Motivation Theory in Industrial and Organizational Psychology" In: M. D. Dunnette, ed. *Handbook of Industrial and Organizational Psychology* (Chicago: Rand McNally, 1976), 63-130.
3. M. Weber. *The Protestant Ethic and the Spirit of Capitalism* (Londres: Talcott Parson, tr., 1930).
4. S. Freud. *Civilization and Its Discontents*. Tradução para o inglês e edição de J. Strachey (Nova York: Norton, 1961).
5. P. D. Dunlop e K. Lee. "Workplace Deviance, Organizational Citizenship Behavior, and Business Unit Performance: The Bad Apples Do Spoil the Whole Barrel", *Journal of Organizational Behavior* 25 (2004): 67-80.
6. K. J. Sweetman. "Employee Loyalty around the Globe", *Sloan Management Review* 42 (2001): 16.
7. B. S. Frey. *Not Just for the Money: An Economic Theory of Personal Motivation* (Brookfield, Vt.: Edgar Elger, 1997).
8. A. Smith. *An Inquiry into the Nature and Causes of the Wealth of Nations*, v. 10 do The Harvard Classics, C. J. Bullock, ed. (Nova York: Collier, 1909).

9. J. Jennings. Less Is More: How Great Companies Use Productivity as a Competitive Tool in Business (Nova York: Portfolio, 2002).
10. F. W. Taylor. The Principles of Scientific Management (Nova York: Norton, 1911).
11. As audiências perante a Comissão Especial da Câmara dos Deputados para investigar a administração de Taylor e de outros Sistemas de Comércio sob a autoridade da Casa, Resolução 90, v. 3, 1377--1508 contêm o testemunho de Taylor perante a comissão de quinta-feira, 25 de janeiro, até terça-feira, 30 de janeiro de 1912.
12. J. Birai. "Secret Sauce", Fast Company 115 (maio 2007): 81-88.
13. F. J. Roethlisberger. Management and Morale (Cambridge, Mass.: Harvard University Press, 1941).
14. L. Van Dyne e J. L. Pierce. "Psychological Ownership and Feelings of Possession: Three Field Studies Predicting Employee Attitudes and Organizational Citizenship Behavior", Journal of Organizational Behavior 25 (2004): 439-459.
15. A. H. Maslow. "A Theory of Human Motivation", Psychological Review 50 (1943): 370-396.
16. W. James. The Principles of Psychology (Nova York: H. Holt & Co., 1890; Cambridge, Mass.: Harvard University Press, 1983); J. Dewey. Human Nature and Conduct: An Introduction to Social Psychology (Nova York: Holt, 1922); S. Freud. A General Introduction to Psycho-Analysis: A Course of Twenty-Eight Lectures Delivered at the University of Vienna (Nova York: Liveright, 1963); A. Adler. Understanding Human Nature (Greenwich, Conn.: Fawcett, 1927).
17. E. E. Lawler, III e J. L. Suttle. "A Causal Correlational Test of the Need Hierarchy Concept", Organizational Behavior and Human Performance 7 (1973): 265-287.
18. N. K. Austin. "The power of the pyramid: the foundation of human psychology and, thereby, of motivation, Maslow's hierarchy is one powerful pyramid", Incentive 176 (jul. 2002) 10.
19. D. M. McGregor. The Human Side of Enterprise (Nova York: McGraw-Hill, 1960).
20. D. M. McGregor. "The Human Side of Enterprise", Management Review (nov. 1957): 22-28, 88-92.
21. E. E. Lawler, G. E. Lawford, S. A. Mohrman e G. E. Ledford, Jr. Strategies for High Performance Organizations — The CEO Report: Employee Involvement, TQM, and Reengineering Programs in Fortune 1000 Corporations (San Francisco: Jossey-Bass, Inc., 1998).
22. J. Boorstin. "No Preservatives. No Unions. Lots of Dough", Fortune 148 (15 set. 2003): 127-129.
23. C. P. Alderfer. Human Needs in Organizational Settings (Nova York: Free Press, 1972).
24. B. Schneider e C. P. Alderfer. "Three Studies of Need Satisfactions in Organizations", Administrative Science Quarterly 18 (1973): 489-505.
25. H. A. Murray. Explorations in Personality: A Clinical and Experimental Study of Fifty Men of College Age (Nova York: Oxford University Press, 1938).
26. D. C. McClelland. Motivational Trends in Society (Morristown, N.J.: General Learning Press, 1971).
27. J. P. Chaplin e T. S. Krawiec. Systems and Theories of Psychology (Nova York: Holt, Rinehart & Winston, 1960); M. Stahl, Managerial and Technical Motivation: Assessing Needs for Achievement, Power, and Affiliation (Praeger, 1986).
28. D. C. McClelland. "Achievement Motivation Can Be Learned", Harvard Business Review 43 (1965): 6-24.
29. E. A. Ward. "Multidimensionality of Achievement Motivation among Employed Adults", Journal of Social Psychology 134 (1997): 542-544.
30. A. Sagie, D. Elizur e H. Yamauchi. "The Structure and Strength of Achievement Motivation: A Cross-Cultural Comparison", Journal of Organizational Behavior 17 (1996): 431-444.
31. D. C. McClelland e D. Burnham. "Power Is the Great Motivator", Harvard Business Review 54 (1976): 100-111; J. Hall e J. Hawker, Power Management Inventory (The Woodlands, Tex.: Teleometrics International, 1988).
32. S. Schachter. The Psychology of Affiliation (Stanford, Calif.: Stanford University Press, 1959).
33. F. Herzberg, B. Mausner e B. Snyderman. The Motivation to Work (Nova York: Wiley, 1959).
34. F. Herzberg. Work and the Nature of Man (Cleveland: World, 1966).
35. J. Marquez. "Winning Women Back", Workforce Management 86(7) (2007): 20-21.
36. F. J. Leach e J. D. Westbrook. "Motivation and Job Satisfaction in One Government Research and Development Environment", Engineering Management Journal 12 (2000): 3-8.
37. D. L. Nelson e B. L. Simmons. "Health Psychology and Work Stress: A More Positive Approach". In: J. C. Quick e L. E. Tetrick, eds. Handbook of Occupational Health Psychology (Washington, D.C.: American Psychological Association, 2000): 97-119.
38. K. S. Cameron, J. E. Dutton e R. E. Quinn, eds. Positive Organizational Scholarship: Foundations of a New Discipline (San Francisco: Berrett-Koehler, 2003).
39. J. Loehr e T. Schwartz. "The Making of a Corporate Athlete", Harvard Business Review 79 (2001): 120-129.
40. J. Loehr e T. Schwartz. The Power of Full Engagement: Managing Energy, Not Time, Is the Key to High Performance and Personal Renewal (Nova York: Free Press, 2003).
41. P. M. Blau. Exchange and Power in Social Life (Nova York: Wiley, 1964); N. Horster. Principles of Exchange and Power: Integrating the Theory of Social Institutions and the Theory of Value (Nova York: P. Lang, 1997).
42. A. Etzioni. "A Basis for Comparative Analysis of Complex Organizations". In: A. Etzioni, ed. A Sociological Reader on Complex Organizations, 2ª ed. (Nova York: Holt, Rinehart & Winston, 1969): 59-76.
43. S. S. Masterson e C. L. Stamper. "Perceived Organizational Membership: An Aggregate Framework Representing the Employee-Organization Relationship", Journal of Organizational Behavior 24 (2003): 473-490.
44. J. S. Adams. "Inequity in Social Exchange". In: L. Berkowitz, ed. Advances in Experimental Social Psychology, v. 2 (Nova York: Academic Press, 1965): 267-299; J. S. Adams. "Toward an Understanding of Inequity", Journal of Abnormal and Social Psychology 67 (1963): 422-436.
45. J. Nelson-Horchler. "The Best Man for the Job Is a Man", Industry Week (7 jan. 1991): 50-52.
46. P. D. Sweeney, D. B. McFarlin e E. J. Inderrieden. "Using Relative Deprivation Theory to Explain Satisfaction with Income and Pay Level: A Multistudy Examination", Academy of Management Journal 33 (1990): 423-436.
47. R. C. Huseman, J. D. Hatfield e E. A. Miles. "A New Perspective on Equity Theory: The Equity Sensitivity Construct", Academy of Management Review 12 (1987): 222-234.
48. D. McLoughlin e S. C. Carr. "Equity and Sensitivity and Double Demotivation", Journal of Social Psychology 137 (1997): 668-670.
49. K. E. Weick, M. G. Bougon e G. Maruyama. "The Equity Context", Organizational Behavior and Human Performance 15 (1976): 32-65.
50. R. C. Huseman, J. D. Hatfield e E. W. Miles. "A New Perspective on Equity Theory: The Equity Sensitivity Construct", The Academy of Management Review 12 (1987): 222-234.
51. J. Greenberg. "Equity and Workplace Status: A Field Experiment", Journal of Applied Psychology 73 (1988): 606-613.
52. J. Greenberg. "Losing Sleep Over Organizational Justice: Attenuating Insomniac Reactions to Underpayment Inequity with Supervisory Training in Interactional Justice", Journal of Applied Psychology 91 (2006): 58-69.
53. J. Greenberg e B. Alge. "Aggressive Reactions to Workplace Injustice". In: R. W. Griffin, A. O'Leary-Kelly e J. Collins, eds. Dysfunctional Behavior in Organizations, v. 1: Violent Behaviors in Organizations (Greenwich, CT: JAI, 1998): 119-145.
54. R. A. Cosier e D. R. Dalton. "Equity Theory e Time: A Reformulation", Academy of Management Review 8 (1983): 311-319.
55. J. E. Martin e M. W. Peterson. "Two-Tier Wage Structures: Implications for Equity Theory", Academy of Management Journal 30 (1987): 297-315.
56. R. J. Sanchez, D. M. Truxillo e T. N. Bauer. "Development and Examination of an Expectancy-Based Measure of Test-Taking Motivation", Journal of Applied Psychology 85 (2000): 739-750.
57. V. H. Vroom. Work and Motivation (Nova York: Wiley, 1964/1970).
58. J. R. Larson. "Supervisor's Performance Feedback to Subordinates: The Effect of Performance Valence and Outcome Dependence",

Organizational Behavior and Human Decision Processes 37 (1986): 391-409.

59. M. C. Kernan e R. G. Lord. "Effects of Valence, Expectancies, and Goal-Performance Discrepancies in Single and Multiple Goal Environments", Journal of Applied Psychology 75 (1990): 194-203.
60. W. VanEerde e H. Thierry. "Vroom's Expectancy Models and Work-Related Criteria: A Meta-Analysis", Journal of Applied Psychology 81 (1996): 575-586.
61. E. D. Pulakos e N. Schmitt. "A Longitudinal Study of a Valence Model Approach for the Prediction of Job Satisfaction of New Employees", Journal of Applied Psychology 68 (1983): 307-312; F. J. Landy e W. S. Becker. "Motivation Theory Reconsidered". In: L. L. Cummings e B. M. Staw, eds. Research in Organizational Behavior 9 (Greenwich, Conn.: JAI Press, 1987): 1-38.
62. J. Gibbs, K. Basinger e D. Fuller. Moral Maturity: Measuring the Development of Sociomoral Reflection (Hillsdale, NJ: L. Erbaum, 1992).
63. N. J. Adler. International Dimensions of Organizational Behavior, 4ª ed. (Mason, Ohio: South-Western, 2001).
64. G. Hofstede. "Motivation, Leadership, and Organization: Do American Theories Apply Abroad?". Organizational Dynamics 9 (1980): 42-63.
65. G. H. Hines. "Cross-Cultural Differences in Two-Factor Theory", Journal of Applied Psychology 58 (1981): 313-317.
66. M. C. Bolino e W. H. Turnley. "Old Faces, New Places: Equity Theory in Cross-Cultural Contexts", Journal of Organizational Behavior 29 (2008): 29-50; M. C. Bolino e W. H. Turnley. "Erratum: Old Faces, New Places: Equity Theory in Cross-Cultural Contexts", Journal of Organizational Behavior 29 (2008): i.

Capítulo 6

1. P. Pavlov. Conditioned Reflexes (Nova York: Oxford University Press, 1927).
2. B. Cannon. "Walter B. Cannon: Reflections on the Man and His Contributions", Centennial Session, American Psychological Association Centennial Convention, Washington, D.C., 1992.
3. B. F. Skinner. The Behavior of Organisms: An Experimental Analysis (Nova York: Appleton-Century-Crofts, 1938).
4. B. F. Skinner. Science and Human Behavior (Nova York: Free Press, 1953).
5. F. Luthans e R. Kreitner. Organizational Behavior Modification and Beyond (Glenview, Ill.: Scott, Foresman, 1985).
6. A. D. Stajkovic e F. Luthans. "A Meta-Analysis of the Effects of Organizational Behavior Modification on Task Performance, 1975-95", Academy of Management Journal 40 (1997): 1122-1149.
7. C. B. Cadsby, F. Song e F. Tapon. "Sorting and Incentive Effects of Pay for Performance: An Experimental Investigation", Academy of Management Journal 50 (2007): 387-405.
8. J. Hale. "Strategic Rewards: Keeping Your Best Talent from Walking Out the Door", Compensation & Benefits Management 14 (1998): 39-50.
9. B. F. Skinner. Contingencies of Reinforcement: A Theoretical Analysis (Nova York: Appleton-Century-Crofts, 1969).
10. J. P. Chaplin e T. S. Krawiec. Systems and Theories of Psychology (Nova York: Holt, Rinehart & Winston, 1960).
11. M. Maccoby, J. Homer Gittell e M. Ledeen. "Leadership and the Fear Factor", Sloan Management Review 148 (2004): 14-18.
12. A. Bandura. Social Learning Theory (Englewood Cliffs, N.J.: Prentice-Hall, 1977); A. Bandura. "Self-Efficacy: Toward a Unifying Theory of Behavioral Change", Psychological Review 84 (1977): 191-215.
13. J. J. Martocchio e E. J. Hertenstein. "Learning Orientation and Goal Orientation Context: Relationships with Cognitive and Affective Learning Outcomes", Human Resource Development Quarterly 14 (2003): 413-434.
14. A. Bandura. "Regulation of Cognitive Processes through Perceived Self-Efficacy", Developmental Psychology (set. 1989): 729-735.
15. J. M. Phillips e S. M. Gully. "Role of Goal Orientation, Ability, Need for Achievement, and Locus of Control in the Self-Efficacy and Goal-Setting Process", Journal of Applied Psychology 82 (1997): 792-802.
16. J. C. Weitlauf, R. E. Smith e D. Cervone. "Generalization Effects of Coping-Skills Training: Influence of Self-Defense Training on Women's Efficacy Beliefs, Assertiveness, and Aggression", Journal of Applied Psychology 85 (2000): 625-633.
17. A. D. Stajkovic e F. Luthans. "Social Cognitive Theory and Self--Efficacy: Going Beyond Traditional Motivational and Behavioral Approaches", Organizational Dynamics (primavera de 1998): 62-74.
18. V. Gecas. "The Social Psychology of Self-Efficacy", Annual Review of Sociology 15 (1989): 291-316.
19. E. A. Locke e G. P. Latham. A Theory of Goal Setting and Task Performance (Englewood Cliffs, N.J.: Prentice-Hall, 1990).
20. A. D. Stajkovic, E. A. Locke e E. S. Blair. "A First Examination of the Relationships between Primed Subconscious Goals, Assigned Conscious Goals, and Task Performance", Journal of Applied Psychology 91 (2006): 1172-1180.
21. T. O. Murray. Management by Objectives: A Systems Approach to Management (Fort Worth, Tex.: Western Company, n.d.).
22. W. T. Brooks e T. W. Mullins. High Impact Time Management (Englewood Cliffs, N.J.: Prentice-Hall, 1989).
23. E. A. Locke. "Toward a Theory of Task Motivation and Incentives", Organizational Behavior and Human Performance 3 (1968): 157-189.
24. J. C. Quick. "Dyadic Goal Setting within Organizations: Role Making and Motivational Considerations", Academy of Management Review 4 (1979): 369-380.
25. D. McGregor. "An Uneasy Look at Performance Appraisal", Harvard Business Review 35 (1957): 89-94.
26. J. R. Hollenbeck, C. R. Williams e H. J. Klein. "An Empirical Examination of the Antecedents of Commitment to Difficult Goals", Journal of Applied Psychology 74 (1989): 18-23.
27. R. C. Rodgers e J. E. Hunter, "The Impact of Management by Objectives on Organizational Productivity," artigo não publicado (Lexington: University of Kentucky, 1989).
28. E. A. Locke, K. N. Shaw, L. M. Saari e G. P. Latham. "Goal Setting and Task Performance: 1969-1980", Psychological Bulletin 90 (1981): 125-152.
29. D. B. Fedora, W. D. Davis, J. M. Maslync e K. Mathiesond. "Performance Improvement Efforts in Response to Negative Feedback: The Roles of Source Power and Recipient Self-Esteem", Journal of Management 27 (2001): 79-98.
30. J. C. Quick. "Dyadic Goal Setting and Role Stress", Academy of Management Journal 22 (1979): 241-252.
31. G. S. Odiorne. Management by Objectives: A System of Managerial Leadership (Nova York: Pitman, 1965).
32. American Management Association, Blueprints for Service Quality: The Federal Express Approach (Nova York: American Management Association, 1991).
33. P. F. Drucker. The Practice of Management (Nova York: Harper & Bros., 1954).
34. R. D. Prichard, P. L. Roth, S. D. Jones, P. J. Galgay e M. D. Watson. "Designing a Goal-Setting System to Enhance Performance: A Practical Guide", Organizational Dynamics 17 (1988): 69-78.
35. C. L. Hughes. Goal Setting: Key to Individual and Organizational Effectiveness (Nova York: American Management Association, 1965).
36. M. E. Tubbs e S. E. Ekeberg. "The Role of Intentions in Work Motivation: Implications for Goal-Setting Theory and Research", Academy of Management Review 16 (1991): 180-199.
37. G. Vatave. "Managing Risk", Supervision 65 (2004): 6-9.
38. J. R. Hollenbeck e A. P. Brief. "The Effects of Individual Differences and Goal Origin on Goal Setting and Performance", Organizational Behavior and Human Decision Processes 40 (1987): 392-414.
39. R. A. Katzell e D. E. Thompson. "Work Motivation: Theory and Practice", American Psychologist 45 (1990): 144-153; M. W. McPherson. "Is Psychology the Science of Behavior?", American Psychologist 47 (1992): 329-335.
40. E. A. Locke. "The Ideas of Frederick W. Taylor: An Evaluation", Academy of Management Review 7 (1982): 15-16; R. M. Yerkes e J. D. Dodson. "The Relation of Strength of Stimulus to Rapidity of Habit-Formation", Journal of Comparative Neurology and Psychology 18 (1908): 459-482.

41. F. L. Schmidt e J. Hunter. "General Mental Ability in the World of Work: Occupational Attainment and Job Performance", Journal of Personality and Social Psychology 86 (2004): 162-173.
42. R. L. Cardy. Performance Management: Concepts, Skills, and Exercises (Armonk, Nova York e Londres, Inglaterra: M. E. Sharpe, 2004).
43. P. Cappelli e N. Rogovsky. "Employee Involvement and Organizational Citizenship: Implications for Labor Law Reform and 'Lean Production'", Industrial & Labor Relations Review 51 (1998): 633-653.
44. L. D. Ordóñez, M. E. Schweitzer, A. D. Galinsky e M. H. Bazerman. "Goals Gone Wild: The Systematic Side Effects of Overprescribing Goal Setting", Academy of Management Perspectives, 23 (2009): 6-16; L. A. Locke e G. P. Latham. "Has Goal Setting Gone Wild, or Have Its Attackers Abandoned Good Scholarship?", Academy of Management Perspectives, 23 (2009): 17-23.
45. M. E. Tubbs e M. L. Trusty. "Direct Reports of Motivation for Task Performance Levels: Some Construct-Related Evidence", Journal of Psychology 135 (2001): 185-205.
46. R. R. Kilburg. Executive Coaching: Developing Managerial Wisdom in a World of Chaos (Washington, D.C.: American Psychological Association, 2000).
47. H. H. Meyer, E. Kay e J. R. P. French. "Split Roles in Performance Appraisal", Harvard Business Review 43 (1965): 123-129.
48. W. Lam, X. Huang e E. Snape. "Feedback-Seeking Behavior and Leader-Member Exchange: Do Supervisor-Attributed Motives Matter?". Academy of Management Journal, 50 (2007): 348-363.
49. W. A. Fisher, J. C. Quick, L. L. Schkade e G. W. Ayers. "Developing Administrative Personnel through the Assessment Center Technique", Personnel Administrator 25 (1980): 44-46, 62.
50. J. S. Goodman, R. E. Wood e M. Hendrickx. "Feedback Specificity, Exploration, and Learning", Journal of Applied Psychology 89 (2004): 248-262.
51. M. B. DeGregorio e C. D. Fisher. "Providing Performance Feedback: Reactions to Alternative Methods", Journal of Management 14 (1988): 605-616.
52. G. C. Thornton. "The Relationship between Supervisory and Self-Appraisals of Executive Performance", Personnel Psychology 21 (1968): 441-455.
53. A. S. DeNisi e A. N. Kluger. "Feedback Effectiveness: Can 360-Degree Appraisals Be Improved?". Academy of Management Executive 14 (2000): 129-140.
54. F. Luthans e S. J. Peterson. "360-Degree Feedback with Systematic Coaching: Empirical Analysis Suggests a Winning Combination", Human Resource Management 42 (2003): 243-256.
55. G. Toegel e J. A. Conger. "360-Degree Assessment: Time for Reinvention", Academy of Management Learning and Education 2 (2003): 297-311.
56. L. Hirschhorn. "Leaders and Followers in a Postindustrial Age: A Psychodynamic View", Journal of Applied Behavioral Science 26 (1990): 529-542.
57. F. M Jablin. "Superior-Subordinate Communication: The State of the Art", Psychological Bulletin 86 (1979): 1201-1222.
58. J. Pfeffer. "Six Dangerous Myths about Pay", Harvard Business Review 76 (1998): 108-119.
59. "Six Employee Types Prefer Different Rewards", HRFocus 84(4) (abr. 2007): 12.
60. M. Erez. "Work Motivation from a Cross-Cultural Perspective". In: A. M. Bouvy, F. J. R. Van de Vijver, P. Boski e P. G. Schmitz, eds. Journeys into Cross-Cultural Psychology (Amsterdã, Países Baixos: Swets & Zeitlinger, 1994), 386-403.
61. G. T. Milkovich e J. M. Newman. Compensation, 4ª ed. (Homewood, Ill.: Irwin, 1993).
62. S. Kerr. "On the Folly of Rewarding A, While Hoping for B", Academy of Management Journal 18 (1975): 769-783.
63. J. M. Bardwick. Danger in the Comfort Zone (Nova York: American Management Association, 1991).
64. D. F. Giannetto. "Get Your Money's Worth from Incentives", Business Performance Management, 7 (2009): 12.
65. M. J. Martinko e W. L. Gardner. "The Leader/Member Attributional Process", Academy of Management Review 12 (1987): 235-249.
66. K. N. Wexley, R. A. Alexander, J. P. Greenawalt e M. A. Couch. "Attitudinal Congruence and Similarity as Related to Interpersonal Evaluations in Manager-Subordinate Dyads", Academy of Management Journal 23 (1980): 320-330.
67. H. H. Kelley. Attribution in Social Interaction (Nova York: General Learning Press, 1971); H. H. Kelley. "The Processes of Causal Attribution", American Psychologist 28 (1973): 107-128.
68. B. Raabe e T. A. Beehr. "Formal Mentoring versus Supervisor and Coworker Relationships: Differences in Perceptions and Impact", Journal of Organizational Behavior 24 (2003): 271-293.
69. A. M. Young e P. L. Perrewe. "What Did You Expect? An Examination of Career-Related Support and Social Support among Mentors and Protegés", Journal of Management 26 (2000): 611-633.
70. K. Doherty. "The Good News about Depression", Business and Health 3 (1989): 1-4.
71. K. E. Kram. "Phases of the Mentor Relationship", Academy of Management Journal 26 (1983): 608-625.
72. T. D. Allen, L. T. Eby, M. L. Poteet, E. Lentz e L. Lima. "Career Benefits Associated with Mentoring for Protégés: A Meta-Analysis", Journal of Applied Psychology 89 (2004): 127-136.
73. S.J. Wells. "Choices Flourish at IBM", HR Magazine (maio 2009): 52-57
74. K. E. Kram e L. A. Isabella. "Mentoring Alternatives: The Role of Peer Relationships in Career Development", Academy of Management Journal 28 (1985): 110-132.
75. J. Greco. "Hey, Coach!", Journal of Business Strategy 22 (2001): 28-32.

Capítulo 7

1. J. Barling, E. K. Kelloway e M. R. Frone. eds. Handbook of Work Stress (Thousand Oaks, CA: Sage Publications, 2005).
2. J. C. Quick, J. D. Quick, D. L. Nelson e J. J. Hurrell, Jr. Preventive Stress Management in Organizations (Washington, D.C.: American Psychological Association, 1997).
3. S. Benison, A. C. Barger e E. L. Wolfe. Walter B. Cannon: The Life and Times of a Young Scientist (Cambridge, Mass.: Harvard University Press, 1987).
4. W. B. Cannon. "Stresses and Strains of Homeostasis", American Journal of the Medical Sciences 189 (1935): 1-14.
5. W. B. Cannon. The Wisdom of the Body (Nova York: Norton, 1932).
6. R. S. Lazarus. Psychological Stress and the Coping Process (Nova York: McGraw-Hill, 1966).
7. C. Liu, P. E. Spector e L. Shi. "Cross-National Job Stress: A Quantitative and Qualitative Study", Journal of Organizational Behavior 28 (2007): 209-239.
8. J. D. Kammeyer-Mueller, T. A. Judge e B. A. Scott. "The role of core self-evaluations in the coping process", Journal of Applied Psychology, 94 (2009): 177-195.
9. D. Katz e R. L. Kahn. The Social Psychology of Organizations, 2ª ed. (Nova York: Wiley, 1978): 185-221.
10. H. Levinson. "A Psychoanalytic View of Occupational Stress", Occupational Mental Health 3 (1978): 2-13.
11. P. L. Perrewé, K. L. Zellars, G. R. Ferris, A. M. Rossi, C. J. Kacmar e D. A. Ralston. "Neutralizing Job Stressors: Political Skill as an Antidote to the Dysfunctional Consequences of Role Conflict", Academy of Management Journal 47 (2004): 141-152.
12. T. L. Friedman. The Lexus and the Olive Tree (Nova York: Vintage Anchor, 2000).
13. S. Zuboff. In the Age of the Smart Machine: The Future of Work and Power (Nova York: Basic Books, 1988).
14. D. T. Hall e J. Richter. "Career Gridlock: Baby Boomers Hit the Wall", Academy of Management Executive 4 (1990): 7-22.
15. N. P. Podsakoff, J. A. LePine e M. A. LePine. "Differential Challenge Stressor-Hindrance Stressor Relationships with Job Attitudes, Turnover Intentions, Turnover, and Withdrawal Behavior: A Meta-Analysis", Journal of Applied Psychology 92 (2007): 438-454.
16. R. L. Kahn, D. M. Wolfe, R. P. Quinn, J. D. Snoek e R. A. Rosenthal. Organizational Stress: Studies in Role Conflict and Ambiguity (Nova York: Wiley, 1964).
17. L. B. Hammer, T. N. Bauer e A. A. Grandey. "Work-Family Conflict and Work-Related Withdrawal Behaviors", Journal of Business and Psychology 17 (2003): 419-436.

18. M. F. Peterson et al. "Role Conflict, Ambiguity, and Overload: A 21-Nation Study", *Academy of Management Journal* 38 (1995): 429-452.
19. S. Pal e P. O. Saksvik. "Work-family conflict and psychosocial work environment stressors as predictors of job stress in a cross-cultural study", *International Journal of Stress Management* (2008), v. 15, n. 1: 22-42.
20. A. Skogstad, S. Einarsen, T. Torsheim, M. S. Aasland e H. Hetland. "The Destructiveness of Laissez-Faire Leadership Behavior", *Journal of Occupational Health Psychology* 12 (2007): 80-92.
21. P. D. Bliese e C. A. Castro. "Role Clarity, Work Overload and Organizational Support: Multilevel Evidence of the Importance of Support", *Work & Stress* 14 (2000): 65-74.
22. P. J. Frost. *Toxic Emotions at Work: How Compassionate Managers Handle Pain and Conflict* (Boston: Harvard Business School Press, 2003).
23. S. Grebner, N. K. Semmer, L. L. Faso, S. Gut, W. Kalin e A. Elfering. "Working Conditions, Well-Being, and Job-Related Attitudes Among Call Centre Agents", *European Journal of Work and Organizational Psychology* 12 (2003): 341-365.
24. M. P. Bell, J. C. Quick e C. Cycota. "Assessment and Prevention of Sexual Harassment: An Applied Guide to Creating Healthy Organizations", *International Journal of Selection and Assessment* 10 (2002): 160-167.
25. L. T. Hosmer. "Trust: The Connecting Link between Organizational Theory and Philosophical Ethics", *Academy of Management Review* 20 (1995): 379-403; V. J. Doby e R. D. Caplan. "Organizational Stress as Threat to Reputation: Effects on Anxiety at Work and at Home", *Academy of Management Journal* 38 (1995): 1105-1123.
26. R. T. Keller. "Cross-Functional Project Groups in Research and New Product Development: Diversity, Communications, Job Stress, and Outcomes", *Academy of Management Journal* 33 (2001): 547-555.
27. M. F. Peterson e P. B. Smith. "Does National Culture or Ambient Temperature Explain Cross-National Differences in Role Stress? No Sweat!", *Academy of Management Journal* 40 (1997): 930-946.
28. K. K. Gillingham. "High-G Stress and Orientational Stress: Physiologic Effects of Aerial Maneuvering", *Aviation, Space, and Environmental Medicine* 59 (1988): A10-A20.
29. R. S. DeFrank. "Executive Travel Stress: Perils of the Road Warrior", *Academy of Management Executive* 14 (2000): 58-72; M. Westman. "Strategies for Coping with Business Trips: A Qualitative Exploratory Study", *International Journal of Stress Management* 11 (2004): 167-176.
30. R. S. Bhagat, S. J. McQuaid, S. Lindholm e J. Segovis. "Total Life Stress: A Multimethod Validation of the Construct and Its Effect on Organizationally Valued Outcomes and Withdrawal Behaviors", *Journal of Applied Psychology* 70 (1985): 202-214.
31. J. C. Quick, J. R. Joplin, D. A. Gray e E. C. Cooley. "The Occupational Life Cycle and the Family". In: L. L'Abate, ed. *Handbook of Developmental Family Psychology and Psychopathology* (Nova York: John Wiley, 1993).
32. S. Shellenbarger. "Work & Family", *The Wall Street Journal* (31 jan. 1996): B1.
33. S. A. Lobel. "Allocation of Investment in Work and Family Roles: Alternative Theories and Implications for Research", *Academy of Management Review* 16 (1991): 507-521.
34. G. Porter. "Organizational Impact of Workaholism: Suggestions for Researching the Negative Outcomes of Excessive Work", *Journal of Occupational Health Psychology* 1 (1996): 70-84.
35. J. W. Pennebaker, C. F. Hughes e R. C. O'Heeron. "The Psychophysiology of Confession: Linking Inhibitory and Psychosomatic Processes", *Journal of Personality and Social Psychology* 52 (1987): 781-793.
36. J. Loehr e T. Schwartz. "The Making of a Corporate Athlete", *Harvard Business Review* 79 (2001): 120-129.
37. J. D. Quick, R. S. Horn e J. C. Quick. "Health Consequences of Stress", *Journal of Organizational Behavior Management* 8 (1986): 19-36.
38. R. M. Yerkes e J. D. Dodson. "The Relation of Strength of Stimulus to Rapidity of Habit-Formation", *Journal of Comparative Neurology and Psychology* 18 (1908): 459-482.
39. J. E. McGrath. "Stress and Behavior in Organizations". In: M. D. Dunnette, ed. *Handbook of Industrial and Organizational Psychology* (Chicago: Rand McNally, 1976): 1351-1395.
40. T. A. Wright, R. Cropanzano e D. G. Meyer. "State and Trait Correlates of Job Performance: A Tale of Two Perspectives", *Journal of Business and Psychology* 18 (2004): 365-383.
41. W. B. Cannon. *Bodily Changes in Pain, Hunger, Fear, and Rage* (Nova York: Appleton, 1915).
42. P. A. Herbig e F. A. Palumbo. "Karoshi; Salaryman Sudden Death Syndrome", *Journal of Managerial Psychology* 9 (1994): 11-16.
43. S. Sauter, L. R. Murphy e J. J. Hurrell, Jr. "Prevention of Work-Related Psychological Distress: A National Strategy Proposed by the National Institute for Occupational Safety and Health", *American Psychologist* 45 (1990): 1146-1158.
44. R. Cropanzano, D. E. Rupp e Z. S. Byrne. "The Relationship of Emotional Exhaustion to Work Attitudes, Job Performance, and Organizational Citizenship Behaviors", *Journal of Applied Psychology* 88 (2003): 160-169.
45. A. A. Grandey. "When 'The Show Must Go On': Surface Acting and Deep Acting as Determinants of Emotional Exhaustion and Peer-Rated Service Delivery", *Academy of Management Journal* 46 (2003): 86-96.
46. J. R. B. Halbesleben e W. M. Bowler. "Emotional Exhaustion and Job Performance: The Mediating Role of Motivation", *Journal of Applied Psychology* 92 (2007): 93-106.
47. I. Wylie. "Routing Rust-Out", © 2004 Gruner & Jahr USA Publishing. Primeira publicação em *Fast Company Magazine* (jan. 2004): 40. Reimpresso com permissão. Disponível em: <http://www.fastcompany.com/magazine/78/5things.html>.
48. H. Selye. *Stress in Health and Disease* (Boston: Butterworth, 1976).
49. B. G. Ware e D. L. Block. "Cardiovascular Risk Intervention at a Work Site: The Ford Motor Company Program", *International Journal of Mental Health* 11 (1982): 68-75.
50. D. B. Kennedy, R. J. Homant e M. R. Homant. "Perceptions of Injustice as a Predictor of Support for Workplace Aggression", *Journal of Business and Psychology* 18 (2004): 323-336.
51. N. Bolger, A. DeLongis, R. C. Kessler e E. A. Schilling. "Effects of Daily Stress on Negative Mood", *Journal of Personality and Social Psychology* 57 (1989): 808-818.
52. B. A. Macy e P. H. Mirvis. "A Methodology for Assessment of Quality of Work Life and Organizational Effectiveness in Behavioral-Economic Terms", *Administrative Science Quarterly* 21 (1976): 212-226.
53. F. K. Cocchiara e J. C. Quick. "The Negative Effects of Positive Stereotypes: Ethnicity-Related Stressors and Implications on Organizational Health", *Journal of Organizational Behavior*, 25 (2004): 781-785.
54. J. M. Ivancevich, M. T. Matteson e E. Richards. "Who's Liable for Stress on the Job?" *Harvard Business Review* 63 (1985): 60-72.
55. Frank S. Deus v. Allstate Insurance Company, ação civil n. 88-2099, U.S. District Court, Western District of Louisiana.
56. R. S. DeFrank e J. M. Ivancevich. "Stress on the Job: An Executive Update", *Academy of Management Executive* 12 (1998): 55-66.
57. P. Wilson e M. Bronstein. "Employers: Don't Panic about Workplace Stress", *Personnel Today* (4 nov. 2003): 10.
58. J. E. Bono e M. A. Vey. "Personality and Emotional Performance: Extraversion, Neuroticism, and Self-Monitoring", *Journal of Occupational Health Psychology* 12 (2007): 177-192.
59. S. S. Troutman, K. O. Burke e J. D. Beeler. "The Effects of Self-Efficacy, Assertiveness, Stress, and Gender on Intention to Turnover in Public Accounting", *Journal of Applied Business Research* 16 (2000): 63-75.
60. S. E. Taylor, L. C. Klein, G. P. Lewis, T. L. Gruenewald, R. A. R. Burung e J. A. Updegraff. "Biobehavioral Responses to Stress in Females: Tend-and-Befriend, Not Fight-or-Flight", *Psychological Review* 107 (2000): 411-429.
61. D. L. Nelson e J. C. Quick. "Professional Women: Are Distress and Disease Inevitable?", *Academy of Management Review* 10 (1985): 206-218; T. D. Jick e L. F. Mitz. "Sex Differences in Work Stress", *Academy of Management Review* 10 (1985): 408-420.
62. K. M. Rospenda, K. Fujishiro, C. A. Shannon e J. A. Richman. "Workplace harassment, stress, and drinking behavior over time: Gender differences in a national sample", *Addictive Behaviors*, 33 (2008): 964-967.

63. L. Verbrugge. "Recent, Present, and Future Health of American Adults", *Annual Review of Public Health* 10 (1989): 333-361.
64. M. D. Friedman e R. H. Rosenman. *Type A Behavior and Your Heart* (Nova York: Knopf, 1974).
65. L. Wright. "The Type A Behavior Pattern and Coronary Artery Disease", *American Psychologist* 43 (1988): 2-14.
66. J. M. Ivancevich e M. T. Matteson. "A Type A-B Person-Work Environment Interaction Model for Examining Occupational Stress and Consequences", *Human Relations* 37 (1984): 491-519.
67. S. O. C. Kobasa. "Conceptualization and Measurement of Personality in Job Stress Research". In: J. J. Hurrell, Jr., L. R. Murphy, S. L. Sauter e C. L. Cooper, eds. *Occupational Stress: Issues and Developments in Research* (Nova York: Taylor & Francis, 1988): 100-109.
68. J. K. Ito e C. M. Brotheridge. "Predictors and consequences of promotion stress: A bad situation made worse by employment dependence", *International Journal of Stress Management*, v. 16, n. 1, 65-85.
69. J. Borysenko. "Personality Hardiness", *Lectures in Behavioral Medicine* (Boston: Harvard Medical School, 1985).
70. J. S. House, K. R. Landis e D. Umberson. "Social Relationships and Health", *Science* 241 (1988): 540-545.
71. J. Bowlby. *A Secure Base* (Nova York: Basic Books, 1988).
72. C. Hazan e P. Shaver. "Love and Work: An Attachment-Theoretical Perspective", *Journal of Personality and Social Psychology* 59 (1990): 270-280.
73. J. C. Quick, D. L. Nelson e J. D. Quick. *Stress and Challenge at the Top: The Paradox of the Successful Executive* (Chichester, Inglaterra: Wiley, 1990).
74. "Partner relationship could be a buffer against work-related stress", *Asian News International*, (24 jun. 2009).
75. J. C. Quick, J. R. Joplin, D. L. Nelson e J. D. Quick. "Self-Reliance for Stress and Combat" (*Proceedings of the 8th Combat Stress Conference*, U.S. Army Health Services Command, Fort Sam Houston, Texas, 23-27 set. 1991): 1-5.
76. J. C. Dvorak. "Baffling", PC Magazine 3 (4 nov. 203): 61. Disponível em: <http://www.pcmag.com/article2/0,4149,1369270,00.asp>.
77. O. Janssen. "How Fairness Perceptions Make Innovative Behavior More or Less Stressful", *Journal of Organizational Behavior* 25 (2004): 201-215; T. A. Judge e J. A. Colquitt. "Organizational Justice and Stress: The Mediating Role of Work-Family Conflict", *Journal of Applied Psychology* 89 (2004): 395-404.
78. K. Hickox. "Content and Competitive", *Airman* (jan. 1994): 31-33.
79. A. Drach-Zahavy e A. Freund. "Team Effectiveness Under Stress: A Structural Contingency Approach", *Journal of Organizational Behavior* 28 (2007): 423-450.
80. R. W. Griffin, A. O'Leary-Kelly e J. M. Collins, eds. *Dysfunctional Behavior in Organizations: Violent and Deviant Behavior* (Stamford, Conn.: JAI Press, 1998).
81. W. L. French e C. H. Bell, Jr. *Organizational Development: Behavioral Science Interventions for Organization Improvement*, 4ª ed. (Englewood Cliffs, N.J.: Prentice-Hall, 1990).
82. M. Macik-Frey, J. C. Quick e J. D. Quick. "Interpersonal Communication: The Key to Unlocking Social Support for Preventive Stress Management". In: C. L. Cooper, ed. *Handbook of Stress, Medicine, and Health*, ed. rev. (Boca Raton, FL: CRC Press).
83. J. C. Quick e C. L. Cooper. *FAST FACTS: Stress and Strain*, 2ª ed. (Oxford, Inglaterra: Health Press, 2003).
84. M. E. P. Seligman. *Learned Optimism* (Nova York: Knopf, 1990).
85. F. Luthans. "Positive Organizational Behavior: Developing and Managing Psychological Strengths for Performance Improvement", *Academy of Management Executive* 16 (2002): 57-75.
86. W. T. Brooks e T. W. Mullins. *High-Impact Time Management* (Englewood Cliffs, N.J.: Prentice-Hall, 1989).
87. M. Westman e D. Eden. "Effects of a Respite from Work on Burnout: Vacation Relief and Fade-Out", *Journal of Applied Psychology* 82 (1997): 516-527.
88. C. P. Neck e K. H. Cooper. "The Fit Executive: Exercise and Diet Guidelines for Enhancing Performance", *Academy of Management Executive* 14 (2000): 72-84.
89. M. Davis, E. R. Eshelman e M. McKay. *The Relaxation and Stress Reduction Workbook*, 3ª ed. (Oakland, Calif.: New Harbinger, 1988).
90. H. Benson. "Your Innate Asset for Combating Stress", *Harvard Business Review* 52 (1974): 49-60.
91. D. Ornish. *Dr. Dean Ornish's Program for Reversing Cardiovascular Disease* (Nova York: Random House, 1995).
92. J. W. Pennebaker. *Opening Up: The Healing Power of Expressing Emotions* (Nova York: Guilford, 1997).
93. M. E. Francis e J. W. Pennebaker. "Putting Stress into Words: The Impact of Writing on Physiological, Absentee, and Self-Reported Emotional Well-Being Measures", *American Journal of Health Promotion* 6 (1992): 280-287.
94. Z. Solomon, R. Oppenheimer e S. Noy. "Subsequent Military Adjustment of Combat Stress Reaction Casualties: A Nine-Year Follow-Up Study". In: N. A. Milgram, ed. *Stress and Coping in Time of War: Generalizations from the Israeli Experience* (Nova York: Brunner/Mazel, 1986), 84-90.
95. D. Wegman e L. Fine. "Occupational Health in the 1990s", *Annual Review of Public Health* 11 (1990): 89-103; J. C. Quick. "Occupational Health Psychology: Historical Roots and Future Directions", *Health Psychology* 17 (1999): 82-88.
96. D. Gebhardt e C. Crump. "Employee Fitness and Wellness Programs in the Workplace", *American Psychologist* 45 (1990): 262-272.
97. T. Wolf, H. Randall e J. Faucett. "A Survey of Health Promotion Programs in U.S. and Canadian Medical Schools", *American Journal of Health Promotion* 3 (1988): 33-36.
98. S. Weiss, J. Fielding e A. Baum. *Health at Work* (Hillsdale, N.J.: Erlbaum, 1990).
99. J. B. Bennett, R. F. Cook e K. R. Pelletier. "Toward an Integrated Framework for Comprehensive Organizational Wellness: Concepts, Practices, and Research in Workplace Health Promotion". In: J. C. Quick e L. E. Tetrick, eds. *Handbook of Occupational Health Psychology:* (Washington, D.C.: American Psychological Association, 2003): 69-95.

Capítulo 8

1. D. L. Whetzel. "The Department of Labor Identifies Workplace Skills", *The Industrial/Organizational Psychologist* (jul. 1991): 89-90.
2. M. Macik-Frey, J. C. Quick e J. D. Quick. "Interpersonal Communication: The Key to Unlocking Social Support for Preventive Stress Management". In: C. L. Cooper, ed. *Handbook of Stress, Medicine, and Health*, ed. rev. (Boca Raton, FL: CRC Press), no prelo.
3. O termo *riqueza* foi originalmente cunhado por W. D. Bodensteiner em "Information Channel Utilization under Varying Research and Development Project Conditions" (Tese de doutorado, University of Texas, Austin, 1970).
4. B. Barry e I. S. Fulmer. "The Medium and the Message: The Adaptive Use of Communication Media in Dyadic Influence", *Academy of Management Review* 29 (2004): 272-292.
5. R. Reik. *Listen with the Third Ear* (Nova York: Pyramid, 1972).
6. E. Rautalinko e H. O. Lisper. "Effects of Training Reflective Listening in a Corporate Setting", *Journal of Business and Psychology* 18 (2004): 281-299.
7. A. G. Athos e J. J. Gabarro. *Interpersonal Behavior: Communication and Understanding in Relationships* (Englewood Cliffs, N.J.: Prentice-Hall, 1978).
8. A. D. Mangelsdorff. "Lessons Learned from the Military: Implications for Management" (Distinguished Visiting Lecture, University of Texas, Arlington, 29 jan. 1993).
9. D. A. Morand. "Language and Power: An Empirical Analysis of Linguistic Strategies Used in Superior-Subordinate Communication", *Journal of Organizational Behavior* 21 (2000): 235-249.
10. S. Bates. "How Leaders Communicate Big Ideas to Drive Business Results", *Employment Relations Today* 33 (2006): 13-19.
11. F. Luthans. "Successful versus Effective Real Managers", *Academy of Management Executive* 2 (1988): 127-132.
12. L. E. Penley, E. R. Alexander, I. E. Jernigan e C. I. Henwood. "Communication Abilities of Managers: The Relationship of Performance", *Journal of Management* 17 (1991): 57-76.
13. J. A. LoPine e L. Van Dyne. "Voice and Cooperative Behavior as Contrasting Forms of Contextual Performance: Evidence of Differential

Relationships with Big Five Personality Characteristics and Cognitive Ability", *Journal of Applied Psychology* 86 (2001): 326-336.
14. F. M. Jablin. "Superior-Subordinate Communication: The State of the Art", *Psychological Bulletin* 86 (1979): 1201-1222; W. C. Reddin. *Communication within the Organization: An Interpretive Review of Theory and Research* (Nova York: Industrial Communication Council, 1972).
15. B. Barry e J. M. Crant. "Dyadic Communication Relationships in Organizations: An Attribution Expectancy Approach", *Organization Science* 11 (2000): 648-665.
16. J. Silvester, F. Patterson, A. Koczwara e E. Ferguson. "'Trust Me…': Psychological and Behavioral Predictors of Perceived Physician Empathy", *Journal of Applied Psychology* 92 (2007): 519-527.
17. A. Furhham e P. Stringfield. "Congruence in Job-Performance Ratings: A Study of 360 Degree Feedback Examining Self, Manager, Peers, and Consultant Ratings", *Human Relations* 51 (1998): 517-530.
18. J. W. Gilsdorf. "Organizational Rules on Communicating: How Employees Are – and Are Not – Learning the Ropes", *Journal of Business Communication* 35 (1998): 173-201.
19. D. Tannen. *That's Not What I Mean! How Conversational Style Makes or Breaks Your Relations with Others* (Nova York: Morrow, 1986); D. Tannen. *You Just Don't Understand* (Nova York: Ballentine, 1990).
20. D. G. Allen e R. W. Griffeth. "A Vertical and Lateral Information Processing: The Effects of Gender, Employee Classification Level, and Media Richness on Communication and Work Outcomes", *Human Relations* 50 (1997): 1239-1260.
21. K. L. Ashcraft. "Empowering 'Professional' Relationships", *Management Communication Quarterly* 13 (2000): 347-393.
22. G. Hofstede. *Culture's Consequences: International Differences in Work-Related Values* (Beverly Hills, Calif.: Sage Publications, 1980).
23. G. Hofstede. "Motivation, Leadership, and Organization: Do American Theories Apply Abroad?". *Organizational Dynamics* 9 (1980): 42-63.
24. H. Levinson. *Executive* (Cambridge, Mass.: Harvard University Press, 1981).
25. P. Benimadhu. "Adding Value through Diversity: An Interview with Bernard F. Isautier", *Canadian Business Review* 22 (1995): 6-11.
26. M. J. Gannon e Associates. *Understanding Global Cultures: Metaphorical Journeys through 17 Countries* (Thousand Oaks, Calif.: Sage Publications, 1994).
27. T. Wells. *Keeping Your Cool under Fire: Communicating Nondefensively* (Nova York: McGraw-Hill, 1980).
28. R. D. Laing. *The Politics of the Family and Other Essays* (Nova York: Pantheon, 1971).
29. H. S. Schwartz. *Narcissistic Process and Corporate Decay: The Theory of the Organizational Ideal* (Nova York: New York University Press, 1990).
30. W. R. Forrester e M. F. Maute. "The Impact of Relationship Satisfaction on Attribution, Emotions, and Behaviors Following Service Failure", *Journal of Applied Business Research* (2000): 1-45.
31. M. L. Knapp. *Nonverbal Communication in Human Interaction* (Nova York: Holt, Rinehart & Winston, 1978); J. McCroskey e L. Wheeless. *Introduction to Human Communication* (Nova York: Allyn & Bacon, 1976).
32. A. M. Katz e V. T. Katz, eds. *Foundations of Nonverbal Communication* (Carbondale, Ill.: Southern Illinois University Press, 1983).
33. M. D. Lieberman. "Intuition: A Social Cognitive Neuroscience Approach", *Psychological Bulletin* (2000): 109-138.
34. E. T. Hall. *The Hidden Dimension* (Garden City, N.Y.: Doubleday Anchor, 1966).
35. E. T. Hall. "Proxemics". In: A. M. Katz e V. T. Katz, eds. *Foundations of Nonverbal Communication* (Carbondale, Ill.: Southern Illinois University Press, 1983).
36. R. T. Barker e C. G. Pearce. "The Importance of Proxemics at Work", *Supervisory Management* 35 (1990): 10-11.
37. R. L. Birdwhistell. *Kinesics and Context* (Filadélfia: University of Pennsylvania Press, 1970).
38. K. I. Ruys e D. A. Stapel. "Emotion elicitor or emotion messenger?", *Psychological Science*, 19 (2008): 593-600.
39. M. G. Frank e P. Ekman. "Appearing Truthful Generalizes across Different Deception Situations", *Journal of Personality and Social Psychology* 86 (2004): 486-495.
40. P. Ekman e W. V. Friesen. "Research on Facial Expressions of Emotion". In: A. M. Katz e V. T. Katz, eds. *Foundations of Nonverbal Communication* (Carbondale, Ill.: Southern Illinois University Press, 1983).
41. H. H. Tan, M. D. Foo, C. L. Chong e R. Ng. "Situational and Dispositional Predictors of Displays of Positive Emotions", *Journal of Organizational Behavior* 24 (2003): 961-978.
42. C. Barnum e N. Wolniansky. "Taking Cues from Body Language", *Management Review* 78 (1989): 59.
43. Katz e Katz. *Foundations of Nonverbal Communication*, 181.
44. J. J. Lynch. *A Cry Unheard: New Insights into the Medical Consequences of Loneliness* (Baltimore, MD: Bancroft Press, 2000).
45. J. C. Quick, J. H. Gavin, C. L. Cooper e J. D. Quick. "Working Together: Balancing Head and Heart". In: N. G. Johnson, R. H. Rozensky, C. D. Goodheart e R. Hammond, eds. *Psychology Builds a Healthy World*. (Washington, D.C.: American Psychological Association, 2004), 219-232.
46. J. C. Quick, C. L. Cooper, J. D. Quick e J. H. Gavin. *The Financial Times Guide to Executive Health* (Londres, UK: Financial Times-Prentice Hall, 2003).
47. K. M. Wasylyshyn. "Coaching the Superkeepers". In: L. A. Berger e D. R. Berger, eds. *The Talent Management Handbook: Creating Organizational Excellence by Identifying, Developing, and Positioning Your Best People* (Nova York: McGraw-Hill, 2003): 320-336.
48. J. C. Quick e M. Macik-Frey. "Behind the Mask: Coaching through Deep Interpersonal Communication", *Consulting Psychology Journal: Practice and Research* 56 (2004): 67-74.
49. D. Drake e K. Yuthas. "It's Only Words – Impacts of Information Technology on Moral Dialogue", *Journal of Business Ethics* 23 (2000): 41-60.
50. C. Brod. *Technostress: The Human Cost of the Computer Revolution* (Reading, Mass.: Addison-Wesley, 1984).
51. S. Kiesler. "Technology and the Development of Creative Environments". In: Y. Ijiri e R. L. Kuhn, eds. *New Directions in Creative and Innovative Management* (Cambridge, Mass.: Ballinger Press, 1988).
52. S. Kiesler, J. Siegel e T. W. McGuire, "Social Psychological Aspects of Computer-Mediated Communication", *American Psychologist* 39 (1984): 1123-1134.
53. P. Shachaf. "Cultural diversity and information and communication technology impacts on global virtual teams: An exploratory study", *Information & Management*, 45 (2008): 131-142.

Capítulo 9

1. J. R. Katzenbach e D. K. Smith. "The Discipline of Teams", *Harvard Business Review* 71 (1993): 111-120.
2. S. S. Webber e R. J. Klimoski. "Crews: A Distinct Type of Work Team", *Journal of Business and Psychology* 18 (2004): 261-279.
3. P. F. Drucker. "There's More than One Kind of Team", *The Wall Street Journal* (11 fev. 1992): A16.
4. A. M. Towsend, S. M. DeMarie e A. R. Hendrickson. "Virtual Teams: Technology and the Workplace of the Future", *Academy of Management Executive* 12 (1998): 17-29.
5. B. L. Kirkman, C. B. Gibson e D. L. Shapiro. "'Exporting' Teams: Enhancing the Implementation and Effectiveness of Work Teams in Global Affiliates", *Organizational Dynamics* 30 (2001): 12-30.
6. A. Taylor e H. R. Greve. "Superman or the Fantastic Four? Knowledge Combination and Experience in Innovative Teams", *Academy of Management Journal*, 49 (2006): 723-740.
7. S. Faraj e A. Yan. "Boundary work in knowledge teams", *Journal of Applied Psychology*, 94 (2009): 604-617.
8. P. Shaver e D. Buhrmester. "Loneliness, Sex-Role Orientation, and Group Life: A Social Needs Perspective". In: P. Paulus, ed. *Basic Group Processes* (Nova York: Springer-Verlag, 1985): 259-288.
9. K. L. Bettenhausen e J. K. Murnighan. "The Development and Stability of Norms in Groups Facing Interpersonal and Structural Challenge", *Administrative Science Quarterly* 36 (1991): 20-35.
10. N. Ellemers, S. Pagliaro, M. Barreto e C. W. Leach. "Is it better to be moral than smart? The effects of morality and competence norms on the decision to work at group status improvement", *Journal of Personality and Social Psychology*, 95 (2008): 1397-1410.

11. I. Adarves-Yorno, T. Postmes e S. A. Haslam. "Creative Innovation or Crazy Irrelevance? The Contribution of Group Norms and Social Identity to Creative Behavior", *Journal of Experimental Social Psychology* 43 (2007): 410-416.
12. D. Tjosvold e Z. Yu. "Goal Interdependence and Applying Abilities for Team In-Role and Extra-Role Performance in China", *Group Dynamics: Theory, Research, and Practice* 8 (2004): 98-111.
13. M. S. Cole, F. Walter e H. Bruch. "Affective mechanisms linking dysfunctional behavior to performance in work teams: A moderated mediation study", *Journal of Applied Psychology*, 93 (2008): 945-958.
14. V. U. Druskat e S. B. Wolff. "Building the Emotional Intelligence of Groups", *Harvard Business Review* 79 (2001): 80-90.
15. L. Summers, T. Coffelt e R. L. Horton. "Work Group Cohesion", *Psychological Reports* 63 (1988): 627-636.
16. D. C. Man e S. S. K. Lam. "The Effects of Job Complexity and Autonomy on Cohesiveness in Collectivistic and Individualistic Work Groups: A Cross Cultural Analysis", *Journal of Organizational Behavior* 24 (2003): 979-1001.
17. K. H. Price. "Working Hard to Get People to Loaf", *Basic and Applied Social Psychology* 14 (1993): 329-344.
18. R. Albanese e D. D. Van Fleet. "Rational Behavior in Groups: The Free-Riding Tendency", *Academy of Management Review* 10 (1985): 244-255.
19. E. Diener. "Deindividuation, Self-Awareness, and Disinhibition", *Journal of Personality and Social Psychology* 37 (1979): 1160-1171.
20. S. Prentice-Dunn e R. W. Rogers. "Deindividuation and the Self-Regulation of Behavior". In: P. Paulus, ed. *Psychology of Group Influence* (Hillsdale, N.J.: Erlbaum, 1989): 87-109.
21. B. M. Bass e E. C. Ryterband. *Organizational Psychology*, 2ª ed. (Boston: Allyn & Bacon, 1979).
22. W. G. Bennis e H. A. Shepard. "A Theory of Group Development", *Human Relations* 9 (1956): 415-438.
23. D. L. Fields e T. C. Bloom. "Employee Satisfaction in Work Groups with Different Gender Composition", *Journal of Organizational Behavior* 18 (1997): 181-196;
24. D. C. Lau e J. K. Murnighan. "Demographic Diversity and Faultlines: The Compositional Dynamics of Organizational Groups", *Academy of Management Review* 23 (1998): 325-340.
25. B. Tuckman. "Developmental Sequence in Small Groups", *Psychological Bulletin* 63 (1965): 384-399; B. Tuckman e M. Jensen. "Stages of Small-Group Development", *Group and Organizational Studies* 2 (1977): 419-427.
26. D. Nichols. "Quality Program Sparked Company Turnaround", *Personnel* (out. 1991): 24. For a commentary on Wallace's hard times and subsequent emergence from Chapter 11 bankruptcy, see R. C. Hill. "When the Going Gets Tough: A Baldrige Award Winner on the Line", *Academy of Management Executive* 7 (1993): 75-79.
27. S. Weisband e L. Atwater. "Evaluating Self and Others in Electronic and Face-to-Face Groups", *Journal of Applied Psychology* 84 (1999): 632-639.
28. C. J. G. Gersick. "Time and Transition in Work Teams: Toward a New Model of Group Development", *The Academy of Management Journal* 31 (1988): 9-41.
29. M. Hardaker e B. K. Ward. "How to Make a Team Work", *Harvard Business Review* 65 (1987): 112-120.
30. C. R. Gowen. "Managing Work Group Performance by Individual Goals and Group Goals for an Interdependent Group Task", *Journal of Organizational Behavior Management* 7 (1986): 5-27.
31. K. L. Bettenhausen e J. K. Murnighan. "The Emergence of Norms in Competitive Decision-Making Groups", *Administrative Science Quarterly* 30 (1985): 350-372; K. L. Bettenhausen. "Five Years of Groups Research: What We Have Learned and What Needs to Be Addressed", *Journal of Management* 17 (1991): 345-381.
32. J. E. McGrath. *Groups: Interaction and Performance* (Englewood Cliffs, N.J.: Prentice-Hall, 1984).
33. K. L. Gammage, A. V. Carron e P. A. Estabrooks. "Team Cohesion and Individual Productivity", *Small Group Research* 32 (2001): 3-18.
34. S. M. Klein. "A Longitudinal Study of the Impact of Work Pressure on Group Cohesive Behaviors", *International Journal of Management* 12 (1995): 68-75.
35. N. Steckler e N. Fondas. "Building Team Leader Effectiveness: A Diagnostic Tool", *Organizational Dynamics* 23 (1995): 20-35.
36. A. Carter e S. Holmes. "Curiously Strong Teamwork", *BusinessWeek* 4023 (26 fev.e 2007): 90-92.
37. W. R. Lassey. "Dimensions of Leadership". In: W. R. Lassey and R. Fernandez, eds. *Leadership and Social Change* (La Jolla, Calif.: University Associates, 1976): 10–15.
38. B. Broysberg e L. Lee. "The effect of colleague quality on top performance: the case of security analysts", *Journal of Organizational Behavior*, 29 (2008): 1123-1144.
39. J. D. Quick, G. Moorhead, J. C. Quick, F. A. Gerloff, K. L. Mattox e U. Mulling. "Decision Making among Emergency Room Residents: Preliminary Observations and a Decision Model", *Journal of Medical Education* 58 (1983): 117-125.
40. W. J. Duncan e J. P. Feisal. "No Laughing Matter: Patterns of Humor in the Workplace", *Organizational Dynamics* 17 (1989): 18-30.
41. L. Hirschhorn. *Managing in the New Team Environment* (Upper Saddle River, N.J.: Prentice-Hall): 521A.
42. G. Chen e R. J. Klimoski. "The Impact of Expectations on Newcomer Performance in Teams as Mediated by Work Characteristics, Social Exchanges, and Empowerment", *Academy of Management Journal* 46 (2003): 591-607.
43. B. Beersma, J. R. Hollenbeck, S. E. Humphrey, H. Moon, D. E. Conlon e D. R. Ilgen. "Cooperation, Competition, and Team Performance: Toward a Contingency Approach", *Academy of Management Journal* 46 (2003): 572-590.
44. G. Parker. *Team Players and Teamwork* (San Francisco: Jossey-Bass, 1990).
45. N. R. F. Maier. "Assets and Liabilities in Group Problem Solving: The Need for an Integrative Function", *Psychological Review* 74 (1967): 239-249.
46. T. A. Stewart. "The Search for the Organization of Tomorrow", *Fortune* (18 maio 1992): 92-98
47. P. Chattopadhyay, M. Tluchowska e E. George. "Identifying the Ingroup: A Closer Look at the Influence of Demographic Dissimilarity on Employee Social Identity", *Academy of Management Review* 29 (2004): 180-202.
48. M. M. Stewart e P. Garcia-Prieto. "A relational demography model of workgroup identification: testing the effects of race, race dissimilarity, racial identification, and communication behavior", *Journal of Organizational Behavior*, 29 (2008): 657-680.
49. E. V. Hobman, P. Bordia e C. Gallois. "Consequences of Feeling Dissimilar from Others in a Work Team", *Journal of Business and Psychology* 17 (2003): 301-325.
50. A. E. Randel e K. S. Jaussi. "Functional Background Identity, Diversity, and Individual Performance in Cross-Functional Teams", *Academy of Management Journal* 46 (2003): 763-774.
51. J. S. Bunderson. "Team Member Functional Background and Involvement in Management Teams: Direct Effects and the Moderating Role of Power Centralization", *Academy of Management Journal* 46 (2003): 458-474.
52. G. S. Van Der Vegt, E. Van De Vliert e A. Oosterhof. "Informational Dissimilarity and Organizational Citizenship Behavior: The Role of Intrateam Interdependence and Team Identification", *Academy of Management Journal* 46 (2003): 715-727.
53. F. Balkundi, M. Kilduff, Z. I. Barsness e J. H. Michael. "Demographic Antecedents and Performance Consequences of Structural Holes in Work Teams", *Journal of Organizational Behavior* 28 (2007): 241-260.
54. A. Pirola-Merlo e L. Mann. "The Relationship between Individual Creativity and Team Creativity: Aggregating across People and Time", *Journal of Organizational Behavior* 25 (2004): 235-257.
55. L. Thompson. "Improving the Creativity of Organizational Work Groups", *Academy of Management Executive* 17 (2003): 96-111.
56. C. Ford e D. M. Sullivan. "A Time for Everything: How the Timing of Novel Contributions Influences Project Team Outcomes", *Journal of Organizational Behavior* 25 (2004): 279-292.
57. K. W. Thomas e B. A. Velthouse. "Cognitive Elements of Empowerment: An 'Interpretive' Model of Intrinsic Task Motivation", *Academy of Management Review* 15 (1990): 666-681.
58. R. R. Blake, J. S. Mouton e R. L. Allen. *Spectacular Teamwork: How to Develop the Leadership Skills for Team Success* (Nova York: Wiley, 1987).

59. American Management Association, *Blueprints for Service Quality: The Federal Express Approach,* AMA Management Briefing (Nova York: AMA, 1991).
60. W. C. Byham. ZAPP! *The Human Lightning of Empowerment* (Pittsburgh, Pa.: Developmental Dimensions, 1989).
61. F. Shipper e C. C. Manz. "Employee Self-Management without Formally Designated Teams: An Alternative Road to Empowerment", *Organizational Dynamics* (inverno de 1992): 48-62.
62. P. Block. *The Empowered Manager: Positive Political Skills at Work* (San Francisco: Jossey-Bass, 1987).
63. V. J. Derlega e J. Grzelak, eds. *Cooperation and Helping Behavior: Theories and Research* (Nova York: Academic Press, 1982).
64. G. S. Van der Vegt, J. S. Bunderson e A. Oosterhof. "Expertness Diversity and Interpersonal Helping in Teams: Why Those Who Need the Most Help End Up Getting the Least", *Academy of Management Journal* 49 (2006): 877-893.
65. A. G. Athos e J. J. Gabarro. Interpersonal Behavior: Communication and Understanding in Relationships (Englewood Cliffs, N.J.: Prentice-Hall, 1978).
66. C. Douglas e W. L. Gardner. "Transition to Self-Directed Work Teams: Implications of Transition Time and Self-Monitoring for Managers' Use of Influence Tactics", *Journal of Organizational Behavior* 25 (2004): 47-65.
67. C. Douglas, J. S. Martin e R. H. Krapels. "Communication in the Transition to Self-Directed Work Teams", *Journal of Business Communication* 33 (2006): 295-321.
68. J. L. Cordery, W. S. Mueller e L. M. Smith. "Attitudinal and Behavioral Effects of Autonomous Group Working: A Longitudinal Field Study", *Academy of Management Journal* 34 (1991): 464-476.
69. G. Moorhead, C. P. Neck e M. S. West. "The Tendency toward Defective Decision Making within Self-Managing Teams: The Relevance of Groupthink for the 21st Century", *Organizational Behavior & Human Decision Processes* 73 (1998): 327-351.
70. B. M. Staw e L. D. Epstein. "What Bandwagons Bring: Effects of Popular Management Techniques on Corporate Performance, Reputation, and CEO Pay", *Administrative Science Quarterly* 45 (2000): 523-556.
71. R. M. Robinson, S. L. Oswald, K. S. Swinehart e J. Thomas. "Southwest Industries: Creating High-Performance Teams for High-Technology Production", *Planning Review* 19, publicado pela Planning Forum (nov.-dez.1991): 10-47.
72. D. C. Hambrick e P. Mason. "Upper Echelons: The Organization as a Reflection of Its Top Managers", *Academy of Management Review* 9 (1984): 193-206.
73. D. C. Hambrick. "The Top Management Team: Key to Strategic Success", *California Management Review* 30 (1987): 88-108.
74. A. D. Henderson e J. W. Fredrickson. "Top Management Team Coordination Needs and the CEO Pay Gap: A Competitive Test of Economic and Behavioral Views", *Academy of Management Journal* 44 (2001): 96-117.
75. D. C. Hambrick e G. D. S. Fukutomi. "The Seasons of a CEO's Tenure", *Academy of Management Review* 16 (1991): 719-742.
76. J. C. Quick, D. L. Nelson e J. D. Quick. "Successful Executives: How Independent?" *Academy of Management Executive* 1 (1987): 139-145.
77. A. A. Cannella Jr., J. Park e H. Lee. "Top management team functional background diversity and firm performance: Examining the roles of team member colocation and environmental uncertainty", *Academy of Management Journal*, 51(2008): 768-784.
78. L. G. Love. "The Evolving Pinnacle of the Corporation: An Explanatory Study of the Antecedents, Processes, and Consequences of Co-CEOs", 2003 (University of Texas, Arlington).
79. N. J. Adler. *International Dimensions of Organizational Behavior* (Mason, Ohio: South-Western, 2001).
80. I. D. Steiner. *Group Process and Productivity* (Nova York: Academic Press, 1972).
81. E. Kearney, D. Gebert e S. C. Voelpel. "When and how diversity benefits teams: The importance of team members' need for cognition", *Academy of Management Journal*, 52 (2009): 581-598.

Capítulo 10

1. H. A. Simon. *The New Science of Management Decision* (Nova York: Harper & Row, 1960).
2. R. Walker. "Brand Blue", *Fortune* (28 abr. 2003): 118B-118H, http://www.fortune.com/fortune/smallbusiness/articles/0,15114,426909,00.html.
3. G. Huber. *Managerial Decision Making* (Glenview, Ill.: Scott, Foresman, 1980).
4. H. A. Simon. *Administrative Behavior* (Nova York: Macmillan, 1957).
5. E. F. Harrison. The Managerial Decision-Making Process (Boston: Houghton Mifflin, 1981).
6. R. L. Ackoff. "The Art and Science of Mess Management", *Interfaces* (fev. 1981): 20-26.
7. R. M. Cyert e J. G. March, eds. *A Behavioral Theory of the Firm* (Englewood Cliffs, N.J.: Prentice-Hall, 1963).
8. B. M. Staw. "Knee-Deep in the Big Muddy: A Study of Escalating Commitment to a Chosen Course of Action", *Organizational Behavior and Human Performance* 16 (1976): 27-44; B. M. Staw. "The Escalation of Commitment to a Course of Action", *Academy of Management Review* 6 (1981): 577-587.
9. B. M. Staw e J. Ross. "Understanding Behavior in Escalation Situations", *Science* 246 (1989): 216-220.
10. T. Freemantle e M. Tolson. "Space Station Had Political Ties in Tow", *Houston Chronicle* (4 ago. 2003). Disponível em: <http://www.chron.com/cs/CDA/ssistory.mpl/space/2004947>.
11. L. Festinger. *A Theory of Cognitive Dissonance* (Evanston, Ill.: Row, Peterson, 1957).
12. B. M. Staw. "The Escalation of Commitment: An Update and Appraisal". In: Z. Shapira, ed. *Organizational Decision Making* (Cambridge, Inglaterra: Cambridge University Press, 1997).
13. D. M. Boehne e P. W. Paese. "Deciding Whether to Complete or Terminate an Unfinished Project: A Strong Test of the Project Completion Hypothesis", *Organizational Behavior and Human Decision Processes* 81 (2000): 178-194; H. Moon. "Looking Forward and Looking Back: Integrating Completion and Sunk Cost Effects within an Escalation-of-Commitment Progress Decision", Journal of Applied Psychology 86 (2000): 104-113.
14. J. A. Sonnenfeld. "How Rick Wagoner Lost GM", *BusinessWeek* (1º jun. 2009). Disponível em: <http://www.businessweek.com/managing/content/jun2009/ca2009061_966638.htm>
15. N. Sivanathan, D. C. Molden, A. D. Galinsky e G. Ku. "The Promise and Peril of Self-affirmation in the De-escalation of Commitment", *Organizational Behavior and Human Decision Processes* 107 (2008): 1-14.
16. W. McNamara, H. Moon e P. Bromiley. "Banking on Commitment: Intended and Unintended Consequences of an Organization's Attempt to Attenuate Escalation of Commitment", *Academy of Management Journal* 45 (2002): 443-452.
17. G. Whyte. "Diffusion of Responsibility: Effects on the Escalation Tendency", *Journal of Applied Psychology* 76 (1991): 408-415.
18. D. van Knippenberg, B. van Knippenberg e E. van Dijk. "Who Takes the Lead in Risky Decision Making? Effects of Group Members' Risk Preferences and Prototypicality", *Organizational Behavior and Human Decision Processes* 83 (2000): 213-234.
19. K. R. MacCrimmon e D. Wehrung. *Taking Risks* (Nova York: Free Press, 1986).
20. T. S. Perry. "How Small Firms Innovate: Designing a Culture for Creativity", *Research Technology Management* 28 (1995): 14-
21. A. Saleh. "Brain Hemisphericity and Academic Majors: A Correlation Study", *College Student Journal* 35 (2001): 193-200.
22. N. Khatri. "The Role of Intuition in Strategic Decision Making", *Human Relations* 53 (2000): 57-86.
23. H. Mintzberg. "Planning on the Left Side and Managing on the Right", *Harvard Business Review* 54 (1976): 51-63.
24. D. J. Isenberg. "How Senior Managers Think", Harvard Business Review 62 (1984): 81-90.
25. R. Rowan. *The Intuitive Manager* (Nova York: Little, Brown, 1986).
26. R. N. Beck. "Visions, Values, and Strategies: Changing Attitudes and Culture", *Academy of Managment Executive* 1 (1987): 33-41.

27. K. G. Ross, G. A. Klein, P. Thunholm, J. F. Schmitt e H. C. Baxter. "The Recognition-Primed Decision Model", *Military Review, Fort Leavenworth* 84 (2004): 6-10.
28. C. I. Barnard. *The Functions of the Executive* (Cambridge, Mass.: Harvard University Press, 1938).
29. W. H. Agor. *Intuition in Organizations* (Newbury Park, Calif.: Sage, 1989).
30. Isenberg. "How Senior Managers Think", 81-90.
31. H. A. Simon. "Making Management Decisions: The Role of Intuition and Emotion", *Academy of Management Executive* 1 (1987): 57-64.
32. J. L. Bedford, R. H. McPherson, R. G. Frankiewicz e J. Gaa. "Intuition and Moral Development", *Journal of Psychology* 129 (1994): 91-101.
33. R. Wild. "Naked Hunch: Gut Instinct Is Vital to Your Business", *Success* (jun. 1998). Disponível em: <http://www.findarticles.com/cf_dls/m3514/n6_v45/20746150/p1/articlc.jhtml>.
34. W. H. Agor. "How Top Executives Use Their Intuition to Make Important Decisions", *Business Horizons* 29 (1986): 49-53.
35. O. Behling e N. L. Eckel. "Making Sense Out of Intuition", *Academy of Management Executive* 5 (1991): 46-54.
36. L. R. Beach. *Image Theory: Decision Making in Personal and Organizational Contexts* (Chichester, Inglaterra: Wiley, 1990).
37. E. Bonabeau. "Don't Trust Your Gut", *Harvard Business Review* 81 (2003): 116-126.
38. L. Livingstone. "Person-Environment Fit on the Dimension of Creativity: Relationships with Strain, Job Satisfaction, and Performance" (Ph.D. diss., Oklahoma State University, 1992).
39. G. Wallas. *The Art of Thought* (Nova York: Harcourt Brace, 1926).
40. H. Benson e W. Proctor. *The Break-Out Principle* (Scribner: Nova York, 2003); G. L. Fricchione, B. T. Slingsby e H. Benson. "The Placebo Effect and the Relaxation Response: Neural Processes and Their Coupling to Constitutive Nitric Oxide", *Brain Research Reviews* 35 (2001): 1-19.
41. M. D. Mumford e S. B. Gustafson. "Creativity Syndrome: Integration, Application, and Innovation", *Psychological Bulletin* 103 (1988): 27-43.
42. T. Poze. "Analogical Connections – The Essence of Creativity", *Journal of Creative Behavior* 17 (1983): 240-241.
43. I. Sladeczek e G. Domino. "Creativity, Sleep, and Primary Process Thinking in Dreams", *Journal of Creative Behavior* 19 (1985): 38-46.
44. F. Barron e D. M. Harrington. "Creativity, Intelligence, and Personality", *Annual Review of Psychology* 32 (1981): 439-476.
45. R. J. Sternberg. "A Three-Faced Model of Creativity". In: R. J. Sternberg, ed. *The Nature of Creativity* (Cambridge, Inglaterra: Cambridge University Press, 1988): 125-147.
46. A. M. Isen. "Positive Affect and Decision Making". In: W. M. Goldstein e R. M. Hogarth, eds. *Research on Judgment and Decision Making* (Cambridge, Inglaterra: Cambridge University Press, 1997).
47. G. L. Clore, N. Schwartz e M. Conway. "Cognitive Causes and Consequences of Emotion". In: R. S. Wyer e T. K. Srull (eds.). *Handbook of Social Cognition* (Hillsdale, N.J.: Erlbaum, 1994): 323-417.
48. B. L. Frederickson. "What Good Are Positive Emotions?". *Review of General Psychology* 2 (1998): 300-319; B. L. Frederickson. "The Role of Positive Emotions in Positive Psychology", *American Psychologist* 56 (2001): 218-226.
49. T. M. Amabile, S. G. Barsade, J. S. Mueller e B. M. Staw. "Affect and Creativity at Work", *Administrative Science Quarterly* 50(3) (2005): 367-403.
50. J. Zhou. "When the Presence of Creative Coworkers Is Related to Creativity: Role of Supervisor Close Monitoring, Developmental Feedback, and Creative Personality", *Journal of Applied Psychology* 88 (2003): 413-422.
51. C. Axtell, D. Holman, K. Unsworth, T. Wall e P. Waterson. "Shopfloor Innovation: Facilitating the Suggestion and Implementation of Ideas", *Journal of Occupational Psychology* 73 (2000): 265-285.
52. B. Kijkuit e J. van den Ende. "The Organizational Life of an Idea: Integrating Social Network, Creativity and Decision-Making Perspectives", *Journal of Management Studies* 44(6) (2007): 863-882.
53. T. M. Amabile, R. Conti, H. Coon, J. Lazenby e M. Herron. "Assessing the Work Environment for Creativity", *Academy of Management Journal* 39 (1990): 1154-1184.
54. T. Tetenbaum e H. Tetenbaum. "Office 2000: Tear Down the Wall", *Training* (fev. 2000): 58-64.
55. Livingstone, "Person-Environment Fit".
56. R. L. Firestein. "Effects of Creative Problem-Solving Training on Communication Behaviors in Small Groups", *Small Group Research* (nov. 1989): 507-521.
57. R. Von Oech. *A Whack on the Side of the Head* (Nova York: Warner, 1983).
58. A. G. Robinson e S. Stern. *How Innovation and Improvement Actually Happen* (San Francisco: Berrett Koehler, 1997).
59. K. Unsworth. "Unpacking Creativity", *Academy of Management Review* 26 (2001): 289-297.
60. M. F. R. Kets de Vries, R. Branson e P. Barnevik. "Charisma in Action: The Transformational Abilities of Virgin's Richard Branson and ABBS's Percy Barnevik", *Organizational Dynamics* 26 (1998): 7-21.
61. G. Stasser, L. A. Taylor e C. Hanna. "Information Sampling in Structured and Unstructured Discussion of Three- and Six-Person Groups", *Journal of Personality and Social Psychology* 57 (1989): 67-78.
62. E. Kirchler e J. H. Davis. "The Influence of Member Status Differences and Task Type on Group Consensus and Member Position Change", *Journal of Personality and Social Psychology* 51 (1986): 83-91.
63. R. F. Maier. "Assets and Liabilities in Group Problem Solving", *Psychological Review* 74 (1967): 239-249.
64. M. E. Shaw. *Group Dynamics: The Psychology of Small Group Behavior*, 3ª ed. (Nova York: McGraw-Hill, 1981).
65. P. W. Yetton e P. C. Bottger. "Individual versus Group Problem Solving: An Empirical Test of a Best Member Strategy", *Organizational Behavior and Human Performance* 29 (1982): 307-321.
66. W. Watson, L. Michaelson e W. Sharp. "Member Competence, Group Interaction, and Group Decision Making: A Longitudinal Study", *Journal of Applied Psychology* 76 (1991): 803-809.
67. I. Janis. *Victims of Groupthink* (Boston: Houghton Mifflin, 1972); M. Kostera, M. Proppe e M. Szatkowski. "Staging the New Romantic Hero in the Old Cynical Theatre: On Managers, Roles, and Change in Poland", *Journal of Organizational Behavior* 16 (1995): 631-646.
68. M. A. Hogg e S. C. Hains. "Friendship and Group Identification: A New Look at the Role of Cohesiveness in Groupthink", *European Journal of Social Psychology* 28 (1998): 323-341.
69. P. E. Jones e H. M. P. Roelofsma. "The Potential for Social Contextual and Group Biases in Team Decision Making: Biases, Conditions, and Psychological Mechanisms", *Ergonomics* 43 (2000): 1129-1152; J. M. Levine, E. T. Higgins e H. Choi, "Development of Strategic Norms in Groups", *Organizational Behavior and Human Decision Processes* 82 (2000): 88-101.
70. A. L. Brownstein. "Biased Predecision Processing", *Psychological Bulletin* 129 (2003): 545-568.
71. C. P. Neck e G. Moorhead. "Groupthink Remodeled: The Importance of Leadership, Time Pressure, and Methodical Decision-Making Procedures", *Human Relations* 48 (1995): 537-557.
72. J. Schwartz e M. L. Ward. "Final Shuttle Report Cites 'Broken Safety Culture' at NASA", *Nova York Times* (ago. 26, 2003). Disponível em: <http://www.nytimes.com/2003/08/26/national/26CND-SHUT.html?ex=1077253200&en=882575f2c17ed8ff&ei=5070>; C. Ferraris e R. Carveth. "NASA and the Columbia Disaster: Decision Making by Groupthink?". In: Proceedings of the 2003 Convention of the Association for Business Communication Annual Convention. Disponível em: <http://www.businesscommunication.org/conventions/Proceedings/2003/PDF/03ABC03.pdf>.
73. V. Anand, B. E Ashforth e M. Joshi. "Business as usual: The acceptance and perpetuation of corruption in organizations", *Academy of Management Executive* 19, (2005): 9-23.
74. A. C. Homan, D. van Knippenberg, G. A. Van Kleef e K. W. C. De Dreu. "Bridging Faultlines by Valuing Diversity: Diversity Beliefs, Information Elaboration, and Performance in Diverse Work Groups", *Journal of Applied Psychology* 92(5) (2007): 1189-1199.
75. G. Moorhead, R. Ference e C. P. Neck. "Group Decision Fiascoes Continue: Space Shuttle Challenger and a Revised Groupthink Framework", *Human Relations* 44 (1991): 539-550.

76. J. R. Montanari e G. Moorhead. "Development of the Groupthink Assessment Inventory", *Educational and Psychological Measurement* 49 (1989): 209-219.
77. P. t'Hart. "Irving L. Janis' Victims of Groupthink", *Political Psychology* 12 (1991): 247-278.
78. A. C. Mooney, P. J. Holahan e A. C. Amason. "Don't Take It Personally: Exploring Cognitive Conflict as a Mediator of Affective Conflict", *Journal of Management Studies* 44(5) (2007): 733-758.
79. J. A. F. Stoner. "Risky and Cautious Shifts in Group Decisions: The Influence of Widely Held Values", *Journal of Experimental Social Psychology* 4 (1968): 442-459.
80. S. Moscovici e M. Zavalloni. "The Group as a Polarizer of Attitudes", *Journal of Personality and Social Psychology* 12 (1969): 125-135.
81. G. R. Goethals e M. P. Zanna. "The Role of Social Comparison in Choice of Shifts", *Journal of Personality and Social Psychology* 37 (1979): 1469-1476.
82. A. Vinokur e E. Burnstein. "Effects of Partially Shared Persuasive Arguments on Group-Induced Shifts: A Problem-Solving Approach", *Journal of Personality and Social Psychology* 29 (1974): 305-315; J. Pfeffer. "Seven Practices of Successful Organizations", *California Management Review* 40 (1998): 96-124.
83. J. K. Palmer e J. M. Loveland. "The Influence of Group Discussion on Performance Judgments: Rating Accuracy, Contrast Effects and Halo", *The Journal of Psychology: Interdisciplinary and Applied* 142, (2008): 117-130.
84. L. Armstrong. "Toyota's Scion: A Siren to Young Buyers?" *BusinessWeek* (4 mar. 2002). Disponível em: <http://www.businessweek.com/bwdaily/dnflash/mar2002/nf2002034_8826.htm>; Edmunds.com, Inc. "Toyota Courts NetGen Youth with Echo Subcompact" (1º jan. 1999). Disponível em: <http://www.edmunds.com/news/autoshows/articles/44460/page020.html>; B. Young. "Mixing It Up: Crossover Vehicles Borrow Best of Cars, SUVs, Trucks", *Los Angeles Times*. Disponível em: <http://www.latimes.com/extras/autoleasing/mixing.html>.
85. K. Dugosh, P. Paulus, E. Roland e H. Yang. "Cognitive Stimulation in Brainstorming", *Journal of Personality and Social Psychology* 79 (2000): 722-735.
86. A. Van de Ven e A. Delbecq. "The Effectiveness of Nominal, Delphi and Interacting Group Decision-Making Processes", *Academy of Management Journal* 17 (1974): 605-621.
87. R. A. Cosier e C. R. Schwenk. "Agreement and Thinking Alike: Ingredients for Poor Decisions", *Academy of Management Executive* 4 (1990): 69-74.
88. D. M. Schweiger, W. R. Sandburg e J. W. Ragan. "Group Approaches for Improving Strategic Decision Making: A Comparative Analysis of Dialectical Inquiry, Devil's Advocacy, and Consensus", *Academy of Management Journal* 29 (1986): 149-160.
89. G. Whyte. "Decision Failures: Why They Occur and How to Prevent Them", *Academy of Management Executive* 5 (1991): 23-31.
90. L. Scholten, D. van Knippenberg, B. A. Nijstad e K. W. C. De Dreu. "Motivated Information Processing and Group Decision-Making: Effects of Process Accountability on Information Processing and Decision Quality", *Journal of Experimental Social Psychology* 43(4) (2007): 539-552.
91. E. E. Lawler III e S. A. Mohrman. "Quality Circles: After the Honeymoon", *Organizational Dynamics* (1987): 42-54.
92. T. L. Tang e E. A. Butler. "Attributions of Quality Circles Problem-Solving Failure: Differences among Management, Supporting Staff, and Quality Circle Members", *Public Personnel Management* 26 (1997): 203-225.
93. J. Schilder. "Work Teams Boost Productivity", *Personnel Journal* 71 (1992): 67-72.
94. L. I. Glassop. "The Organizational Benefits of Teams", *Human Relations* 55 (2002): 225-249.
95. C. J. Nemeth. "Managing Innovation: When Less Is More", *California Management Review* 40 (1997): 59-68.
96. N. Adler. *International Dimensions of Organizational Behavior*, 3ª ed. (Mason, Ohio: South-Western, 1997).
97. K. W. Phillips e D. L. Lloyd. "When Surface- and Deep-Level Diversity Collide: The Effects on Dissenting Group Members", *Organizational Behavior and Human Decision Processes* 99(2) (2006): 143-160.
98. T. Simons, L. H. Pelled e K. A Smith. "Making Use of Difference: Diversity, Debate, and Decision Comprehensiveness in Top Management Teams", *Academy of Management Journal* 42(6) (1999): 662-673.
99. S. Elbanna e J. Child. "The Influence of Decision, Environmental and Firm Characteristics on the Rationality of Strategic Decision-Making", *Journal of Management Studies* 44(4) (2007): 561-591.
100. J. Pfeffer. "Seven Practices of Successful Organizations", *California Management Review* 40 (1998): 96-124.
101. L. A. Witt, M. C. Andrews e K. M. Kacmar. "The Role of Participation in Decision Making in the Organizational Politics – Job Satisfaction Relationship", *Human Relations* 53 (2000): 341-358.
102. J. He e W. R. King. "The Role of User Participation in Information Systems Development: Implications from a Meta-Analysis", *Journal of Management Information Systems* 25, (2008): 301-331.
103. C. R. Leana, E. A. Locke e D. M. Schweiger. "Fact and Fiction in Analyzing Research on Participative Decision Making: A Critique of Cotton, Vollrath, Froggatt, Lengnick-Hall, and Jennings", *Academy of Management Review* 15 (1990): 137-146; J. L. Cotton, D. A. Vollrath, M. L. Lengnick-Hall e K. L. Froggatt. "Fact: The Form of Participation Does Matter – A Rebuttal to Leana, Locke, and Schweiger", *Academy of Management Review* 15 (1990): 147-153.
104. T. W. Malone. "Is Empowerment Just a Fad? Control, Decision Making, and Information Technology", *Sloan Management Review* 38 (1997): 23-35.
105. IBM Customer Success Stories. "City and County of San Francisco Lower Total Cost of Ownership and Build on Demand Foundation" (3 fev. 2004). Disponível em: <http://www-306.ibm.com/software/success/cssdb.nsf/cs/LWRT-5VTLM2?OpenDocument&Site=lotusmandc>.
106. T. L. Brown. "Fearful of 'Empowerment': Should Managers Be Terrified?", *Industry Week* (18 jun. 1990): 12.
107. P. G. Gyllenhammar. *People at Work* (Reading, Mass.: Addison-Wesley, 1977).
108. R. Tannenbaum e F. Massarik. "Participation by Subordinates in the Managerial Decision-Making Process", *Canadian Journal of Economics and Political Science* 16 (1950): 408-418.
109. H. Levinson. *Executive* (Cambridge, Mass.: Harvard University Press, 1981).
110. J. S. Black e H. B. Gregersen. "Participative Decision Making: An Integration of Multiple Dimensions", *Human Relations* 50 (1997): 859-878.

Capítulo 11

1. G. C. Homans. "Social Behavior as Exchange", *American Journal of Sociology* 63 (1958): 597-606.
2. R. D. Middlemist e M. A. Hitt. *Organizational Behavior: Managerial Strategies for Performance* (St. Paul, Minn.: West Publishing, 1988).
3. C. Barnard. *The Functions of the Executive* (Cambridge, Mass.: Harvard University Press, 1938).
4. J. R. P. French e B. Raven. "The Bases of Social Power". In: D. Cartwright, ed. *Group Dynamics: Research and Theory* (Evanston, Ill.: Row Peterson, 1962); T. R. Hinkin e G. A. Schriesheim. "Development and Application of New Scales to Measure the French and Raven (1959) Bases of Social Power", *Journal of Applied Psychology* 74 (1989): 561-567.
5. K. D. Elsbach e G. Elofson. "How the Packaging of Decision Explanations Affects Perceptions of Trustworthiness", *Academy of Management Journal* 43(1) (2000): 80-89.
6. P. M. Podsakoff e C. A. Schriesheim. "Field Studies of French and Raven's Bases of Power: Critique, Reanalysis, and Suggestions for Future Research", *Psychological Bulletin* 97 (1985): 387-411.
7. M. A. Rahim. "Relationships of Leader Power to Compliance and Satisfaction with Supervision: Evidence from a National Sample of Managers", *Journal of Management* 15 (1989): 545-556.
8. C. Argyris. "Management Information Systems: The Challenge to Rationality and Emotionality", *Management Science* 17 (1971): 275-292; J. Naisbitt e P. Aburdene. *Megatrends 2000* (Nova York: Morrow, 1990).

9. P. P. Carson, K. D. Carson, E. L. Knight e C. W. Roe. "Power in Organizations: A Look through the TQM Lens", *Quality Progress* (nov. 1995): 73-78.
10. Feature "Marissa Mayer: The Talent Scout", *BusinessWeek Online* (19 jun. 2006). Disponível em: <http://www.businessweek.com/magazine/content/06_25/b3989422.htm>.
11. J. Pfeffer e G. Salancik. *The External Control of Organizations* (Nova York: Harper & Row, 1978).
12. T. M. Welbourne e C. O. Trevor. "The Roles of Departmental and Position Power in Job Evaluation", *Academy of Management Journal* 43(4) (2000): 761-771.
13. R. H. Miles. *Macro Organizational Behavior* (Glenview, Ill.: Scott, Foresman, 1980).
14. D. Hickson, C. Hinings, C. Lee, R. E. Schneck e J. M. Pennings. "A Strategic Contingencies Theory of Intraorganizational Power", *Administrative Science Quarterly* 14 (1971): 219-220.
15. C. R. Hinings, D. J. Hickson, J. M. Pennings e R. E. Schneck. "Structural Conditions of Intraorganizational Power", *Administrative Science Quarterly* 19 (1974): 22-44.
16. M. Velasquez, D. J. Moberg e G. F. Cavanaugh. "Organizational Statesmanship and Dirty Politics: Ethical Guidelines for the Organizational Politician", *Organizational Dynamics* 11 (1982): 65-79.
17. D. E. McClelland. *Power: The Inner Experience* (Nova York: Irvington, 1975).
18. N. Shahinpoor e B. F. Matt. "The Power of One: Dissent and Organizational Life", *Journal of Business Ethics* 74(1) (2007): 37-49.
19. N. Machiavelli. *The Prince*. Traduzido para o inglês por G. Bull (Middlesex, Inglaterra: Penguin Books, 1961).
20. S. Chen, A. Y. Lee-Chai e J. A. Bargh. "Relationship Orientation as a Moderator of the Effects of Social Power", *Journal of Personality and Social Psychology* 80(2) (2001): 173-187.
21. R. Kanter. "Power Failure in Management Circuits", *Harvard Business Review* (jul.-ago. 1979): 31-54.
22. F. Lee e L. Z. Tiedens. "Who's Being Served? 'Self-Serving' Attributions in Social Hierarchies", *Organizational Behavior and Human Decision Processes* 84(2) (mar. 2001): 254-287.
23. M. Korda. *Power: How to Get It, How to Use It* (Nova York: Random House, 1975).
24. S. R. Thye. "A Status Value Theory of Power in Exchange Relations", *American Sociological Review* (2000): 407-432.
25. B. T. Mayes e R. T. Allen. "Toward a Definition of Organizational Politics", *Academy of Management Review* 2 (1977): 672-678.
26. M. Valle e P. L. Perrewe. "Do Politics Perceptions Relate to Political Behaviors? Tests of an Implicit Assumption and Expanded Model", *Human Relations* 53 (2000): 359-386.
27. W. A. Hochwarter. "The Interactive Effects of Pro-Political Behavior and Politics Perceptions on Job Satisfaction and Affective Commitment", *Journal of Applied Social Psychology* 33 (2003): 1360-1378.
28. W. A. Hochwarter, K. M. Kacmar, D. C. Treadway e T. S. Watson. "It's All Relative: The Distinction and Prediction of Political Perceptions across Levels", *Journal of Applied Social Psychology* 33 (2003): 1955-2016.
29. D. A. Ralston. "Employee Ingratiation: The Role of Management", *Academy of Management Review* 10 (1985): 477-487; D. R. Beeman e T. W. Sharkey. "The Use and Abuse of Corporate Politics", *Business Horizons* (mar.-abr. 1987): 25-35.
30. C. O. Longnecker, H. P. Sims e D. A. Gioia. "Behind the Mask: The Politics of Employee Appraisal", *Academy of Management Executive* 1 (1987): 183-193.
31. M. Valle e P. L. Perrewe. "Do Politics Perceptions Relate to Political Behaviors? Tests of an Implicit Assumption and Expanded Model", *Human Relations* 53(3) (2000): 359-386.
32. D. Fedor, J. Maslyn, S. Farmer e K. Bettenhausen. "The Contribution of Positive Politics to the Prediction of Employee Reactions", *Journal of Applied Social Psychology* 38, n. 1 (2008): 76-96.
33. D. Kipnis, S. M. Schmidt e I. Wilkinson. "Intraorganizational Influence Tactics: Explorations in Getting One's Way", *Journal of Applied Psychology* 65 (1980): 440-452; D. Kipnis, S. Schmidt, C. Swaffin-Smith e I. Wilkinson. "Patterns of Managerial Influence: Shotgun Managers, Tacticians, and Bystanders", *Organizational Dynamics* (Winter 1984): 60-67; G. Yukl e C. M. Falbe. "Influence Tactics and Objectives in Upward, Downward, and Lateral Influence Attempts", *Journal of Applied Psychology* 75 (1990): 132-140.
34. G. R. Ferris e T. A. Judge. "Personnel/Human Resources Management: A Political Influence Perspective", *Journal of Management* 17 (1991): 447-488.
35. G. Yukl, P. J. Guinan e D. Sottolano. "Influence Tactics Used for Different Objectives with Subordinates, Peers, and Superiors", *Groups & Organization Management* 20 (1995): 272-296.
36. C. A. Higgins, T. A. Judge e G. R. Ferris. "Influence Tactics and Work Outcomes: A Meta-Analysis", *Journal of Organizational Behavior* 24 (2003): 89-106.
37. K. K. Eastman. "In the Eyes of the Beholder: An Attributional Approach to Ingratiation and Organizational Citizenship Behavior", *Academy of Management Journal* 37 (1994): 1379-1391.
38. K. J. Harris, K. M. Kacmar, S. Zivnuska e J. D Shaw. "The Impact of Political Skill on Impression Management Effectiveness", *Journal of Applied Psychology* 92(1) (2007): 278-285.
39. D. C. Treadway, G. R. Ferris, A. B. Duke, G. L. Adams e J. B. Thatcher. "The Moderating Role of Subordinate Political Skill on Supervisors' Impressions of Subordinate Ingratiation and Ratings of Subordinate Interpersonal Facilitation", *Journal of Applied Psychology* 92(3) (2007): 848-855.
40. R. A. Gordon. "Impact of Ingratiation on Judgments and Evaluations: A Meta-Analytic Investigation", *Journal of Personality and Social Psychology* 71 (1996): 54-70.
41. A. Drory e D. Beaty. "Gender Differences in the Perception of Organizational Influence Tactics", *Journal of Organizational Behavior* 12 (1991): 249-258.
42. S. Wellington, M. B. Kropf e P. R. Gerkovich. "What's Holding Women Back?" *Harvard Business Review* (jun. 2003): 2-4.
43. P. Perrewe e D. Nelson. "Gender and Career Success: The Facilitative Role of Political Skill", *Organizational Dynamics* 33 (2004): 366-378.
44. R. Y. Hirokawa e A. Miyahara. "A Comparison of Influence Strategies Utilized by Managers in American and Japanese Organizations", *Communication Quarterly* 34 (1986): 250-265.
45. C. Anderson, S. E. Spataro e F. J. Flynn. "Personality and Organizational Culture as Determinants of Influence", *Journal of Applied Psychology* 93 (maio 2008): 702-710.
46. P. David, M. A. Hitt e J. Gimeno. "The Influence of Activism by Institutional Investors on R&D", *Academy of Management Journal* 44(1) (2001): 144-157.
47. G. R. Ferris, P. L. Perrewe, W. P. Anthony e D. C. Gilmore. "Political Skill at Work", *Organizational Dynamics* 28 (2000): 25-37.
48. D. C. Treadway, W. A. Hochwarter, G. R. Ferris, C. J. Kacmar, C. Douglas, A. P. Ammeter e M. R. Buckley. "Leader Political Skill and Employee Reactions", *Leadership Quarterly* 15 (2004): 493-513; K. K. Ahearn, G. R. Ferris, W. A. Hochwarter, C. Douglas e A. P. Ammeter. "Leader Political Skill and Team Performance", *Journal of Management* 30(3) (2004): 309-327.
49. P. L. Perrewé, K. L. Zellars, G. R. Ferris, A. M. Rossi, C. J. Kacmar e D. A. Ralston. "Neutralizing Job Stressors: Political Skill as an Antidote to the Dysfunctional Consequences of Role Conflict Stressors", *Academy of Management Journal* 47 (2004): 141-152.
50. G. R. Ferris, D. C. Treadway, R. W. Kolodinsky, W. A. Hochwarter, C. J. Kacmar, C. Douglas e D. D. Frink. "Development and Validation of the Political Skill Inventory", *Journal of Management* 31 (2005): 126-152.
51. G. Ferris, S. Davidson e P. Perrewé. "Developing Political Skill at Work", *Training* 42 (2005): 40-45.
52. F. R. Blass e G. R. Ferris. "Leader Reputation: The Role of Mentoring, Political Skill, Contextual Learning, and Adaptation". *Human Resource Management* 46(1) (2007): 5-19.
53. S. Y. Todd, K. J. Harris, R. B. Harris e A. R. Wheeler. "Career Success Implications of Political Skill", *The Journal of Social Psychology* 149 n. 3 (jun. 2009): 179-204.
54. I. M. Jawahar, J. A. Meurs, G. R. Ferris e W. A. Hochwarter. "Self-efficacy and political skill as comparative predictors of task and contextual performance: A two-study constructive replication", *Human Performance* 21, (2008): 138-157.

55. K. Kumar e M. S. Thibodeaux. "Organizational Politics and Planned Organizational Change", *Group and Organization Studies* 15 (1990): 354-365.
56. D. Buchanan. "You Stab My back, I'll Stab Yours: Management Experience and Perceptions of Organization Political Behaviour", *British Journal of Management* 19 (mar. 2008): 49-64.
57. McClelland, *Power*.
58. Beeman e Sharkey. "Use and Abuse of Corporate Politics", 37.
59. C. P. Parker, R. L. Dipboye e S. L. Jackson. "Perceptions of Organizational Politics: An Investigation of Antecedents and Consequences", *Journal of Management* 21 (1995): 891-912.
60. S. J. Ashford, N. P. Rothbard, S. K. Piderit e J. E. Dutton. "Out on a Limb: The Role of Context and Impression Management in Selling Gender-Equity Issues", *Administrative Science Quarterly* 43 (1998): 23-57.
61. J. Zhou e G. R. Ferris. "The Dimensions and Consequences of Organizational Politics Perceptions: A Confirmatory Analysis", *Journal of Applied Social Psychology* 25 (1995): 1747-1764.
62. M. L. Seidal, J. T. Polzer e K. J. Stewart. "Friends in High Places: The Effects of Social Networks on Discrimination in Salary Negotiations", *Administrative Science Quarterly* 45 (2000): 1-24.
63. J. J. Gabarro e J. P. Kotter. "Managing Your Boss", *Harvard Business Review* (jan.-fev. 1980): 92-100.
64. P. Newman. "How to Manage Your Boss", Peat, Marwick, Mitchell & Company's Management Focus (maio-jun. 1980): 36-37.
65. F. Bertolome. "When You Think the Boss Is Wrong", *Personnel Journal* 69 (1990): 66-73.
66. J. Conger e R. Kanungo. *Charismatic Leadership: The Elusive Factor in Organizational Effectiveness* (Nova York: Jossey-Bass, 1988).
67. G. M. Spreitzer, M. A. Kizilos e S. W. Nason. "A Dimensional Analysis of the Relationship between Psychological Empowerment and Effectiveness, Satisfaction, and Strain", *Journal of Management* 23 (1997): 679-704.
68. M. Butts, R. J. Vandenberg, D. M. DeJoy, B. S. Schaffer e M. G. Wilson. "Individual Reactions to High Involvement Work Processes: Investigating the Role of Empowerment and Perceived Organizational Support", *Journal of Occupational Health Psychology* 14 (abr. 2009): 122-136.
69. R. C. Ford e M. D. Fottler. "Empowerment: A Matter of Degree", *Academy of Management Executive* 9 (1995): 21-31.
70. M. Holbrook. "Employee Commitment Is Crucial", *Human Resources* (maio 2007).
71. J. Simons. "Merck's Man in the Hot Seat", *Fortune* (23 fev. 2004): 111-114.

Capítulo 12

1. J. P. Kotter. "What Leaders Really Do", *Harvard Business Review* 68 (1990): 103-111.
2. D. A. Plowman, S. Solansky, T. E. Beck, L. Baker, M. Kulkarni e D. V. Travis. "The Role of Leadership in Emergent, Self-Organization", *Leadership Quarterly* 18(4) (2007): 341-356.
3. A. Zaleznik. "HBR Classic – Managers and Leaders: Are They Different?", *Harvard Business Review* 70 (1992): 126-135.
4. W. G. Rowe. "Creating Wealth in Organizations: The Role of Strategic Leadership", *Academy of Management Executive* 15 (2001): 81-94.
5. R. M. Stogdill. "Personal Factors Associated with Leadership, A Survey of the Literature", *Journal of Psychology* 25 (1948): 35-71.
6. K. Lewin, R. Lippitt e R. K. White. "Patterns of Aggressive Behavior in Experimentally Created 'Social Climates'", *Journal of Social Psychology* 10 (1939): 271-299.
7. S. D. Sidle. "The Danger of Do Nothing Leaders", *The Academy of Management Perspectives* 21(2) (2007): 75-77.
8. A. W. Halpin e J. Winer. "A Factorial Study of the Leader Behavior Description Questionnaire". In: R. M. Stogdill e A. E. Coons, eds. *Leader Behavior: Its Description and Measurement,* research monograph n. 88 (Columbus, Ohio: Bureau of Business Research, Ohio State University, 1957): 39-51.
9. E. A. Fleishman. "Leadership Climate, Human Relations Training, and Supervisory Behavior", *Personnel Psychology* 6 (1953): 205-222.
10. R. Kahn e D. Katz. "Leadership Practices in Relation to Productivity and Morale". In: D. Cartwright and A. Zander, eds. *Group Dynamics, Research and Theory* (Elmsford, NY: Row, Paterson, 1960).
11. R. R. Blake e J. S. Mouton. *The Managerial Grid III: The Key to Leadership Excellence* (Houston: Gulf, 1985).
12. W. Vandekerckhove e R. Commers. "Downward Workplace Mobbing: A Sign of the Times?" *Journal of Business Ethics* 45 (2003): 41-50.
13. F. E. Fiedler. *A Theory of Leader Effectiveness* (Nova York: McGraw-Hill, 1964).
14. F. E. Fiedler. *Personality, Motivational Systems, and Behavior of High and Low LPC Persons,* tech. rep. n. 70-12 (Seattle: University of Washington, 1970).
15. J. T. McMahon. "The Contingency Theory: Logic and Method Revisited", *Personnel Psychology* 25 (1972): 697-710; L. H. Peters, D. D. Hartke e J. T. Pohlman. "Fiedler's Contingency Theory of Leadership: An Application of the Meta-Analysis Procedures of Schmidt and Hunter", *Psychological Bulletin* 97 (1985): 224-285.
16. F. E. Fiedler. "The Contingency Model and the Dynamics of the Leadership Process". In: L. Berkowitz, ed. *Advances in Experimental and Social Psychology,* v. 11 (Nova York: Academic Press, 1978).
17. S. Arin e C. McDermott. "The Effect of Team Leader Characteristics on Learning, Knowledge Application, and Performance of Cross-Functional New Product Development Teams", *Decision Sciences* 34 (2003): 707-739.
18. F. E. Fiedler. "Engineering the Job to Fit the Manager", *Harvard Business Review* 43 (1965): 115-122.
19. R. J. House. "A Path-Goal Theory of Leader Effectiveness", *Administrative Science Quarterly* 16 (1971): 321-338; R. J. House e T. R. Mitchell. "Path-Goal Theory of Leadership", *Journal of Contemporary Business* 3 (1974): 81-97.
20. C. A. Schriesheim e V. M. Von Glinow. "The Path-Goal Theory of Leadership: A Theoretical and Empirical Analysis", *Academy of Management Journal* 20 (1977): 398-405; E. Valenzi e G. Dessler. "Relationships of Leader Behavior, Subordinate Role Ambiguity, and Subordinate Job Satisfaction", *Academy of Management Journal* 21 (1978): 671-678; N. R. F. Maier. *Leadership Methods and Skills* (Nova York: McGraw-Hill, 1963).
21. J. P. Grinnell. "An Empirical Investigation of CEO Leadership in Two Types of Small Firms", *S.A.M. Advanced Management Journal* 68 (2003): 36-41.
22. V. H. Vroom e P. W. Yetton. *Leadership and Decision Making* (Pittsburgh: University of Pittsburgh, 1973).
23. V. H. Vroom. "Leadership and the Decision-Making Process", *Organizational Dynamics* 28 (2000): 82-94.
24. P. Hersey e K. H. Blanchard. "Life Cycle Theory of Leadership", *Training and Development* 23 (1969): 26-34; P. Hersey, K. H. Blanchard e D. E. Johnson. *Management of Organizational Behavior: Leading Human Resources,* 8ª ed. (Upper Saddle River, N.J.: Prentice-Hall, 2001).
25. B. M. Bass. *Bass and Stogdill's Handbook of Leadership: Theory, Research, and Managerial Applications,* 3ª ed. (Nova York: Free Press, 1990).
26. G. B. Graen e M. Uhl-Bien. "Relationship-Based Approach to Leadership: Development of Leader–Member Exchange (LMX) Theory of Leadership over 25 Years", *Leadership Quarterly* 6 (1995): 219-247; C. R. Gerstner e D. V. Day. "Meta-Analytic Review of Leader-Member Exchange Theory: Correlates and Construct Issues", *Journal of Applied Psychology* 82 (1997): 827-844; R. C. Liden, S. J. Wayne e R. T. Sparrowe. "An Examination of the Mediating Role of Psychological Empowerment on the Relations between the Job, Interpersonal Relationships, and Work Outcomes", *Journal of Applied Psychology* 85 (2001): 407-416.
27. J. Townsend, J. S. Phillips e T. J. Elkins. "Employee Retaliation: The Neglected Consequence of Poor Leader-Member Exchange Relations", *Journal of Occupational Health Psychology* 5 (2000): 457-463.
28. D. Nelson, R. Basu e R. Purdie. "An Examination of Exchange Quality and Work Stressors in Leader-Follower Dyads", *International Journal of Stress Management* 5 (1998): 103-112.
29. K. M. Kacmar, L. A. Witt, S. Zivnuska e S. M. Gully. "The Interactive Effect of Leader-Member Exchange and Communication Frequency

on Performance Ratings", *Journal of Applied Psychology* 88 (2003): 764-772.
30. A. G. Tekleab e M. S. Taylor. "Aren't There Two Parties in an Employment Relationship? Antecedents and Consequences of Organization-Employee Agreement on Contract Obligations and Violations", *Journal of Organizational Behavior* 24 (2003): 585-608.
31. D. A. Hoffman, S. J. Gerras e F. P. Morgeson. "Climate as a Moderator of the Relationship between Leader-Member Exchange and Content Specific Citizenship: Safety Climate as an Exemplar", *Journal of Applied Psychology* 88 (2003): 170-178.
32. J. M. Burns. *Leadership* (Nova York, Harper & Row, 1979); T. O. Jacobs. *Leadership and Exchange in Formal Organizations* (Alexandria, Va.: Human Resources Research Organization, 1971).
33. B. M. Bass. "From Transactional to Transformational Leadership: Learning to Share the Vision", *Organizational Dynamics* 19 (1990): 19-31; B. M. Bass. *Leadership and Performance beyond Expectations* (Nova York: Free Press, 1985).
34. P. M. Podsakoff, S. B. MacKenzie e W. H. Bommer. "Transformational Leader Behaviors and Substitutes for Leadership as Determinants of Employee Satisfaction, Commitment, Trust, and Organizational Citizenship Behaviors", *Journal of Management* 22 (1996): 259-298.
35. W. Bennis. "Managing the Dream: Leadership in the 21st Century", *Training* 27 (1990): 43-48; P. M. Podsakoff, S. B. MacKenzie, R. H. Moorman e R. Fetter. "Transformational Leader Behaviors and Their Effects on Followers' Trust in Leader, Satisfaction, and Organizational Citizenship Behaviors", *Leadership Quarterly* 1 (1990): 107-142.
36. MyPrimeTime, Inc., "Great Entrepreneurs – Biography: Howard Schultz, Starbucks". Disponível em: <http://www.myprimetime.com/work/ge/schultzbio/index.shtml>.
37. C. P. Egri e S. Herman. "Leadership in the North American Environmental Sector: Values, Leadership Styles, and Contexts of Environmental Leaders and Their Organizations", *Academy of Management Journal* 43 (2000): 571-604.
38. T. A. Judge e J. E. Bono. "Five-Factor Model of Personality and Transformational Leadership", *Journal of Applied Psychology* 85 (2001): 751-765.
39. J. E. Bono e T. A. Judge. "Self-Concordance at Work: Toward Understanding the Motivational Effects of Transformational Leaders", *Academy of Management Journal* 46 (2003): 554-571.
40. The Jargon Dictionary. "The R Terms: Reality-Distortion Field". Disponível em: <http://info.astrian.net/jargon/terms/r/reality-distortion_field.html>.
41. R. J. House e M. L. Baetz. "Leadership: Some Empirical Generalizations and New Research Directions". In: B. M. Staw, ed. *Research in Organizational Behavior*, v. 1 (Greenwood, Conn.: JAI Press, 1979), 399-401.
42. D. Waldman, G. G. Ramirez, R. J. House e P. Puranam. "Does Leadership Matter? CEO Leadership Attributes and Profitability under Conditions of Perceived Environmental Uncertainty", *Academy of Management Journal* 44 (2001): 134-143.
43. J. M. Howell "Two Faces of Charisma: Socialized and Personalized Leadership in Organizations". In: J. A. Conger, ed. *Charismatic Leadership: Behind the Mystique of Exceptional Leadership* (San Francisco: Jossey-Bass, 1988).
44. F. Luthans e B. J. Avolio. "Authentic Leadership: A Positive Development Approach". In: K. S. Cameron, J. E. Dutton e R. E. Quinn, eds. *Positive Organizational Scholarship: Foundations of a New Discipline* (San Francisco: Berrett-Koehler, 2004): 241-261.
45. W. L. Gardner, B. J. Avolio, F. Luthans, D. R. May e F. O. Walumbwa. "Can You See the Real Me? A Self-Based Model of Authentic Leader and Follower Development", *The Leadership Quarterly* 16 (2005): 343-372.
46. B. J. Avolio, W. L. Gardner, F. O. Walumbwa, F. Luthans e D. R. May. "Unlocking the Mask: A Look at the Process by Which Authentic Leaders Impact Follower Attitudes and Behaviors", *The Leadership Quarterly* 15 (2004): 801-823.
47. S. Michie e J. Gooty. "Values, Emotions and Authentic Leadership Behaviors: Will the Real Leader Please Stand Up?", *The Leadership Quarterly* 16 (2005): 441-457.
48. S. Michie e D. L. Nelson. "The Effects of Leader Compassion Display on Follower Attributions: Building a Socialized Leadership Image",
artigo apresentado para *Academy of Management Conference*, Honolulu, Havaí (2005).
49. M. Maccoby. "Narcissistic Leaders: The Incredible Pros, the Inevitable Cons", *Harvard Business Review* 78 (2000): 68-77.
50. D. Sankowsky. "The Charismatic Leader as Narcissist: Understanding the Abuse of Power", *Organizational Dynamics* 23 (1995): 57-71.
51. F. J. Flynn e B. M. Staw. "Lend Me Your Wallets: The Effect of Charismatic Leadership on External Support for an Organization", *Strategic Management Journal* 25 (2004): 309-330.
52. D. Goleman. "What Makes a Leader?" *Harvard Business Review* 82 (2004): 82-91.
53. D. Goleman. "Never Stop Learning", *Harvard Business Review* 82 (2004): 28-30.
54. C. L. Gohm. "Mood Regulation and Emotional Intelligence: Individual Differences", *Journal of Personality and Social Psychology* 84 (2003): 594-607.
55. J. Useem. "A Manager for All Seasons", *Fortune* (30 de Abril de 2001): 66-72.
56. R. C. Mayer, J. H. Davis e F. D. Schoorman. "An Integrative Model of Organizational Trust", *Academy of Management Review* 20 (1995): 709-734.
57. R. S. Dooley e G. E. Fryxell. "Attaining Decision Quality and Commitment from Dissent: The Moderating Effects of Loyalty and Competence in Strategic Decision-Making Teams", *Academy of Management Journal* 42 (1999): 389-402.
58. J. Flint. "Why Rick Wagoner Had to Go", *Forbes* (30 mar. 2009). Disponível em: <http://www.forbes.com/2009/03/30/rick-wagoner-gm-jerry-flint-business-autos-backseat-driver.html>.
59. D. Kawamoto e T. Krazit. "Motorola's Zander Out After Razr Deemed One-Hit Wonder", CNET News (30 nov. 2007). Disponível em: <http://news.cnet.com/Motorolas-Zander-out-after-Razr-deemed-one-hit-wonder/2100-1036_3-6220913.html>.
60. Saj-nicole A. Joni. "The Geography of Trust", *Harvard Business Review* 82 (2003): 82-88.
61. M. E. Heilman, C. J. Block, R. F. Martell e M. C. Simon. "Has Anything Changed? Current Characteristics of Men, Women, and Managers", *Journal of Applied Psychology* 74 (1989): 935-942.
62. A. H. Eagly, S. J. Darau e M. Makhijani. "Gender and the Effectiveness of Leaders: A Meta-Analysis", *Psychological Bulletin* 117 (1995): 125-145.
63. M. K. Ryan, S. A. Haslam e T. Postmes. "Reactions to the Glass Cliff: Gender Differences in the Explanations for the Precariousness of Women's Leadership Positions", *Journal of Organizational Change Management* 20(2) (2007): 182-197.
64. R. K. Greenleaf, L. C. Spears e D. T. Frick, eds. *On Becoming a Servant-Leader* (San Francisco: Jossey-Bass, 1996).
65. A. C. H. Schat, M. R. Frone e E. K. Kelloway. "Prevalence of Workplace Aggression in the U.S. Workforce: Findings from a National Study". In: E. K. Kelloway, J. Barling e J. J. Hurrell (Eds.). *Handbook of Workplace Violence*: 47-89. (Thousand Oaks, CA: Sage. 2006)
66. B. J. Tepper, C. A. Henle, L. S. Lambert, R. A. Giacalone e M. K. Duffy. "Abusive Supervision and Subordinates' Organization Deviance", *Journal of Applied Psychology* 93 (2008): 721-732; P. A. Bamberger e S. B. Bacharach. "Abusive Supervision and Subordinate Problem Drinking: Taking Resistance, Stress and Subordinate Personality into Account", *Human Relations* 59 (2006): 1-30; B. J. Tepper. "Consequences of Abusive Supervision", *Academy of Management Journal* 43 (2000): 178-190; A. A. Grandey, J. Kern e M. Frone. "Verbal Abuse from Outsiders Versus Insiders: Comparing Frequency, Impact on Emotional Exhaustion, and the Role of Emotional Labor", *Journal of Occupation Health Psychology* 12 (2007): 63-79.
67. B. J. Tepper, M. K. Duffy, C. A. Henle e L. S. Lambert. "Procedural Injustice, Victim Precipitation and Abusive Supervision", *Personnel Psychology* 59 (2006): 101-123.
68. B. J. Tepper. "Abusive Supervision in Work Organizations: Review, Synthesis and Research Agenda", *Journal of Management* 33 (2007): 261-289.
69. E. P. Hollander e L. R. Offerman. "Power and Leadership in Organizations: Relationships in Transition", *American Psychologist* 45 (1990): 179-189.

70. H. P. Sims, Jr. e C. C. Manz. *Company of Heros: Unleashing the Power of Self-Leadership* (Nova York: John Wiley & Sons, 1996).
71. C. C. Manz e H. P. Sims. "Leading Workers to Lead Themselves: The External Leadership of Self-Managing Work Teams", *Administrative Science Quarterly* 32 (1987): 106-128.
72. L. Hirschhorn. "Leaders and Followers in a Postindustrial Age: A Psychodynamic View", *Journal of Applied Behavioral Science* 26 (1990): 529-542.
73. R. E. Kelley. "In Praise of Followers", *Harvard Business Review* 66 (1988): 142-148.
74. C. C. Manz e H. P. Sims. "SuperLeadership: Beyond the Myth of Heroic Leadership", *Organizational Dynamics* 20 (1991): 18-35.
75. G. A. Yukl. *Leadership in Organizations*, 2ª ed. (Upper Saddle River, N.J.: Prentice-Hall, 1989).
76. Harvard Business School. "James E. Burke", *Working Knowledge* (27 out. 2003). Disponível em: <http://hbswk.hbs.edu/pubitem.jhtml?id=3755&t=leadership>.

Capítulo 13

1. Definição adaptada de D. Hellriegel, J. W. Slocum, Jr. e R. W. Woodman. *Organizational Behavior* (St. Paul: West, 1992) e de R. D. Middlemist e M. A. Hitt. *Organizational Behavior* (St. Paul: West, 1988).
2. D. Tjosvold. *The Conflict-Positive Organization* (Reading, Mass.: Addison-Wesley, 1991).
3. K. Thomas e W. Schmidt. "A Survey of Managerial Interests with Respect to Conflict", *Academy of Management Journal* 19 (1976): 315-318; G. L. Lippitt. "Managing Conflict in Today's Organizations", *Training and Development Journal* 36 (1982): 66-74.
4. M. Rajim. "A Measure of Styles of Handling Interpersonal Conflict", *Academy of Management Journal* 26 (1983): 368-376.
5. D. Goleman. *Emotional Intelligence* (Nova York: Bantam Books, 1995); J. Stuller. "Unconventional Smarts", *Across the Board* 35 (1998): 22-23.
6. Tjosvold. *The Conflict-Positive Organization*, 4.
7. R. A. Cosier e D. R. Dalton. "Positive Effects of Conflict: A Field Experiment", *International Journal of Conflict Management* 1 (1990): 81-92.
8. D. Tjosvold. "Making Conflict Productive", *Personnel Administrator* 29 (1984): 121-130.
9. I. Janis. *Groupthink*, 2ª ed. (Boston: Houghton Mifflin, 1982).
10. A. C. Amason, W. A. Hochwarter, K. R. Thompson e A. W. Harrison. "Conflict: An Important Dimension in Successful Management Teams", *Organizational Dynamics* 24 (1995): 25-35.
11. T. L. Simons e R. S. Peterson. "Task Conflict and Relationship Conflict in Top Management Teams: The Pivotal Role of Intergroup Trust", *Journal of Applied Psychology* 85 (2000): 102-111.
12. R. Nibler e K. L. Harris. "The Effects of Culture and Cohesiveness on Intragroup Conflict and Effectiveness", *The Journal of Social Psychology* 143 (2003): 613-631.
13. J. D. Thompson. *Organizations in Action* (Nova York: McGraw-Hill, 1967).
14. G. Walker e L. Poppo. "Profit Centers, Single Source Suppliers, and Transaction Costs", *Administrative Science Quarterly* 36 (1991): 66-87.
15. R. Miles. *Macro Organizational Behavior* (Glenview, Ill.: Scott, Foresman, 1980).
16. H. Levinson. "The Abrasive Personality", *Harvard Business Review* 56 (1978): 86-94.
17. J. C. Quick e J. D. Quick. *Organizational Stress and Preventive Management* (Nova York: McGraw-Hill, 1984).
18. F. N. Brady. "Aesthetic Components of Management Ethics", *Academy of Management Review* 11 (1986): 337-344.
19. J. R. Ogilvie e M. L. Carsky. "Building Emotional Intelligence in Negotiations", *The International Journal of Conflict Management* 13 (2002): 381-400.
20. A. M. Bodtker e R. L. Oliver. "Emotion in Conflict Formation and Its Transformation: Application to Organizational Conflict Management", *International Journal of Conflict Management* 12 (2001): 259-275.
21. D. E. Conlon e S. H. Hunt. "Dealing with Feeling: The Influence of Outcome Representations on Negotiation", *International Journal of Conflict Management* 13 (2002): 35-58.
22. J. Schopler, C. A. Insko, J. Wieselquist, et al. "When Groups Are More Competitive than Individuals: The Domain of the Discontinuity Effect", *Journal of Personality and Social Psychology* 80 (2001): 632-644.
23. M. Sherif e C. W. Sherif. *Social Psychology* (Nova York: Harper & Row, 1969).
24. M. A. Zarate, B. Garcia, A. A. Garza e R. T. Hitlan. "Cultural Threat and Perceived Realistic Group Conflict as Dual Predictors of Prejudice", *Journal of Experimental Social Psychology* 40 (2004): 99-105; J. C. Dencker, A. Joshi e J. J. Martocchio. "Employee Benefits as Context for Intergenerational Conflict", *Human Resource Management Review* 17(2) (2007): 208-220.
25. C. Song, S. M. Sommer e A. E. Hartman. "The Impact of Adding an External Rater on Interdepartmental Cooperative Behaviors of Workers", *International Journal of Conflict Management* 9 (1998): 117-138.
26. W. Tsai e S. Ghoshal. "Social Capital and Value Creation: The Role of Intrafirm Networks", *Academy of Management Journal* 41 (1998): 464-476.
27. M. L. Maznevski e K. M. Chudoba. "Bridging Space over Time: Global Virtual Team Dynamics and Effectiveness", *Organization Science* 11 (2000): 473-492.
28. D. L. Nelson e J. C. Quick. "Professional Women: Are Distress and Disease Inevitable?", *Academy of Management Review* 10 (1985): 206-218; D. L. Nelson e M. A. Hitt. "Employed Women and Stress: Implications for Enhancing Women's Mental Health in the Workplace". In: J. C. Quick, J. Hurrell e L. A. Murphy, eds. *Stress and Well-Being at Work: Assessments and Interventions for Occupational Mental Health* (Washington, D.C.: American Psychological Association, 1992).
29. D. Katz e R. Kahn. *The Social Psychology of Organizations*, 2ª ed. (Nova York: Wiley, 1978).
30. E. C. Dierdorff e J. K. Ellington. "It's the Nature of Work: Examining Behavior-Based Sources of Work-Family Conflict Across Occupations", *Journal of Applied Psychology* 93 (2008): 883-892.
31. M. G. Pratt e J. A. Rosa. "Transforming Work-Family Conflict into Commitment in Network Marketing Organizations", *Academy of Management Journal* 46 (2003): 395-418.
32. W. R. Boswell e J. B. Olson-Buchanan. "The Use of Communication Technologies after Hours: The Role of Work Attitudes and Work-Life Conflict", *Journal of Management* 33(4) (2007): 592-610.
33. R. L. Kahn et al. *Organizational Stress: Studies in Role Conflict and Ambiguity* (Nova York: Wiley, 1964).
34. J. L. Badaracco, Jr. "The Discipline of Building Character", *Harvard Business Review* (mar.-abr. 1998): 115-124.
35. B. Schneider. "The People Make the Place", *Personnel Psychology* 40 (1987): 437-453.
36. C. A. O'Reilly, J. Chatman e D. F. Caldwell. "People and Organizational Culture: A Profile Comparison Approach to Assessing Person-Organization Fit", *Academy of Management Journal* 34 (1991): 487-516.
37. I. Dayal e J. M. Thomas. "Operation KPE: Developing a New Organization", *Journal of Applied Behavioral Science* 4 (1968): 473-506.
38. R. H. Miles. "Role Requirements as Sources of Organizational Stress", *Journal of Applied Psychology* 61 (1976): 172-179.
39. W. F. G. Mastenbroek. *Conflict Management and Organization Development* (Chichester, Inglaterra: Wiley, 1987).
40. M. R. Frone. "Interpersonal Conflict at Work and Psychological Outcomes: Testing a Model among Young Workers", *Journal of Occupational Health Psychology* 5 (2000): 246-255.
41. K. Thomas. "Conflict and Conflict Management". In M. D. Dunnette, ed. *Handbook of Industrial and Organizational Psychology* (Nova York: Wiley, 1976).
42. H. H. Meyer, E. Kay e J. R. P. French. "Split Roles in Performance Appraisal", *Harvard Business Review* 43 (1965): 123-129.
43. T. W. Costello e S. S. Zalkind. *Psychology in Administration: A Research Orientation* (Englewood Cliffs, N.J.: Prentice-Hall, 1963).
44. Snapshot Spy. "Employee Computer & Internet Abuse Statistics". Disponível em: <http://www.snapshotspy.com/employee-computer-

-abuse-statistics.htm>; data sources include U.S. Department of Commerce – Economics and Statistics Administration and the National Telecommunications and Information Administration – Greenfield and Rivet, "Employee Computer Abuse Statistics".

45. P. F. Hewlin. "And the Award for Best Actor Goes to…: Facades of Conformity in Organizational Settings", Academy of Management Review 28 (2003): 633-642.
46. C. A. Insko, J. Scholper, L. Gaertner, et al. "Interindividual-Intergroup Discontinuity Reduction through the Anticipation of Future Interaction", Journal of Personality and Social Psychology 80 (2001): 95-111.
47. D. Tjosvold e M. Poon. "Dealing with Scarce Resources: Open-Minded Interaction for Resolving Budget Conflicts", Group and Organization Management 23 (1998): 237-255.
48. Miles. Macro Organizational Behavior; R. Steers, Introduction to Organizational Behavior, 4ª ed. (Glenview, Ill.: Harper-Collins, 1991).
49. A. Tyerman e C. Spencer. "A Critical Text of the Sherrif's Robber's Cave Experiments: Intergroup Competition and Cooperation between Groups of Well-Acquainted Individuals", Small Group Behavior 14 (1983): 515-531; R. M. Kramer. "Intergroup Relations and Organizational Dilemmas: The Role of Categorization Processes". In: B. Staw e L. Cummings, eds. Research in Organizational Behavior 13 (Greenwich, Conn.: JAI Press, 1991), 191-228.
50. A. Carmeli. "The Relationship between Emotional Intelligence and Work Attitudes, Behavior and Outcomes: An Examination among Senior Managers", Journal of Managerial Psychology 18 (2003): 788-813.
51. R. Blake e J. Mouton. "Overcoming Group Warfare", Harvard Business Review 64 (1984): 98-108.
52. D. G. Ancona e D. Caldwell. "Improving the Performance of New Product Teams", Research Technology Management 33 (1990): 25-29.
53. M. A. Cronin e L. R. Weingart. "Representational Gaps, Information Processing and Conflict in Functionally Diverse Teams", Academy of Management Review 32(3) (2007): 761-773.
54. C. K. W. De Dreu e L. R. Weingart. "Task versus Relationship Conflict, Team Performance, and Team Member Satisfaction: A Meta-Analysis", Journal of Applied Psychology 88 (2003): 741-749.
55. R. J. Lewicki, J. A. Litterer, J. W. Minton e D. M. Saunders. Negotiation, 2ª ed. (Burr Ridge, Ill.: Irwin, 1994).
56. C. K. W. De Dreu, S. L. Koole e W. Steinel. "Unfixing the Fixed Pie: A Motivated Information-Processing Approach to Integrative Negotiation", Journal of Personality and Social Psychology 79 (2000): 975-987.
57. M. H. Bazerman, J. R. Curhan, D. A. Moore e K. L. Valley. "Negotiation", Annual Review of Psychology 51 (2000): 279-314.
58. I. Ayers e P. Siegelman. "Race and Gender Discrimination in Bargaining for a New Car", American Economic Review 85 (1995): 304-321.
59. K. W. Thomas. "Conflict and Conflict Management". In: M. D. Dunnette, ed. Handbook of Industrial and Organizational Psychology (Chicago: Rand McNally, 1976), 900.
60. S. Steinberg. "Airbus Workers in France, Germany Strike against Massive Job Cuts". Disponível em: <http://www.wsws.org/articles/2007/mar2007/airb-m01.shtml>, 1º mar. 2007.
61. C. K. W. De Dreu e A. E. M. Van Vianen. "Managing Relationship Conflict and the Effectiveness of Organizational Teams", Journal of Organizational Behavior 22 (2001): 309-328.
62. R. A. Baron, S. P. Fortin, R. L. Frei, L. A. Hauver e M. L. Shack. "Reducing Organizational Conflict: The Role of Socially Induced Positive Affect", International Journal of Conflict Management 1 (1990): 133-152.
63. S. L. Phillips e R. L. Elledge. The Team Building Source Book (San Diego: University Associates, 1989).
64. J. R. Curhan, M. A. Neale, L. Ross e J. Rosencranz-Engelmann. "Relational Accommodation in Negotiation: Effects of Egalitarianism and Gender on Economic Efficiency and Relational Capital", Organizational Behavior and Human Decision Processes 107 (2008): 192-205.
65. Gladwin e Walter. "How Multinationals Can Manage", 228.
66. L. A. Dechurch, K. L. Hamilton e C. Haas. "Effects of Conflict Management Strategies on Perceptions of Intragroup Conflict", Group Dynamics: Theory, Research, and Practice 11(1) (2007): 66-78.

67. K. W. Thomas. "Toward Multidimensional Values in Teaching: The Example of Conflict Behaviors", Academy of Management Review 2 (1977): 484-490.
68. S. Alper, D. Tjosvold e K. S. Law. "Conflict Management, Efficacy, and Performance in Organizational Teams", Personnel Psychology 53 (2000): 625-642.
69. A. Somech, H. S. Desvililya e H. Lidogoster. "Team Conflict Management and Team Effectiveness: The Effects of Task Interdependence and Team Identification", Journal of Organizational Behavior 30 (2009): 359-378.
70. W. King e E. Miles. "What We Know and Don't Know about Measuring Conflict", Management Communication Quarterly 4 (1990): 222-243.
71. J. Barker, D. Tjosvold e I. R. Andrews. "Conflict Approaches of Effective and Ineffective Project Managers: A Field Study in a Matrix Organization", Journal of Management Studies 25 (1988): 167-178.
72. M. Chan. "Intergroup Conflict and Conflict Management in the R&D Divisions of Four Aerospace Companies", IEEE Transactions on Engineering Management 36 (1989): 95-104.

Capítulo 14

1. J. S. Bunderson e J. A. Thompson. "The Call of the Wild: Zookeepers, Callings, and the Double-Edged Sword of Deeply Meaningful Work", Administrative Science Quarterly 54 (2009): 32-57.
2. G. W. England e I. Harpaz. "How Working Is Defined: National Contexts and Demographic and Organizational Role Influences", Journal of Organizational Behavior 11 (1990): 253-266.
3. L. R. Gomez-Mejia. "The Cross-Cultural Structure of Task-Related and Contextual Constructs", Journal of Psychology 120 (1986): 5-19.
4. A. Wrzesniewski e J. E. Dutton. "Crafting a Job: Revisioning Employees as Active Crafters of Their Work", Academy of Management Review 26 (2001): 179-201.
5. F. W. Taylor. The Principles of Scientific Management (Nova York: Norton, 1911).
6. T. Bell. Out of This Furnace (Pittsburgh: University of Pittsburgh Press, 1941); J. H. Gittell, D. B. Weinberg, A. L. Bennett e J. A. Miller. "Is the Doctor in? A Relational Approach to Job Design and the Coordination of Work", Human Resource Management 47 (2008): 729-755.
7. N. D. Warren. "Job Simplification versus Job Enlargement", Journal of Industrial Engineering 9 (1958): 435-439.
8. C. R. Walker. "The Problem of the Repetitive Job", Harvard Business Review 28 (1950): 54-58.
9. T. Moller, S. E. Mathiassen, H. Franzon e S. Kihlberg. "Job Enlargement and Mechanical Exposure Variability in Cyclic Assembly Work", Ergonomics 47 (2004): 19-40.
10. C. R. Walker e R. H. Guest. The Man on the Assembly Line (Cambridge, Mass.: Harvard University Press, 1952).
11. M. A. Campion, L. Cheraskin e M. J. Stevens. "Career-Related Antecedents and Outcomes of Job Rotation", Academy of Management Journal 37 (1994): 1518-1542.
12. H. R. Nalbantian e R. A. Guzzo. "Making Mobility Matter", Harvard Business Review (mar. 2009): 76-84.
13. E. Santora. "Keep Up Production through Cross-Training", Personnel Journal (jun. 1992): 162-166.
14. S. Leroy. "Why is it so Hard to do My Work? The Challenge of Attention Residue when Switching between Work Tasks", Organizational Behavior and Human Decision Processes 109 (2009): 168-181.
15. R. P. Steel e J. R. Rentsch. "The Dispositional Model of Job Attitudes Revisited: Findings of a 10-Year Study", Journal of Applied Psychology 82 (1997): 873-879; C. S. Wong, C. Hui e K. S. Law. "A Longitudinal Study of the Job Perception-Job Satisfaction Relationship: A Test of the Three Alternative Specifications", Journal of Occupational & Organizational Psychology 71 (Parte 2, 1998): 127-146.
16. F. Herzberg. "One More Time: How Do You Motivate Employees?", Harvard Business Review 46 (1968): 53-62.
17. R. N. Ford. "Job Enrichment Lessons from AT&T", Harvard Business Review 51 (1973): 96-106.

18. R. J. House e L. A. Wigdor. "Herzberg's Dual-Factor Theory of Job Satisfaction and Motivation: A Review of the Evidence and a Criticism", *Personnel Psychology* 20 (1967): 369-389.
19. A. N. Turner e P. R. Lawrence. *Industrial Jobs and the Worker* (Cambridge, Mass.: Harvard University Press, 1965).
20. D. H. McKnight, B. Phillips e B. C. Hardgrave. "Which Reduces IT Turnover Intention the Worst: Workplace Characteristics or Job Characteristics?", *Information & Management* 46 (2009): 167-174.
21. J. R. Hackman e G. R. Oldham. "The Job Diagnostic Survey: An Instrument for the Diagnosis of Jobs and the Evaluation of Job Redesign Projects", *Technical Report* n. 4 (New Haven, Conn.: Department of Administrative Sciences, Yale University, 1974).
22. J. L. Pierce, I. Jussila e A. Cummings. "Psychological Ownership within the Job Design Context: Revision of the Job Characteristics Model", *Journal of Organizational Behavior* 30 (2009): 477-496.
23. J. R. Hackman e G. R. Oldham. "Development of the Job Diagnostic Survey", *Journal of Applied Psychology* 60 (1975): 159-170.
24. E. Sadler-Smith, G. El-Kot e M. Leat. "Differentiating Work Autonomy Facets in a Non-Western Context", *Journal of Organizational Behavior* 24 (2003): 709-731.
25. H. P. Sims, A. D. Szilagyi e R. T. Keller. "The Measurement of Job Characteristics", *Academy of Management Journal* 19 (1976): 195-212.
26. H. P. Sims e A. D. Szilagyi. "Job Characteristic Relationships: Individual and Structural Moderators", *Organizational Behavior and Human Performance* 17 (1976): 211-230.
27. Y. Fried. "Meta-Analytic Comparison of the Job Diagnostic Survey and Job Characteristic Inventory as Correlates of Work Satisfaction and Performance", *Journal of Applied Psychology* 76 (1991): 690-698.
28. D. R. May, R. L. Gilson e L. M. Harter. "The Psychological Conditions of Meaningfulness, Safety, and Availability and the Engagement of the Human Spirit at Work", *Journal of Occupational and Organizational Psychology* 77 (2004): 11-37.
29. M. Soyars e J. Brusino. "Essentials of Engagement", *T&D* (mar. 2009): 62-65.
30. R. Wagner. "Nourishing Employee Engagement", *Gallup Management Journal* (12 fev. 2004): 1-7. Disponível em: <http://gmj.gallup.com/content/default.asp?ci=10504>.
31. J. Loehr e T. Schwartz. *The Power of Full Engagement: Managing Energy, Not Time, Is the Key to High Performance and Personal Renewal* (Nova York: Free Press, 2003).
32. M. F. R. Kets de Vries. "Creating Authentizotic Organizations: Well-Functioning Individuals in Vibrant Companies", Human Relations 54 (2001): 101-111.
33. G. R. Salancik e J. Pfeffer. "A Social Information Processing Approach to Job Attitudes and Task Design", *Administrative Science Quarterly* 23 (1978): 224-253.
34. J. Pfeffer. "Management as Symbolic Action: The Creation and Maintenance of Organizational Paradigms". In: L. L. Cummings e B. M. Staw, eds. *Research in Organizational Behavior*, v. 3 (Greenwich, Conn.: JAI Press, 1981): 1-52.
35. C. Clegg e C. Spencer. "A Circular and Dynamic Model of the Process of Job Design", *Journal of Occupational & Organizational Psychology* 80 (2007): 321-339.
36. J. Thomas e R. Griffin. "The Social Information Processing Model of Task Design: A Review of the Literature", *Academy of Management Review* 8 (1983): 672-682.
37. D. J. Campbell. "Task Complexity: A Review and Analysis", *Academy of Management Review* 13 (1988): 40-52.
38. A. M. Grant. "Relational Job Design and the Motivation to Make a Prosocial Difference", *Academy of Management Review* 32 (2007): 393-417.
39. D. R. May, K. Reed, C. E. Schwoerer e P. Potter. "Ergonomic Office Design and Aging: A Quasi-Experimental Field Study of Employee Reactions to an Ergonomics Intervention Program", *Journal of Occupational Health Psychology* 9 (2004): 123-135.
40. M. A. Campion e P. W. Thayer. "Job Design: Approaches, Outcomes, and Trade-Offs", *Organizational Dynamics* 16 (1987): 66-79.
41. J. Teresko. "Emerging Technologies", *Industry Week* (27 fev. 1995): 1-2.
42. M. A. Campion e C. L. McClelland. "Interdisciplinary Examination of the Costs and Benefits of Enlarged Jobs: A Job Design Quasi-Experiment", *Journal of Applied Psychology* 76 (1991): 186-199.
43. B. Kohut. *Country Competitiveness: Organizing of Work* (Nova York: Oxford University Press, 1993).
44. D. Holman, S. Frenkel, O. Sorensen e S. Wood. "Work Design variation and Outcomes in Call Centers: Strategic Choice and Institutional Explanations", *Industrial and Labor Relations Review* 62 (jul. 2009): 510-532.
45. J. C. Quick e L. E. Tetrick, eds. *Handbook of Occupational Health Psychology* (Washington, D.C.: American Psychological Association, 2002).
46. W. E. Deming. *Out of the Crisis* (Cambridge, Mass.: MIT Press, 1986).
47. L. Thurow. *Head to Head: The Coming Economic Battle among Japan, Europe, and America* (Nova York: Morrow, 1992).
48. M. A. Fruin. *The Japanese Enterprise System – Competitive Strategies and Cooperative Structures* (Nova York: Oxford University Press, 1992).
49. W. Niepce e E. Molleman. "Work Design Issue in Lean Production from a Sociotechnical System Perspective: Neo-Taylorism or the Next Step in Sociotechnical Design?". *Human Relations* 51 (1998): 259-287.
50. S. K. Parker. "Longitudinal Effects of Lean Production on Employee Outcomes and the Mediating Role of Work Characteristics", *Journal of Applied Psychology* 88 (2003): 620-634.
51. E. Furubotn. "Codetermination and the Modern Theory of the Firm: A Property-Rights Analysis", *Journal of Business* 61 (1988): 165-181.
52. H. Levinson. *Executive: The Guide to Responsive Management* (Cambridge, Mass.: Harvard University Press, 1981).
53. B. Gardell. "Scandinavian Research on Stress in Working Life" (Paper presented at the IRRA Symposium on Stress in Working Life, Denver, set. 1980).
54. L. Levi, "Psychosocial, Occupational, Environmental, and Health Concepts; Research Results and Applications", in G. P. Keita and S. L. Sauter, eds., *Work and Well-Being: An Agenda for the 1990s* (Washington, D.C.: American Psychological Association, 1992), 199–211.
55. L. R. Murphy e C. L. Cooper, eds. *Healthy and Productive Work: An International Perspective* (Londres e Nova York: Taylor & Francis, 2000).
56. R. L. Kahn. Work and Health (Nova York: Wiley, 1981); M. Gowing, J. Kraft e J. C. Quick. *The New Organizational Reality: Downsizing, Restructuring, and Revitalization* (Washington, D.C.: American Psychological Association, 1998).
57. F. J. Landy. "Work Design and Stress", in G. P. Keita e L. Sauter, eds. *Work and Well-Being: An Agenda for the 1990s* (Washington, D.C.: American Psychological Association, 1992): 119-158.
58. C. Gresov, R. Drazin e A. H. Van de Ven. "Work-Unit Task Uncertainty, Design, and Morale", *Organizational Studies* 10 (1989): 45-62.
59. A. M. Grant, E. M. Campbell, G. Chen, K. Cottone, D. Lapedis e K. Lee. "Impact and the Art of Motivation Maintenance: The Effects of Contact with Beneficiaries on Persistence Behavior", *Organizational Behavior and Human Decision Processes* 103 (2007): 53-67.
60. Y. Baruch. "The Status of Research on Teleworking and an Agenda for Future Research", *International Journal of Management Review* 3 (2000): 113-129.
61. N. B. Pearlson e C. S. Saunders. "There's No Place Like Home: Managing Telecommuting Paradoxes", *Academy of Management Executive* 15 (2001): 117-128.
62. S. Caudron. "Working at Home Pays Off", *Personnel Journal* (nov. 1992): 40-47.
63. D. S. Bailey e J. Foley. "Pacific Bell Works Long Distance", *HRMagazine* (ago. 1990): 50-52.
64. S. M. Pollan e M. Levine. "Asking for Flextime", *Working Women* (fev. 1994): 48.
65. S. A. Rogier e M. Y. Padgett. "The Impact of Utilizing a Flexible Work Schedule on the Perceived Career Advancement Potential of Women", *Human Resource Development Quarterly* 15 (2004): 89-106.

66. S. Zuboff. *In the Age of the Smart Machine: The Future of Work and Power* (Nova York: Basic Books, 1988).
67. B. A. Gutek e S. J. Winter. "Computer Use, Control over Computers, and Job Satisfaction". In: S. Oskamp e S. Spacapan, eds. *People's Reactions to Technology in Factories, Offices, and Aerospace: The Claremont Symposium on Applied Social Psychology* (Newbury Park, Calif.: Sage, 1990): 121-144.
68. L. M. Schleifer e B. C. Amick, III. "System Response Time and Method of Pay: Stress Effects in Computer-Based Tasks", *International Journal of Human-Computer Interaction* 1 (1989): 23-39.
69. K. Voight. "Virtual Work: Some Telecommuters Take Remote Work to the Extreme", *The Wall Street Journal Europe* (1º fev. 2001): 1.
70. G. Salvendy. *Handbook of Industrial Engineering: Technology and Operations Management* (Nova York: John Wiley & Sons, 2001).
71. D. M. Herold. "Using Technology to Improve Our Management of Labor Market Trends". In: M. Greller, ed. "Managing Careers with a Changing Workforce", *Journal of Organizational Change Management* 3 (1990): 44-57.
72. D. A. Whetten e K. S. Cameron. *Developing Management Skills*, 6ª ed. (Upper Saddle River, N.J.: Prentice Hall, 2004).

Capítulo 15

1. J. Child. *Organization* (Nova York: Harper & Row, 1984).
2. P. Lawrence e J. Lorsch. "Differentiation and Integration in Complex Organizations", *Administrative Science Quarterly* 12 (1967): 1-47.
3. P. Lawrence e J. Lorsch. *Organization and Environment: Managing Differentiation and Integration*, rev. ed. (Cambridge, Mass.: Harvard University Press, 1986).
4. J. Hage. "An Axiomatic Theory of Organizations", *Administrative Science Quarterly* 10 (1965): 289-320.
5. "The Army Reserve at 100: An Emerging Operational Force", *Army Logistician* (nov.-dez. 2008): 15-16.
6. W. Ouchi e J. Dowling. "Defining the Span of Control", *Administrative Science Quarterly* 19 (1974): 357-365.
7. L. Porter e E. Lawler, III. "Properties of Organization Structure in Relation to Job Attitudes and Job Behavior", *Psychological Bulletin* 65 (1965): 23-51.
8. J. Ivancevich e J. Donnelly, Jr. "Relation of Organization and Structure to Job Satisfaction, Anxiety-Stress, and Performance", *Administrative Science Quarterly* 20 (1975): 272-280.
9. R. Dewar e J. Hage. "Size, Technology, Complexity, and Structural Differentiation: Toward a Theoretical Synthesis", *Administrative Science Quarterly* 23 (1978): 111-136.
10. Lawrence e Lorsch. "Differentiation and Integration", 1-47.
11. J. R. R. Galbraith. *Designing Complex Organizations* (Reading, Mass.: Addison-Wesley-Longman, 1973).
12. W. Altier. "Task Forces: An Effective Management Tool", *Management Review* 76 (1987): 26-32.
13. P. Lawrence e J. Lorsch. "New Managerial Job: The Integrator", *Harvard Business Review* 45 (1967): 142-151.
14. J. Lorsch e P. Lawrence. "Organizing for Product Innovation", *Harvard Business Review* 43 (1965): 110-111.
15. D. Pugh, D. Hickson, C. Hinnings e C. Turner. "Dimensions of Organization Structure", *Administrative Science Quarterly* 13 (1968): 65-91; B. Reimann. "Dimensions of Structure in Effective Organizations: Some Empirical Evidence", *Academy of Management Journal* 17 (1974): 693-708; S. Robbins. *Organization Theory: The Structure and Design of Organizations*, 3rd ed. (Englewood Cliffs, N.J.: Prentice-Hall, 1990).
16. M. C. Andrews, T. L. Baker e T. G. Hunt. "The Interactive Effects of Centralization on the Relationship between Justice and Satisfaction", *Journal of Leadership & Organizational Studies* 15 (2008): 135-144.
17. H. Mintzberg. *The Structuring of Organizations* (Englewood Cliffs, N.J.: Prentice-Hall, 1979).
18. J. A. Kuprenas. "Implementation and Performance of a Matrix Organization Structure", *International Journal of Project Management* 21 (2003): 51-62.
19. Mintzberg. Structuring of Organizations.
20. K. Weick. "Educational Institutions as Loosely Coupled Systems", *Administrative Science Quarterly* (1976): 1-19.
21. D. Miller e C. Droge. "Psychological and Traditional Determinants of Structure", *Administrative Science Quarterly* 31 (1986): 540; H. Tosi, Jr. e J. Slocum, Jr. "Contingency Theory: Some Suggested Directions", *Journal of Management* 10 (1984): 9-26.
22. C. B. Clott. "Perspectives on Global Outsourcing and the Changing Nature of Work", *Business and Society Review* 109 (2004): 153-170.
23. M. Meyer. "Size and the Structure of Organizations: A Causal Analysis", *American Sociological Review* 37 (1972): 434-441; J. Beyer e H. Trice. "A Reexamination of the Relations between Size and Various Components of Organizational Complexity", *Administrative Science Quarterly* 24 (1979): 48-64; B. Mayhew, R. Levinger, J. McPherson e L. James. "Systems Size and Structural Differentiation in Formal Organizations: A Baseline Generator for Two Major Theoretical Propositions", *American Sociological Review* 37 (1972): 26-43.
24. M. Gowing, J. Kraft e J. C. Quick. *The New Organizational Reality: Downsizing, Restructuring, and Revitalization* (Washington, D.C.: American Psychological Association, 1998).
25. B. A. Pasternack e A. J. Viscio. *The Centerless Corporation: A New Model for Transforming Your Organization for Growth and Prosperity* (Nova York: Simon & Schuster, 1999).
26. J. Werth e D. Fleming. "Creating a 'Super' Agency in San Diego County", *The Public Manager* (outono de 2008): 21-26.
27. J. Woodward. *Industrial Organization: Theory and Practices* (Londres: Oxford University Press, 1965).
28. C. Perrow. "A Framework for the Comparative Analysis of Organizations", *American Sociological Review* 32 (1967): 194-208; D. Rosseau. "Assessment of Technology in Organizations: Closed versus Open Systems Approaches", *Academy of Management Review* 4 (1979): 531-542.
29. Perrow. "A Framework for the Comparative Analysis of Organizations", 194-208.
30. J. D. Thompson. *Organizations in Action* (Nova York: McGraw-Hill, 1967).
31. J. R. Baum e S. Wally. "Strategic Decision Speed and Firm Performance", *Strategic Management Journal* 24 (2003): 1107-1129.
32. Thompson. *Organizations in Action*.
33. H. Downey, D. Hellriegel e J. Slocum, Jr. "Environmental Uncertainty: The Construct and Its Application", *Administrative Science Quarterly* 20 (1975): 613-629.
34. G. Vroom. "Organizational Design and the Intensity of Rivalry", *Management Science* 52 (2006): 1689-1702.
35. S. Faraj e Y. Xiao. "Coordination in Fast-Response Organizations", *Management Science* 52 (2006): 1155-1169.
36. G. Dess e D. Beard. "Dimensions of Organizational Task Environments", *Administrative Science Quarterly* 29 (1984): 52-73.
37. T. Burns e G. Stalker. *The Management of Innovation* (Londres: Tavistock, 1961); Mintzberg, Structuring of Organizations.
38. M. Chandler e L. Sayles. *Managing Large Systems* (Nova York: Harper & Row, 1971).
39. M. Sanchez-Manzanares, R. Rico e F. Gil. "Designing Organizations: Does Expertise Matter?", *Journal of Business Psychology* 23 (2008): 87-101.
40. J. Courtright, G. Fairhurst e L. Rogers. "Interaction Patterns in Organic and Mechanistic Systems", *Academy of Management Journal* 32 (1989): 773-802.
41. R. Daft. *Organization Theory and Design*, 7th ed. (Mason, Ohio: South-Western, 2000).
42. R. S. Kaplan e D. P. Norton. "How to Implement a New Strategy without Disrupting Your Organization", *Harvard Business Review*, (mar. 2006): 100-109.
43. W. R. Scott. *Organizations: Rational, Natural, and Open Systems*, 4ª ed. (Upper Saddle River, N.J.: Prentice-Hall, 1997).
44. D. Miller e P. Friesen. "A Longitudinal Study of the Corporate Life Cycle", *Management Science* 30 (1984): 1161-1183.
45. S. Raisch. "Balanced Structures: Designing Organizations for Profitable Growth", *Long Range Planning* 41 (2008): 483-508.
46. M. H. Overholt. "Flexible Organizations: Using Organizational Design as a Competitive Advantage", *Human Resource Planning* 20 (1997): 22-32; P. W. Roberts e R. Greenwood. "Integrating Transaction Cost and Institutional Theories: Toward a Constrained-Efficiency

Framework for Understanding Organizational Design Adoption", *Academy of Management Review* 22 (1997): 346-373.
47. G. Davidson. "Organisation Structure: The Life Cycle of an Organization", *New Zealand Management* 56 (2008): 58-60.
48. C. W. L. Hill e G. R. Jones. *Strategic Management Theory*, 5ª ed. (Boston: Houghton Mifflin, 2000).
49. F. Hoque, "Designing the Right Kind of Organization", *Baseline* (jan.-fev. 2009): 46.
50. Daft. *Organization Theory and Design*.
51. C. M. Savage. *5th Generation Management, Revised Edition: Co-creating through Virtual Enterprising, Dynamic Teaming, and Knowledge Networking* (Boston: Butterworth-Heinemann, 1996).
52. S. M. Davis. *Future Perfect* (Perseus Publishing, 1997).
53. A. Boynton e B. Victor. "Beyond Flexibility: Building and Managing a Dynamically Stable Organization", *California Management Review* 8 (1991): 53-66.
54. P. J. Brews e C. L. Tucci, "Exploring the Structural Effects of Internetworking", *Strategic Management Journal* 25 (2004): 429-451.
55. C. B. Gibson e J. L. Gibbs. "Unpacking the Concept of Virtuality: Geographic Dispersion, Electronic Dependence, Dynamic Structure, and National Diversity on Team Innovation", *Administrative Science Quarterly* 51 (2006): 451-495.
56. J. Fulk. "Global Network Organizations: Emergence and Future Prospects", *Human Relations* 54 (2001): 91-100.
57. A analogia emtre uma trupe teatral e as organizações virtuais foi usada pela primeira vez por David Mack, circa 1995.
58. F. J. Kasper-Fuehrer e N. M. Ashkanasy, "Communicating Trustworthiness and Building Trust in Interorganizational Virtual Organizations", *Journal of Management* 27 (2001): 235-254.
59. R. Teerlink e L. Ozley. *More than a Motorcycle: The Leadership Journey at Harley-Davidson* (Boston: Harvard Business School Press, 2000).
60. W. A. Cohen e N. Cohen. *The Paranoid Organization and 8 Other Ways Your Company Can Be Crazy: Advice from an Organizational Shrink* (Nova York: American Management Association, 1993).
61. P. E. Tetlock. "Cognitive Biases and Organizational Correctives: Do Both Disease and Cure Depend on the Politics of the Beholder?", *Administrative Science Quarterly* 45 (2000): 293-326.
62. M. F. R. Kets de Vries e D. Miller. "Personality, Culture, and Organization", *Academy of Management Review* 11 (1986): 266-279.

Capítulo 16

1. T. E. Deal e A. A. Kennedy. *Corporate Cultures* (Reading, Mass.: Addison-Wesley, 1982).
2. W. Ouchi. *Theory Z* (Reading, Mass.: Addison-Wesley, 1981).
3. T. J. Peters e R. H. Waterman, Jr. *Search of Excellence* (Nova York: Harper & Row, 1982).
4. M. Gardner. "Creating a Corporate Culture for the Eighties", *Business Horizons* (jan.-fev. 1985): 59-63.
5. Definição adaptada de E. H. Schein, *Organizational Culture and Leadership* (San Francisco: Jossey-Bass, 1985), 9.
6. C. D. Sutton e D. L. Nelson. "Elements of the Cultural Network: The Communicators of Corporate Values", *Leadership and Organization Development* 11 (1990): 3-10.
7. http://www.google.com/corporate/culture.html
8. J. Fayel. "Eskimo Joe's Getting Older, But Still Fun at 21", *Amarillo Business Journal* (20 nov. 1998). Disponível em: <http://www.businessjournal.net/entrepreneur1196.html>.
9. A. Bandura. *Social Learning Theory* (Englewood Cliffs, N.J.: Prentice-Hall, 1977).
10. J. A. Chatman. "Leading by Leveraging Culture", *California Management Review* 45 (2003): 20-34.
11. J. M. Beyer e H. M. Trice. "How an Organization's Rites Reveal Its Culture", *Organizational Dynamics* 16 (1987): 5-24.
12. H. M. Trice e J. M. Beyer, "Studying Organizational Cultures through Rites and Ceremonials", *Academy of Management Review* 9 (1984): 653-669.
13. K. Rockwood. "Meet the Famous Faces at Berkshire Hathaway's Annual Meeting", *Fast Company* (maio 2009). Disponível em:
<http://www.fastcompany.com/magazine/135/gather-berkshire--hathaway-annual-meeting.html>.
14. H. Levinson e S. Rosenthal. *CEO: Corporate Leadership in Action* (Nova York: Basic Books, 1984).
15. V. Sathe. "Implications of Corporate Culture: A Manager's Guide to Action", *Organizational Dynamics* 12 (1987): 5-23.
16. "Wal-Mart Culture Stories – The Sundown Rule". Disponível em: <http://www.wal-martchina.com/english/walmart/rule/sun.htm>.
17. J. Martin, M. S. Feldman, M. J. Hatch e S. B. Sitkin. "The Uniqueness Paradox in Organizational Stories", *Administrative Science Quarterly* 28 (1983): 438-453.
18. J. Lofstock. "Aplauding the QuikTrip Culture". Disponível em: <http://www.quiktrip.com/aboutqt/news.asp>.
19. L. Story. "Cuomo Details Million-Dollar Bonuses at A.I.G." *The Nova York Times* (17 mar. 2009) Disponível em: <http://www.nytimes.com/2009/03/18/business/18cuomo.html>.
20. B. Durrance. "Stories at Work", *Training and Development* (fev. 1997): 25-29.
21. R. Goffee e G. Jones. "What Holds the Modern Company Together?" *Harvard Business Review* (nov.-dez. 1996): 133-143.
22. C. Argyris e D. A. Schon. *Organizational Learning* (Reading, Mass.: Addison-Wesley, 1978).
23. L. Hoeber. "Exploring the Gaps between Meanings and Practices of Gender Equity in a Sport Organization", *Gender Work and Organization* 14(3) (2007): 259-280.
24. D. J. McAllister e G. A. Bigley. "Work Context and the Definition of Self: How Organizational Care Influences Organizational Based Self-Esteem", *Academy of Management Journal* 45 (2002): 894-905.
25. M. Peterson. "Work, Corporate Culture, and Stress: Implications for Worksite Health Promotion", *American Journal of Health Behavior* 21 (1997): 243-252.
26. "100 Best Companies to Work For 2009: NetApp". Disponível em: <http://money.cnn.com/magazines/fortune/bestcompanies/2009/snapshots/1.html>.
27. L. Smircich. "Concepts of Culture and Organizational Analysis", *Administrative Science Quarterly* (1983): 339-358.
28. Y. Weiner e Y. Vardi. "Relationships between Organizational Culture and Individual Motivation: A Conceptual Integration", *Psychological Reports* 67 (1990): 295-306.
29. M. R. Louis. "Surprise and Sense Making: What Newcomers Experience in Entering Unfamiliar Organizational Settings", *Administrative Science Quarterly* 25 (1980): 209-264.
30. T. L. Doolen, M. E. Hacker e E. M. van Aken. "The Impact of Organizational Context on Work Team Effectiveness: A Study of Production Teams", *IEEE Transactions on Engineering Management* 50 (2003): 285-296.
31. D. D. Van Fleet e R. W. Griffin. "Dysfunctional Organization Culture: The Role of Leadership in Motivating Dysfunctional Work Behaviors", *Journal of Managerial Psychology* 21(8) (2006): 698-708.
32. J. P. Kotter e J. L. Heskett. *Corporate Culture and Performance* (Nova York: Free Press, 1992).
33. Deal e Kennedy. *Corporate Cultures*.
34. D. R. Katz. *The Big Store* (Nova York: Viking, 1987).
35. G. G. Gordon. "Industry Determinants of Organizational Culture", *Academy of Management Review* 16 (1991): 396-415.
36. G. Donaldson e J. Lorsch, *Decision Making at the Top* (Nova York: Basic Books, 1983).
37. R. H. Kilman, M. J. Saxton e R. Serpa, eds. *Gaining Control of the Corporate Culture* (San Francisco: Jossey-Bass, 1986).
38. J. P. Kotter. *A Force for Change: How Leadership Differs from Management* (Nova York: Free Press, 1990); R. M. Kanter, *The Change Masters* (Nova York: Simon & Schuster, 1983).
39. T. Peters e N. Austin. *A Passion for Excellence: The Leadership Difference* (Nova York: Random House, 1985).
40. Schein, *Organizational Culture and Leadership*.
41. J. A. Pearce II, T. R. Kramer e D. K. Robbins. "Effects of Managers' Entrepreneurial Behavior on Subordinates", *Journal of Business Venturing* 12 (1997): 147-160.
42. P. W. Braddy, A. W. Meade e C. M. Kroustalis. "Organizational Recruitment Website Effects on Viewers' Perceptions of Organizational Culture", *Journal of Business and Psychology* 20(4) (2006): 525-543.

43. http://money.cnn.com/magazines/fortune/fortune_archive/2006/01/23/8366992/index.htm.
44. A. Xenikou e M. Simosi. "Organizational Culture and Transformational Leadership as Predictors of Business Unit Performance", *Journal of Managerial Psychology* 21(6) (2006): 566-579.
45. D. C. Feldman. "The Multiple Socialization of Organization Members", *Academy of Management Review* 6 (1981): 309-318.
46. R. Pascale, "The Paradox of Corporate Culture: Reconciling Ourselves to Socialization", *California Management Review* 27 (1985): 26-41.
47. D. L. Nelson. "Organizational Socialization: A Stress Perspective", *Journal of Occupational Behavior* 8 (1987): 311-324.
48. J. Fan e J. P. Wanous. "Organizational and Cultural Entry: A New Type of Orientation Program for Multiple Boundary Crossings", *Journal of Applied Psychology* (2008) 93: 1390-1400.
49. D. M. Cable, L. Aiman-Smith, P. W. Mulvey e J. R. Edwards. "The Sources and Accuracy of Job Applicants' Beliefs about Organizational Culture", *Academy of Management Journal* 43 (2000): 1076-1085.
50. J. Chatman. "Matching People and Organizations: Selection and Socialization in Public Accounting Firms", *Administrative Science Quarterly* 36 (1991): 459-484.
51. D. L. Nelson, J. C. Quick e M. E. Eakin. "A Longitudinal Study of Newcomer Role Adjustment in U.S. Organizations", *Work and Stress* 2 (1988): 239-253.
52. N. J. Allen e J. P. Meyer. "Organizational Socialization Tactics: A Longitudinal Analysis of Links to Newcomers' Commitment and Role Orientation", *Academy of Management Journal* 33 (1990): 847-858.
53. T. N. Bauer, E. W. Morrison e R. R. Callister. "Organizational Socialization: A Review and Directions for Future Research", *Research in Personnel and Human Resources Management* 16 (1998): 149-214.
54. D. M. Cable e C. K. Parsons. "Socialization Tactics and Person-Organization Fit", *Personnel Psychology* 54 (2001): 1-23.
55. D. M. Rousseau. "Assessing Organizational Culture: The Case for Multiple Methods". In: B. Schneider, ed. *Organizational Climate and Culture* (San Francisco: Jossey-Bass, 1990).
56. R. A. Cooke e D. M. Rousseau. "Behavioral Norms and Expectations: A Quantitative Approach to the Assessment of Organizational Culture", *Group and Organizational Studies* 12 (1988): 245-273.
57. R. H. Kilmann e M. J. Saxton. *Kilmann-Saxton Culture-Gap Survey* (Pittsburgh: Organizational Design Consultants, 1983).
58. W. J. Duncan. "Organizational Culture: 'Getting a Fix' on an Elusive Concept", *Academy of Management Executive* 3 (1989): 229-236.
59. P. Bate. "Using the Culture Concept in an Organization Development Setting", *Journal of Applied Behavior Science* 26 (1990): 83-106.
60. K. R. Thompson e F. Luthans. "Organizational Culture: A Behavioral Perspective". In: B. Schneider, ed. *Organizational Climate and Culture* (San Francisco: Jossey-Bass, 1990).
61. S. Seren e U. Baykal. "Relationships between Change and Organizational Culture in Hospitals", *Journal of Nursing Scholarship* 39(2) (2007): 191-197.
62. V. Sathe. "How to Decipher and Change Corporate Culture". In: R. H. Kilman et al., *Managing Corporate Cultures* (San Francisco: Jossey-Bass, 1985).
63. J. B. Shaw, C. D. Fisher e W. A. Randolph. "From Maternalism to Accountability: The Changing Cultures of Ma Bell and Mother Russia", *Academy of Management Executive* 5 (1991): 7-20; S. Kleinfield. *The Biggest Company on Earth: A Profile of AT&T* (Nova York City, N.Y.: Holt, Rinehart, and Winston, 1981).
64. M. E. Johnson-Cramer, S. Parise e R. L. Cross. "Managing Change through Networks and Values", *California Management Review* 49(3) (2007): 85-109.
65. C. Yang. "Merger of Titans, Clash of Cultures", *BusinessWeek Online* (10 jul. 2003). Disponível em: <http://www.businessweek.com/magazine/content/03_8/b3841042_mz005.htm>.
66. N. J. Adler. *International Dimensions of Organizational Behavior*, 2ª ed. (Boston: PWS Kent, 1991).
67. A. Laurent. "The Cultural Diversity of Western Conceptions of Management", *International Studies of Management and Organization* 13 (1983): 75-96.
68. P. C. Earley e E. Mosakowski. "Creating Hybrid Team Cultures: An Empirical Test of Transnational Team Functioning", *Academy of Management Journal* 43 (2000): 26-49.
69. D. Lei, J. W. Slocum, Jr. e R. W. Slater. "Global Strategy and Reward Systems: The Key Roles of Management Development and Corporate Culture", *Organizational Dynamics* 19 (1990): 27-41.
70. L. K. Trevino e K. A. Nelson. *Managing Business Ethics: Straight Talk about How to Do It Right* (Nova York: John Wiley & Sons, 1995).
71. A. Bhide e H. H. Stevenson. "Why Be Honest if Honesty Doesn't Pay?" *Harvard Business Review* (set.-out. 1990): 121-129.
72. A. Pater e A. van Gils. "Stimulating Ethical Decision Making in a Business Context: Ethics of Ethical and Professional Codes", *European Management Journal* 21 (dez. 2003): 762-772.
73. J. R. Detert, R. G. Schroeder e J. J. Mauriel. "A Framework for Linking Culture and Improvement Initiatives in Organizations", *Academy of Management Review* 25 (2000): 850-863.
74. S. D. Salamon e S. L. Robinson. "Trust that Binds: The Impact of Collective Felt Trust on Organizational Performance", *Journal of Applied Psychology* 93 (2008): 593-601.
75. R. Bruce. "A Case Study of Harley-Davidson's Business Practices". Disponível em: <http://stroked.virtualave.net/casestudy.shtml>.

Capítulo 17

1. J. H. Greenhaus. *Career Management* (Hinsdale, Ill.: CBS College Press, 1987).
2. D. T. Hall. *Careers in Organizations* (Pacific Palisades, Calif.: Goodyear, 1976).
3. Greenhaus. *Career Management*; T. G. Gutteridge e F. L. Otte. "Organizational Career Development: What's Going on Out There?", *Training and Development Journal* 37 (1983): 22-26.
4. M. B. Arthur, P. H. Claman e R. J. DeFillippi. "Intelligent Enterprise, Intelligent Careers", *Academy of Management Executive* (Novembro 1995): 7-22.
5. M. Lips-Wiersma e D. T. Hall. "Organizational Career Development Is Not Dead: A Case Study on Managing the New Career during Organizational Change", *Journal of Organizational Behavior* 28(6) (2007): 771-792.
6. D. Jemielniak. "Managers as Lazy, Stupid Careerists?", *Journal of Organizational Change Management* 20(4) (2007): 491-508.
7. T. Lee. "Should You Stay Energized by Changing Jobs Frequently?" *CareerJournal* (11 jan. 1998). Disponível em: <http://www.careerjournal.com/jobhunting/strategies/19980111-reisberg.html>.
8. D. E. Super. *The Psychology of Careers* (Nova York: Harper & Row, 1957); D. E. Super e M. J. Bohn, Jr. *Occupational Psychology* (Belmont, Calif.: Wadsworth, 1970).
9. J. L. Holland. *The Psychology of Vocational Choice* (Waltham, Mass.: Blaisdell, 1966); J. L. Holland. *Making Vocational Choices: A Theory of Careers* (Englewood Cliffs, N.J.: Prentice-Hall, 1973).
10. F. T. L. Leong e J. T. Austin. "An Evaluation of the Cross-Cultural Validity of Holland's Theory: Career Choices by Workers in India", *Journal of Vocational Behavior* 52 (1998): 441-455.
11. C. Morgan, J. D. Isaac e C. Sansone. "The Role of Interest in Understanding the Career Choices of Female and Male College Students", *Sex Roles* 44 (2001): 295-320.
12. S. H. Osipow. *Theories of Career Development* (Englewood Cliffs, N.J.: Prentice-Hall, 1973).
13. J. P. Wanous, T. L. Keon e J. C. Latack. "Expectancy Theory and Occupational/Organizational Choices: A Review and Test", *Organizational Behavior and Human Performance* 32 (1983): 66-86.
14. P. O. Soelberg. "Unprogrammed Decision Making", *Industrial Management Review* 8 (1967): 19-29.
15. J. P. Wanous. *Organizational Entry: Recruitment, Selection, and Socialization of Newcomers* (Reading, Mass.: Addison-Wesley, 1980).
16. S. L. Premack e J. P. Wanous. "A Meta-Analysis of Realistic Job Preview Experiments", *Journal of Applied Psychology* 70 (1985): 706-719.
17. Idaho State Police. "Realistic Job Preview". Disponível em: <http://www.isp.state.id.us/hr/trooper_info/realistic_job.html>.
18. P. W. Hom, R. W. Griffeth, L. E. Palich e J. S. Bracker. "An Exploratory Investigation into Theoretical Mechanisms Underlying Realistic Job Previews", *Personnel Psychology* 41 (1998): 421-451.

19. J. A. Breaugh. "Realistic Job Previews: A Critical Appraisal and Future Research Directions", Academy of Management Review 8 (1983): 612-619.
20. G. R. Jones. "Socialization Tactics, Self-Efficacy, and Newcomers' Adjustment to Organizations", Academy of Management Journal 29 (1986): 262-279.
21. M. R. Buckley, D. B. Fedor, J. G. Veres, D. S. Wiese e S. M. Carraher. "Investigating Newcomer Expectations and Job-Related Outcomes", Journal of Applied Psychology 83 (1998): 452-461.
22. M. R. Buckley, D. B. Fedor, S. M. Carraher, D. D. Frink e D. Marvin. "The Ethical Imperative to Provide Recruits Realistic Job Previews", Journal of Managerial Issues 9 (1997): 468-484.
23. P. Buhler. "Managing in the '90s", Supervision (jul. 1995): 24-26.
24. D. T. Hall e J. E. Moss. "The New Protean Career Contract: Helping Organizations and Employees Adapt", Organizational Dynamics (inverno de 1998): 22-37.
25. S. A. Zahra, R. L. Priem e A. A. Rasheed. "Understanding the Causes and Effects of Top Management Fraud", Organizational Dynamics 36(2) (2007): 122-139.
26. A. Fisher. "Don't Blow Your New Job", Fortune (22 jun. 1998): 159-162.
27. D. Goleman. Working with Emotional Intelligence (Nova York: Bantam, 1998); A. Fisher. "Success Secret: A High Emotional IQ", Fortune (26 out. 1998): 293-298.
28. M. L. Maynard. "Emotional Intelligence and Perceived Employability for Internship Curriculum", Psychological Reports 93 (dez. 2003): 791-792.
29. C. Stough e D. de Guara. "Examining the Relationship between Emotional Intelligence and Job Performance", Australian Journal of Psychology 55 (2003): 145.
30. K. V. Petrides, A. Furnham e G. N. Martin. "Estimates of Emotional and Psychometric Intelligences", Journal of Social Psychology 144 (abr. 2004): 149-162.
31. C. Chermiss. "The Business Case for Emotional Intelligence", The Consortium for Research on Emotional Intelligence in Organizations (2003).Disponível em: <http://www.eiconsortium.org/research/business_case_for_ei.htm>; L. M. Spencer, Jr. e S. Spencer. Competence at Work: Models for Superior Performance (Nova York: John Wiley & Sons, 1993); L. M. Spencer, Jr., D. C. McClelland e S. Kelner. Competency Assessment Methods: History and State of the Art (Boston, MA: Hay/McBer, 1997).
32. Chermiss. "The Business Case for Emotional Intelligence".
33. J. O. Crites. "A Comprehensive Model of Career Adjustment in Early Adulthood", Journal of Vocational Behavior 9 (1976): 105-118; S. Cytrynbaum e J. O. Crites. "The Utility of Adult Development in Understanding Career Adjustment Process". In: M. B. Arthur, D. T. Hall e B. S. Lawrence, eds. Handbook of Career Theory (Cambridge: Cambridge University Press, 1989). 66-88.
34. D. E. Super. "A Life Span, Life Space Approach to Career Development", Journal of Vocational Behavior 16 (1980): 282-298; L. Baird e K. Kram. "Career Dynamics: Managing the Superior/Subordinate Relationship", Organizational Dynamics 11 (1983): 46-64.
35. D. J. Levinson. The Seasons of a Man's Life (Nova York: Knopf, 1978); D. J. Levinson. The Seasons of a Woman's Life, 1997.
36. D. J. Levinson. "A Conception of Adult Development", American Psychologist 41 (1986): 3-13.
37. D. L. Nelson. "Adjusting to a New Organization: Easing the Transition from Outsider to Insider". In: J. C. Quick, R. L. Hess, J. Hermalin e J. D. Quick, eds. Career Stress in Changing Times (Nova York: Haworth Press, 1990): 61-86.
38. J. P. Kotter. "The Psychological Contract: Managing the Joining Up Process", California Management Review 15 (1973): 91-99.
39. D. M. Rousseau. "New Hire Perceptions of Their Own and Their Employers' Obligations: A Study of Psychological Contracts", Journal of Organizational Behavior 11 (1990): 389-400; D. L. Nelson, J. C. Quick e J. R. Joplin. "Psychological Contracting and Newcomer Socialization: An Attachment Theory Foundation", Journal of Social Behavior and Personality 6 (1991): 55-72.
40. H. Zhao, S. Wayne, B. Glibkowski e J. Bravo. "The Impact of Psychological Breach on Work-Related Outcomes", Personnel Psychology (2007): 647-680.
41. S. D. Pugh, D. P. Skarlicki e B. S. Passell. "After the Fall: Layoff Victims' Trust and Cynicism in Reemployment", Journal of Occupational and Organizational Psychology 76 (jun. 2003): 201-212.
42. Levinson. "A Conception of Adult Development", 3-13.
43. J. W. Walker. "Let's Get Realistic about Career Paths", Human Resource Management 15 (1976): 2-7.
44. E. H. Buttner e D. P. Moore. "Women's Organizational Exodus to Entrepreneurship: Self-Reported Motivations and Correlates", Journal of Small Business Management 35 (1997): 34-46; Center for Women's Business Research Press Release. "Privately Held, 50% or More Women-Owned Businesses in the United States", 2004. Disponível em: <http://www.nfwbo.org/pressreleases/nationalstatetrends/total.htm>.
45. D. G. Collings, H. Scullion e M. J. Morley. "Changing Patterns of Global Staffing in the Multinational Enterprise: Challenges to the Conventional Expatriate Assignment and Emerging Alternatives", Journal of World Business 42 (2) (2007): 198-213.
46. B. Filipczak. "You're on Your Own", Training (jan. 1995): 29-36.
47. K. E. Kram. Mentoring at Work: Developmental Relationships in Organizational Life (Glenview, Ill.: Scott, Foresman, 1985).
48. C. Orpen. "The Effects of Monitoring on Employees' Career Success", Journal of Social Psychology 135 (1995): 667-668.
49. J. Arnold e K. Johnson. "Mentoring in Early Career", Human Resource Management Journal 7 (1997): 61-70.
50. B. P. Madia e C. J. Lutz. "Perceived Similarity, Expectation-Reality Discrepancies, and Mentors' Expressed Intention to Remain in the Big Brothers/Big Sisters Programs", Journal of Applied Social Psychology 34 (mar. 2004): 598-622.
51. "A Guide to the Mentor Program Listings", Mentors Peer Resources. Disponível em: <http://www.mentors.ca/mentorprograms.html>.
52. B. R. Ragins. "Diversified Mentoring Relationships in Organizations: A Power Perspective", Academy of Management Review 22 (1997): 482-521.
53. R. Friedman, M. Kan e D. B. Cornfield. "Social Support and Career Optimism: Examining the Effectiveness of Network Groups Among Black Managers", Human Relations 51 (1998): 1155-1177.
54. S. E. Seibert, M. L. Kraimer e R. C. Liden. "A Social Capital Theory of Career Success", Academy of Management Journal 44 (2001): 219-237.
55. PricewaterhouseCoopers Czech Republic. "Graduate Recruitment – FAQs". Disponível em: <http://www.pwcglobal.com/cz/eng/car-inexp/main/faq.html>.
56. M. A. Covaleski, M. W. Dirsmuth, J. B. Heian e S. Samuel. "The Calculated and the Avowed: Techniques of Discipline and Struggles over Identity in Big Six Public Accounting Firms", Administrative Science Quarterly 43 (1998): 293-327.
57. B. R. Ragins e J. L. Cotton. "Easier Said than Done: Gender Differences in Perceived Barriers to Gaining a Mentor", Academy of Management Journal 34 (1991): 939-951; 3. D. Phillips e A. R. Imhoff, "Women and Career Development: A Decade of Research" Annual Review of Psychology 48 (1997): 31-43.
58. Ibid.
59. W. Whiteley, T. W. Dougherty e G. F. Dreher. "Relationship of Career Mentoring and Socioeconomic Origin to Managers' and Professionals' Early Career Progress", Academy of Management Journal 34 (1991): 331-351; G. F. Dreher e R. A. Ash. "A Comparative Study of Mentoring among Men and Women in Managerial, Professional, and Technical Positions", Journal of Applied Psychology 75 (1990): 539-546; T. A. Scandura. "Mentorship and Career Mobility: An Empirical Investigation", Journal of Organizational Behavior 13 (1992): 169-174.
60. G. F. Dreher e T. H. Cox, Jr. "Race, Gender and Opportunity: A Study of Compensation Attainment and Establishment of Mentoring Relationships", Journal of Applied Psychology 81 (1996): 297-309.
61. D. D. Horgan e R. J. Simeon. "Mentoring and Participation: An Application of the Vroom-Yetton Model", Journal of Business and Psychology 5 (1990): 63-84.
62. B. R. Ragins, J. L. Cotton e J. S. Miller. "Marginal Mentoring: The Effects of Type of Mentor, Quality of Relationship, and Program Design on Work and Career Attitudes", Academy of Management Journal 43 (2000): 1177-1194.

63. R. T. Brennan, R. C. Barnett e K. C. Gareis. "When She Earns More than He Does: A Longitudinal Study of Dual-Earner Couples", Journal of Marriage and Family 63 (2001): 168-182.
64. F. S. Hall e D. T. Hall. The Two-Career Couple (Reading, Mass.: Addison-Wesley, 1979).
65. J. S. Boles, M. W. Johnston e J. F. Hair, Jr. "Role Stress, Work-Family Conflict and Emotional Exhaustion: Inter-Relationships and Effects on Some Work-Related Consequences", Journal of Personal Selling and Sales Management 17 (1998): 17-28.
66. B. Morris. "Is Your Family Wrecking Your Career? (And Vice Versa)", Fortune (17 mar. 1997): 70-80.
67. B. Morris. "Is Your Family Wrecking Your Career? (and Vice Versa)", Fortune (17 mar. 1997): 70-80.
68. D. L. Nelson, J. C. Quick, M. A. Hitt e D. Moesel. "Politics, Lack of Career Progress, and Work/Home Conflict: Stress and Strain for Working Women", Sex Roles 23 (1990): 169-185.
69. L. E. Duxbury e C. A. Higgins. "Gender Differences in Work-Family Conflict", Journal of Applied Psychology 76 (1991): 60-74.
70. R. G. Netemeyer, J. S. Boles e R. McMurrian. "Development and Validation of Work-Family Conflict and Family-Work Conflict Scales", Journal of Applied Psychology 81 (1996): 400-410.
71. B. Livingston e T.A. Judge. "Emotional Responses to Work-Family Conflict: An Examination of Gender Role Orientation Among Working Men and Women", *Journal of Applied Psychology* (2008): 207-216.
72. N. Yang, C. C. Chen, J. Choi e Y. Zou. "Sources of Work-Family Conflict: A Sino-U.S. Comparison of the Effects of Work and Family Demands", Academy of Management Journal 43 (2000): 113-123.
73. A. Iris Aaltion e H. Jiehua Huang. "Women Managers' Careers in Information Technology in China: High Flyers with Emotional Costs?", Journal of Organizational Change Management (20) (2) (2007): 227-244.
74. D. L. Nelson e M. A. Hitt. "Employed Women and Stress: Implications for Enhancing Women's Mental Health in the Workplace" In: J. C. Quick, L. R. Murphy e J. J. Hurrell, eds. Stress and Well-Being at Work: Assessments and Interventions for Occupational Mental Health (Washington, D.C.: American Psychological Association, 1992): 164-177.
75. Mitchell Gold Co. "Day Care". Disponível em: <http://www.mitchell-gold.com/daycare.asp>.
76. D. Machan. "The Mommy and Daddy Track", Forbes (6 abr.1990): 162.
77. E. M. Brody, M. H. Kleban, P. T. Johnsen, C. Hoffman e C. B. Schoonover. "Work Status and Parental Care: A Comparison of Four Groups of Women", Gerontological Society of America 27 (1987): 201-208; J. W. Anastas, J. L. Gibson e P. J. Larson. "Working Families and Eldercare: A National Perspective in an Aging America", Social Work 35 (1990): 405-411.
78. Cincinnati Area Senior Services. "Corporate Elder Care Program". Disponível em: <http://www.senserv.org/elder.htm>.
79. E. E. Kossek, J. A. Colquitt e R. A. Noe. "Caregiving, Well-Being, and Performance: The Effects of Place and Provider as a Function of Dependent Type and Work–Family Climates", Academy of Management Journal 44 (2001): 29-44.
80. Harvard University Office of Human Resources. "Work/Life Support Services – Elder Care Resources". Disponível em: <http://atwork.harvard.edu/worklife/eldercare/>.
81. M. Richards. "'Daddy Track' Is Road Taken More Often", The Morning Call (28 jul. 2004). Disponível em: http://www.mcall.com/business/local/all-daddyjul28,0,1869593.story?coll=all-businesslocal-hed>.
82. L. J. Barham. "Variables Affecting Managers' Willingness to Grant Alternative Work Arrangements", Journal of Social Psychology 138 (1998): 291-302; J. Kaplan. "Hitting the Wall at Forty", Business Month 136 (1990): 52-58.
83. M. B. Arthur e K. E. Kram. "Reciprocity at Work: The Separate Yet Inseparable Possibilities for Individual and Organizational Development". In: M. B. Arthur, D. T. Hall e B. S. Lawrence, eds. Handbook of Career Theory (Cambridge: Cambridge University Press, 1989).
84. K. E. Kram. "Phases of the Mentoring Relationship", Academy of Management Review 26 (1983): 608-625.
85. b. Rosen e T. Jerdee. Older Employees: New Roles for Valued Resources (Homewood, Ill.: Irwin, 1985).
86. J. W. Gilsdorf. "The New Generation: Older Workers", Training and Development Journal (mar. 1992): 77-79.
87. J. F. Quick. "Time to Move On?". In: J. C. Quick, R. E. Hess, J. Hermalin e J. D. Quick, eds. Career Stress in Changing Times (Nova York: Haworth Press, 1990), 239-250.
88. D. Machan. "Rent-an-Exec", Forbes (22 jan. 1990): 132-133.
89. E. McGoldrick e C. L. Cooper. "Why Retire Early?". In: J. C. Quick, R. E. Hess, J. Hermalin e J. D. Quick, eds., Career Stress in Changing Times (Nova York: Haworth Press, 1990): 219-238.
90. S. Kim e D. C. Feldman. "Working in Retirement: The Antecedents of Bridge Employment and its Consequences for Quality of Life in Retirement", Academy of Management Journal 43 (2000): 1195-1210.
91. E. Daspin. "The Second Midlife Crisis", The Baltimore Sun (publicado originalmente no The Wall Street Journal) (10 maio 2004). Disponível em: <http://www.baltimoresun.com/business/bal-crisis051004,0,614944.story?coll=bal-business-headlines>.
92. Lawrence Livermore Retiree Program. "Tasks Requested by Lab Programs". Disponível em: <http://www.llnl.gov/aadp/retiree/tasks.html>.
93. E. Schein. Career Anchors (San Diego: University Associates, 1985).
94. G. W. Dalton. "Developmental Views of Careers in Organizations". In: M. B. Arthur, D. T. Hall e B. S. Lawrence, eds. Handbook of Career Theory (Cambridge: Cambridge University Press, 1989): 89-109.
95. D. C. Feldman. "Careers in Organizations: Recent Trends and Future Directions", Journal of Management 15 (1989): 135-156.

Capítulo 18

1. M. A. Verespej. "When Change Becomes the Norm", Industry Week (16 mar. 1992): 35-38.
2. P. Mornell. "Nothing Endures But Change", Inc. 22 (jul. 2000): 131-132. Disponível em: <http://www.inc.com/magazine/20000701/19555.html>.
3. H. J. Van Buren, III. "The Bindingness of Social and Psychological Contracts: Toward a Theory of Social Responsibility in Downsizing", Journal of Business Ethics 25 (2000): 205-219.
4. United States Embassy in Mexico Press Release. "Response to Criticism of U.S. Agricultural Policy and NAFTA" (5 dez. 2002). Disponível em: <http://www.usembassy-mexico.gov/releases/ep021205realitiesNAFTA.htm>.
5. M. McCarthy. "PR Disaster as Coke Withdraws 'Purest' Bottled Water in Britain", The New Zealand Herald (20 mar. 2004). Disponível em: <http://www.nzherald.co.nz/business/businessstorydisplay.cfm?storylD=3555911&thesection=business&thesubsection=world&thesecondsubsection=europe>.
6. M. Stevenson. "Mexican Farmers Renew NAFTA Protests", Yahoo! News (20 jan. 2003).
7. L. Hirschhorn e T. Gilmore. "The New Boundaries of the 'Boundaryless' Company", Harvard Business Review (maio-jun. 1992): 104-115.
8. http://www.microsoft.com/presspass/Press/2002/Jul02/07-11NavisionAcquisitionPR.mspx
9. http://www.tata.com/htm/Group_MnA_YearWise.htm
10. L. R. Offerman e M. Gowing. "Organizations of the Future: Changes and Challenges", American Psychologist (fev. 1990): 95-108.
11. J. Goudreau. "Overworked, Overextended and Overstressed" Time (26 ago. 2009). Disponível em: <http://www.forbes.com/2009/08/26/household-responsibility-husband-wife-forbes-woman-time-equality.html>.
12. W. B. Johnston. "Global Work Force 2000: The New World Labor Market", Harvard Business Review (mar.-abr. 1991): 115-127.
13. H. Brown. "Diversity Does Matter" ForbesWoman Q&A (21 jul. 2009). Disponível em: <http://www.forbes.com/2009/07/21/diversity-jill-lee-business-forbes-woman-q-and-a-competitive.html>.
14. G. Bylinsky. "Hot New Technologies for American Factories", Fortune (26 jun. 2000): 288A-288K.
15. http://home3.americanexpress.com/corp/pc/2007/axiom.asp

16. R. M. Kanter. "Improving the Development, Acceptance, and Use of New Technology: Organizational and Interorganizational Challenges". In: *People and Technology in the Workplace* (Washington, D.C.: National Academy Press, 1991), 15-56.
17. Gap Inc. press release, "Gap Inc. Joins the Ethical Trading Initiative", *CSRwire* (28 abr. 2004). Disponível em: <http://www.csrwire.com/article.cgi/2683.html>.
18. "Gap Inc. 2003 Social Responsibility Report", Gap Inc. (17 set. 2004). Disponível em: <http://ccbn.mobular.net/ccbn/7/645/696/index.html>.
19. S. A. Mohrman e A. M. Mohrman, Jr. "The Environment as an Agent of Change". In: A. M. Mohrman, Jr. *et al.*, eds. *Large-Scale Organizational Change* (San Francisco: Jossey-Bass, 1989), 35-47.
20. T. D'Aunno, M. Succi e J. A. Alexander. "The Role of Institutional and Market Forces in Divergent Organizational Change", *Administrative Science Quarterly* 45 (2000): 679-703.
21. Max Jarman. "Intel Opens 'Leading-Edge Fab: Plant to Build Most Powerful Chips", *The Arizona Republic* (21 out. 2007). Disponível em: <http://www.azcentral.com/arizonarepublic/business/articles/1021biz-intel1021.html>.
22. Q. N. Huy. "Emotional Balancing of Organizational Continuity and Radical Change: The Contribution of Middle Managers", *Administrative Science Quarterly* 47 (1° mar. 2002): 31-69.
23. D. Nadler. "Organizational Frame-Bending: Types of Change in the Complex Organization". In: R. Kilmann e T. Covin, eds. *Corporate Transformation* (San Francisco: Jossey-Bass, 1988), 66-83.
24. K. Belson. "AT&T Plans to Raise its Rates in Residential Calling Plans", *The Nova York Times* (4 ago. 2004). Disponível em: <http://www.nytimes.com/2004/08/04/business/04phone.html>.
25. L. Ackerman. "Development, Transition, or Transformation: The Question of Change in Organizations", *OD Practitioner* (dez. 1986): 1-8.
26. T. D. Jick. *Managing Change* (Homewood, Ill.: Irwin, 1993), 3.
27. J. M. Bloodgood e J. L. Morrow. "Strategic Organizational Change: Exploring the Roles of Environmental Structure, Internal Conscious Awareness, and Knowledge", *Journal of Management Studies* 40 (2003): 1761-1782.
28. D. Miller e M. J. Chen. "Sources and Consequences of Competitive Inertia. A Study of the U.S. Airline Industry", *Administrative Science Quarterly* 39 (1994): 1-23.
29. S. L. Brown e K. M. Eisenhardt. "The Art of Continuous Change: Linking Complexity Theory and Time-Paced Evolution in Relentlessly Shifting Organizations", *Administrative Science Quarterly* 42 (1997): 1-34.
30. J. Child e C. Smith. "The Context and Process of Organizational Transformation: Cadbury Ltd. In Its Sector", *Journal of Management Studies* 13 (1987): 11-27.
31. J. Amis, T. Slack e C. R. Hinings. "The Pace, Sequence, and Linearity of Radical Change", *Academy of Management Journal* 47 (2004): 15-39.
32. R. M. Kanter. *The Change Masters* (Nova York: Simon & Schuster, 1983).
33. J. R. Katzenbach. *Real Change Leaders* (Nova York: Times Business, 1995).
34. J. L. Denis, L. Lamothe e A. Langley. "The Dynamics of Collective Leadership and Strategic Change in Pluralistic Organizations", *Academy of Management Journal* 44 (2001): 809-837.
35. M. Beer. *Organization Change and Development: A Systems View* (Santa Monica, Calif.: Goodyear, 1980), 78.
36. K. Whalen-Berry e C. R. Hinings. "The Relative Effect of Change Drivers in Large-Scale Organizational Change: An Empirical Study". In: W. Passmore e R. Goodman, eds. *Research in Organizational Change and Development* 14 (Nova York: JAI Press, 2003): 99-146.
37. Denis *et al.* "The Dynamics of Collective Leadership and Strategic Change in Pluralistic Organizations".
38. J. W. Brehm. *A Theory of Psychological Reactance* (Nova York: Academic Press, 1966).
39. J. A. Klein. "Why Supervisors Resist Employee Involvement", *Harvard Business Review* 62 (1984): 87-95.
40. B. L. Kirkman, R. G. Jones e D. L. Shapiro. "Why Do Employees Resist Teams? Examining the 'Resistance Barrier' to Work Team Effectiveness", *International Journal of Conflict Management* 11 (2000): 74-92.
41. D. L. Nelson and M. A. White. "Management of Technological Innovation: Individual Attitudes, Stress, and Work Group Attributes", *Journal of High Technology Management Research* 1 (1990): 137-148.
42. S. Elias. "Employee Commitment in Times of Change: Assessing the Importance of Attitudes Toward Organizational Change", *Journal of Management* 35 (2009): 37-55; J. B. Avey, T. S. Wernsing e F. Luthans. "Can Positive Employees Help Positive Organizational Change? Impact of Psychological Capital and Emotions on Relevant Attitudes and Behaviors", *Journal of Applied Behavioral Science* 44 (2008): 48-70.
43. T. Diefenbach. "The Managerialistic Ideology of Organisational Change Management", *Journal of Organizational Change Management* (20)(1) (2007): 126-144.
44. D. Klein. "Some Notes on the Dynamics of Resistance to Change: The Defender Role". In W.G. Bennis, K. D. Benne, R. Chin e K. E. Corey, eds. *The Planning of Change*, 3ª ed. (Nova York: Holt, Rinehart & Winston, 1969), 117-124.
45. T. G. Cummings e E.F. Huse. *Organizational Development and Change* (St. Paul, Minn.: West, 1989).
46. N. L. Jimmieson, D. J. Terry e V. J. Callan. "A Longitudinal Study of Employee Adaptation to Organizational Change: The Role of Change-Related Information and Change-Related Self Efficacy", *Journal of Occupational Health Psychology* 9 (2004): 11-27.
47. N. Tienari e P. Ainamo. "A Tale of Two Corporations: Managing Uncertainty during Organizational Change", *Human Resource Management* 37 (1998): 295-303.
48. J. de Vries, C. Webb e J. Eveline. "Mentoring for Gender Equality and Organisational Change", *Employee Relations* 28(6) (2006): 573-587.
49. P. Neves e A. Caetano. "Social Exchange Processes in Organizational Change: The Roles of Trust and Control". *Journal of Change Management* 6(4) (2006): 351-364.
50. M. Hickins. "Reconcilable Differences", *Management Review* 87 (1998): 54-58.
51. K. Lewin. "Frontiers in Group Dynamics", *Human Relations* 1 (1947): 5-41.
52. C. Bareil, A. Savoie e S. Meunier. "Patterns of Discomfort with Organizational Change", *Journal of Change Management* 7(1) (2007):13-24.
53. W. McWhinney. "Meta-Praxis: A Framework for Making Complex Changes". In: A.M. Mohrman, Jr. *et al.* eds. *Large-Scale Organizational Change* (San Francisco: Jossey-Bass, 1989), 154-199.
54. M. Beer e E. Walton. "Developing the Competitive Organization: Interventions and Strategies", *American Psychologist* 45 (1990): 154-161.
55. B. Bertsch e R. Williams. "How Multinational CEOs Make Change Programs Stick", *Long Range Planning* 27 (1994): 12-24.
56. J. Amis, T. Slack e C.R. Hinings. "Values and Organizational Change", *Journal of Applied Behavioral Science* 38 (2002): 356-385.
57. W. L. French e C.H. Bell. *Organization Development: Behavioral Science Interventions for Organization Improvement*, 4ª ed. (Englewood Cliffs, N.J.: Prentice Hall, 1990); W. W. Burke. *Organization Development: A Normative View* (Reading, Mass.: Addison Wesley, 1987).
58. A. O. Manzini. *Organizational Diagnosis* (Nova York: AMACOM, 1988).
59. M. R. Weisbord. "Organizational Diagnosis: Six Places to Look for Trouble with or without a Theory", *Group and Organization Studies* (dez. 1976): 430-444.
60. H. Levinson. *Organizational Diagnosis* (Cambridge, Mass.: Harvard University Press, 1972).
61. J. Nicholas. "The Comparative Impact of Organization Development Interventions", *Academy of Management Review* 7 (1982): 531-542.
62. G. Odiorne. *Management by Objectives* (Marshfield, Mass.: Pitman, 1965).
63. E. Huse. "Putting in a Management Development Program that Works", *California Management Review* 9 (1966): 73-80.
64. J. P. Muczyk e B. C. Reimann. "MBO as a Complement to Effective Leadership", *Academy of Management Executive* (maio 1989): 131-138.

65. L. L. Berry e A. Parasuraman. "Prescriptions for a Service Quality Revolution in America", *Organizational Dynamics* 20 (1992): 5-15.
66. T. A. Stewart e A. P. Raman. "Lessons from Toyota's Long Drive", *Harvard Business Review* 85(7/8) (2007): 74-83.
67. W. G. Dyer. *Team Building: Issues and Alternatives*, 2ª ed. (Reading, Mass.: Addison-Wesley, 1987).
68. E. Stephan, G. Mills, R. W. Pace e L. Ralphs. "HRD in the *Fortune 500*: A Survey", *Training and Development Journal* (jan. 1988): 26-32.
69. A. Edmondson. "Psychological Safety and Learning Behavior in Work Teams", *Administrative Science Quarterly* 44 (1999): 350-383.
70. M. Whitmire e P. R. Nienstedt. "Lead Leaders into the '90s", *Personnel Journal* (maio 1991): 80-85.
71. http://www.teambuildinginc.com/services4_teamconcepts.htm, http://www.teambuildinginc.com/services5.htm.
72. E. Salas, T. L. Dickinson, S. I. Tannenbaum e S. A. Converse. *A Meta-Analysis of Team Performance and Training, Naval Training System Center Technical Reports* (Orlando, Fla.: U.S. Government, 1991).
73. E. Schein. *Its Role in Organization Development*, v. 1 of *Process Consultation* (Reading, Mass.: Addison-Wesley, 1988).
74. H. Hornstein. "Organizational Development and Change Management: Don't Throw the Baby Out with the Bath Water", *Journal of Applied Behavioral Science* 37 (2001): 223-226.
75. R. W. Revans. *Action Learning* (Londres: Blonde & Briggs, 1980).
76. I. L. Goldstein. *Training in Organizations*, 3rd ed. (Pacific Grove, Calif.: Brooks/Cole, 1993).
77. J. A. Conger e R. M. Fulmer. "Developing Your Leadership Pipeline", *Harvard Business Review* 81 (2003): 76-84.
78. D. A. Ready e J. A. Conger. "Why Leadership Development Efforts Fail", *MIT Sloan Management Review* 44 (2003): 83-89.
79. M. Jay. "Understanding How to Leverage Executive Coaching", *Organization Development Journal* 21 (2003): 6-13; D. Goleman, R. Boyaysis e A. McKee. *Primal Leadership: Learning to Lead with Emotional Intelligence* (Harvard Business School Press, 2004).
80. K. M. Wasylyshyn. "Executive Coaching: An Outcome Study", *Consulting Psychology Journal* 55 (2003): 94-106.
81. J. W. Smither, M. London, R. Flautt, Y. Vargas e I. Kucine. "Can Working with an Executive Coach Improve Multisource Feedback Ratings over Time? A Quasi-Experimental Field Study", *Personnel Psychology* 50 (2003): 23-44.
82. "Occupational Stress and Employee Stress", *American Psychological Association* (6 jun. 2004), http://www.psychologymatters.org/karasek.html.
83. A. M. Pettigrew, R. W. Woodman e K. S. Cameron. "Studying Organizational Change and Development: Challenges for Future Research", *Academy of Management Journal* 44 (2001): 697-713.
84. R. A. Katzell e R. A. Guzzo. "Psychological Approaches to Worker Productivity", *American Psychologist* 38 (1983): 468-472.
85. Goldstein, *Training in Organizations*.
86. American Psychological Association, "Psychologically Healthy Workplace Awards". Disponível em: <http://apahelpcenter.mediaroom.com/file.php/mr_apahelpcenter/spinsite_docfiles/134/phwa_magazine_2007.pdf>.

Índice remissivo

3M, 17, 67, 168, 228

abertura, 122
a concorrência, 41
abordagem integrativa, 42
absenteísmo, 115
abuso
    de substâncias, 114
    interpessoal, 68
    organizacional, 68
Academia de Liderança Goolsby, 145
acidentes, 114
acomodação, 229, 230
aconselhamento, 104-105
Acordo de Livre Comércio da América do Norte (NAFTA), 19, 308
acrônimo, 132
Adams, Stacy, 84
Adkins, Joyce, 119
administração, 5
    científica, 236
Administração Nacional de Aeronáutica e Espaço dos Estados Unidos / Agência Espacial Norte-Americana (NASA – National Aeronautics and Space Administration), 258
administrando as mudanças, 306-323
    agente de mudança, 312-313
    consistência de valor, 316-317
    DO, 318-323
    escopo da mudança, 311-313
    forças externas, 308-312
    forças internas, 310-311
    modelo de mudança de Lewin, 316
    mudança planejada / não planejada, 308
    resistência a mudanças, 313-315
    ritmo da mudança, 312
administrando o chefe, 191-192
advogado do diabo, 172
afetividade do líder, 45
afeto, 57
agentes de mudança, 312-313
    externos, 312
    internos, 312
Agor, Weston, 165
agrado, 187, 188
agressão no ambiente de trabalho, 114
Aids, 30
AIG, 272

Alcon Laboratories, 23, 26
Alderfer, Clayton, 78
al-Gaddafi, Muammar, 136
aliança
    corporativa, 288
    de projeto, 288
Allport, Gordon, 41
amabilidade, 41
ambiente, 261-262
    da tarefa, 261
ambiguidade de papéis, 110-111
América colonial, 7
American Airlines, 98
American Express, 24, 79, 293, 322
ampliação de tarefas / rodízio de funções, 236-238
análise
    de campo de força, 315
    de papéis, 222
    do problema, 260
âncora de carreira, 304
Anheuser-Busch, 33
antropocêntrico, 244
antropologia, 5
aparência física, 51
apelo
    ascendente, 188
    inspirador, 188
aposentadoria, 303-304
    gradual, 303
aprendizado em ação, 320-321
aprendizagem, 89
    social, 59
Arábia Saudita, 20
Aristóteles, 29
Armstrong World Industries, 49
artefatos, 270-273
assédio sexual, 30-31
assistência aos mais velhos, 301
AstraZeneca, 131
astúcia social, 189-190
AT&T, 34, 49, 238, 246-247, 281, 311, 322, 323
atenção sexual indesejada, 30
atitude, 57-61
    formação da, 58-59
atitudes no trabalho, 60-61
atividade
    física, 121-122
    polifásica, 139
atividades no período de lazer, 121
ativos intangíveis, 36

Atlantic Richfield (Arco), 31
atratividade, 53
atribuição, 101
    externa, 103
atribuições internas, 103-104
aumentos por mérito, 101
autoavaliação CSE, 42
autoconfiança, 114
autoeficácia, 43-44
    em uma tarefa específica, 43-44, 92
    geral, 43-44
autoestima, 44
autogestão, 194
autoimagem, 108
autointeresse, 76, 77
autoliderança, 211
automonitoramento, 44-45
autonomia, 240
autoridade, 179
avaliação, 96
avaliação de desempenho, 97-98, 99, 101
aversão
    à incerteza, 22, 174
    ao risco, 163
Avnet, Inc., 101

baby boomers, 25-26
(baby boomlet), 26
Bandura, Albert, 92
barganha distributiva, 227
Barnard, Chester, 165
Barnes, Brenda, 48
barreiras
    à comunicação, 130-132, 219
    comerciais, 18-19
    de linguagem, 132
Barshefsky, Charlene, 26
Bartz, Carol, 265
Beatrice, John, 301
Bell Canada, 35
benevolente, 85
Bennis, Warren, 144
Benson, Herbert, 122
Berkshire Hathaway, 271
Binney & Smith, 262
biologia, 243
Black & Decker, 5
Blagojevich, Rod, 184
Blake, Robert, 199-200

Blanchard, Kenneth, 204-205
Blankfein, Lloyd, 180
Blood, Milton, 75-76
Blue Angels da Marinha norte-americana, 148
Blue Man Group, 160
bombeiros, 109
Booz Allen Hamilton, 259
brainstorming, 171-172
Branson, Richard, 168
Briggs, Isabel, 46, 161
Briggs, Katharine, 46
Brown, Eric, 6
Buffett, Warren, 48, 271-272
Burke, James, 67, 212-213
burocracia
    mecânica, 257, 258
    profissional, 257, 257-258
Bush, George H. W., 12, 31, 155-156

cabo andon, 319
cadeira Aeron, 242
calcanhar de Aquiles, 115
Camden, Carl, 122
caminhos para a comunicação, 130
Campbell's Soup, 301
Campion, Michael, 241
campo de distorção da realidade, 208
Cannon, Walter B., 89, 107, 108
capacidade mental geral (GMA), 40
capacitação, 153, 193-195, 284
    organizacional, 288, 289
    participativa, 194
características fundamentais do trabalho, 239
cargos e desenho de trabalho, 232-249
    administração científica, 236
    ampliação de tarefas / rodízio de funções, 236-238
    desenho do trabalho e bem-estar, 244-245
    desenvolvimento de habilidades, 249
    ergonomia, 241-242
    modelo sip, 241
    padrões alternativos de trabalho, 247-248
    perspectivas internacionais, 242-244
    quadro interdisciplinar, 241-242
    significado de trabalho, 234-235
    tecnologia, 248-249
    teoria das características do cargo, 238-240
    trabalho a distância, 246-247
    valorização do cargo, 238
Caribou Coffee, 10
carreira, 233, 287
    entrelaçada, 296
cartas, 138
Caterpillar, 8, 323
Cattell, Raymond, 41
CCO, 62
centralização, 256, 263
cerimônias, 271-273
    organizacionais, 271
Chambers, John, 255
Change Masters, The (Kanter), 312
Chaparral Steel, 4, 242
Chenault, Ken, 208
China, 11, 18, 55
Chrysler, 154

Churchill, Winston, 6
ciclo de vida nas organizações, 263-264
Cigna Financial Advisors, 297
cinco partes básicas de uma organização por Mintzberg, 257
cinesiologia, 130
círculo coach, 266
círculo de qualidade, 173
Cisco Systems, 255
Citicorp, 156
Clark, Stan, 270-271
Clínica de Saúde de St. Mary/Duluth, 248
Clinton, Bill, 192, 208
CMP, 201-202
coaching, 104-105, 297, 321
    executivo, 321
Coca-Cola, 17, 24, 67, 198, 308
códigos de ética, 32
coerção sexual, 30
coesão do grupo, 144, 147-148
colaboração, 230
colaborador, 151
    menos preferido (CMP), 201-202
coletivismo, 21
coligação, 188
Combinações Alternativas de Trabalho, 34-35
compartilhamento do trabalho, 247
compensação, 224
competência gerencial, 304
competências
    de comunicação, 153
    de equipes de trabalho competitivas, 151
    de equipes de trabalho cooperativas, 150-151
competição, 229, 230
complexidade, 254, 256, 259, 263
comportamento
    de cidadania organizacional (CCO), 62
    ético, 67-73, 310
    humano, 4
    modelado, 271
    organizacional positivo (COP), 121
    organizacional, 4
    político, 186. *Veja também* poder,
comportamento político
    propenso a problemas coronários, 116
comportamentos de ajuda, 153
comprometimento, 229-230, 240
    afetivo, 64
    instrumental, 64
    normativo, 64
    organizacional, 64
    pleno, 83
computadores Apple, 262
comunicação, 124-139
    avanços tecnológicos, 138
    barreiras, 130-132, 219
    cultural, 281, 282
    de duas vias, 128-129
    de uma via, 128-129
    defensiva / não defensiva, 132-134
    defensiva, 132-134
    definição, 125
    diferenças de gênero, 131
    diversidade cultural, 131-132
    empatia, 130
    escrita, 137-138
    escuta reflexiva, 126-129
    expressividade, 130
    informativa, 130
    interpessoal, 125-126

    mediada por computador, 138-139
    não defensiva, 132, 134
    não verbal, 134-136
    persuasão, 130
    saudável, 136-137
    sensibilidade, 130
    sincera, 136-137
    uma via/duas vias, 128-129
Conaty, William J., 96
concorrência global, 9-10
condicionamento
    clássico, 89-90
    operante, 90
confiança, 210
configurações com co-CEOs, 158
conflito
    casa-trabalho, 221, 299-301
    de papéis, 110
    disfuncional, 216
    entre gerações, 220
    funcional, 215-216
    intergrupal, 220
    interorganizacional, 219-220
    interpapéis, 110, 221
    interpessoal, 222-224
    intragrupal, 220
    intrapapéis, 110, 221
    intrapessoal, 220-222
conflitos e negociações, 214-231
    consequências do conflito, 216
    diagnosticando conflitos, 216-217
    estilos de gerenciamento de conflitos, 228-230
    estratégias de administração de conflitos, 224-228
    fatores estruturais, 217-218
    fatores pessoais, 218-219
conflito entre gerações, 220
conflito funcional *versus* conflito disfuncional, 215-216
conflito intergrupal, 220
conflito interorganizacional, 219-220
conflito interpessoal, 222-224
conflito intragrupal, 220
conflito intrapessoal, 220-222
conflitos pessoa-papéis, 221-222
congelamento, 316
Conger, Jay, 193
congruência, 278
    de valores, 278
conhecimento objetivo, 13, 13-14
conjunto de papéis, 5, 221
conscientização, 41
consenso, 102
consequências
    negativas, 90
    positivas, 90
consideração, 199
consistência, 102
constelação
    depressiva, 267
    paranoica, 267
consulta, 188
    de processo, 320
contágio emocional, 66
contato
    de afirmação, 127
    visual, 128, 136
contingências estratégicas, 181-182
contra dependência, 117
contrato de lealdade mútua, 288

contratos psicológicos, 294-295
contribuições, 84
contribuidor, 151
Control Data Services, Inc., 9
controle, 117
    de qualidade, 11
    do trabalhador, 120
conversão, 224
Cooper, Kenneth, 121
COP, 121
corrigindo o desempenho fraco, 101-102
creches corporativas, 301
crenças, 274
criatividade, 152, 165-168, 304
    contributiva, 167
    esperada, 167
    pró-ativa, 167
    responsiva, 167
Crier, Catherine, 132
cruzar os braços, 136
CSE, 42, 43
cultura
    adaptativa, 276
    adhocracia, 257, 258
    corporativa *veja* cultura organizacional
    forte, 274-275
    norte-americana, 21
    organizacional ética, 283
    veja também cultura organizacional
cultura organizacional, 268-285
    alteração, 280-282
    artefatos, 270-273
    avaliação, 280
    capacitação/qualidade, 284
    cerimônias e ritos, 271-272
    crenças, 274
    definição, 269
    ética, 283
    funções, 274
    fusão e aquisição, 282-283
    globalização, 283
    histórias, 272-273
    líderes, 276-277
    perspectiva da cultura forte, 274-275
    perspectiva do ajuste, 275-276
    representação pessoal, 270-271
    rituais, 270
    símbolos, 273
    socialização, 277-280
    valores, 273-274
Currey, Gail, 273

D

dados, 126
Daimler Benz, 17
Davis, Neil, 283
decadência pessoal, 68
decisão
    eficaz, 160
    não programada, 159
    programada, 159
defensividade
    dominante, 133
    subordinada, 133
definição
    da missão, 194
    de tarefa, 193-194
demanda de tarefas, 279

demandas, 84
    de papéis, 110-111, 279
    do lar, 109, 112
    interpessoais, 109, 111, 279
Deming, W. Edwards, 242-243
denunciantes, 31
departamentalização, 253
dependência excessiva, 117
depoimento, 64
depressão, 114
desafiador, 151
desafio, 3, 117
desastres com espaçonaves da Nasa, 170
descongelamento, 316
desempenho, 96-98
desenho do trabalho. *Veja também* cargos e desenho do trabalho
desenho do trabalho e bem-estar, 244-245
desenvolvimento
    de habilidades, 13, 14-15, 249
    do modelo de grupo de cinco estágios de Tuckman, 148
    e treinamento de liderança, 320-321
    moral cognitivo, 72-73
    organizacional (DO), 317-323
design e estrutura organizacional, 250-267
    adhocracia, 257, 258
    ambiente, 261-262
    burocracia departamentalizada, 257, 258
    burocracia mecânica, 257
    burocracia profissional, 257, 257-258
    ciclos de vida, 263-264
    combinações disfuncionais de personalidade e organização, 267
    definições, 251
    demandas sobre os processos organizacionais, 265
    diferenciação, 253-254
    dimensões básicas de design, 255-256
    direções futuras, 266
    estratégia e metas, 262-263
    estrutura desalinhada, 267
    estrutura simples, 257
    estruturas organizacionais emergentes, 265-267
    globalização, 264
    integração, 254-255
    tamanho, 259
    tecnologia, 260-261
    tecnologias de processamento de informação, 265
desigualdade, 84-85
    salarial, 85
deslocamento, 223
desvio de conduta, 63
    na organização, 63-64
diálogo do ouro, 137
dieta, 122
    de prevenção, 122
    de reversão, 122
diferenças
    culturais, 19-21, 87, 219, 227-228, 300
    individuais, 39
    microculturais, 19
diferenciação, 253-254
    espacial, 253-254
    horizontal, 253
    vertical, 253

dimensão
    coletivista/individualista, 174
    masculino/feminino, 174
dinâmica de se sentar, 135
direitos morais, 29
Disney Institute, 167
disseminar informações falsas, 133
dissimilaridade
    de valores, 151
    demográfica, 151
    racial, 151
dissonância cognitiva, 58
distância
    do poder, 21-22, 174
    pessoal, 135
    pública, 135
    social, 135
distintividade, 102
distresse
    individual, 114
    organizacional, 114-115
diversidade, 23
    da força de trabalho, 310-311
    das organizações, 9
    em relação à idade, 25-26
    em relação às habilidades, 26-27
    estrutural, 161-162
    étnica, 24
    funcional, 152
    sexual, 24-25
DO, 317-323
doença comunicativa, 136-137
Dokken, Wade, 76
dominância de um dos hemisférios do cérebro, 165
doutrina da Johnson & Johnson, 32, 143
Dow Chemical, 17
DriveSavers, 119
Drucker, Peter, 95

E

Eastman Kodak, 8. *Veja também* Kodak
efeito
    de falso consenso, 55
    negativo, 44
    pigmalião, 53-54
    Rosenthal, 53
efeitos de primazia, 53
ego ideal, 108
Eli Lilly, 237, 300, 321
emissor, 125, 126
emoção, 45
emoções, 219
    negativas, 45, 66
    no trabalho, 66-67
    positivas, 45, 66
empatia, 130
emprego ponte, 303
empresa "do topo à base", 288
encontro, 278-279
enfrentamento
    regressivo, 117
    transformacional, 117
engenharia, 5
    mecânica, 243
envelhecimento da força de trabalho, 25-26
envolvimento integrado, 143
Equipe Nacional de Corrida AT&T, 145

equipe *veja* equipes e grupos de trabalho
equipes
    autogeridas, 153-154
    de qualidade, 173
    de trabalho autogeridas, 153-154
    horizontais, 255
    multiculturais de alto escalão, 156
    virtuais, 150
equipes e grupos de trabalho, 140-156
    ambiente de equipe antigo *versus*
      ambiente de equipe novo, 143
    benefícios, 142-143
    capacitação, 153-154
    coesão do grupo, 144, 147-148
    criatividade, 152
    definições, 141-142
    diversidade, 151-152
    folga social, 144
    formação e desenvolvimento de grupo, 144-149
    funções de tarefa e manutenção, 149-150
    líderes, 154-156
    modelo do equilíbrio pontuado, 146-147
    normas comportamentais, 147
    normas de comportamento, 143
    perda de individualidade, 144
    processo de trabalho em equipe, 150-151
    propósito e missão, 147
    teoria do alto escalão, 154
    tomada de decisão, 171-172
equipes de trabalho autogeridas, 153-154
equipes virtuais, 150
estrutura da equipe de trabalho,150
estrutura de status, 148-149
equívoco da primeira impressão, 53
ergonomia, 241-242
Ernst & Young, 25, 301
erro fundamental de atribuição, 55
escada de carreira, 296
escala de valores relativos ao trabalho (EVT), 234-235
escolha
    e entrada organizacional, 290-291
    ocupacional, 289-290
escritórios-satélite, 34
escritórios virtuais, 34, 248
escuta reflexiva, 126-129
esfera administrativa, 226
esgotamento, 114
Eskimo Joe's, 270
espaço territorial, 134
espaços íntimos, 135
especialização, 217, 253, 256, 259
esquemas de decisão social, 168
esquiva, 228-229, 230
estabilidade
    dinâmica, 265
    emocional, 41
Estação Espacial Internacional, 162
estados psicológicos críticos, 238
estágio
    do estabelecimento, 293-294
    de formação, 146
    de manutenção, 293, 301-302
    de progresso, 293, 295-299
    de retirada, 293, 302-304
estágios do desenvolvimento moral cognitivo de Kohlberg, 72-73
estereótipo, 52
estereótipos negativos, 297

estilo
    autocrático, 199
    cognitivo, 163
    democrático, 199
    liberal, 199
estilos de gerenciamento de conflitos, 228-230
estratégia e metas, 262-263
estratégias de administração de conflitos, 224-228
estresse, 83, 107
    com relação à carreira, 110
    positivo, 110, 111
estresse e bem-estar no trabalho, 106-123
    abordagem da adaptação indivíduo-ambiente, 100
    abordagem da avaliação cognitiva, 108
    abordagem homeostática / clínica, 108
    abordagem psicanalítica, 108
    autoconfiança, 117
    comportamento tipo A/tipo B, 116
    definições, 83, 107
    demandas do trabalho, 109-112
    demandas não relacionadas ao trabalho, 112-113
    distresse individual, 114
    distresse organizacional, 114-115
    efeitos de gênero, 116
    efeitos do estresse no corpo, 108, 123
    estresse positivo, 113-114
    gerenciamento preventivo do estresse, 118-123
    personalidade resistente, 116-117
    resposta ao estresse, 109
estrutura, 7
    cognitiva, 51
    da OMC, 252
    da tarefa, 202
    de iniciação, 199
    de status, 148-149
    mecânica, 262, 264
    orgânica, 262
    organizacional, 251. *Veja também* design e estrutura organizacional
    plana, 253
    simples, 257
estruturas verticalizadas, 253
estudos de Hawthorne, 8, 77
etapa
    de confronto, 146
    de encerramento, 146
    de normatização, 146
    de realização, 146
Ethicon Endo-Surgery, 166
ética, 28-29
    corporativa, 28-32
    da virtude, 29
    protestante, 75-76
Etzioni, Amitai, 83-84
eustresse, 83, 112
EVT, 234-235
exaustão emocional, 114
excelência ocupacional, 288, 289
executivos internacionais, 19-21
exercício aeróbico, 121
expectativa, 86
expressão facial, 136
expressividade, 130
externos, 43, 71
extinção, 92
extroversão, 41, 47
extrovertido, 47, 93

ExxonMobil, 49

F

fábricas do suor, 112
Facebook, 139
facilitação à exposição e visibilidade, 297
falta de clareza nas responsabilidades, 217
falta de controle, 110
fantasia, 224
fator
    causador de estresse, 107
    higiênico, 81, 82
    instrumental, 86
    motivacional, 81
fazer confissões, 122
FedEx, 95, 100
feedback, 126
    360 graus, 99
    crítico, 98
    de desempenho, 98-100
    de pesquisas, 321
    do próprio trabalho, 239
feedbacks específicos, 98
feminilidade, 22
Fisher, George, 12
fixação, 223
    de metas, 93-96, 120
Flannery, Matt e Jessica, 192
foco "um único empregador", 288
folga social, 144
força-tarefa, 145, 255
Ford Motor Company, 18, 114, 255, 322
formação de equipe, 119, 319
formalização, 256, 260, 263
French, John, 180
Freud, Sigmund, 76-77
função de ligação, 255
funcionários
    portadores de HIV, 30
    que trabalham em linhas de montagem, 237
funções
    de manutenção, 149
    de tarefa, 149-150
fusão e aquisição, 282-283
fusão Time Warner-AOL, 282-283

G

Gandhi, Mahatma, 209
Gap, Inc., 310
Gates, Bill, 48, 198, 271
GE Capital, 175
GE Healthcare, 319
GE Medical Systems Group (GEMS), 22
GEMS, 22
Geneen, Harold, 142, 235
General Electric, 11, 96, 98, 307, 319
General Motors (GM), 5, 162, 163
Gênero e Liderança, 210
gestão por objetivos (MBO), 95, 318-319
geração
    baby bust, 26
    do silêncio, 26
    sanduíche, 300, 301
geração X, 26
geração Y, 26

Gerber, 67
Gerdau Ameristeel, 99, 100
gerenciamento
    de impressão, 54
    de tempo, 121
    preventivo do estresse, 118-123
gerente equipe, 200
Gersick, Connie, 146-147
gestão
    da qualidade total (GQT), 10, 11
    do desempenho, 97
    meio-termo, 201
    oportunista, 201
    paternalista, 201
gestão de aprendizagem e do desempenho, 88-105
    avaliação de desempenho, 97, 99
    condicionamento clássico, 89-90
    condicionamento operante, 90
    corrigindo o desempenho fraco, 101-105
    desempenho, 96-98
    estabelecimento de metas, 93-94
    feedback de desempenho, 98-100
    mentoring, 104
    personalidade, 93
    premiando o desempenho, 100-101
    teoria da aprendizagem social de Bandura, 92-93
    teoria da atribuição de Kelley, 102-104
    teoria do reforço, 90-92
    teorias cognitivas da aprendizagem, 93
gestão de carreira, 286-305
    âncora de carreira, 304
aposentadoria, 303-304
    conflito casa-trabalho, 299-301
    contratos psicológicos, 294-295
    definição, 287
    escada de carreira, 296
    escolha e entrada organizacional, 290-291
    escolha ocupacional, 289-290
    estágio de carreira, 295-301
    estágio de estabelecimento, 294-295
    estágio de manutenção, 301-302
    estágio de retirada, 302-304
    IE (inteligência emocional), 292-293
    mentor, 297-299, 302
    modelo de estágio de carreira, 293-294
    parcerias de carreira dupla, 299
    plano de carreira, 296-297
    RJP (pré-visualização realista do trabalho), 291
    tornando-se seu próprio orientador vocacional, 292
gestor
    autoridade, 200
    de clube, 200
    empobrecido, 200
    oportunista, 200
    paternalista, 200
gestores, 198
    expatriados, 19
Gilligan, Carol, 72
Gilmartin, Ray, 156, 195
globalização, 17, 264, 308-309
GMA, 40
Goizueta, Robert, 198
Goleman, Daniel, 292-293
Google, 270, 292
Google Calendar, 34
governo do Condado de San Diego, 259
GQT, 10, 11

grade de capacitação do funcionário, 193
grade de liderança, 199-200
grandes realizadores, 79
Grant, Jody, 150
Graphic Controls Corporation, 237
Green Mountain Coffee Roasters, 323
Greenleaf, Robert, 210-211
grupo, 141
    de rede, 297-298
    formal, 145
    Veja também equipes e grupos de trabalho
grupos
    atribuídos, 145
    de trabalho autônomo, 153-154
    emergentes, 145
    informais, 145
    não oficiais, 145
    oficiais, 145
guanxi, 18

habilidade
    de *networking*, 189-190
    política, 189-190
    de competência, 153
habilidades de competência, 153
Hall, Edward, 134-135
Hallmark Cards, 151
Hardee's Food Systems, 119
Harley-Davidson, 266, 267, 284
Hartford Financial Services Group, 315
Hartz, Peter, 184
Herman Miller, 242
Hersey, Paul, 204-205
Herzberg, Frederick, 80
heurística, 161
Hewlett-Packard, 49
hierarquia
    das necessidades de Maslow, 77-79
    de autoridade, 256, 259
hipótese
    de progressão, 77
    do ponto frágil, 115-116
Hirschhorn, Larry, 142
histórias, 272-273
Hitler, Adolf, 200
Hofstede, Geert, 19, 21
Holland, John, 289
homeostase, 108
Honda, 17
Honeywell, 49
horário
    de trabalho flexível, 300
    flexível, 247-248
House, Robert, 203
Hsieh, Tony, 50, 139
humor, 50-51
Hyundai, 94

I

Iacocca, Lee, 154
IBM, 5, 9, 18, 19, 22, 25, 31, 34, 147, 237, 274-275, 321
    Gestão de Qualidade de Processo da, 147
identidade da tarefa, 239

identificação, 224
identificação por radiofrequência (RFID), 309
IE, 209-210, 292-293
igualdade para os sensitivos, 85
imperialismo econômico, 315
importância da tarefa, 239
impotência, 185
incentivos externos, 76-77
incerteza
    ambiental, 262
    da tarefa, 245
indagação dialética, 172
indenizações, 115
índice descritivo de trabalho, 62
individualismo, 21
indivíduos orientados
    por conquistas, 55
    por fracassos, 55
indústria do café, 9
influência, 179, 187
    interpessoal, 189-190
influências interdisciplinares, 4-6
informações, 126
ING Direct, 319
Instrumento Myers-Briggs Type Indicator (MBTI), 46
integração, 254-255
    horizontal, 254-255
    vertical, 255
integrador, 151
integridade pessoal, 28-29, 137
Intel, 311
inteligência emocional, 209-210, 292-293
intensificação de comprometimento, 162-163
intercâmbio social, 83-86
interdependência, 217
    tecnológica, 260
internet, 33
intimidade psicológica, 142-143
intitulados, 86
introversão, 47
introvertido, 47, 48, 93
intuição, 47, 164-165
intuitivos, 47, 93
Inventário das Características do Cargo (JCI), 240
Inventário de Cultura Organizacional (OCI), 280
Inventário de Personalidade NEO, 46
Inventário Multifásico de Personalidade de Minnesota (MMPI), 46
Irby, Steve, 270
Isautier, Bernard, 132
Ivancevich, John M., 93

Jago, Arthur, 204
James, William, 4
Janis, Irving, 169
Japão, 20, 52, 173
JCI, 240
JDS, 239
Jobs, Steve, 51, 208, 262
jogo do poder, 133
Johnson & Johnson, 6, 63, 67, 123, 212, 301, 323
Joint Ethics Regulation, 32
julgamento, 47, 48
Jung, Andrea, 213

Jung, Carl, 46
Just Coffee Cooperative, 31-32
justiça
    distributiva, 31
    organizacional, 31
    procedimental, 31

K

Kahn, Robert, 108
Kanter, Rosabeth Moss, 312
karoshi, 114
Kelley, Harold, 102
Kenexa, 83
KFC, 18, 27
Kimberly-Clark, 323
Kiva, 192
Klein, Gary, 165
Kmart, 33
Kodak, 8, 67, 85
Kohlberg, Lawrence, 72
Koresh, David, 208
Kotter, John, 197
KPMG, 300
Kraft Foods, 119-120
Kram, Kathy, 301

L

L'Oréal, 292
Landy, Frank, 245
Latham, Gary, 93
Lawrence Livermore National Labs (LLNL), 304
Lazarus, Richard, 108
Levi, Lennart, 244
Levinson, Harry, 108, 317
Lewin, Kurt, 4, 39, 199
LG Group, 279
líder, 207
    da organização, 200
liderança, 197
    autêntica, 208-209
    carismática, 208
    e subordinação, 196-213
    confiança, 210
    diretrizes para a liderança, 212-213
    gênero e liderança, 210
    grade de liderança, 199-200, 201
    inteligência emocional, 209-210
    liderança autêntica, 208-209
    liderança carismática, 208
    liderança inspiradora, 207
    liderança servidora, 210-211
    liderança transformacional, 207
    liderança *versus* gestão, 197-198
    LMX, 206-207
    modelo de decisão normativa, 204
    modelo de liderança situacional, 204-206
    primeiras teorias dos traços, 198
    subordinação, 211-212
    supervisão abusiva, 211
    teoria de contingência de Fiedler, 200-203
    teoria do caminho-meta, 203-204
    teorias comportamentais, 199-200
    teorias de contingência, 200-206
    formal, 197
    informal, 197

    inspiradora, 207-209
    servidora, 210-211
    transformacional, 207
líderes, 276-277
    orientados por relacionamento, 202
    orientados por tarefas, 200-202
linguagem, 126, 132
LMX, 206-207
Locke, Edwin, 93
lócus de controle, 43, 71
    externo, 71
    interno, 71
lócus interno, 43, 71
Loehr, Jim, 83
logo, 275
Lorenzo, Frank, 148
Louisiana Office of Motor Vehicles, 112
Lucasfilm, 273
Lucent Technologies, 298
lutar ou fugir, 108
Luthans, Fred, 90, 93
Lynch, James, 136-137

M

Macik-Frey, Marilyn, 137
Mackey, John, 78, 273
Mandela, Nelson, 209
mão de obra diversificada, 23-28
    benefícios / problemas, 27-28
    diversidade de sexual, 24-25
    diversidade de valores, 27
    diversidade em relação à idade, 25-26
    diversidade em relação às habilidades, 26-27
    diversidade étnica, 24
equipes / grupo, 151-152
mão invisível, 76
Maquiavel, Nicolau, 71-72, 184
maquiavelismo, 71-72
Marriott International, 91
masculinidade, 22
Maslach, Christina, 114
Maslow, Abraham, 77
Mattel, 68
maturidade moral, 87
Mayer, Marissa, 181
MBTI, 46
McClelland, David, 79, 183-184, 186-187
McDonald's, 18, 27, 259, 275
McGrath, Joseph, 113
McGregor, Douglas, 78
mecanismos
    de defesa, 223-224
    de retirada, 224
medicina, 5-6
medidas comportamentais, 46
melhoria de qualidade, 10, 11
membros *in-group*, 206-207
membros *out-group*, 206
mensagem, 65, 126
mentor, 104, 206, 207, 298
Merck, 20, 150, 195
Merrill Lynch, 322
Mesopotâmia, 7
metas Smart, 94
metas superordenadas, 226
método Fame, 131
método GP de gerenciamento de tempo, 121
México, 20

Microsoft, 198, 309
Mill, John Stuart, 28
Mintzberg, Henry, 164, 256
Mitchell Gold, 301
MMPI, 46
Mobil Chemical, 67
Mobil, 319
modCO, 90
modelo
    ABC, 57-58
    de conduta, 297
    de decisão normativa, 204
    de estágio de carreira, 293-294
    de liderança situacional, 204-206
    de mudança de Lewin, 315-317
    de probabilidade de elaboração, 65
    de processamento de informação social (SIP), 241
    de tensão no trabalho, 119, 120
    dirigido por tempo, 205
    do equilíbrio pontuado, 146-147
    organizacional / individual de comportamento ético, 69
    racional de tomada de decisão, 160-161
    SIP, 241
    Z de solução de problemas, 161-162
Modelo de Características do Cargo, 239
Modelo de Racionalidade Limitada, 161
modificação do comportamento organizacional (modCO), 90
monitoramento computadorizado, 35
Monsanto, 146, 316
Moore Ruble Yudell (MRY), 172
motivação, 75
    no trabalho, 74-87
    diferenças culturais, 87
    eustresse, 83
    hierarquia das necessidades de Maslow, 77-79
    incentivos externos, 76-77
    maturidade moral, 87
    necessidades internas, 75-76
    problemas motivacionais, 87
    teoria da desigualdade de Adams, 84-85
    teoria da equidade, 83-86
    teoria das expectativas, 86-87
    teoria das necessidades, 77-80
    teoria das necessidades de McClelland, 79-80
    teoria dos dois fatores de Herzberg, 80-82
    teoria ERG, 78-79
    teoria X/teoria Y, 78
Motorola, 11, 142, 210
Mouton, Jane, 199-200
movimento, 316
MPS, 239
mudança
    discreta, 288
    e aquisição, 278, 279
    estratégica, 311
    incremental, 311
    não planejada, 308
    planejada, 308
    tecnológica, 309
    transformacional, 311-312
mudanças, 3, 9. *Veja também* administrando as mudanças
Mulcahy, Anne, 209
mulheres, 23, 24, 24-25, 210, 228
multitarefa, 139
Murray, Henry, 79
Myers, Isabel Briggs, 46, 161

N

Nafta, 19, 308
Nasa, 5, 258
necessidade
    de afiliação, 80
    de poder, 80
    de realização, 79
necessidades
    evidentes, 79
    internas, 75-76
negativismo, 223
negociação, 227-228
    de papéis, 120, 321-322
    integrativa, 227
Neiman Marcus, 261
NetApp, 274
Nike, 273
Nintendo, 10
Nissan, 17
normas
    comportamentais, 143, 147
    de produtividade, 147
Northern Telecom, 174
Northwest Airlines, 9

O

Obama, Barack, 129
OCI, 280
ocupação
    de um CEO, 154
    executiva, 154, 155
oportunidades, 3-4, 9
organização
    em círculo, 265-267
    formal, 8-9
    informal, 8
    transnacional, 17
organizações
    em rede, 266
    militares, 254-255
    virtuais, 266
organograma, 261, 264
orientação
    informal, 297-298
    temporal, 22
    tripla, 105
Ornish, Dean, 122
Oticon, 166
otimismo, 120-121
    aprendido, 120-121
    de equipe, 145
ovelhas, 212

P

Pacific Bell, 247
Pacific Gas & Electric, 33
padrão de comportamento Tipo A, 116
padrão de comportamento Tipo B, 116
Padrões Alternativos de Trabalho, 247-248
padronização, 256, 259
Panic, Milan, 30
papéis, 221
paráfrase, 127
paralinguagem, 136

parcerias de carreira dupla, 299
Parker Hannifin, 152
Paschal, Carolyn Smith, 302
patamar na carreira, 302
patrocínio, 297
Pavlov, Ivan, 89
pensadores, 93
pensamento, 47
    crítico, 13
    de grupo, 169-170
    positivo, 120-121
percepção, 47, 48
    seletiva, 52
    social, 49-54
perceptores, 93
perda de individualidade, 144
Perdue Farms, 301
perestroika, 10
Perez, Bill, 149
Perrewé, Pam, 109
Perrow, Charles, 260
personalidade, 40, 41, 93
    resistente, 116-117
perspectiva
    externa, 4
    interna, 4
perspectivas internacionais, 242-244
persuasão, 64-66, 130
    racional, 187
Pesquisa de Diagnóstico do Cargo (JDS), 239
pesquisa Gap de cultura de Klimann-Saxton, 280 (no miolo aparece "Kilmann")
pessimismo, 120
pessoas, 6
    competitivas, 153
    cooperativas, 153
    individualistas, 153
pessoas-sim, 211
piadas hostis, 133-134
Pitney Bowes, 67
PizzaBot, 35
planejamento de carreira, 323
Plank, Kevin, 311
plano
    de carreira, 296-297
    de desempenho e sistemas de avaliação, 86
planos de participação nos lucros, 101
poder, 179
    de coerção, 180, 182
    de conhecimento, 180-181, 182
    de informação, 183
    de posição, 202
    de recompensa, 180, 181, 182
    de referência, 180, 181, 182
    do cochilo, 82
    e comportamento político, 178-195
    administrando o chefe, 191-192
    compartilhado, 180, 185
    comportamento político, 186-190
    fontes de poder intergrupo, 181-182
    formas de poder interpessoais, 180-181
    habilidade política, 189-190
    poder positivo *versus* poder negativo, 183-184
    símbolos de poder, 184-186
    táticas de influência, 187-189
    uso ético do poder, 182-184
    legítimo, 180, 181, 182
    pessoal, 184
    social, 184
polarização de grupo, 170-171
políticas organizacionais, 186. *Veja também* poder, comportamento político

Pontuação de Motivação Potencial (MPS), 239
posição organizacional, 233
pouco maquiavélicas, 73
Powell, Colin, 155-156
Powell, Sharon, 152
premiando o desempenho, 100-101
prêmio Baldrige, 12
Prêmio Nacional da Qualidade Malcolm Baldrige, 12
pressão, 107, 188
prevenção
    de estresse organizacional, 119
    primária, 118
    secundária, 118-119
    terciária, 119
pré-visualização realista do trabalho (RJP – realistic job preview), 291
PricewaterhouseCoopers (PwC), 298
primeira impressão, 53
princípio do desconto, 52
privacidade, 29-30
problema de participação, 115
problemas
    comportamentais, 114
    motivacionais, 87
processo
    de produção, 260
    de tomada de decisão em grupo, 168-174
    decisório, 159-160
    legal sem ação, 226
produção enxuta, 243
Programa de Viagem Executiva American Express, 309
programas
    de prevenção à violência, 119-120
    de promoção da saúde, 322-323
    de qualidade, 319
    de reforço, 91
projeção, 53
promoção da saúde integral, 122-123
propriedade psicológica, 77
proteção, 297
proxêmica, 134-136
psicanálise, 76
psicologia, 4
    experimental, 243
    industrial, 243
    interacionista, 39
    organizacional, 4
punição, 92

Q

quadro
    interativo, 141-142
    sensorial, 125, 126
quadros eletrônicos de avisos, 248
qualidade, 10, 11, 284
queda no desempenho, 115
questionário
    de autoavaliação, 46
    de satisfação de Minnesota (MSQ), 61
questões
    de autoridade, 145
    de tarefa, 144-145
    interpessoais, 144-145
Quick, James Campbell, 137
Quick, Jonathan D., 80
QuikTrip, 272

R

racionais, 47-48
racionalidade, 160
racionalização, 224
Raven, Bertram, 180
Reagan, Ronald, 137, 208
realismo, 278
receptor, 125
recompensas estratégicas, 90
rede de poder, 222-223
redefinição de funções, 120, 322
Reeve, Christopher, 181
reforço, 91-92
    positivo, 92
reforços negativos, 91
regra
    "a maioria vence", 168
    "a verdade prevalece", 168
    da primeira troca, 168
    dos dois terços, 168
reinvenção, 36
relacionamentos de troca, 84
relações
    alienadas, 84
    calculadas, 84
    de comprometimento, 84
    líder-liderado, 202
relativismo cultural, 29
relaxamento, 122
Renaud, Christian, 246
renovação de marcas, 275
representação pessoal, 270-271
resistência a mudanças, 313-315
responsabilidade social, 31-32
resposta
    ao estresse, 109
    de emergência, 108
    retirada, 224
RFID, 309
Rhodes, Rocky, 112
riqueza, 126
ritos, 271
    de integração, 271
    de intensificação, 271
    de passagem, 271
    de rebaixamento, 271
    de redução de conflitos, 271
    de renovação, 271
rituais, 273
Ritz-Carlton, 272
RJP, 291
robótica, 33
Roosevelt, Franklin D., 208
rota
    central para persuasão, 65
    periférica de persuasão, 65
rotação de cargos, 236, 238
rotatividade
    disfuncional, 11
    funcional, 115
    indicada, 131

S

Sanger-Harris, 94
satisfação, 181
    no trabalho, 61-64

Schein, Edgar, 269, 276, 304, 320
Schultz, Howard, 207
Schwartz, Jeffrey, 277
Scully, John, 51, 262 (no miolo aparece "Sculley" – no original e no PDF)
Seasons of a Man's Life, The (Levinson), 294
Seasons of a Woman's Life, The (Levinson), 294
Seis Sigma, 11, 12
Seis Tipos de Holland, 290-291
sem ação, 225
sem critério, 193
semana de trabalho de quatro dias, 247
Semel, Terry, 61
sensação, 47
sensibilidade, 130
    multicultural, 22-23
sensores, 93
sequestro de patrão, 228
Shell Oil Company, 229, 254
Shepard, Herbert, 144
Siemans, 309
sigilo, 225-226
significado de trabalho, 234-235
silêncio, 128
símbolos, 273
    de falta de poder de Kanter, 185
    de poder de Kanter, 185
    de poder de Korda, 185-186
Simon, Herbert, 161
simplificação do trabalho, 236
Sims, Henry, 240
sinceridade, 190
sinergia, 168
sistema
    de catalogação eletrônica, 138
    de recompensa, 101
    inteligente, 33
sistemas
    de apoio social, 120
    de recompensa de equipe, 100-101
    sociotécnicos (STS), 243
situação intensa, 42
Skype, 34
Sloan, Alfred P., 197
smartphone, 138
Smith, Adam, 28, 76
Smyth, Michael, 68
socialização, 277-280
    antecipatória, 278
    organizacional, 277-280
Solomon, Robert, 29
sono no trabalho, 82
Sony, 228, 296
Southwest Airlines, 9, 154
Southwest Industries, 154
Southwestern Bell, 271, 296, 313
Spearman, Charles, 40
Spielberg, Steven, 48
Stajkovic, Alexander, 93
Starbucks, 8
STS, 243
subordinação, 211-212
subordinados
    alienados, 211
    eficientes, 211-212
sujar a imagem, 226
supervisão abusiva, 211
Szilagyi, Andrew, 240

T

tamanho, 259
    organizacional, 253
tarefa, 7
TAT, 79
táticas de influência, 187-189
Taylor, Frederick, 5, 77, 236
Teambuilding, Inc., 319
técnica de grupo nominal (TGN), 172
tecnocêntrico, 244
tecnoestresse, 248
tecnologia, 7, 26, 33-36, 248-249, 260-261
    de massa, 260
    de unidade, 260
Tecnologia da Informação e Comunicação (TIC), 138
tecnologias
    de comunicação, 138
    de processamento de informação, 265
tendência para a realização, 79
tendências demográficas, 23
tênis, 85
Tenneco, 319
tensão, 107
teoria
    da atribuição de Kelley, 102-104
    da desigualdade de Adams, 84-85
    da equidade, 83-86
    das expectativas, 86-87
    das necessidades de McClelland, 79-80
    de aprendizagem social de Bandura, 92-93
    de motivação dos dois fatores, 80-82
    do alto escalão, 154
    do caminho-meta, 203-204
    do "homem administrativo", 161
    do reforço, 90-92
    dos dois fatores de Herzberg, 80-82
    dos tipos, 46-49
    dos traços, 41-42
    ERG, 78-79
teoria da atribuição, 54-55, 102-104
    viés atributivo, 55
Teoria das Características do Cargo, 238-240
Teoria de Contingência de Fiedler, 200-203
teorias
    cognitivas da aprendizagem, 93
    consequenciais, 28
    de caráter, 29
    de motivação externa, 75
    de motivação interna, 75
    de processo de motivação, 75
    embasadas em regras, 28
teoria X, 77, 78
teoria Y, 77, 78
terceirização, 6
terminologia técnica, 132
Teste de Apercepção Temática de Murray, 79
teste
    de Rorschach, 45
    projetivo, 45
teorias de níveis, 25
TGN, 172
Thayer, Paul, 241
Thompson, James, 260
Thunderbirds da Força Aérea norte-americana, 148
Thurow, Lester, 9-10
TIC, 138
Timberland, 277

Time Warner Cable, 152
tipos psicológicos (Jung), 46
tomada de decisão, 158-177
    círculos de qualidade / equipes de qualidade, 173
    criatividade, 165-168
    diversidade e cultura, 174
    equipes autogeridas, 173-174
    etapas do processo, 159-160
    grupo, 168-172
    intensificação de comprometimento, 162-163
    intuição, 164-165
    modelo de racionalidade limitada, 161
    modelo racional, 160-161
    modelo Z, 161-162
    o gestor e o risco, 163-164
    participação / participativa, 174-176
    personalidade, atitudes e valores, 164
Torre, Joe, 209
Toyota, 17, 19, 171, 319
trabalho, 233
    a distância, 34, 246-247, 322
    em conjunto, 137
    em equipes, 142
trabalhos que se baseiam na produção em massa, 207
transição da meia-idade, 299
trapaça, 68
Travelers Group, 247
treinamento
    acerca da diversidade, 219
    burocracia departamentalizada, 257, 258
    cruzado, 237-238
    de competências, 320
    de flexibilidade, 121-122
triangulação, 280
troca, 188
    constante de trabalho, 289
    de empresa, 289
    discreta, 288-289
    entre líder-membro (LMX), 206-207
Twitter, 7, 139
Tylenol, 63, 212-213

U

Una Gran Familia de Empleados, 323
Under Armour, 311
União Soviética, 18
United Parcel Service (UPS), 275
United Services Automobile Association (USAA), 247
utilitarismo, 28

V

Valeant Pharmaceuticals, 30-31
valência, 86, 87
Valero Energy, 4
valores, 69-71, 273-274
    defendidos, 273
    instrumentais, 69-70
    relativos ao trabalho, 70
    representados, 273
    terminais, 69, 70
valorização
    alheia, 54
    do cargo, 238
variabilidade da tarefa, 260
variedade de habilidades, 239
vício em trabalho, 113
viés de autovalorização, 55
Virgin Group, 168
Volkert, Klaus, 184
Volkswagen, 184
Vroom, Victor, 86, 204

W

Wagoner, Rick, 162-163, 210
Wallace Supply Company, 146
Walmart, 261, 272 (na pág. 261 aparece "Wallmart" e na 272 "Wal-Mart". No Brasil usa-se "Walmart".)
Walsh, Jackie, 82
Walters, Barbara, 136
Wasylyshyn, Karol, 137
Weber, Max, 75-76
WebEx, 248
Welch, Jack, 308-309
Weldon, Bill, 63
Wells Fargo, 30
Western Company of North America, 94, 100
Weyerhaeuser, 5, 319
Whataburger, 77
Whole Foods, 273
wild turkey, 155
Wimbledon, 85
Winfrey, Oprah, 192
Wm. Wrigley Jr. Company, 149
Woodward, Joan, 260
Worlds Apart, 82
Wrigley, Bill, 149
Wriston, Walter, 156
Wyatt, Oscar, 235
Wyeth Corporate Communications, 319

Y

Yahoo!, 61, 265
Yerkes-Dodson, lei, 113
Yetton, Philip, 204
Yum! Brands, 27

Z

Zaleznik, Abraham, 198
Zander, Ed, 210
Zappos.com, 59, 139
zona de indiferença, 179

 CARBON FREE

A Cengage Learning Edições aderiu ao Programa Carbon Free, que, pela utilização de metodologias aprovadas pela ONU e ferramentas de Análise de Ciclo de Vida, calculou as emissões de gases de efeito estufa referentes à produção desta obra (expressas em CO_2 equivalente). Com base no resultado, será realizado um plantio de árvores, que visa compensar essas emissões e minimizar o impacto ambiental da atuação da empresa no meio ambiente.